미와 지각의 역사

HISTORY OF BEAUTY AND PERCEPTION

지은이 **김윤상**

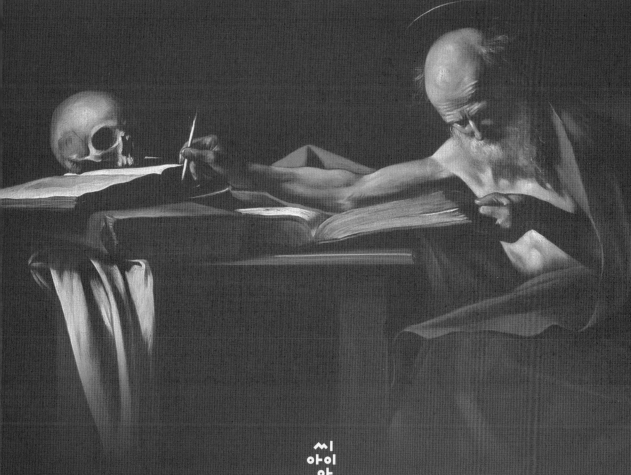

씨
아이
알

이 저서는 2017년 정부(교육부)의 재원으로 한국연구재단의 지원을 받아 수행된 연구임(NRF-2017S1A6A4A01018849)

미와 지각의 역사

머리말

이 책을 저술하게 된 계기는 개념적 인식과는 다른 인식 혹은 개념적 인식과 유비적인 인식인 '감각적 인식의 학문으로서 미학'을 정립한 18세기 독일 계몽주의 철학자 바움가르텐의 문제의식에 천착하여 바움가르텐 이전과 이후의 미학사 전체를 새로운 시각하에서 재조명하는 것이었다. '감각적 인식의 학문'이라는 바움가르텐의 미학규정을 반추해볼 때, 고대 그리스 이래로 미학적 논의들의 역사적 전개과정에서 연대기적으로 순차적 계열을 이루지는 않지만 거의 항상 중요한 줄기를 형성해왔던 미적인 것과 감각적인 것 간의 역학관계가 미의 이념에 대한 논의들이 중심을 이루는 미학논의에 감각지각의 작동체계를 다루는 소위 지각학적 논의를 보충할 필요성을 야기시키고 있다는 점을 추론해볼 수 있는 것이다.

그리하여 이 책은 소크라테스 이전 철학에서부터 18세기 초 중엽 계몽주의 시대의 바움가르텐과 19세기 말 경험론적인 실험미학을 구축한 자연과학자들을 지나 21세기 지각학적 미학의 토대를 구축한 문화철학자 벨쉬와 뵈메에 이르기까지 미적인 것과 감각지각이 엮어내는 다양한 실타래들을 한올 한올 풀어내면서 감각적 인식의 학문으로서 미학이 갖는 함의를 새로이 드러내고자 하였다. 결국 이를 통해 이 책이 지향하는 것은 과거의 미학사 전통에 대한 미학적인 동시에 감각론적인 재조명에 근거하여 미학사를 때로는 철학적이며 때로는 문학적이고 때로는 과학사적인 담론들의 복합적 지형 속에서 새로이 고찰함으로써, 한편으로는 기존의 미학사를 비판적으로 극복하고 새로운 문화지형에 걸맞은 미학사를 제시하며, 다른 한편으로는 철학적으로 추상적인 틀 속에 갇혀 있던 미학을 감각적으로 지각하는 일반인들의 눈높이에서 생생하게 작용하는 실천적 이론의 영역으로 옮겨 놓고자 하는 것이다.

이 같은 목적을 수행하기 위해 본인은 다음과 같은 방법론적 전제에 의거하여 미학사를 새로이 바라보고자 하였다.

첫째, (문자텍스트들과 개별 예술장르들을 포괄하는) 예술을 감각적 인식의 분석 소재로 삼아 미학을 설명하는 방법이다. 바움가르텐이 감각적 인식의 학문으로서 미학을 구상했을 때, 그의 구상에서 획기적인 것은 미학을 육체와 육체의 감각들 그리고 그것들에 대한 담론적 정교화를 통한 인식으로 규정함으로써 개념적 인식과 유비적인 감각적 인식의 지평을 열어놓았다는 점뿐 아니라, '현재적인 것에 대한 경험, 즉 아직은 특정 감정과 결합되지는 않는 불특정한 감각들에 대한 경험'을 비롯하여 '재생산되고 기억으로 다시 끌어올려진 경험으로서 상상 내지 환상'을 미학의 영역에 포함시켰다는 사실이다. 이 점은 아리스토텔레스 이래로 근대까지 이어져온 문제의식으로서, 감각적 인식의 학문으로서 미학은 현재 생생하게 지각된 세계에 대한 감각적 인식만이 아니라 예술의 세계와 같은 상상의 세계 역시 관계하고 있다는 것을 함축하고 있는 것이다. 예술은 감각적 인식의 소재들로서 진리의 잠재적 능력을 가지고 있는 것이다. 말하자면 예술은 감각적 표상들의 세계에 방향을 설정해줄 뿐 아니라 고유한 매개작용을 통해 감각적 표상의 세계를 사람들에게 개시해주는 능력을 가지고 있으며, 이 같은 감각적 표상세계의 방향설정과 개시를 근거규정해주는 것이 바로 감각적 인식의 학문으로서 미학인 것이다.

둘째, 감각적 인식으로서의 미학에 내재되어 있는 감각과 인식의 팽팽한 긴장관계에 대한 고려 속에서 미학사의 담론들을 재고찰하는 방법이다. 미학에 내재된 감각과 인식은 상호 배타적이지 않고 어느 하나가 다른 하나를 지배하지 않으면서 서로 팽팽한 긴장을 이루고 있는 하나이자 서로 다른 지표들이다. 말하자면 감각은 인식에 의해 사유될 수 없는 것을 묘사하며, 반면 인식은 감각이 묘사할 수 없는 것을 사고한다. 플라톤의 '파이돈'에서 소크라테스는 철학이 불가능하다는 사실을 인식하는 것이야말로 철학을 가능케 해주는 것이라는 철학자의 아이러니를 설파한다. 즉, 논리적이어야 하는 철학은 논리적이지 않은 문학을 통해 표현됨으로써 비로소 가능해진다는 함의가 철학의 시초부터 작용하고 있는 것이다. 사유될 수 없는 것을 묘사하는 감각과 묘사될 수 없는 것을 사유하는 인식 간의 역동적 관계에 대한 고려 속에서 미학사는 새로이 고찰될 수 있는 것이다. 미학의 학문적 정립을 이룬 바움가르텐에 따라 말하자면, '감각은 인식이 이루어지도록 해주는 혹은 인식이 인식되도록 해주는 매개'인 것이다.

이러한 방법론적 전제들에 의거하여 소크라테스 이전 철학부터 현대 신경과학적 미학에 이르기까지 미와 지각이 이루는 실타래들을 풀어봄으로써 지각학적 미학의 가능성 조건이 마련되었지만, 이러한 조건은 어디까지나 가능성 조건이다. 미학 내지 지각학은 학문적으로 고착된다기 보다는 지속적으로 끊임없이 실천되는 열려진 작동체계이기 때문이다. 이 책에서 이루어진 지각학적 미학의 가능성 조건에 기반하여 앞으로 다양한 탄력적 실천 체계들이 모색될 수 있으리라고 기대된다.

| 목차 |

III 중세 미학

IV 근대 미학

제2부

V '미학'의 탄생: 인간학적 미학의 기초

VI 낭만주의 미학

서론: 미의 이념으로부터
지각학적 미학으로

서론: 미의 이념으로부터 지각학적 미학으로

역사적으로 '미학Ästhetik, Aesthetics'은 감정적인 반응들을 야기시키는 예술의 방식과 연관되어 있는 것으로 이해되어왔다. 미학이라는 학문적 규정을 처음 시도하였던 바움가르텐Alexander Baumgarten은 '미적으로 사유하는 방식ars pulchre cogitandi'이라는 규정에 근거하여 미의 이해가 미적인 경험의 궁극 지점이라는 사실을 논증하였다. 사람들은 미라는 것을 자연 사물들로부터 예술작품들에 이르기까지 여러 영역에서 감지하고 있으며, 미에 관한 학문인 미학 역시 미적인 대상들을 바라보는 방식과 관계되는 것으로 포괄적인 유효범위를 지니는 학문이라고 여겨지고 있다. 그러나 한 가지 주목할 만한 사실로 미학이라는 학문의 창시자인 바움가르텐은 대상의 특정한 물리적 특질들이 미의 감정들을 야기시킬 수는 있으나 경험 자체는 순전히 정신적 사건이라고 하였다는 것이다.

예술은 미로부터 분노를 지나 공포와 역겨움에 이르기까지 다양한 방식으로 감정양태들을 일깨워준다. 예술은 예술 고유의 형식을 통해 우리의 감각과정들을 일깨우며, 우리의 과거를 상기시켜주기도 하고, 세계를 새로운 방식으로 사고하도록 해주기도 한다. 따라서 미에 대한 감각은 단일한 미적 경험이 아니라 매우 다양한 형태로 존재하는 것이다. 같은 맥락에서 미학 역시 감정적 요소들을 전적으로 배제한 채로 고찰하느냐 아니면 감정적 요소들 간의 관계 역시 고찰대상으로 삼느냐에 따라 다르게 규정될 수 있을 것이다.

결국 미와 예술의 문제 내지 이에 대한 학문적 고찰로서 미학의 문제는 미와 예술이 어떻게 받아들여지느냐의 문제와 긴밀하게 결부되어 있으며, 구체적으로는 미의 지각과 해석을 비롯하여 예술적 생산과 향유에 대한 다각도의 접근방식에 대한 모색의 문제와 직접 관계되어 있는 것이다.

역사적으로 미와 예술에 대한 접근방식은 고대 그리스부터 현대의 신경과학에 이르기까지 개별 국면마다 다른 양태를 취하면서 역사적으로 발전되어 왔으며, 이를 통해 외연적 확장을 이루어왔다. 대략 다음과 같이 일곱 가지 접근방식을 이야기할 수 있을 것이다.

① 창문을 통해 자연을 보는 모방적 접근방식

미와 예술에 대한 학문적 접근이 이루어지기 전에 고대의 철학자들은 미적인 이해와 경험의 본질에 대해 근본적인 물음을 제기하였다. 예컨대 플라톤은 완전한 침대나 완전한 원과 같이 이상적이고 순수한 형식이 존재하지만 인간의 손에 의해 현실 속에서 실현될 수는 없다고 주장하였다. 왜냐하면 그 누구도 완전한 원을 그릴 수 없고 완전한 침대를 만들 수 없기 때문이다. 플라톤에 따르면, 목수가 만든 침대는 이상적이고 순수한 형식인 침대의 형식의 모방으로서 침대의 형식보다 못한 것이고, 이러한 목수의 침대를 그린 그림은 목수의 침대를 모방한 것이기에 목수의 침대보다 못한 것이라고 하면서, 그림은 침대의 형식보다 두 단계나 못한 것이며 따라서 예술은 공화국으로부터 추방되어야 한다고 한다.

그림 1 순수형식

그림 2 순수형식의 모방

그림 3 순수형식의 모방의 모방

시문학과 드라마 역시 인간의 경험들을 모방하며 심지어 사람들의 감정들을 휘젓기 때문에 그림처럼 하위의 것으로 규정되어야 한다고 한다. 플라톤에 의해 이루어진 실재의 모방 내지 재현으로서 예술의 규정은 이후 서구 예술사에서 실재와 가상, 도달될 수 없는 이상과 배제되어야 할 현실 그리고 최종적으로는 미의 이념과 감각지각의 이분법적인 착종관계 속에 위치지어지는 운명의 비행을 시작하였다.

플라톤과는 달리 보다 실재론적인 입장을 취하였던 아리스토텔레스는 플라톤처럼 예술을 모방의 형식으로 보기는 했지만, 왜곡의 형식이 아니라 즐거움의 형식으로 보고자 하였다. 시를 듣거나 훌륭한 연극을 볼 때 기쁨을 느끼는 것처럼, 예술은 기쁨과 즐거움을 가져다준다는 것이다. 더욱이 아리스토텔레스는 우리가 비극작품에 등장하는 영웅적 인물로부터 교훈을 얻게 되므로 예술은 인간의 보편적 본질성들을 묘사해준다고 한다. 말하자면 아리스토텔레스는 예술이 인간의 보편적 본질성들을 모방하는 의미 있는 기제라고 주장하고 있는 것이다.

결국 플라톤과 아리스토텔레스 모두 예술을 인간에게 필수불가결한 핵심적 기제로 여겼다고 할 수 있다. 플라톤에게서 예술은 비록 이상적 형식보다는 하위의 것으로 가치절하될 수 있지만 이상적 형식이 이야기되기 위해서 필수적으로 이루어져야 하는 감각작용으로 여겨졌으며, 아리스토텔레스에게서 예술은 인간의 보편성 자체는 아니지만 이러한 보편성을 모방하는 핵심적인 기제로 여겨졌던 것이다.

플라톤과 아리스토텔레스 이래로 실재 세계를 모방하는 것으로 여겨져온 예술적 능력은 15세기 르네상스시기에 들어서면서 포괄적인 지식과 기술적 정교함을 갖추도록 요구받게 되었다. 르네상스 예술가들은 실재와 유사한 장면들을 창출해내기 위해 수학과 기하학 같은 과학적 지식들을 연구하기 시작하였으며, 생생한 인체의 묘사를 위해 해부학과 생리학에 대한 연구도 수행하였다. 예술가들은 이 같은 과학적 지식들에 기초하여 캔버스 위에 실재 장면들을 바라보는 자신들의 감각적 경험을 모사하고자 하였다. 르네상스 예술가들은 실재 현실에서 인간이 3차원 세계를 망막의 2차원 곡면 위에 재현하여 이로부터 시지각 작용을 거쳐 3차원 세계를 구성한다는 사실을 이미 인지하고 있었던 것이다. 인간의 뇌는 위아래가 뒤집힌 이미지를 바로 세우고 좌우가 뒤바뀐 거울상을 다시금 똑바로 전환하는 작용을 성공적으로 수행한다는 생리학적 감각지각작용에 대한 지식이 예술가의

그림 4 레오나르도 다빈치의 키아로스쿠로 연구

예술적 생산의 기저에 자리 잡고 있었던 것이다. 시지각의 생리학적 작용에 유비적인 회화적 재현작용을 구상하였던 르네상스 예술가들은 한편으로는 수학적이고 예술적인 감각을 가지고 원근법의 규칙들을 개념화시킴으로써, 다른 한편으로는 대상의 3차원성의 지각을 고양시키는 명암법인 키아로스쿠로 기법을 고안함으로써, 2차원적 평면에 3차원적 공간감을 부여할 가능성을 마련하였다.

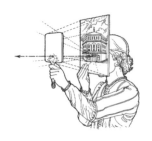

그림 5 중세 원근법

결국 플라톤부터 르네상스 예술가들에게 이르기까지 유효성을 발휘해왔던 모방적 접근방식에 따르면, 예술가는 실재 세계로 난 창문의 역할을 하는 것으로 이해되는 예술을 창조하는 존재이며, 사람들은 이러한 예술이라는 창문을 통해 실재 세계를 간접적으로 접하는 존재로 여겨지게 된다. 그리하여 이러한 모방적 접근방식에 의거하여 미적인 예술을 바라볼 때, 예술 혹은 감각적으로 지각된 것으로서의 가상은 자연 혹은 이념적 형식으로서의 실재와 유비적인 것으로서 이러한 실재보다 하위의 것이지만, 역으로 생각해보자면, 이러한 실재에 이르기 위한 필수불가결한 조건이라고 이해될 수 있는 것이다.

② 감정을 가지고 지각하는 표현주의적 접근방식

18세기 독일 계몽주의 사상가였던 바움가르텐은 예술이 미의 감정들을 야기시킨다고 하였으며, 그보다 앞서 스코틀랜드 계몽주의 사상가였던 프랜시스 허치슨Francis Hutcheson은 예술이 관찰자들에게 아름다움과 즐거움의 감정들을 주입시킨다고 주장하였다. 말하자면 우리는 대상의 기능이나 목적으로부터 독립해서 미적인 대상들을 바라본다는 것이다. 이들보다 더 앞서서 스코틀랜드 계몽주의 철학자 흄David Hume의 경우 더욱 근본적인 입장을 취하는데, 그에 따르면 미는 사물들 자체 내에 있는 특질이 아니라 사물들을 성찰하는 마음 속에 존재하며, 따라서 저마다 각기 다른 마음을 가지듯이, 각자의 마음은 각기 다르게 아름다움을 지각한다는 것이다. 흄으로부터 영향을 받기는 했으나 흄과는 다르게 생각하였던 18세기 말 독일 철학자 칸트Immanuel Kant는 우리의 지식이 경험으로부터 출발한다고 해도 모든 것이 경험으로부터 생겨나는 것은 아니라고 하면서, 감각적 경험을 선험적인 이념들과 결부시켜 세계를 해석하고자 하였으며, 경험과 선험적 이념 간의 이 같은 상호작용을 통해 자신의 미학의 토대를 형성하였다. 그는 우선 취미의 판단이 쾌나 불쾌에 대한 평가이고 이러한 평가는 상당 정도 주관적이라고 주장하면서, 우리에게 쾌감을 주는 대상들의 세 가지 특성들을 '동의할 만한 특성', '좋은 특성', '미적인 특성'으로 구분한다. 미적 판단은 미적인 대상들에 대한 평가에 기초해 있으며, 미는 모든 개개인들 가운데 공유되는 내재적 이상이자 보편성을 담지하는 것으로 규정된다. 흄 역시 개개인마다 상이한 미를 판단하는 보편적인 기준으로 '좋은 취미'를 이야기했듯이, 칸트도 미적 판단은 경험에 의거한다는 점에서 주관적이며, 동시에 선험적인 미의 이념에 의거한다는 점에서 보편적이라고 여긴 것이다. 마지막으로 한 가지 칸트의 미적 판단의 핵심적 특성으로서 이후 표현주의와 형식미학에도 커다란 영향을 주었던 개념이 언급될 필요가 있는데, 그것은 바로 '미적 판단의 무관심적 방식'이다. 칸트에 따르면, 미적으로 보이는 대상은 배고픔이나 육체적 안락감 혹은 성적인 욕망과 같은 그 어떤 실재적 욕구나 기능적 유용성에 대해서는 아무런 관심이 없는 방

그림 6 Théodore Géricault: The Raft of the Medusa, 1818-1819.

식으로 고찰되어야 한다고 한다. 실재적 욕구나 기능적 유용성에 대해서는 아무런 관심이나 이해관계 없이도 만족감을 주는 대상이 아름답다는 이 같은 입장은 19세기 말 '예술을 위한 예술art for art's sake'과 표현주의 예술의 근간을 형성하는 근대미학의 핵심적 기제였던 것이다.

그림 7 Michelangelo Merisi da Caravaggio: Judith Beheading Holofernes, 1599-1602.

예술은 미감을 야기시킨다는 칸트의 미학적 입장은 19세기 말 20세기 초 표현주의 예술과 만난다. 예술은 실재 세계의 모방을 재현하는 것이 아니라 예술가가 느낀 감정을 관찰자와 소통하도록 해주는 것과 관계되며, 따라서 예술작품은 특정한 내용을 담고 있는 틀이나 도구가 아니라 느껴진 감정들을 체현하고 있는 살아 숨 쉬는 몸체로 이해되어야 하는 것이다. 마티스Henri Matisse는 이 점을 다음과 같이 압축적으로 표현하였다: "나는 그야말로 테이블을 그리는 것이 아니라 테이블이 나에게 불러일으키는 감정을 그린다."[1]

이 같은 문제의식은 결국 '감정의 체현embodiment of emotion'이라는 의미맥락으로 귀결되며, 이러한 감정의 체현은 20세기 중반부터 21세기 초에 이르기까지 현상학적 미학과 결합되어 미학적 담론의 핵심적 구성요소로서 작용하였을 뿐만 아니라, 20세기 말 이미지미학의 가능성조건의 정립에도 기여하였다.

③ 의미화 작용 형식을 추상화시키는 형식주의적 접근

19세기 중반 이래로 예술가들은 자신의 작품들이 갖는 지각적 특성들을 다양하게 실험적으로 해명하는 가운데 캔버스 위에 3차원 장면의 환영을 창조한다는 전통적인 접근방식에 대해 거리를 두고자 하였다. 원근법과 키아로스쿠로 같은 르네상스 이래로 중요시되어 왔던 회화적 테크닉들은 이미 너무 구식의 트릭들로 간주되었으며, 따라서 당대의 예술가들은 사람들로 하여금 회화적 장면들을 실재적으로 여기도록 만들고자 할 때 이러한 테크닉들을 사용하려고 하지 않았던 것이다.

그리하여 현대 예술비평가인 그린버그Clement Greenberg는 현대회화의 본질을 '편평성flatness'이라고 규정하였다. 현대회화는 2차원의 캔버스 위에 3차원 장면의 환영을 묘사하는 대신 물감들이 칠해지고 문질러져 있고 뚝뚝 떨어져 있는 '납작한 표면flat surface'만을 보여줌으로써, '심층의 내용과 이를 드러내주는 도구로서 표면의 표현 사이의 두께' 내지 '심층의 의미와 이를 나타내주는 매개체로서 예술이라는 수단 사이의 두께'를 납작한 표면으로 편평하게 만들어, 내용과 표현, 의미와 전달수단의 이분법적 위계질서를 무력화시키고, 이렇게 편평하게 납작해진 표면 위에서 다양한 형식들의 유희만이 이루어지는 의미

---

1   Jack Flam: Matisse on Art, Berkeley: University of California Press 1995, p.66.

그림 8 Paul Cézanne: Montagne Sainte-Victoire, 1904-1906, Kunsthaus Zürich.

화 작용공간을 창출하고자 하였다는 것이다. 그린버그는 마네의 그림이 그러한 편평성의 전형이라고 주장한다. 마네는 3차원 장면의 환영을 만드는 최종적 터치를 하지 않으며 그의 그림의 배경들 역시 맨송맨송하거나 거칠게 그렸고 깊이감을 주는 미묘한 음영 역시 적용시키지 않았던 것이다. 오로지 그림 자체의 감각성을 강조함으로써 마네는 재료와 형태의 다양한 형식들이 빚어내는 의미화효과의 장을 마련하였던 것이다.

그린버그의 입장과 유사한 지평에서 20세기 예술을 규정하고자 한 예술이론가 벨Clive Bell은 미적 경험의 본질을 '의미화 형식의 지각작용'이라고 보면서 예술가의 작업은 선과 색과 형태의 감각적 특질을 확장시키는 것이라고 생각하였다. 말하자면 예술은 오로지 선과 색과 형태의 감각적 특질이 서로 작용하도록 하는 역할을 할 뿐 그 어떠한 내용이나 의미도 담지하지 않는다는 것이다. 같은 맥락에서 관찰자는 예술작품을 순전히 감각적 특질들에 기초해서, 즉 선과 색과 형태의 미적인 상호작용에 기초해서만 고찰하는 것이다.

④ 개념주의적 접근

20세기 초 마르셀 뒤샹Marcel Duchamp의 '분수'는 이전의 예술체계로부터 급격하게 절연하고 예술가와 관찰자로 하여금 자신의 존재가치와 행위를 비롯하여 예술의 자기동일성을 성찰하도록 해주는 결정적인 전환의 계기였다. 그 이유는 우선 '분수'가 예술가에 의해 창조된 것이 아니며, 둘째, 미감을 표현하도록 의도되지 않았으며, 셋째, 의미화 형식을 이끌어내도록 기획되지 않았기 때문이다. 유일하게 이야기될 수 있는 뒤샹의 의도라고 한다면, 그것은 사람들로 하여금 생각을 하게 만들고 이와 더불어 예술의 정의 자체를 문제시하게 만드는 것이었다고 할 수 있을 것

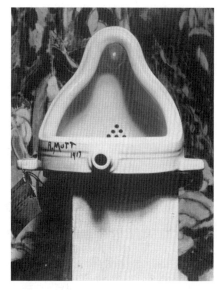

그림 9 Marcel Duchamp: Fountain 1917, Photo of Alfred Stieglitz.

이다. 말하자면 예술은 예술생산자나 예술향유자로 하여금 자신의 존재와 행위 자체를 성찰하도록 만듦으로써 사고를 하도록 해주는 철학의 지위를 획득한다는 것이다. 수잰 랭어 Suzanne Langer[2]와 넬슨 굿맨Nelson Goodman[3]의 개념주의적 입장을 통해서도 정교화되듯이, 예술작품은 이제 사고의 표현적 상징 내지 개념적 해석으로서 규정되는 것이다.

⑤ 심리학적 접근

19세기 말 독일관념론의 후예로서 실험미학을 주창하였던 페히너Gustav Fechner는 신체적 자극들이 정신에 의해 기록되는 방식들을 연구하는 '심리물리학Psychophysik'을 정립하였으며, 이에 기초하여 심리물리학적 미학이라는 새로운 미학영역을 개척하였다. 그는 선호하는 기본 형태들과 색채들을 연구하면서 인간의 미적 경험들을 추동시키는 지각적 특질들을 일반화시키고자 하였다. 이를 위해 그는 다양한 색채들과 형태들 심지어 실재 그

---

2   Suzanne Langer: Philosophy in a new key, Cambridge: Harvard University Press, 1942.

3   Nelson Goodman: Language of art, Indianapolis: Hackett Publishing Co., 1976.

림들과 같은 다양한 자극요소들을 관찰자들에게 보여주고 각자의 선호도를 조사하였다. 기본 형태들과 색채들의 지각블록들을 하나하나 쌓아나가면서 페히너는 미적 경험의 일 반이론을 구축할 수 있었던 것이다.

페히너의 실험미학적 접근방식을 이어 받아 게슈탈트 심리학Gestaltpsychologie 이론가였 던 베르트하이머Max Wertheimer, 코프카Kurt Koffka, 쾰러Wolfgang Köhler 등은 인간의 지각작 용에 대해 '전체주의적 관점holistic perspective'을 주창하였다. 그들은 시지각 장면을 다양한 특질들이 하나의 전체 속에 유기적으로 조합되어 있는 장으로 고찰하면서 인간의 지각작 용이란 개개의 기본 요소들로 분리될 수 없다고 생각하였다. 이 같은 게슈탈트 심리학의 원리들을 시지각 예술이해에 적용시켰던 아른하임Rudolf Arnheim은 예술작품이 지각적 조 직화의 게슈탈트원리에 부응하는 방식들을 분석하는 가운데 예술가들이 좌우균형, 조화, 대상의 배치 등을 통해 유도해내는 '지각적 힘들perceptual forces'을 규명할 수 있었다. 이러 한 지각적 힘이란 고요함이나 긴장감 같은 미적 경험을 야기시키는 것으로서, 예컨대 직 사각형의 정중앙에 놓인 원은 균형감을 주고 긴장감을 감소시키는 반면, 직사각형의 측면 에 위치한 원은 불균형감을 주고 긴장감을 고조시킨다는 것이다.

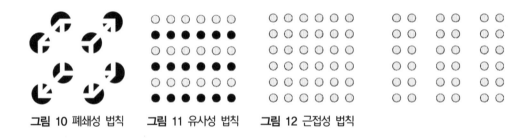

그림 10 폐쇄성 법칙   **그림 11** 유사성 법칙   **그림 12** 근접성 법칙

결국 게슈탈트 심리학에 기초한 아른하임의 예술심리학은 어떤 식으로 지각적 특질들 을 조직화하고 역동적으로 구조시킴으로써 특정하게 의도하는 예술작품을 창조해낼 수 있으며, 역으로 이미 창조된 예술작품이 어떠한 지각적 특질들의 조직화와 역동적 구조에 의거해 있는지를 파악할 수 있게 해주는 기초이론으로서 자리매김되었던 것이다.

페히너와 아른하임이 인간의 지각작용에 주목하였다면, 실험심리학자 다니엘 벌라인 Daniel Berlyne은 예술작품이 사람들에게 감정들을 불러일으키는 방식에 주목하였다. 벌라인에 따르면, 최적의 상태로 쾌감을 주는 예술작품이란 사람들에게 불안감을 줄 정도가 아닌 적절한 정도의 자극과 심리적 긴장감을 일으키는 작품이라고 한다. 그는 자극이 참신성, 복잡성, 놀라움, 불확실성, 부조화 등과 같은 예술작품의 특수한 특질들에 의해 규정된다고 하면서, 이러한 특질들을 '조합적 특질들collative properties'이라고 부른다. 왜냐하면 사람들의 감정적 경험을 추동시키기 위해서는 그러한 특질들이 일정하게 조합되어야 하기 때문이다. 예술작품에서 조합적인 특질들의 수가 크면 클수록, 자극은 더욱 커지는 것이다. 어떤 그림이 관찰자에게 얼마나 참신하고 경이로운지는 개인의 과거 경험과 지식에 달려 있기 때문에, 벌라인의 모델은 개인들이 예술작품을 각기 다르게 경험하게 되는지를 설명해주는 모델이 된다.

⑥ 인지과학적 접근

인지과학은 실험심리학의 결과물이다. 인지과학의 지향점은 지각, 기억, 언어, 감정, 추론 등과 같은 정신적 과정들을 학제적인 방법을 통해 이해하는 데 있다. 인지과학은 다음과 같은 세 가지 점에서 전통적인 심리학과 다르다. 첫째, 인지과학은 철학, 컴퓨터과학, 인간학, 언어학, 신경과학 등과 같은 심리학 이외의 여러 분야들에서 이룬 성과들을 전유한다. 둘째, 인지과학은 정신이 어떻게 작동하는지에 관해 컴퓨터 기반 모델들에 의존하여 연구한다. 비록 인지과학자들이 인간의 뇌를 디지털 컴퓨터로 이해하지는 않는다고 할지라도, 그들은 정신이 정보를 처리하고 입력과 저장과 출력기제들을 가지고 있는 컴퓨터와 메커니즘적으로 유사하다고 생각한다. 셋째, 인지과학은 정신 속에서 정보가 어떻게 재현되고 저장되는가 하는 문제에 주목한다. 그리하여 인지과학자들은 감각신호가 인코딩되고 해석되며 재현되는 정보로서 작용하는 방식을 규명하고자 하는 것이다.

초창기 인지과학은 페히너의 심리물리학처럼 형태나 색채 같은 지각요소들이 의미를 이끌어내도록 구성될 수 있다고 하는 '상향식bottom-up' 과정에 기초해 있었다. 그러나 연구가 진행됨에 따라 인간은 복잡한 시각장면들을 해석할 때 상당 정도 '하향식top-down' 과정에 의존한다는 사실이 밝혀졌다. 오스트리아 태생으로 영국에서 활동하였던 곰부리히Ernst Gombrich는 미적 경험의 핵심적인 부분이 '하향식' 과정에 의해 이루어진다는 것을 인식한 최초의 예술사가였다. 그에 따르면, 예술가는 시각적 인상이 아니라 아이디어나 컨

섭으로부터 출발하며 이는 관찰자의 미적 경험에도 해당된다고 한다. 개인적 지식과 문화적 지식에 의거하여 관찰자는 예술작품을 해석하고 시선을 핵심적인 특질들로 향하도록 해주는 기대치들을 형성한다. 곰부리히는 모든 예술이 환영적이며 우리는 예술작품이 재현하는 것에 대한 해석을 기존의 지식 내지 '도식들'에 의거하여 수행해야 한다고 주장한다. 그가 말하는 도식이란 사람들이 기대치를 형성하기 위해 사용하는 개념틀을 말한다. 예컨대 우리가 레스토랑에 들어갈 때, 우리는 테이블에 앉아 메뉴에서 음식을 주문하고 식사를 즐기며 식사비를 지불하고 팁을 남겨놓는 일련의 기대치들로 이루어진 레스토랑 도식을 적용한다. 마찬가지로 박물관에 갈 때에도 갤러리들을 통과하여 걸어가고 작품들에 대한 선호사항들을 발전시키며 예술가가 소통하고자 하는 바를 숙고해보는 일련의 기대치들로 이루어진 박물관 도식이 적용되는 것이다. 결국 곰부리히는 예술창작과 예술향유를 포괄하는 예술과정에 대한 분석에 심리학, 예술사, 철학을 비롯하여 인지과학을 적용시켜, 예술작품이 실재 세계의 대상들과 경험들을 묘사하거나 재현하는 상징들로 작용하는 과정을 해명하고자 하였다.

⑦ 신경과학적 접근

1909년 독일의 신경해부학자인 브로트만Korbinian Brodmann은 해부학적 연구에 근거하여 인간의 '뇌피질celebral cortex'의 전체 지도를 나타낸 저서를 출간하였다.[4] 그 이후 인간의 대뇌피질은 진화의 과정을 거치면서 확장되어온 상호연결된 뉴런들의 얇은 시트라는 사실이 사람들 사이에서 광범위하게 인지되었다. 브로트만은 평균적으로 직경 50cm, 두께 2mm 정도 되는 납작하고 얇은 뇌피질의 상이한 부분들의 세포질 구조를 비교분석하면서 52개의 영역을 구분해냈다.

최근까지 이루어진 연구에 따르면, 시지각, 기억, 언어, 정서적 충동, 운동조절 등과 같은 다양한 정신적 능력에 속하는 신경회로들이 밝혀졌으며,[5] 인간의 뇌에 대한 해부학적인

---

4   Korbinian Brodmann: Vergleichende Lokalisationslehre der Grosshirnrinde in ihren Prinzipien dargestellt auf Grund des Zellebaus, Leipzig 1989.

5   Michael S. Gazzaniga, Richard B. Ivry, George R. Mangun: Cognitive Neuroscience: The Biology of the Mind(Fifth Edition), New York 2018.

구조분석과 뇌 활동의 기능적 분석은 인간의 인지적 기능의 신경적 상관관계를 밝히는 데 사용되어왔다. 그중에서 미학적 논의와 관계되어 주목해야 하는 부분은 '전두엽frontal lobes'의 가장 앞부분에 위치한 '전전두엽 피질prefrontal cortex'이다. 전전두엽 피질은 뇌의 다른 영역들로부터 오는 입력내용들을 수용하여 투영체들을 다시 이 영역들로 돌려보내는 역할을 한다. 이 같은 방식으로 전전두엽 피질은 신경신호처리과정을 조직화하고 조절하는 것이다. 특별한 감각신호들에 주의를 기울이거나 특별한 기억들을 불러내는 능력은 모두 신경활동을 조직하고 조절하는 전전두엽 피질에 의존하는 것이며, 이 같은 전전두엽 피질의 역할은 감각신호들을 선택하고 안내하는 '하향식top-down' 과정의 토대를 이루는 것이다.

이러한 전전두엽 피질의 아래 부분은 '안와전두 피질orbitofrontal cortex'이라고 부르는 영역으로, 감정의 통제와 조절에 기여하는 역할을 한다. 최근 '신경미학Neuroaesthetics'[6] 연구에 따르면, 안와전두 피질은 사람들이 예술에 정서적 반응을 나타내는 동안 특별히 활성화되는 모습을 보여준다고 한다.

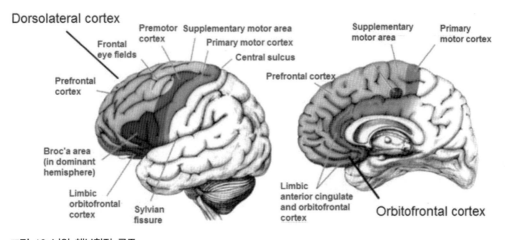

그림 13 뇌의 해부학적 구조

6   Martin Skov and Oshin Vartanian: Neuroaesthetics, Amityville: Baywood Publishing Co., 2009.

한 연구에 따르면, 안와전두 피질은 사람들이 중립적이라고 평가하는 그림들에 비해 아름답다고 평가하는 그림들을 마주하게 될 때 활성화된다는 사실이 입증되었으며, 또 다른 연구에 따르면, 라흐마니노프 피아노 협주곡 'No.3 in D Minor, Opus 30' 같이 강렬하게 쾌감을 주는 고전음악을 청취할 때에도 활성화된다고 한다. 이러한 연구결과들은 안와전두 피질이 미적인 예술작품들에 대한 평가에 깊이 관여되어 있다는 사실을 보여준다고 할수 있을 것이다. 그러나 이 같은 연구들에도 불구하고 복잡한 정신적 과정들은 광범위한 신경네트워크들을 활성화시킨다는 사실이 간과되어서는 안 될 것이다. 미적 경험에 관여하는 뇌의 영역들로는 활성화 정도의 차이는 있지만 안와전두 피질 이외에도 다른 많은 영역들이 존재한다. 중요한 것은 미적인 경험과정에서 이루어지는 이러한 다양한 뇌의 영역들 간의 역동적 상호작용메커니즘을 파악하는 일일 것이며, 이것은 아직 많은 연구를 필요로 한다.

지금까지 본 저서의 서술방식에 부합되는 동시에 미와 예술에 대한 고찰에 부합되는 논의맥락으로서 역사적인 지평과 방법론적인 지평의 연관관계 속에서 미와 예술에 대한 일곱 가지 접근방식들을 살펴보았다. 아름다움에 대한 논의는 어원상 동류인 감각지각과 더불어 학문적 대상으로라기보다는 학문적 성찰을 가능케 해주는 기반으로 시작되었으며, 시대마다 문화적 특성과 이념적 선호에 따라 변이를 거듭해오긴 했지만, 현재에도 여전히 삶과 삶에 대한 성찰의 가능성 조건으로서 또 다른 새로운 담론적 실타래를 엮고 있고, 이것은 아마 앞으로도 지속될 것이다. 과거의 논의들과는 달리 근대 이래로 최근에 접어들면서 한 가지 두드러진 점은 경험주의적 연구의 확장으로 인해 논의의 폭이 과거보다 훨씬 더 넓어졌다는 사실이다. 물론 그렇다고 해서 미학의 논의가 경험적 실험에 의존하게 되었다는 것은 아니다. 여전히 개념규정과 의미화 과정의 분석은 기존의 미와 예술에 대한 역사적 담론들의 풍부한 보고에 기반하여 이루어질 수밖에 없기 때문이다. 본 저술은 미와 예술의 역사적 담론들 속에 내재되어, 때로는 명시적으로 때로는 잠재적으로 얼기설기 엮인 채로 발전되어왔던, 미와 지각의 역동적 관계를 지각학적 미학이라고 잠정적으로 규정해볼 수 있는 새로운 의미의 미학의 틀 속에서 위치시켜 앞으로 이루어질 문화예술 담론의 밑거름이 되고자 한다.

제1부

I
미학과 예술의 근본 문제

1. 미학의 근본 문제

고대 그리스철학에서 '지혜sophia에 대한 사랑philia'으로 규정된 철학의 중요한 문제는 어떻게 하면 인간의 영혼이 진리에 직접적으로 접근할 수 있는가 하는 것이었다. 그래서 진리는 존재자에게 매우 중요한 것이었다. '진리Wahrheit'라는 말에서 '참되다wahr'는 말은 변화라든가 시간의 흐름, 역사라든가 예측할 수 없는 것에 의해 동요치 않고 확고하게 유지되는 것을 의미한다. 예를 들면 플라톤에게 있어 '생성das Werden'이란 모든 것이 매 순간 새로운 모습으로 나타나는 것을 말한다. 그리하여 생성이란 '비존재das Nicht-Sein'를 의미하는 것이었다. 다시 말해 생성의 요소들은 자신들의 존재를 자기 안에 가지고 있는 것이 아니라 매번 다른 것 안에서, 다음에 오는 것 안에서 가지고 있는 것이다. 그 결과 '정립 또는 긍정Position'의 연쇄는 '부정Negation'의 연쇄 속에서 해체되는 것이다. 그리하여 생성 속에 있는 존재가 있다고 말할 수 없게 되는 것이다. 이러한 이유로 '진정한 존재자das wahrhafte Seiende, óntos ón'는 생성으로부터 완전히 떼어져 있는 것이 된다. 사물들의 '본질Wesen'인 '우시아ousia'는 바로 이러한 의미로 이해되었다.

이제 이런 질문을 제기할 수 있을 것이다. 생성의 비존재라는 수수께끼 같은 것이 서양의 철학적이고 학문적인 사유전통에서 왜 미학과 관련하여 이야기될 수 있었으며, 동시에 어떠한 의미에서 미학에 대한 불신과 관계되어 논의되어온 것인가? 여기서 일단 미학이라는 개념이 '감성적인 것das Sinnliche'을 다룬다는 사실을 생각하는 것이 도움이 될 것이다. '미학Ästhetik'이라는 말은 'aisthánesthai', 즉 '감각들을 가지고 지각하는 것mit Sinnen wahrnehmen'에 관한 학문을 의미한다. 서양의 사유전통에서 감각적 경험만큼 회의적으로 다뤄진 것도 없을 것이다. 왜냐하면 '감지Empfindung'라든가 살면서 행하는 '경험Erfahrung'은 결코 동일하게 반복되지 않기 때문이다. 이에 비해 학문들이라든가 특히 철학은 잘 정의되고 확고부동한 개념들의 토대 위에서 작업하려고 했다. 같은 맥락에서 진리 역시 개념적으로 정형화된 토대 위에서만 주장될 수 있었던 것이다.

그러나 학문들이라는 것이 수학을 제외하고서 모두 경험에 의존해서 이루어지는 것이 아닐까? 학문들이란 물론 경험에 의거하여 이루어지긴 하지만, 한결 같이 일정한 작동방식에 따르고 있다는 것을 우리는 부정할 수 없을 것이다. 즉, 대부분의 학문은 감각적으로 주어져 있는 것들을 이념적인 구성물로 혹은 개념들로 변화시키는 것이다. 이것을 우리는 '이상화Idealisierung'라고 부른다. 이러한 이상화에 의거하여 개별 학문들은 비학문적인 고찰방식들로부터 구분된다. 학문들은 이제 사물들의 '변함없이 진정한 것'에 대해 말해야 한다는 요청을 따르는 것이다.

여기서 '말하다'라는 말에 초점을 맞춰보자. 그리스인들이 일컬었던 '말lógos, Rede'이라는 것은 기초에 놓여 있는 생각에 이 생각의 외투라든가 전달수단처럼 복무하는 개념이다. 그리스인들에게서 '생각Gedanke'이란 두 가지 형태로 전개되는 것으로 이해되었다. 한편으로 그것은 '선행적 분석diaíresis, vorgängige Analyse'으로 전개되고, 다른 한편으로는 '종합 내지 결합sýnthesis, Verbindung'으로 전개된다는 것이다. 물론 이 둘은 모두 자연적인 것이 아니라 인위적인 것이다. 분석을 통해 우리는 감각적 경험들의 다양성으로부터 개별 특징들을 솎아낸다. 그리고 종합을 통해 우리는 한 특징을 다른 특징과 결합시킨다. 이러한 이중적 과정을 거치면서 우리는 다뤄진 사태의 개념에 도달한다는 것이다. 한 대상이 이런 식으로 정의되고 확정되면, 그것은 더 이상 변화 가능한 감각적 경험의 영역으로 회귀할 수 없으며, 변화 가능성이 없는 확실한 자기동일성이 마련되는 것이다. 예를 들면, 설탕이 물에 녹는다 해도, 설탕이라는 개념은 생성변화의 파괴적인 힘 앞에 굴복하지 않는 것이다.

이 같은 상황을 염두에 둘 때, 항시 일회적이고 변화무쌍한 감각적인 것에 지속을 부여하려고 한 미학의 노력이 철학에 의해 좌시되어온 것은 그리 놀라운 일은 아니다. 그러나 이 같은 확고한 학문적 아성의 체계 스스로가 자기 자신을 의심하게 되었을 때, 중대한 변화가 이루어진다. 그 시기는 정확히 1781년(1787년)이다. 이때는 칸트가 『순수이성비판』을 출간한 해이다. 이 저작이 갖는 기념비적인 특성은 바로 합리주의의 정점이 이 저술을 통해 마련되었을 뿐만 아니라, 한계를 모르는 이성의 정점이 주장되는 순간이었다는 것이다. 여기서 칸트는 처음으로 미학이라는 말을 두 가지 의미에서 사용해야 한다고 하였다. 그 하나는 '감성의 이론Theorie der Sinnlichkeit'이고 다른 하나는 '취미의 비판Kritik des Geschmacks'이다. 여기서 중요한 것은 취미의 비판이라는 개념인데, 이 말은 판단의 형태로 미를 평가한다는 것이다. '독일인들은 미학이라는 말을 사용하는 유일한 민족'이다. 그들은 이 말로 다른 이들이 취미의 비판이라고 칭하는 것을 나타내는 것이다.

다시 플라톤으로 되돌아가보기로 하자. 사실 플라톤은 국가로부터 시인들과 예술가들을 추방해야 한다고 했다. 왜냐하면 그들은 진리를 거스르는 사람들이고 거짓동화나 잘못된 모습들을 국민들에게 전달하는 사람이기 때문이라는 것이다. 『향연Symposion』에서도 아름다운 예술들에 대한 논의가 아니라 아름다움의 이념만이 논의되었다. 그렇지만 아름다움 역시 영혼을 감성적인 것으로부터 떼어내 '진alethés'과 '선agathón'에로 이르게 하는 수단 정도로만 다뤘다. 즉, 다른 모든 것들의 기능을 가능케 해주는 '선의 이데아idéa'(이데아는 시선 또는 관찰을 뜻한다)는 이데아들 중의 이데아이며, 이것을 갈망하며 찾아 나서는 영혼은 결국에 가서 그것의 면전과 만날 수 있다. 이런 식으로 모습을 드러내는 최고의 이데아는 감각적 '대리자Repräsentant'를 통한 매개가 필요치 않다. 그러나 플라톤은 '참됨Wahrsein'이란 '진정한 존재자das wahrhafte Seiende, óntos ón'가 이것을 파악하는 사고와 완전히 일치하는 것이라고 말한다. 다시 말해 참됨이라는 것이 어떤 식으로든 말해질 수 있기 위해서는 적합한 대리자가 필요하다는 것이다. 그러면 플라톤이 말하는 이념들의 재현이라는 말에는 모순이 존재하는 것은 아닐까? 즉, 진리를 찾아 나서는 사람의 영혼은 진리를 다시금 '재차-현재화re-präsentieren'시키려고 하지만, 재현의 모든 형태들, 그중에서도 기억은 진리에 의해 진리 자체로의 접근을 차단당하는 것이다. 기억은 진리 그 자체가 아니며 단지 대체물일 뿐이다.

이러한 모순은 아리스토텔레스에게서도 나타난다. 『시학*De Poetica*』에서 그는 무언가를 모방하려는 욕구는 인간의 기본욕구이며, 이것은 예술 활동에서 전형적으로 나타난다고 한다. 유일하게 '언어적 이성능력이 있는 동물zoon logon echon'인 인간은 자기의 생각을 이성적으로 '정교화artikulieren'시킬 수 있는 '이성적 동물존재animal rationale'이다. 인간은 은유적인 표현을 사용할 수 있다. '은유metaphora, Übertragung'란 유사성관계에 의거하여 하나의 기호를 다른 기호로 대체하는 것을 말하는 것으로, 아리스토텔레스는 은유란 하나의 생각을 '대표한다repräsentieren'고 한다. 여기서 그의 모순이 드러나는데, 한편으로 은유는 말하기의 한 형식이며, 다른 한편으로 은유는 그 자체로는 말이 아니라 그 이전에 놓여 있는 것 혹은 하나의 생각을 대표하는 것이다. 생각이나 사고는 감각적으로 지각될 수 없지만, 물질적인 담지자가 없이는 비육체적이고 감지될 수 없는 상태에 머물러 있어야 하는 것이다. 이러한 의미에서 은유는 비록 직접적으로 진리를 표현하지는 못하지만 간접적으로라도 진리에 있어서 없어서는 안 되는 중요한 매개수단이 되는 것이다. 여기서 아리스토텔레스의 유명한 정의가 제기된다. 즉, 일정 정도로만 진리인 것은 '포에지Poesie' 내지는 예술에서 모방적인 재생산을 통해 '모방Imitation'된다.

이제 플라톤의 입장과 아리스토텔레스의 입장을 종합해보면, 다음과 같은 결론에 도달한다. 진리라는 것은 사태와 지성 간의 적합한 대응이라는 기본정의에 따라 일정하게 현상해야 한다. 그리고 이러한 일치를 수행하기 위해 이념은 우리의 지적인 파악으로부터 벗어나서는 안 된다. 이것이 가능할 수 있기 위해서 진리는 스스로를 드러내야 하는 것이다. 이념의 근원적 '현재Präsenz'의 '재현Re-präsentation'이 아닌 이러한 '자기묘사Sich-Darbieten'란 무엇일까?

사태를 이중화시키는 재현이란 '미메시스mimesis'이다. 이러한 미메시스 그리고 이것을 수행하는 예술은 항상 '자기 자신과는 다른 것'을 나타내며, 이러한 '자기 자신과는 다른 것'이 예술의 진리인 것이다. 2천 년 이상 예술은 이러한 저열한 지위에 머물 수밖에 없었으며, 18세기 중엽 바움가르텐의 유명한 정의에 따르면 예술은 '저급한 인식cognitio inferior'인 것이다.

이러한 굳건한 편견으로부터의 단절은 재현개념과 진리모델에 대한 진지하고도 치열한 접전으로부터 생겨난다.

2. 예술이란 무엇인가?

1) 예술 개념의 이해

예술이라는 개념은 고대나 중세 그리고 초기 근세까지는 존재하지 않았던 개념이다. 예술이라는 말의 어원은 고대 그리스까지 거슬러 올라가는데, 고대에는 그것에 부합되는 말이 두 가지가 있었다. 하나는 '테크네techne'이고 다른 하나는 '아르스ars'였다. 이 두 말은 법칙과 규칙에 의거하여 이루어진다는 공통점을 지니며, 법칙을 적용시켜 도달하고자 하는 목표는 목공이나 조각에서처럼 일정하게 재료를 가공하거나, 음악이나 수사학에서처럼 정신적인 소재를 가지고 작품을 생산하는 것이다. 이 두 경우에서 후자의 정신적인 작업은 처음부터 전자보다 높은 위치를 점하였다. 그 이유는 상상력에 의거하여 후자가 전자보다 더 자유롭게 활동을 하는 것이기 때문이다. 그리하여 후자는 '자유로운 예술들artes liberales, Freie Künste, liberal arts'이라고 불리게 되었으며, 여기에는 손으로 직접 작업하는 활동 대신 이론적인 작업들이 포함되었다.

'자유로운 예술들'이라는 말은 5세기까지 자유로이 사용되다가, 그 이후로 자유로운 일곱 분야를 포괄하는 개념이 되었고, 이러한 일곱 분야는 13세기까지 수도원학교들을 위한 중심교과목들을 가리켰다. 문법, 수사학, 변증론이 기초적인 세 과목이었다면, 산술, 기하학, 천문학, 음악이론 등은 기초 세 과목을 기반으로 이루어지는 교과목이었다. 이러한 '자유로운 예술들'은 창조적인 능력의 표현으로서 평가받지 못했다. 인간에 의해 이루어진 작품에 단지 우연적이며 부차적인 의미만을 부여하였던 기독교적인 사상은 그러한 인간적인 창조적 능력을 배제하였던 것이다. 중세의 기독교 사상에서 작품의 소재는 항상 신의 창조물이어야 했으며, 그러한 신의 창조물에 대해 소위 '예술가들'은 아무런 영향력을 발휘할 수도 없었다. 그리하여 '예술가들'에 의해 이루어진 작품들은 미적인 기준하에서 고찰되지 못했으며, 그러한 이유로 '자유로운 예술들'이라는 말은 오늘날의 예술 개념과 밀접한 개념이었던 '아름다운 예술들'의 선구적인 말이라고 할 수 없는 것이다.

이러한 상황은 다른 맥락에서 이해될 필요가 있다. 고대 이래로 미에 관한 수많은 철학적인 논구들이 이루어져왔지만 대부분은 형식들 내지는 창조의 미에 관심을 두었지, 'artes'의 대상들에 관심을 두지는 않았다. 이때 미는 특정한 여러 징표들로 구성된 객관적인 특질이라고 생각되었다. 그리고 이러한 미에 도달하기 위해서는 일정한 법칙들과 규칙들이 준수되어야 한다고 하였다.

그러나 16세기에 들어서면서 수수께끼같이 복잡 미묘한 상황이 전개되었다. '미'라는 개념이 '개별 예술'들에 관계되고 '자유로운 예술들'이라는 말이 '아름다운 예술들'이라는 말로 대체됨으로써, 근대적인 의미의 예술 개념이 생겨나기 시작했던 것이다. 이러한 근대적의미의 예술 개념의 전조는 바로 프랑스의 합리론 진영에서 나타났다. 여인의 아름다움과 우아함을 접하고 사랑에 빠진 상태를 '이루 말로 묘사할 수 없는 상태'라고 상찬하기 위해 그들은 '미'라는 개념을 사용하였던 것이다. 그리고 나서 17세기를 경과하면서 '애매모호한 감정의 상태'를 지칭하는 이러한 미 개념은 모든 예술들에게 적용되었다. 무언가 아름다운 것에 의해 압도되었다는 고백을 한 후에, 미를 정의내릴 수 없는 것이라고 솔직히 인정하였던 것이다. 이러한 상황으로부터 이성적인 세계관은 비이성적인 것에 의해 문제시되었던 것이다. 그리하여 당시 '신구논쟁'[1]의 맥락에서 프랑스에 만연해 있었던 '유사-고전주의Pseudo-classicism', 즉 고대를 무작정 모방만 하면 되고 고대의 작품들은 시간을 초월하여 항상 모범이 된다고 하는 생각은 강한 의심의 눈초리를 받게 되었다. 정비례와 대칭과 같은 규칙들은 거부되기 시작하였으며, 로코코 양식에서처럼 법칙을 따르지 않는 자유로운 작업들이 이루어지기 시작하였다.

그럼에도 불구하고 철학자들과 예술이론가들 그리고 예술사가들은 미의 법칙성들과 예술들을 위한 규칙들을 발견하려고 애썼다. 윌리엄 호가스William Hogarth는 『미의 분석 Analysis of Beauty』(1753)에서 미의 일반적인 원리를 정리하면서 유동적인 감각적 인상들을 고정적으로 규정하고자 하였다. 그는 특히 프랑스 사상가들에 의해 미의 특성으로 규정된 '비규칙성' 대신 '미와 우아함의 선율'이라는 특수한 의미의 규칙을 강조하였다.

예술에 대한 본격적인 체계화는 18세기 말에서 19세기에 걸쳐 독일의 사상가들에 의해

---

1 '신구논쟁Querelle des anciens et des modernes, Quarrell between the ancients and the moderns'은 영국에서는 정치적 혁명이 진행되던 시기이고 프랑스에서는 봉건적 절대주의가 정치적이고 문화적으로 위세를 펼치던 시기인 17세기 중엽에 이루어진 논쟁이다. 논쟁의 주 대상은 고대 그리스 로마시대의 전통적인 문화예술에 대한 동시대인들의 태도였다. 당시까지만 해도 그리스 로마의 문화적 유산은 최상의 완전성을 나타낸다고 여겨졌으며 시간을 초월하여 유효한 규범으로 이해되었다. 그렇기 때문에 완전한 예술은 이러한 문화적 유산을 단지 모방하고 전유하기만 하면 된다는 것이었다. 그리고 반대로 이러한 규범의 권위로부터 벗어나는 것은 문화적이고 예술적인 몰락을 의미하는 것이었다.

이루어졌다. 이 당시 주요한 문제는 역시 고대의 모범을 근대적 입장에서 극복하는 것이었다. 그러나 특이한 점은 고대의 모범적인 특성을 인정하면서도 근대적인 입장에서 그러한 종류의 새로운 모범을 구현하는 것이었다. 그리하여 프랑스의 소위 '유사-고전주의'와는 구별되게 그리고 고대의 작품들에 대한 무조건적인 모방이나 거부가 아니라, 오히려 고대의 작품들에 대해 보다 철저한 탐구가 중요시되었던 것이다. 옛것에 대한 탐구가 철저하면 할수록 새로운 관점을 얻어낼 수 있다는 보다 근본주의적인 입장이 대두되었던 것이다. 이 같은 근본주의적인 입장을 기초로 하여 당시의 사상가들, 특히 슐레겔Friedrich Schlegel이나 횔덜린Friedrich Hölderlin 그리고 셸링Friedrich Willhelm Joseph Schelling 같은 사상가들은 고대의 예술이건 근대의 예술이건 간에 중요한 것은 그 각각을 파악하는 기본적인 관점을 수립하는 것이었으며, 이 같은 관점의 수립은 정적인 의미에서 고정된 미를 밝혀냄으로써가 아니라, 삶과 역사의 역동적인 생동성을 움직임의 원리들로서 파악함으로써 가능하다고 주장하였다. 그리하여 이제 미는 '고대세계와 근대세계를 아우르는 개별 세계들과 이러한 세계들과 씨름하는 인간주체를 매개시켜주는 원리'로서 주창되었으며, 이러한 원리는 예술을 통해 실현될 수 있다고 여겨졌다.

그러나 이 같은 예술의 체계화의 노력은 20세기에 들어서면서 다시금 의문시되었다. 기계 산업과 과학기술의 발달 그리고 자본주의의 메커니즘에 의한 인간의 원자화로 인해 예술은 인간적인 삶의 총체를 담아내는 역할을 더 이상 지탱해나갈 수 없게 된 것이다. 특히 기계기술의 발달과 문화산업의 발달은 박물관이나 개인의 특정한 장소에 소중하게 보관되어 있었던 예술작품의 대량복제를 가능케 만들었으며, 소수의 특권층만이 소유하거나 향유할 수 있었던 예술이 대량복제를 통해 대중적으로 값싸게 판매되거나 즐길 수 있게 되었다. 20세기 초 독일 철학자이자 문화비평가였던 발터 벤야민Walter Benjamin의 말대로 지금까지 예술의 예술성을 담보해주었던 '예술의 아우라Aura der Kunst'는 이제 더 이상 효력을 지닐 수 없게 되었던 것이다.

이러한 사실은 여러 사람들이 예술의 종말과 관련된 문제를 제기하게끔 만들었다. '예술의 종말Ende der Kunst'이라는 말은 사실 19세기 초 독일의 철학자 헤겔Georg Willhelm Friedrich Hegel에 의해 예술에 대한 근대적 판단으로 주창되었었다. 헤겔이 이 말을 한 맥락은 고대와는 달리 근대에는 더 이상 예술에 자연과 인간을 아무런 매개 없이 직접적으로 하나로 묶어주는 능력이 부여될 수 없다는 것이다. 헤겔에 따르면, 근대세계는 너무나도 파편화되어 있고 인간은 자신의 모태인 자연으로부터 소외되어 있기 때문에, 다시금 이러한 파편화와 소외가 극복되어야 하며, 자연과 인간의 이러한 매개는 철학을 통해서만 가능하다는 것이다. 그리하여 근대에는 철학이 예술보다 우위에 놓일 수밖에 없다는 것이다. 이러한 헤겔의 이러한 판단 이래로 예술의 위상은 존폐의 위기에 내맡겨졌다. 바그너에 의해 예술의 종말이 아니라 예술의 종합화의 가능성이 모색되기는 했지만, 20세기까지 헤겔의 그러한 판단은 지속적으로 논의의 대상이 되었던 것이다.

이러한 상황에서 결정적인 전환점은 1964년 미국 팝아트의 주창자였던 앤디 워홀Andy Warhol의 'Brillo Box' 전시에 의해 이루어졌다. 즉, Brillo라는 상표의 비누를 포장하는 Box를 전시회장에 전시함으로써 사람들로 하여금 예술작품과 예술작품이 아닌 것 간의 경계를 모호하게 만들었던 것이다. 물론 그 이전에 프랑스 개념예술의 기초자였던 마르셀 뒤샹 Marcel Duchamp이라는 예술가가 전시장에 변기를 전시해놓고 그 작품을 '분수'라고 지칭하였던 일이 있기는 했지만, 앤디 워홀은 이제 그러한 경계 구분을 극단적으로 문제시하였던 것이다. 결국 과거에 예술작품과 예술작품이 아닌 것을 구분할 때의 기준들은 무용한 것이 되었고, 오로지 그러한 구분은 평가자들의 몫으로, 특히 철학자들의 몫으로 남게 되었던 것이다.

2) 대중예술

산업혁명 이래로 이전에는 상상도 못할 정도의 다수의 군중들이 문화를 향유할 수 있게 되었다. 다수의 군중문화라는 의미에서의 대중예술은 엄밀하게 말해 그 시대에 이루어지기는 했지만, 대중예술의 역사는 한참 뒤로까지 거슬러 올라간다. 왜냐하면 일찍부터 시골 민중과 상류층의 접촉을 야기시켰던 하류층의 도시 진출이 있었으므로 고대 오리엔트 문화의 후기시대부터 대중예술로의 발전 경향은 계속 존재해왔던 것이다. 예를 들면 이집트에서는 구왕조시기에 상업계층이 그리고 신왕조시기에는 도시의 하인들과 같은 하류계층까지도 적당한 크기의 예술품을 살 만큼의 충분한 재정능력을 갖추고 있었다.

엄격한 의미에서의 대중예술은 소부르주아와 도시화된 농민층 사이에서 일정 정도 교육을 받은 계층을 대상으로 만들어진 헬레니즘시기의 예술일 것이다. 그러나 이 당시 몇

몇 풍속화들을 제외하고는 이렇다 할 만한 예술작품들은 존재하지 않았다. 그럼에도 불구하고 중세 전반을 통해서 극장은 대중예술의 가장 풍요한 분야로 남아 있었으며 방랑배우들의 관객은 모든 하류계급들을 망라했다.

18세기에 이르면, 예술의 규칙적인 구매자였던 궁정과 귀족이 감소되면서 예술가들은 대중들을 구매자로 하는 일반시장에 의존해야만 했다. 이러한 현상은 주로 문학의 영역에서 나타났다. 독서를 하려는 새로운 갈망, 작가들이 도저히 따라갈 수 없을 정도의 수요의 신장, 소설의 자극적인 성향 등이 예술의 수준을 점차 하강하게 만들었다. 18세기의 가장 중요한 발견은 무엇보다 괴기소설이었다. 괴기소설은 근대적인 감정문학의 가장 본질적인 요소들과 결합되어 있었다. 즉, 사랑, 비밀, 범죄, 잔인성, 재앙 같은 것들이 주된 테마였던 것이다. 이러한 테마들은 19세기에 들어서면 노상강도와 폭력에 관한 테마들로 이어진다. 대중문학의 대표는 발자크나 디킨스 같은 작가들이었다.

예술적 취미의 대중화는 오페라에서 가장 두드러지게 나타났다. 처음에는 사회에 대한 통렬한 풍자극이 주류를 이루었다면, 나중에는 비현실성과 악취미를 골고루 갖추고 있는 지루한 전원풍으로 바뀌었다. 특히 오페레타의 경우 시끄럽고 휘황찬란한 과장, 감각적인 것, 잔인성과 감상성 등이 주요한 특징을 이루었으며, 이러한 경향들은 사실상 현대의 영화에도 그대로 이어졌다고 할 수 있다.

3) 고급예술과 저급예술

'고급예술'이라고 한다면, 통상 셰익스피어의 햄릿, 엘리어트의 황무지, 베토벤의 에로이카, 세잔느의 그림들을 포괄하는 예술로 여겨졌다. 그러나 과연 이러한 예술류에 포함되지 않는 작품은 고급이 아니라는 의미에서의 저급한 예술일까? 카플란이라는 학자는 대중예술이라는 것이 친근한 형식들에 대한 욕구, 애매모호한 것에 대한 불만, 감정적 분출 그리고 쉽게 접근할 수 있는 예술 등과 같은 경향에 부합되는 예술이라고 생각하였다. 그에 따르면, "사람들은 대개 샴페인과 나폴레옹 꼬냑을 최고의 술이라고 생각하지만, 일요일 오후에 축구나 야구를 즐기는 공원에서는 콜라나 맥주를 찾는다"고 하면서 마찬가지로 고급예술과 대중예술은 상하의 관계가 아니라 서로 다른 종류의 예술일 뿐이라고 한다.

문제는 저급 또는 대중예술을 규정하는 관점일 것이다. 노엘 캐롤Noel Carroll은 보다 정확한 규정을 위해 '대중예술popular art' 대신에 '군중예술mass art'을 주창한다. 군중예술이란 역사 이래로 사람들이 향유해왔던 일반적인 의미의 대중예술과는 달리 20세기에 들어서 산업사회의 고도의 발전과 더불어 생겨난 대중예술의 한 부류라는 것이다. 캐롤의 이러한 생각을 그보다 앞서 제기한 사람은 발터 벤야민이었다. 벤야민은 이미 1969년에 예술작품들을 대량으로 복제할 수 있는 능력은 예술의 단일성과 접근될 수 없는 고유성을 제거해 버림으로써 예술의 본질을 변화시켰다고 주장하였다. 그리고 나서 그는 새로운 군중예술 형식들인 영화와 사진이 새로운 역사적 시기를 열어놓았다고 생각하였다. 그에 따르면 특히 영화예술은 연극예술과는 달리 배우의 아우라를 제거했으며 청중에게 비판적인 거리를 제공해준다고 생각하면서 해방적인 예술이라고 일컬었다.

이러한 벤야민의 사상을 비롯하여 문화산업에 대한 철학적이고 사회학적인 견해를 표명한 아도르노Adorno 그리고 대중예술을 비평한 콜링우드Collingwood 등의 사상 등을 종합하면서 캐롤은 이론가들에 의해 표명된 군중예술의 문제점들을 다음과 같이 정리하였다;

① 대량화Massification: 대다수의 청중에게 호소력을 갖기 위해 군중예술은 취미, 감성 그리고 지성의 가장 낮은 수준으로 이루어질 수밖에 없다.

② 수동성Passivity: 순수한 예술은 능동적인 관중을 필요로 한다. 그러나 대중 내지는 군중예술은 광범위한 호응을 얻고 대중들로 하여금 쉽게 다가서도록 하기 위해 대중들의 수동적인 수용을 꾀한다. 군중예술의 입장에서 보면 예술은 한마디로 쉽고 편안해야 하는 것이다.

③ 도식성The formulaic: 대중 내지는 군중예술은 틀에 박힌 공식에 따라 이루어진다고 비판된다.

④ 독자성Autonomy: 많은 이론가들은 예술을 정치이론의 관점에서 본다. 예를 들면 아도르노는 예술의 중심적인 기능이 사회에 비판적 전망을 제공해주는 것이라고 규정하면서, 예술의 목표는 사회적이고 정치적인 실재들로부터의 해방이어야 한다고 주장한다. 그러한 목적을 이루기 위해 예술은 상업적인 압력들로부터 자유로워질 필요가 있다고 한다. 그러나 팝음악이나 재즈 같은 예술들이 대중적이 되기 위해서는 자신들의 독자성을 희생시켜야만 하는 것이다.

이 같은 군중예술비판들은 순수예술과의 비교 관계 속에서 이루어진 비판들이라고 할 수 있다. 이러한 비판들에 대해 캐롤은 다음과 같이 군중예술의 고유한 특성들을 언급한다:

① 군중예술은 일면적인 것이 아니라 다중적인 형태의 예술작품이다.
② 군중예술은 대량적인 기술에 의해 생산되고 배분된다.
③ 군중예술은 최소한의 노력으로 절대 다수의 청중들에게 다가가도록 고안되어 있다.

이러한 군중예술의 범주에 캐롤은 '대중적인 상업적 영화', 'T.V.', '상업적 사진', '팝음악', '라디오', '컴퓨터 비디오게임', '만화', 'www 사이트' 등을 들고 있다. 캐롤은, 군중예술은 전통적인 예술로부터 최근에서야 갈라져 나왔기 때문에, 아직까지 확고한 모습을 가지고 있지는 못하다고 말한다.

이러한 캐롤의 규정에 대해 다음과 같은 반대의 예들을 제시하면서 반박하는 입장도 존재한다. 즉, 록rock 음악은 듣는 이에게 편안함보다는 많은 정서적 자극수용을 요구하며, 히치콕Alfred Hitchcock과 큐브릭Stanley Kubrick의 영화들이나 한니발 렉터Hannibal Lecter의 소설은 그리 쉽고 편안하게 접근될 수 없는 것이다. 그러나 난해하거나 불편한 예술들은 쉽고 편안한 예술들에 비하면 그리 많은 수를 차지하지 않으며, 오히려 그러한 부류의 군중예술작품들이 사람들을 불편하게 하거나 어렵게 만드는 것은 아니다. 그러한 소위 난해하거나 때로 불편하게 보이는 군중예술들은 사람들로 하여금 보다 다양한 체험을 가능케 해주거나 아직 발산되지 않은 잠재적 감정을 드러내도록 해주는 것이다.

결국 칸트의 미학이론에서 미적인 반응의 단일한 메커니즘이었던 상상력과 오성의 자유로운 유희와는 달리 군중예술은 비지성적인 반응양태들에 따라 이루어진다. 그리하여 예술의 독자성을 주장하는 전통적인 사상은 컴퓨터와 인터넷을 통해 발전되어 나아가면서 상호작용적인 예술이해로 바뀌고 있는 것이다.

3. 미학과 예술에 있어 주관적 경험과 역사적 가치: 신구논쟁의 현재적 함의

앞서 언급한 바 있는 '신구논쟁'에서 그리스 로마의 문화적 유산을 초시간적으로 유효한 규범으로 이해하는 '유사-고전주의'는 나름대로 고유한 역사철학적인 입장을 가지고 있었다. 이러한 입장에 따르면, 자연사 및 인간사는 3단계 순환발전모델을 따르는바, 생장-발전-소멸의 순서로 진행되는 역사관에 따라 현재는 이미 현재화된 과거에 따라 판단될 수 있으며, 끊임없이 발전하는 과정을 강조하기 위해 소멸 내지는 몰락에 대해 부정적인 가치판단만이 허용되었다. 그리하여 순환발전모델을 일관되게 진행시킴으로써 발생하는 '자기소멸'의 문제를 해결 내지 극복하는 과제는 논쟁의 출발부터 미해결 상태로 동반되고 있었다. 말하자면 역사적인 것과 체계적인 것 사이의 모순은 논쟁의 출발부터 동반되면서 해결의 시도에 내맡겨짐 없이 논쟁 자체를 이끄는 추동력으로 작용하고 있었던 것이다.

논쟁 자체는 단지 기존의 미학과 예술의 영역에 국한되지 않았다. 근대의 입장에 있었던 사람들은 현재를 위해 고대의 권위를 인정할 자세가 없었으며 오히려 고대의 권위를 이러한 전통의 극복이라는 관점하에서 바라봄으로써 기독교적 구원사의 역사모델을 넘어서려고 하였다. 그리고 더 나아가 현재는 고대를 넘어서 있으며 고대에 비해 진보를 이루고 있다는 통찰과 함께 그들은 순환적인 모델을 극복하는 세계상을 향해 진보적인 관점을 형성할 수 있었던 것이다. 이 같은 진전이 이루어짐으로써, 이제 역사적인 시간은 더 이상 파괴적인 힘으로 작용하지 않게 되었으며, 과거와 현재, 현재화된 과거와 현재적 미래의 내적인 연관 속에서 역사의 진행은 과거와 미래의 긴장 속에서 수행되는 역전 불가능한 전진운동으로 그리고 낮은 수위에서 보다 높은 수위로 진행되는 과정으로 파악되었던 것이다. 진보이론이 형성되고 관철됨으로써, 과거라는 개념이 갖는 의미 및 기능이 변화되었으며 '유토피아'라는 개념 역시 미래적인 것으로 향한 역사적 운동의 차원을 획득하게 되었다.

미학과 예술의 역사적 자기이해의 가능성 조건을 형성할 수 있었던 신구논쟁의 논의지평에서 이러한 인문주의적인 순환적 역사모델 및 유사-고전주의적인 모방미학의 극복을 위한 학문사적인 기초 작업들은 미학에 의해서가 아니라 자연과학과 철학에 의해 이루어졌다. 학문적인 진보가 이루어지고 분석적이고 실험적인 '발견술Heuristik'이 전개되었으며,

자연 상태가 아니라 사회 및 국가계약을 다루는 자연법적인 발전론이 형성됨으로써 초시간적인 고대의 권위에 기초해 있었던 역사모델은 더 이상 시대에 적합하지 않은 것으로 여겨졌다. 이미 프란시스 베이컨Francis Bacon(1561-1626)은 학문을 새로이 규정하기 위해 기존의 방법인 'ars imitatoria'와 'ars perfectoria'를 분석과 종합의 실험적인 방법으로 대체시켰다. 이와 더불어 인간의 자연적인 본질을 이해하는 데 있어서도 그는 신기원을 이룩할 수 있었다. 즉, 인간은 창조에 의한 자연지배로 향해 있으며, 학문적인 인식의 진보를 매개로 하여 기술적인 진보를 이룬다는 것이다. 그러나 과도한 고대찬양을 경고하기 위해 베이컨은 근대의 발명들과 세계항해를 지적하였다. 베이컨의 진보이론은 이미 1605년에 고대찬양자들에게는 커다란 도전이었다. 이것은 1624년에 프랑스어로 번역된 1605년의 저작인 『신적이고 인간적인 학습의 효율성 및 진보에 관한 두 저술Two books on the proficience and advancement of learning, divine and humane』을 통해 이루어졌다.

베이컨과 유사한 맥락에서 자연과학적인 방법론에 기초하여 고대/근대의 문제에 주목하였던 1668년 영국의 철학자인 죠셉 그랜빌Joseph Glanvill은 『플러스 울트라: 아리스토텔레스의 시절 이래로 지식의 진보와 진전Plus Ultra: or the Progress and Advancement of Knowledge since the Days of Aristotle』에서 고대와 근대를 비교한다는 것은 쓸모없는 일이라는 관점을 표명하였다. 왜냐하면 자연과학에서의 실험적인 방법은 새로운 길을 제시할 수 있으며 기독교적인 편견들은 뒤로 물러날 수 있게 되었기 때문이라고 한다. 베이컨이나 그랜빌과는 달리 일정 정도 역사철학적인 관점에서 고대/근대의 문제를 보고자 하였던 비평가이자 시인인 존 드라이든John Dryden은 1668년에 『드라마적인 시에 관한 에세이An Essay of Dramatic Poesy』에서 논쟁의 테마를 문학적인 형태로 다루었다. 말하자면 그는 자연과학적인 방법론이나 실증주의적인 역사 비교의 관점에 아니라 고대와 근대 자체를 각기 역사철학적 논구의 대상으로 균등하게 보면서 성찰방식의 차이에 근거하여 고대와 근대를 구별적으로 파악하고자 하였던 것이다. 그에 따르면, 근대인들은 자명한 방식으로 스스로를 깨우치게 되었으며, 특히 셰익스피어는 근대문학의 호머라고 규정될 수 있다는 것이다. 아직 본격적으로 미학과 예술에 대한 역사철학적 가치가 논해지지는 못했지만, 최소한의 논의기반이 마련되기는 한 것이다.

프랑스에서는 데카르트와 파스칼이 논의를 이끌었다. 데카르트René Descartes(1596-1650)는

『방법서설Discours de la méthode』(1637)에서 근본적인 회의라는 토대 위에서 인문주의 전통을 문제시하였으며, 파스칼Blaise Pascal(1623-1662)은 『진공론 서문Préface sur le Traité du Vide』에서 이성의 무한한 진보에 의거하여 전통적인 생성－성장－소멸 메타포를 탈자연화시켰다. 이 와 더불어 데카르트나 파스칼이나 모두 베이컨의 사상을 받아들이면서 기독교적인 정체 성 전통을 부정하였다. 전통적인 생성－성장－소멸 메타포가 실재 자연발생사적 과정과 분리되어 독자적인 이성체계적 발전 과정과 관계됨으로써, 독자적인 사유체계 내에서의 발생사적 관계가 이야기될 가능성이 마련된 것이다. 이는 앞서 논의된 바 있는 드라이든 의 역사철학적 관점과는 다소 다르게 개체주의적 관점에 의거한 개체발생사의 논의가능 성이라고 할 수 있다.

영국과는 달리 프랑스에서는 유사－고전주의적인 고대찬양자들과 근대인들 간에는 치열 한 논쟁이 벌어졌는데, 이러한 논쟁의 시발은 샤를르 페로Charles Perrault(1628-1703)가 프랑스 아카데미에서 발표한 시인 「루이 대제의 시대Siècle de Louis le Grand」(1687)였다. 이 시에서 그 는 고대적 전통의 권위 및 유사－고전주의적인 모방이론과 거리를 두면서 자연과학과 철학 및 예술 분야에서 이루어진 루이 14세 시대의 탁월성에 대해 상찬하였다. 그리고 나서 이듬 해에 『예술과 과학과 관련하여 고대인들과 근대인들의 동등성Parallèles des anciens et des modernes en ce qui regarde les arts et les sciences』(1688-1696)에서 페로는 문화적 진보의 경험들을 현재의 세계사적인 최상의 위치를 근거규정하는 역사이론 속에 위치시켰다. 그럼에도 불구하고 그 역시 자연유기적인 성장과정의 사고로부터 벗어날 수 없었다. 말하자면 그의 사고는 개체발생사적 관점에도 불구하고 전체 자연의 유기적인 생성－성장－소멸이라는 자연발생 사적 사고 내에서 작동할 수밖에 없었던 한계를 지니고 있었던 것이다.

이러한 페로의 입장을 심화시키고 발전시킨 사상가는 퐁트넬Bernard Le Bovier de Fontenelle (1656-1756)이었다. 그는 『고대인과 근대인에 관한 여담Digression des anciens et des modernes』에 서 인류의 역사는 인간의 역사와는 다른 법칙을 따른다고 주장하였다. 그리하여 순환론적 인 역사이론의 위치에 인식과 성장의 단선적이고 기계적인 성장의 표상이 들어서게 되었 다. 우선 퐁트넬은 역사를 세 가지로 구분하였다. 첫째는 인간적인 자연의 역사이고, 둘째 는 점증하는 인식의 역사이며, 셋째는 이 두 역사들에 의해 구성된 문학적인 습성들의 역 사이다. 여기서 역사는 비로소 모든 인간적인 특성들과 능력들을 그것들의 생성과 발전과 본질 속에서 정의내리는 가장 포괄적인 방법으로 이해되었던 것이다. 그리하여 모든 학문들과 예술들의 피조건성과 합법칙성을 연구하는 시도로서의 근대적인 역사의식은 퐁트넬에게서 시작되었던 것이다. 퐁트넬은 인류의 항상 동일하게 남아 있는 자연적인 구성을 경험적인 지식의 지속적인 성장의 전제로서 고찰하였다. 더구나 퐁트넬은 진보가 유럽대륙에만 한정된 것이 아니라 북미의 인디언들이나 다른 민족들에게도 이어질 것이라는 입장을 개진하였다. 신구논쟁에 대한 그의 기여는 18세기에 스코틀랜드 역사학자들인 퍼거슨이나 로버트슨 등과 프랑스 계몽주의자들인 볼테르, 튀르고, 달랑베르, 콩도세르 등에 의해 발전된 새로운 역사적 사유뿐만이 아니라 독일 계몽주의와 고전주의의 역사철학에도 커다란 영향을 미쳤으며, 그 결과 미학과 예술의 역사철학적 위상이 정립될 수 있었다.

페로로부터 시작하여 퐁트넬에게서 발전된 미학과 예술영역에서의 18세기의 역사철학적인 진보이념은 쟝 쟈크 루소Jean Jacques Rousseau(1712-1778)라는 적수를 만나게 된다. 『과학과 예술에 관한 담론Discours sur les sciences et les arts』(1750)과 『인간들 간의 불평등의 기원과 근거에 관한 담론Discours sur l'origine et les fondements de l'inègalitè parmi les hommes』(1754)에서 루소는 더 이상 유사 – 고전주의적인 순환모델을 따르지 않고, 일정하게 규정된 자연 상황으로부터 역사가 진행된다고 하는 관점을 전진하는 소외 및 소멸과정으로 간주하였다. 이와 더불어 루소는 계몽주의적인 진보이론의 사회정치적인 한계가 의식되도록 하였다. 그러나 이처럼 계몽주의 진보이론을 부정하는 것은 전통주의적인 요인들을 담지하고 있는 것이었다. 이러한 부정을 통해 현재의 사회상황을 넘어서는 미래적 전망이 배제되었기 때문이다. 근원적인 자연 상태의 회복을 불가능한 것으로 간주한 루소는 교육적이고 사회적이며 정치적인 개혁기획들을 통해 사회적인 소외 및 소멸과정을 정지시키는 일 이외에는 다른 어떠한 대안도 찾지 못했다.

18세기 말과 19세기 초에도 여전히 신구논쟁은 끝나지 않았다. 이것을 입증해주는 것은 쟈코뱅주의자들과 나폴레옹의 고대찬양과 1800년경에 시작된 셰익스피어에 대한 찬반논쟁이다. 근대를 옹호하는 혁명적 사고의 소유자들은 셰익스피어를 지주로 삼았지만, 봉건절대적인 보수 세력들은 라신느를 옹호하였던 것이다. 1823년에서 1825년 사이에 스탕달Stendhal, Marie-Henri Beyle(1783-1842)은 『라신느와 셰익스피어Racine et Shakespeare』라는 글을 통해 이러한 논쟁에 뛰어든다. 그는 유사 – 고전주의 사상과 샤토브리앙의 근대적인 기독교적 미학 간의 대립으로부터 거리를 두면서 소위 '혁명의 아이들'의 습성들과 확신들 그리고 다양한 욕구들에 부합되는 '신문학littérature nouvelle'을 주창하였다. 신구논쟁의 논쟁적 의미맥락은 20세기 독일문예학에서도 이어지는바,[2] 여기서는 미학과 예술에 있어 주관적인 미적 경험과 역사적 가치 사이의 역관계는 해소될 수 있는 문제가 아니라 지속적인 반성과정에서 새로운 의미맥락을 창출하는 역사철학적 논의의 지지대라는 사실이 드러난다.

결국 프랑스와 영국 그리고 독일의 사상가들에 의해 형성되었던 신구논쟁의 의미맥락은 미학과 예술의 역사적 가치라는 문제와 연관하여 규정해보자면, 미적 경험의 주관화를 끝까지 밀고 나간 칸트의 초월철학적 감성론과 시대적 정신의 외화의 증서이자 변화하는 문화적 기능의 범례로서 예술의 세계사를 주창한 헤겔의 예술철학 사이의 의미맥락으로 재규정될 수 있을 것이다. 칸트의 초월적 감성론은 주관화의 질곡으로부터 벗어날 수 있는 장치로서 상호주관적인 '공통감각sensus communis'을 마련해놓았다면, 헤겔의 예술철학은 자연사적 생성–성장–소멸의 순환론적 질곡으로부터 벗어날 수 있는 장치로서 미적 경험의 주관적인 수용조건들의 발생적 반성을 마련해놓았다. 칸트를 따라서 사유하자면, 고대를 극복하는 길은 미적 경험의 주관화를 근본화시켜 최대한 '자연스러운 감각의 가능성 조건'을 해명하는 것이며, 헤겔을 따라 사유하자면, 고대를 극복하는 길은 시대를 관류하는 정신의 발생적 도정을 되밟아 재발생되도록 함으로써 자기정교화와 자기증진을 통해 외화되고 다시금 다른 것으로 이행하는 시대정신의 실체이자 전체 체계를 해명하는 것이다. 칸트의 초월적 감성론과 헤겔의 예술철학 중 어느 하나를 따르더라도 미학과 예술에 있어 주관적 경험과 역사적 가치의 문제는 항상 착종관계 속에서 파악될 수밖에 없는 것이다.

---

2   Vgl. Hans Robert Jauß: Ästhetische Normen und geschichtliche Reflexion in der Querelle des Anciens et des Modernes, in: Perrault, Charles: Parallèle des Anciens et des Modernes en ce qui regarde les Arts et les Sciences. Hg. von Max Imdahl u.a. München 1964, SS.8-64; Hans Robert Jauß: Friedrich Schlegels und Friedrich Schillers Replik auf die Querelle des Anciens et des Modernes, in: ders.: Literaturgeschichte als Provokation. Frankfurt/M. 1970, SS.67-106; Peter K. Kapitza: Ein bürgerlicher Krieg in der gelehrten Welt. Zur Geschichte der Querelle des Anciens et des Modernes in Deutschland. München 1981.

II

고대 미학

1. 소크라테스 이전 철학의 미적 인식

'고대시대'[3]에 다른 어떤 문화보다도 그리스 문화만큼 아름다움에 관해 관심을 보인 문화는 없을 것이다. 소년 파리스가 세 여신들인 아프로디테, 아테네, 헤라 중 누가 가장 아름다운지 판단해야 하는 이야기를 다룬 파리스 신화, 미소년 가니메드 신화 등을 비롯하여 제의적인 미의 경연, 서사시, 서정시, 비가 등에서 표현된 미, 정치적 함의를 지니는 'kalokagathia', 즉 아름다움과 선함, '육체적 탁월성과 정신적 탁월성'의 파롤 등에서 알 수 있듯이, 고대 그리스인들은 아름다움이 갖는 강력한 힘을 높이 받들었다. 호머는 인간의

---

3   라틴어로는 'antiquus', 영어로는 'classical antiquity', 독일어로는 'die Antike'로 나타나는 '고대'는 통상 시기적으로 대략 기원전 800년 전부터 기원후 약 600년까지 이르는 지중해 지역의 시기를 일컫는다. 고대라는 역사적 시기는 공통의 문화적 전통을 공유하는 시기로 고대 그리스, 헬레니즘, 로마제국의 역사를 포괄한다. 그러나 보다 확장된 의미로서 고대는 이집트, 메소포타미아, 앗시리아, 페르시아, 소아시아 등의 근동아시아 문화를 포함하는 것으로 사용되기도 한다. 이 경우 고대는 기원전 3500여 년 전부터 고대의 마지막 시기에 이르는 시기를 전부 포괄한다 (https://de.wikipedia.org/wiki/Antike 참조). 본 서에서 고대시대는 주로 고대 그리스 문화를 지칭하는 것으로 사용되며, 필요에 따라 세분화된 지칭이 사용될 것이다.

육체나 신의 육체 혹은 머리카락, 얼굴, 눈, 피부, 뺨, 허벅지, 발목관절 등과 같은 가시적인 육체의 부분들, 목소리, 말, 소, 양 등과 같은 가축들, 옷, 무기, 차, 성벽, 집 등과 같은 일상의 이용 대상들, 나무, 물, 바람, 별 등과 같은 유익하거나 쾌적한 자연대상들, 만족을 불러일으키는 인간행동들을 나타낼 때 아름답다는 뜻을 지니는 형용사 'καλός, schön, beautiful'를 사용하였다. 호머 시대에도 그랬지만 그 이후에도 '아름답다'라는 말과 '유익하다'라는 말을 서로 구별하는 것은 쉽지 않았으며, 이 말들과 더불어 '적절하다'라는 말과 '선하다'라는 말 역시 서로 구별하기가 용이치 않았다. 고대 그리스 시대에 도덕적인 의미가 가치를 더하게 되었으며, 따라서 'καλός, schön, beautiful'는 단지 선하다는 의미만을 갖게 되었다.

미에 관한 이야기들이 본격적으로 논의되기 시작하였던 소크라테스-플라톤-아리스토텔레스 시대 이전에는 소위 '소크라테스 이전의 철학자들'의 산발적인 논의들이 이루어지긴 했다. 기존의 미학사들에서는 거의 다뤄지지 못했던 소크라테스 이전 철학자들의 미에 관한 논의들은 일관된 담론을 형성하지는 못했지만 이후 소크라테스 시대의 미 논의의 맥락 형성에 일정 정도 기여했던 것으로 보인다. 예컨대 헤라클레이토스Herakleitos(기원전 520년경-기원전 460년경)는 "신에게서는 모든 것이 아름답고 선하며 정당하지만, 인간의 경우 한편은 정당치 못하고 다른 한편은 정당하다"[4]고 추측하였으며 인간적인 것을 신적인 것보다 낮게 보았던 반면, 다른 사상가들은 인간의 자의로부터 참된 아름다움을 끌어내어 이를 양적인 관계로 객관화시키려고 하였다. 그리하여 피타고라스주의자들은 '질서 τάξις, taxis', '대칭συμμετρία, symmetria', '조화άρμονία, harmonia'(Vs I, 129, 139) 같은 양적인 관계들을 아름답다고 칭하였으며, 조각가 폴리클레이토스Polykleitos(기원전 480년경-기원전 5세기 말경)는 육체 부분들 간의 비율적 관계들인 '비율적 규범canon κανών'[5]을 아름답다고 하였다. 또한 아폴로니아의 디오게네스Diogenes von Apollonia(기원전 499년경-기원전 428년경)는 '척도μέτρα metra'(VS I, 335)를, 데모크리토스Demokritos(기원전 460년경-기원전 380년경)는 '과잉과 결핍ύπερβολή καί ελλειψις'에 대립되는 '균등ἴσον'(VS I, 405)을 아름다운 것

4   Maria Laura Gemelli Marciano (übers. u. hrsg.): Die Vorsokratiker, Bd. I, übersetzt und erläutert von Maria Laura Gemelli Marciano, Düsseldorf 2007, S.327. (이후로 Band I은 Vs I로, Band II는 Vs II으로, Band III은 Vs III으로 약칭)

5   Die Fragmente der Vorsokratiker. Griechisch und Deutsch von Hermann Diels. Herausgegeben von Walther Kranz, Hildesheim 1906, S.229. (이후로 Band I은 VS I로 약칭)

으로 칭하였다. 이처럼 미 개념은 여러 철학자들에 의해 다양하게 논의되어왔는데, 우선 소크라테스 이전 철학에서 미 개념이 어떠한 역사적 발전을 해왔는지를 살펴보기 위해서는 그 시초부터 차근차근 분석해볼 필요가 있다.

1) 탈레스(기원전 624/623년경 – 기원전 548년과 544년 사이)

소크라테스 이전 철학의 최초의 철학자인 탈레스Thales는 모든 사물들의 원리를 '물'로 보았으며, 때문에 지구가 물 위에 놓여 있다고 생각하였다. 아리스토텔레스에 따르면, 그가 이러한 생각을 하게 된 것은 모든 사물들의 영양분이 축축하며 온기 자체가 습기로부터 생겨난다고 여겼기 때문이라고 한다. 더구나 모든 사물들의 씨앗들 역시 축축한 본질을 지니고 있기에 탈레스에게 있어 물은 모든 사물들의 원리로 생각될 수 있었던 것이다(Vgl. Vs I, 15). 탈레스가 물을 만물의 원리라고 보았다고 해서 그를 유물론자로 여길 수는 없을 것이다. 왜냐하면 그는 '우주의 정신을 신'이라고 하였으며 '우주가 영혼을 가지며 온갖 영들로 가득 차 있다'고 생각하였기 때문이다(Vgl. Vs I, 19). 그러나 물질과 영혼이 구분되어 다른 실체라거나 다른 본질을 갖는다는 등의 보다 구체화된 논의를 하지는 않았다는 점에서 탈레스를 유물론자나 영혼–물질 이원론자 등으로 부를 수는 없을 것이다. 한 가지 분명한 것은 만물의 본질을 물로 보았다는 점에서 모든 사물들은 '흐름' 내지 '움직임'의 특성을 지니며, 우주의 정신을 신으로 보았고 우주가 영들로 가득 차 있다고 생각했다는 점에서 영혼은 사멸치 않고 우주 가운데 영속한다는 추론이 가능하다는 점이다. 만물의 원리가 흐름을 본질로 하는 물이고, 우주에 가득 차 있는 영혼들이 사멸치 않고 끝없이 움직인다는 생각은 영혼과 물체, 정신과 감각의 이분법적 사고 이전의 본래적인 근원적 일자의 사고인 것이다.

2) 아낙시만드로스(기원전 610년경 – 기원전 547년경)

탈레스의 제자인 아낙시만드로스Anaximandros는 탈레스의 일자적이고 우주적인 근원적 일자의 사고를 체계 속에 담아내고자 한 철학자였다. 실제로 '사람들이 거주하는 세계를 지도에 그려넣고자 하였던'(Vgl. Vs I, 35) 아낙시만드로스는 해시계 역시 창안하여 스파르타에 해시계를 설치하기도 하였다. 시공간의 분절화를 통해 세계를 정교화하고자 하였다고 할 수 있는 아낙시만드로스는 사물의 원리를 물로 보았던 스승 탈레스보다 더 나아가 그리고 보다 더 추상화시켜 사물의 원리를 "τὸ ἄπειρον, Apeiron"(Vs I, 36)으로 보았다. '무한자 혹은 무제약자'라는 의미를 갖는 아페이론은 '우주의 모든 사물들과 질서가 생겨나도록 해주는 원천'과 같은 것으로서 만물이 생성되고 질서를 잡아나가며 체계를 이루는 데 있어 근원이 되는 것이다. 물, 불, 공기, 흙이라는 우주의 기본 4원소들 각각이 서로에게로 변화되는 것을 관찰하면서 아낙시만드로스는 4원소들 중의 어느 하나를 '토대Substrat 혹은 주체Subject'의 의미를 갖는 "ὑποκείμενον, hypokeímenon"(Vs I, 36)으로 간주하는 것은 옳지 않다고 보면서 4원소들 외에 또 다른 그 무언가를 상정하고자 하였다. 왜냐하면 그는 생성이라는 것이 4원소들 각각이 서로에게로 변화됨으로써 이루어지는 것이 아니라 '영원한 운동의 결과로 대립들이 제거됨으로써'(Vs I, 37) 야기되는 것이라고 생각하였기 때문이다. 존재하는 사물들의 원리가 무제약자이기 때문에, 사물들의 세계인 자연 자체는 영원하고 세계들의 생성의 기저에서 작용하는 운동 역시 영원하기에 사실상 생성과 소멸이라는 것은 '끝없는 원환운동'(Vgl. Vs I, 39) 속에서만 가능한 것이다. 처음과 끝이 없는 영원한 운동의 세계를 구상한 아낙시만드로스는 결국 모든 것이 내적인 분절화를 근간으로 영원한 운동 가운데 있는 역동적 정교화체계를 구축하였던 것이다.

『소크라테스 이전 철학자들Die Vorsokratiker』의 역자인 마르시아노에 따르면, 아낙시만드로스의 아페이론 개념은 아리스토텔레스의 해석에 의거하여 다음과 같이 세 가지 함의를 지닌다고 한다.

첫 번째 함의는 '규정되지 않은 혼합'으로서, 아페이론으로부터 대립들이 형성되며, 따라서 그 자체로 생성이 이루어지기 위한 무궁무진한 원천의 의미가 아페이론 개념에 부여될 수 있다는 것이다(Vgl. Vs I, 54).

두 번째 함의로 아페이론은 불보다는 조밀하고 공기보다는 성긴 사이요소의 특성을 갖는다고 한다. 이는 아리스토텔레스에 의해 그의 『천체론De caelo』 셋째 권에서 언급된 것으로, 모든 것을 에워싸고 무한히 연장된 사이요소로 이해되는 것이다.

세 번째 함의는 시공간적으로 무한히 연장된 본질로서, 아페이론은 아리스토텔레스의 『자연학Physica』 첫째 권에서 "시공간적으로 무한히 연장된 것"(Vs I, 56)으로 규정되었다고 한다.

아페이론으로부터 대립들이 분리되어 나와 생성의 조건들이 만들어진다는 것이 아니라, 생성의 힘을 지니는 맹아가 그로부터 나온다는 점에서, 아페이론은 생성의 역동적 '장Field' 같은 의미를 지닌다고 할 수 있다. 이러한 생성의 장은 모든 곳에 스며들어 모든 것을 움직여주며 일정한 방향으로 인도해주는 기능을 하는 근원적인 것으로서, '시공간적으로 무한히 연장된 사이요소'로 이해될 수 있는 것이다. 결국 시공간적으로 무한히 연장되며 끝없이 내적으로 분절되는 작용이 이루어지는 장인 아페이론은 일종의 역동적 네트워크와도 같은 것으로 향후 끝없는 변화와 생성의 예술적 공간의 논의맥락의 형성에 미학사적인 근간으로 작용할 수 있는 것으로 이해될 수 있다.

3) 아낙시메네스(기원전 586년경 – 기원전 526년경)

아낙시만드로스의 제자인 아낙시메네스Anaximenes는 공기를 물보다 더 중요한 요소로 보면서 '단일한 물체들의 실제적 원리'로 규정하였다. 공기가 물체들의 원리로 규정된 데에는 그 나름의 이유가 있었다. 공기의 형상은 전적으로 균질적이면 눈에 보이지 않고, 차거나 뜨겁거나 축축하면 눈에 보이게 된다. 말하자면 비가시적인 본질과 가시적인 현상의 역동적 원리가 다름 아닌 공기라는 것이다. 그리하여 공기가 조밀해지면 흙이 되고, 흙으로부터 축축한 공기가 생겨난다. 그리고 이것이 더욱 조밀해지면 불이 된다. 그리고 이로부터 천체를 이루는 태양, 달, 별들이 생겨나게 되었다는 것이다(Vgl. Vs I, 87). 여기서 생성을 규정하는 대립원리가 드러나는데, 그것은 바로 '온기와 냉기의 대립'이다. 공기는 균질적인 상태에서는 비가시적이지만, 균질적인 상태로 정지될 수 없는 특성을 갖기에 항상 '온기와 냉기의 대립' 원리에 의거하여 변화의 과정에 있는 것이다. 이를 달리 표현하자면, 도처에 편재해 있다는 공기의 본질적 특성은 비가시적인 반면, 온기와 냉기의 대립에 의거하여 항상 일정한 모습으로 변화의 과정 중에 있는 공기의 현상적 특성은 가시적인 것이다. 마르시아노에 따르면, 아낙시메네스의 공기 개념은 호머에게서 '무제한적인 것'으로 특징지어졌다고 한다(Vgl. Vs I, 89). 또한 히포크라테스의 『바람에 대하여』에 따르면, 공기의 힘은 나무들을 뿌리채 땅에서부터 뽑아버리고 바다를 격노케 하며 커다란 배들을 박살내버리는 폭풍우 같은 바람의 휘몰아침에서 나타난다고 한다. 또한 공기는 땅과 하늘 사이의 공간을 채우고, 겨울에 조밀해지고 차지며 여름에 온화해지고 고요하게 됨으로써 겨울과 여름의 진행을 야기시킨다고 한다. 이와 더불어 공기는 태양과 달과 별들에 자양분을 제공해줌으로써 그것들의 운행을 규정한다고 한다(Vgl. Vs I, 93). 결국 널리 모든 곳에 퍼져 있는 공기는 모든 곳에 존재하면서 모든 것을 산출하는 근원적인 원리로 여겨질 수 있었던 것이다. 비가시적 본질이 은폐된 채 가시성으로서만 감지되는 비진리로서의 공기의 모습은 아낙시메네스에게서 직접 언급되지는 않았지만, 본질의 은폐와 비본질의 현현이라는 파라독스적 특성을 갖는 미의 모습과 유사한 것으로 이해될 수 있다.

4) 피타고라스(기원전 570년경 - 기원전 495년경)와 피타고라스학파

피타고라스Pythagoras는 스스로를 '철학자'(지혜를 사랑하는 자)(Vs I, 105)로 지칭한 최초의 사람이라고 여겨진다. 특히 피타고라스는 가장 아름다운 것이 '조화'(Vs I, 129)라고 함으로써, 미를 양적인 관계로 환원시키고자 했다. 피타고라스는 특히 음악을 수학적으로 분석한 최초의 사상가로 알려져 있다. 그의 음악이론에서는 수적인 비율관계들을 통해 조화로운 간격들을 설명하는 것이 관건이었다. 수적인 비율관계들에 의해 마련되는 조화형태들은 다음과 같이 압축적으로 요약된다:

> 화음의 크기(8도음 2 : 1)는 4도음(4 : 3)과 5도음(3 : 2)으로 이루어진다. 5도음은 9 : 8 정도의 비율(온음 정도)로 4도음보다 더 크다. 왜냐하면 하이파테(가장 저음을 갖는 가장 위에 있는 현)로부터 메세(중간 현)까지 4도음이, 메세로부터 네테(가장 높은 음을 갖는 가장 아래에 있는 현)까지 5도음이, 네테로부터 트리테(가장 아래에 있는 현에서 세 번째 현)까지 4도음이, 트리테로부터 하이파테까지 5도음이 있고, 트리테와 메세 사이에는 온음이 있기 때문이다. 4도음은 4 : 3의 비율, 5도음은 3 : 2의 비율 그리고 8도음은 2 : 1의 비율을 갖는다. 그리하여 8도음은 5개의 온음들과 2개의 반음들로 이루어지고, 5도음은 3개의 온음들과 하나의 반음으로 이루어지며, 4도음은 2개의 온음들과 하나의 반음으로 이루어진다(Vs I, 145).

이상에서 볼 수 있듯이 수학적으로 묘사할 수 있었던 음악적 조화는 진동하는 현의 길이를 실험적으로 측정함으로써 얻어질 수 있었다. 대부분의 피타고라스주의자들은 이 같은 경험적 방식으로 조화를 찾아내고자 하였다. 그러나 이는 이후 사변적인 음악이론을 주창하였던 플라톤의 비판을 받았다.

수를 사물들의 원리로 보았던 피타고라스주의자들은 수의 고유성들이 지각 가능한 물체들에서도 존재한다고 생각하였다. 그리하여 그들은 "존재하는 사물들이 수들이지만, 서로 분리된 채로 존재하는 것이 아니라, 존재하는 사물들 자체가 수들로 구성되어 있다"(Vs I, 155)고 가정하였던 것이다. 말하자면 지각 가능한 물체들 내에서 수적인 비율들이 다양한 형태로 존재한다는 것이다.

사실 피타고라스라는 인물 자체는 베일에 가려진 사상가로서 그에 관한 다양한 이야기들이 존재한다. 『소크라테스 이전 철학자들』의 역자인 마르시아노에 따르면, 그는 영혼윤회설을 주장하였고 백과전서적인 지식의 소유자였으며 마술사의 능력을 지닌 자로 이야기되었다고 한다. 플라톤 학파에 이르러 비로소 그는 이원적 원리들에 기초한 수이론의 창시자로 알려졌다고 한다. 말하자면 이념의 세계는 물체, 면, 선들과 같은 양들로 환원될 수 있고, 이것들은 다시 4, 3, 2 같은 수들로 환원될 수 있으며, 이러한 수들은 다시금 질서와 선의 원리인 단일성과 무한정과 무질서의 원리인 이원성으로 환원될 수 있다고 한다 (Vgl. Vs I, 172-173). 이 같은 이원론적 사고는 이후 이원적 원리에 기초하여 (정신적이고 육체적인) 세계를 설명하는 모델의 기초를 이루게 되었다.

앞서 언급된 바 있지만, 피타고라스가 가장 아름다운 것을 '조화'라고 말했을 때, 이것은 가장 지혜로운 것이 '수'라고 규정한 것과 같은 맥락에서다. 가장 지혜로운 것과 가장 아름다운 것이 공유하는 수 개념이 바로 '테트락티스Tetraktys'이기 때문이다. '테트락티스'는 1, 2, 3, 4로 이루어져 있으며 이들의 총합인 10이라는 숫자로 나타내어지는 수로 수학적인 영역을 넘어 수들의 상징체계를 포괄하는 '전체의 수' 내지 '완전한 수'인 것이다(Vgl. Vs I, 185). 이러한 테트락티스가 조화의 원리일 수 있는 이유는 8도음(2 : 1), 4도음(4 : 3), 5도음 (3 : 2)의 기본 협화음들이 1부터 4까지의 수적인 비율관계들을 통해 표현되기 때문이다. 따라서 피타고라스주의자들에게 있어 미의 기본 원리는 우주의 기본 원리이기도 한 수인 테트락티스의 기본 유형이라고 할 수 있는 것이다.

5) 헤라클레이토스(기원전 520년경 - 기원전 460년경)

소크라테스 이전 철학에서 가장 중요한 사상가들 중의 하나인 헤라클레이토스Herakleitos
는 불가사의하고 이해할 수 없는 어조로 글을 쓴 사상가라고 알려져 있지만, 소크라테스
를 비롯한 후대의 사상가들은 그를 탁월한 사상가로 높이 평가하였다. 플라톤과 아리스토
텔레스에 따르면, 기원전 5세기경에는 스스로를 헤라클레이토스주의자들로 칭하였던 사
상가들이 있었다고 하는데, 이들은 지각세계가 영원한 흐름 속에 존재한다는 이론을 전개
시킨 사상가들이라고 한다. 지각세계가 영원한 흐름 속에 존재한다는 것은 지각세계가 끊
임없이 변화한다는 의미에서 파악될 수 없다는 것을 의미하는 것으로, 헤라클레이토스의
기본 사상인 '로고스적 사고'에 근거한다.

헤라클레이토스에게 있어 '로고스'란 '우리 내부로 들이마심으로써 이해작용을 하고 잠
들어 있는 상태에서는 다시 망각하고 깨어나서는 다시금 이해작용을 하도록 해주는
것'(Vgl. Vs I, 295)을 의미한다. 그러나 그는 변함없이 영원히 존재하는 로고스 자체에 대해
서는 인간이 그것을 듣기 전이건 듣자 마자건 아무런 이해도 할 수 없다고 한다. 그러면서
그는 우리가 신적인 로고스에 '관여'함으로써 행동하고 사고할 수 있다고 한다(Vgl. Vs I,
297). 헤라클레이토스 당대에 '말, 혹은 언술'을 의미하였던 로고스는 '자연현상들의 법칙
성'의 함의를 가지고 있었다. 그리고 이러한 자연현상들은 두 개의 대립 간의 팽팽한 긴장
에 기초해 있다고 생각되었다. 우주적인 질서만이 아니라 인간사회의 질서를 보장해주는
이러한 긴장관계는 헤라클레이토스의 로고스 개념의 기초이다.

헤라클레이토스의 로고스적 사고는 '철학'의 개념을 형성하는 데 근간이 되었다. 그는
헤시오드, 크세노파네스, 피타고라스 등이 '지성 없는 박학다식Polymathie ohne Verstand'만을
수행하였다고 비판하면서, 이러한 박식이 '자기 눈으로 보고 점검하는 검시를 매개로 할
뿐 아니라 증인과 다른 보증인들에게 질문하는 것을 매개로 이루어지는 '역사'와 일정 정
도 결부되어 있다'(Vs I, 332)고 생각하였다. 그러면서 헤라클레이토스는 지식을 획득하는
수단으로 사용되는 이 같은 '수집'방식을 거부하였다. 반면 그의 언어는 수수께끼 같고 아
포리즘 같아서 이것을 이해하기 위해서는 수집의 방식에 기초한 박학다식이 아니라 자연
적인 지성이 필요한 것이다. 이러한 지성의 활동, 즉 철학은 이미 피타고라스에 의해 규정
된 바 있듯이 '가장 아름다운 것들을 고찰'(Vgl. Vs I, 413)하는 활동이다.

결국 자연현상들에 내재해 있는 불같은 소재들과 유사한 것으로서 인간 육체들 내에 존재하는 영혼들에 고유한 로고스는 인간이 완전히 획득하거나 알 수는 없지만 자연현상들 내지 인간육체의 법칙성으로서 작용하며, 우리 인간은 대립들의 긴장관계에 기초한 이러한 로고스에 관여함으로써 사고와 행동을 수행할 수 있게 된다는 것이다. 그리고 피타고라스의 규정대로 이러한 로고스적 활동은 가장 아름다운 것들을 고찰하는 활동과 관계되며, 이는 헤라클레이토스적인 의미에서 '철학적 활동'인 것이다.

6) 파르메니데스(기원전 520/515년경 - 기원전 460/455년경)

파르메니데스Parmenides가 정확히 언제 태어났는지는 정확히 알려져 있지 않지만, 플라톤의 대화록에서 그려지는 소크라테스와의 가상의 만남의 장면을 통해 대략 언제 태어났는지를 추정해볼 수는 있다. 플라톤의 대화록 『파르메니데스』에서 플라톤은 청년기의 소크라테스가 65세 된 노년의 파르메니데스와 이야기를 나누는 장면을 묘사하고 있는데, 당시 소크라테스의 나이가 20세 정도 되었으니 대략 언제 파르메니데스가 태어났는지가 추정 가능한 것이다. 그의 글은 모든 이에게 이해 가능한 것이 아니라 여신의 메시지를 감지할 수 있는 소수의 사람들만 접근할 수 있었다.

파르메니데스의 사상의 핵심은 '존재하다'는 말이 무엇과 관계되는지를 이해하는 것이다. 플라톤은 '모든 것은 하나다'라는 규정이 파르메니데스의 기본 명제이며 따라서 사물의 다양성은 그에 의해 부정된다고 주장하였다. 하지만 사실상 파르메니데스의 기본 명제는 '존재자는 존재한다'라는 것이다. 하나라는 것은 참된 존재자의 기호일 뿐 존재자 자체를 나타내는 것은 아니다. 그러나 플라톤은 모범적인 일자성들하에서도 다양성을 설명할 수 있어야 한다고 생각했다. 사물의 다양성을 부정하는 파르메니데스의 문제를 해결하기 위해 플라톤은 존재의 실존적 의미와 결합적 의미를 구분하였다. 무언가가 '있다'고 하는 실존적 의미와 모든 사물이 자신과는 같고 타자와는 같지 않다는 결합적 의미는 서로 구분되어야 한다는 것이다. 이 경우 후자는 상대적인 비존재가 되는 것이다(Vgl. VS II, 50). 이 같은 견해에 따라 진정한 존재자는 플라톤적인 이데아에 부합되고, 변화하는 지각세계는 비존재자에 부합된다는 생각이 고착되었던 것이다.

그러나 파르메니데스의 '진리 혹은 드러남'이라는 의미를 지니는 'aletheia'와 '개인적 의

견'의 의미를 지니는 'doxa'의 세계는 같은 대상과 관계한다. 말하자면 우리가 살고 있는 세계와 관계하고 있는 것이다. 'aletheia'는 현실에 대한 지성적 인식이 아니라 현실을 부동의 분리되지 않은 완전함 속에서 체험하는 것을 말하며 인간의 지식으로는 달성될 수 없는 것인 반면, 'doxa'는 세계에 대한 지성적 묘사로서 이름과 시간과 장소 및 대상을 통해 특징지어지는 허구적이고 아름다운 이야기인 것이다(Vgl. VS II, 63). 파르메니데스 시의 첫 부분에서 여신은 세 가지 길을 제시하는데, 그중 첫 번째 길인 'aletheia'로 이르는 길만이 내딛어야 하는 길로 이야기된다. 그러나 'aletheia'로 이르는 길은 부동과 고요의 길이기에 처음부터 내딛을 수 없는 것이다. 다른 길은 참된 실존을 가지지 못하는데, 그 이유는 그 길이 '존재하지 않기' 때문이다. 그 길은 절대적 파멸, 절대적 죽음, 절대적 비존재의 길이다. 거기서는 어떠한 인식도 이루어지지 못하는데, 그 이유는 존재하지 않는 것은 "인식될 수도 없고 지명될 수도 없기"(VS II, 21) 때문이다. 그러나 제 삼의 길도 존재하지 않는다. 왜냐하면 제 삼의 길은 인간들이 허구로 상상하는 길일 뿐이기 때문이다. 인간들은 모든 사물들에 대해 존재만이 아니라 비존재 역시 말할 수 있다고 상상하며 두 가지 대안들 사이를 왔다 갔다 하기만 할 뿐이다. 그렇다면 'aletheia'로 이르는 길 이외의 두 길들 중 'doxa'로 이르는 길은 어느 것인가?

'doxa'의 세계는 '이름과 시간과 장소 및 대상'의 세계이기 때문에 이름 없는 비존재자의 길과는 관계없다. 'doxa'의 세계는 우리가 살고 있는 세계로서 이 세계에서 인간은 존재와 비존재 중 어느 하나를 택하는 것이 아니라 두 가지를 모두 선택한다. "생성과 소멸, 존재와 비존재, 장소변화, 색채변화"(VS II, 23) 모두를 선택하며 인간이 살아가는 세계인 'doxa'의 세계는 "말들의 정렬된 질서"(VS II, 25)로서 인간의 지식이 내딛는 '가상의 길'이자 더 나아가 '아름다움의 구성적 질서'인 것이다.

7) 엠페도클레스(기원전 495년경 – 기원전 435년경)

서구 정신사에서 사랑에 관한 담론의 원형은 이미 소크라테스 이전 철학에서부터 형성되어 있었다. 존재자는 질적인 변화가 아니라 단지 다양한 혼합과 해체를 반복하면서 변화와 생성을 수행한다는 사상을 주장하였던 엠페도클레스Empedokles는 이러한 사상을 유지시키기 위해 질적으로 서로 구별되면서 공간적인 운동을 하는 다수의 존재자를 상정해야만 했다. 그는 가시적인 세계 전체를 구성하는 이러한 존재자들로서 물, 불, 공기, 흙이라는 4원소를 제기하면서 영원히 지속하면서도 생성을 멈추지 않는 원소들에 내재해 있는 두 가지 생성 원리들로서 결합과 분리 내지는 '사랑philia'과 '싸움neikos'이라는 형상화 원리를 상정하였다. 이러한 형상화 원리는 물활론적인 의미에서의 동인이라기보다는 운동의 일반적 원리로 이해되어야 하는바, 아리스토텔레스가 파악한 엠페도클레스의 4원소론에 따르면, "우주가 싸움의 작용하에서 4원소들로 분열된다면, 모든 불은 단일한 형태로 통일되며 동시에 다른 원소들은 각기 구별된 상태로 집결한다. 그러나 4원소들이 사랑의 작용하에서 하나로 뭉치면, 원소들 각각의 부분들은 또 다시 서로 분리되는 것이다. […] 결국 엠페도클레스는 하나의 단일한 궁극적 원인이 아니라, 서로 대립된 두 개의 상이한 원인을 정립하였던 것이다."[6] 존재자의 운동의 일반원리로 생각되어야 하는 이 같은 형상화 원리에 대해 고대철학 연구자인 첼러Eduard Zeller는 다음과 같이 압축적으로 설명한다: "사랑은 혼합과 결합을 작용시키는 것이고, 증오는 질료들의 분리를 작용시키는 것이다."[7] 그러나 사랑이 결합을, 증오 또는 싸움이 분리를 야기시킨다고 해서 이 두 과정을 순차적으로 진행되는 것으로 이해해서는 안 된다. 왜냐하면 질료들의 결합이란 이전에 이루어졌던 결합이 해체되는 것을 의미하며, 그것들의 분리란 새로운 결합에로의 진입을 의미하기 때문이다.

이를 구체적으로 설명하기 위해 엠페도클레스는 두 가지 세계상을 제시하는데, 그 하나는 "사랑의 지배하에서 전체 사물들이 하나의 단일한 전체가 되어 질적인 차이가 없는 덩어리와도 같은 스파이로스Sphairos"[8]로서 형성된 세계이고, 다른 하나는 질료들의 부분들이 분리되어 각기 고유한 모습으로 솎아진 상태로 합쳐져 있는 "비세계Unwelt, Akosmia"[9]이다. 단지 한순간 동안만 유지되는 스파이로스의 상태에서 4원소의 부분들은 구별 없이 서로 뭉쳐져 하나의 덩어리를 이루고 있는 반면, 아코스미아의 상태에서는 4원소의 부분들

---

6   Wilhelm Capelle: Die Vorsokratiker, Die Fragmente und Quellenberichte, übersetzt u. eingeleitet v. Wilhelm Capelle, Alfred Kröner Verlag: Stuttgart 1968, S.193.

7   Eduard Zeller: Die Philosophie der Griechen in ihrer geschichtlichen Entwicklung. Erster Teil Erste Abteilung. Erste Hälfte, Georg Olms Verlag: Hildesheim · Zürich · New York 1990 (2. Nachdruck der 6. Auflage, Leipzig 1919), S.962.

8   Wilhelm Capelle: Die Vorsokratiker, S.205.

9   Ibid. S.200.

이 혼합으로부터 서로 완전히 분리되어 각각이 독자적으로 숨어진 상태를 지니면서 한데 모여 있는 것이다. 다시 말해 하나의 덩어리 상태인 스파이로스 속에서 증오가 자라나 원소들이 분열되고, 이러한 분리가 이루어지고 나면, 분리된 작은 덩어리들 사이로 사랑이 개입되며, 이때 소용돌이 운동이 이루어지는데, 이러한 운동을 통해 질료들의 부분들이 혼합됨으로써, 차츰 형성되는 원환의 형태로부터 증오가 추방된다. 증오가 배제됨과 더불어 아직 혼합되지 않은 질료들은 혼합과정에 이르게 되고, 그것들의 결합으로부터 언젠가 사멸하게 될 지금의 세계가 생겨난다는 것이다. 그렇다면 엠페도클레스의 4원소론의 두 가지 생성원리인 사랑과 싸움은 어떠한 의미를 지니는가?

엠페도클레스의 4원소는 "하나로 합쳐진 질료들의 본질"(Capelle 191)이자 "단일하게 통일을 이루고 있는 덩어리"(Capelle 199)이다. 이 같은 조화로운 우주적 덩어리는 영원한 불변의 상태에 놓여 있으며, 단지 그 내에서 탄생과 소멸, 변화와 촉진 등과 같은 일정한 변화들이 일어나는 것이다. 그러나 무한한 변화와 생성만을 인정하였던 헤라클레이토스의 입장과 근원적 일자의 영구적 지속을 주장하였던 파르메니데스의 입장을 단순히 조합하는 것이 아니라 적절히 조화시킬 수 있었던 것은 그가 다른 사상가들과는 달리 단일한 생성근원이 아니라 통일과 분리라는 이중적 근원을 상정하였기 때문이다.[10] 다시 말해 이러한 이중적 근원은 한편으로 통일을 생성근원으로 삼을 때, 역동적이어야 하는 근원이 비역동적인 것으로 정립됨으로써 생겨나는 모순과, 다른 한편으로 분리를 생성근원으로 삼을 때, 다른 것들을 가능케 해주는 근거가 규정 불가능한 것이 됨으로써 생겨나는 모순을 해결할 수 있었던 것이다. 더 나아가 엠페도클레스는 4원소를 하나의 통일을 이루는 '근원력들Wurzelkräfte, rhizómata'로, 즉 네 가지 원소가 사랑과 싸움이라는 두 가지 원리에 기초하여 서로 교차를 이루면서 한 몸체를 형성하는 우주의 기본 힘들로 규정함으로써, 플라톤과 아리스토텔레스를 비롯하여 근대와 현대 문화담론에서도 유지되는 그물망적인 결합의 사유에 초석을 마련할 수 있었던 것이다.

---

10 이 같은 입장은 이미 우보 횔셔에 의해 개진된 바 있다. 횔셔는 이 점을 특히 횔덜린과 연관하여 보다 구체화시킨다(Vgl. Uvo Hölscher: Empedokles und Hölderlin, Eggingen 1998, S.8). 엠페도클레스와 횔덜린 간의 관계에 대한 연구들로는 Walther Kranz: Empedokles: Antike Gestalt und romantische Neuschöpfung, Zürich 1949; Jürgen Söring: Die Dialektik der Rechtfertigung. Überlegungen zu Hölderlins Empedokles-Projekt, Frankfurt a.M. 1973; Robin B. Harrison: Hölderlin and Greek Literature, Clarendon Press: Oxford 1975; Theresia Birkenhauer: Legende und Dichtung. Der Tod des Philosophen und Hölderlins Empedokles, Berlin, Frei Uni. Diss., 1995 등을 들 수 있다.

8) 아낙사고라스(기원전 499년경 - 기원전 428년경)

"나이는 엠페도클레스보다 앞서지만 (철학적) 논의 내용에 따르면 나중인"[11] 아낙사고라스Anaxagoras는 이미 크세노파네스Xenophanes, 엠페도클레스, 파르메니데스 등을 통해 '세계의 통솔자'라는 의미로 예비되었던 유일한 운동의 원리를 '누스nous'로 규정하였다. 그의 '누스' 개념은 매우 미세한 물질로서 모든 것을 인식하고 지배할 수 있는 원리이며 항상 나타나 있는 것이 아니라 "필요한 경우들에서만 불러들여지는 임시방편책"[12]이다. 그러나 신적인 창조력과도 같은 것으로서 '누스'는 창조적인 사유능력을 함축하고 있으며 세계를 일정하게 질서화하는 힘으로 이해된다. 아낙사고라스에 따르면, '누스'는 매우 미세한 요소들의 근원적 혼합으로부터 세계를 창조하였으며, 이러한 창조과정에서 같은 것끼리 모이게 하고 가시적인 대상들과 개별 사물들을 창조하는 원환운동이 시작되었다고 한다. 그리하여 "아낙사고라스의 '누스'는 (예컨대 헤시오드와 오르페우스주의자들에게서 제우스 같은 존재로서) 시인들의 계획하고 질서화하는 신"(VS III, 122)으로 기능하였다.

엠페도클레스에게서는 우주를 지배하는 두 가지 소용돌이 운동원리로서 사랑과 싸움이 제기되었었는데, 아낙사고라스의 누스 역시 소용돌이 운동의 양태를 지니는 지성이자 사유력으로서 항시 무언가 새로운 것에 달라붙어서 이것을 소용돌이 운동으로 몰아가 일정하게 구별하고 인식하는 고유한 능력으로 규정된다. 처음부터 이미 주어져 있는 무수히 많은 '소립자spermata, homoiomereiai'들이 혼합되어 물질들이 구성되는 것과는 달리 누스를 통해서는 운동의 원인과 세계의 질서화가 이루어지는 것이다. 그리하여 무한히 많은 소립자들의 개별성에도 불구하고 전체성이 결여되어 있지 않은 역동적인 세계구조가 형성되는 것이다. 그리하여 "아낙사고라스에게서는 무한히 많고 무한히 분할될 수 있는 요소들이 존재할 뿐 아니라 무한히 많은 세계들도 존재하는 것이다."[13]

아낙사고라스는 무수히 많은 소립자들의 근원적 혼합으로부터 생겨나는 세계를 지각의 세계라고 생각하였다. 엠페도클레스와 함께 최초로 지각의 작용에 대해 상세하게 설명하

---

11 Aristoteles: Metaphysik, übersetzt und eingeleitet von Thomas A. Szlezák, Berlin 2003, 984a11f.

12 Vittorio Hösle: Wahrheit und Geschichte, Bad Cannstatt 1984, SS.217-218.

13 Vittorio Hösle: Wahrheit und Geschichte, S.211.

였던 아낙사고라스는 지각세계의 두 가지 핵심적인 특성들을 규정하였다. 그 첫 번째는 "감각 지각들이 대립된 것들의 작용을 통해 이루어진다"(VS III, 85)는 것이다. 말하자면 단 것과 매운 것은 그 자체를 통해서는 감지될 수 없고 그것들과 대립된 것들을 통해 지각되는바, 예컨대 찬 것은 더운 것을 통해, 단 것은 매운 것을 통해 지각되는 것이다. 결국 동일한 것은 그것과 동일한 것에 의해 촉발될 수 없으며, 따라서 지각작용의 첫 번째 기본 특성은 대립들의 작용이다.

지각작용의 두 번째 특성은 첫 번째 특성과 연관되어 있다. "모든 지각은 고통과 함께 이루어진다. [···] 왜냐하면 동일하지 않은 것은 접촉과정에서 고통을 야기시키기 때문이다"(VS III, 87). 감각이 오래 지속되거나 강도가 강할 때 이 점은 더욱 명확하다. 결국 동일하지 않은 곳들의 대립관계에서 야기되는 고통은 지각작용의 핵심적인 특성으로서 이후 아리스토텔레스만이 아니라 헤르더를 비롯한 근대 미학에서도 감각적 지각작용의 메커니즘으로서 고통의 변증법으로서의 유효성을 계속해서 발휘한다.

9) 아폴로니아의 디오게네스(기원전 499년경 - 기원전 428년경)

아낙사고라스와 동시대인이었던 아폴로니아의 디오게네스Diogenes von Apollonia는 우주를 질서화하고 사유와 영혼과 삶을 산출하는 지적인 힘으로서 공기를 규정하였다는 점에서 아낙사고라스의 누스 사상을 모방한다는 평가를 받기도 했다. 그러나 그의 공기이론과 이에 기초한 지각이론을 살펴보면 그만의 고유한 사상이 간취될 수 있다.

그는 우선 공기를 "모든 것들의 가장 얇은 소재이자 근원"(VS III, 239)이라고 하면서 우주의 모든 것을 질서화하고 인간의 사고와 삶에 작용하는 신적인 힘이라고 생각하였다. 그리하여 모든 것 안에 존재하면서 모든 것을 인도하고 모든 사물들의 밑바탕에 놓여서 삶에 작용하는 실체인 공기는 영혼과도 같은 것으로 여겨졌다. 그 때문에 공기 중에 있는 사유의 힘은 사계절의 변화, 밤과 낮의 변화, 날씨의 변화 등에 작용하면서 모든 자연현상들을 조절한다고 생각되었던 것이다.

이러한 공기이론에 의거하여 디오게네스는 그의 고유한 지각이론을 개진하였다. 그는 무엇보다 감각지각을 공기와 결부시켜 설명하였는데, 내적이고 따뜻한 공기에 신적인 능력을 부여하였기 때문이다. 우선 후각은 뇌에 위치해 있는 것으로서, 호흡을 할 때 냄새가

혈관을 타고 뇌로 들어가 거기서 뇌 속에 있는 공기와 섞여 지각을 유발시킨다고 한다. 냄새와 공기의 혼합이 더 빨라지면, 냄새도 그만큼 더 빨리 인지되어 지각이 더 날카로워진다. 그리하여 머릿속에 공기를 덜 가지고 있는 사람은 보다 더 날카로운 후각의 소유자라고 할 수 있는데, 그 이유는 냄새와 머릿속의 공기가 혼합되는 데에 더 적은 시간이 들기 때문이다. 이와 마찬가지로 청각 역시 뇌에서 일어난다고 한다. 귀 속에 있는 공기가 외부의 공기에 의해 움직여져 뇌로까지 퍼지게 됨으로써 청각적 지각이 일어난다는 것이다. 다른 사상가들처럼 디오게네스 역시 시각은 대상을 비추는 작용을 통해 동공에서 일어난다고 한다. 그러나 동공은 눈의 혈관을 통해 그것에 이르는 내부공기와 혼합되어야만 한다. 그리하여 가장 날카롭게 보는 사람들에게서 내부공기와 혈관들은 매우 얇고 눈은 광채를 낸다.

내부공기는 감각지각만이 아니라 지성과 통찰에도 작용한다고 한다. 내부공기의 특성이 "보다 따뜻하고 보다 건조하며 보다 순수하면 할수록 통찰은 더욱 날카로워진다"(VS III, 280). 호흡한 공기와 음식물의 상태에 따라서도 내부공기가 영향을 받게 되는데, 외부공기가 습할 경우 통찰력은 둔화되는 것이다. 또 다른 요소는 육체의 상태인데, 육체가 너무 단단하면 혈관이 협소해지고 공기가 자유로이 통할 수 없어서 지성이 발휘될 수 없다고 한다. 빈 공간이 없어서 공기를 들이마실 수 없는 단단한 식물의 경우 이성적이지 못한 것이다. 어린 아이들의 경우도 이성적이지 못하고 자주 성을 내는데, 그 이유는 공기가 상당 정도 작은 공간에서 움직이기 때문이라는 것이다.

결국 아폴로니아의 디오게네스는 반드시 물질적이지도 않고 반드시 추상적이지도 않은 사고와 지각과 삶의 소재이자 근원인 공기를 기초로 하여 사고와 지각과 삶의 전체 과정을 생리학적인 역동적 체계로 이해함으로써, 이후 인간학적인 미학과 지각학의 이념사적 원형을 이루게 되었던 것이다.

2. 플라톤의 미학과 이미지론

1) 미의 정의

플라톤Platon(기원전 428/427년경 - 기원전 348/347년경)은 진위 여부가 불분명한 편지들과 몇몇 '경구들Epigramme' 외에는 대화록들만을 썼다. 드라마적인 요소와 철학적인 내용들이 혼재되어 있는 그의 대화록들의 문학적 장르는 그의 스승이었던 소크라테스의 활동들에 대한 기억으로부터 생겨났으나, 후기에 가서는 더 이상 소크라테스가 동참하지 못한다.

헤라클레이토스 및 파르메니데스를 비롯하여 소크라테스 이전 철학자들의 영향을 받았지만, 무엇보다 스승이었던 소크라테스로부터 모범적인 철학적 삶의 모습을 이어받았던 플라톤은 미와 관련한 논의에 있어서도 소크라테스의 사상을 확대발전시켰다. 소크라테스는 미의 다양한 국면들을 체계화시키는 데 중요한 단초를 제공한 최초의 철학자로서 미적인 부분들의 결합, 심리적 상황들과 도덕적 특성들의 모방과 같은 미적 문제들만이 아니라 고대 그리스의 미에 대한 정의로서 '미kalos'와 '선agathos'의 종합을 뜻하는 'kalokagathia' 개념에 대해서도 다양한 성찰을 수행하였다. 그러나 소크라테스의 미 개념이 도덕적인 선이나 유용함과 구별되기 힘들며, 따라서 자칫 대상의 미를 유용성으로 환원시켜버릴 위험이 존재하기에 플라톤은 미 개념에 대한 체계적인 철학적 규정의 필요성을 갖게 되었다.

플라톤의 초기 대화록들 중의 하나인 『대 히피아스Hippias maior』에서 플라톤은 기존의 미에 관한 관점들이 모두 불충분하고 심지어 소크라테스의 관점마저 재고될 필요가 있다고 하면서 미의 정의를 위한 다양한 논증들을 개진한다. 대화록에서는 철학적으로 훈련되지 못한 히피아스가 미의 정의를 위해 제기하는 몇 가지 제안들과 소크라테스 자신이 제기하지만 자기 스스로 반박함으로써 좌초되는 다섯 가지 제안들이 제시된다. 우선 미는 아름다운 소녀나 아름다운 말 혹은 아름다운 악기나 아름다운 도자기도 아니라고 이야기되는데, 여기서는 '아름다운 것etwas Schönes'과 '미das Schöne'가 엄밀히 구별되고 있는 것이다. "다른 모든 것들이 규정되도록 해주고 그런 형상이 거기에 덧붙여질 때 아름다운 것으로 나타나도록 해주는 미"[14]는 특정한 아름다운 사물과는 다르다는 것이다. 이처럼 미와

---

14 Platon: Grösserer Hippias, in: Platon Werke, Übersetzung und Kommentar, Bd. VII 1, Göttingen 2011, S.21(289d, 이후로는

아름다운 것이 서로 구별되어 생각될 필요가 있다는 전제하에 미에 대한 다양한 논증이 전개되는 가운데 히피아스는 나름대로 미를 정의내리려는 시도를 한다. 그는 우선 미를 "황금"(M. Hippias, 289e)과도 같은 존재로 이야기한다. 황금은 변함없이 존재하며 다른 것들을 아름답도록 치장해주는 역할을 하며 이 점은 부정될 수 없는 사실이다. 그러나 문제는 아름다운 특정한 사물이 아니라 '미'를 정의하는 것이라는 점이 소크라테스에 의해 일깨워진다.

그리하여 미의 정의를 위해 히피아스는 두 번째 제안을 하는데, 그에 따르면, 미란 '성공한 삶'이라는 것이다. 예컨대 "어떤 사람이 부유하고 건강하며 헬레나 사람들에 의해 존경받은 채로 노년에 이르고 자신의 부모를 위한 장례식을 아름답게 치르는 경우 그리고 그 자신은 자기 자식들에 의해 아름답고 멋지게 무덤에 묻히게 될 경우, 이것은 항상, 누구에게나 그리고 어느 곳에서나 가장 아름다운 것"(M. Hippias, 291d/e)일지도 모른다는 것이다. 그러나 이 역시 미 자체에 대한 정의라고 할 수는 없는 것이다.

나름대로 그럴듯하지만 정합적이지 못한 히피아스의 시도들에 연이어 소크라테스는 다음과 같이 다섯 가지 제안을 한다. 그 첫 번째 제안은 미란 '적합한 것'이라는 것이다. 그러나 "누군가 알맞은 옷을 입거나 신발을 신는다면, 그는 별로 인상적이지 않다고 할지라도 보다 아름답게 모습을 드러내보인다"(M. Hippias, 294a)는 히피아스의 말에 소크라테스는 논박을 한다. 적합한 것은 실제로 아름답게 존재하는 것을 아름답게 존재할 뿐 아니라 모든 이들에게 항상 그렇게 나타나도록 해주는 미와는 다른 것이기에, 적합한 것 역시 미의 정의는 아니라는 것이다.

첫 번째 정의가 좌초되고 나서는 이제 미란 '필요한 것'이 아닐까라고 두 번째 새로운 제안이 이루어진다. 신체의 기관들, 동물들, 기구들, 운송수단들, 악기들 혹은 특정 활동들이나 법들의 경우 무언가를 아름답다고 특징짓는 관점은 그것이 어떤 방식으로 그 무언가를 위해 특정 시점에 필요한 것인가라는 물음을 통해 규정된다는 것이다(M. Hippias, 295d). 모든 행위는 그것을 하기 위해 필요한 것 혹은 그것을 하기 위한 지식과 능력을 전제한다. 말하자면 특정 행위에 대한 지식이 없거나 특정 행위를 할 능력이 없는 사람은 그 행위를

플라톤의 저작들에 대한 인용은 주로 Vandenhoeck & Ruprecht 출판사에서 최근 출간되고 있는 새로운 번역을 참조하며 Stephanus 페이지 표기에 따른다).

하지 못할 것이다. 그리고 이것은 의도치 않게 오류를 범하거나 나쁜 짓을 행하는 사람에게도 해당된다. 오류를 범할 능력이 없거나 나쁜 짓을 행할 능력이 없는 사람은 오류를 범하거나 나쁜 짓을 하지 못할 것이다. 그러나 소크라테스에 따르면, 인간은 어려서부터 오류를 범하고 나쁜 짓을 행하기 때문에, 오류를 범하거나 나쁜 짓을 하기 위해 필요한 것이 미일 수는 없는 것이다.

세 번째 제안으로 미란 '유용한 것'이라는 제안이 제기된다. "유용한 것은 선을 야기시키는 것"이며, "야기시키는 것이란 원인에 다름 아니다." 따라서 "미는 선의 원인"(M. Hippias, 297a)이라고 말할 수 있다. 논리적으로 보자면 선을 야기시키는 것은 선의 원인이고, 따라서 미는 선하지 않고 선은 아름답지 않은 것이 된다. 소크라테스와 히피아스 모두에게 이러한 결론은 납득하기 힘든 것이기에 수용될 수 없는 것으로 여겨진다.

네 번째 제안으로 미란 '시각적이고 청각적으로 쾌적한 것'이라는 것이다. 그러나 "미가 청각과 시각을 통해 쾌적하게 느껴지는 것"(M. Hippias, 298a)이라고 할 때, 다른 감각들의 경우에는 아름답다고 할 수 없으며, 쾌적하지도 않다고 하는 모순이 생겨난다. 시각과 청각에서만 만족감이 있다는 것은 납득할 수 없을 뿐 아니라, "시각적 만족이 시각적이기 때문에, 즉 시각을 통해 이루어지기 때문에 아름다운 것이 아니듯이, 청각적 만족 역시 청각적이기 때문에, 즉 청각을 통해 이루어지기 때문에 아름다운 것은 아닌 것이다"(M. Hippias, 299c-300a). 미는 이러한 쾌적함들에 공통된 그 무언가인 것이다.

마지막 다섯 번째 제안은 네 번째 제안의 연장이자 확장이다. 소크라테스는 네 번째 정의인 '미란 시각적이고 청각적으로 쾌적한 것'이 합쳐졌을 때 아름답기는 하지만, 이것이 미라고 하는 것은 불가능하다고 한다. 왜냐하면 그렇게 합쳐진 상태의 쾌적함이란 불가능할 것이기 때문이다. 그럼에도 불구하고 마지막으로 미에 대한 정의를 내릴 수 있다면, 이 "두 가지 쾌적함이 각기 존재하면서 하나로 합쳐져 있는 상태"가 미일 수 있다고 하면서 넌지시 미란 "유용한 만족"(M. Hippias, 303e)일 거라고 한다. 그러나 논증이 다시 왔던 길로 되돌아가는 것 같다고 하면서 소크라테스는 마지막으로 매우 의미심장한 이야기로 대화를 마친다: "나는 '아름다운 것이란 어렵다'는 격언이 무슨 뜻인지를 깨달은 것 같다"(M. Hippias, 304e).

소크라테스 이전에도 많은 사상가들이 아름다움 혹은 아름다운 것에 대해 정의내리고

자 다양한 시도들을 해왔지만 그리 녹록치는 못했던 것 같다. 사실 앞서 소크라테스 이전 철학자들에 의해 이루어진 미 혹은 감각적 지각에 대한 논의들에서도 알 수 있듯이, 일관되고 정합적인 미의 정의는 이루어지지 못했다. 기존의 미에 관한 다양한 국면들을 서로 체계적인 연관 속에서 묶어보고자 시도한 최초의 철학자인 소크라테스 역시 자신이 제기한 미의 정의들 앞에서 좌초를 인정할 수밖에 없었던 것이다. 그럼에도 불구하고 플라톤의 대화록『대 히피아스』에서 제시된 미의 다양한 국면들은 향후 미학 내지 감각적 지각학의 궤적을 가늠해볼 수 있는 중요한 단초들을 함축하고 있다고 여겨진다.

우선 '미die Schönheit, das Schöne'는 '아름다운 것etwas Schönes, something beautiful'과는 다른 것으로서, 무언가가 아름다운 것으로 존재하고 현상하도록 해주는 것이다.

둘째, 아름다운 것에는 변함없이 존재하는 것, 모범적인 삶, 사물 또는 신체와 표현의 적합성, 특정 행위를 위한 지식과 능력, 유용한 것, 시각적이고 청각적으로 쾌적한 것, 유용한 만족감 등이 속한다. 말하자면 근거규정으로서의 미와는 달리 아름다운 것은 인간의 행위, 감각적 지각, 이미지, 지적이고 육체적인 능력, 유용성 등과 관계되는 것이다.

플라톤 자신은 첫 번째 단초인 '미' 개념의 추론에 보다 많은 관심을 가지고서 논의를 전개시키면서 그의 고유한 미의 이데아론을 발전시켰다. 아름다운 것들로부터 미에 이르는 길을 밟아 나가면서 그리고 물론 소크라테스에게서 제시된 난점들을 잊지 않으면서 플라톤의 미학은 시작된다.

2) 에로스와 미

플라톤은 『법Nomoi』에서 어느 그리스인으로 하여금 "이른바 에로스라고 부르는 것, τῶν λεγομένων ἐρώτων"과 관련하여 세 가지 형태의 존재자의 결합에 대해 이야기하도록 하는데, 그 하나가 '대립으로부터 야기되는 거칠고도 위험한 것'이고, 다른 하나가 '유사성으로부터 생겨나는 부드러운 것'이라면, 제 삼의 것은 '이 둘의 혼합으로부터 생겨나는 것'[15]이라고 말한다. 그러나 이러한 세 번째 종류의 사랑은 쉽게 인식될 수 없을뿐더러 달성하기도 어려운바, 그 이유는 첫 번째 종류의 사랑이 사랑하는 자를 충동하면 다른 종류의

---

15   Platon: Nomoi, 837b. (본 논문에서 사용된 저작은 Platon Werke in acht Bänden, Darmstadt 1977)

사랑이 그것을 금지하기 때문이다. 다시 말해 제 삼의 형태의 사랑에 이르기 위해서 사랑하는 자는 '사랑하는 대상das Geliebte, τοῦ ἐρωμένου'의 육체를 욕망하는 것이 아니라 "관조"하며 가시적인 아름다움 대신 비가시적인 미를 함축하는 "영혼을 갈망"(Nomoi, 837c)해야 한다는 것이다.

비동일성으로 인한 대립과 분열로부터 생겨나는 '욕망으로서의 에로스'와 동일한 것들 간의 유사성으로부터 생겨나는 '배려로서의 에로스', 그리고 이 둘 간의 혼합으로부터 생겨나는 '궁극적인 에로스'가 이루는 관계는 『법』보다 이전에 쓰인 『리시스Lysis』와 『심포지온Symposion』 그리고 『파이드로스Phaidros』에서 보다 구체적으로 전개된 바 있다. 『리시스』에서는 에로스가 아니라 '필리아philia, φιλία', 즉 우정에 관한 논의가 전체 테마로 전개되고 있기는 하지만, 에로스와 연관하여 중요한 함의를 지니는 논의 역시 암시적으로 이루어지고 있기도 하다. 소크라테스의 입을 통해 이야기되고 있는 '욕망으로서의 사랑'은 『법』에서 그리스인에 의해 주장되었던 '욕망으로서의 에로스'와 다소 다른 뉘앙스를 갖는다. 소크라테스에 따르면, 사랑의 대상에 대한 욕망은 꼬리에 꼬리를 물고 끝없이 이어지기 때문에, 예컨대 병든 육체는 건강을 위해 약을 욕망하고, 건강은 다시금 무언가 다른 대상을 위해 욕망되기 때문에, 근원적인 사랑의 대상이 되는 것, 즉 "최초의 사랑 대상prōton philon, πρῶτον φίλον"(Lysis, 219d)을 상정하지 않고는 그 어떠한 욕망도 이해할 수 없다고 한다. 이러한 '최초의 사랑 대상'으로서 소크라테스는 '선das Gute'을 든다. 그에 따르면, "선이란 오로지 자기 자신을 위해서만 사랑의 대상이 된다는 것이다"(Lysis, 220b-221c). 따라서 이러한 선으로부터 자극되어 작용되는 욕망과 사랑은 무언가를 위해 욕망되고 사랑되는 것이 아니라 욕망과 사랑 그 자체를 근원으로 하는 기본 원리로서, 인간으로 하여금 절대적 이념인 선 자체에 접근할 수 있도록 해주는 기제라고 할 수 있는 것이다.

근원적인 기본 원리로서의 욕망과 동렬에 놓인 사랑과 이러한 사랑에 의해 매개되는 미의 관계는 『심포지온』에서 집중적으로 논의된다. 앞서 논의된 바처럼, 사랑은 무언가에 대한 사랑이며, 따라서 욕망 그 자체라고 할 수 있지만, 욕망이란 본래 욕망하는 자가 소유하고 있지 못한 것, 다시 말해 "아직 현존하고 있지 않고 완성되지 않은 것"(Symposion, 200e)을 향한 욕망이기에, 욕망과 더불어 사랑은 결여로부터 생겨나는 것이다. 여기서 결여란 통상적인 의미에서 이야기될 수 있는 '무언가의 결여'를 뜻한다기보다는 결여 그 자체를 함축한다고 생각될 필요가 있다. 왜냐하면 사랑 대상에 대한 소크라테스의 주장에서 암시되고 있듯이, 에로스가 갈망하는 미 자체가 에로스를 추동시키는 원인이면서, 다시 말해 사랑 대상이면서, 동시에 자기 자신 이외에는 그 어느 것을 위해서도 사랑하지 않는 에로스의 위상을 정립시켜주는 것 역시 미이기 때문이다. 갈망의 대상이자 결여 그 자체로서 존재하는 미는 이러한 미를 갈망하면서도 결코 소유하지 못하는 에로스를 아름답지도 않을뿐더러 선하지도 않으며 그렇다고 해서 추하지도 않은, "유한한 존재와 불멸의 존재 사이에 위치한 악마적인 사이존재"(Symposion, 202e)로 근거규정해주는 것이다. 그렇다면 결여 자체로서의 미를 갈망하는 에로스가 이를 수 있는 곳은 어디인가?

소크라테스는 그것을 "미 속에서의 발생"(Symposion, 206e)이라고 한다. 왜냐하면 '발생 geneseos, χεννήσεως' 또는 산출이야말로 "영원한 것이며, 또한 유한한 것 속에서 가능할 수 있는 불멸의 것"(Symposion, 207a)이기 때문이다. 결국 유한한 것과 무한한 것 또는 사멸하는 것과 불멸의 것을 매개시켜주고 있는 에로스는 유한한 존재가 스스로를 유지해나가는 방식인바, 이것은 존재자가 신적인 것, 즉 선 내지는 미와 동일한 것으로서 존재하는 형식이 아니라, "사멸하고 쇠락해가는 존재자가 과거에 그랬듯이 또 다른 새로운 존재자를 남겨놓는"(Symposion, 208a-b) 형식을 취하는 것이다.

결국 유한한 존재인 인간에게 무한한 것에 참여할 가능성을 제공해주는 '발생 또는 생성으로서의 에로스', 다시 말해 자신을 화산 속에 던져 완전히 불태움으로써 불멸에로의 참여를 감행하였던 엠페도클레스처럼 '사멸하는 것das Sterbliche' 내지는 '죽음Thanatos'을 철저히 산출해내면서 불멸의 근원인 미와 선에 닿을 가능성을 마련해주는 에로스는 일종의 "광기"(Phaidros, 249e)와도 같은 것으로서 '자신을 과감하게 자신으로부터 분리Ek-stasis'시켜 스스로를 기꺼이 고통에 내맡기는 인간으로 하여금 항상 동일하게 존재하지 않는 가시적 미에 대한 주시를 통해 근원적이고 "참된 미"(Phaidros, 249d)를 '상기'시키도록 해주는 것이다. 불멸의 것과 이러한 불멸의 것에 이르기 위해 반드시 천착하여 접전을 벌여야만 하는 타나토스, 그리고 타나토스를 철저하게 산출하고자 하는 에로스와 이러한 에로스의 존재 근거이자 존재목적인 미는 에로스적인 미의 이념을 이루는 주요 계기들인 것이다.

그러나 이처럼 해석학적으로 재구성된 에로스 담론의 종합적 틀에도 불구하고 플라톤에게서는 아이러니한 분위기가 감돌고 있다. 예컨대 강렬한 고통이나 커다란 만족의 순간

"그것의 가장 강력한 동인이 되는 것은 가장 판명하고 가장 실재적인 것"(Phaidon, 83c)이 며 이러한 고통과 만족으로 인해 영혼과 육체가 서로 떼어놓을 수 없을 정도로 결합되어 있는 존재가 바로 인간인 것이다. 비록 "생의 마지막 순간에 신적인 것과 유사한 것에 이를 수 있다는 믿음을 가지고서 그것을 관조하며 사는 것"(Phaidon, 84a-b) 혹은 "죽음을 위해 애쓰는 것"(Phaidon, 81a) 또는 불확실하고 불완전하며 불분명한 감각적 육체로부터 벗어나 항상 변함없이 동일한 모습을 간직하고 있는 영혼의 순수한 상태를 추구하는 것이야 말로 철학에게 주어진 과제인 동시에 철학하는 사람의 존재이유가 되지만, 육체로부터 완전히 벗어날 수 없는 존재에게는 가능한 한 비육체적인 상태를 유지하려고 하는 노력하는 것, 혹은 "죽은 존재로 있고자 하는 것"(Phaidon, 67e)이 유일하게 가능한 태도라는 것이다. 다시 말해 철학이 불가능하다는 사실을 인식하는 것이야말로 철학을 가능케 해주는 것이라는 아이러니, 즉 철학자의 아이러니가 철학의 시초부터 드리워져 있는 것이다.

3) 미와 감각의 이미지작용

플라톤 대화록에서 서술되는 철학의 과제는 육체로부터 영혼을 자유롭게 하여 고귀한 정신적 삶의 영역을 드러내는 것에 놓여 있다. 불확실하고 불완전하며 불분명한 감각적 육체로부터 벗어나 항상 변함없이 동일한 모습을 간직하고 있는 영혼의 순수한 상태를 추구하는 것이야말로 철학에게 주어진 과제인 동시에 철학하는 사람의 존재이유가 된다 는 것이다. 영혼의 순수성을 추구한다는 것은 한편으로 혼탁하게 뒤섞여져 있는 것으로부터 순수하고 투명한 것을 솎아내는 것을 말하며, 다른 한편으로 그렇게 솎아내어진 것을 순수하게 그 자체로 본다는 것을 말한다. 플라톤의 대화록에 등장하는 소크라테스에게서 전자는 인식 대상으로부터 우리 자신을 떼어 놓는 작업으로 표현되며, 후자는 그에 대한 순수한 관조로 표현된다: "만일 우리가 그 무언가를 순수하게 인식하고자 한다면, 우리 는 그것으로부터 우리 자신을 떼어 놓는 동시에 영혼 자체를 통해 사물들을 관조해야만 한다."[16]

그러나 육체로부터 떠나 살 수 없는 감각적 존재인 인간이 어떻게 육체로부터 분리되어

---

16   Platon: Phaidon, in: Sämtliche Werke, Bd. 3, hrsg. v. Ernesto Grassi unter Mitarbeit von Walter Hess, Hamburg 1958, S.19.

자유로울 수 있을까? 바로 이 지점에서 소크라테스는 유일한 가능성으로서 '죽음'을 이야기한다. 육체로부터 벗어날 수 없는 존재인 우리가 육체와 더불어서는 그 무언가도 순수하게 인식할 수 없다고 한다면, 우리에게 남아 있는 가능성은 둘 중의 하나이다. 즉, 결코 지식에 이르지 못하거나 아니면 죽은 이후에나 가능한 일일 수 있는 것이다. 이때 소크라테스가 말하고자 하는 죽음은 가능한 한 육체적인 것으로부터 거리를 둔다는 것 혹은 "죽은 존재로 있고자 한다는 것"(Phaidon 67e)을 함축한다. 결국 육체로부터 분리될 수는 없지만 가능한 한 비육체적인 상태를 유지하려고 하는 노력이 이루어지는 지점에서 철학은 존재근거를 얻게 되는 것이다. 다시 말해 육체로부터의 '분리와 해방이 불가능하다는 인식, 더 나아가 이러한 불가능의 인식을 가능케 해주는 것이 바로 육체'라는 육체의 확실성이 철학이 존재하도록 해주는 근거가 된다는 말이다.

항상 죽음을 염두에 두면서 혼탁하지 않은 순수한 것을 인식하려는 노력은 감각적 지각으로부터 시작된다. 여기서 주목해야 할 점은 소크라테스의 목소리를 통해 이야기되는 플라톤의 감각적 지각의 묘사가 단지 인간의 감각기관들에 의해 이루어지는 지각작용의 내용보다는 이러한 지각의 작동방식에 초점을 맞춰 진행되고 있다는 사실이다. 그에 따르면, "만일 누군가가 그 무엇을 보거나 듣고서 혹은 또 다른 방식으로 지각하고서, 그것을 인식할 뿐 아니라 그 과정에서 다른 인식을 야기시키는 또 다른 것을 표상한다면, 그는 그에게 표상의 대상이었던 것을 상기시키고 있는 것이라고 말할 수 있지 않을까?"(Phaidon 73c-d) 우선 플라톤의 감각적 지각은 앞서 언급된 바 있는 '메타포'의 기능방식, 즉 하나의 감각적 표현을 또 다른 감각적 표현으로 대체하는 방식을 의미한다. 이러한 메타포적 기능방식이 바로 '상기άνάμνησις, anámnēsis, Erinnerung'인 것이다. 메타포적 이미지 작용으로서의 상기는 지각작용이 이루어지는 순간의 지각대상을 인식하는 것이 목적이 아니라, 그러한 지각대상으로부터 거리를 두면서 이런 식으로 분리된 것을 순수하게 그 자체로 파악되도록 하는 데 기여한다.

감각적 지각의 메타포적 기능방식을 통해 상기되어야 할 궁극적인 대상은 혼탁하지 않은 순수한 것, 다시 말해 변함없이 '동일한 것das Gleiche'이다. 하나의 감각적 표현은 또 하나의 감각적 표현을 통해 대체되고, 이것은 다시 또 다른 감각적 표현을 통해 대체되는 끝없는 대체과정들을 거치는데, 이러한 과정에서 우리는 한편으로 동일한 것이 계속 유지되고 관철된다는 점을 알 수 있는 반면, 다른 한편으로 매번 이루어지는 감각적 표현은 지속적으로 유지되고 관철되는 것으로 여겨지는 동일한 것과 한번도 마주치지 못한다는 것을 깨닫게 된다. 따라서 눈으로 보거나 만지는 행위와 같은 지각작용이 동일한 것에 이를 수는 없어도 동일한 것이 지속적으로 유지되고 관철된다는 점을 알게 해주는 중요한 역할을 하는 것이다.

그러나 이와 동시에 지각작용을 통해 드러나는 것은 동일하게 유지되고 관철되는 동일한 것과 그렇지 못한 것 간의 차이이다. 이것을 소크라테스는 존재자의 두 가지 종류 사이의 차이로 묘사한다. 그 첫 번째 종류는 '스스로 항상 동일한 모습으로 남아 있으면서 비가시적으로 지속되는 것'이며, 두 번째 종류는 "끊임없이 변화하는 가시적 사물들"(Phaidon 78b)이다. 첫 번째 종류의 존재자가 '신적이고, 영원불멸하며, 이성적이고, 단일한 형상을 지니며, 해체될 수 없고 항상 동일하며, 자기 자신과 동일하게 관계하는' 영혼과 관계된다면, 두 번째 종류의 존재자는 "인간적이고, 유한하며, 비이성적이고, 다양한 형상을 지니며, 해소될 수 있고 결코 동일한 모습을 갖지 않으며 자기 자신과 동일한 모습으로 남아 있을 수 없는"(Phaidon 80b) 육체와 관계된다. 영혼과 관계되는 첫 번째 종류의 존재자를 대표하는 것으로 소크라테스는 '아름다움das Schöne' 내지는 '선함das Gute'을 들며, 육체와 관계되는 두 번째 종류의 존재자를 대표하는 것으로 감각적 지각, 특히 시각과 청각을 통해 감지된 것을 든다. 변함없이 항상 자기 자신과 동일하게 존재하는 아름다움에 도달하는 길은 '영혼에 의해 이루어지는 사유' 이외에는 없다. 만일 영혼이 '육체를 매개로 하여', 즉 감각적 지각을 매개로 하여 무언가를 고찰한다면, 감각적 지각의 '끝없는 대체작용'으로 인해 영혼은 "자신과 결코 동일한 방식으로 관계하지 않는 것"(Phaidon 79c)으로 끌어들여질 수밖에 없다. 앞서 언급된 바 있듯이, 육체와 분리되어 존재할 수 없기에 가능한 한 비육체적인 상태, 즉 죽음의 상태를 유지하려는 노력으로부터 철학의 존재근거가 생겨나며, 이러한 철학의 유일한 기제인 영혼이 육체라는 매개 없이, 즉 감각적 지각의 매개 없이 영혼 자체에 의한 사유를 통해서만 스스로 항상 동일하게 남아 있는 동일자에 이른다면, 지각대상으로부터 거리를 두면서 이런 식으로 분리된 것을 순수하게 그 자체로 파악되도록 하는데 기여하는 메타포적 이미지 작용으로서의 '상기'와 동일자로서의 아름다움에 대비되는 '결코 자신과 동일한 방식으로 관계하지 않는 감각적 아름다움'을 감지하는 시각은 플라톤에게서 어떠한 위상을 지니는 것일까?

　이러한 물음에 답하기 위해 우리는 다시 플라톤의 '상기' 개념으로 돌아갈 필요가 있다. 그에 따르면, 우리가 무언가를 "보거나 듣기 전에 혹은 여타의 다른 감각들을 사용하기 전에, 우리는 항상 동일하게 존재하는 것에 대한 인식을 그 어느 곳으로부터 이미 가졌음에 틀림없다"(Phaidon 75b)고 한다. 여기서 '그 어느 곳으로부터 이미'라는 말이 의미하는 것은 시간적으로 앞선 시점을 의미하는 것이 아니라 본성적인 혹은 '초월적인transzendental' 의미를 지닌다. 다시 말해 우리는 아름다움이라든가 선함과 같은 스스로 항상 동일하게 존재하는 것에 대한 인식을 "우리가 태어나기도 전에 이미"(Phaidon 75e) 획득했다는 것이다. 태생적으로가 아니라 본성적으로 이미 획득한 것을 다시 얻으려고 하는 역설은 플라톤에게서 인간의 운명적 비극으로 설명된다. 즉, 우리가 태어나기 이전에 아름다움과 같은 동일자를 소유했지만, 태어남과 동시에 상실해버렸다는 것이다. 이처럼 태어남과 동시에 상실된 것을 회복시킬 계기는 다름 아닌 "우리의 감각의 사용"(Phaidon 75e)에 의해 마련되는 것이다. 그러나 이러한 감각의 사용은 감각된 것의 인식을 위해 복무한다기보다는 오히려 그러한 감각적 지각작용 과정에서 우리로 하여금 이미 상실해버려서 망각한 또 다른 그 무언가를 표상하도록 해주는 데에 기여하는 것이다. 결국 이미 초월적으로 우리에게 내재해 있지만 실존의 시작과 더불어 상실된 영원한 불변의 동일자에 대한 인식은 우리의 감각적 지각작용을 통해 '다시 수용되고', '배워지며', '재기억되는' 것이다. '배움'과 '재수용' 그리고 '재기억'의 방식으로 수행되는 철학은 육체와 분리된 영혼의 사유를 통해 스스로 항상 동일하게 존재하는 비가시적 동일자에 이르기 위해 육체를 매개로 하는 시지각을 통해 결코 동일하게 존재하지 않는 것을 필연적으로 거쳐야만 하는 것이다.

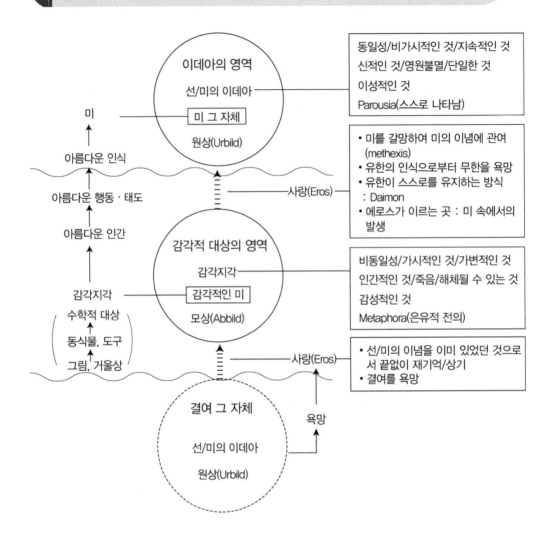

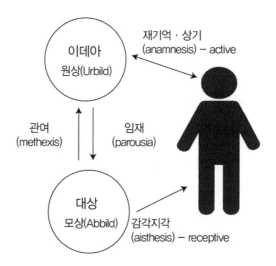

4) 매트릭스 미학

플라톤의 「파이돈」에서는 영혼과 육체, 사유와 감각, 비가시적인 동일자로서의 아름다움과 가시적이고 감각적인 지각, 아름다움 등의 대비를 통해 각 영역을 관류하는 기본적 작용방식인 상기 내지는 배움의 이론이 논의의 테마를 이루었다면, 「티마이오스」[17]에서는 우주의 본질과 세계의 생성에 대한 물음을 중심으로 다양한 논의들이 전개된다. 플라톤은 티마이오스의 입을 빌어 「파이돈」에서처럼 여기서도 아름다움과 관련하여 존재자의 두 가지 종류에 대해 묘사한다. 그에 따르면, 첫 번째 존재자는 "항상 존재하는 것이자 자기에게서 어떠한 생성도 가지고 있지 않는 것"이라고 한다면, 두 번째 존재자는 "항상 생성되기만 하고 결코 존재하지 않는 것"이라고 한다. 또한 전자는 "이성적 사유를 통해 파악되며", 후자는 "비이성적인 감각지각을 매개로 하는 표상을 통해 표상된다." 한마디로 전자는 "아름답고" 후자는 "아름답지 못하다"(Timaios 27d-28a)는 것이다. 더 나아가 전자는

---

17   Platon: Timaios(이후로는 Timaios로 약칭), in: Sämtliche Werke, Bd. 5, hrsg. v. Ernesto Grassi unter Mitarbeit von Walter Hess, Hamburg 1958.

"나누어질 수 없고 그 어떠한 변화에도 종속되지 않는 존재"인 반면, 후자는 "분할될 수 있으며 육체들 속에서 생성되는 존재"(Timaios 35a)이다. 따라서 생성과 변화로부터 자유롭고 이성적 사유를 통해서만 파악되는 존재에는 '모범'의 위상이 부여되는바, 이것은 '사유될 수 있고 항상 동일한 방식으로만 존재하는 것'인 반면, 항상 생성되기만 하며 감각지각을 매개로 표상될 수 있는 존재에는 "모범의 모방Nachbildung des Vorbildes"의 위상이 부여되는바, 이것은 "가시화될 수 있고 생성을 자체 내에 간직하는 것"(Timaios 48e-49a)이다.

동일자와 타자, 존재와 생성, 모범과 이러한 모범의 모방 혹은 시간으로 대비되며 계열을 이루는 두 가지 기본 존재방식에 플라톤은 한 가지를 더 추가한다. 그것은 다름 아닌 '유모Amme', 즉 '코라Chora', '매트릭스Matrix'에 비유될 수 있는 제 삼의 존재방식으로서, 모든 생성을 수용하는 존재이다. 플라톤은 "난해하면서도 어두운 부류eine schwierige und dunkle Gattung"(Timaios 49a)로 규정되는 이러한 제 삼의 존재를 다음과 같이 생성개념과 연관하여 묘사한다: 생성은 "우리가 매번 어떤 경우에는 이렇게 다른 경우에는 저렇게 보게 되는 것, 예컨대 불처럼 '바로 이것'이 아니라 '그때마다 그런 식으로 획득된 불'"(Timaios 49d)과 같은 것이다. 왜냐하면 그것은 "그것이나 이것과 같은 지시를 기다리지 않은 채 우리로부터 빠져나가기 때문이다. 따라서 우리는 '이것'이라는 말을 해서는 안 되고, 오히려 모든 개별자들에게서 매번 '유사한 것ein Ähnliches'으로 뭉뚱그려 담지되는 '그렇게 획득된 것'이라는 표현이 그나마 가장 확실한 지칭일 수 있다. 그러나 그것들 각각이 그때그때마다 생성하는 것으로 나타나고 다시금 사라지는 장소"(Timaios 49e)는 "모든 생성된 가시적인 것과 감각적으로 지각될 수 있는 것을 받아들이는 수용자 또는 어머니'로서 그 자체는 '비가시적이고 비정형적이며, 모든 것을 받아들이는 존재이자 거의 불가능한 방식으로만 사유 가능한 것에 참여하는, 그 자체로는 극히 파악되기 힘든 것"(Timaios 51a-b)이다. 스스로 항상 동일하게 자신과 관계하며 그 어떠한 생성이나 변화에도 영향 받지 않고 모범으로서 존재하는 것에 비해 생성이 이러한 모범에 따라 이와 동일한 이름을 가지고서 유사한 모습을 띠면서 항상 변화되고 생성되며 감각지각에 의해 파악되는 것이라고 한다면, 이러한 생성을 받아들이는 수용자는 모든 생성에 "위치"를 부여해주는 "공간"(Timaios 52a)의 위상을 지니는 것이다.

동일자의 모범을 따르는 생성에 위치를 부여하면서 그 자체로는 감각지각에 의해 파악될 수 없고 단지 극히 불가해한 방식으로만 사유과정에 참여하는 존재, 즉 공간의 위상을 지니는 제 삼의 존재인 코라 혹은 매트릭스는 생성의 모든 상황을 취하기 때문에 "다양한 형태로 직관될 수 있는 것"(Timaios 52e)으로 나타나며, 스스로 움직이는 것이 아니라 모범에 부합되는 균일한 힘들과 이것의 모방에 부합되는 유사한 힘들에 의해 움직여진다. 그렇다면 이러한 코라 혹은 매트릭스는 생성과 어떠한 연관을 지니며, 생성을 파악하는 감각지각은 전체 연관 속에서 어떠한 위상을 지니는 것일까?

우선 플라톤의 규정에 따르면, '이것'으로 확정될 수 없기에 항상 '다른 것'으로만 위치 지어지고 다른 것 안에서만 생성되는 생성은 '이미지Bild' 혹은 '무nichts'로 규정될 수 있다고 한다(Vgl. Timaios 52c). 우리는 오로지 이러한 이미지를 통해서만 동일자로서의 불변의 모범을 '유사한 형태로' 감지하며, 이러한 동일자로서의 불변의 모범을 감지토록 해주는 생성에 형상과 작용기반을 제공해주는 것이 바로 코라 혹은 매트릭스인 것이다. 그리하여 비록 완전한 신적인 이성을 갖지 못하는 유한한 존재로서의 인간에게 영혼의 사유를 통한 동일자의 파악이 궁극적인 목적이라고 할지라도, 이러한 목적을 이루기 위해 필수적으로 이루어져야 하는 것은 감각지각의 이미지화 과정인 것이다.

여러 형태의 감각지각들 중 플라톤이 주목하는 것은 시지각이다. 그는 "신과 가장 닮은 것"(Timaios 44d)을 인간의 '머리'라고 하면서, 이러한 두뇌의 작용과 결부되어 있는 가장 중요한 감각기관으로 눈을 든다. 그에 따르면, "우리가 하늘에서 이성의 운행과정들을 보면서 이것들과 […] 유사한 우리 자신의 사유능력의 갑작스러운 변화들을 위해 그것들을 사용하도록, 그리고 우리가 그것들을 파악하여 우리 사유의 자연적 정확성에 이르고 나서 그 어떠한 이탈로부터 완전히 자유로운 신의 도정들에 대한 모방을 통해 이탈에 종속되어 있는 우리 자신의 도정을 그것들에 맞춰 질서 짓기 위해서, 신은 시지각 능력을 고안해서 우리에게 선사해주었다"(Timaios 47b-c). 우주를 창조한 '조물주Demiurgos'의 질서와 조화가 천체를 움직이는 신적인 '지성nous' 내지 '이성Vernunft'에 의해 드러난다면, 인간의 조화로운 전체성 역시 창조된 천체와 유사한 인간의 두뇌작용인 사유를 움직이는 이성적 원리에 의해 나타난다고 할 수 있다. 이때 중요한 점은 사유의 운행을 예컨대 자연적 질서와 같은 신적인 이성의 운행의 모범에 따라 질서 짓기 위해 신적인 도정을 '모방'해야 하며, 이러한 모방은 다름 아닌 시지각에 의해 가장 유사하게 이루어진다는 것이다.

여기서 우리는 두 가지 종류의 모방을 구별할 필요가 있을 것이다. 첫 번째 모방은 신적인 도정의 모방과 관계된다. 즉, 인간의 사유는 신적인 지성 내지는 이성의 진행과정을 모방하여 사유 자체를 지배하는 인간이성을 형성시켜야 하는 것이다. 이와 달리 두 번째 모방은 플라톤에게서 직접 언급되지는 않았지만, 그의 언술들로부터 추론될 수 있는 감각지각의 모방작용과 관계된다. 즉, 인간은 동일자로서의 불변의 모범에 이르기 위해 감각지각을 통해 불변의 모범을 우선 '유사한 형태로' 감지해야 하는 것이다. 다시 말해 '유사한 형태로 감지하는' 감각지각의 작용은 동일자를 사유하는 것이 아니라, '유사하게 모방'하는 것이다. 결국 시지각에 의해 이루어지는 모방은 감각적 지각에 한정되어 동일자에 이르는 한 도정의 의미만을 가지고 있는 것이 아니라, 동일자를 파악하는 사유과정 자체의 기저에도 똑같이 작용하고 있는 기능방식인 것이다. 그렇다면 이 같은 시지각적 이미지 작용은 어떠한 구조를 이루고 있는 것일까?

이에 대한 답을 우리는 플라톤의 눈에 대한 묘사로부터 추론해볼 수 있을 것이다.

> 신들은(연소의 특성을 갖고 있지 않은 – 역자) 이러한 불과 유사한, 우리 안에 있는 순수한 불이 눈을 통해 흘러나오도록 만들었으며, 안구를 매끄럽고 빽빽한 상태로 만들었다. 보다 거친 불이 안구를 통해 흘러들지 못하게 하고 오로지 순수한 것만을 골라서 통과시키도록 하기 위해 특히 안구의 가운데 부분이 유달리 조밀하게 만들어졌다. 그래서 낮의 빛이 눈으로부터 흘러나오는 것을 에워쌀 때마다 눈에서 흘러나오는 유사한 것은 유사한 것과 결합되고, 시선의 직선적 방향 속에서 둘 간의 유사한 상태로부터 하나의 전체를 형성하게 되는데, 이는 안에서 흘러나오는 불이 밖에서 이것과 만나게 되는 것과 부딪히는 곳에서는 어디서나 그러한 것이다. 그리하여 모든 것이 그것의 유사성에 의거하여 유사한 상태에 도달한 후에, 유사성의 특징을 지니는 전체는 서로 간에 접촉이 이루어지는 모든 것들의 운동들을 전체 육체를 관류하여 영혼에 이르기까지 전파하며, 결국에는 '시지각'이라 부르는 감각적 지각을 산출하는 것이다. [...].
> 신들이 시각의 안전수단으로 고안해낸 것인 눈꺼풀이 닫히면, 그로 인해 내부의 불의 작용이 저지된다. 그 결과 내부의 불의 작용은 내부의 운동들을 서로 잘 결합시켜 평화롭게 만들며, 이를 통해 고요가 찾아든다. 이러한 평온이 깊어지면, 거의 꿈도 없는 잠이 찾아들게 된다. 그러나 보다 강력한 운동들이 남아 있다면, 이것들이 어떤 상태로 어느 곳에 남아 있는가에 따라 그것들은 수와 정도에 있어 그것들만큼의 이미지들을

내부에서 산출할 뿐 아니라 깨어나 있을 때에도 기억된 이미지들로서 산출한다. 이제 거울과 매끄러운 것의 표면에서 이루어지는 이미지 산출과 관련된 것을 파악하는 것 역시 더 이상 어려운 일이 아니다. 왜냐하면 내부와 외부의 불이 서로 결합함으로써, 더 나아가 그 둘이 항시 매끄러운 표면에서 하나의 전체가 되는가 하면 여러 형태로 분산됨으로써, 이미지들이 생겨나는 것이다. 이것은 대상으로부터 시작되는 불이 매끄 럽고 반들거리는 표면에서 시선의 불과 결합되기 때문에 가능한 것이다. 그러나 왼쪽 에 있는 것이 오른쪽에 있는 것으로 보이게 되는데, 이는 통상적인 부딪힘과는 반대로 시선의 반대되는 부분들이 대상의 반대되는 부분들과 접촉하기 때문이다. 반면 오른쪽 의 것은 오른쪽에, 왼쪽의 것은 왼쪽에 보이는데, 이는 혼합하는 빛이 대상과 자리를 바꾸는 경우이다. 이 경우는 거울의 매끄러운 표면이 양쪽 모두에서 볼록해져서 시선 의 오른쪽 부분의 빛을 왼쪽으로 그리고 왼쪽의 것을 오른쪽으로 투사하는 경우이다. 그리고 얼굴과 동일한 길이로 얼굴에 향해진 거울은 전체가 뒤로 물러나 있게 보이도 록 만드는데, 그 이유는 거울이 시선의 아래쪽을 위로 향하게 하고 위쪽을 아래로 향하 게 하기 때문이다(Timaios 45b-46c).

다른 어느 곳에서보다 이 인용문에서 우리는 플라톤의 시지각에 관한 사고를 가장 명확 히 그리고 압축적으로 파악할 수 있을 뿐 아니라, 이후 시지각과 관련된 철학적 혹은 자연 과학적 성찰들의 원형이 되는 이념적 기초를 발견할 수 있다. 이미 플라톤 이전에 엠페도 클레스에게서 생성의 근원으로 규정된 불[18]은 연소의 특성을 가지고 있지 않은, 신에 의해 창조된 자연의 기본 구성요소로서, 우리 안에 있는 순수한 불과 유사한 관계를 이루고 있 다. 그러나 이러한 유사성, 다시 말해 우리 안에 있는 순수한 불에 의해 이루어지는 영혼의 삶이 신적인 질서와 유사하게 영위된다는 것은 근원적인 불과 순수한 불 간의 매개를 통

---

18 엠페도클레스에게서 불을 포함한 4원소는 '하나로 합쳐진 질료들의 본질'이자 '단일하게 통일을 이루고 있는 덩 어리'이다. 무한한 변화와 생성만을 인정하였던 헤라클레이토스의 입장과 근원적 일자의 영구적 지속을 주장하였 던 파르메니데스의 입장을 단순히 조합하는 것이 아니라 적절히 조화시킬 수 있었던 엠페도클레스는 통일과 분 리라는 이중적 근원을 상정하여 한편으로 통일을 생성근원으로 삼을 때, 역동적이어야 하는 근원이 비역동적인 것으로 정립됨으로써 생겨나는 모순과, 다른 한편으로 분리를 생성근원으로 삼을 때, 다른 것들을 가능케 해주는 근거가 규정 불가능한 것이 됨으로써, 생겨나는 모순을 해결할 수 있었다. 이를 통해 그는 4원소를 하나의 통일을 이루는 '근원력Wurzelkräfte, rhizómata'으로, 즉 네 가지 원소가 서로 교차를 이루면서 한 몸체를 형성하는 우주의 기본 힘들로 규정하였다(Wilhelm Capelle: Die Vorsokratiker, Die Fragmente und Quellenberichte, übersetzt u. eingeleitet v. Wilhelm Capelle, Alfred Kröner Verlag: Stuttgart 1968 S.191ff). 엠페도클레스의 이 같은 사상은 1800년대 초 독일의 시인 이자 철학자인 횔덜린에게서도 유사하게 개진되었다.

해 파악될 수 있으며, 이러한 매개가 바로 시지각의 시선과 외부의 빛 간의 만남인 것이다. 여기서 우리는 감각적 이미지 작용의 중심원리를 발견할 수 있다. 매개관계 전체가 '유사성Ähnlichkeit'의 원리에 기초해 있다는 점으로 미루어볼 때, 다음과 같은 추론이 가능해진다. 즉, 감각적 시지각 작용에 의해 우리 안에 있는 '순수한 불'이 '유사한 것'으로 생성되고 나서 자연적 생성에 의한 빛, 즉 근원적 불과 유사한 것과 만나 하나의 '유사한 전체'를 이룸으로써, 이러한 유사성 관계 자체는 육체와 영혼을 관류하는 기본적인 관계로서 정립되는 것이다. 결국 유사성 관계에 기초한 감각적 시지각 작용 혹은 이미지 작용은 마치 코라처럼 그 자체로는 비가시적이고 일정 정도 사유에 관여하면서도 가시적이고 감각적인 이미지에 다름 아닌 생성에 위치와 작용기반을 제공해줌으로써, 한편으로는 불가능하게 여겨지는 신적인 질서와의 유사성 관계에 도달하는 방식이 마련되고, 다른 한편으로는 철학의 한계와 가능성이 동시에 드러나는 것이다. 그리하여 이데아로서의 미를 추구하는 것의 한계가 철학의 겉모습이라면, 그러한 미에 도달하는 방식의 추구는 철학의 존재 근거라고 할 수 있는 미학, 즉 매트릭스 미학에 의해 가능한 것이다.

이미 초월적으로 혹은 본질적으로 우리에게 내재해 있지만 실존의 시작과 더불어 상실된 영원한 불변의 동일자에 대한 인식은 우리의 감각적 지각작용을 통해 '다시 수용되고', '배워지며', '재기억'됨으로써, 가능해진다. 그리하여 '배움'과 '재수용' 그리고 '재기억'의 방식으로 수행되는 철학은 스스로 항상 동일하게 존재하는 비가시적 동일자에 이르기 위해 육체를 매개로 하는 시지각을 통해 '결코 동일하게 존재하지 않는 것', 즉 가상, 생성 또는 이미지과정을 필연적으로 거쳐야만 하는 것이다. 메타포적 이미지 작용의 형태로 이루어지는 감각적 지각의 작용방식은 감각적 지각과정만이 아니라 동일자에 이르는 배움과 상기의 과정에도 관철되는 철학의 기본적 작용방식인 것이다.

이와 동일한 맥락에서 아름다움의 이데아처럼 그 어떠한 생성과 변화에도 종속됨 없이 동일자, 존재, 모범 등의 위상을 지니는 존재자의 파악은 이와 동일한 영역에 속하는 이성적 사유를 통해서만 가능하지만, 유한한 존재로서의 인간은 자신에게 운명적으로 결정지어져 있는 완전한 신적인 이성을 갖지 못하는 한계로 인해 신적인 질서에 대한 모방을 통해 그것으로 접근하려고 시도해야 하는 것이다. 이를 위해 인간은 우선 감각지각을 통해 불변의 모범을 우선 '유사한 형태로' 감지해야 한다. 그러나 아이러니하게도 동일자를 파악하는 사유과정 자체의 기저에도 '유사하게 모방하는 방식'이 놓여 있는 것이다.

결국 이로부터 우리는 플라톤의 이미지론과 관련하여 이것이 갖는 다음과 같은 함의를 끌어내볼 수 있다. 즉, 겉보기에 플라톤에게서는 신적인 질서 그 자체가 궁극적인 앎의 대상이자 목적으로 인식되며, 현실적인 삶은 단지 감각의 영역으로서 앎을 위한 잠정적인 단계로 규정되고 있는 것처럼 여겨질 수 있지만, 그 이면에는 결코 도달될 수 없는 신적인 질서 그 자체가 아니라 이것에 도달하는 방식을 규명하는 것이 더 중요하다는 인식이 자리 잡고 있는 것이다. 생성에 부합되는 것으로서, 존재한다고 할 수 없는, 변화무쌍하고 불확실하며 기껏해야 가시적으로만 확실한 감각적 이미지와 이러한 이미지에 위치와 작용공간을 부여해주는 코라 혹은 매트릭스[19]로서의 이미지 작용은 각각 철학의 대상과 존재근거 혹은 철학의 **얼굴**과 **기능체계**로서 유사성 관계라는 기본 원리에 근거하는 이미지론을 구성한다. 그리하여 전통형이상학에서 이데아의 영역에 속하는 근원적 미는 오직 근원적 미를 통해서만 아름다울 수 있다고 말해질 수 있기에 결국 도달될 수 없는 것으로 규정되는 반면, 이미지론에서 근원적인 미는 이미지 작용의 기능근거의 가치만을 지닐 뿐이기 때문에, 근원과 현재 혹은 진리와 가상의 구분에 종속되지 않는 아름다움은 하나로 고정되고 규정될 수 없는 무한한 '유사화 과정'을 통해서만, 즉 무한한 이미지 작용을 통해서만 아름다울 수 있는 것이다.

---

19 프랑스 현상학자인 메를로-퐁티는 폴 세잔느의 그림을 분석하면서, 시지각의 그물망 구조, 즉 회화적 매트릭스에 의미작용공간 내지 다의화 공간의 위상을 부여한다(Vgl. Maurice Merleau-Ponty: Der Zweifel Cézanne, in: Was ist ein Bild? (3. Auflage), hrsg. v. Gottfried Boehm, München 2001, SS.39-59).

3. 아리스토텔레스의 감각론적 미학

1) 아리스토텔레스의 감각론

플라톤의 미의 이데아론은 그의 제자 아리스토텔레스에게 와서 분해된다. 플라톤에게서 미의 이데아는 그의 이데아론의 기본 명제로서 항상 이데아 중의 이데아인 선의 이데아와의 관계 속에서 중요한 역할을 하였던 반면, 감각지각은 불명확하고 비이성적인 것으로 규정되었다. 플라톤은 '감각지각'에 해당되는 'aisthesis'를 비이성적인 것, 즉 'alogon'[20]으로 규정하면서 이성적이지 않고 결코 철학의 대상이 될 수 없는 것이라고 생각하였다. 이와는 달리 아리스토텔레스는 플라톤적인 의미의 '영원히 아름다운 것, 참되고 근원적으로 선한 것'[21]을 미와 선의 형식들이 아니라 제일동인에 적용하였을 뿐 아니라, 'aisthesis'를 'logos'[22]로 규정하면서 이것에 이론적이고 실천적인 정당한 철학적 위상을 부여하였다. 말하자면 그는 감각적 '지각학Aisthetik'의 토대를 닦은 최초의 사상가였던 것이다.

아리스토텔레스에게 있어 'aisthesis'는 무엇보다 오감의 영역들에서 이루어지는 감각적인 지각과 관련되지만, 단지 이것에 한정되는 것이 아니라 윤리적이고 정치적인 'aisthesis'에 대해 논의되기도 한다. 말하자면 감각지각으로서의 'aisthesis'는 폭넓은 의미의 인식작용으로 규정된다. 우선 아리스토텔레스에게서 지각은 'krinein'으로 표현되며 이것은 무언가를 구별하는 활동을 의미한다. 그리하여 『영혼에 대하여De anima』에서 감각지각은 시각의 경우에는 색채, 청각의 경우에는 음조와 같이 '지각된 것에 고유한 것idion aistheton'과 관련하여 (노랑과 구별되는 빨강이라든가 낮은 음조와 구별되는 높은 음조와 같이) 그때 그때 구별된 상태에 대한 확실한 파악으로 규정된다(De anima II 6, 418a14f). 또한 그의 『제2 분석론Analytika posteriora』에서 'aisthesis'는 '비판적 구별능력'(Anal. post. II 19, 99b35)으로 이해된다. 결국 '지각작용aisthanesthai'은 특정 상황에서 한 대상을 다른 대상과 구별하는 가운데 파악작용을 하는 활동을 의미하는 것이었다(De anima II 10, 422a21).

인식작용으로서의 감각지각은 특별한 의미의 인식론적 기능을 수행한다. 『제2 분석론』

---

20   Platon: Timaios 28a2f.
21   Aristoteles: De motu anim. 6, 700b32-35.
22   Aristoteles: De anima III 2, 426b7.

에서는 지식을 습득하는 두 가지 방식이 제기되는데, 그중 하나는 개별자로부터 출발하는 '귀납Induktion, epagoge'이고 다른 하나는 보편자로부터 출발하는 '증명Demonstration, apodeixis'이다. 귀납의 경우에는 'aisthesis'가 필수불가결한데, 그 이유는 귀납은 개별자의 파악으로부터 출발하며 이러한 개별자의 파악은 오직 감각지각에 의해서만 가능하기 때문이다(Anal. Post. I 31, 87b37f.). 감각지각이 개별자로부터 출발하는 귀납에 있어 필수불가결한 것은 사실이지만, 증명과는 어떤 관계가 있는 것일까? 사실 보편자 역시 직접 파악된다기보다는 개별적인 지각내용들로부터 얻는 것이다. 말하자면 개별적인 지각내용들로부터 출발하여 귀납적인 과정을 거쳐 보편자가 추론되는 것이다. 결국 감각지각은 귀납적인 과정에서 중요한 역할을 할 뿐 아니라 보편자의 증명과정에서도 반드시 거쳐야 하는 핵심적인 절차로서 작용한다는 점에서 모든 인식과정의 밑바탕에 놓여 있는 필수적인 토대인 것이다.

감각지각이 개별자로부터 출발하는 '귀납적 추론'과 보편자를 매개로 이루어지는 '증명' 모두에 있어 인식을 위한 근거규정의 역할을 한다는 점이 해명되었다면, 이제 중요한 것은 이러한 감각지각의 인식적 위상이 무엇인지 규정될 필요가 있다. 지금까지의 논의로 볼 때, 플라톤에게서는 '설명' 내지 '묘사'의 의미로 사용되었고 아리스토텔레스에게서는 '정의'의 의미로 사용되는 로고스는 인식과정의 상층부를 이룬다면, 감각지각은 인식과정의 하층부를 이루는 것으로 규정될 수 있다. 인식과정의 상층부를 이루는 로고스의 작동기제는 앞서 소크라테스 이전 철학자들과 플라톤에게서도 이야기된 바 있듯이 '누스nous'이다. 말하자면 감각지각에 의해서 인식을 위한 기초적인 개별 사태들이 제공된다면, 누스에 의해서는 인식을 위한 기본적인 개념들이 제공되는 것이다. 그리하여 감각지각과 누스 사이의 공간은 로고스가 일정하게 정교화되는 공간이라고 할 수 있다. 감각지각은 누스가 작용하기 위해 필수적으로 마련되어야 하는 기본적인 소재들을 제공하고, 이를 근거로 누스는 로고스의 작동과정들에 개념들을 제공하고 로고스의 전 영역에 근거와 완결성을 부여해주는 것이다. 따라서 감각지각과 누스는 로고스의 내용적이고 기능적이며 구조적인 핵심적 구성요소로서 작용한다고 할 수 있으며, 더 나아가 감각지각과 누스는 서로 구조적으로 유사성을 가지고서 로고스의 작동과정에 기여한다는 공통점을 지닌다고 할 수 있다(Vgl. De anima III 6, 430b27-30). 결국 누스만이 아니라 감각지각 역시 로고스적인 위상을 갖는 것으로 이해될 수 있는 것이다. 그렇다면 이러한 감각지각을 수행하는 감각들과 그 대상들 간의 관계는 어떠한가?

아리스토텔레스는 무엇보다 두 가지 감각 대상을 구분하는데, 그 하나는 '고유한 감각 대상ἴδια αἰσθητά'과 다른 하나는 '공통의 감각 대상κοινὰ αἰσθητά'이다. 우선 고유한 감각 대상은 오감 각각을 통해 지각되는 감각 대상으로서, 오감 중 어느 한 감각에 의해 지각되는 대상은 다른 감각에 의해 지각되지 않는다는 것이다(De anima II 6, 418a11f.). 그리하여 색은 시각에 의해, 소리는 청각에 의해, 맛은 미각에 의해, 냄새는 후각에 의해 지각된다는 것이다.

촉각의 경우는 예외적인데, 그 이유는 촉각이 다수의 대상 유형들에 관계되기 때문이다. 오감들 각각에 의해 지각되는 고유한 감각 대상들과는 달리 공통의 감각 대상들은 여러 감각들에 의해 공통으로 지각되는 대상들이다. 예컨대 '운동, 고요, 수, 형태, 크기' 등의 대상들은 하나의 감각이 아니라 모든 감각들에 의해 공통으로 지각되는 대상들이라는 것이다(De anima II 6, 418a17f.). 그러나 우리가 모든 혹은 여러 감각들에 의해 지각한다고 함으로써 공통감각 대상들을 독자적인 감각 대상으로 인식해야 되는 것은 아닌가 하는 물음이 생겨날 수 있다. 아리스토텔레스에게서는 공통감각 대상들을 지각하는 여러 감각들의 공통적 감각이 '또 하나의 감각'으로서 '공통감각 대상'이라는 '고유한 감각 대상'을 지각하는 것이라고는 이야기되지 않는다. 결국 공통감각 대상을 지각하는 여러 감각들의 공통 감각은 아리스토텔레스의 감각론을 이해하는 핵심적 열쇠일 수 있으며, 실제로 현대까지 이어져 오는 감각론적 미학의 역사에서 중요한 의미맥락을 이루고 있다.

다음 장과 보론에서는 아리스토텔레스의 공통감각이론과 아리스토텔레스 주석가들부터 근대이론가들에 이르기까지 수행된 아리스토텔레스의 공통감각이론의 확장을 다룰 것이다.

2) 아리스토텔레스의 공통감각이론

고대 그리스 철학자들은 인간이 눈, 코, 귀, 입 등과 같은 명확히 서로 구분된 감각기관들을 가지고 각각의 감각적 경험을 하는 동시에 하나의 공통의 감각적 경험을 하기도 한다고 생각했다. 이를 통해 그들은 개별 감각경험들이 어떻게 하나로 통일되는가 하는 물음을 제기했던 것이다. 특히 아리스토텔레스는 "영혼의 본질과 그 기본적 특질들을 파악하는 것"23을 목적으로 하는 『영혼에 대하여De anima』에서 '감각, 감정, 지각'24 등의 함의를 지니는 'aisthesis'에 대해 다양한 의미화 가능성들을 논하는 과정에서 서로 상이한 외적인 감각들에서 공통의 특질들을 지각하는 기제를 '공통감각koinē aisthēsis'으로 규정할 뿐 아니라 오감의 매개이자 작용기반으로서 '촉각haphē'을 제시한다. 그는 "우리로 하여금 살아 있는 것들을 최초로 동물들이라고 말하도록 해주는 것은 바로 감각"이라고 하면서 "감각의 제일형식은 모든 동물들에 속하는 촉감"25이라고 규정한다.

촉각에 대한 본격적인 논의에 앞서 아리스토텔레스는 감각을 형성하는 기본 요소들을 설명한다. 인간의 오감은 각각 '지각될 수 있는 대상idion', '매개체metaxu', '감각기관aisthētērion'으로 구성되는데, 예를 들면 시각의 대상은 "가시적인 것"26이며, 매개체는 "투명한 것"27이고, 감각기관은 눈이다. 청각, 후각, 미각 역시 각기 단일한 감각들로서 각기 고유한 대상과 매체 그리고 감각기관을 갖는다. 그러나 이들 감각들과는 달리 촉각은 "단일한 감각이 아니라 감각들의 집합"28으로서 근본적으로 다른 특성을 갖는다. 촉각의 경우에는 시각의 경우 빛과 같은 투명한 것이고 청각의 경우 소리와 같은 감각의 매개체인 '육체'가 무엇인지 불분명하며, 촉각의 감각기관이 내적인 것인지 아닌지가 불확실한 것이다.29 즉, 시각이나 청각 그리고 후각과는 달리 촉각의 경우(부분적으로는 미각의 경우에도) 지각 대상이 감각 매개체인 육체의 피부와 너무나 가까이 놓여 있기에 그 대상과 감각하는 자아의 거리가 거의 지각될 수 없다고 할 정도이며, 감각기관 역시 육체보다 더 깊숙이 내부로 들어가 기거하고 있다고 해야 하는지 아니면 외부나 내부 그 어느 곳에 위치하지 않고 바로 그 둘 간의 경계에 위치한다고 해야 할지 결정되기 힘든 것이다. 이러한 상황에서 유일하게 가능한 주장이라고 한다면, 감각하는 것과 감각되는 것 간의 거리가 존재하는 다른 감각들의 경우와는 달리 촉각의 경우 감각하는 것과 감각되는 것 간에 존재하는 공

23 Aristoteles: De anima, I. 1. 402 a 7-8. (아리스토텔레스 번역에는 Jonathan Barnes가 번역한 The Complete Works of Aristotle. (ed. by Jonathan Barnes, Vol. 1, Princeton University Press 1985)가 주로 사용되었다)

24 David W. Hamlyn: Aristotle's Account of Aisthesis in the De Anima, in: Classical Quarterly 9, no 1, 1959, pp.6-7.

25 Aristoteles: De anima, II. 2. 413 b 2, 4.

26 Aristoteles: De anima, II. 7. 418 a 26.

27 Aristoteles: De anima, II. 7. 418 b 4.

28 Aristoteles: De anima, II. 11. 422 b 18.

29 Aristoteles: De anima, II. 11. 423 a 1.

간은 '지각될 수 없는 공간'이며, 바로 물리적으로 존재하지 않는 이러한 경계의 공간에서 우리의 육체는 감각의 매개체로 존재한다는 것이다.[30] 그리하여 내부와 외부가 존재하지 않으며, 다른 것에 의해서는 지각될 수 없고 오로지 자기 자신에 의해서만 자신을 지각할 수 있다는 의미에서 '절대적 감각'이라고 할 수 있는 촉각의 작용공간은 감각일반의 가능성이 마련되는 장소라 할 수 있으며 이것을 체현하고 있는 것이 바로 육체인 것이다. 물론 촉각의 기관의 거처에 대한 문제는 여전히 미해결 상태로 남아 있으며, 아리스토텔레스는 "만질 수 있는 것을 지각하는 능력을 가진 것은 내부에 기거하고 있다"[31]고 말할 뿐이다. 어쨌건 매개를 통해서가 아니라 매개를 따라서 지각하며 접촉이라는 기본 감각양태를 지니는 촉각이라는 오감 중의 한 감각이 "다른 지각내용들이 전달되는 통로"[32]이자 "다른 감각들의 가능성 조건"[33]으로 작용한다고 규정된다는 점에서 인간을 포함한 동물적인 삶의 가장 기본적인 문제는 바로 촉각으로 여겨졌던 것이다.

촉각에 대한 논의를 마무리한 후 『영혼에 대하여』의 마지막 권에서 아리스토텔레스는 오감에 귀속될 수 없는 것으로 여기는 또 다른 감각, 즉 '감각하는 것에 대한 감각'의 문제를 제기한다. 그에 따르면, "우리는 우리가 보고 있거나 듣고 있다는 것을 감각하기 때문에, 우리가 본다는 것을 알게끔 해주는 것은 시각이거나 아니면 시각과는 다른 어떤 감각임이 틀림없을 것이다. 그러나 그 경우에 시선과 시선의 대상인 색채 모두에 대해 동일한 감각이 존재할 것이다. 그리하여 동일한 대상을 지각하는 두 감각들이 있거나 아니면 감각이 자기 스스로를 지각한다고 해야만 할 것이다."[34] 본다는 감각은 다른 감각에 의해 지각되고 이것은 다시금 또 다른 제 삼의 감각에 의해 지각된다고 한다면, 이러한 연쇄는 무한히 후퇴되어 나아갈 것이다. 따라서 아리스토텔레스는 다른 대안 역시 염두에 두었는데, 그것은 바로 "자기 자신을 아는 감각"[35]이다. 말하자면 아리스토텔레스는 감각이 고유한 감각 대상 외에도 다른 어떤 것을 지각한다는 것, 예컨대 시각은 가시적인 것 이외에

---

30 "촉각의 대상들을 지각하는 경우에 우리는 매개체에 의해서가 아니라 매개체를 따라 감지된다"(Aristoteles: De anima, II. 11. 423 b 14).

31 Aristoteles: De anima, II. 11. 423 b 23.

32 Aristoteles: De anima, II. 11. 423 a 15.

33 Aristoteles: De anima, III. 13. 435 b 2-3.

34 Aristoteles: De anima, III. 2. 425 b 11-14.

35 Aristoteles: De anima, III. 2. 425 b 15.

다른 어떤 것을 지각한다는 것을 넌지시 암시하고 있는 것이다. 그렇다면 이러한 다른 어떤 것이란 과연 무엇일까?

아리스토텔레스는 오감에 각기 특별한 대상들 외에 '운동, 휴식, 수, 형태, 크기' 등과 같은 "모든 감각들에 공통적인 감각 대상들"[36]을 열거하면서 이것들을 지각하는 '공통적인 감각수단'을 암시하였으며, 『감각과 감각되어진 것De sensu et sensibilibus』에서는 "자체의 실제적 작용과정에서 하얀 것과 달콤한 것을 구별될 수 없는 것으로 하나로 지각하는 능력"[37]의 가능성을 지시하였다. 공통의 감각 대상들을 지각하는 공통의 감각수단과 서로 다른 감각 대상들을 하나로 지각하는 능력에 더하여 아리스토텔레스는 감각하고 있다는 것에 대한 감각과 관련하여 『잠에 대하여De Somno』라는 짧은 글에서 다음과 같이 주장한다:

> 양쪽 모두에서 모든 감각과 관련해볼 때, 특별한 기능과 공통적인 기능이 존재한다고 할 수 있다. 예컨대 시각의 경우 특별한 기능은 보기이고, 청각의 경우는 듣기이다. 그리고 다른 모든 감각들의 경우도 마찬가지이다. 그러나 우리가 보고 있다는 것과 듣고 있다는 것을 지각하도록 해주는 것으로서 모든 감각들을 동반하는 공통의 능력이 존재한다. 왜냐하면 우리가 보고 있다는 것을 보도록 해주는 것은 분명 시각이 아니며, 우리가 달콤한 맛과 밝은 색이 다르다는 것을 […] 구분할 수 있게 해주는 것 역시 미각의 덕택도 시각의 덕택도 그리고 그 둘 모두의 덕택도 아니기 때문이다. 그것은 차라리 모든 감각기관들에 공통적인 영혼의 특정 부분 덕택이다. 왜냐하면 […] 소리나 색과 같이 각각의 감각 대상의 종류들에 있어 지각능력으로서는 다르게 작용한다고 할지라도, 지배적인 감각기관은 단일하기 때문이다. […] 이것은 주로 촉각능력과의 연관 속에서 존속하고 있다(De Somno, 2. 455 a 13-22).

『영혼에 대하여』에서 언급된 공통의 감각 대상들을 지각하는 능력, 『감각과 감각되어진 것』에서 언급된 복합적인 지각능력은 모두 개별 감각들에 대한 감각을 수행하며 각각을 구별해주기도 하는 '단일한 공통감각'이자 '지배적인 공통감각'으로 수렴되는 것이며, 이것은 촉각과 긴밀하게 결부되어 있는 것이다.

---

36 Aristoteles: De anima, II. 6. 418 a 18-19.
37 Aristoteles: De sensu et sensibilibus, 7, 449 a 11.

결국 아리스토텔레스에 의해 간접적으로 암시되기는 했지만, 다른 감각들에 의한 지각 내용들의 전달통로이자 오로지 자기 자신에 의해서만 지각되는 절대적 감각이자 또한 '감각들의 가능성 조건'으로 작용하는 촉각은 감각 대상과 가장 직접적으로 접해 있는 육체라는 감각 매개체에 의거하여 이성적 사고와 동물적 본성의 접점을 형성하여 이 둘이 얼마나 가까이 있는지를 보여주는 동시에 이러한 접점 내지는 경계로부터 그 둘의 가능성 공간을 개시하기도 하는 것이다.

보론. 아리스토텔레스 이후 근대까지 공통감각 논의

촉각의 함의를 갖는 아리스토텔레스의 공통감각 개념은 이후 아리스토텔레스의 제자 테오프라스토스Theophrastos, 아리스토텔레스 문헌들의 주석가인 아프로디시아스의 알렉산더Alexander von Aphrodisias,[38] 에페수스의 미카엘Michael von Ephesus 그리고 아리스토텔레스의 글들을 의역하여 새로이 풀어쓴 테미스티우스Themistius 등에 의해 보다 구체화되고 정교화되었다. 테미스티우스의 경우 "촉각의 예리함 속에서 우리는 각각의 모든 동물들을 능가한다"[39]고 하면서 촉각에 감각들의 가능성 조건의 함의를 부여하였으며, 아리스토텔레스의 또 다른 주석가인 필로포누스Philoponus는 "각각의 감각들의 활동들을 포착하는 감각"이자 "스스로 감각적으로 지각하는 동시에 자신이 감각적으로 지각한다는 것을 알게 되는 감각"[40]을 아리스토텔레스의 공통감각으로 규정하였으며, "달콤한 것이 하얀 것과 다르다고 말하는 것은 지성이 아니라 감각"[41]이라고 말하면서 공통감각의 공감각적 측면을 부각시켰다. 아리스토텔레스 주석가들 중 공통감각과 촉각의 관계를 가장 결정적으로 규정한 이는 에페수스의 미카엘로서, 그에 의해 "공통감각과 촉각은 하나"[42]라는 규정이 이루어졌던 것이다.

중세에 이르면 아리스토텔레스 사상의 직접적 영향하에서 토마스 아퀴나스는 고유한 지각작용이론을 정립한다. 그에 따르면, 외부 감각들에 의해 전달된 감각인상들은 '공통감각sensus communis'에 의해 지각되며, '인지능력cogitativa', '이성ratio', '판단력aestimativa'에 의해서는 감각인상들의 가치가 결정되고, 이러한 가치결정에는 '기억능력memorativa'이 도움을 준다고 한다.[43] 토마스 아퀴나스에게 있어 특이한 사항은 그가 공통감각을 '내적인 감각'과 동일시하면서 내적인 감각에 부여되어왔던 감각의 총칭적 함의를 박탈하기 시작한다

---

38 아리스토텔레스처럼 알렉산더 폰 아프로디시아스는 '통각Apperception'의 통합적 능력으로서 '공통감각'을 주장한다(Vgl. Alexander of Aphrodisias: On Aristotle's "On Sense Perception", trans. by Alan Towey, Cornell Univ. Press: Ithaca New York, 2000, p.17). 또한 그는 아리스토텔레스의 논의를 정교화시키면서 동물의 가장 기본적인 실존근거로 '촉각'을 규정한다(Vgl. Alexander of Aphrodisias: On Aristotle's "On Sense Perception", p.23).

39 Themistius: On Aristotle's "On the Soul", trans. by Robert B. Todd, London 1996, p.88.

40 Philoponus: On Aristotle's "On the Soul 3.1-8", trans. by William Charlton, Cornell Univ. Press: Ithaca New York, 2000, p.41.

41 Philoponus: On Aristotle's "On the Soul 3.1-8", p.53.

42 Michael von Ephesus: In Parva naturalia commentaria, hrsg. v. Paul Wendland, Berlin 1903, S.48.

43 Saint Thomas Aquinas: Basic Writings of Saint Thomas Aquinas, Vol. I, ed. by Anton C. Pegis, Hackett Publishing Company: Indianapolis/Cambridge 1997, p.741.

는 것이다. 즉, 내적인 감각이 공통적이라고 불릴 수 있는 이유는 그것이 '유類, genus'이기 때문이 아니라 "외적인 감각들의 공통의 뿌리이자 원리"[44]이기 때문이라는 것이다.

근대 초에 'sensus communis'가 취하는 형태는 다양하게 나타나지만, 그중에서도 특징적인 형태는 바로 '통각Apperzeption'이라고 할 수 있다. 우선 라이프니츠에게서 '외부 사물들을 재현하는 모나드의 내적인 상태에 대한 반성적 지식'을 의미하는 것, 또는 감각적으로 주어진 것이 '주의Aufmerksamkeit'와 '기억Gedächtnis'을 통해 파악되어 의식으로 고양되도록 해주는 정신적 과정인 '통각'은 "자기의식Selbstbewusstsein"[45]으로 규정되며, 칸트에 오면 보다 세분화된 통각 개념 규정이 이루어진다. 칸트는 우선 감각적인 지각으로부터 표상들을 형성하고 '내적인 감각der innere Sinn'을 통해 다양한 직관들을 하나의 통일적인 표상으로 통합시킬 수 있는 오성의 능력인 '심리적 혹은 경험적 통각die psychologische oder empirische Apperzeption'과 오성적이고 이성적인 모든 인식의 필연적인 통일의 원천이 되는 '순수한 또는 근원적 통각die reine oder ursprüngliche Apperzeption'을 구분하면서 후자를 '나는 생각한다'라는 재현적 사태를 산출함으로써 다른 모든 재현 형태들을 동반할 수 있어야 하는 자기의식으로 규정한다.[46]

이러한 통각 개념을 고전적인 맥락과의 연관 속에서 촉각 개념과 결부시켜 논의를 발전시킨 이는 맨 드 비랑Maine de Biran이다. 그는 '직접적인 통각apperception immédiat'에 다름 아닌 '직접적 접촉tact immédiat'이 은밀하고 자연적인 동감에 의해 육체의 다양한 감정들에 관계되며, 그 결과 외적인 감각들이 없이도 미리 사태를 감지할 수 있다고 하면서 이러한 능력을 "내적인 촉각le tact intérieur"[47]이라고 불렀다. 이와 유사한 맥락에서 공통감각에 관한 논의가 다각화되기 시작한 18세기에 콩디악Condillac은 촉각과 긴밀한 연관을 갖는 기본적 감정 개념을 주창하는데, 그의 이러한 촉각적인 의미의 감정은 실재하는 대상들과 직접적 접촉을 가능케 해주는 기관으로 생각되었다. 콩디악의 촉각적 감정 개념의 영향하에

---

44 Saint Thomas Aquinas: Basic Writings of Saint Thomas Aquinas, Vol. I, p.743.

45 Gottfried Wilhelm Leibniz: Hauptschriften zur Grundlegung der Philosophie, Teil II, Übers. v. Artur Buchenau, Hamburg 1996, S.605.

46 Immanuel Kant: Kritik der reinen Vernunft, Theorie-Werkausgabe Bd. III, hrsg. v. Wilhelm Weischedel, Frankfurt a.M. 1956, SS.167-168(A 107) und SS.173-174(A 115,116,117).

47 Maine de Biran: Oeuvres, vol. 6, Rapports du physique et du moral de l'homme, ed. François Azouvi, Paris: Vrin, 1984, p.110.

서 공감각적 촉각의 가능성 조건을 이야기한 이가 바로 헤르더였다. 헤르더는 시각이나 청각이 아니라 촉각에 주목하면서, 점차적인 근대화의 징표 속에서 시각이 우위를 점하기 시작하던 시기에 '촉각적 향유의 재활성화'를 주장하였다. 콩디악과 헤르더에 관해서는 나중에 보다 상세하게 논의할 것이다.

4. 신플라톤주의의 이미지미학

앞서 플라톤의 감각적 이미지론 장에서 이야기된 바 있듯이, 플라톤에게서 미와 이미지는 매우 긴밀하게 결부되어 있는 개념들이다. 플라톤은 『소피스트*Sophistes*』에서 이미지를 '그 자체로는 비가시적인 것의 가시성', '부재한 것의 현재성' 혹은 '은폐된 것의 드러남'으로 규정한다(Sophistes 240b ff.). 'εἰκών, eikon, Bild'로 나타내어지는 이미지는 원상을 가리키는 '모상εἴδωλον, eidolon, Abbild'이 아니라 이미지 없이는 드러날 수 없는 것의 가시성이다. 말하자면 이미지는 자신의 가시성을 초월하는 것을 가리키는 것이다. 이러한 이미지와 유비적인 관계 속에 있는 미는 플라톤에게서 모든 현상들 속에 나타나지만 그런 현상들을 넘어서 변함없이 존재하는 '참된 존재자의 드러남'으로 규정된다(Symposion 210a-212a; Phaidros 247a ff.). 이미지나 미나 모두 자신들이 나타나는 것을 넘어 초월하는 기능을 한다는 공통점을 가진다. 감각적인 이미지가 미보다 위계적으로 하위에 놓여 있을지라도 감각적인 이미지에서 미가 나타나야 하기에 감각적 이미지는 필수불가결한 것이며, 미가 참된 존재자의 드러남으로 인식되어야 하기에 이러한 미와 유비적으로 현상에서 자신을 넘어서 초월하는 작용을 하는 감각적 이미지는 미의 인식에 있어 필수불가결한 것이다. 결국 미는 모든 개별자들에게서 나타나는 절대적이고 근원적인 것의 드러남이고 미와 유비적으로 연계를 이루고 있는 감각적 이미지는 이러한 이미지 자체를 반드시 필요로 하는 미의 가시성이라고 한다면, 미와 감각적 이미지는 구조기능적인 측면에서 하나로 겹쳐지는 것이라고 할 수 있을 것이다.

이 같은 플라톤적인 미의 형이상학은 신플라톤주의 사상가들에게서도 일정한 형태로 변형되어 지속된다. 즉, 그 대표자인 플로티노스Plotinos(205-270)에게서 미는 모든 존재와 사유를 초월하지만 개별자들 속에서 보편적인 근원으로서 나타나는 '일자의 현현'으로 규정되는 것이다. 개별자들의 다양성 속에서 나타나는 최고의 통일적 일자로서의 미는 신적인 일자의 존재를 근거규정해주는 근본적인 조건이다. 그리하여 근원적인 일자로서 미는 존재자를 가능케 해주는 보편적인 근거가 되는 것이다.

미의 이 같은 위상에 따르면, 우선 모든 존재자는 각기 고유한 방식에 따라 아름답다고 할 수 있다. 즉, 모든 것이 동일하게 아름다운 것이 아니라, 저마다 각기 다른 방식으로 각자가 아름답다는 것이다. 각기 저마다 다른 방식으로 아름다우면서 동시에 근원적인 존재조건으로서 미를 가지고 있다면, 전체는 개별 지절들과 개별 발전과정들 각각이 고유한 방식으로 아름다우면서 동시에 전체를 관장하는 미가 부분들 모두를 관류하는 하나의 유기적 전체의 모습을 가진다고 할 수 있을 것이다. 개별자들의 유기적 통일로부터 영원한 통일의 이념으로 상승하여 보다 높은 전체의 통일로 이르는 미의 과정은 이미 플라톤에게서 명확히 이야기된 바 있다. 플라톤은『심포지온*Symposion*』(210a ff.)에서 이러한 미의 상승과정을 유기체의 미로부터 영혼의 활동의 미와 정신적 미를 지나 신적인 아름다움의 관조에 이르는 도정으로 설명하였다.

미의 이 같은 단계적 발전은 존재의 통일의 단계적 발전과 일치한다. 무언가가 아름다우면 아름다울수록, 그것은 더욱더 존재적인 것이 되고 더욱더 통일적인 것이 되는 것이다. 미가 이처럼 통일성에 근거한다면, 가장 완전한 최고의 미는 통일성과 다양성이 전체성 속에서 완전히 상호침투하고 서로 매개되는 것이라고 할 수 있다. 플로티노스는 신적이고 절대적인 '누스'를 모든 이념들의 통일, 즉 스스로 생각하면서 지적으로 관조하는 이념들의 통일로 파악하였다. 누스, 즉 정신은 모든 이념들의 전체가 서로 상호작용하며 상호교섭하는 개별 계기들을 가지고 있는 '전일성All-Einheit'으로 생각될 수 있다. 따라서 존재의 전체가 한편으로는 서로 다양한 개별 이념들 안으로 전개됨으로써, 다른 한편으로는 이러한 전개과정에서 형성되는 구체적 통일로서 드러남으로써, '개별자들 속에 자기 스스로를 전개시키면서, 동시에 자신을 이러한 다양성 속에서 형성되는 총체성으로서 바라보는 정신'이 모습을 드러내는 것이다. 플로티노스는 이를 다음과 같이 묘사한다:

그곳에서는(정신 속에서는) 모든 것이 투과적이며, 또한 그곳에서는 어두운 것과 저항하는 것이라고는 없고, 각각이 그리고 모든 것이 각자에게 내부 깊숙한 곳까지 두루 비춘다; 왜냐하면 빛은 빛에게 투과적이기 때문이다. 왜냐하면 각각은 모든 것을 자체 내에 간직하고 있으며, 다른 것 속에서도 모든 것을 보기에, 도처에 모든 것이 존재하고 모든 것은 모든 것이며 개별적인 각자는 전체이고 헤아리기 어려울 정도로 (무한히) 광채 자체이기 때문이다. 그것들 중 각자는 위대하다. 왜냐하면 보잘것없는 것 역시 그곳에서는 위대하며, 태양은 그곳에서 모든 별들이고 각각의 별은 태양이자 모든 별들이기 때문이다. 각각의 개별자 속에서 다른 것이 두각을 나타내며, 동시에 모든 것이

그 개별자 속에서 나타나는 것이다.[48]

일자에 의해 전체가 두루 비춰지면서 나타나는 존재의 충만함은 최고의 근원적인 미이다.

> 그것은 근원적으로 아름답고 전체로서 아름다우며 도처에서 전체로서 존재하기 때문에, [⋯] 누가 그것을 아름답다고 부르지 않겠는가? [⋯] 그것은 순수한 존재와 순수한 아름다움을 소유하고 있다. 그것에 존재가 결여되어 있다고 한다면 도대체 미는 어디에 있겠는가? 그것에 아름다움이 빠져 있다면 도대체 존재는 어디에 있겠는가? 왜냐하면 그것에 미가 결여되어 있음으로써 그것에는 존재 역시 결여될 것이기 때문이다(Enneade V 8, 8, 1-3/9, 36-40).

여기서 미는 완전한 통일성으로서 존재의 완전성을 의미한다. 앞서 소크라테스 이전 철학에서도 암시된 바 있으며 플라톤에게서도 논의된 바 있듯이, 존재는 일정하게 규정된 것이고 절대적인 의미의 순수한 존재는 모든 규정된 것의 총괄 개념이다. 이러한 순수한 존재는 순수한 미가 없이는 결코 이야기될 수 없다. 미가 결여된다면, 존재 자체 역시 결여될 수밖에 없다.

이러한 존재 자체는 정신, 즉 누스에 다름 아니며 개별자 속에서 매개되는 동시에 자기 스스로 모습을 드러내는 특성을 갖는다. 이것은 플로티노스에 의해 빛으로 묘사된다:

> 정신에서의 삶과 그것의 실현은 자기 스스로를 근원적으로 비추고 자기 자신을 향해서는 비추는 광채로 존재하는 근원적인 빛이다. 그것은 비추면서 동시에 비춰지는 것이며, 진정으로 예지적인 것이고, 사유하면서 동시에 사유되는 것이며, 자기 자신으로부터 보이는 것이다. [⋯] 왜냐하면 그것이 보는 것은 그 자신이기 때문이다(Enneade V 3, 8, 36-41).

여기서 빛은 정신의 완전한 통일성을 직관적으로 드러내주는 역할을 한다. 빛 속에서 개

---

48 Plotin: Enneade V 8, 4, 4-11, in: Plotins Schriften, Bd. IIIa, übers. v. Richard Harder, Hamburg, S.43(이후로는 Enneade로 약칭).

별자들은 정신의 전체성 속으로 하나가 된다. 이와 동시에 빛은 통일성을 다양성으로 전개시키면서 존재의 영역을 구축하며 개별 이념들이 전개되는 가운데 하나로 통일되는 전체 과정에서 존재 자체가 드러나도록 해준다. 개별자들의 다양성이 하나로 통일되는 과정과 통일성이 자체 내에서 유지되는 통일적 전개과정이 빛 자체 내에서 이루어지고 있는 것이다. 따라서 이러한 빛은 바로 미의 매개체가 되는 것이다.

정신, 즉 누스의 미는 이제 자신을 넘어 정신의 근원인 절대적 일자로 나아가게 된다. 플로티노스는 통일성과 미가 부여된 정신을 "일자의 이미지"(Enneade V 1, 7, 1)로 규정한다. 정신의 통일성이 모든 다양성을 지양하고 구체적인 총체성이라는 전일성이 될 때, 정신은 '일자의 이미지'를 갖는 것이다. 말하자면 절대적으로 비가시적인 것이 정신에서 가시화되는 것이며, 이러한 비가시적인 것의 가시화가 바로 '일자의 이미지'인 것이다.

정신에서 가시화되는 일자의 특성은 모든 가시성을 넘어 순수한 초월성으로 존재하는 그러한 통일성 자체가 아니다. 일자의 이미지는 존재 자체와 통일성을 정립하는 일자의 "힘의 과잉"(Enneade VI 8, 10, 33)인 것이다. 정신은 개별 이념들의 다양성을 전일성 속으로 하나가 되도록 하는 힘을 가지고 있다. 이러한 정신의 통일화시키는 힘은 예지적 미의 본질인바, 일자 자체로부터 출발하여 정신에서 가시화되는 것은 미로서 모습을 드러내는 것이다. 그렇다면 무엇이 우리로 하여금 일자로 나아가도록 만드는 것일까?

플로티노스는 정신에서 미로서 드러나는 일자를 절대자에 의한 이끌림으로 이해한다. 절대자가 우리로 하여금 일자로 이끌고 일자는 모든 것에 통일성을 부여하며 모든 것을 아름답게 만들어주는 것이다. 통일을 부여하는 절대자의 광채는 미 속에서 나타나는 것이다. 이제 절대자에 의한 이끌림은 절대적 초월로 이끌어지고 정신에서 드러난 미를 넘어서게 된다. 자기를 넘어서는 미의 초월을 플로티노스는 다음과 같이 묘사한다:

그것의 미는 다른 방식으로 이해되어야 한다. 말하자면 미를 넘어서는 미와 같은 것으로서. 일자 자체가 무이기 때문에 절대자가 거기서 어떻게 미일 수가 있겠는가? 그러나 절대자는 이끄는 작용을 하기 때문에, 절대자는 미를 산출하는 것이어야만 한다. 모든 미로 향하는 힘으로서 절대자는 미를 만드는 미의 개화이다. 왜냐하면 절대자는 미를 산출하고, 절대자 자신에게 있는 미의 과잉을 통해 그러한 미를 더욱 아름답게 만들기 때문이다. 그리하여 절대자는 미의 근원적 기초이자 미의 궁극적 목표이다(Enneade VI

7, 32, 28-33).

일자가 정신에게 부여하는 미는 근원 자체의 광채로서 근원적이며 구조와 형식이 없는 것이고 절대자 자체와 같은 것이다. 이러한 근원적인 미는 모든 규정과 존재에 앞서 규정과 존재를 비로소 가능케 하는 통일부여적 일자의 출현이며, "완전한 미"(Enneade VI 7, 33, 11)에 다름 아닌 것이다.

구조와 형식으로서 그리고 존재의 충만함의 총괄 개념으로서의 미는 태양이 빛 속에서 나타나듯 일자가 나타나는 곳으로서 근원적으로 구조와 형식이 없는 미의 드러남이다. 말하자면 일자는 근원적인 미 속에서는 구조와 형식이 없이 비가시적으로 존재하지만, 현실적인 미 속에서는 색채와 형태 속에서 가시성을 얻게 되는 것이다. 그리하여 플로티노스는 절대자로부터 시작하여 구조와 형식이 없는 미로 존재하는 통일의 힘이 가시화된 것을 형식이라고 생각한다. 여기서 말하는 형식이 바로 'eidos'이다. 이것은 가시성 그 자체를 의미하는 것으로서, 모든 규정에 앞서 존재하는 무형식적이고 비가시적인 통일의 드러남이다. 그리고 이러한 'eidos'가 바로 '이미지'이다. 그 자체로 가시적인 'eidos'로서의 이미지는 모든 가시성을 넘어서는 비가시적인 것에 대해 투과적이다. 이렇듯 초월적인 비가시적인 것을 투과하는 과정 속에 미와 이미지의 공통연관이 놓여 있는 것이다. 미는 여기서 이미지, 즉 가시적인 것의 투과성을 의미한다. 그러나 가시적인 것 혹은 이미지의 투과성은 가시성이 이루어지기 위한 조건일 뿐 아니라 비가시적인 것으로 지양되기 위한 조건이기도 하다. 이미지가 가시성 자체일 뿐 아니라 미의 가시성으로도 파악되기 위해서는 가시적인 것을 통해 비가시적인 것을 투과해볼 수 있어야 하는 것이다.

예술의 이미지를 모상들의 모상으로 가치절하했던 플라톤과는 달리 플로티노스는 비가시적인 것을 향해 투과적인 이미지로부터 소위 이미지의 진리라는 것을 모색해볼 가능성을 이끌어내고자 한다. 플로티노스는 자연의 대상들에서 감각적으로 경험할 수 있는 미는 그 자체로 아름다운 것이 아니라 '그 어떤 다른 것'에 의해 아름답다는 플라톤의 기본 사상을 받아들였다. 이러한 '그 어떤 다른 것'을 플라톤은 개별적인 미가 관여하는 동시에 개별적인 미를 근거규정하고 유지시켜주는 미의 이데아로 규정하였다면, 플로티노스는 그것을 개별적인 미가 관여하는 '형상을 부여하는 근거' 내지 '형상화시키는 형식'(Enneade

I 6, 2, 13)으로 규정한다. "내적인 형식τὸ ἔνδον εἶδος"(Enneade I 6, 3, 9)으로도 규정되는 이러한 형식은 정신적 미의 감각적으로 경험 가능한 외적인 현상을 질서화시키며 형태화시키는 구성적인 근거이다. 그리하여 예컨대 그리스 로마의 사원들에서 볼 수 있는 기하학적인 기둥들의 계열에서 그러한 형상화 형식 내지 내적인 형식이 나타난다고 할 수 있으며, 개별 음조들에서 예지적인 조화의 근거가 나타난다고 할 수 있는 것이다.

이러한 형상화 형식 내지 내적인 형식은 특정한 힘에 의해 달성되는데, 이를 플로티노스는 플라톤처럼 '에로스Eros'로 규정한다(Enneade V 5, 12, 16). 현실 전체에 걸쳐 여러 단계로 다양하게 나타나는 미의 실현을 의미하는 에로스의 활동은 사이존재로서 '다이몬Daimon'을 통해 이루어지며 개별적 다양성을 근거규정하며 유지시켜주는 통일성으로 향한다. 에로스에 의해 인도되어 절대적 미 속에서 절대적 미와 하나가 되는 경험은 '경탄', '감동', '환희'(Enneade I 6, 4, 15ff.)와 같은 감정상태로서 이러한 경험들의 형식은 개념적 이해의 상태가 아니라 사유와 감정이 혼연일체를 이루는 상태, 즉 '절대적 미를 보는 행동'을 의미하는 것이다.

플로티노스는 이러한 절대적 미를 보는 행동이 이루어질 수 있도록 해주는 역할을 예술에 부여한다. 아리스토텔레스처럼 모방작용에 본질적인 의미를 부여하였던 플로티노스는 예술을 단순한 외부 대상의 모방이 아니라 그 자체로 은폐되어 있는 것을 이미지 속에서 감각적으로 드러나도록 하는 작업으로 규정하였다:

누군가 개별 예술들이 자연을 모방하면서 생산활동을 하기 때문에 예술들을 과소평가한다면, 우리는 자연들 역시 무언가 다른 것을 모방한다는 점을 이야기해야만 할 것이다. 더구나 우리는 개별 예술들이 단순히 보여진 것만을 모방하는 것은 아니라는 점을 알아야만 한다. 오히려 개별 예술들은 자연을 구성하는 로고스들로 향하며 자기 자신으로부터 다양한 것들을 창조해낸다. 또한 개별 예술들은 무언가가 결여되어 있으면 덧붙이는 작용도 한다. 왜냐하면 그것들은 미를 소유하고 있기 때문이다. 그래서 피디아스 역시 제우스 동상을 감각적인 본보기에 따라서 조각한 것이 아니라, 제우스가 사람들 눈앞에 나타난다면 어떠할 수 있을까를 고려하면서 본보기를 만들어 조각을 하였던 것이다(Enneade V 8, 1, 32-40).

예술은 자연의 외적인 것, 즉 감각적으로 경험할 수 있는 현상을 모방하는 것이 아니라 자연의 생산적이고 활동적인 체제와 그것을 규정하는 로고스를 모방한다는 것이다. 이를 통해 예술은 인간의 사유에 예지적인 미를 통찰할 수 있는 일정한 척도를 제공해준다는 것이다. 예술은 감각과 감정만이 아니라 자연현상의 근거와 의도에 대한 집중적인 반성에도 호소한다. 예술은 다양한 형태들과 매개들을 통해 가시적이고 가청적인 것과 만나면서 비가시적이고 비가청적인 것이 드러나도록 하는 것이다. 여기서 예술작품의 이미지적 성격이 드러나는데, 예술의 이미지는 근원적 이미지의 이해를 위한 동인으로서, 감각적 미를 정신적 미로 향해 열려 있도록 만드는 역할을 하는 것이다. 그리고 앞서 규정된 바 있는 'eidos'는 예술 속에서 개념적으로 파악되는 것이 아니라 직접적으로 직관되는 것이다. 예술가의 직관적 이데아관조는 작품의 직관성을 위한 토대이다. 피디아스의 제우스동상은 예술가가 신을 정신적으로 관조한 것의 표현인 것이다. 예술가는 모든 아름다운 인간들의 통일적인 'eidos', 즉 그들의 통일적인 이미지를 향해 그들의 공통적인 미를 관조하는 것이다. 이러한 'eidos'가 제우스동상 속에서 가시화되며 이런 이유로 그 동상이 아름다운 것이다. 결국 이미지의 진리는 진리가 직관 속에서 동시에 나타난다는 것이다(Vgl. Enneade V 8, 4, 35-44). 그리하여 플로티노스의 이미지 개념은 가시적인 것에 대한 묘사라는 전통적 이미지 개념을 나타내는 것이 아니라, 가시적인 것을 넘어서는 비가시적인 것의 현재적 투과성, 혹은 현재의 개념규정으로 이야기하자면, 표현과 의미가 납작하게 하나가 된 현대적 이미지 개념을 선취한다고 할 수 있는 것이다. 이러한 이미지 개념에 의거하여 감각의 차원으로부터 정신적 미의 영역으로 이끄는 유비적 해석의 기능을 예술에 부여하였던 플로티노스는 아우구스티누스Augustinus, 위−디오니시우스 아레오파기타Pseudo-Dionysius Areopagita, 둔스 스코투스Duns Scotus에 이르는 이미지미학의 근거를 제공하였던 것이다.

III
중세 미학

중세라는 역사적 시기는 명확히 정의 내려지기 힘들다. 하지만 이념사적으로 볼 때, 중세는 플라톤 아카데미가 문을 닫고 몬테카지노 베네딕트 수도원이 문을 연 529년부터 서적인쇄의 발명이 이루어진 1450년경까지의 시기로 규정될 수 있을 것이다.[49] 중세는 기독교사상의 지배하에 있었지만, 고대 그리스 철학 없이는 생각될 수 없을 정도로 고대 그리스 철학과 긴밀한 관계를 가지고 있었다. 고대와 중세의 가교를 잇는 대표적인 사상가들은 아우구스티누스Augustinus von Hippo(354-430), 보에티우스Anicius Manlius Severinus Boethius(480-524)와 위−디오니시우스 아레오파기타Pseudo-Dionysius Areopagita(6세기경) 등이었다. 아우구스티누스는 플라톤 철학을 기독교적으로 변형시켜, 현실세계를 정신에게만 접근 가능한 최고 존재의 세계, 인간의 정신적 영혼의 세계 그리고 감각에 접근 가능한 생성의 하위세계로 구분하였다. 보에티우스의 경우 아리스토텔레스 철학을 번역하고 주석을 달

---

49 Josef Pieper: Philosophen und Theologen im Mittelalter, Verlagsgemeinschaft topos plus, Kevelaer 2015, S.19.

아 중세 사상가들에게 논의의 기초를 제공해주었으며, 위-디오니시우스 아레오파기타의 경우 플로티노스의 신플라톤주의를 발전시켜 토마스 아퀴나스에게까지 영향을 끼쳤다.

특히 위-디오니시우스 아레오파기타는 모든 가시적인 것이 비가시적인 것의 비유라고 하면서 플라톤의 감각적 이미지론에 기초한 플로티노스의 이미지미학의 이념을 발전시킨 인물로 중세미학을 논의하는 데 있어 중요한 가교역할을 한다. 그에 따르면,

> 초월해 있는 아름다운 것은 '미'라고 부른다. 왜냐하면 그것은 모든 본질의 고유성에 따라 모든 본질에 미를 전해주며, 그것 자체는 모든 사물들의 조화로운 질서와 광채의 원인이기 때문이고, [...] 모든 것을 자신에게로 불러들이기 때문이며(그 때문에 그것의 이름 역시 Kallos인 것이다), 모든 것 속의 모든 것을 하나의 동일한 것 속에 통합시키기 때문이다. 그것이 아름답다고 불리는 이유는 그것이 전적으로 아름답고 '극히 아름답기 ὑπέρκαλον' 때문이며, 그것이 영원히 동일한 관계 속에서 동일한 방식으로 아름답기 때문이고, 어떠한 생성이나 소멸도 어떠한 증대나 감소도 알지 못하며 한 관점에서만 아름답고 다른 관점에서는 아름답지 않은 것이 아니기 때문이며, 때로는 아름답고 때로는 아름답지 않은 것은 아니기 때문이다. [...] 그것이 아름답다고 불리는 이유는 그것이 그 자체로 그리고 그 자체를 위해서 영원히 단일한 형태로 아름다우며 모든 미의 원천으로서의 미를 현저한 방식으로 자체 내에 선취하고 있기 때문이다. 왜냐하면 단순하고도 초본질적인 미의 본질 속에서 모든 미와 아름다운 것은 통일의 방식으로 자신의 근원적인 선재성을 가지고 있기 때문이다; [...] 미를 통해 모든 것의 조화, 우정, 공통성들이 존재하는 것이며, 미를 통해 모든 것이 하나가 되는 것이다. [...] 미로부터 사물들의 모든 본질적인 실존형태들, 통일들과 구별들, 동일성들과 차이들, 유사성들과 비유사성들, 대립된 것들의 공통성들과 하나가 된 것들의 비혼재성들, 보다 높은 것의 배려, 균등한 것의 상호작용적인 내적 연관, 하등한 것의 회귀, 자기유지에 기여하는 모든 사물들의 변함없는 머무름과 확고한 존속 등이 유래되는 것이다.[50]

플라톤과 플로티노스를 잇는 위-디오니시우스 아레오파기타는 미란 모든 존재자의 보편적인 특성이며 모든 것을 규정하고 모든 개별자들을 저마다 고유한 방식으로 아름답게

---

50 Pseudo-Dionysius Areopagita: De divinis nominibus (Über göttliche Namen) IV 7, in: Des heiligen Dionysus Areopagita angebliche Schriften. Aus dem Griechischen übersetzt von Josef Stiglmayr, München 1911/1931.

나타나도록 해주는 근원적인 것으로 규정하고 있다. 이러한 미는 자신과의 동일성을 유지하면서 다른 모든 것과의 차이를 구성하고, 다른 모든 존재자들과 다양한 관계를 형성하는 가운데 존재 전체와 총체적인 질서를 형성하는 것이다. 결국 위-디오니시우스 아레오파기타에게 있어 미는 개별적 다양성을 해치지 않으면서 개별자들의 풍부함을 자체 내에 구별된 통일성에로 합치시켜 다양성 속의 최고의 통일성을 이루는 것이다.

이러한 미 개념과 아리스토텔레스적인 모방 개념의 변이태들은 중세라는 새로운 문화 공간에서 다채롭게 전개된다. 이 장에서는 중세의 미와 예술에 대해 간략히 개관을 한 후에 그중에서 대표적으로 아우구스티누스, 토마스 아퀴나스, 둔스 스코투스 그리고 쿠자누스의 미학적 이념들이 논의될 것이다.

1. 중세의 미와 예술

중세사회는 "가시적인 것에 못지않게 비가시적인 것에 현실성을 부여하였으며 오히려 가시적인 것보다 비가시적인 것에 더 많은 권력을 부여하여 사람들로 하여금 죽음이 개인적인 운명에 종지부를 찍는다고 생각할 수 없도록 하였던 매우 위계적인 사회"[51]였다. 이러한 사회에서 기독교의 시녀역할을 하였던 중세의 예술은 세 가지 핵심적인 기능을 담당하고 있었다. 첫째는 신에게 헌신하는 것이었고, 둘째는 신의 권능을 증거하는 것이었으며, 셋째는 현세와 속세를 매개하는 것이었다.

신에게 헌신하는 기능을 부여받았던 중세예술은 예술가들의 개인적인 미적 자기실현이라든가 예술적 혁신의 추구보다는 종교에 복무하는 것에 중요성을 두었다. 그 결과 (아직 독자적 의미의 예술은 아니지만) 예술적 생산과정들에서 유일하게 견지되던 공통적 테마는 "신"[52]이었다. 따라서 조형예술의 과제는 신이 세계를 창조한 방식 그대로 예술작품을 창작하는 것이었다. 예술이 독자적인 위상을 얻게 되는 르네상스 이전 중세 시기에는 예술가는 오늘날의 의미에서의 예술가가 아니라 일종의 수공업자 같은 지위를 가지고 있었던 것이다. 그리고 같은 맥락에서 중세시대의 미는 "존재 자체의 객관적 특성"[53]을 나타내는 것이었기에, 예술가는 미를 창조적으로 산출한다기보다는 그저 창조된 사물들 속에서 발견하기만 하는 존재라고 여겨졌으며, 그것도 예술가가 신적인 미에 가능한 한 가까이 다가갔을 경우에만 비로소 미가 예술 속에서 생겨난다고 생각되었던 것이다.

앞서 살펴본 바 있듯이, 중세시대의 많은 미학적 개념규정들은 고대 그리스의 미적 이념들로부터 유래되었으며, 그리스의 미학사상들은 중세시대 사상가들에 의해 기독교적인 맥락으로 전유되었다. 중세시대의 예술은 미술, 회화 조각 같은 순수예술들만이 아니라 규칙적인 지침들을 준수하는 수공업적 작업들과 학문들 역시 포괄하고 있었다.[54] 예술작품을 창작하기 위한 지식과 능력 그리고 생산과정들이 항상 사람과 관계되어 있었지만, 르

---

51 Georges Duby: Kunst und Gesellschaft im Mittelalter, Berlin 1998, S.7ff.

52 Wladyslaw Tatarkiewicz: Geschichte der Ästhetik II. Mittelalter, Basel/Stuttgart 1980, S.127.

53 Rosario Assunto: Die Theorie des Schönen im Mittelalter, Köln 1963, S.16.

54 Wladyslaw Tatarkiewicz: Geschichte der sechs Begriffe. Kunst, Schönheit, Form, Kreativität, Mimesis, Ästhetisches Erlebnis, Frankfurt a.M. 2003, S.30.

네상스 시대에 비해 누가 예술을 창작하는가는 그리 중요한 관심사가 아니었다. 세속적인 예술시장의 등장과 더불어 예술가들은 점차 빛을 보게 되었으며, 세수 증대로 인해 부를 축적한 귀족들은 자기과시욕에서 많은 대가를 치르고 예술가들로부터 예술작품들을 구매하게 되었다. 규모가 큰 공동체나 공공기관들의 경우 주로 종교적 예술작품들을 구매하였다면, 14세기 이래로 예술이 구매 가능한 형태로 보편화되기 시작하면서 세속화된 형태의 예술작품들의 생산과 "사적이고 개인적인 영역으로 예술적 생산이 전환하는 상황"[55]이 벌어지게 되었다. 그 결과 지금은 예술가라고 부르지만, 당대에는 소위 수공업적 테크닉이 뛰어난 장인으로 여겨진 마이스터들은 경제적 부를 축적하였고, 대도시들을 중심으로 분야별로 전문화된 도제들을 두고서 노동 분업화된 예술작품들을 생산하는 대규모 공방들이 운영되었던 것이다.[56]

중세의 예술은 고대 그리스에서 생겨난 7가지 자유로운 예술들과 이에 유비적인 관계에 있었던 7가지 실용적인 예술들로 구분되어 있었다. 자유로운 인간에게 걸맞는다는 의미에서 '자유로운'이라는 수식어가 붙은 7가지 예술들은 라틴어로 된 학문을 탐구하기 위한 전제로 언어적이고 논리적인 분야를 공부하는 '세 영역Trivium'인 문법, 수사학, 변증법, 수학적 기초를 이루는 '네 영역Quadrivium'인 산수, 기하학, 음악, 천문학으로 구성되어 있었다. 반면 실용적인 7예술들은 에리우게나Johannes Scottus Eriugena의 경우에는 건축, 재단술, 경작술, 전쟁술, 상거래술, 요리술, 야금술이었고, 성 빅토르 위고Hugues de Saint-Victor의 경우에는 건축술, 무기제련술, 직조술, 치료술, 사냥술, 항해술, 연극술 등이었다. 여기서 '예술ars'은 전문적인 생산만이 아니라 생산활동의 숙련성, 지침들의 숙지, 전문적인 지식 등을 모두 아우르는 의미를 지니고 있었다. 그리하여 당시에는 건축과 재단술만이 아니라 문법과 논리학 같은 경우도 예술 내지 전문화된 지식 내지 기술로 여겨지게 되었던 것이다.[57]

중세시대에 미는 일반적으로 누군가의 마음에 들게 하는 능력으로 정의되었다. 대상의 집중성이건, 대상의 기능적인 완전성이건, 혹은 대상의 개별 요소들 간의 질서건 중세시대에 미는 지침에 의거하여 이루어진 (기술적) 예술의 결과였다. 따라서 예술은 객관적으로

---

55   Georges Duby: Kunst und Gesellschaft im Mittelalter, S.112.

56   Ibid. S.71f.

57   Rosario Assunto: Die Theorie des Schönen im Mittelalter, S.18f.

유효한 미 이론에 종속되어 있었으며 일정한 척도와 비례에 따라 수행되었다. 고대와 중세의 가교역할을 하였던 아우구스티누스는 대상의 엄격한 기하학적 규칙성을 요구하는 미의 이론을 발전시켰다. 아우구스티누스에 따르면, 모든 형태들 중에서 가장 아름다운 형태는 나눌 수 없는 통일이자 모든 형상들의 근원이고 신적인 근원성을 나타내는 '점'이었다.[58] 사물의 미는 개별 요소들이 이루는 관계들의 총체성으로부터 귀결되며, 예술가는 이러한 총체성의 질서로서의 미를 척도와 비례의 질서화 원리들에 기초하여 대상 속에서 실현시키는 과제를 부여받고 있었다.

이러한 중세시대의 미는 감각적인 미를 매개로 하여 드러나야 하는 초감각적이고 정신적인 미로 이해되었다. 예술은 가시적이고 감각적인 미를 모방하는 것이 아니라 "가시적인 세계보다 더 완전하고 영원한"[59] 비가시적인 세계를 모방해야 하는 것이다. 여기에는 중요한 상징들이 묘사수단들로 끌어들여졌다. 빛, 색채, 광채 등이 그 예들이었다. 플로티노스에게서도 사용된 바 있는 이러한 상징들은 중세예술에서 특히 두각을 나타냈는데, 그 중에서도 빛은 분할될 수 없고 자기동일적인 신의 조화와 일치의 이미지로서 핵심적인 역할을 하였다.

결국 중세예술의 지향점은 신에 의해 창조된 세계 내에서 작용하고 있는 신의 섭리로서, 도덕적이고 종교적인 교훈을 담지하고 있는 목적이 나타나도록 하는 것이었다. 이러한 목적의 실현은 일정한 비율과 척도에 따라 조화로운 형태 속에서만이 아니라 대상으로부터 발휘되는 신적인 광채 속에서도 정신적이고 신적인 아름다움이 나타나는 것이다. 이러한 미는 만족감, 우아함, 위대함, 탁월함, 유용함과 같은 다양한 의미스펙트럼을 가지고 있었다. 따라서 현실에서 이와 같은 다양한 의미스펙트럼을 가지고 나타나는 미는 예술적 대상의 미적 가치를 판단하는 추상적 개념기준일 뿐만 아니라 신에 의해 창조된 세계 속에서 구체적으로 경험되는 것으로 여겨지기도 했다. 그러나 세계 속에서 경험되는 미는 감각적인 미가 아니라 감각적인 미를 매개로 혹은 감각적인 미를 통로로 하여 드러나는 초감각적인 미였던 것이다. 정신적인 미가 감각적인 미의 척도라는 점에서 정신적인 미가

---

58 Umberto Eco: Kunst und Schönheit im Mittelalter, München 2004, S.57.
59 Wladyslaw Tatarkiewicz: Geschichte der sechs Begriffe, S.392.

감각적인 미에게 필수불가결한 것이었듯이, 정신적인 미는 감각적인 미를 매개로 해서만 드러날 수 있기에 감각적인 미 역시 정신적인 미에게는 없어서는 안 될 필수조건이었던 것이다. 미와 감각의 관계는 중세미학에서도 여전히 역동적 상호관계에 있었다.

2. 아우구스티누스의 미학

아우구스티누스Augustinus von Hippo(354-430)는 고대 그리스의 미적 이념을 중세 기독교적 맥락으로 전유하여 기독교적 미학의 초석을 닦았던 로마인이자 기독교인이었다. 그의 기독교 미학에서 미적인 지각과 향유는 세계와 신 사이의 초월적 관계에 집중되어 있었으며, 예술은 신에 의해 미리 주어져 있는 객관적인 규범들의 지식으로서 이해되었다. 따라서 예술은 신의 섭리가 비유적으로 들어 있는 '알레고리Allegorie'와 신의 섭리가 신비적으로 해석되는 '아나고기Anagogie'의 조합이자 신성의 직관과 신성의 초월성 간의 조합이었다. 결국 예술은 영원의 미 속에서 현실적 사물들의 본질을 고정시키는 작업인 것이다.

아우구스티누스는 18세의 나이에 신분상 결혼할 수 없었던 한 여인과의 사이에서 아들을 낳은 후 이탈리아의 여러 대학들에서 수사학과 신학 및 철학 교수직을 수행하다가 33세의 나이에 모든 세속적인 것을 뒤로하고 카톨릭 교회에서 세례를 받고 사제가 되었다. 지금까지 전해지는 그의 모든 글들은 그가 세례를 받은 후에 쓰여진 글들이다. 아우구스티누스의 사상은 '행복', '악', '자유', '은총', '전지전능한 신'과 같은 다섯 가지 핵심적인 내용들로 이루어져 있다. 이 중에서도 아우구스티누스의 미학사상을 이해하기 위해서는 무엇보다 행복과 악의 개념에 대한 이해가 선행될 필요가 있다.

그는 인간이 행복하기 위해서는 어떠한 폭풍우에도 견딜 수 있고 그 어떠한 운명적 사건에도 버틸 수 있는 확고

그림 1 Benozzo Gozzoli: Tolle Lege, 1464-1465.

한 지주가 마련되어야 한다고 주장한다. 그것은 다름 아닌 신이라는 것이다. 그러면서 그는 "신을 가진 자는 행복하다"[60]고 말한다. 행복은 행복에 대한 다양한 가치평가들을 하는 데 기준이 되는 척도인 것이다.

행복과 직접 결부된 테마가 다름 아닌 악이다. 아우구스티누스는 악을 선의 '결여privatio'로 설명한다.[61] 악은 선하지 않은 것, 선이 없는 것, 선이 결여되어 있는 것이라는 말이다. 존재와 선의 충만함에 대비되는 결여로서의 악은 비존재 혹은 그저 '없음'이다. 비존재 혹은 '없음'으로서의 악은 그렇다고 추한 것은 아니다. 왜냐하면 아우구스티누스의 생각에 따르면, 악 속에서도 신적인 질서의 미가 매우 약화된 방식으로 존재하기 때문이다. 악은 오로지 인간의 내부에만 존재하는 것으로서, 신에게서 행복을 찾고 신을 향유하는 미와는 달리 세속적인 것들을 향유한다. 악은 인간의 내부에서 참된 목표를 놓치고 마는 인간 고유의 의지로서 생겨난다. 이러한 전도된 의지를 아우구스티누스는 '불안한 의지'라고 부른다. 인간이 이러한 불안하고 전도된 의지를 갖게 된 이유는 인간의 자유의지 때문이다. 자유의지를 갖고 있는 인간은 신의 선함으로 향해 있을 때에만 잘못된 길로 들어서지 않게 된다는 것이다.[62] 잘못된 욕망으로 인해 야기되는 내적인 무질서는 외적인 미로 몰락하게 되어 신적인 미를 망각한다.

이러한 핵심적인 테마들의 논의맥락과 같은 지평에서 아우구스티누스는 우선 악을 화가가 자신의 그림의 한 부분에 위치시키는 어두운 색채자국과 비교한다. 그러면서 그는 이러한 어두운 색채자국을 빛의 결여 혹은 'privatio'로 규정한다. 여기서 알 수 있는 사실은 그가 악보다 선을 우위에 둔다는 사실만이 아니라 악이라는 것의 비존재성을 염두에 두고 있다는 점이다.

신의 질서가 약화된 방식으로 존재하는 상태 혹은 선의 결여로 이해되는 악과는 달리 미는 선의 충만함을 의미하거나 혹은 선과 동일시된다. 우선 그는 육체적인 미에 대한 정의로부터 시작한다. 그에 따르면, "육체의 모든 미는 매력적인 색과 더불어 부분들의 조화 속에 존재한다."[63] 이러한 미의 정의에는 육체적인 미만이 아니라 정신적인 미 역시 포함

---

60 Augustinus von Hippo: De beata vita (Über das Glück), hrsg. v. Willi Schwarz, Stuttgart 1982, S.11.

61 Augustinus von Hippo: De beata vita, S.8.

62 Augustinus von Hippo: Confessiones (Bekenntnisse), hrsg. v. Wilhelm Thimme, München 1988, X, 34.

되어 있다. 이는 미에 대한 정의 이후에 이루어지는 고대 그리스 미 개념에 대한 논의에서 드러난다. 그는 피타고라스에게서도 이야기된 바 있는 비례와 균형이라는 미의 판단기준을 끌어들인다. 질서와 비율과 조화가 미적인 동시에 존재론적인 판단준거들로서 작용하고 있었던 고대적인 미학적 이념에 의거하여 아우구스티누스는 미가 사물들의 객관적인 고유성이라고 말한다. 그에 따르면, "대상들은 아름답기 때문에 우리를 기쁘게 만든다."[64] 말하자면 대상이 우리를 기쁘게 만들기 때문에 대상이 아름다운 것이 아니라, 대상이 아름답기 때문에 대상이 우리를 즐겁게 만든다는 것이다.

이러한 의미에서 그는 기하학적인 규칙성을 미적 대상의 근거로 제시한다. 미의 객관적 특성을 정교화시키는 미적 판단근거로서 기하학적인 규칙성은 미의 위계적 질서에서 명확히 드러난다. 예컨대 '이등변 삼각형'은 부등변 삼각형보다 더 아름다우나 '정사각형'보다는 덜 아름답다고 한다. 이보다 더 아름다운 것은 '원'인데, 그 이유는 원의 균등성이 각을 통해 단절되지 않기 때문이라는 것이다. 가장 아름다운 것은 처음과 끝의 중심이자 원의 중심이고 모든 형상들 중에서 가장 아름다운 형상의 근원이기도 한 '점'이라고 한다. 그러면서 아우구스티누스는 미란 "부분들이 서로 닮게 되고 일종의 통일끈을 통해 대칭적 균형의 상태로 옮겨진 상태"[65]에 근거한다고 한다. 즉, 사물들의 객관적인 특성들로부터 수학적인 대칭관계, 부분들, 음조들, 형식들, 색채들 간의 비례관계가 추론된다는 것이다. 그리하여 균등성, 통일성, 일치, 질서 등은 미에 있어서 척도가 되는 준거들이 되며, 이러한 준거들이 작용하는 곳에 바로 미가 존재한다는 것이다.

이러한 수학적 균등성과 비례는 신의 절대적 동일성에 대한 종교적 표상과 궤를 같이 한다. 세계의 다양성이 신적인 근원에 기초해 있듯이, 미적인 다양성은 통일성을 통해 나타나는 것이다. 다양성 속의 통일성으로서 미는 한편으로 비례와 균형의 피타고라스적인 원리를 따르고 있지만, 다른 한편으로는 신에 의해 창조된 세계의 내적인 아름다움을 지향하고 있다. 결국 아우구스티누스는 신의 절대적 아름다움과 동일시되는 플라톤적인 미의 이상을 추구하였던 것이다.

---

63 Augustinus von Hippo: De civitate dei (Vom Gottesstaat), hrsg. v. Wilhelm Thimme, München 1985, XX, 19.
64 Augustinus von Hippo: De vera religione (Über die wahre Religion), hrsg. v. Wilhelm Thimme, Stuttgart 2001, XXXII, 59.
65 Ibid. XXXII. 59.

아우구스티누스의 이러한 미적 이상이 잘 드러나는 곳은 바로 그의 음악이론이다. 『음악에 대하여De musica』라는 글에서 그는 음악이 아름다운 예술이 아니라 음악의 수학적인 관계들과 형이상학적인 근거들을 재구성하는 이론이라는 점을 명확히 한다. 리듬과 화음, 음정과 조성 같은 음악의 객관적인 기호관계들만이 아니라 작곡과 음악적 지각 등을 다루는 객관적인 학문으로서 음악연구는 수학적으로 계산된 음조의 특성들에 따라 작곡된 음악이 아름다운 예술작품으로 이르게 되는 과정만이 아니라 재구성된 수학적 지각이 객관적인 감정상태로 이르게 되는 과정 역시 주요한 탐구 대상으로 삼고 있는 학문이라고 한다. 그에 따르면, 음악의 형식적 객관성이 해명된다면 내용적인 객관적 의미차원 역시 주어지게 된다고 한다. 그리하여 음조들의 미의 지각 가능성은 감각적 특성에 기초해 있는 것이라기보다는 예지적이고 수학적인 관계들에 기초해 있다고 할 수 있다. 예지적인 미는 감각적으로 지각 가능한 미의 존재론적인 전제가 된다. 이러한 감각적으로 지각 가능한 미의 "가치평가는 미와 예술의 비유적이고 신비해석학적인 파악 없이는 그리고 악과 추 역시 일정하게 자리를 잡고 자기고유의 미를 가지고 있는 보편적 질서에 대한 조망 없이는 생각될 수 없다."[66] 그리하여 아우구스티누스의 기본적인 미 개념은 리듬이다. 그의 리듬 개념은 음향적인 현상만이 아니라 시각적이고 촉각적인 현상들 역시 포괄한다. 그에 따르면, 몸과 영혼과 감각과 지각을 비롯하여 인간의 활동과 기억들은 자연과 세계와 역사와 마찬가지로 모두 리듬에 기초해 있다고 한다.[67] 아우구스티누스는 『음악에 대하여』에서 '판단하는 리듬', '전진하는 리듬', '묘사하는 리듬', '기억된 리듬', '소리내는 리듬' 등 총 다섯 가지 리듬을 제시한다. 아름답다고 지각되고 판단된 사물들은 우리의 영혼과 일치되어야 한다. 그에 따르면, 아름다운 사물들과 이에 동감하는 영혼 사이에서는 리듬적인 조화가 생겨난다고 한다. 그는 시간적이고 상대적인 사물들의 미가 궁극적으로는 신적이고 절대적인 미를 드러내기 위해 사용되는 것이라고 하면서 미의 예지성은 미의 물질성을 위한 전제라고 한다. 그러면서 그는 다음과 같이 말한다: "아름답고 다채로운 형태들, 반짝이며 사랑스러운 색채들은 나의 눈을 사랑한다. 그렇지만 그것들은 나의 영혼을 사로잡지

66 Rosario Assunto: Die Theorie des Schönen im Mittelalter, S.74.
67 Augustinus von Hippo: De musica, übers. v. Frank Hentschel, Hamburg 2002, Buch VI, 12, 38.

는 못할 것임에 틀림없다. 그 모든 것을 매우 훌륭하게 창조한 신만이 그럴 수 있을 것이다. 오로지 신만이 나의 선이지 이러한 사물들은 아닌 것이다."[68] 결국 아름다운 예술들의 미학은 가장 아름다운 것인 신의 정신적 세계를 나타내는 도구적이고 유비적인 기능을 갖는 것이며, 여기서 감각적이고 색채적이며 비례적인 미는 예술의 영역에서 정신적이고 신적인 미를 가리키는 중요한 역할을 하는 것이다.

---

68 Augustinus von Hippo: Confessiones X, 34.

3. 토마스 아퀴나스의 미학

성 토마스 아퀴나스St. Thomas Aquinas(1225-1274)는 이탈리아 나폴리 태생의 중세 철학자이자 신학자로서 나폴리 대학과 파리에서 공부한 후 다시 이탈리아로 돌아와 신학과 철학 등을 가르쳤다. 그의 저작은 네 가지 형태로 이루어져 있다. 첫 번째는 전체 지식영역에 대한 체계적인 설명을 의미하는 'summae'이고 여기에는 『대이교도 대전Summa contra gentiles』, 『신학 대전Summa theologiae』이 속한다. 두 번째는 개별 학문영역들을 다루는 'disputationes'이고 여기에는 『진리에 대하여De veritate』, 『권능에 대하여De potentia』, 『영혼에 대하여De anima』, 『악에 대하여De malo』 등이 속한다. 세 번째는 문법과 논리학 등의 도움으로 한 작품의 참된 의미를 해명하고자 하는 'commentationes'이며 여기에는 아리스토텔레스, 보에티우스, 위-디오니시우스 아레오파기타 등에 대한 코멘트가 속한다. 마지막 네 번째는 제비뽑기나 점성술, 성체축일, 존재론적 문제들에 대한 논증 등과 같이 다양한 문제들을 다루는 'opuscula'이며 여기에는 『존재자와 본질De ente et essentia』, 『군주의 통치론De regno ad regem Cypri』 등이 속한다. 기본적으로 아퀴나스는 형이상학적 진리와 관계되는 신앙과 물리적 세계와 관계되는 이성을 하나로 종합하려는 의도에 기초해 있었다. 그리하여 그는 한편으로 이성적 진리의 경우 감각적 경험으로부터 출발하여 이성적 통찰로 이르는 과정과 다른 한편으로 신앙의 경우 초자연적인 것의 본질적 계기들과 삼위일체, 그리고 신의 육화 같은 사항들을 해명하는 과정을 전체 체계 속에서 종합하고자 하였다.

아퀴나스에게 미학은 낯선 것으로

그림 2 Carlo Crivelli: St. Thomas Aquinas, 1476.

여겨졌기에 미학과 예술에 대한 독자적인 저술을 남기지는 않았다. 그리하여 토마스 아퀴나스의 철학적 미학이라든가 예술론이라는 것은 없다. 따라서 미와 예술에 대한 아퀴나스 고유의 생각들은 신학저술들로부터 부분적으로 추론해내어야만 한다.

아퀴나스는 아리스토텔레스와 아우구스티누스의 미학사상들에서 두각을 나타내는 미적 형태의 이념을 물질과 형식의 구체적 종합으로 이해되어야 하는 유기적인 것의 미학으로 발전시켰다. 특히 그는 세속과 분리된 영혼의 욕구라는 아우구스티누스적인 생각보다는 세계와 결부된 영혼이라는 아리스토텔레스적인 사상에 더 기울어서 세속적 형태들의 감각적 충만함을 미적 고찰의 대상으로 삼았다.

아퀴나스에 따르면, '미die Schönheit, pulchritudo' 개념에는 '완전무결성integritas' 혹은 '완전성perfectio', '비례debita proportio'나 '일치consonantia', '명료성claritas'이 속한다고 한다.

> 미에는 세 가지 사항이 요구된다: 첫째, '완전무결성integritas' 혹은 '완전성perfectio': 그 때문에 절단된 사물들은 추하다. 그 다음으로는 '비례debita proportio'나 '일치consonantia'. 그리고 마지막으로 '명료성claritas': 그 때문에 광채를 내는 색을 가지는 사물들은 아름답다고 불린다.[69]

말하자면 어떤 대상이 '완전무결성', '비례', '명료성' 이 세 가지 특성을 모두 갖춘다면, 그것은 아름답다는 것이다. 그리고 인간에게서 생겨나는 감각은 '고요', '평화', '기쁨'이라고 한다(ST I, 6.1). 이러한 미 개념은 삼위일체 신학의 맥락과도 결부된다. 삼위일체 신학에 따르면(ST I, 39.8), 성부에는 '영원성aeternitas'이 속하고, 성자에는 '현상species'이 속하며, 성령에는 '경험usus'이 속하는데, 이 중 'species'는 '이미지imago'나 '미pulchritudo'와 동일한 의미를 갖는 것으로 성부의 본질을 갖는 성자의 고유성을 표현한다. 그리하여 성자는 성부의 표현이미지이다. 'imago', 'species', 'pulchritudo'는 모두 성부와 성자의 본질적 동일성을 나타낸다.

완전무결성, 비례, 명료성이라는 미의 세 가지 계기들은 하나가 다른 둘을 자기 쪽으로

---

69 Thomas Aquinas: Summe der Theologie(이후로는 ST로 약칭), Stuttgart 1985, I, 39.8.

끌어들이는 방식으로 세 가지가 서로 상호작용을 한다. 정력이 억제되고 욕망이 멈춰지며 그 어떠한 호기심도 자극되지 않고 행동에의 욕구가 잠재워질 때, 인간은 대상을 아름다운 것으로 감각하는 것이다. 아퀴나스는 이 같은 미적 사고를 형식과 물질의 관계 속에서 살펴본다. 그에게서 형식은 우선 'morphe' 혹은 'figura'로서는 3차원적인 윤곽을 갖는 것으로 이해되며, 'essentia'로서는 정의를 통해 표현되는 것으로 규정된다. 또한 형식은 '실체화된 형식'으로 규정되기도 하는데, 아퀴나스에 따르면, "물질의 실체성이기도 한 형식을 통해 물질은 현재 존재하는 것이자 바로 이것이 되는 것이다."[70] 형식과 물질은 '현실태ἐνέργεια, actus'와 '가능태δύναμις, potentia'의 관계와 결부되어 있다. 물질이라는 가능태는 형식이라는 현실태를 통해 실체화된다는 것이다. 이러한 맥락에서 미는 형식 속에 기초해 있다고 할 수 있다. 형식과 물질의 이 같은 관계가 바로 미의 세 가지 계기들 속에서 나타나는 것이다.

우선 '완전무결성'은 유기적 전체를 구성하는 모든 부분들의 완전한 상호작용으로 이해될 수 있다. 아퀴나스에 따르면, 사물의 완전성은 그것을 창조한 자의 표상의 실현과 관계된다고 한다. 왜냐하면 "모든 예술가들"은 "항상 미리 주어진 목적에 부합되는 최고의 준비물을 자신의 작품에 장착하려고" 애쓴다(St I, 91.3). 마찬가지로 인간의 육체에서도 잘 질서지어지고 다양한 목적들에 정확히 부합된 완전한 관계들이 지배한다. 그리하여,

우리는 인간의 몸이 신의 명장 같은 솜씨에 의해 가장 잘 예비된 형태로 형성되었다고 말할 수 있다(ST I, 91.3).

미의 두 번째 계기인 비례와 관련해서는 『대이교도 대전Summa contra gentiles』에서 논의된다. 아퀴나스에 따르면,

형식과 물질은 그것들 간의 비례관계 속에서 항상 서로 관계되어야 하며, 동시에 본질적으로 서로 적응한 상태로 있어야만 한다; 왜냐하면 모든 행위는 그것의 고유한 재료 속에서 이루어지기 때문이다.[71]

---

70 Thomas Aquinas: De ente et essentia. Das Seiende und das Wesen, hrsg. v. Franz L. Beeretz, Stuttgart 2003, S.13.

물질과 형식의 적응이 실행되지 않는다면, 형식은 사라지게 된다. 이것은 무엇보다 가시적이고 양적인 비례 속에서 이루어지는데, 사람들은 감각 대상들 간의 조화로운 비례관계나 음조들 간의 조화로운 비례관계에서 기쁨을 얻는 것이다. 그러나 질적이고 도덕적이며 지적인 영역에서도 물질과 형식의 종합이 그 역할을 발휘하는데, 이때 정신적인 미는 "인간의 행동이 이성의 정신적 명도에 부합되게 좋은 비율관계에 있는 경우"(ST III, 145.2)에 존재한다. 그러나 가장 중요한 비율은 대상이 자기 자신에게 혹은 자신의 규정과 기능에 맞춰질 때 존재하는 비율이다.

미의 세 번째 계기인 명료성은 사물들 자체에 거하는 명증성 혹은 유기적인 형식의 명료성을 말한다. 아퀴나스는 명료성을 네 가지 유형으로 구별한다. '빛과 색채', '이성의 빛', '현세의 고결함의 빛', '성자들과 신의 천상적 빛'이 그것이다. 사물들은 자체의 질서와 구조성을 드러낼 때 아름답다. 말하자면 사물들은 빛과 색채에 있어 일정한 법칙성들에 근거하여 빛을 낸다는 것이다. 그리고 명확히 질서화되어 있는 이러한 사물들은 고요히 지각하는 가운데 사물들에 관여하는 사람에게 아름다운 것으로 현상하는 것이다.

아퀴나스는 미 자체에 대해서 구체적으로 이야기하지는 않지만, 아름다운 육체에 대해서는 다음과 같이 규정한다. "비율이 잘 맞고 색채의 명료성을 갖춘 육체가 아름답다"(ST II-II, 145.2). '육체적 아름다움pulchritudo corporis'과 유사하게 '정신적 아름다움pulchritudo spiritualis'도 이야기되는데, 지성의 정신적 명료성에 부합되게 비율이 잘 맞는 인간의 관계 형식들에 정신적 아름다움이 있다는 것이다. 또한 '미적인 것das Schöne'은 '정직함honestum'과도 관련된다. 아퀴나스에 따르면, 선한 것과 아름다운 것은 동일하다(ST I, 5.4). 왜냐하면 그것들은 형식상 동일한 것에 기초하고 있기 때문이다. 그러나 그것들은 개념상으로는 서로 구분된다. 선한 것이 '욕구appetitus'와 관계된다면, 아름다운 것은 인식능력과 관계된다. 그 이유는 (나중에 한 번 더 논의되겠지만) '응시 중에 마음에 드는 것은 아름답다'고 일컬어지기 때문이다. 인식이란 대상과의 유사성을 통해 이루어지기 때문에, 아름다운 것은 형식원인에 속한다. 그리하여 아름다운 것은 인식능력에 대한 질서를 선한 것에 부가하는 것이다. 결국 '완전무결성', '비례', '명료성'은 아름다운 것의 계기들을 나타내며 객관적인

---

71 Thomas Aquinas: Summa contra gentiles, Darmstadt 2013, II, 8.

조건들을 확정한다. 아름다운 것과 선한 것의 차이는 오직 아름다운 것과 인식하는 주체의 관계로부터 생겨나는 것이다. 그리하여 그 차이는 아름다운 것의 주관적 조건에 놓여 있으며, 아름다운 것에 적합한 행동은 바로 '지각apprehensio'이다. 아퀴나스에 따르면, 신은 "모든 것의 일치와 명료성의 원인"으로서 아름답다고 불릴 수 있다고 한다.

미의 객관성은 미적 지각의 주관성과 긴밀히 결부되어 있다. 미적 지각의 주관성을 아퀴나스는 다음과 같이 아주 간단명료하게 규정한다: "응시 중에 마음에 드는 것은 아름답다Pulchra sunt quae visa placent"(ST II, 27.1). 말하자면 사물들의 미는 그것들의 최적의 응시가능성 속에 있다는 것이다. 눈을 통해 매개된 응시가능성은 절대적인 완전성 내지 완전무결성을 가리키며, 응시 중에 매 순간 전체와 결합된다. 미의 객관적 이념은 감각지각의 이론과 부합된다. 아퀴나스는 감각적 지각을 물질이 감각들에 작용하는 인과과정으로 이해하는데, 이 과정에서 지각하는 자에게는 정신적 영향이 일어난다고 한다. 물질이 감각들에 작용하게 될 때, 감각기관들은 물질적인 의미에서가 아니라 정신적인 의미에서 지각된 것에 부합되게 변화된다. 그리하여 예컨대 눈은 그 자체가 '파랗게' 되지 않으면서 '파란색'을 지각하는 것이다. 마찬가지로 세계의 미를 인식한 사람은 물질적인 의미에서가 아니라 정신적인 의미에서 아름답게 되는 것이다.

아퀴나스에게서는 무엇보다 시각이 높은 가치를 지니는 것으로 이해된다. 그 이유는 시각이 최소한도로 대상의 물질성에 의해 규정되는 감각이기 때문이다. 시각의 잠재적 능력은 정신적 변화에서 가장 크게 나타난다고 한다. 감각적으로 지각 가능한 사물들에 남아 있는 것은 아직 본질적인 규정들을 수행하지 못했다는 것을 의미한다. 아퀴나스는 본질적인 규정들을 감각적 대상들을 위한 원인으로 간주하는 것이다. 미적인 대상들에 대한 감각적 지각은 미가 존재하기 위한 조건이 아니라 미를 인식하기 위한 조건이다. 대상은 잠재적으로만 미적인 것이고, 미적인 지각이 이루어지면서 비로소 대상은 미적인 것으로서 현상하는 것이다. 말하자면 세계 속에 잠재해 있는 미는 인간의 관찰 속에서 비로소 실재화되는 것이다.

미가 실재화될 때, 미적인 기쁨 혹은 쾌감이 생겨나는데, 이것은 감각적인 욕망으로부터 기인하는 것이 아니라 지식으로부터 생겨나는 것이다. 미적인 기쁨은 감각에 의해 매개된 지성적 대상들과 결합되어 있다(ST I, 27.1). '응시visio'와 '지각apprehensio'은 감각적 활동이라기보다는 인식적 활동이다. 그리하여 시각과 청각이 지성에 가까이 놓여 있는 것으로 여겨지기 때문에, 시각과 청각은 본질적인 미적 감각들로서 나타나는 것이다. 결국 미적인 향유는 미의 지각과정 속에서 필연적으로 나타나지만, 미적인 경험의 본질을 이루는 것은 아니다. 미적인 경험의 본질은 미의 계기들이 일정하게 구조화되어 있는 질서를 경험하는 것이다.

실재화된 미는 일정한 틀이 필요한데, 이것이 바로 예술이다. 아퀴나스는 예술을 수공업, 규칙에 관한 지식, 한마디로 인식적인 측면과 생산적인 측면 모두를 포괄하는 실천적인 지식으로 파악한다. 그는 공예, 건축, 의복생산, 도구생산 등과 같은 실천적인 예술들과 회화, 문학, 수사학과 같은 미적인 예술들을 구별한다. 이러한 두 예술들 모두 기능주의적이고 객관적인 미의 기준들에 기초해 있다. 예술가는 대상에 부합되는 형식을 찾아내어 세계의 목적론적 조화의 원리와 질서의 미의 원리를 준수하면서 작품을 창작해야만 한다.

결국 토마스 아퀴나스의 미학은 대상 속에 잠재되어 있는 미의 본질적 체계를 탐구하는 미의 객관성 이론, 감각지각을 통해 이러한 미가 어떻게 실재화되는지를 탐구하는 미적 지각의 이론 그리고 실재화된 미를 담지하는 예술적 생산의 이론을 포괄하는 하나의 종합적 체계라고 할 수 있다. 또한 아퀴나스는 사물들의 경험적 미가 신의 초월적 미에 참여하며, 역으로 신이 현실의 모든 국면들에서 현세적인 미의 근원이라는 점을 주창함으로써, 초월적인 미와 경험적 미의 역동적 상호관계를 암시하였다. 마지막으로 그는 개별육체지절들의 비례적 조화를 갖춘 육체적 미와 믿음, 사랑, 소망 등의 기독교적 덕목에 기초한 내적인 영혼의 미가 중층적으로 결합되어 있는 미의 작용공간을 인간에게서 보았던 것이다.

4. 둔스 스코투스의 미학

유사화 원리에 기초한 고대의 매트릭스 미학은 중세에 들어오면 둔스 스코투스Johannes Duns Scotus(1266-1308)에게서 조합 내지는 결합의 미학과 마주치게 된다. 그의 삶의 다채로운 궤적은 독일 쾰른의 프란체스코 수도사교회 내에 있는 석관에 간명하게 요약되어 있다:

> 처음에 스코틀랜드는 너를 탄생시켰고, 그러고 나서 네가 신학 명제론집에 관해 강의 하였던 곳인 영국이 너를 가르쳤으며, 프랑스가 너를 받아들였고, 쾰른이 너를 무덤 속 에서 감싸고 있노라.[72]

이 같은 다채로운 삶의 도정에서 그의 주요한 종교철학적이고 신학적인 저술들이 쓰여진 시기는 초기 영국 옥스퍼드 시절이었다. 'Lectura'라고 불리었던 신학 명제론집 초기 주석 본만이 아니라 아리스토텔레스의 논리학적 저술들에 대한 주석을 비롯하여 아리스토텔레스의 형이상학과 『영혼론』에 대한 논의들 역시 이 시기에 속한다.

둔스 스코투스 철학의 중심은 형이상학이었다. 그는 벨기에 출신의 신학자인 하인리히 겐트Heinrich von Gent로부터 많은 영향을 받고서 하인리히 겐트의 형이상학으로부터 구별 되는 자신만의 형이상학을 이루려고 했지만, 토마스 아퀴나스의 행위존재론에 대한 하인 리히 겐트의 의미 있는 대안의 그림자로부터 벗어나기는 힘들었다. 우선 그의 형이상학은 형이상학의 대상을 '존재자로서의 존재자'라고 생각하였던 아랍철학자 아비센나Avicenna 의 관점을 수용하였다. '존재자로서의 존재자'라는 말은 보편적인 의미의 존재자로서 둔스 스코투스는 절대적인 'quidditas, Washeit'라는 말을 사용한다. 'quidditas, Washeit'라는 말은 '사물의 본질성'으로서 '이 사물은 무엇인가? 라는 물음에 대답될 수 있는 것' 혹은 '그 무 언가인 것'을 의미하며, 여기에는 개별적인 사물이나 개체가 아니라 사물의 유적인 본질 이 속한다. 나중에 논의되겠지만, 개별적인 것 그 자체는 둔스 스코투스에 의해 '이것 haecceitas, Diesheit'으로 규정된다. 따라서 'quidditas, Washeit'라는 말은 플로티노스의 개념이 기도 했던 '일자'라든가, '진리', '선'과 같은 보편 개념들만이 아니라 '가능성', '현실성' 같

---

72   Alan B. Wolter: Reflections on the Life and Works of Scotus, in: American Catholic Philosophical Quarterly 67(1993).

은 상반적 초월자들을 비롯하여 '지혜', '자유', '삶'과 같은 순수한 완전태들도 포괄한다. '일자', '진리', '선', '가능성', '현실성', '지혜', '자유', '삶' 등과 같은 보편적 개념들은 보편적이긴 하지만 그 어느 것에도 기대지 않는 절대적인 완전성은 아니기에 또 다시 그 자체의 근거를 가지고 있어야만 한다. 이것을 둔스 스코투스는 '일의적 의미의 신'으로 규정한다.[73] 이런 신의 존재의 일의성은 모든 특수한 학문들이 이런 일반적인 대상들을 전제하고 있기 때문에, 이러한 보편적인 대상들을 다루는 학문이 있어야 하는데, 이것을 둔스 스코투스는 '초월론'으로 규정하였던 것이다.

반면 둔스 스코투스는 현재 실재하고 있는 사태를 파악하는 직관적 인식 역시 가능하다고 보았다. 둔스 스코투스는 인간의 인식활동을 '본질의 이미지Wesensbild'와 '지성' 간의 상호작용으로 이해한다. 즉, 사태의 일반적인 것을 재현하며 인식작용에 앞서 존재하는 본질의 이미지를 통해 사태는 지성에게 나타나는 것이며,[74] 지성이 이러한 본질의 이미지를 받아들여 인식활동이 이루어진다는 것이다. 사태의 본질을 파악하는 추상적 인식에서 개별자는 그 자체로 인식되는 것이 아니라 본질로서 인식된다. 그러나 이와는 달리 직관적 인식은 사태 그 자체 혹은 존재자 그 자체를 인식하는 것이 아니다. 개별자 자체가 아니라 개별자의 본질이 지성을 움직임으로써, 개별자가 직관적으로 인식되는 것이다.

존재자의 일의성에 근거하는 보편적 대상들의 인식과 실재하는 사태를 파악하는 직관적 인식의 관계에 대한 이해에 근거하여 둔스 스코투스의 고유한 미적 이념이 추론될 수 있다. 둔스 스코투스는 무엇보다 미를 독자적으로 존재하는 독립적인 것이 아니라, '적절한 관계' 속에 있는 모든 요소들의 결합으로 이해했다. 그에 따르면, "미란 미적인 형체를 가진 절대적 특질이 아니라, 그러한 형체에 속하는 모든 요소들(예컨대 크기, 형태, 색 등)의 결합이며 모든 관계들(형체와 관련하여 그러한 지표들 및 그러한 지표들 각각에 부여되어 있는 모든 관계들)의 결합aggregatio"[75]이라고 한다. 여기서 물론 'aggregatio'라는 말은 단순히 아무런 질서 없이 요소들을 모아놓은 것이 아니라 일정한 질서하에 있는 여러 지

---

73 Ioannes Duns Scotus: Lectura I, d.3, p.1, q. 1, n. 21, Vatican Ausgabe XVI, Civitas Vaticana 1950ff, S.232.

74 Ioannes Duns Scotus: Lectura I, d.3, p.3, q. 1, n. 282, Vatican Ausgabe XVI, Civitas Vaticana 1950ff, S.337sq.

75 Ioannes Duns Scotus: Quaestiones in IV libros Sententiarum, in: Opera omnia, editio nova juxta editionem Waddingi (Parisiis: 1891sqq), Ord. I d.17 p.1 q.1-2 n. 62, Vat. 5:163f.

표들의 결합상태로서 "simpliciter distincta"[76]를 의미한다.

스코투스에 따르면, '모든 요소들의 결합aggregatio omnium convenientium' 내지는 '모든 관계들의 결합aggregation omnium respectuum'을 함축하고 있는 이러한 미 개념은 도덕적 선과 유비적인 관계에 있다. 즉, "행위의 도덕적인 선이 행위를 특징적으로 드러내주는 장식이듯이",[77] 육체의 아름다움은 육체를 특징적으로 드러내주는 장식인 것이다. 이것은 도덕적인 행위에 있어서도 '결합aggregatio'이 중요한 역할을 한다는 것을 알 수 있게 해주며, 이때 '결합'은 '힘potentia', '대상obiectum', '경계finis', '시간tempus', '장소locus', '양식modus'[78] 등과 같은 상황들의 균형 잡힌 질서를 의미한다. 이러한 균형 잡힌 질서로부터 이탈하게 될 때, 말하자면 '결합'의 균형과 비율이 깨질 때, 행위는 도덕적이지 않을 뿐 아니라 미적이지도 않게 되는 것이다. 칸트의 실천이성의 미를 선취하는 이러한 도덕적 행위의 미와 이러한 미의 기저에 놓여 있는 '결합'은 육체적인 미와 도덕적인 미의 연관을 육체적인 미와 정신적인 미의 연관의 문제로 이해하도록 해주는 중요한 매개인 것이다.

이제 '결합'을 매개로 하여 육체 및 자연의 아름다움과 함께 주어져 있는 일정한 척도들을 지각하는 것은 둔스 스코투스에게 있어 인간 영혼을 올바르게 질서지우는 일에 있어 결정적으로 중요한 작업이 된다. 육체 및 자연의 아름다움을 지각하고 이렇게 지각된 것을 수용하는 것이 영혼의 올바른 질서 형성에 어떻게 기여하는지를 스코투스는 다음과 같이 말한다: "카리타스는 영혼의 장식이며 영혼을 아름답게 만들기 때문에, 카리타스의 행위 역시 신이 들어주시고 받아들여 주신다. 왜냐하면 신은 덕의 아름다움으로 인해 영혼을 사랑하기 때문이다."[79] 말하자면 순전한 자연에 의해 야기되어 무언가를 하려고 추구하는 것은 덕스러운 인간의 육체에 내재한 아름다움 때문에 도덕적 의지에 의해 수용되어 영혼의 아름다움의 형성에 기여하며, 신이 카리타스의 행위를 들어주고 받아들여주는 이유 역시 그 내부에는 덕의 아름다움이 존재하기 때문이라는 것이다. 그렇다면 아름다움의

---

76 Ioannes Duns Scotus: Quodlibet, in: Opera omnia, editio nova juxta editionem Waddingi (Parisiis: 1891sqq), q.19 a.1 n.2.

77 Ioannes Duns Scotus: Quaestiones in IV libros Sententiarum, in: Opera omnia, editio nova juxta editionem Waddingi (Parisiis: 1891sqq), Ord. I d.17 p.1 q.1-2 n.62, Vat. 5:164.

78 Vgl. Ord. I d.17 p.1 q.1-2 n.62, Vat. 5:164.

79 Ioannes Duns Scotus: Lectura, in: Opera omnia, editio nova juxta editionem Waddingi (Parisiis: 1891sqq), Lect. I d.17 p.1 q.1un. n.59, Vat. 17:201.

지각과 수용은 어떠한 구조로 이루어지는 것인가?

여러 구성요소들의 결합에 기초해 있는 육체적 미의 지각과정에는 감각들만이 아니라 지성 역시 작용한다. 왜냐하면 색이나 형태 그리고 크기 등은 지성을 통해 서로 일정한 질서를 이루는 관계 속에서 인식되는 감각적 특성들이기 때문이다. 그리하여 스코투스는 감각적 대상은 직관적인 인식과 추상적인 인식을 산출할 수 있다고 한다. 추상적 인식이 건 직관적 인식이건 인식은 색, 형태, 크기 등의 우연적 속성들을 파악하며, 이것들의 '결합'을 지각하는 것이 바로 미의 지각인 것이다. 여기서 스코투스는 이러한 결합 내지는 미의 지각에 필수적인 핵심적 매개고리를 제시하는데, 그것은 바로 '이것haecceitas'이라는 개념이다: "하나의 임의적인 사물 속에서 한데 합쳐져 있는 많은 우연적 속성들은 그런 사물에 의해 파악된다. 그런 특정한 성질의 양이나 특정한 성질의 질처럼, [⋯] 그 둘에 대해 이런 그 어떤 것은 그러한 양과 그러한 질의 주체로서 파악된다. [⋯] 그러나 그 기저에 놓여 있는 것은 존재자의 본질적인 개념 속에서만, 즉 '이 존재자'의 본질적인 개념 속에서만 파악되는 것이다."[80]

소위 '이것의 미학Ästhetik der haecceitas'[81]으로 규정되는 스코투스의 미학은 끝없는 흐름과 변화의 과정에 있는 현상의 순간포착이라는 의미를 담고 있는 '이 존재자'를 파악하는 것에 초점을 맞추고 있다. 스코투스가 생각하는 대상 인식은 우연적 속성들을 직관적인 방식과 추상적인 방식으로 파악하는 것이며, 이러한 우연적 속성들의 파악은 다시금 그것들 간의 '결합'을 지각하는 것과 연관되어 있기에 그러한 대상 인식은 직관적 인식과 추상적 인식을 모두 포함하기는 하지만, 우연적 속성들이 형성하는 변화와 흐름의 현상세계 속에서 바로 '이 존재자'라는 개별자를 파악하는 것은 직관적인 인식에 더 가까워 보인다. 이러한 직관적 인식은 추상적 인식을 포함한 직관적 인식 혹은 '실존 속에서 대상과 추상적 인식을 통일시키는 직관적 인식'[82]으로 규정될 수 있는 것으로, 개인의 실존적 존재상

---

80 Ioannes Duns Scotus: Quaestiones in IV libros Sententiarum, in: Opera omnia, editio nova juxta editionem Waddingi (Parisiis: 1891sqq), Ord. I d.22 q.un. n.7, Vat. 5:344f.

81 20세기 중세미학의 대가인 에드가 드 브뤼인느Edgar de Bruyne는 스코투스의 미학을 다음과 같이 규정한다. "스코투스의 미학은 '이것' 혹은 '그것'의 미학, 즉 이것의 미학une esthétique de l'haeccéité인 것이다"(Edgar de Bruyne: Études d'esthétique médiévale, Bd. III, Brügge 1946, S.352).

82 Camille Bérubé: La connaissance de l'individuel au moyen âge, Paris 1964, S.194: "직관적 인식은 가장 완전한 인식행위가 직관적이며 대상의 실존 상태에서 대상과 지성을 통일시키고 있다는 사실을 보여주고자 하는 것이다."

태에 가장 잘 부합되는바, 이러한 개인의 실존적 존재상태에 가장 잘 부합되는 직관적 인식의 예가 바로 미적인 지각인 것이다. 결국 우연적 속성들의 '결합'으로서 절대적 단일성, 현상, 독특한 개별성 등의 함의를 지니는 '이 존재자'의 파악에 맞춰져 있는 스코투스의 미적인 지각론 내지는 '이것의 미학'은 '이것'의 개념과 유사한 지평에 놓여 있는 현대적 의미의 감성, 혹은 감각적 복합체 내지는 이미지적 조합 또는 표면의 파악을 목표로 하는 이미지적 조합의 미학의 원형을 이루고 있는 것이다.

5. 쿠자누스의 미학

독일 모젤강이 가로지르는 작은 도시 쿠에즈Kues에서 태어난 종교철학자이자 추기경이 기도 했던 쿠자누스Cusanus, Nikolaus von Kues(1401-1464)는 중세 후기와 초기 근대의 가교를 놓는 인문주의 사상가이다. 그는 프로클로스Proklos, 알베르투스 마그누스Albertus Magnus와 위–디오니시우스 아레오파기타로부터 신플라톤주의 사상을 이어받아 그의 고유한 사변적 신학을 발전시켰다.

비록 미에 관한 본격적인 논의는 하지 않았지만 프로클로스와 위–디오니시우스 아레오파기타의 영향하에서 쿠자누스는 「신의 응시에 대하여De visione dei」라는 글에서 이미지 미학의 가능성 조건을 마련하였다. 이 글은 무엇보다 다음과 같은 물음, 즉 "신앙심 깊은 한 영혼이 과연 지성의 인식 없이 혹은 선행하거나 동반되는 사유 없이 오로지 감정을 통해 혹은 '양심의 불꽃synderesis'이라고 부르는 정신의 첨두를 통해 신을 접촉하고 신 안으로 직접 움직여지고 옮겨질 수 있을지"[83]에 대한 물음에 답을 제시하고자 한다. 일자 혹은 신은 대립들 너머에 혹은 대립들 이전에 존재한다는 프로클로스적이고 위–디오니시우스적인 기본 사상에 의거하여 쿠자누스는 '대립들의 일치coincidentia oppositorum'의 사상을 신적인 무한성 내지 절대성에 대한 통찰의 조건으로 규정한다. 말하자면 '대립의 일치'는 파악하는 대상적 사고의 형식으로서, 이것은 더 이상 파악하지 않고 더 이상 대상적이지 않은 응시로 극복되어야만 하는 것이다.

파악하는 대상적 사고와 파악하지 않고 대상적이지 않은 응시 사이에 있는 파악의 경계를 보다 구체적으로 설명하기 위해 쿠자누스는 "낙원의 장벽murus paradisi"이라는 메타포를 사용하면서 이를 '대립들의 일치의 장벽'과 동일시한다. 말하자면 신은 대립들의 저편에, 혹은 대립들의 장벽 안 낙원에 거한다는 것이다.

> 나는 당신을 낙원의 정원에서 봅니다. 나는 내가 무엇을 보는지를 알지 못합니다. 왜냐하면 나는 볼 수 없는 것을 보기 때문입니다. 내가 알고 있는 것은 오직 이것뿐입니다.

---

83 Edmond Vansteenberghe: Autour de la docte ignorance: une controverse sur la théologie mystique au XVe siècle, Münster 1915, 110, 12-15(Kaspar Aindorffer an Cusanus).

즉, 나는 내가 무엇을 보는지를 내가 알지 못한다는 것을 알고 있으며, 내가 그것을 결코 알 수 있지 않으리라는 것을 알고 있습니다. 이름을 지칭하는 모든 방식에 있어 경계는 장벽과도 같은 것으로서, 이 장벽 너머에서 나는 당신을 봅니다. [⋯] 모든 개념은 낙원의 장벽과 경계를 이루고 있습니다. [⋯] 장벽은 말해질 수 있고 생각될 수 있는 모든 것을 당신으로부터 분리시킵니다. 왜냐하면 당신은 누군가에 의해 개념화될 수 있는 모든 것으로부터 분리되어 있기 때문입니다.[84]

그리하여 신적인 무한성의 응시에 이르기 위해서 인간의 사고는 낙원으로 들어가는 문을 지키고 있는 장벽을 넘어서야만 한다. 사고가 개념적 파악이라는 장벽을 넘어선다는 것은 자기 자신을 넘어서야 한다는 것을 말하며, 결국 이것은 사고가 스스로를 극복해야 한다는 것을 의미하는 것이다. 개념적 파악 너머에 있는 목표에 이르러 '신의 응시'가 가능해지기 위해서는 대립의 일치가 필수적인 조건으로서 견지되어야 하는 것이다.

모든 한정과 제약을 넘어 사고의 자기극복이 이루어진다면, 이것은 신의 응시로 가는 도정의 목표인 신적 무한성에 부합되는 것으로서 "낙원에 매료된 상태"로 실현된다. 이를 통해 '신의 얼굴에 대한 신비로운 응시visio mystica sive facialis'가 이루어지는 것이다. 그리고 이러한 응시 속에서 모든 차이의 구조가 지양되고 그리하여 최고의 절대적 형식 속에서 응시는 더 이상 보지 않는 것이 된다. 유한한 시선을 절대자의 얼굴의 무한한 시선과 하나가 되게 함으로써, 보지 않는 응시 속에서 이루어지는 모든 차이의 지양은 절대적 응시 자체가 되는 것이다. 절대적 응시는 자기 스스로 근거를 형성하며 밖을 향해 전개되는 자기응시로서, 이것은 시선의 모든 방식들을 자신 속에서 포괄하는 신의 응시이기도 하다. '신의 응시는 신의 존재이자 사고이며, 신의 통찰이자 파악과 측정이고, 신의 언술이자 작용과 창조이며, 신의 운동이자 사랑이다.'[85] 결국 신의 응시는 자신의 보여짐이자 모든 사물들의 보여짐이며, 그의 사고는 그의 생각되어짐과 동일한 것이 된다.

여기서 알 수 있는 사실은 신적인 질서 그 자체에 도달하는 것을 궁극적인 목적으로 삼으면서도 이러한 영역에 도달하는 방식으로서 메타포적 이미지 작용을 해명하는 작업

---

84   Nicolai de Cusa: De visione dei, in: Nicolai de Cusa opera omnia Bd. 6, hrsg. v. Heide Dorothea Riemann, Hamburg 2000, 13; 51, 3ff.
85   Nicolai de Cusa: De visione dei, 12; 48, 7/12; 49, 2.

에 적지 않은 중요성을 부여한 플라톤에게서처럼, 쿠자누스에게서도 구분되지 않은 것이자 '타자가 아닌 것non aliud'으로서, '할 수 있는 것이자 존재하는 것possest'으로서 신적인 일자를 사유과정 속에서 파악하고자 하는 끝없는 추구[86]가 그의 전체 사상의 핵심을 이루고 있다는 것이다. 선의 이데아로의 접근을 위해 진리의 '정신적 가시화'에 유비적인 감각 지각의 작동방식에 주목하였던 플라톤처럼, 쿠자누스는 이 같은 '정신적 가시화'를 추동시키는 소위 정신적 눈의 '기본원리'를 해명하고자 하였던 것이다.

쿠자누스는 이를 위해 실제 이미지인 동시에 은유적으로 사용되는 이미지 개념을 사용한다. 그는 한 수도원에 '신의 그림 이미지icona Dei'를 보내는데, 이것은 어느 각도에서 보거나 모든 관찰자를 똑같이 바라보는 그림으로서, 심지어 시선의 출발점을 정반대 방향으로 바꾸는 사람들에게도 동일하게 보이는 "모든 것을 보는 자"[87]의 그림이다. 여기서 실제 신의 이미지는 신적인 행동인 '절대적 시선'을 가리키는 것으로 유한한 존재인 인간의 한정된 시선과 구별되지만 바로 이러한 한정된 시선 내에 기거하고 있다. 즉, 절대적 시선은 '시간과 각 방향들로 그리고 개별 대상들과 그것들의 조건들에 따라 상이하게 한정됨으로써, 유한한 존재자들은 그 정도에 부합되게 자신의 시선을 통해 사물들을 보게 된다'(Vgl. SG 78-79)는 것이다. 더 나아가 절대적 시선이 없이는 그 어떠한 한정된 시선도 있을 수 없으며, 절대적 시선 안에서 한정된 시선들 모두는 한정되지 않은 채로 존재하는 것이다. 말하자면 절대

그림 3 12세기 Novgorod icon, Assumption Cathedral Moscow.

---

86 Vgl. Werner Beierwaltes: Nicolaus Cusanus: Innovation durch Einsicht aus der Überlieferung, In: 'Herbst des Mittelalters'?. Fragen zur Bewertung des 14. und 15. Jahrhunderts, Hrsg. v. Jan A. Aertsen und Martin Pickavé, Berlin · New York 2004, S.356.

87 Nikolaus von Kues: Vom Sehen Gottes(이후로는 SG로 약칭), In: Kritik des Sehens, Hrsg. v. Ralf Konersmann, Leipzig 1997, S.75.

적 시선의 자기한정은 한정된 것이 절대자로 지양되는 것과 같은 것이다. 결국 한정된 개별 시선들은 절대적 시선 안에 존재하며, 절대적 시선은 자기한정을 통해 한정된 시선으로 향할 수 있기 때문에, 모든 시선은 자기 자신 안에 절대적 근거를 지닌다고 할 수 있는 것이다. 왜냐하면 "절대적 시선은 모든 한정들의 한정이기 때문이다"(SG 79).

항상 동일하게 존재하는 절대적 시선과 시간과 장소와 조건에 따라 각기 다르게 한정되는 개별적인 시선 간의 관계에 대한 쿠자누스의 성찰에서 추론될 수 있는 한 가지 중요한 사실은 이미지와 시선의 동시성이다. 즉, 절대적 시선이 시간과 장소와 조건에 따라 각기 다르게 한정됨으로써 유한자의 한정된 시선이 가능해진다는 것은 절대적 시선이 한정된 시선에 내재하여 이것의 작동원리로 작용하는 동시에 일정하게 한정된 모습으로 보여지기도 한다는 것을 의미하는 것이다. 말하자면 이미지와 시선은 대상과 주체라는 이분법적 관계로 고찰될 수 있는 것이 아니라, 보는 행위와 보여짐이 하나로 작용하는 것처럼(Vgl. SG 84-85) '자기 지시적 이미지'로 수렴되는 것이다.

이러한 '자기 지시적 이미지'는 '원상Urbild'과 '모상Abbild', '본질Wesenheit'과 '시선Blick'의 위계적 관계 역시 재고되도록 한다. 쿠자누스에 따르면, 유한한 존재자는 결과 속에서 원인을 보고 모상 속에서 원상을 보듯이, 인간의 한정된 존재 상태를 관찰하면서 이를 통해 절대적인 존재 상태를 본다고 한다(SG 86-87). 그러나 무엇이 한정된 시선으로 하여금 모상 속에서 원상을 보고 시선 속에서 본질을 볼 수 있도록 해주는 것일까? 그것은 다름 아닌 감각적 눈에 유비적인 정신적 눈의 작용이다. 쿠자누스는 유한한 구도자로서 "그림에서 기호처럼 작용하면서 암시되어 있는 진리를 보려고"(SG 89) 노력한다고 한다. 왜냐하면 그는 신의 시선이 곧 신의 언술이라고 생각하기 때문이다. 여기서는 우선 진리를 그림 이미지로 이해하려는 쿠자누스의 혁신적인 사상이 이야기될 수 있겠지만, 이보다 더 중요한 점은 '진리를 본다'는 말에서나 신의 시선과 신의 언술 간의 동일시에서 알 수 있듯이 이미지-시선 통일체는 진리 가價를 담지한 자기 지시적 관계를 형성하고 있다는 사실이다. 시선과 언술의 동일시는 시선이 언술처럼 특정한 내용을 전달하는 매체라는 의미를 함축하는 것이 아니라, 시선 자체가 보여진 것과 동일하며 이미지-시선 통일체는 그 어떠한 초월적 의미도 전제하고 있지 않다는 사실을 직접적으로 드러내주고 있는 것이다.

물론 이러한 해석은 여전히 전통 형이상학적인 틀 내에 머무르고 있는 쿠자누스의 기본 사상과는 별도로 이야기되어야 하는 것이다. 예컨대 '신'과 '신의 얼굴' 그리고 이러한 실제 그림 이미지를 바라보는 신체기관으로서의 눈이 이루는 관계는 '신'과 '진리' 그리고 이러한 은유적 이미지를 바라보는 내적인 눈이 이루는 관계와 더불어 위계적 질서를 형성하고 있으며, 각 관계 간의 연관이 시지각의 유비에 기초해 있는 것처럼 보이지만, 그에 대한 명확한 논증은 찾아보기 힘들다. 그럼에도 불구하고 모든 시선에는 절대적 자기 근거가 자리 잡고 있다는 점을 해명하였을 뿐 아니라, 초월적 기의에 의거하지 않는 이미지 – 시선 통일체의 작용기반으로서 이미지의 자기 지시적 관계를 정립함으로써 쿠자누스의 시선의 형이상학은 근대적인 의미의 이미지 담론 형성에 결정적인 기여를 하였던 것이다.

IV
근대 미학

1. 데카르트의 미적 인식

쿠자누스에게서 논의된 '자기묘사' 내지는 '자기언술'로서의 자기 지시적 이미지 개념은 데카르트René Descartes(1596-1650)에 이르러서 보다 명확해지게 된다. 데카르트와 이미지 담론 간의 관계는 그의 시지각에 대한 논의에서 암시되어 있다. 시지각의 문화사적 발전과정에서 근대로의 전환점을 야기시킨 패러다임을 미국의 예술비평가 조나단 크레이리 Jonathan Crary는 "데카르트의 카메라 옵스큐라camera obscura 패러다임"이라고 규정하면서 다음과 같이 말한다: "16세기 말 이래로 점차 카메라 옵스큐라 메타포는 관찰자와 세계의 관계를 정의내리고 일정하게 표시하는 데에 있어 두드러질 정도로 단연 돋보이는 의미를 취하기 시작한다. 그 후 단 몇 십 년이 지나지도 않아 카메라 옵스큐라는 더 이상 수많은 기제들 중의 하나나 한 가지 관찰 가능성이 아니라 시선을 파악하고 설명할 수 있도록 해주는 필수적인 논의의 장으로 여겨졌다."[88]

---

88 Jonathan Crary: Techniken des Betrachters. Sehen und Moderne im 19. Jahrhundert, Dresden und Basel 1996, S.53.

실제로 데카르트는 영상 이미지의 독자성을 이야기하기 위해 암실 메타포를 사용한다:

> 단 하나의 구멍을 제외하고는 사방이 밀폐되어 있는 방을 가정해보라. 이 구멍 앞에는
> 유리 렌즈가 붙어 있다. 그곳으로부터 일정한 거리에 하얀 천이 드리워져 있는데, 이
> 천 위에서는 외부 대상들로부터 시작된 빛이 영상 이미지들을 만들어내고 있다. 여기
> 서 방은 눈을 나타내고, 구멍은 동공을 뜻하며 유리 렌즈는 수정체 혹은 굴절을 야기시
> 키는 눈의 모든 부분들에 부합한다. 그리고 하얀 천은 시신경의 끝부분들로 구성된 안
> 구의 안쪽 피부를 가리킨다.[89]

말하자면 인간의 눈은 해부학적으로 암실과 구조적인 유사성을 가진다는 점으로 미루어
볼 때, 인간은 물리적인 세계를 직접 보는 것이 아니라, 그 자신과 보여진 사물 세계 사이
에 위치해 있는 영상 이미지들만을 볼 수 있다는 것이다. 외부세계와의 직접적 소통을 차
단하는 영상 이미지들은 외부세계의 직접적 영상이 아니라 시지각에 의한 작용이라는 점
에서 인간은 영상 이미지들을 통해 외부세계를 보는 것이 아니라 다름 아닌 자기 자신을
보고 있는 것이다. 왜냐하면 시지각의 작용은 주체에게서 일어나는 외부세계의 내적인 재
현과정에 다름 아니기 때문이다.

이러한 감각지각 논의는 기존의 시각에서 볼 때 데카르트의 주요 관심사가 아니라고
여겨질지도 모른다. 그러나 소위 그의 주체철학을 대표하는 명제라고 일컬어지는 '나는
생각한다. 고로 나는 존재한다cogito, ergo sum'라는 말이 실제로 그의 주요 저술들에서 자주
등장하지 않는다고 한다면, 상황은 다소 다르게 규정될 수 있을 것이다. 이 명제는 1641년
의 주저인 『제일 철학에 대한 성찰Meditationes de prima philosophia』에 등장하지 않으며, 후기
의 저술인 1644년의 『철학의 원리들Principia philosophiae』에 가서 비로소 나타난다. 더구나
여기서 데카르트는 이 명제와 관련하여 후에 제기되었던 수많은 오해와 해석들을 불식시
켜줄 만한 예상치 못한 추가적인 언급을 한다:

---

89 René Descartes: Optics, in: The Philosophical Writings of Descartes, Vol 1, trans. by John Cottingham, Robert Stoothoff and
    Dugald Murdoch, Cambridge Univ. Press, 2007 (19th printing), p.166.

나는 사고라는 말을 우리 내부에서 일어나는 일로서 우리가 알고 있는 모든 것으로 이해한다. [⋯] 그리하여 사고는 단지 이해, 의지, 상상 등과 동일시될 수 있을 뿐 아니라 감각적 앎과도 동일시될 수 있다. 왜냐하면 만일 내가 "나는 보고 있다 혹은 걷고 있다. 고로 나는 존재한다"고 말하면서 이것을 육체적 활동들로서의 시지각과 걷기에 적용되는 것으로서 취한다면, 그 결론은 절대적으로 확실하지는 않을 것이다. 왜냐하면 잠자는 동안 흔히 일어나듯이, 비록 눈을 감고 움직이지 않을지라도 내가 보고 있거나 걷고 있다고 생각하는 것이 가능하기 때문이다. 그런 생각들은 심지어 내가 육체를 가지고 있지 않을 경우에도 가능할 수 있을 것이다. 그렇지만 만일 내가 '보기'와 '걷기'를 보기나 걷기의 실제적 감지나 인지에 적용되는 것으로서 취한다면, 그 결론은 꽤 분명할 것이다. 왜냐하면 그것은 정신과 관계되며, 이러한 정신만이 보고 있거나 걷고 있다는 감각 내지는 사고를 가지기 때문이다.[90]

데카르트가 말하는 사고 내지는 생각이란 우리 내부에서 일어나는 일들, 즉 '내적인 재현innere Repräsentationen'이나 '내적인 이미지innere Bilder'를 가리키며, 여기에는 이해, 의지, 상상을 비롯하여 감각지각까지 포함된다. 그리하여 '나는 생각한다'라는 말은 통상적인 의미의 감각지각과 정신적 사고를 포괄하는 인간의 모든 정신활동을 의미하며, 내가 그 어떤 활동을 하고 있건 간에 나는 항상 '그러한 활동을 하고 있다는 것을 생각하는 존재'로서 존재하는 것이다. 따라서 내가 존재한다는 것에 대한 확실성은 내가 무언가를 하고 있다는 것을 생각하는 한에서 그리고 이 같은 생각을 통해서 보장될 수 있는 것이다. 이런 맥락에서 "나는 보고 있다 혹은 걷고 있다. 고로 나는 존재한다ego video, vel ego ambulo, ergo sum"는 말은 폐기될 수 있다. 말하자면 순수한 육체적 활동으로서의 시지각과 걷는 활동은 존재의 확실성을 담보해주지 못한다는 것이다.

그러나 이 같은 표면적 해석의 기저에는 정반대의 함의가 놓여 있다. 즉, '본다'는 육체적 활동이 보는 활동으로서 감지되어 그러한 활동으로 확신되고 있는 데카르트적인 사고는 외적인 활동의 재현이 아니라 아직 규정되지 않은 불특정한 활동을 내적으로 바라보면서 '본다는 활동의 내적인 이미지'를 구성하는 내적인 시선이라고 할 수 있는 것이다. 다시

---

90   René Descartes: Principles of Philosophy, in: The Philosophical Writings of Descartes, Vol 1, p.195.

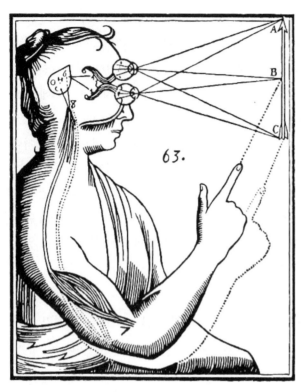

그림 4 데카르트의 '시지각 과정'의 묘사

말해 생각한다는 것은 내적으로 본다는 것과 같은 함의를 갖는다면, '나는 (내적으로) 본다. 고로 나는 존재한다'는 말이 성립될 수 있는 것이다.

다시 앞서 「광학」에서 논의된 내용으로 돌아가 논의를 진전시켜보자면, '나는 본다. 고로 나는 존재한다video, ergo sum'라는 명제가 갖는 의미가 명백해진다. 해부학적으로 암실과 구조적인 유사성을 가지는 눈을 가지고 있는 인간은 물리적 세계를 직접 들여다보는 것이 아니라 그 자신과 보여진 사물 세계 사이에 위치해 있는 영상 이미지들만을 볼 수 있는 존재이며, 이러한 영상 이미지들은 보여진 외부세계가 내적으로 재현되는 과정들에 다름 아닌 것이다. 이는 이해, 의지, 상상, 감각지각을 포괄하는 데카르트적인 사고 내지는 생각과 궤를 같이 한다. 말하자면 이해하고 의지하며 상상하고 감지하는 활동들에 대해 생각하는 작용은 이러한 활동들을 내적으로 재현하여 이미지화시키는 과정이라고 할 수 있으며, 따라서 '나는 생각한다. 고로 나는 존재한다'는 명제보다 '나는 본다. 고로 나는 존재한다'는 명제가 존재의 확실성을 담보해주는 보다 설득력 있는 명제일 수 있는 것이다.

물론 외부세계를 내적으로 재현하는 내적인 눈 혹은 정신적인 눈이 전제됨으로써 '호문쿨루스homunculus'가 상정될 수 있으며, 계속해서 이러한 호문쿨루스의 내적인 눈이 또다시 상정될 수 있다는 점에서 내적인 시선의 논의는 꼬리에 꼬리를 물고 계속 뒤로 소급될 가능성을 야기시킬 수 있다. 또한 의지와 상상 및 감각지각마저 정신의 활동에 속하게 됨으로써, 육체의 활동과 정신의 활동 사이의 간극을 메울 가능성은 거의 없어 보인다. 그리고 무엇보다 사고 작용의 결과라고 할 수 있는 내적인 이미지와 외부세계의 내적인 재현으로서의 영상 이미지가 여전히 이분법적으로 분리되어 있다. 그렇지만 이 모든 문제점들에도 불구하고 자아의 내적인 자기구성으로 규정될 수 있는 데카르트의 이미지적 존재이해는 19세기 심리학과 생리학을 비롯하여 20세기 시지각적 신경과학을 선취하는 자연과학적 이미지 이해의 기초를 이룬다.[91]

---

91 19세기의 심리학 및 생리학에서의 논의와 연관하여 브라이드바흐Olaf Breidbach는 다음과 같이 주장한다: "세계에 대한 묘사 그리고 정신 속에서 생겨나는 외부세계의 이미지는 당시의 견해에 따르면, 외부세계의 물리적 매개변수들의 단순한 재현이 아니었다. 오히려 그것은 이 같은 세계 상황들을 통해 환기된 자극들의 주관적 평균치의 결과로 이해될 수 있었다. [...] 따라서 세계의 재현은 외부를 머리 내부로 모사하는 것이 아니며, 오히려 신경그물망의 내적인 조직화의 조건에 따라 실행되는 것이다."(Olaf Breidbach: Vernetzungen und Verortungen. Bemerkungen zur Geschichte des Konzepts neuronaler Repräsentation, in: Repräsentationismus-was sonst?, hrsg. v. A. Ziemke und O. Breidbach, Braunschweig 1996, S.37f).

2. 흄의 미적 인식

스코틀랜드 에딘버러 출신의 철학자이자 경제학자인 흄David Hume(1711-1776)은 계몽주의 시기 감각론적 경험론의 이념 형성에 중요한 기여를 하였으며, 칸트의 비판철학 사상의 형성에 결정적 영향을 주었던 근대의 대표적 사상가이다. 그는 인간의 행동과 사고를 설명하고 인도해주는 기본적인 전제를 '원리'라고 지칭하면서 '인간적 이해human understanding'의 원리들로부터 지식의 형태를 추론하고자 하였다. 그의 '인간적 이해human understanding'라는 개념은 독일어의 '인간적 지성der menschliche Verstand'과는 다른 개념으로서 인간에 의해 이루어진 세계의 해석을 의미하는 것이다.

1) 흄의 미학의 배경

흄은 『인간 본성론A Treatise of Human Nature』과 「취미의 기준에 관하여Of the Standard of Taste」에서 미에 관한 논의를 전개시킨다. 흄은 미와 도덕의 문제를 항상 같은 맥락에서 다뤄왔는데, 그 이유는 그 둘이 동일한 근원을 가지고 있다고 여겼기 때문이다. 이 같은 생각을 한 데에는 당대의 감성주의 전통의 영향이 컸다. 그 대표는 바로 영국 계몽주의 철학자였던 셰프츠베리의 세 번째 백작 앤소니 애슐리 쿠퍼Anthony Ashley Cooper, the Third Earl of Shaftesbury(1671-1713)였다. 셰프츠베리는 수학자이자 철학자로서 계몽주의적 절대주의의 주창자였던 홉스Thomas Hobbes(1588-1679)의 입장에 대한 대응으로부터 내적 감각에 대한 설명을 개진한다. 홉스는 그의 대표 저작인 『리바이어던Leviathan』에서 다음과 같이 말한다:

> 선한, 악한, 경멸받을 만한 것과 같은 이러한 말들은 언제나 그것들을 사용하는 사람과 관계되어 사용되어왔다. 대상들 자체의 본질로부터 고찰해보자면, 거기에는 단순히 그런 것이나 절대적으로 그런 것은 없으며 또한 거기에는 선과 악의 그 어떤 공통의 규칙도 없다.[92]

---

92 Thomas Hobbes: Leviathan (1651), in: The Collected Works of Thomas Hobbes Vol. III, collected and edited by Sor William Molesworth, Routledge/Thoemmes Press: London 1992, p.41.

선과 악 혹은 경멸받을 만한 것 등은 개인적인 호불호에 관계되어 있으며 심지어 도덕성 역시 사적인 이익 내에 자리 잡고 있다는 입장을 견지한 홉스는 결국 인간이란 끊임없이 움직이고 변화하는 물질적 체계의 존재라는 생각에 이르렀다.

> 인간 육체의 구성은 지속적인 변화 과정 중에 있기 때문에, 인간의 육체 속에서 항상 동일한 것들이 동일한 욕구와 혐오를 야기시킨다는 것은 불가능하다.[93]

인간의 끊임없이 요동치는 욕망의 특성으로 인해 사람들 사이에서나 어느 한 사람 내에서나 지속적으로 견지되는 일관된 선이나 악이란 없다는 것이다. 홉스는 인간 육체의 이 같은 미시적 체제로부터 사회라는 거시적 체제로 나아가서 사회적 불안정의 근원이 바로 인간 육체에서도 발견되는 선과 관련된 가변적 판단들에 기인한다고 생각한다. 그리하여 도덕적 선과 악에 대한 안정된 개념을 갖기 위한 유일한 길은 도덕적 선과 악을 결정지을 수 있는 절대 권력을 가진 주권자를 옹립시키는 정치적 협약에 의해서 마련될 수 있다고 한다. 이를 통해 개개인은 사회적 계약 속에 들어가 자신이 맺은 계약들을 준수한다는 것이다. 왜냐하면 그렇게 하는 것이 그의 사적인 이익 속에 내재해 있기 때문인 것이다.

이 같은 홉스의 입장에 대해 셰프즈베리는 비판적 태도를 취한다. 셰프즈베리는 완전히 사적인 이익에 기초해 있는 사람은 자족적인 사람일 것이라고 하면서, 해부학적으로나 심리학적으로나 인간이라는 존재는 타인과 상호관계를 하며 전체 사회체제의 일부분으로서 작용한다는 점을 분명히 한다. 전체 사회나 인간 자체나 그 내부의 각 부분들은 항상 전체를 유지시키면서 서로 상호작용을 해야만 한다는 것이다. 우리가 아무리 우리 자신을 위한 사적인 이해와 관심을 가진다고 할지라도, 그것은 공공의 선과 무관하지 않다는 것이다. 그리하여 덕목과 사적인 이해관계는 일치될 수 있는 것이다. 우리에게는 사회적 보살핌이 자연스러운 것이듯이,

> 친절한 보살핌이 주는 매력은 다른 그 어느 기쁨들보다도 훨씬 크다. 왜냐하면 그것은

---

93 Thomas Hobbes: Leviathan, pp.40-41.

다른 모든 욕구와 성향으로부터 끌어들이는 힘을 지니고 있기 때문이다. 후손에 대한 사랑의 경우에서 그리고 수천의 다른 경우들에서 알 수 있듯이, 그러한 매력은 개인적 성향에 상당히 강하게 작용하는 것으로 나타나며, [···] 그리하여 그것은 나머지 다른 감정들의 지배자 쾌감과 정복자Master-Pleasure and Conqueror로 있게 되는 것이다.[94]

그러나 덕은 사회적 보살핌 가운데에만 있는 것이 아니다. 우리는 우리의 다양한 감정들과 공공의 선에 공통적인 '보편적 개념들'을 형성할 수 있으며,

바로 이러한 반성된 감각에 의해 특정한 감정들 자체, 즉 이미 느껴져서 이제 새로운 호불호의 주체가 된 그러한 감정들 자체를 향해 또 다른 종류의 감정이 생겨나게 된다. 이것은 통상의 육체들 혹은 공통적인 감각주체들에서처럼 정신적이거나 도덕적인 주체들의 경우에서도 마찬가지이다. 전자의 형태, 운동, 색채, 비율들이 우리 눈에 나타날 때, 거기에서는 필연적으로 그것들의 여러 부분들의 서로 다른 치수와 배열과 성향에 따라 미나 결함Beauty or Deformity이 생겨나는 것이다.[95]

셰프츠베리는 반성작용을 내적인 감각들을 지각하는 것으로까지 확장시킨다. 그에 따르면, "비율을 구별하고 소리를 구분하며 그 앞에 나타나는 생각이나 감정을 살펴보기 위해 자체의 눈과 귀를 가지고 있는"[96] 정신은 정신 자체의 작동들을 인식할 뿐 아니라 감정들의 미와 결함에 반응하는 내적인 감각을 가지기도 한다는 것이다. 가치있는 것을 알아채고 이러한 가치의 관념을 자신의 감정 대상으로 만드는 자기반성적인 사회적 감정들을 소유한 자만이 덕을 함양하고 도덕성의 감각을 가질 수 있는 것이다.

사회적 감정과 개인적 감정 간의 상호작용에 대한 논의를 발전시켜 셰프츠베리는 도덕적 선과 미의 관계를 규정한다. 「도덕주의자들. 철학적 랩소디The Moralists. A Philosophical Rhapsody」에서 그는 미와 도덕적 선이 정신의 내적인 감각에 의해 지각된 실재적인 특질들

---

94 Anthony Ashley Cooper, 3rd Earl of Shaftesbury: An Inquiry Concerning Virtue, or Merit (1698), in: Characteristicks of Men, Manners, Opinions, Times, Vol. 1, ed. by Philip Ayres, Clarendon Press: Oxford, 1999, p.239.

95 Anthony Ashley Cooper, 3rd Earl of Shaftesbury: An Inquiry Concerning Virtue, or Merit, pp.202-203.

96 Ibid. p.203.

이라고 하면서, "미와 선은 동일한 것"이며 미와 선의 "기준, 규칙, 척도"[97]는 항상 전제되어 있다고 주장한다. 그러면서 셰프즈베리는 덕을 미의 세 가지 질서들 중 가장 높은 위치를 점하는 질서라고 한다. 그에 따르면, 미의 첫 번째 질서는 인간이나 자연에 의해 만들어진 "죽은 형식들"로 이루어진 질서이다. 두 번째 질서는 정신의 "이중적 미"의 질서로, 이것은 예술작품을 만드는 활동의 형식이다. 그는 미의 최고의 질서를 우리의 감정과 결단과 행동이라고 하면서 '덕의 미'를 미의 최상의 질서의 위치에 올려놓는다.[98]

미와 덕의 상관관계에 대한 이 같은 셰프즈베리의 관점을 발전시킨 또 다른 스코틀랜드 철학자는 바로 허치슨Francis Hutcheson(1694-1746)이었다. 허치슨은 내적인 감각들을 비롯하여 이것들과 육체적 감각들 간의 복합적인 관계에 대해 보다 구체적인 논증을 펼쳤다. 그는 미감과 도덕감에 추가적으로 공적인 감각과 명예감 같은 것을 포함시켜 내적인 감각들과 본능적인 감각들을 논의한다. 허치슨은 『우리의 미와 덕의 이념들의 기원에 관한 탐구 Inquiry into the Original of Our Ideas of Beauty and Virtue』에서 미감과 도덕감에 대한 논의를 한 후에 이 두 감각들과 육체적 감각들을 비교하는 작업을 수행한다. 그는 우선 자연적인 미이건, 예술적인 미이건, 혹은 수학공식들의 미이건 간에 미는 "다양성 속의 통일Uniformity Amidst Variety"[99]에 대한 지각으로부터 생겨난다고 한다. 여기서 "통일성과 다양성의 이성 Ratio of Uniformity and Variety"[100]은 대상 속에 있는 실재적 특질이라는 것이다. 여타의 감각 지각들처럼 미 역시 정신에 의존하고 있는데, 그 이유는 "미란 우리 내부에서 제기된 이념을 위해 취해지는 것"[101]이며 따라서 일정 정도 정신의 지각이기 때문이다. 그러면서 그는 미란 우리가 미감을 받아들이는 것에 의존한다고 하면서 이를 미의 이념을 받아들이는 능력으로 정의한다. 그리하여 미감이 없는 사람은 대상 속에서 '통일성과 다양성의 이성'을 지각하기는 하지만, 그 무언가를 아름답다고 생각하지는 못하는 것이다. '통일성과 다양성의 이성'은 미감을 가지는 사람에게만 대상을 아름다운 것으로 여기도록 만들어주는

---

97 Anthony Ashley Cooper 3RD Earl of Shaftesbury: The Moralists. a philosophical Rhapsody (1709), in: Characteristicks of Men, Manners, Opinions, Times, Vol. 2, pp.111-112.

98 Ibid. p.114ff.

99 Francis Hutcheson: Inquiry into the Original of Our Ideas of Beauty and Virtue (1725), Collected Works of Francis Hutcheson, Vol. 1, Facsimile Edition prepared by Bernhard Fabian, Georg Olms Verlag: Hildesheim Zürich New York 1990, Tre.I, Sec.II, 3.

100 Ibid.

101 Francis Hutcheson: Inquiry into the Original of Our Ideas of Beauty and Virtue, Tre.I, Sec.I, 9.

것이다.

더구나 미감은 유용성과는 다른 것이어서, 미감이 없는 상태에서의 사적인 이익, 예컨대 "집이나 정원, 드레스나 장비" 등에서 생겨나는 감각은 우리로 하여금 대상을 편안하거나 유용하다고 생각하도록 만들 뿐 아름답다고 여기도록 만들지는 못한다고 한다.[102] 이러한 미감이 대상들에 미나 결함의 가치를 부여하는 '통일성과 다양성의 이성'에 대해 감탄이나 경멸로 반응하듯이, 도덕감은 자비를 인정하거나 불친절한 감정을 부정한다. '통일성과 다양성의 이성'이 미감으로부터 쾌나 불쾌를 야기시키듯이, 친절하거나 불친절한 감정은 우리의 도덕감으로부터 쾌나 고통을 야기시키는 것이다.

셰프즈베리와 허치슨의 이러한 미와 도덕 이론으로부터 흄은 많은 빚을 지고 있다. 그렇지만 흄과 이들 스코틀랜드 도덕철학자들을 구별해주는 점은 바로 감정과 믿음의 소통 기제 내지 미와 덕의 감정들의 공통적 근거를 어느 것으로 보느냐의 문제이다. 스코틀랜드 도덕철학자들이 그것을 내적인 감각으로 보았다면, 흄은 '공감sympathy'으로 보았다. 흄에 따르면, 우리의 감정들은 우리가 받는 사회적 교육, 통상의 믿음들과 가치들을 내재화시키는 방식, 우리에게 유용하거나 해가되는 특질들을 반성하는 법을 배우는 방식 등을 포괄하는 사회적 맥락 속에서 형성된다고 한다. 다양한 감정들의 올바른 균형을 설명하기 위해 셰프즈베리와 허치슨이 목적론적인 설명을 하였다면, 흄은 우리의 감정들의 효과적 원인을 설명하기 위해 공감이나 연상원리와 같은 복합적이고 유동적인 근거들을 사용하였던 것이다.

2) 미와 덕

흄은 『인간 본성론A Treatise of Human Nature』에서 감정과 욕구만이 아니라 미와 덕의 감정들 역시 포괄하는 '반성reflection'의 다양한 인상들을 소개한다. 그에 따르면, '미Beauty'와 '결함Deformity'에 대한 지각들은 반성의 인상들이라고 한다. 그 이유는 그러한 지각들이 이전의 쾌감이나 불쾌감으로부터 기인한 것이며 따라서 일정하게 되돌아보는 작용을 포함하기 때문인 것이다. 또한 미의 감정들은 일정 정도 고요하며, 공포나 기쁨 혹은 즐거움

---

102 Francis Hutcheson: Inquiry into the Original of Our Ideas of Beauty and Virtue, Tre.I, Sec.I, 16.

등의 감정들과는 달리 감정적 자극이나 동요를 일으키지 않는다고 한다. 이에 따라 흄은 몇 가지 미의 종류들을 제시하는데, 그 가운데에는 사람의 육체적인 미, 자연의 미, 아름다운 예술작품 등이 포함된다.

이 같은 미의 종류들의 기저에는 특정한 본질이 자리 잡고 있으며, 이를 해명하기 위해 흄은 『인간 본성론』 제3권에서 도덕적 감정들에 주목한다. 그는 무엇보다 자연미나 예술미에 대한 지각과 도덕적 지각을 비교하는데, 그 이유는 우리의 취미의 감정들이 각기 다른 대상들로 향해져 있다고 해도 동일한 원리로부터 생겨나고 유사한 효과를 갖게 되기 때문이라는 것이다. 예컨대 미와 덕은 자긍심과 사랑의 감정들을 생산하는 반면, 결함과 악은 비하심과 증오를 야기시키는 것이다.

> 우리가 이미 살펴보았듯이, 도덕적인 차이들은 전적으로 고통과 쾌라는 특정한 감정들에 의존하며, 우리 자신이나 다른 이들 안에 있는 그 어떤 정신적 특질이건 우리에게 만족감을 주는 것은 […] 덕스럽다는 것이다. 우리 자신이나 다른 이들 안에 쾌락을 주는 모든 특질이 항상 자긍심이나 사랑을 야기시키듯이, 불쾌를 산출하는 모든 것은 비하심이나 증오를 불러일으킨다. 따라서 이 두 사항들은 등가적이라고 간주할 수 있는바, 우리의 정신적 특질들과 관련해서 말하자면, 사랑이나 자긍심을 산출하는 힘과 덕이 등가적이고, 비하심이나 증오를 산출하는 힘과 악이 등가적이라고 할 수 있는 것이다.[103]

흄은 덕과 미의 경우들을 특정한 감정들이 어떻게 정신 속에서 기원하게 되는지에 대한 인과적 설명을 뒷받침하는 전거들로 사용한다. 그러면서 그는 자긍심, 비하심, 사랑, 증오 등이 공감의 원리와 더불어 감정들에 관한 우리들 자신의 정체성 형성에 결정적으로 작용하며 도덕적 감정들을 산출하는 데 중심적인 역할을 한다고 주장한다. 그는 우선 덕과 미의 공통의 본질은 쾌이며 이러한 쾌는 자긍심의 실재적인 원인이라고 하면서 이것이 우리 자신과 일정하게 관계되어 있다고 한다. 우리 안에 있는 특질이 무엇이건 간에 그것이 우

---

103 David Hume: A Treatise of Human Nature (1739), Vol. 1, The Clarendon Edition of the Works of David Hume, ed. by David Fate Norton and Mary J. Norton, Oxford 2007, 3.3.1.3.

리 안에서 야기시키는 쾌는 우리 자신 혹은 우리 자신의 이념과의 연관 속에서 이루어진다는 것이다:

> 대상은 오직 쾌락이 개입됨으로써만 자긍심을 산출한다. 그리고 대상이 자긍심을 산출하도록 해주는 특질은 실재로는 쾌락을 산출하는 힘일 뿐이다. […] 쾌락은 관계된 이념들을 따라 이루어지는 이행에 의해 자긍심을 산출한다. 왜냐하면 우리가 그러한 관계를 끊을 때, 그러한 감정은 즉시 파괴되기 때문이다. 우리 스스로가 종사해왔던 놀라운 모험은 우리와 관계되어 있으며 그것에 의거하여 자긍심을 산출하는 것이다.[104]

우리 안에 있는 미적인 특질이 우리 자신 내지 우리 자신의 이념과 아무런 연관이 없다면, 그것이 우리에게서 쾌를 야기시킬 수는 있어도 자긍심을 산출하지는 못할 것이다.

덕과 관련하여 흄은 두 가지 상반된 입장들, 즉 도덕이란 사적인 이해관계에 기초해 있다고 하는 홉스의 입장과 덕이란 도덕감을 통해 지각된다고 하는 셰프츠베리의 입장을 고찰하면서 공통적인 지표를 추론해내고자 한다. 흄은 이 두 입장들 모두에서 덕의 본질은 쾌이며 악의 본질은 불쾌라는 점을 추론한다. 덕은 자긍심과는 독립적으로 쾌를 산출하며, 우리 자신과 관계될 때 자긍심을 산출한다는 것이다. 미 역시 같은 맥락에서 이해되어야 한다. 이와 연관하여 흄은 미와 결함의 관계를 다음과 같이 규정한다:

> 모든 종류의 미는 우리에게 특별한 기쁨과 만족을 준다. 마찬가지로 결함은 어떤 주체에게 위치해 있건, 생물체에서 측정되건 무생물체에서 측정되건 고통을 산출한다. 만일 미나 결함이 우리 자신의 육체에 위치해 있게 된다면, 이러한 쾌나 불쾌는 자긍심이나 비하심으로 전환될 것임이 틀림없으며, 이 경우 인상들과 이념들의 완전한 이행을 산출하는 데 필수적인 상황들을 마련하게 될 것이다. 이러한 상반된 감각들은 상반된 감정들에 관계된다. 미나 결함은 이 두 감정들의 대상인 자아에 매우 근접하게 관계된다. 그리고 나서 우리의 미가 자긍심의 대상이 되고 결함이 비하심의 대상이 되는 것은 놀라운 일이 아니다.[105]

---

104 David Hume: A Treatise of Human Nature, Vol. 1, 2.1.8.7.
105 David Hume: A Treatise of Human Nature, Vol. 1, 2.1.8.1.

쾌를 산출하는 이 같은 자연적인 경향은 "미의 두드러진 특성이며, 불쾌를 산출하는 자연적 경향을 갖는 결함과 미 사이의 모든 차이를 형성하는 것이다." 그리하여 쾌와 고통은 미와 결함, 덕과 악의 "본질"[106]을 구성하는 것이다. 미의 경우,

> 자연적인 미와 도덕적인 미(이 둘은 모두 자긍심의 원인들이다)에는 쾌를 산출하는 이러한 힘 이외에는 아무런 공통점도 없다. 공통의 효과는 항상 공통의 원인을 전제하듯이, 분명한 사실은 쾌가 두 경우 모두 감정의 실재적이고 영향을 미치는 원인임에 틀림없다는 것이다.[107]

미가 쾌를 산출하는 방식은 대상의 이차적 특질들이 우리 속에서 감각적 지각들을 산출하는 것과 유사한 방식으로 이루어진다. 그리하여 우리에게 쾌를 경험할 자연적인 능력이 주어져 있다면, 미적인 대상들의 여러 부분들의 질서 내지 구조와 관계된 그 어떤 것, 즉 미에 대해 우리가 성찰하게 될 때, 그것은 우리 속에서 쾌를 환기시키게 될 것이다.

3) 미와 유용성 그리고 공감

흄은 미적인 현상이 규칙성과 통일성 속에 있다고 하면서도, 미의 더 많은 부분은 대상의 유용성에 있다고 한다.

> 대상을 소유하고 있는 사람에게 혹은 다른 이에게 그 대상이 유용하게 존재하는 특성 혹은 그 대상을 소유하고 있는 사람이나 다른 이에게 쾌락을 전달해주는 특성 같이 이 모든 상황들은 대상을 고찰하는 사람에게 즉각적인 쾌락을 가져다주며 그 사람의 사랑과 승인을 지시한다.[108]

우리는 대상을 유용하게 만드는 대상의 부분들의 질서와 구조를 보면서 쾌감을 갖게 된다

---

106 David Hume: A Treatise of Human Nature, Vol. 1, 2.1.8.2
107 David Hume: A Treatise of Human Nature, Vol. 1, 2.1.8.3.
108 David Hume: A Treatise of Human Nature, Vol. 1, 3.3.5.1.

는 것이다. 동물들에게서는 강인함과 민첩함이, 사람들에게서는 넓은 어깨, 호리호리한 배, 단단한 관절, 늘씬한 다리 등이 동물들과 사람들에게 유용한 구성요소들이며, 이러한 요소들이 이루는 전체 질서와 구조는 우리에게서 미적인 쾌를 야기시킨다는 것이다. 같은 맥락에서 건축물들의 경우 넓은 조망, 쉽게 가열하거나 식힐 수 있는 장치, 고품질의 건축자재들, 장식적 디자인 등은 유용한 요소들로서 미적인 쾌를 가져다주며, 예술작품들의 경우도 "사람들의 사용에 적합한 비율에 따라 아름다운 것으로 여겨진다."[109]

흄은 이러한 유용성이 미와 덕과도 같은 맥락에 있다고 하면서 이것들의 공통의 근간에 대한 논의의 필요성을 제기한다. 그는 우리가 감정들을 서로 소통할 때 핵심적인 수단으로 사용되는 것이 다름 아닌 공감이라고 하면서 우리의 미감과 도덕감이 바로 이러한 공감에 의존한다고 주장한다:

> 우리의 미감은 상당 정도 이러한 원리(공감)에 의존한다. 어떤 대상이건 그 대상의 소유자에게서 쾌를 산출할 성향을 가지게 되는 곳에서 그것은 항상 아름다운 것으로 간주된다. 마찬가지로 고통을 산출할 성향을 가지는 모든 대상은 불쾌할 뿐 아니라 결함이 있는 것이라고 할 수 있다. [⋯] 아름다운 것으로 명명되는 대상은 특정한 효과를 산출하는 성향에 의해서만 쾌감을 준다. 그러한 효과는 어떤 다른 이의 쾌감이거나 이점이다. 우리가 아무런 교우관계도 갖고 있지 않은 낯선 이의 쾌감은 오로지 공감을 통해서만 우리에게 쾌감을 준다. 그러므로 유용한 모든 것 속에서 발견되는 미는 이러한 원리에 빚지고 있는 것이다.[110]

유용성의 미와 연관된 공감은 공공의 선과 관계된다. 예컨대 정의감과 충성심의 발현은 공공의 유용성만이 아니라 공공의 선에 대한 우리의 공감에 의해 설명될 수 있다:

> 정의는 도덕적 덕목이다. 왜냐하면 그것은 인류의 선에 기여하는 성향을 가지고 있기 때문이다. [⋯] 동일한 것이 충성심, 국가의 법, 겸양, 좋은 매너 등에 대해서도 이야기될 수 있다. 그것들의 창안자들은 마음 속에 그들 자신의 이해관계를 가지고 있었다. 하지

---

109 David Hume: A Treatise of Human Nature, Vol. 1, 3.3.1.8.
110 David Hume: A Treatise of Human Nature, Vol. 1, 3.3.1.8.

만 우리는 우리 자신의 이해관계를 훨씬 뛰어넘어 그것들에 대한 찬동을 가장 멀리 떨어진 나라들과 시대들로 옮겨 놓는다. 항상 그것들에 수반되는 매우 강력한 도덕감이 있기 때문에 우리는 성격들과 정신적 특질들에 대한 반성이 우리에게 찬성과 비난의 감정들을 제공해주기에 충분하다는 사실을 용납해야만 한다. [⋯] 따라서 공감은 우리가 모든 인위적인 덕목들에 표하는 존경의 원천이다.[111]

공감의 원리는 우리의 도덕감만이 아니라 미감 역시 산출하기에, "인간의 본성에서 매우 강력한 원리"로서 "우리의 미의 취미taste of beauty에 커다란 영향을 미치며" 더 나아가 "모든 인위적인 덕목들에서 우리의 도덕감들을 산출해내는 것이다."[112] 결국 타인의 쾌감과의 공감은 우정이나 감사, 연민이나 너그러움 같은 사회적 덕목들에 대한 우리의 인정을 설명해준다. 또한 부지런함이나 검소함과 같은 지극히 개인적인 특성들로부터 또는 위트 같은 정신적 특성들로부터 타인이 얻는 쾌감에 대한 공감 역시 우리가 이러한 특성들을 덕목들로 인정한다는 것을 말해준다.

덕스럽거나 아름다운 특질들에 대한 우리의 지각은 그러한 것들로부터 이익을 얻는 사람들의 쾌감에 대한 우리의 공감을 나타내준다. 공감 없이는 우리는 미나 덕을 인식하지 못할 것이며 그것들을 적절하게 인정하지 못할 것이다. 말하자면 공감은 우리로 하여금 사적인 이해관계로부터 넘어서도록 해주고 상대방과의 거리가 주는 왜곡을 교정해줌으로써, 사람들의 성격에 대한 보다 명확한 관점을 제공해준다. 그러나 공감의 제한된 작용범위와 부분성이 우리로 하여금 잘못된 평가를 내릴 수 있게 만들 수 있다. 그리하여 흄은 덕의 기준을 끌어들여 오류의 수정을 위한 근거를 마련하고자 한다:

모든 개별 사람들의 쾌감과 관심은 각기 다르다. 그리하여 사람들이 자신의 대상을 점검해볼 수 있는 기준이자 그들 모두에게 동일한 것으로 보이도록 해주는 기준인 공통의 관점을 선택하지 않는다면, 사람들은 감정과 판단에 있어 의견의 일치를 본다는 것은 불가능하다. 성격들을 판단함에 있어 모든 관찰자에게 동일한 것으로 보이는 유일

---

111 David Hume: A Treatise of Human Nature, Vol. 1, 3.3.1.9.
112 David Hume: A Treatise of Human Nature, Vol. 1, 3.3.1.10.

한 관심이나 쾌감은 성격을 검토받는 그 개개인 자체의 관심이나 쾌감이며, 그 개개인과 결합되어 있는 사람들의 관심이나 쾌감인 것이다. 그러한 관심들과 쾌감들은 우리 자신의 관심과 쾌감보다 좀 더 미세하게 우리에게 감동을 주며 보다 항상적이고 보편적이다. 그러한 관심들과 쾌감들은 심지어 실제로도 우리의 관심과 쾌감을 균형 잡아주며, 사고과정에서는 덕과 도덕성의 기준으로 인정된다. 그것들만이 도덕적 차이가 의존해 있는 그러한 특별한 감정을 산출하는 것이다.[113]

우리는 저마다 각기 다른 관심과 쾌감을 가지지만, 감정과 판단과정에서 우리의 대상이 다른 이들에게도 동일한 것으로 보이도록 해주는 공통의 기준이 마련되어야만 각자에게서 생겨난 관심과 쾌락에 대한 의견의 일치가 가능한 것이다. 사람들의 관심과 쾌감의 이러한 공통의 기준은 개개인들에게서는 개인적인 관심과 쾌감에 기준을 제공해주며, 그 자체로는 덕과 도덕성의 기준으로 작용하는 것이다. 이러한 기준이 바로 공감이며, 공감을 통해 우리는 우리의 관심사를 다른 이들의 관점으로까지 확장시킬 수 있는 것이다.

공통의 관점이라든가 공감의 원리에 대한 요청은 미와 덕이 이차적 특질로 여겨져서는 안 된다는 생각에 기인하는 것으로 보인다. 허치슨이 자애의 감정들을 우리의 인정을 이끌어내는 실재적인 특질들로 보았던 것처럼, 흄 역시 인간의 실재 심리적인 특질들을 인정이나 비난의 감정을 야기시키는 힘들로 보았던 것이다. 그러나 공감의 원리의 구성 내지 항상적이고 보편적인 공통의 관점의 실질적 구성이 어떻게 이루어질 수 있는지에 대해서는 명확한 논의가 제시되지는 못하고 있다.

4) 취미의 기준

흄은 『인간 본성론』에서 미와 덕의 기준으로서 공감과 공통의 관점을 이야기하였다면, 「취미의 기준에 관하여」에서는 미와 미적 판단의 관계의 문제에 대해 구체적 논의를 전개시킨다. 그는 무엇보다 미적인 예술작품을 묘사하는 데 있어 우리가 통상적으로 사용하는 특질들이 있다고 하면서, 호소력 있는 언술 내지 "글쓰기의 정신"을 이야기한다. 또한 예

---

113 David Hume: A Treatise of Human Nature, Vol. 1, 3.3.1.30.

술가의 창작과정에서 중요한 역할을 하는 것으로서 예술가가 자신에게 보편적으로 쾌감을 주었던 것에 대한 경험에서 얻어내는 보편적 규칙들 역시 존재한다고 한다. 그러면서 그는 예술가라면 "천재적 능력에 의해서든 관찰에 의해서든" 작품에 호소력과 정신 그리고 작품의 미를 구성하는 여타의 특질들을 부여해주는 예술의 규칙들을 따른다고 한다.[114] 예술가의 재능이나 천재성은 예술작품을 평가하는 데 있어 중요한 요소로서 작용하는바, 재능있는 예술가는 종종 예술의 규칙들을 위반하는 경우에라도 미적인 예술작품을 산출할 수 있다고 생각되었던 것이다. 흄은 비극에 관한 에세이에서 예술성 있는 드라마의 요소로 인간의 감정을 묘사하는 작가의 기교, 호소력, 청중의 감정적 반응을 고조시키거나 유연하게 만드는 다양한 장치들을 든다. 작품의 예술성은 쾌감을 가져다주는 것이라는 기본 입장을 반복하면서 그리고 예술은 장르에 부합되게 이루어져야 한다고 하면서 그는 "역사가 가르침을 주는 반면, 호소력 있는 웅변은 사람들을 설득하고, 예술성 있는 문학작품은 쾌감을 준다"[115]고 간명하게 규정한다.

오랜 시간에 걸쳐 가치를 인정받아온 예술작품은 흄에 따르면 미를 구별하고 취미의 결함을 수정할 방법을 익히는 데 있어 참조할 수 있는 "확립된 모델"로서 기능한다고 한다.[116] 그러나 대부분의 사람들이 오랜 동안 진가를 발휘해 온 예술작품들을 감탄하며 바라본다고 할지라도, "모든 개개인에게서 쾌감이 동일하게 느껴질 것이라고"[117] 기대되어서는 안 된다. 예술작품에 대한 적절한 감상을 저해하는 다양한 장애요소들이 존재하기 때문이다. 잘못된 조명하에 있는 미술작품을 감상하는 경우라든가 맥락에서 벗어난 채로 시구들의 낭독을 듣는 경우가 그렇다. 흄은 이 같은 외부적인 장애요소들이 제거되어야 하는 것 외에도 정신의 올바른 상태의 견지 역시 언급한다. 작품을 제대로 감상하기 위해서는 "마음의 완전한 평정, 생각의 회상, 대상에 대한 적절한 주의"[118] 등이 요구된다는 것이다.

이처럼 취미의 기준설정을 위한 기반이 마련되었다면, 이제 취미의 보편적 원리의 정립이 이루어져야 한다. 흄은 취미의 원리를 다섯 가지로 규정한다.

114 David Hume: Essays, Moral, Political and Literary (1758), ed. by Eugene F. Miller, Indianapolis 1987, p.231.
115 David Hume: Essays, Moral, Political and Literary, p.240.
116 David Hume: Essays, Moral, Political and Literary, p.235.
117 David Hume: Essays, Moral, Political and Literary, p.234.
118 David Hume: Essays, Moral, Political and Literary, p.232.

첫 번째 원리는 '섬세하고 고상한 감정delicate sentiment'이다. 섬세한 취미를 가지고 있는 사람은 예술작품에서 그것의 고유한 특질들을 구별할 수 있다고 한다. 이런 섬세한 취미는 막연히 사람들에게 내재해 있다고 여길 수 있는 것이 아니라 '함양cultivate'[119]되어야 하는 것이다. 섬세한 취미의 함양에 도움을 주는 것이 바로 예술의 '확립된 모델들'이다. 확립된 모델들을 기초로 하여 대상이 되는 작품들을 상이한 각도와 상황에서 반복적으로 조망한다면, '보다 정확하고 멋진'[120] 느낌이 드는 판단이 가능해지는 것이다.

두 번째 원리는 '실천practice'이다. 미적인 예술의 확립된 모델들을 기초로 삼아 과연 그러한 모델들을 미적으로 만드는 것이 무엇인지를 연구하고 이를 기반으로 대상이 되는 작품들을 반복적으로 다양하게 조망하여 판단력을 개선하는 실천적 작업이 수행되어야 하는 것이다.[121]

세 번째 원리는 '비교작업comparison'이다. 미의 질서를 완벽하게 전유하기 위해서 비평가는 "탁월성의 종류와 정도들 간의 비교작업"[122]을 수행해야만 하는 것이다. 비평가는 문학, 음악, 회화 등과 같은 다양한 예술장르들을 살펴보면서 "상이한 시대와 국가들에서 감탄의 대상이 되었던 여러 성과들을 저울질하는"[123] 능력을 획득해야만 한다.

네 번째 원리는 '모든 편견으로부터의 자유free from all prejudice'이다. 비평가는 청중과 동일한 상황에 자신을 위치시키고 최대한 자신의 자연적 태도로부터 거리를 두려고 해야만 하며, 또한 예술가와의 그 어떠한 연관도 가져서는 안 된다. 그렇지 못할 경우 예술가의 취미는 "참된 기준으로부터 벗어나서 결국 모든 신뢰와 권위를 상실하게 될 것이다."[124]

마지막 다섯 번째 원리는 '좋은 감각good sense'이다. 편견은 미에 대한 이론적 접근만이 아니라 미감 자체를 약화시킬 수 있다. 이를 점검하는 역할은 다름 아닌 '좋은 감각'에 있는 것이다. 흄에 따르면, "이성이 비록 취미의 본질적인 부분은 아니라고 할지라도 최소한 이러한 후자의 능력(취미 – 역자 주)의 작동에 있어서는 필수적"[125]이라고 한다. 이성의 개

119 David Hume: Essays, Moral, Political and Literary, p.234.
120 David Hume: Essays, Moral, Political and Literary, p.237.
121 David Hume: Essays, Moral, Political and Literary, p.237.
122 David Hume: Essays, Moral, Political and Literary, p.238.
123 David Hume: Essays, Moral, Political and Literary, p.238.
124 David Hume: Essays, Moral, Political and Literary, pp.239-240.
125 David Hume: Essays, Moral, Political and Literary, p.240.

선을 위해서나 취미의 개선을 위해서나 반드시 요구되는 것은 "개념의 동일한 명증성, 구분의 동일한 정확성, 이해의 동일한 활력성"이며, 이와 같은 맥락에서 "건강한 지성이 없이 단지 취미만을 가지는 사람을 만나는 것은 드문 일"[126]이다.

결국 이러한 다섯 가지 취미의 원리가 모두 충족될 때에만 올바른 미적 판단이 가능한 것이며, 이러한 취미의 원리들의 종합이 바로 '취미의 기준'인 것이다

> 섬세한 감정에 결부되어 있고, 실천에 의해 개선되며, 비교작업을 통해 완전해지고, 모든 편견으로부터 자유로워진 강한 감각만이 비평가들에게 이러한 가치 있는 특성을 부여해줄 수 있다. 그리고 그러한 기준들이 발견되는 곳마다 그것들의 종합적 평결이 바로 취미와 미의 진정한 기준인 것이다.[127]

---

126 David Hume: Essays, Moral, Political and Literary, pp.240-241.
127 David Hume: Essays, Moral, Political and Literary, p.241.

3. 콩디악의 감각론적 미학

1) 18세기 프랑스의 감각론

인간의 표상과 인식을 비롯한 모든 정신적 사고와 영혼의 활동이 다양한 감각지각들의 결합으로부터 구성된 것이라는 감각론적 사고는 이미 고대 '키레네 학파the Kyrenaics'와 '에피쿠로스학파the Epicurean'로부터 중세 토마스 아퀴나스를 지나 근대 로크와 버클리에게 이르기까지 지속적인 흐름을 형성해왔다. 이러한 흐름은 18세기 대표적인 근대 프랑스 사상가들인 라 메트리Julien Offray de La Mettrie(1709-1751), 콩디악Etienne Bonnot de Condillac(1714-1780), 엘베시우스Claude Adrien Helvétius(1715-1771), 돌바하Paul Thiry d'Holbach(1723-1789)에게서 특히 두드러지게 나타난다. 이들 감각론의 기저에는 감각들의 본질이 자체로부터 작용하며 모든 과정들이 결정론적으로 이루어진다고 하는 메커니즘적인 세계관이 자리 잡고 있다. 이러한 세계관에 의거하여 18세기 프랑스 사상가들은 세계를 물질의 기계적인 메커니즘에 따라 설명하고자 하지만, 인간의 경우에는 이중적인 측면에 주목하고자 한다. 말하자면 인간은 물질적인 결정론적 메커니즘에 종속되는 측면과 자족적이고 자기발생적인 유기체적 측면을 모두 가지고 있기에 어느 한 측면에 따라서만 이해될 수는 없다는 것이다. 그리하여 그들은 감각론적 일원론하에 결정론적 메커니즘과 유기체적 발생론을 통합하여 고유의 감각론을 구축하였던 것이다.

라 메트리의 경우 그의 대표적 저서인 『인간 기계L'Homme Maschine』(1748)에서 "인간은 일종의 기계이며, 전체 우주에는 다양한 양태로 존재하는 하나의 실체만이 있다"[128]는 주장을 통해 감각론의 기본 입장을 정립한다. 개별 부속품들로 구성된 기계가 그것들의 결합작용으로 작동하듯이, 인간 역시 수많은 물질들과 기관들로 구성되어 있으며, 이러한 부분들의 결합작용으로부터 인간이라는 유기체가 작동한다는 것이다. 물론 앞서 언급된 바 있듯이, 이러한 기본 입장에는 인간이 기계처럼 단순히 개별 부속품들의 결합체로서 메커니즘적으로 작동하는 물리적 물체가 아니라, 메커니즘적으로만 설명될 수 없는 즉흥성과

---

[128] Julien Offray de La Mettrie: Der Mensch eine Maschine (L'Homme Maschine, 1748)(이후로는 HM으로 약칭), hrsg. v. Theodor Lücke, Stuttgart 2001, S.94.

자발성을 가지며 창조적 활동을 수행하는 생산적 존재라는 생각이 자리 잡고 있다. 따라서 정신이나 영혼 역시 이 같은 감각론적 입장의 맥락에 포섭되어 이해된다. 그리하여 라 메트리에게서 영혼은 "전체 기계의 주요 원동력으로 간주될 수 있는 […] 뇌의 감각적인 물질적 부분이거나 운동원리일 뿐"(HM 76f.)이다. 그에 따르면, 영혼과 정신의 활동들은 육체적 활동들로부터 유래되는 것이며, 따라서 영혼과 정신은 기계육체로부터 설명될 수 있다는 것이다. 결국 그는 "인간 육체의 철학"(HM 94)을 구축하고자 하는 것이다.

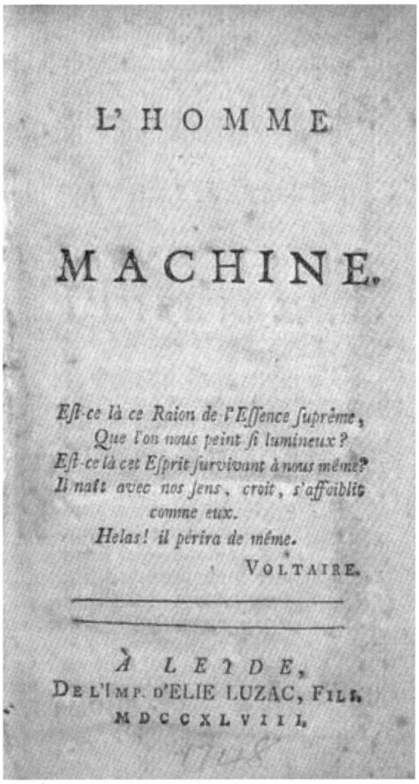

이러한 인간 육체의 철학을 기초로 라 메트리는 미적이고 예술적인 관계들을 설명한다. 그에 따르면, 예술적 체험들은 사람들 각자가 갖는 취미의 상황에 부합되게 개별적인 미적 근거를 가

L'HOMME

MACHINE.

*Eft-ce là ce Raion de l'Effence fuprême,
Que l'on nous peint fi lumineux?
Eft-ce là cet Efprit furvivant à nous même?
Il naît avec nos fens, croît, s'affoiblit
comme eux.
Helas! il périra de même.*

VOLTAIRE.

À LEIDE,
DE L'IMP. D'ELIE LUZAC, FILS.
MDCCXLVIII.

그림 5 Julien Offray de La Mettrie, 1748.

진다고 한다(HM 9). 사람들 각자는 '감각적 지각의 상태, 개개인의 기질, 질병, 약품, 식사, 임신, 날씨, 민족 등 상이한 측면들'(HM 22-31)에 따라 각기 다른 육체적 상태에 처하며, 미적 가치판단은 날씨와 민족성 같은 요소들에도 결부되어 있는 이러한 육체적 상태에 의거하여 이루어지게 된다는 것이다. 여기서 암시되고 있는 것은 라 메트리가 유기체적인 육체의 자기운동의 원리와 미적 가치판단의 중심원리를 같은 것으로 규정하고 있다는 사실이다. 이것은 그가 유기체적인 자기운동의 원리를 상상력에서 찾고자 하는 모습에서 명확히 드러난다. 그에 따르면, 상상력의 "근육들 일부"(HM 49)가 대상을 표상하여 기억 속에 간직할 수 있도록 그것들을 훈련시키고, 또한 그것들이 무분별하게 불특정한 대상들로 향하지 않도록 하기 위해 일정하게 제어할 필요가 있다고 한다. 이렇듯 육체의 자기운동의 원리로 기능하는 상상력은 미적인 지각기관으로서도 작용하는데, 상상력의 작용 속에서 상상된 이미지들이 미적으로 관조된다는 것이다.

결국 라 메트리는 상상력을 이성보다 우위에 위치시켜 이성에 의거하여 관념적으로 파악된 세계상을 극복하고 감각에 의거한 현실적 세계상과 마주하고자 한다. 이를 위해 그는 상상과 판타지를 통해 현실을 '탈－실재화'하기를 요구한다. 그의 시대의 현실은 이성의 렌즈에 비춰진 관념적 완전성의 세계이기 때문에, 상상과 판타지를 통해 탈－실재화될 필요가 있는 것이다. 상상과 판타지를 통해 탈－실재화된 세계는 감각적으로 지각된 세계로서 불완전한 세계이다. 따라서 이성에 의해 완전한 것으로 제시된 실재를 탈－실재화시켜 감각에 의해 불완전한 것으로 지각된 현실을 보완하고 개선하는 과제가 상상력에 놓여지는 것이다.

돌바하 역시 인간을 자연의 운동법칙들을 통해 묘사될 수 있는 물리적 실체로 파악하면서 인간의 감각지각에 커다란 의미를 부여한다. "감각이란 인간에게 있어 모든 것이다"[129]라고 하면서 행동과 사고와 사회적 공동체 모두의 유일한 원인을 감각에서 찾고자 하였던 엘베시우스와 같은 맥락에서 돌바하는 『자연의 체계 혹은 물리적 세계와 도덕적 세계의 법칙들에 대하여Système de la nature ou des loix du monde physique & du monde moral』(1770)에서 보다 미시적인 관점에서 감각론적이고 미적인 이념을 전개시켰다. 그에 따르면, 도덕적인 세계만이 아니라 미적인 세계 역시 움직이는 것은 바로 원자들의 "은밀한 지렛대"[130]라고 한다. 이 같은 자연주의적인 인간이해는 다시금 자연주의적인 예술이해를 통해 보충되는데, 그 이유는 자연이 예술을 통해 인간에게 영향을 미치기 때문이라는 것이다. 말하자면 예술은 인간이 자기 자신을 자연적인 존재로 파악하기 위한 우회적인 통로라는 것이다. 따라서 인간의 자기이해에 필수적인 예술적 실천과정에서 중요한 것은 인간의 지각작용과 인식작용에 있어 중요한 역할을 수행하는 감각작용들을 훈련시키는 것이다.

무엇보다 감각작용들이 제시하는 것들에 의존하는 사람은 자연의 질서와 체계의 작용들에 의해 구성되는 결정론적 인간상을 통찰하기 위해 몽상과 습관과 편견과 권위를 떨구어내야만 한다(SN 22). 돌바하는 현대의 뇌과학적 인간이해를 선취하는 입장을 다음과 같

---

129 Claude Adrien Helvétius: Vom Menschen, von seinen geistigen Fähigkeiten und von seiner Erziehung (De l'homme, de ses facultés intellectuelles et de son education 1772), Berlin·Weimar 1976, S.84ff.

130 Paul Thiry d'Holbach: System der Natur oder von den Gesetzen der physischen und der moralischen Welt (Système de la nature ou des loix du monde physique & du monde moral, 1770) (이후로는 SN으로 약칭), hrsg. v. Fritz-Georg Voigt, Frankfurt a.M. 1978, S.205f.

이 개진한다:

> 모든 지적인 능력들, 즉 우리가 영혼에 귀속시키는 모든 작용방식들은 뇌 속의 운동을
> 통해 야기되는 변이태들, 고유성들, 존재방식들 그리고 변화들로 환원된다. 이러한 뇌
> 는 분명 우리 안에 있는 감정의 거처이자 우리의 모든 행동들의 원리인 것이다(SN 102).

인간의 사고와 감정 활동들 모두가 이성이라는 관념적인 기제가 아니라 뇌의 작용이라는
신경생물학적 중심체로 환원됨으로써, 인간은 더 이상 정신과 육체라는 이분법적 위계질서
를 가진 존재가 아니라 뇌의 물질적 작용을 기초로 하나의 전체를 구성하는 역동적 존재로
이해되는 것이며, 인간의 미적인 작용 역시 이러한 인간이해에 기초해 있는 것이다.

결국 18세기 프랑스의 감각론 지형에서 라 메트리나 엘베시우스 내지 돌바하의 감각론
적 입장은 일관된 물질론적 인간이해와 비결정론적인 감각이해 사이에서, 다시 말해 미적
인 경험주체로서의 인간과 그의 감각지각 사이에서 전자에 보다 더 커다란 의미를 부여하
였다고 할 수 있다. 라 메트리의 경우 메커니즘적 결정론이 시종일관 견지될 수 없게끔
한 요인이 메커니즘적으로만 설명될 수 없는 인간의 즉흥성과 자발성이었으며, 돌바하의
경우 대상에 의해 야기되는 감각들이었기 때문이다. 이들에 비해 보다 일관되게 감각적
지각체계를 주창한 프랑스 감각론자는 바로 콩디악이었다.

2) 콩디악의 감각적 지각학

라 메트리의 『인간 기계』(1748)와 돌바하의 『자연의 체계 혹은 물리적 세계와 도덕적 세
계의 법칙들에 대하여』(1770)의 사이에 위치한 콩디악의 『감각론Traité de sensations』(1754)은
프랑스 감각론의 핵심적인 저술이다. 콩디악의 감각론은 로크의 재해석으로부터 출발한다.
무엇보다 로크John Locke의 『인간적 이해에 관한 에세이Essay Concerning Human Understanding』
(1690)에 강한 영향을 받아 『인간적 이해의 기원에 관한 에세이Essai sur l'origine des connaissances
humaines』(1746)[131]를 저술하였던 콩디악은 심리적이고 이성적인 과정들이 감각들에 의존하

---

131 이로 인해 칼 맑스Karl Marx는 그를 '로크의 직접적 제자이자 프랑스인 통역가'로 규정했다(Karl Marx: Die heilige
Familie, in: Karl Marx und Friedrich Engels Werke Bd. 2, Berlin 1974, S.137).

고 있으며 인간적 이해의 과정들이 감각들로부터 기인하는 것이라는 감각론적 입장을 정립한다. 그러나 그는 로크처럼 '외적인 감각지각sensations'과 '내적인 결합reflections' 간의 차이를 고수하는 대신, 모든 인식들이 결국 '외적인 감각지각들의 변형sensations transformées'에 기인한다는 점을 명확히하고자 한다.

이를 위해 콩디악은 흥미로운 사고실험을 한다. 그것은 물리적 사물인 동상에 생명을 불어 넣고 그것에 감각들을 차례로 부여하면서 인간의 이해과정을 역으로 반성하는 실험인 것이다. 그는 우선 지성에 매우 적은 단순한 정보만을 제공해주는 후각으로부터 시작한다. 그에 따르면, 인식론적으로 덜 중요한 감각인 후각은 이성을 가진 인간이 필요로 하는 모든 반성능력들을 인간에게 제공해줄 수 있다고 한다. '첫 후각 작용부터 우리 동상의 감각능력은 그것의 감각기관에 작용을 미치는 인상에 속한다'고 하면서 콩디악은 이를 "주의"[132]라고 부른다. 동상은 향내를 내는 물체에 주의를 기울여 후각을 작동시키는 것이다. 그러나 동상은 현재 동상 앞에 있는 물체만이 아니라 예전의 그 어떤 대상에도 주의를 기울여 후각을 작동시켰을 수도 있으며, 이처럼 과거에 기울였던 주의를 통해 그 향내가 소환될 수도 있다. 이 같은 과거의 향내의 소환은 "회상"(TS 4)이라고 불린다. 회상이 점점 더 많이 스스로를 훈련시킬 기회를 얻게 되면, 점점 더 용이하게 회상의 활동이 이루어지고, 그 결과 동상은 진행되는 변화들을 어려움 없이 소환시켜 자신의 주의를 현재의 자기와 과거의 자기 사이에서 분할할 수 있는 숙련성을 갖게 된다(TS 6). 그 결과 동상은 비교, 판단, 경탄, 표상, 표상들 간의 결합 등을 수행할 수 있게 된다(TS 6-9). 콩디악은 두 가지 주의, 즉 후각을 통해 이루어지는 주의와 회상을 통해 이루어지는 주의를 논한 후에, 세 번째 주의를 제기하는데, 그것은 바로 "상상력"을 통해 이루어지는 주의이다. 그는 상상력을 "외적인 대상들의 작용으로부터 독립해 있는 감정을 감각인상의 자리에 위치시키기 위해 감각인상들을 억제시키는 고유성"(TS 15)을 가지는 것으로 규정한다. 결국 동상의 '주의 작용'은 후각, 회상, 상상력을 매개로 비교, 판단, 경탄, 표상, 표상들 간의 결합을 수행하는 것이다.

후각을 가진 동상은 주의 작용 이외에도 대상을 향한 '욕망 작용' 역시 가지게 된다. 여

---

[132] Etienne Bonnot de Condillac: Abhandlung über die Empfindungen (Traité des sensations, 1754) (이후로는 TS로 약칭), hrsg. v. Lothar Kreimendahl, Hamburg 1983, S.2.

기에는 '대상에 대한 열정', '쾌적한 향의 사랑이나 불쾌한 향의 혐오', '좋은 것의 향유를 상상할 희망이나 나쁜 것에 의해 위협받을지도 모른다는 두려움' 등이 포함된다(TS 22-24).

결국 콩디악의 논변에 따르면, 인간의 "지성은 단 하나의 감각만으로도 다섯 가지 합쳐진 감각들을 가지고 있을 때와 마찬가지로 많은 능력들을 가지게 된다"는 사실이 입증된다는 것이다. 이에 의거하여 그는 다음과 같은 추론을 끌어낸다:

> 우리가 이제 기억, 비교, 판단, 구별, 표상, 경탄, 추상적 표상, 수와 지속의 표상, 보편적 진리와 특수한 진리의 인식 등이 주의 작용의 다양한 방식들이며, 열정, 사랑, 증오, 희망, 두려움, 의지 등이 욕망 작용의 다양한 방식들이고, 결국 주의 작용과 욕망 작용이 근원적으로는 동일하게 감각 작용이라는 사실을 숙고해본다면, 이로부터 우리는 감각이 모든 영혼의 능력들을 포함한다고 추론하게 될 것이다(TS 39).

동상에 후각능력 하나만 갖춰져도 동상이 다양한 인지능력들과 다양한 욕구능력들을 발휘한다는 사실에서 드러나듯이, 감각은 인간에게 있어 개별 감각지각들만이 아니라 심리적이고 이성적인 활동과 감정적인 작용들 모두의 근간이라고 할 수 있는 것이다.

이러한 생각은 청각, 미각, 시각에 대한 논의를 모두 거친 후 마지막으로 촉각에 대한 논의가 이루어질 때 극대화된다. 콩디악은 촉각을 인간에게 세계와 인간 자신이 실재 존재한다는 것을 확신시켜주는 유일한 감각이라고 규정한다. 왜냐하면 인간은 촉각을 통해 외부세계를 경험하기 때문이다. 동상이 자신을 접촉하면서 스스로를 접촉하는 자이자 접촉된 존재로 감각하는 순간 자기 자신을 의식하게 되듯이, 인간은 촉각을 통해 스스로를 경험한다는 것이다. 반대로 인간에게 촉각적 지각이 결여되어 있다면, 나와 내가 아닌 것은 서로 구별될 수 없을 것이다.

더 나아가 인간의 감각적이고 이성적인 이해과정들에서는 주체와 객체의 구분, 존재와 가상의 구분, 확신과 의심의 구분 등과 같은 구별 작용들이 이루어지기 때문에, 감각들의 기저에는 이러한 구별작용들을 가능케 해주는 촉각이 자리 잡고 있어야 하는 것이다. 말하자면 모든 감각들은 촉각으로부터 나오는 것이다. 그리하여 촉각은 세계와 인간 자신을 파악하는 감각으로서 감각들의 감각이라고 할 수 있는 것이다:

우리의 모든 인식들은 감각들로부터, 특히 촉각으로부터 기인한다. 왜냐하면 촉각은 다른 모든 감각들을 교시하는 감각이기 때문이다(TS 213).

개념적 파악작용은 감각지각들 내지 촉각으로부터 이루어지며, 사고 작용은 대상들에 대한 감각으로부터 이루어지는 것이다. 그리하여 촉각을 통해 매개된 육체적 자극들은 감정과 인식으로 발전되며 정신과 영혼의 활동을 가능케 해주는 것이다.

　그렇다면 콩디악의 감각론은 미를 어떻게 규정하고 있을까? 그는 무엇보다 아름답다는 것과 좋다는 것의 개념을 동렬에 놓는 전통에 서 있다. 하지만 전통과 다른 점은 오로지 감각들과의 관계 속에서만 아름답다는 것과 좋다는 것의 개념이 이해되고 있다는 것이다.

　　후각이나 미각에 좋은 느낌을 주는 모든 것은 '좋다'고 지칭되며, 시각, 청각 혹은 촉각에 좋은 느낌을 주는 것은 '아름답다'로 지칭된다. '아름답다는 것'과 '좋다는 것'은 감정 및 정신과도 관계되어 있다. 감정에 좋은 느낌을 주는 것은 좋으며 정신에 좋은 느낌을 주는 것은 아름답다. 그리고 감정과 정신에 동시에 좋은 느낌을 주는 것은 좋은 동시에 아름답다(TS 189).

앞서 감각들과의 관계 속에서 관찰된 동상 역시 아름다움과 좋음의 표상들을 갖는다. 동상이 쾌적한 냄새와 맛을 감각하고 자신의 감정에 좋은 느낌을 주는 사물들을 마주하게 될 때, 동상은 좋음의 표상들을 갖게 되며, 동상이 보고, 듣고, 촉각적으로 느끼는 사물들을 접하고 자신의 정신에 좋은 느낌을 주는 사물들을 마주하게 될 때 동상은 아름다움의 표상들을 갖게 되는 것이다(TS 189). 따라서 콩디악에게 있어 아름다움과 좋음은 절대적인 것이 아니라 "판단자의 특성에 그리고 판단자의 유기체적인 조직화방식과 정도에 따르는 것이다"(TS 189). 이와 같은 맥락에서 (동상 혹은) 판단자의 미적 판단력 역시 상대적이다. 말하자면 미적 판단력은 (동상이 혹은) 판단자가 자신의 능력들에 대해 살면서 익혀왔던 사용방식에 달려 있는 것이다.

　　우리 동상은 여러 표상들과 관계들을 한번에 조망할 수 있는 이점을 자신의 신체기관들의 훈련과 정신의 훈련의 공으로 돌린다. 아름다움과 좋음은 동상이 자신의 능력들에 대해 살면서 익혀왔던 사용방식과 정도에 따른다. 예전에 매우 좋았거나 매우 아름다웠던 것이 계속 그렇게 존재하지는 않게 될 것이다. 반면 동상이 눈여겨보지 않았던 어떤 다른 것이 최상의 정도로 좋거나 아름다운 것이 될 것이다(TS 191).

결국 인간에게 있어 감각은 모든 인지능력들과 욕구능력들을 비롯하여 개별 감각지각들만이 아니라 심리적이고 이성적인 활동과 감정적인 작용들 모두의 근간으로 작용하며, 이것에 의거하여 미는 인간주체의 상태와 유기체의 조직화방식에 따라 상대적으로 표상되는 것이라고 할 수 있다. 콩디악의 이 같은 감각론적 미학은 당대에 광범위하게 받아들여지지는 않았지만, 20세기 말 지각학적 미학의 맥락을 선취하는 중요한 함의를 갖는 것이다.

4. 헤르더의 촉각적인 공감각적 공통감각

공통감각의 문화사적 맥락만이 아니라, 철학사적인 맥락에서 볼 때에도 결정적인 근대적 전환점을 형성하였던 헤르더Johann Gottfried Herder(1744-1803)는 "프톨레마이오스 체계로부터 코페르니쿠스 체계가 생성되는 방식으로 철학Weltweisheit의 관점을 변화시켜" "우리의 전체 철학이 인간학"[133]이 되어야 한다고 주장하면서 '감성적 민중das sinnliche Volk'(PBV 133)이 중심이 되는 철학을 제기한다. 대상 인식을 위해 주관성으로 향하였던 칸트식의 코페르니쿠스적 전환과는 정반대로 인간의 자연적 본성을 파악하기 위해 자연적 유기체로서의 인간의 모습에 대한 발생론적 재구성으로 향하였던 헤르더의 코페르니쿠스적 전환은 다음과 같이 데카르트의 철학적 모토에 대한 근본적 변혁의 형태로 나타난다: "나는 느낀다! 나는 존재한다Ich fühle mich! Ich bin!."[134]

'감정의 철학'으로서의 인간학을 주창하는 헤르더는 인간을 구성하는 세 가지 기본 요소로 "사상, 가슴, 동물적 생명력Gedanke, Herz und Tierische Lebenskraft"[135]을 규정한 자신의 기본 입장에 부합되게 인간의 인식을 명증한 논리적 인식과 혼탁한 감각적 인식으로 구분하는 전통적인 방식에 '생리학적인 인식영역'을 덧붙인다. 인간의 생리학적인 것과 연관하여 그가 주목한 것은 '자극Reiz' 개념이다:

> 우리는 감각의 생성을 고찰할 때 할러가 '자극'이라고 불렀던 특별한 현상보다 더 깊게 감각을 동반하고 내려가 볼 수는 없을 것이다. 자극된 섬유질은 수축되고 다시 확장된다. 이것은 아마도 죽은 물질이 메커니즘과 유기적 조직의 수많은 과정들과 단계들을 거치며 고양되어 순수하게 정제된 형태인 '감각을 일깨워주는 최초의 타오르는 작은 불꽃das erste glimmende Fünklein zur Empfindung' 혹은 수꽃술과도 같은 것이다. 우리가 감각이라고 부르는 고귀한 능력의 이 같은 시작이 그렇게도 작고 그렇게도 불분명하듯이,

---

133 Johann Gottfried Herder: Wie die Philosophie zum Besten des Volks allgemeiner und nützlicher werden kann(이후로는 PBV로 약칭), in: Johann Gottfried Herder Werke in zehn Bänden, Bd. 1, Frankfurt a.M. 1985, S.134.

134 Johann Gottfried Herder: Zum Sinn des Gefühls(이후로는 ZSG로 약칭), in: Johann Gottfried Herder Werke in zehn Bänden, Bd. 4, hrsg. v. Jürgen Brummack und Martin Bollacher, Frankfurt a.M. 1994, S.236.

135 Johann Gottfried Herder: Älteste Urkunde des Menschengeschlechts, in: Johann Gottfried Herder Werke in zehn Bänden, Bd. 5, hrsg. v. Rudolf Smend, Frankfurt a.M. 1993, S.293.

그러한 시작은 그마만큼 매우 중요하며 그러한 시작을 통해 모든 방향이 설정된다.[136]

"수천의 살아 움직이는 작은 끈들을 수천 배의 투쟁 속으로 그리고 그만큼의 접촉과 저항으로 엮어 넣는"(VEE 332) 자연 내에서 모든 것을 단번에 프로그램화시키는 이 같은 자극은 하나의 기본 법칙을 따르는데, 그것은 다름 아닌 '고통의 법칙'이다:

> 그런 식으로 일정하게 결합되어 있는 우리 기계의 가장 복잡하게 얽혀 있는 감각들과 열정들 속에서 작은 섬유질의 타오르는 자그마한 자극의 불꽃으로 그러한 섬유질을 자극시키는 하나의 법칙이 가시화되는데, 그것은 '고통Schmerz', 즉 '낯선 것의 접촉Berührung eines Fremden'이 수축작용을 일으킨다는 것이다. 이때 힘이 모아져서 저항으로까지 증대되어 다시금 스스로를 산출해내는 것이다(VEE 333).

존재의 가능성 조건이자 감각적 인식과 이성적 인식 내지는 외부와 내부의 교섭근거이기도 한 감정이 낯선 것의 접촉형태를 근간으로 하는 소위 '고통의 변증법'에 의거하여 작용한다고 할 때, 접촉의 감각인 촉각은 감정의 주도적 감각인 것이다. 이러한 촉각적 감정은 무엇보다 아리스토텔레스에게서도 논의된 바 있는 공통감각과 같은 지평에 있는 것으로 규정된다. 헤르더는 "시각과 청각, 색과 단어 그리고 향기와 음조가 서로 연관"될 수 있는 이유가 "우리 자신이 '생각하는 공통 감각체Ein denkendes sensorium commune'"[137]이기 때문이라고 하면서, 당시 에어푸르트 대학 철학과 교수였던 리델Friedrich Just Riedel의 규정에 의거하여 "공통감각sensus communis"을 "영혼으로 하여금 이성적 추론 없이 사태의 참과 거짓을 확신하도록 해주는 영혼의 '내적인 감정das innere Gefühl'"[138]으로 규정한다. 이러한 '내적인 감정'은 나로 하여금 세계 내에서 "내가 존재한다는 것, 그리고 내가 나를 느낀다는 것"을 확신시켜주는 "인간의 제일가는 진정한 공통감각"(KWÄ 252)이며, 이러한 맥락에서 감정

136 Johann Gottfried Herder: Vom Erkennen und Enpfinden der menschlichen Seele(이후로는 VEE로 약칭), in: Johann Gottfried Herder Werke in zehn Bänden, Bd. 4, S.331.

137 Johann Gottfried Herder: Über den Ursprung der Sprache(이후로는 ÜUS로 약칭), in: Johann Gottfried Herder Werke in zehn Bänden, Bd. 1, S.744.

138 Johann Gottfried Herder: Die Kritischen Wälder zur Ästhetik(이후로는 KWÄ로 약칭), in: Johann Gottfried Herder Werke in zehn Bänden, Bd. 2, Frankfurt a.M. 1993, S.250.

은 "모든 감각들의 기저에 놓여서 극히 다종 다기한 감각내용들에 말로 형용할 수 없는 내적이고 강력한 결합을 부여"(ÜUS 744)해주는 역할을 하는 것이다.

'공감각Synästhesie'의 능력, 이성적 추론을 거치지 않는 직접적 판단능력, 그리고 개별 감정들의 기저에서 각각의 감정들을 연결시켜주는 능력의 함의를 지니는 헤르더의 공감각적 공통감각으로서의 감정은 감각 매개체인 육체를 매개로 지각대상과 감각하는 자아에 의해 '지각될 수 없는 공간 내지는 부재하는 공간'으로, 다시 말해 '절대적 현존의 공간'으로 형성되는 아리스토텔레스의 촉각적 공간과 유사한 지평에 놓여 있다. 헤르더에 따르면,

> 느끼는 자의 세계는 그저 직접적인 현재의 세계라고 할 것이다. 그는 눈도 없고 거리 그 자체도 없고, 표면도 없으며 색채도 없고 상상력을 비롯하여 상상력의 감지도 없다. 모든 것이 우리의 신경들 속에서 현재하며 우리 내부에서 직접적으로 존재하는 것이다 (ZSG 235).

이러한 절대적 현존의 세계는 고대 이래로 모든 감각들 중에서 가장 명확한 '이론적인 시선theoria'에 비해 가장 근본적이며 상대적으로 가치절하되었던 것이자 "가장 모호하고 가장 느리며 가장 굼뜬 감각"[139]으로 규정되었던 '촉각적 감정das tastende Gefühl'이 형성하는 전체적이고 근원적인 표상들의 세계인 것이다.

---

[139] Johann Gottfried Herder: Plastik, in: Johann Gottfried Herder Werke in zehn Bänden, Bd. 4, S.272.

제2부

V

'미학'의 탄생: 인간학적 미학의 기초

1. 서 론

　19세기 말 실증주의와 자연과학적 경험주의의 대두로 인해 자연과학과 정신과학의 분리가 이루어진 이래로 이를 극복하고자 하는 학문적 시도들은 최근까지 근 30여 년간 다각도로 이루어져 왔다. 이러한 시도들은 인간을 전체적으로 파악하고자 하는 근본적으로 새로운 문제의식을 공통의 근간으로서 그 기저에 가지고 있다. 말하자면 20세기 말 글로벌 자본주의의 그물망적 관계망이 가시화되고, 신경과학의 급속한 발전으로 인해 서로 유기적으로 결부되어 있는 뇌 기능들이 생리학적으로 입증되었으며, 이성 중심적이고 형이상학적인 수직적 사고로부터 감성적이고 탈형이상학적인 수평적 사고로의 이행과 더불어 문화적 이미지들이 이루는 무한한 가능성의 공간이 이야기될 수 있었던 것은 부분들이 서로 비위계적으로 연결되어 있고 정신적인 것과 생물학적인 것이 서로 분리되어 있지 않으며 그 자체로 자연의 한 부분으로서 다양한 문화적 산물들을 생산할 가능성을 담지하고 있는 '전체인간der ganze Mensch'이라는 인간에 대한 근본적으로 새로운 이해가 결정적으로 중요한 역할을 수행해왔기 때문이다. 그 결과 자연과학의 다양한 분야들은 수학적인

(혹은 컴퓨터 알고리듬에 기초한) 모델화의 방법으로부터 생물학적인 (혹은 심리물리학적인) 관계설정의 방법으로 전환되면서 정신적인 것과 생물학적인 것 간의 연관을 다시금 테마화하고 개별 과학사 영역들을 새로이 재평가하고 재전유하게 되었다. 반면 정신과학 내지 인문과학의 분야들은 이러한 문제제기들에 자극되어 경험과학적이고 문명사적인 과정들과 긴밀하게 결부되어 있는 문화사적 맥락들을 앞서 언급된 시각하에서 새로이 발굴하거나 재규정하려는 다양한 노력을 기울이고 있다.[1]

이러한 문제 상황과 연관하여 자연과학 진영에서 재평가하고 있는 개별 과학사 영역들과 인문과학 진영에서 재규정하고 있는 경험과학적인 문화사 맥락들이 중첩을 이루는 부분으로서 최근 가장 주목받고 있는 연구 영역들 중의 하나는 1750년경부터 1790년경에 이르기까지 소위 초기 계몽주의로부터 후기 계몽주의에 이르는 시기와 관련된 연구이며, 이 시기와 관련하여 가장 쟁점이 되는 문제의식은 형이상학적인 체계의 사유로부터 경험과학적인 사유로의 '인간학적 전환anthropologische Wende'이라는 역사적으로 상실된 패러다임이다. 인간학적 전환의 패러다임이 상실되었다고 말할 수 있는 이유는 1790년 이래로 1800년대 중후반까지 독일관념론, 해석학 그리고 역사주의의 주도적 경향에 의해 경험과학적 인간학이 제대로 수용되지 못하고 곡해되었기 때문이며,[2] 그럼에도 불구하고 다시금 계몽주의 인간학이 조명받는 이유는 계몽주의 인간학에서 이루어진 다양한 논의들이 현재의 학문적 융합의 움직임에 역사적 근거와 생산적인 단초들을 제공해주고 있기 때문이다. 1740/50년경 독일 할레Halle 대학을 중심으로 철학과 (자연)신학 그리고 의학의 상호 학제적 연구경향과 교육학, 인종학, 문화지리학, 인류역사, 자서전, 인간학적 소설, 경험심리학 등의 개별 영역들을 포괄하는 경험적 인간학의 패러다임은 오늘날의 소통 없이 분과화된 학문적 현실에 생산적 융합의 실제적 가능성을 예시해주는 것이다.

이러한 학제적 경향과 인간학적 문제의식의 공통의 지평을 형성시키는 데에는 두 진영이 결정적으로 기여하였는데, 그 하나는 인간을 영혼과 육체의 조화로운 통일체로 보면서

---

1 Vgl. Jörn Garber und Heinz Thoma: Vorwort, in: Zwischen Empirisierung und Konstruktionsleistung: Anthropologie im 18. Jahrhundert, Jörn Garber und Heinz Thoma (Hg.), Tübingen 2004, S.VII.

2 Carsten Zelle: Vorbemerkung, in: 'Vernünftige Ärzt'. Hallesche Psychomediziner und die Anfänge der Anthropologie in der deutschsprachigen Frühaufklärung, Carsten Zelle (Hg.), Tübingen 2001, S.1.

의학의 분과들인 해부학과 생리학을 철학의 분과들인 논리학과 미학에 결합시키고자 한 '철학의사들die philosophischen Ärzte'[3]의 진영이었으며 다른 하나는 단순히 감성을 해방시키고 감성의 고유한 가치를 드러내거나 재활성화시키는 차원을 넘어서 "감각적 에너지들을 형성하고 조절하며 유도하고 방향 전환시키는 도구"[4]로서 미학을 정립시켰던 바움가르텐 Alexander Gottlieb Baumgarten과 그의 제자 마이어Georg Friedrich Meier의 진영이었다. 기존의 미학에 관한 논의들에서 바움가르텐에게는 이성의 학문에 비해 그 지위가 낮았지만 그럼에도 불구하고 하위의 인식으로서 감성에 관한 학문을 정립했다는 평가라든가, 아니면 계몽주의 논의들에서[5] 감성을 재활성화시키는 데 기여했다는 평가가 이루어졌듯이 그의 위상은 여전히 인문학 내지 정신과학의 테두리에 머물러 있었던 반면, 최근의 인간학의 맥락에서 논의되기 시작한 바움가르텐의 미학은 철학의 한 분과로서가 아니라 이론과 실제가 통일을 이루는 '이론적이고 자연적인 감성학'으로 재평가되고 있다. 다음 장에서는 총 904개의 패러그래프로 이루어진 바움가르텐의 미완의 저작인『미학Aesthetica』의 이론적 부분 중 전반부에 집중하여 상세한 분석이 이루어질 것이며, 이를 통해 감각적 인식의 학문으로서의 미학이 이미 탄생 시점부터 감성적 인식을 다루는 학문인 동시에 감성의 과정을 파악하고 미적인 연습을 정교화시키는 기술이기도 했다는 점이 논증될 것이다. 그리고 더 나아가 경험과학적 실천학인 감성학으로서의 미학이 어떤 실천적 주체를 통해 이루어지는지를 분석함으로써 '인간을 하나의 전체로서 다루는 인간학적 미학'의 의미를 해명하는 작업이 이루어질 것이다.

---

3   Vgl. 김윤상: "철학의사" – 인문학의 상실된 패러다임을 찾아서, 독일문학 53집, 한국독어독문학회, 2012, SS.83-103.

4   Carsten Zelle: Sinnlichkeit und Theraphie. Zur Gleichursprünglichkeit von Ästhetik und Anthropologie um 1750, in: 'Vernünftige Ärzte'. Hallesche Psychomediziner und die Anfänge der Anthropologie in der deutschsprachigen Frühaufklärung, Carsten Zelle (Hg.), S.24.

5   Vgl. Ernst Cassirer: Die Philosophie der Aufklärung (1932), Hamburg 1973; Panajotis Kondylis: Die Aufklärung im Rahmen des neuzeitlichen Rationalismus, Stuttgart 1981; Wolfgang Preisendanz: Naturwissenschaft als Provokation der Poesie, in: Frühaufklärung, Sebastian Neumeister (Hg.), München 1994.

2. 인간학적 미학의 생성 배경

인간학적 미학의 가능성 조건을 일찍부터 연구해온 첼레Carsten Zelle는 독일 계몽주의 시기에 고유한 상호 학제적 연구경향의 근거를 다음과 같이 추측한다: "경건주의 문학의 의미상실, 크리스티안 볼프Christian Wolff의 철학체계의 교체 그리고 대학들의 제도변동 등은 미학과 인간학 그리고 경험심리학 등의 문제들이 전면에 대두되어 있는 지적 공간을 개시했을 것이다."[6] 이러한 지적 공간의 개시에 결정적인 기여를 한 인물들은 다양하게 존재하지만, 그중에서도 중요한 인물은 바로 줄처Johann Georg Sulzer였다. 이미 오래전부터 문학적 인간학에 관한 연구를 해온 리델Wolfgang Riedel에 따르면, 줄처는 계몽주의의 중요한 기초자인 크리스티안 볼프의 강단철학으로부터 사실을 묘사하는 학문으로서 '경험심리학Psychologia empirica'과 본질을 설명하는 학문으로서 '이성심리학Psychologia rationalis'의 구분을 받아들이면서도 더 이상 '이성심리학Psychologia rationalis'의 지배를 인정하지 않고 경험적 자연연구에 힘입어 경험과학으로서의 '심리학Psychologie'을 추구했다고 한다.[7] 물론 줄처 이전에도 경험적 인간이해의 시도가 없었던 것은 아니다. 1733년 영국의 시인 알렉산더 포우프Alexander Pope(1688-1744)는 "신의 힘을 탐구하지 말고 너 자신을 인식하라! 인간은 학문의 첫째가는 목표이다"[8]라고 하면서 학문으로서의 인간학을 주창하였으며, 1750년 디드로Denis Diderot(1713-1784)는 그 자신이 구상한 거대한 지식의 나무의 주된 근간을 'la Science de l'Homme', 즉 인간학으로 규정하면서 자연과학과 철학을 부분 가지들로 여겼다.

그렇지만 정신과 자연, 영혼과 육체의 분리를 지양하고 구래의 기계적 인간이해로부터 유기체적인 '자연적 인간이해'에 기초하여 정신적인 것과 육체적인 것의 '소통commercium'이 주창되고 이론적인 것과 실천적인 것의 통일과 자연과학과 구래의 형이상학의 매개가 이루어짐으로써 경험과 관찰 및 실험에 의해 주도되는 지적 공간이 형성되었던 곳은 바로 계몽주의 인간학에서, 특히 계몽주의의 '철학의사들'의 경험과학적 인간학에서였다. 크뤼

---

6   Carsten Zelle: Sinnlichkeit und Theraphie, S.5.

7   Wolfgang Riedel: Erkennen und Empfinden. Anthropologische Achsendrehung und Wende zur Ästhetik bei Johann Georg Sulzer, in: Der ganze Mensch. Anthropologie und Literatur im 18. Jahrhundert, Hans-Jürgen Schings (Hg.), Stuttgart und Weimar 1994, S.412.

8   Alexander Pope: Vom Menschen / Essay on Man, hg. von Wolfgang Breidert, Hamburg 1993, SS.38-39.

거Johann Gottlob Krüger, 운쩌Johann August Unzer, 니콜라이Ernst Anton Nicholai 등과 같은 소위 "'이성적 의사들die vernünftigen Ärzte'은 소통commercium의 문제에 의거하여 단순히 환원론적인 물리적 인간학anthropologica physica에 대해 선을 긋고, 영혼의 진행과정들을 포함시키는 것에 가치를 두며, 통합적인 의사교육을 옹호하였던 것이다."[9]

"영혼의 실험심리학Experimentalphysik der Seele"[10]으로 파악된 경험적 심리학의 입장에서 줄처는 "불명료하고 어두운 개념들" 내지 "직관적 인식"[11]을 탐구하고자 했으며, 의사가 철학자가 되고 철학자가 의사가 되어야 하는 "새로운 종류의 인간"[12]의 교육에 의거하여 영혼과 육체가 조화롭게 소통하는 전체인간을 지향하였던 철학의사들은 하위의 인식능력과 욕망에너지들의 치유에 관심을 가졌다. 이 같은 줄처와 철학의사들의 경험과학적 인간학의 문제의식은 "하위의 인식gnoseologia inferior"을 다루는 "감각적 인식의 학문scientia cognitionis sensitivae"으로서의 "Aesthetica"[13]를 정립하고자 했던 바움가르텐의 문제의식과 같은 지평에 있었다. 바움가르텐은 당대의 인간학적 전환의 새로운 학문적 패러다임에 부합되게 "일반적으로는 인간학적으로 특징지어진 주체에게 특수하게는 지각하고 감각하는 주체에게 이론적 관심을 가졌으며", 그 결과 미 개념은 "인식론으로부터 벗어나 심리학과 인간학으로 인도되었다."[14] 결국 경험과학적 인간학의 생성배경에서 바움가르텐의 미학은 한편으로 "육체와 정신의 통일적인 지각능력 및 파악능력이 [⋯] 고려되도록 해주는 미적 인간학의 모델"로서의 의미를 가지며, 다른 한편으로 "지각Aisthesis의 인식적 재활성화 내지 하위의 인식론을 목표로 할 뿐만 아니라 [⋯] 감각적이고 미적인 지각의 유효범위를 감정과 욕망 및 그것의 동역학들의 영역으로까지 확장시키는 감정미학affektaffine Ästhetik"[15]으로서의 의미를 갖는다고 할 수 있다.

---

9   Carsten Zelle: Sinnlichkeit und Theraphie, S.15.

10   Johann Georg Sulzer: Kurzer Begriff aller Wissenschaften und andern Theile der Gelehrsamkeit, 2. Aufl., Leipzig 1759, § 204 (Wolfgang Riedel: Erkennen und Empfinden, S.412에서 재인용).

11   Johann Georg Sulzer: Kurzer Begriff aller Wissenschaften und andern Theile der Gelehrsamkeit, § 206(Wolfgang Riedel: Erkennen und Empfinden, S.413에서 재인용).

12   Michael Hißmann: Psychologische Versuche, Frankfurt 1777, S.22(Carsten Zelle: Sinnlichkeit und Theraphie, S.7에서 재인용).

13   Alexander Gottlieb Baumgarten: Ästhetik (Aesthetica 1750) (이후로는 Ästhetik으로 약칭), übersetzt von Dagmar Mirbach, Hamburg 2007.

14   Ernst Stöckmann: Anthropologische Ästhetik, Tübingen 2009, SS.5-6.

15   Ibid. S.25.

3. 인간학적 미학으로서 바움가르텐의 미학

1) '다른 이성die andere Vernunft'

앞서 언급한 바처럼, 계몽주의 시대에 기초되었던 미에 관한 학문적 논의는 의학 및 생리학 등의 경험과학적 지식들을 전유하고 기존의 미의 형이상학으로부터 벗어나 감각의 새로운 인식적 차원을 실천적 층위에서 입증하고자 함으로써 인식과 행동을 위한 통합적 이론의 가능성 조건들을 마련하고자 하였다. 이 같은 통합학문적 특성에 의거하여 다른 어느 영역들에서보다 미학의 영역에서 학문적 패러다임 전환이 두드러지게 나타났다. 최근 흥미로운 연구를 통해 전통적인 이성의 논리와는 다른 이성의 논리를 계몽주의 시대의 미 이념에서 찾고자 한 울리히즈Lars-Thade Ulrichs는 이러한 패러다임 전환의 근거들로 다음과 같은 세 가지 지표들을 언급한다:

첫 번째 지표로는 "직관과 상상력 같은 하위의 인식능력들에 토대를 두고 있으며, 미학으로 하여금 감성의 재활성화를 비롯하여 주체성의 가치절상에 결정적인 기여를 하게끔 해주었던 예술의 […] 새로운 이해"[16]를 들 수 있다. 여기서 이야기되는 주체성은 객체성과 대립된 의미가 아니라, 그리밍어Rolf Grimminger의 규정대로, "모든 부분들이 전체와 조화로운 합일을 이루고, 형식 가운데에서 질료가 조화로운 통일을 이루며, 이성적 질서 가운데에서 감각적 현상이 조화로운 합일을 이루는 […] 자기 자신과 유기적으로 화해된 전체적 주체"[17]의 의미를 갖는다.

두 번째 지표로는 아리스토텔레스의 모방이론의 쇄신을 들 수 있는데, 계몽주의 시대의 미 담론을 통해 무엇보다 "문학은 인간의 다양한 행동들과 그 발생을 모방하는 기제로 여겨졌으며, 이를 통해 자연과학의 모범 및 세계에 대한 자연과학의 결정론적 해석의 모범을 지향하는 심리학적 토대 위에 정초되었다"[18]는 것이다. 여기서 중요한 것은 문학이 인간의 다양한 행동들만을 모방하는 것이 아니라 그 발생적 과정 역시 모방한다는 점이

---

16 Lars-Thade Ulrichs: Die andere Vernunft. Philosophie und Literatur zwischen Aufklärung und Romantik, Berlin 2011, S.207.

17 Rolf Grimminger: Die nützliche gegen die schöne Aufklärung. Konkurrierende Utopien des 18. Jahrhunderts in geschichtsphilosophischer Sicht, in: Utopieforschung. Interdisziplinäre Studien zur neuzeitlichen Utopie, Bd. 3, Wilhelm Voßkamp (Hg.), Stuttgart 1982, S.142(Lars-Thade Ulrichs: Die andere Vernunft, S.211에서 재인용).

18 Lars-Thade Ulrichs: Die andere Vernunft, SS.207-208.

다. 말하자면 문학은 이미 존재하는 혹은 존재할 수 있는 것으로 생각된 것을 차후적으로 묘사하기만 하는 것이 아니라 차후적으로 알려지게 될 그것들의 발생근거를 발생과정의 묘사를 통해 처음부터 작용하고 있었다는 사실을 보여주기도 하는 것이다.

세 번째 지표로는 이러한 자연모방구상의 확장을 들 수 있는데, "라이프니츠에 의해 발전되고 볼프와 나중에는 바움가르텐 및 스위스 출신의 이론가들에 의해 예술에 적용된 가능세계이론"[19]을 통해 계몽주의 시대의 자연모방 구상의 유효범위가 확장되었다는 것이다. 바움가르텐의 미학이론에 직접 영향을 준 크리스티안 볼프에 따르면, 현실세계의 가능성과 인식가능성은 동시성과 연속성의 질서인 초월적 진리에 기초해 있으며, 이러한 초월적 진리는 모든 가능세계들 및 현실세계의 내부에 거하면서 모든 가능세계의 본질을 규정하고 현실세계의 가능성과 구조를 입증한다고 한다.[20] 초월적 진리가 현실세계의 가능성의 형식적 조건이기 때문에 현실세계라는 것은 항상 이미 일정한 질서를 가지고 있는 세계로서만 존재할 수 있는 것이다. 그러나 그렇다고 해서 현실세계의 실존이 그것의 가능성으로부터 이루어지는 것은 아니다. 현실세계가 이미 일정한 질서를 가지고 있다는 것을 우리는 경험과정을 거치고 나서 알게 되는 것이다. 이 같이 가능세계들의 기저에 공통으로 존재하는 것이자 현실세계 속에 물질화되어 있는 볼프의 초월적 진리는 논리적인 진리와 미적인 진리를 아우르는 바움가르텐의 "감각논리적 진리veritas aestheticologica"(Ästhetik § 427)에 부합된다. 이러한 감각논리적 진리에 근거하여 예술은 가능세계를 창조함으로써 개별자들로 이루어진 현실세계의 인식에 도달하는 것이다. 그리하여 개별 대상들을 추상적으로 고찰하는 논리적 사유와는 달리 감각논리에 의거하는 예술가는 개별 대상들을 사실적이고 단일한 실재 속에서, 즉 그것들의 "바로 이것haecceitas"(Ästhetik § 755) 속에서 관찰하는 것이다.

결국 감성의 재활성화 및 주체성의 가치절상에 기여한 예술의 새로운 이해, 인간의 다양한 행동들 및 그 발생의 모방이라는 모방개념의 쇄신, 그리고 논리적 진리와 미적 진리를 아우르는 감각논리적 진리에 기초하여 가능세계를 창조함으로써 개별자들의 현실세계

---

19 Ibid. S.208.

20 Christian Wolff: Cosmologia generalis, in: Gesammelte Werke II. 4, (2. Aufl. Frankfurt und Leipzig 1737), Hg. von Jean École, 2. Reprint, Hildesheim 2009, § 6.

의 인식에 이르는 예술의 자연모방 구상의 확장 등과 같은 미학 영역에서 패러다임 전환의 지표들은 실천적 층위에서 수행되는 인식패러다임의 가능성 조건들이라고 할 수 있으며, 이는 기존의 이성이 아닌 '다른 이성die andere Vernunft' 논리[21]의 출발점을 이룬다고 볼 수 있을 것이다.

2) 유기적 육체이해

인간학적 미학이 가능할 수 있었던 또 다른 논의기반은 육체에 대한 새로운 이해였다. 데카르트의 메커니즘적 육체이해로부터 벗어나 유기적인 육체이해의 지평을 열었던 사상가는 바로 프랑스의 감각론적 철학자 말브랑슈Nicolas Malebranche(1638-1715)였다. 말브랑슈의 육체이해는 '무한소 이념'을 근간으로 하는 '전성론Präformationslehre'을 기초로 하고 있었다.

> 모든 나무들은 미니어처의 형태로 그것들의 씨앗들의 씨앗들 속에 있다. […] 하나의 씨앗 내에는 무한한 수의 나무들이 존재한다. 왜냐하면 그것은 자체의 나무를 포함할 뿐 아니라 다른 나무들과 다른 씨앗들을 포함하는 수많은 다른 씨앗들 역시 포함하고 있기 때문이다. 그리고 그것들은 아마도 상상할 수 없을 정도로 작은 규모로 다른 나무들과 다른 씨앗들을 포함하며 계속 무한대로 나아갈 것이다.[22]

말하자면 하나의 맹아 내의 완전한 형상은 자체 내에 또 다시 맹아들을 간직하고 있으며 이러한 맹아들 내에는 다시금 맹아들이 포함되어 있다는 것이다. 이처럼 맹아 내에 다른 맹아들이 있고 그것들 내에 또 다시 다른 맹아들이 있으며 이러한 내포구조는 무한히 계속된다고 할 때, 결국 자연의 역할은 이러한 무한한 내포구조들을 안에서부터 밖으로 하나하나 펼치는 일일 뿐이다:

---

21 Lars-Thade Ulrichs: Die andere Vernunft, S.209.

22 Nicolas Malebranche: The Search after Truth (De la recherche de la vérité, Paris 1674/75) (이후로는 ST로 약칭), Cambridge University Press 1997, pp.26-27.

모든 나무자연의 역할은 씨앗 외부의 것에게 지각될 수 있는 성장을 제공해주고 나무들 내부에 있다고 생각되는 것들에게는 지각될 수는 없지만 매우 실재적인 성장을 크기에 비례해서 제공해줌으로써 이러한 작은 나무들을 펼치는 일을 할 뿐이다(ST 27).

말브랑슈는 무한한 내포구조 개념을 무한히 물질을 나누는 수학적 미분개념을 통해서 그리고 무한히 작은 생명체를 창조한 신의 무한한 능력을 통해서 정당화하였던 것이다(ST 27ff).

세계가 신에 의해 창조된 이래로 메커니즘적으로 정해져서 미니어처 형태로 실존하면서 앞으로 확장적으로 전개되기만을 기다리는 생명체의 이해는 자체 내에 완결된 구조를 갖는 창조의 표상을 제기한 독일 근대철학자 라이프니츠Gottfried Wilhelm Leibniz(1646-1716)의 모나드론과 유사한 지평을 형성한다. 개별 요소들 간의 상호작용적인 메커니즘적 전체의 발전과정에 대해 경험적인 입증을 할 수 없었던 '후성론Epigenesislehre' 주창자들에 비해 전성론자들은 현미경의 관찰을 근거로 미시적인 경험적 입증을 수행할 수 있었다. 이와 더불어 후성론자들에 비해 전성론자들은 개별종들 간의 연속성과 유지의 근거가 되는 사유방법론적 기초를 마련하였다. 그중에서도 라이프니츠는 말브랑슈와는 다소 구별되게 미시적으로 작동하는 모나드들과 자연기계들 간의 예정조화를 통해 보다 정교한 체계를 구축할 수 있었다. 라이프니츠는 "단일한 실체"로서 "그 어떠한 부분들도 가지지 않으며", "자연의 진정한 원자들"이자 "사물들의 요소들"을 "모나드"[23]로 규정하면서 고유의 전성론적 사유를 시작한다:

모나드들은 단지 한 번에 생겨나거나 사멸할 수 있다. 말하자면 그것들은 오직 창조를 통해서만 생겨날 수 있으며 파괴를 통해서만 사멸할 수 있다(HGP 603).

창조된 모나드들은 변화에 종속되어 있으며, 이러한 변화는 각각의 모나드 속에서 지속적으로 이루어진다(HGP 604).

모나드들의 자연적인 활동들은 내적인 원리로부터 일어나는데, 그 이유는 외적인 원인

---

23 Gottfried Wilhelm Leibniz: Hauptschriften zur Grundlegung der Philosophie(이후로는 HGP로 약칭), übers. v. Arthur Buchenau, Hamburg 1996, S.603.

은 모나드의 내적인 것에 아무런 영향을 미칠 수 없기 때문이다(GHP 604).

통일성 속에서 혹은 단일한 실체 속에서 다양성을 포함하고 표상하는 순간의 상황은 다름 아닌 지각이라 부르는 것이다(HGP 605).

하나의 지각으로부터 다른 지각으로의 변화 내지 이행을 야기시키는 내적인 원리의 활동은 추구라고 나타내질 수 있다. [⋯] 추구는 그것이 향하는 전체 지각에 항상 완전하게 도달하지는 못한다. 그것은 전체 지각에 최소한 부분적으로 이르며 그리하여 새로운 지각들에 이르게 된다(HGP 605).

단일한 실체 내에서는 [⋯] 지각들과 그것들의 변화들만이 발견될 수 있으며, 그것들의 모든 내적인 활동들은 오직 이 속에서만 존재할 수 있다(HGP 606).

모든 단일한 실체들 혹은 창조된 모나드들에는 엔텔레키아라는 이름이 주어질 수 있을 것이다. 왜냐하면 그것들 모두는 자체 내에 특정한 완전성을 담지하고 있으며, 자체의 내적인 활동들의 원천이자 말하자면 비육체적인 자동기계로 삼는 일종의 자족성을 가지고 있기 때문이다(HGP 606).

라이프니츠의 모나드론에 내재된 전성론적 사유는 자체 내에 엔텔레키아라는 내적 완전성을 지닌 모나드가 단번에 창조를 통해 창조되고 그 이후로 단일한 실체 안에서 다양성을 포함하고 표상하는 지각의 끊임없는 변화 내지 이행에 내맡겨짐으로써 하나의 통일적이고 유기적인 전체체계가 형성되고 작동한다는 역동적 구성체계에 근거하고 있다. 모나드들의 이러한 역동적 구성체계는 단지 정적이고 비역사적인 체계가 아니라 인과성과 시간적 계열을 담지한 발생사적 체계이다:

단일한 실체의 현재 상태는 이전 상태의 자연적 귀결이며 그리하여 현재는 미래를 자신의 품 안에 간직하고 있다(HGP 607).

창조 이후에 피조물들 간에 존재하는 관계는 수동적인 것과 능동적인 것이 이루는 상호

결합관계이자 하나의 피조물을 통해 다른 것들을 표현하는 표현관계인 것이며, 이러한 공통의 관계규정 속에서 단일한 실체는 "우주의 생생한 영속적 거울"(HGP 613)에 다름 아닌 것으로 이해된다. 전체 우주를 표상하는 창조된 모나드들은 고유한 활동공간을 필요로 한다. 이것을 라이프니츠는 각각의 모나드에 부여된 고유한 '유기적 육체'로, 즉 자체 내에 완결된 구조를 갖는 "일종의 신적인 기계göttliche Maschine 혹은 자연적 자동기계natürliches Automat"(HGP 615)로 규정한다. 여기서 한 가지 중요한 물음이 제기될 수 있다. 유기적 육체는 과연 어떻게 발생되는가? 이에 대한 답으로 라이프니츠는 전성론적 입장을 개진한다:

> 철학자들은 형상들, 엔텔레키들 혹은 영혼들의 근원에 대해 몹시 골머리를 앓아왔다. 그러나 식물들과 곤충들 그리고 보다 차원 높은 동물들에 대한 정확한 연구들을 통해 자연의 유기적 육체들이 카오스로부터나 부패과정을 통해서 야기되는 것이 아니라 분명 특정한 전성Präformation이 간직되어 있는 맹아들로부터 생겨난다는 사실이 인식된 오늘날 우리는 다음과 같은 결론에 이르게 되었다. 즉, 수태되기 전부터 이미 그러한 맹아들 속에 포함되어 있었던 것은 유기적 육체만이 아니라, 이러한 육체 속의 영혼 역시, 한마디로 말하자면, 이러한 생명체 역시 포함되어 있었던 것이다(HGP 617).

결국 말브랑슈에 의해 개시되어 라이프니츠에 의해 방법론적으로 수용된 전성론은 한편으로는 생명체의 생식과 형성과 유지의 메커니즘적 발전을 기계적으로 설명하는 데카르트에 대한 답이면서도 다른 한편으로는 구조적 형태화와 점진적 발전의 동시적 작용이 순차적으로 이루어지는 메커니즘적 과정으로 생명체의 발생을 이해하고자 한 윌리엄 하비William Harvey에 대한 보충이기도 하다. 기계적 후성론이 생명체의 발생과정 전체의 메커니즘 내에서 이루어지는 상호작용을 밝혀주었지만 생명체의 발생을 '개체의 발전과정에서 구조화가 형성되는 과정'으로 설명함으로써 경험적으로 고유하게 입증된 개념체계에 이르지 못했다는 것에 대해 전성론은 창조 이래로 전체의 구조를 간직한 채 물질적으로 존재하는 매우 작은 형식이 점차로 확장적으로 전개되는 진화적 과정을 밟는다는 전제 하에 개체들이 속한 종들의 유지와 유기적 연속성을 해명할 가능성을 마련하였다고 주장할 수 있었다. 말하자면 후성론이 개체의 발생과정에서 일정하게 전제된 구조 없이 점진적 발전과 구조적 형태화의 동시적 진행에 주목하는 입장이라면, 전성론은 생명체의 발생기에 이미 전체 발전의 구조가 형성되어 있다는 전제하에 '펼쳐짐으로서의 진화Evolvierung'에 주목하는 입장이다. 방법론적으로 볼 때, 기계적 후성론이 전성론에 의해 비판되려면 전성론에서 전제된 창조의 문제가 해결되어야 하며, 순차적인 시간이해를 넘어서는 새로운 발생 개념의 이해가 정초되어야 한다. 그러나 기계적 후성론 자체의 보완이 이루어진다면, 말하자면 기계적 후성론의 보편적 입증 가능성이 마련되고 개체 발생의 내재적 근거가 마련된다면, 비판의 유효성은 사라질 수도 있다. 이 같은 보완은 헤르더와 괴테만이 아니라 독일관념론의 이념 형성에도 중요한 영향을 미친 볼프Caspar Friedrich Wolff(1734-1794)에 의해 이루어진다. 새로운 발생 개념에 기초하여 점진적 발전과 구조적 형태화의 동시적 진행이라는 보완된 기계적 후성론의 의미맥락은 이후 인간학 일반만이 아니라 미학의 발전에도 중요한 기반으로 작용하였다.

3) '행복한 미학실천가'의 미학

① 미학의 유효범위

바움가르텐의 미학은 다음과 같은 유명한 정의로부터 시작된다: "미학(자유예술들의 이론, 하위인식론, 미적 사유의 기술, 이성의 유비의 기술)은 감각적 인식의 학문이다"(Ästhetik § 1). 말하자면 미학은 개별 예술 분야들이나 감각과 상상력과 같은 하위의 인식능력들을 다루는 이론, 논리적 사유가 아니라 미적인 사유를 시행하는 기술 또는 이성과 유사하게 인식을 수행하는 기술 등과 같이 광범위한 감각적 인식의 영역을 포괄한다는 것이다. 이러한 미학은 다시금 두 가지로 구분된다. 그 하나는 도그마적인 이론 없이 오직 실제적 사용을 통해서만 하위 인식능력들을 파악하는 '자연미학die natürliche Ästhetik'으로서, '태생적 미학eine angeborene Ästhetik'과 '습득적 미학eine erworbene Ästhetik'으로 나뉘며, 후자인 습득적 미학은 또 다시 '교육적 미학eine lehrende Ästhetik'과 '연습적 미학eine ausübende Ästhetik'으로 나뉜다(Ästhetik § 2). 자연미학과 구분되는 미학의 또 다른 가지는 '인공미학die künstliche Ästhetik'으로서 다음과 같이 다섯 가지 유용성을 갖는다: 즉 인공미학은 "1) 무엇보다 지적인 인식에 기초해 있는 학문들에 적합한 소재를 마련해주며, 2) 학문적으로 인식된 것을 모든 사람들의 파악재능에 맞춰주고, 3) 인식의 향상을 우리에 의해 명확히 인식된 사물들의 경계 너머로 확장시키며, 4) 보다 온건한 모든 노력들과 모든 자유로운 예술들에 적합한 원칙들을 제공해주고, 5) 나머지 모든 상황이 동일한 공통의 삶에서 그리고 수행되어야 할 모든 경우들에서 우선권을 가지는"(Ästhetik § 3) 유용성들을 갖는다.

여기서 우선 바움가르텐의 형이상학 체계 내에서 미학이 갖는 위상을 살펴볼 필요가 있다. 바움가르텐은 자신의 형이상학체계를 '존재론, (경험적/이성적) 우주론, (경험적/이성적) 심리학, 자연신학'과 같은 네 영역으로 구성하며, 이 중 경험적 심리학을 통해 하위의 인식능력, 상위의 인식능력, 하위의 욕구능력, 상위의 욕구능력을 다룬다. 이러한 바움가르텐의 형이상학 체계 내의 경험적 심리학 부분과 관련하여 본다면, 상위의 인식능력에 비해 하위의 인식능력에 보다 주도적인 지위가 부여되어 있다는 사실이 주목될 만하다.[24] 이것은 하위의 인식능력들을 도그마적 이론이 아닌 오로지 실제적 사용을 통해서만 파악한다는 자연미학의 내용을 보면 알 수 있다. 미학의 한 부분인 자연미학은 '감각sensus, 상상력phantasia, 시작능력facultas fingendi, 정교한 통찰의 감각적 능력perspicacia, 감각적 위트ingenium sensitivum, 감각적 명민acumen sensitivum, 감각적 기억memoria sensitiva, 감각적 예지능력praevisio, 감각적 판단능력facultas diiudicandi, 감각적 기대능력praesagitatio, 감각적 기호능력facultas characteristica sensitiva'[25] 등과 같은 하위의 인식능력들을 실제 사용하면서 이러한 능력들이 어떠한 효과를 내는지를 통해 그러한 인식능력들을 파악하는 것이다. 이 중 앞의 세 가지 하위인식능력들인 감각, 상상력, 시작능력들은 오직 하위인식능력에만 속하지만 나머지는 상위인식능력에도 부합되는 인식능력들로서 하위의 인식능력들 전체는 상위의 인식능력에 부합하는 능력들 역시 일정 정도 가지고 있는 것이다. 또한 미학의 다른 한 부분인 인공미학은 상위의 인식에 기초한 학문들에 소재를 제공해주고 학문적으로 인식된 것을 사람들로 하여금 파악할 수 있게 해주며 인식된 사물들의 경계 너머로 인식을 확장시키고 개별 예술들에 원칙을 제공해주며 실재의 삶의 과정들에서 우선권을 갖는다는 점에서 학문적 인식과 예술 활동 그리고 일상 삶의 영위에서 근간이 되는 주도적 원리

24　Dagmar Mirbach: Einführung, in: Alexander Gottlieb Baumgarten: Ästhetik (Aesthetica 1750), übersetzt von Dagmar Mirbach, SS.XXVIII-XXIX.

25　Alexander Gottlieb Baumgarten: Metaphysik. Übersetzt von Georg Friedrich Meier, Anmerkungen von Johann August Eberhard, mit einer Einführung von Dagmar Mirbach, Jena 2004, §§ 640-641.

라고 할 수 있다. 비록 바움가르텐 자신이 '한 권의 책으로 담아내기에 너무 광범위한 것'이 아니냐는 반론을 예상하면서 그래도 '전혀 없는 것보다는 무언가가 있는 것이 낫지 않을까'(Ästhetik § 5)라고 조심스레 미학 논의를 시작하였다는 점에서 미학의 유효범위가 모호할 정도로 넓은 미학을 구상하였지만, 사실상 논리학 내지 이성의 학이 좁은 테두리에서 머물면서 풍부한 실재적 삶의 부분들을 도외시해서는 안 된다고 하면서 다음과 같이 힘주어 역설한다: "철학자는 여러 사람들 가운데 한 사람이다. 만일 그가 인간의 인식의 상당부분이 그에게 부적당하다고 생각한다면, 그는 사람들에게 정당한 행동을 하지 못하는 것이다"(Ästhetik § 6). 그러면서 그는 협소한 이성논리적 영역에 머무르는 철학자의 모습이 아니라 "연설가, 시인, 음악가"(Ästhetik § 69) 등과 같이 이성논리적 인식에 근거한 학문들의 기반이 되는 감각적 인식과 실재적 삶의 다양한 측면들을 아우르는 데 재능이 있는 "행복한 미학실천가felix aestheticus"(Ästhetik § 27)의 모습을 포괄적인 의미의 미학의 주체로 정립한다.

② 행복한 미학실천가의 특성

미학이 감각적 인식의 학문이라고 할 때, 감각적 인식이란 어떤 함의를 가지며 미학실천가와는 어떤 관계를 갖는 것일까? 바움가르텐에 따르면, 감각적 인식이란 "명료함 가운데 있는 표상들 전체"(Ästhetik § 17)이며, 이러한 감각적 인식의 완전성이 바로 "미Schönheit, pulcritudo"(Ästhetik § 14)이다. 이러한 미는 몇 가지 특성을 지니는데, 첫째는 "현상이라는 단일한 것으로 여러 관념들이 합일을 이루는 것"(Ästhetik § 18)이고, 둘째는 "미적으로 사유된 사물들에 관한 숙고가 이루어지고 있는 질서가 그 자체 내에서만이 아니라 사물들 자체와 합일을 이루는 것"(Ästhetik § 19)이며, 셋째는 "기호들이 질서와 이루는 합일만이 아니라 기호들이 사물들과 이루는 합일"(Ästhetik § 20)이다. 여러 관념들이 현상이라는 단일체로 모아지는 것이나 미적인 숙고의 질서 자체 내의 합일 내지 그러한 질서와 사물들 간의 합일이나 대상들의 기호와 미적인 숙고의 질서 간의 합일 내지 그러한 기호들과 사물들 간의 합일이나 모두 '합일Übereinstimmung, consensus'의 구조를 공통으로 가지며 이러한 합일의 구조는 "조합된 완전성zusammengesetzte Vollkommenheiten, perfectiones compositae"(Ästhetik § 24)의 특징을 지닌다. 이처럼 합일의 구조와 조합적 완전성의 특징을 갖는 감각적 인식의 완전성으로서의 미가 바로 미학실천가가 수행하는 미적인 사유의 결과인 것이다.

이러한 미를 결과로서 이루기 위해 행복한 미학실천가는 몇 가지 주요한 특성들을 담지하고 있어야 한다. 첫 번째 특성은 미적인 사유를 위한 생득적인 자연적 조건들의 체계, 즉 "전체 영혼의 자연적 성향"(Ästhetik § 28)이다. 여기에는 앞서 언급된 바 있는 열 가지 하위인식능력들인 '감각, 상상력, 시작능력, 정교한 통찰의 감각적 능력, 감각적 위트, 감각적 명민, 감각적 기억, 감각적 예지능력, 감각적 판단능력, 감각적 기대능력, 감각적 기호능력' 외에도 미학실천가로 하여금 미적인 인식으로 보다 쉽게 이르도록 해주는 "욕구능력의 관계"(Ästhetik § 44) 역시 포함된다.

두 번째 특성은 주어진 테마나 대상 혹은 사태와 관련하여 정신과 정서의 일치가 이루어지도록 "미적인 연습"(Ästhetik § 47)을 수행하는 것이다. 바움가르텐은 미적인 연습의 특성들로 여러 가지를 언급하는데, 그중 첫 번째는 "배워 익힌 기술에 의한 조종 없이 시작되는 즉흥적 활동"(Ästhetik § 52)이다. 그는 라이프니츠가 음악을 "무의식적으로 계산하는 영혼의 계산술에서 이루어지는 연습"(Ästhetik § 54)이라 불렀다는 사실에 근거하여 어린애가 자신이 사유한다는 것을 의식하지 못하면서도 무언가 특정한 활동을 수행하듯이 우리는 "미적으로 말해진 것이나 미적으로 쓰여진 것을 읽거나 들을 때 이것들을 미적인 방식으로 이해하며 이것들의 미를 직관적으로 인식한다"(Ästhetik § 56)고 말한다. 이것은 인간이 이미 태어날 때부터 특정한 활동들로 연습되거나 스스로 그러한 연습을 할 수 있다는 입장으로서, 바움가르텐의 미 인식의 생리학적인 기본 입장이 드러나는 부분이다. 바움가르텐은 『형이상학Metaphysik』(1766)에서 다음과 같이 말한다: "영혼의 연이은 표상들과 더불어, 이것들과 동시에 그리고 이것들과 나란히 실재하는 뇌의 운동들은 '물질적 이미지들 idea materiales'이라고 불린다. 말하자면 물질적 이미지들은 감각하는 혹은 스스로 무언가를 상상하는 영혼의 육체 속에 있다."[26] 감각과 상상의 작용 가운데 실제 존재하는 이미지란 결국 뇌의 생리학적 작용과 다르지 않다. 그러기에 당시 바움가르텐의 영향을 받은 철학 의사중의 하나인 운쩌Johann August Unzer는 다음과 같이 주장한다: 뇌는 동물적인 정신력을 소유하고 있으며 "이것에 의거하여 뇌는 감각이건 상상이건 욕구이건 관찰이건 혹은

---

26 Alexander Gottlieb Baumgarten: Metaphysik, § 560.

감화이건 간에 영혼에서 이루어지는 모든 표상에 대해 이것을 위해 요구되는 일정한 동물적 운동을 자체 내에서 산출하는바, 이러한 동물적 운동 없이 영혼 내에서 이루어지는 표상은 생성되거나 지속될 수 없다."[27] 감각적 인식을 위한 동물적 운동을 산출하는 것은 뇌이며 뇌의 작용은 인간에게 생득적으로 부여되어 있는 것이기에 즉흥적인 미적 연습은 미의 직관적 인식을 가능케 해주는 직접적인 과정이다. 물론 "배워 익힌 기술에 의한 조종 없이 시작되는 즉흥적 활동"이 아니라 배워 익힌 기술이 추가될 경우에는 미적 연습 자체가 보다 나은 모습이 되거나 보다 많은 확실성을 얻게 될 것이다(Ästhetik § 58). 그렇지만 여기서 중요한 것은 미학실천가는 미적인 연습을 통해 자신을 비롯하여 "특정 개인이 특정한 미적 인식에 도달하기 위해서는 어느 정도의 능력들을 필요로 하는지"(Ästhetik § 61)를 경험적으로 알게 된다는 것이다.

미학실천가의 세 번째 특성은 "미적인 이론, 다시 말해 미적인 인식의 질료와 형식에 보다 더 근접한 영향을 주는 것과 관련된 이론"(Ästhetik § 62)을 갖추는 것이다. 여기서 이야기되는 미적인 이론은 내용적인 면과 방법론적인 면으로 구분되어 생각될 수 있는데, 우선 내용적인 면에서 미적인 이론에는 "지금까지 미적이라고 생각되어야 했던 대상들과 관련하여 보다 나은 인식을 제공해주는 풍부한 지식" 내지 "미적으로 사유되어야 할 주어진 테마와 관련하여 자연적으로 미적인 정신 내지 매일 매일의 연습을 통해 숙련된 정신과 활동적이고 열정적이며 미적인 […] 가슴이 서로 조화를 이룰 수 있도록 해주는 풍부한 지식"이 속한다(Ästhetik § 63). 한마디로 말해 미적인 인식에 바탕이 되는 이론이자 보다 나은 인식을 가능케 해주는 지식 그리고 정신과 감성의 조화를 가능케 해주는 지식 등이 미학실천가에게 필요한 미적인 이론의 내용들이다. 그러나 이보다 더 중요한 내용들이 있는데, 그것은 바로 "신과 세계와 인간을 다루는 이론, […] 신화이야기들을 포함하여 역사를 다루는 이론, 고대유물들을 다루는 이론 그리고 기호의 특수한 종류들을 다루는 이론"(Ästhetik § 64) 등이다. 이처럼 다양한 스펙트럼을 갖는 미적인 이론을 사용하는 데 있어 중요한 점은 "미적으로 사유되어야 할 대상의 경우에 있어 현상에 도달하게 될 완전성"(Ästhetik § 65)의 파악이다. 말하자면 감각적 인식의 완전성으로서의 미가 풍부한 지식

---

27 Johann August Unzer: Erste Gründe einer Physiologie der eigentlichen thierischen Natur thierischer Körper, Leipzig: Weidmanns Erben und Reich 1771, S.41, § 25.

의 와중에서도 지속적으로 주시되어야 할 사항이라는 것이다. 이 같은 미적인 이론의 내용적인 측면과는 달리 미적인 이론의 방법론적인 측면 역시 간과되어서는 안 되는데, 바움가르텐은 이에 대한 상세한 설명 없이 단지 "미적인 인식의 방식에 관한 이론, 미적인 인식을 올바른 과정들에서 획득하는 방식에 관한 이론"을 언급하면서 이러한 방법론은 "보다 세심하고 보다 적확한 연습들을 통해 사용될 필요가 있다"(Ästhetik § 68)고 한다. 이 부분은 미적인 연습을 수행하는 과정에서 고찰될 수 있는 부분으로 여겨진다.

미학실천가의 네 번째 특성은 "정서의 미적인 자극, 격정, 내적인 충동, 환희, 광포, 감격, 특정한 신적 정신 등을 포괄하는 미적인 열광"(Ästhetik § 78)이다. 이러한 미적인 열광은 앞서 설명된 미학실천가의 활동결과인바, 우선 즉흥적 활동이 이루어지면 이를 통해 하위 인식능력들이 미적인 사유의 작용으로 이르게 되어 보다 고양되고 그 결과 다양한 양태로 나타나는 미적인 열광이 이루어지는 것이다.

결국 미학실천가는 열 가지 하위인식능력들을 담지하는 자이지만, 자신의 주어진 생리학적 조건에 맞게 끊임없이 미적인 연습을 수행해야 하며, 신과 세계 그리고 인간에 대한 이론 및 신화와 역사에 관한 이론 그리고 고대유물과 다양한 기호에 관한 이론을 갖추고 있어야 하고, 활동의 결과로서 충분한 정도의 미적인 열광을 드러낼 수 있어야 하는 것이다. 어찌 보면 미학실천가는 극히 비현실적으로 여겨질 만큼 너무 완벽한 존재로 생각할 수 있으며 따라서 극히 인위적으로 만들어낸 모범상으로 생각할 수 있다. 그러나 미학을 기초지으면서 바움가르텐이 시종일관 염두에 두었던 것은 이성적 체계와 같은 선험적 체계가 아니라 경험과학적 실천이론이었으며, 미학자가 아닌 미학실천가였다는 점에서 다음과 같은 그의 경고는 의미심장하다:

나는 재차 경고한다: 나는 나 자신이나 다른 사람들에게 일반적으로는 우아한 정신의 소유자를 혹은 특수하게는 미학의 도움으로 모든 면에서 완벽하면서 사람들에게 칭송받을만한 연설가, 시인, 음악가 등을 허구로 꾸며내려는 사람이 아니다. 나는 이미 그러한 이론에 앞서 […] 자연, 정신, 정서방식, 연습 그리고 정신의 작업 등을 요구하였으며, 아울러 […] 학문으로 존재할 경우에만 진정으로 부각될 수 있는 미적인 사유의 법칙들에 대한 실천적 인지를 요구했다(Ästhetik § 77).

말하자면 미학실천가가 매우 포괄적이고 풍부한 지식을 가지고서 끊임없이 미적인 연습을 수행하는 자이지만 비현실적인 완전성의 소유자는 아닌 이유는 그가 미리 선험적으로 정해져 있는 체계를 단지 습득하는 존재가 아니라 감각생리학적인 작용들을 기초로 미적인 이론의 도움으로 미적인 연습을 수행하면서 감각적 인식의 여러 개별요소들의 조합을 이루는 경험적 실천가이기 때문이다.

4) 행복한 미학실천가의 미학과 심리치료

바움가르텐 미학의 근간이 되는 기본 입장은 미적인 인식이 자연적 성향인 "우아하고 취미로 가득찬 생득적 정신"(Ästhetik § 29), 즉 타고난 미적이고 정교한 정신을 전제로 한다는 것이다. 그리고 행복한 미학실천가의 생동하는 능력들의 발휘에 미적인 인식의 성취 여부가 달려 있다고 주장한다. 이러한 행복한 미학실천가의 인간학적 기본 성향은 단지 인간일반에 생물학적으로 주어져 있는 자연적 성향과는 다소 다르다. 그것은 감각적인 미적 인식능력의 연습 정도에 따라 평가될 수 있는 것이다.

전방위적인 실재적 삶의 다양한 측면들에 대해 자질을 갖춘 미학실천가의 자질형성은 계몽주의 시대에 탄생한 미학에서 중요한 측면으로 다뤄진 부분이며, 이 점은 당대 전체 인간의 이념하에서 의학적인 교육을 미학과 논리학 및 철학적 병리학으로까지 확장하고자 했던 철학의사들에게 결정적인 자극제가 되었다. 그중에서도 운쩌가 교수로 있던 할레 대학에서 박사학위를 마치고서 '심리치료psychologische Curen' 개념을 처음 제기한 볼텐Johann Christian Bolten은 바움가르텐과 마이어의 미학에 힘입어 의학의 영역을 미학으로까지 확장하려고 하였다. 그의 심리치료 개념은 인간을 기계로 파악하는 '기계적 의사들mechanische Ärzte'에 대항하여, 다시 말해 자신들의 "의술이 훌륭한 시계공이 알아야만 하는 것 이상의 것을 요구하고 있다"[28]는 사실을 망각하는 의사들에 대항하여 '환자의 정서상태를 발견하고 아울러 정서들을 움직이는 미적인 법칙들을 적용시키는' 심리적 치료를 지향하고 있었다. 그리하여 그는 영혼의 본질의 법칙들을 파악하고 있는 철학자들에게 심리치료의 과업

---

28 Johann Christian Bolten: Gedanken von psychologischen Curen, Halle 1751, A6(Carsten Zelle: Sinnlichkeit und Theraphie, S.18 에서 재인용).

이 넘겨져야 한다고 생각하면서, 바움가르텐에 의해 정립되기 시작한 행복한 미학실천가의 미학이 심리치료에 기초가 되는 학문이라고 여기게 되었다. 그에 따르면, 미학은 "우리에게 하위의 인식능력 혹은 감각적 인식능력들의 법칙들과 규칙들을 심리학이 수행할 수 있는 것보다 더 정확하고 보다 더 상세하게 제시하고 설명해줄 것이다. […] 우리는 심리치료를 실행할 수 있기 위해 미학을 간직하고 있어야 한다."[29] 이 같은 입장에 의거하여 볼텐은 바움가르텐이 제시한 열 가지 하위인식능력들의 쇄신에 부합되게 심리치료를 구상하였다.

볼텐의 이 같은 시도가 지속적인 영향력을 행사할 수는 없었지만, 감각적 인식의 완전성을 향한 하위 인식능력들의 쇄신과 전체 인간 이념의 활성화에 기초가 되었던 학문이 미학이었다는 사실은 시사하는 바가 크다. 앞서 살펴본 바와 같이, 개별 대상들을 추상적으로 고찰하는 논리적 사유가 아니라 감각논리에 의거하여 개별 대상들을 사실적이고 단일한 실재 속에서 즉 그것들의 '바로 이것haecceitas' 말하자면 현상이라는 단일한 것 속에서 파악하는 것이 예술가, 즉 미학실천가의 능력이며, 이러한 미학실천가는 주어진 생리학적 조건에 맞게 끊임없이 미적인 연습을 수행하는 동시에 신, 세계, 인간, 신화, 역사, 고대 그리고 기호일반에 관한 폭넓은 이론을 갖추고 있어야 하며 동시에 충분한 정도의 미적인 열광을 할 수 있을 만큼 감동에 포용적이어야만 한다. 이것들은 완전한 존재라고 생각될 수 있을 미학실천가의 자질로 여겨질 수 있지만, 사실 여러 관념들을 단일한 현상으로 조합할 수 있으면서(다시 말해 조합된 완전성으로서의 현상 내지 미에 도달할 수 있으면서) 위와 같은 열정과 이론을 가지고서 부단히 연습을 한다면 누구나 미학실천가가 될 수 있으며, 더 나아가 하위의 인식능력들의 작동에 문제가 있는 사람들을 치료하는 미학치료사가 될 수도 있는 것이다. 물론 후자는 보다 구체적이고 정교한 전제들이 뒷받침되어야 하는 테제가 되겠지만, 어쨌건 경험과학적 감성학으로서의 바움가르텐의 미학은 실제 인간의 다양한 감성적 에너지들을 형태화하고 그것들의 실제 작동경로들을 제시하며 전체적 조화로 나아가도록 유도해주는 도구의 역할을 간직하고 있는 것이다.

---

29 Johann Christian Bolten: Gedanken von psychologischen Curen, S.60(Carsten Zelle: Sinnlichkeit und Theraphie, S.20에서 재인용).

5) 인간학적 미학과 관련하여 논의되어야 할 문제들

본 장에서는 인간학적 미학의 동시대적 배경과 바움가르텐 미학의 인간학적 측면들에 대한 논의가 이루어지면서 단순한 감성의 복원 내지 재활성화가 아니라 경험과학적 실천학으로서의 감성학이라는 미학의 인간학적 함의를 해명하는 것에 초점이 맞춰졌다. 경험과학적 실천학으로서의 바움가르텐의 미학이 일정한 의미에서 보다 구체화되었다면, 인간의 감성적 측면들을 실제로 치료하는 데 있어 기초가 되는 '병리학적 감성학die pathologische Ästhetik'으로까지 발전되었을 수도 있다. 그러나 바움가르텐의 미학 프로젝트는 미완의 형태에 머물게 됨으로써 미학의 병리학적 작용에 관한 논의는 더 이상 발전할 수 없었던 것으로 보인다. 이와 관련해서는 보다 많은 실증연구들이 뒷받침되어야 할 것이며, 향후의 논의에서는 미적인 진리, 미적인 대상, 미적인 표현방식, 미적인 지각방식 등 감각적 인식의 내용들과 형식들에 관한 구체적인 분석을 통해 실제적 전유의 가능성들을 모색해보는 작업이 이루어져야 할 것이다.

이와 더불어 바움가르텐의 미학의 인간학적 맥락과 연관된 보다 거시적인 연구들도 함께 이루어져야 한다. 우선 계몽주의 인간학의 역사적 맥락에 관한 연구가 이루어져야 하는데, 여기에는 두 가지 주요한 연구테마들이 있다. 그 하나는 이성적 영혼론으로부터 경험적 (인간학적) 심리학으로의 전환과정에 대한 논의로서, 이를 위해서는 아리스토텔레스의 '영혼론'에 대한 주해서인 멜랑크톤의 『영혼론』(1540)으로부터 17세기에 인간의 영혼, 신, 천사들을 다루는 '영기론Pneumatik'을 지나 18세기 크리스티안 볼프의 '이성심리학Psychologia rationalis'에 이르는 노선과 이 같은 노선에 반기를 들고 인간학적 패러다임을 주창한 크뤼거의 경험심리학, 줄처의 영혼의 실험물리학, 플라트너의 생리학적이고 철학적인 인간학, 아벨의 '물질적 이념' 이론, 모리츠와 호프만, 괴테 등을 통한 생리학적이고 심리학적이며 의학적인 문학적 형상화가 대비적으로 논의되어야 한다. 이와 직접적으로 연관된 또 다른 테마는 현실구성적인 신경심리 체계의 정립의 문제이다. 통합학문적 지평으로서 경험적 인간학의 정립이 한편으로 이성적 영혼론으로부터 경험적이고 인간학적인 심리학으로의 전환을 통해 가능할 수 있었다면, 다른 한편으로 이러한 전환의 움직임과 거의 동시적으로 개인적 경험체계에 의거한다는 의미에서 '사변적인' 경험적 인간학 지식체계가 성립되었으며, 이제 신경체계는 외부세계의 전달자인 동시에 심리체계와 단지 간접적인 관계만을 갖는 체계가 된다. 그리하여 육체를 구성하는 기본 단위들인 감각기관, 신경, 뇌 등은 외부세계를 받아들이기만 하는 수동적인 매개가 아니라 세계와 현실을 구성하는 능동적인 기제들이 되는 것이다. 여기에서는 할러의 생리학적 미학, 프리드리히 쉴러의 생리학적 철학, 블루멘바흐의 형성충동개념 연구 등이 중요한 역할을 하였다.

또 다른 거시적 연구로는 통합적 인간학의 방법론에 관한 연구를 들 수 있다. 여기에도 두 가지 연구테마가 있는데, 그 하나는 통합적 인간학 체계구성을 위한 방법론적 단초로서 심리학의 경험화 과정 및 정신과 영혼의 생리학화 과정과 더불어 정신과 육체, 주관주의와 객관주의 그리고 더 나아가 경험과학과 사변적 과학의 이분법을 넘어서는 새로운 방법론을 모색하는 작업이다. 그 첫 번째 방법론적 양태는 생리학적이고 생물학적인 동시에 철학적인 양가적 함의를 갖는 '발생론적 방법die genetische Methode'이다. 이러한 방법의 형성에 기여한 핵심적 사상들로는 헤르더의 문화형태론의 발생론적 방법, 괴테의 자연 형태변형론의 발생론적 방법, 피히테의 발생론적 방법이 있다. 이와 관련된 또 다른 연구테마는 통합적 인간학 체계구성을 위한 본격적인 방법론으로서, 생리학적이고 생물학적인 동시에 철학적인 양가적 함의를 지니는 발생론적 방법과의 대비 속에서 '발생론적이고 계보학적인 방법die genetisch-genealogische Methode'을 정립하는 것과 관련된다. 이를 위해서는 19세기 초 셸링과 그의 사상을 이어받은 오켄Lorenz Oken에 의해 발생론적이고 계보학적인 방법이 보편적인 방법적 체계를 형성하게 되는 과정을 해명하는 작업이 이루어져야 한다.

이 같은 작업들을 통해 한편으로는 계몽주의 시대의 경험과학적인 인간학적 미학이 방법론적이고 실천적인 측면에서 자연과학과의 공통의 지평에서 탄생했다는 사실이 갖는 미학의 역사적 위상학이 해명될 수 있을 것이며 아울러 미학의 내포와 외연을 근본적으로 재검토할 계기가 마련될 수 있을 것이다. 다른 한편으로는 이 같은 인간학적 미학을 기화로 계몽주의 시대와 독일관념론시대 초기에 마련되었지만 그 이후 소실되었던 인문과학과 자연과학의 학문적 융합의 가능성이 보다 심화된 논의를 통해 현재의 맥락으로 전유됨으로써, 방법론적이고 실천적인 층위에서 학문적 융합의 현재적 가능성 조건을 모색할 수 있을 것이다.

◎ Aesthetica(1750/1758), Alexander Gottlieb Baumgarten

§ 1 DIE ÄSTHETIK (Theorie der freien Künste, untere Erkenntnislehre, Kunst des schönen Denkens, Kunst des Analogons der Vernunft) ist die Wissenschaft der sinnlichen Erkenntnis.

§ 2 Der natürliche, nur durch den Gebrauch, ohne dogmatische Lehre beförderte Grad der Verfassung der unteren Erkenntnisvermögen kann die NATÜRLICHE ÄSTHETIK genannt und, [···] in eine angeborene - [···] und eine erworbene Ästhetik unterschieden werden, und diese wiederum in eine lehrende und eine ausübende.

§ 3 Der höhere Nutzen der zur natürlichen hinzutretenden künstlichen Ästhetik wird, unter anderen, der sein, daß sie 1) den Wissenschaften, die sich vornehmlich auf die Verstandeserkenntnis gründen, einen geeigneten Stoff bereitstellt, 2) wissenschaftlich Erkanntes der Auffassungsgabe jedwedes Menschen anpaßt, 3) die Verbesserung der Erkenntnis auch über den Maueranger der von uns deutlich erkannten Dinge hinaus erweitert, 4) geeignete Grundsätze für alle sanftmütigeren Bestrebungen und alle freien Künste darreiche, 5) im gemeinen Leben, wenn die übrigen Umstände die gleichen sind. [···]

§ 4 Hieraus ergeben sich ihre besonderen Nutzanwendungen: 1) eine philologische, 2) eine hermeneutische, 3) eine exegetische, 4) eine rhetorische, 5) eine homiletische, 6) eine poetische, 7) eine musische usw.

§ 10 Man mag einwenden: 8) Die Ästhetik ist eine Kunst, keine Wissenschaft. Ich antworte: a) Dies sind keine gegensätzlichen Fertigkeiten. [···] b) Daß unsere Kunst wissenschaftlich erwiesen werden kann, beweist die Erfahrung und ist a priori offenbar, weil die Pszchologie usw.

Grundsätze hierfür darbietet, die gewiß sind. [···]

§ 11 Man mag einwenden: 9) Ästhetiker werden [···] geboren, Ästhetiker kann man nicht werden. Ich antworte mit Horaz, Cicero, Bilfinger, Breitinger: Eine vollständigere, durch die Autorität der Vernunft noch empfehlenswertere, genauere, weniger verworrene, gewissere und weniger unsichere Theorie unterstützt den geborenen Ästhetiker.

§ 12 Man mag einwenden: 10) Die unteren Vermögen und das Fleisch müssen eher besiegt als aufgeweckt und bestärkt werden. Ich antworte: a) Bei den unteren Vermögen ist eine Herrschaft, keine Tyrannei erforderlich. b) Hierzu, sofern dies auf natürliche Weise erreicht werden kann, führt uns die Ästhetik gleichsam bei der Hand. c) Die unteren Vermögen dürfen von den Ästhetikern nicht, insofern sie verderbt sind, erweckt und bestärkt werden, sondern sie müssen von ihnen gelenkt werden, damit sie nicht durch verkehrte Übungen noch mehr verderbt werden und damit uns nicht unter dem faulen Vorwand. [···]

§ 14 Der Zweck der Ästhetik ist die Vollkommenheit der sinnlichen Erkenntnis als solcher. Dies aber ist die Schönheit. Und zu meiden ist die Unvollkommenheit derselben als solcher. Dies aber ist die Häßlichkeit.

§ 15 Um Vollkommenheiten der sinnlichen Erkenntnis [···] besorgt sich der Ästhetiker als solcher nicht.

§ 16 Um Unvollkommenheiten der sinnlichen Erkenntnis [···] besorgt sich der Ästhetiker als solcher nicht.

§ 17 Die SINNLICHE ERKENNTNIS ist gemäß der nach ihrer Hauptsache gewählten Benennung die Gesamtheit der Vorstellungen, die unter der Deutlichkeit verbleiben. [···]

§ 18 Die allgemeine Schönheit der sinnlichen Erkenntnis wird 1) die Übereinstimmung der Gedanken [⋯] unter sich zu Einem sein, das Erscheinung genannt sei. Die SCHÖNHEIT DER SACHEN UND DER GEDANKEN muß von der Schönheit der Erkenntnis [⋯] und von der Schönheit der Gegenstände und des Stoffes [⋯] unterschieden werden. Häßliche Dinge können als solche schön gedacht werden und schönere Dinge häßlich.

§ 19 Die allgemeine Schönheit der sinnlichen Erkenntnis, ist, weil es keine Vollkommenheit ohne Ordnung gibt, 2) die Übereinstimmung der Ordnung, in der wir über die schön gedachten Sachen nachdenken, sowohl in sich als auch mit den Sachen, insofern sie Erscheinung ist. Dies ist die SCHÖNHEIT DER ORDNUNG und der Disposition.

§ 20 Die allgemeine Schönheit der sinnlichen Erkenntnis ist, weil wir Bezeichnetes nicht ohne Zeichen vorstellen, 3) die innere Übereinstimmung der Zeichen, sowohl mit der Ordnung als auch mit den Sachen, insofern sie Erscheinung ist, die SCHÖNHEIT DER BEZEICHNUNG. [⋯]

§ 24 Die Schönheit der sinnlichen Erkenntnis und das Geschmackvolle der gedachten Sachen selbst sind zusammengesetzte Vollkommenheiten, und sie sind allgemein. [⋯]

VI

낭만주의 미학

1. 존재의 두 축으로서 '철학의 욕구'와 '미적인 힘'

역사적으로 위기의식은 의식의 위기로 비화되지 않게끔 해주는 자기조절능력을 지녔다. 시대를 고민하였던 사상가들이 시대의 피폐함에 직면하여 문제를 인식하고 진단하는 과정에서 형성시키는 위기의식은 항상 당면 문제와의 접전을 통해 구시대의 새로운 시대로의 도약 가능성을 모색하는 양상을 띠곤 했다. 다시 말해 시대에 천착해 시대를 고민하는 의식은 위기에 빠지는 것이 아니라, 오히려 그러한 의식이 철저할수록 새로운 시대로의 도약의 근간으로서 지양될 수 있었던 것이다. 이러한 철저한 위기의식의 몇몇 모습들 중 오늘 우리에게 기본적인 좌표로 자리매김될 수 있다고 여겨지는 두 가지 위기의식의 모습들로부터 논의를 시작해보기로 하자.

1801년에 헤겔은 자신의 철학적 사유의 동인을 필연적으로 대두될 수밖에 없는 '욕구 Bedürfnis'로 규정하면서 근대인의 의식이 갖는 위기의식의 기본 모습을 다음과 같이 기술한 바 있다:

통일의 힘이 인간의 삶으로부터 사라져버렸다면, 그리고 대립들이 자기들 간의 생동적인 관계 및 상호작용을 상실하게 되었고 그리하여 각각 외따로 존재하고 있다면, 철학의 욕구는 생겨난다. (철학의 이러한 욕구는) [⋯] 굳어져버린 주관성과 객관성의 대립을 지양하면서, 지적인 세계와 실재 세계의 '이미 생성되어 있는 상태das Gewordenseyn'를 '하나의 생성ein Werden'으로, 그러한 세계의 존재를 산물 내지는 하나의 생산과정으로서 파악하고자 하는 필연적인 노력인 것이다.[30]

헤겔의 이 같은 철학적 모토는 이미 이루어져 있는 상태와 그 발전양태를 그대로 인정하고 단지 그 결과만을 사후적으로 되밟아 보자는 필연적 역사관을 주장하는 것이 아니라,

오히려 인간의 삶에서 이미 상실되어버린 조화와 통일의 힘을 회복시킬 수 있는 가능성을 대립과 분열에 대한 적극적인 대응 속에서 찾고자 하는 것이다. 즉, 대립과 분열은 통일된 전체로 이르는 주요한 매개과정이며, 대립상과 분열상을 지각하고 대립과 분열을 인식하는 주체의 의식 내에는 역동적인 과정 전체의 운동 메커니즘이 자리 잡고 있다는 것이다. 이러한 헤겔의 위기의식에서 우리는 근대의식의 전형을 볼 수 있다. 그것은 바로 한

그림 1 Caspar David Friedrich: Der Wanderer über dem Nebelmeer, ca. 1817.

30 Georg Wilhelm Friedrich Hegel: Differenz des Fichte'schen und Schelling'schen System der Philosophie, in: Gesammelte Werke, Bd. 4, hrsg. v. H. Buchner und O. Pöggeler, Hamburg 1968, S.14.

정과 제한의 지양을 가능케 해주는 "전제된 무제약성die vorausgesetzte Unbeschränktheit"과 "총체성으로부터의 의식의 자기초월성das Herausgetretenseyn des Bewußtseyns aus der Totalität"[31]에 대한 동시적인 파악인 것이다.

또 다른 위기의식의 모습을 우리는 '세계'와 '우리자신' 간의 분열상을 인식하고 그 원인이 감각과 로고스의 분리에 있다고 규정하면서 그 치유가능성을 시 내지는 문학적 예술Poesie 속에서 찾고자한 휠덜린에게서 볼 수 있다. 1800년으로 추정되는 시기에 쓴 글[32]에서 휠덜린은 근대의 시인이 갖추어야 할 조건으로서 '세계의 평화로운 전일적 조화'[33]에 부합되는 정신의 전유와 자연세계의 자유로운 운동 및 정신적 사유과정의 확고한 인식을 언급한 후에 마지막으로 다음과 같은 철학적 인식의 통찰을 주장한다:

> 필연적인 격전ein notwendiger Widerstreit은 한편으로 모든 부분들의 공동체와 일원적인 동시적 존재einiges Zugleichseyn로 이르러야 한다는 정신의 가장 근원적인 요청과 다른 한편으로 정신에게 자신으로부터 나와서 아름다운 진보와 변화를 이루는 가운데 자기 자신 속에서 그리고 다른 모습들 속에서 스스로를 재생산하도록 명하는 또 다른 요청 사이에서 생겨나는 것이다.[34]

이렇듯 휠덜린에 의해 정식화된 위기의식의 유형학은 헤겔의 그것과 유사하게 나타난다. 근대의 시대적 분열상에 대면해 있는 시인의 위기의식은 부분의 조화로운 전체의 달성과 정신의 생산적 자기초월 및 분열 간의 팽팽한 상호작용의 모습을 띠고 있는 것이다.

이제 두 가지 모습의 위기의식의 유형학을 기초로 하여 초기 낭만주의자들과 휠덜린의 철학적이고 시학적인 사유방식들에 대한 유형학적인 분석을 통해 우선 그들과 독일 관념론자들 간의 철학적 문제의식의 유사성을 밝혀보고, 더 나아가 그들 모두에게 유효했던 근대의 위기의식과 만날 수 있는 우리의 시대의식을 분석과 논증과정에서 드러내보자.

---

31 Ibid. S.15.

32 Friedrich Hölderlin: Wenn der Dichter einmal des Geistes mächtig, [⋯] in: Friedrich Hölderlin Historisch-Kritische Ausgabe (이후로는 FA로 약칭) Bd. 14, hrsg. v. D. E. Sattler u.a., Frankfurt a.M.: Stroemfeld/Roter Stern, 1979.

33 Friedrich Hölderlin: Friedrich Hölderlin Sämtliche Werke (이후로는 StA로 약칭) Bd. 3, hrsg. v. Fr. Beißner, Stuttgart, S.236.

34 Friedrich Hölderlin: Wenn der Dichter einmal des Geistes mächtig, [⋯] S.303.

2. 노발리스, 슐레겔, 횔덜린의 철학적 문제의식

노발리스는 일찍이 자신의 철학적인 연구 단상들에서 근대인의 경화된 상태를 다음과 같이 표현하였다: "세계의 의미는 이미 상실되어버렸다. 우리는 문자에 머물러 있게 되었다. [···] 공식화된 존재로서."[35] 그에 따르면, 현실의 이 같은 분열과 경화 과정의 상황으로부터 벗어날 유일한 탈출구는 감각적인 것과 초감각적인 것의 결합 내지는 이미 지나가버린 인간과 자연의 조화로운 결합을 재활성화시키는 데에 놓여 있다고 한다. 그가 생각하는 과거의 조화로운 고대상은 "과거의 산물인 동시에 미래의 산물이기도 하다"(NS 3, S.248). 다시 말해 그에게 중요한 것은 지나간 과거의 조화상을 다시금 똑같이 재현하거나 고대적 인간상과 근대적 인간상 간의 차이를 단순히 인식하기만 하는 것이 아니라, 고대와 근대를 아우르는 보편적 조화의 원리를 모색해보자는 것이다. 그리하여 그는 "중심이 되는 고대 혹은 고대의 보편정신eine zentrale Antike, oder ein Universalgeist der Antike"(NS 3, S.248)을 재구성하려고 노력하였던 것이다.

이 같은 '고대의 보편정신'에 대한 추구의 기저에는 그의 고유한 시간도식이 자리 잡고 있다. 단지 논리적인 영역에서만 서로 구분될 수 있을 뿐인 과거와 현재와 미래는 시간적으로 병치될 수 있는 것이 아니라, 서로 교섭Ineinander되는 것으로 규정될 수 있으며, 더 나아가 이러한 교섭은 또 다른 교섭으로 옮겨질 수 있는 것이다. 그러나 문제의 열쇠는 바로 현재개념에 놓여 있다. 일정하게 고정될 수 없는 '현재개념'에서 노발리스는 과거와 현재의 교섭 작용을 발견한다. 각 계기들이 생기화되어 있는 현재 내지 현재의 순간은 항상 "전과 후Vor und Nach"(NS 2, S.187)에 의해 결정되고 관계된다는 것이다. 여기서 문제는 이러한 현재적 순간의 변증법이 어떻게 이해될 수 있는가 하는 것이다. 피히테 식으로 표현해 보자면, 본질이 고유성과 상호작용의 관계에 놓여 있지 못한, 분열의 의식하에 있는 근대인이 이러한 상황을 극복하기 위해서는 "근거의 사유Denken des Grundes"(NS 2, S.272)에로 회귀해야 한다고 한다. 이성과 감성의 존재인 인간이 근거의 사유에 따라 기계적인 생산 및 재생산과정으로부터 그리고 그러한 과정에 적응된 표상방식으로부터 거리를 두면

---

35 Novalis: Das philosophische Werk 1, Schriften (이후로는 NS로 약칭) Bd. 2, hrsg. v. P. Kluckhohn und R. Samuel, Stuttgart, 1960 ff., S.594.

둘수록, 인간의 작용능력은 보다 더 자유롭게 작용할 수 있으며, 그 결과 황금시기라고 규정될 수 있는 일상적 현재에로 진입해 들어갈 가능성은 더욱더 커지게 된다. 그러나 여기서 간과해서는 안 될 사항은 이러한 황금시기가 인간의 최종적인 목적은 아니라는 사실이다. 왜냐하면 인간의 고유성과 본질 간의 조화로운 상호작용은 과거와 현재와 미래의 연쇄가 현재적 순간에 인간의 의식에 의해 파악되자마자 멈추는 것이 아니라, 그러한 상호작용 자체가 인간적인 본질의 "경향Tendenz"(NS 2, S.269)이기 때문이다.

이러한 황금시기의 이념은 슐레겔에게서는 다소 다른 양상을 띠고 등장한다. 아테내움 단편들Athenäum Fragmente에서 슐레겔은 다음과 같이 언급한다: "이미 존재했던 황금시대의 허상이야말로 […] 도래할 황금시대의 접근에 가로놓여 있는 가장 커다란 장애물들 중의 하나이다." 더구나 "황금시대가 존재했었다면, 그것은 진정 황금색은 아니었다. 황금은 녹이 슬 수가 없다. […] 황금시대가 영원히 지속되지 않는다고 한다면, 차라리 그것은 등장하지 않는 것이 낫다."[36] 물론 여기서 우리는 맹목적인 그리스문화중심주의에 대한 슐레겔의 거부적인 태도를 명확히 인식할 수 있지만, 다른 한편에서 볼 때, 노발리스와의 일정한 견해 차이를 간과할 수 없다. 즉, 노발리스가 '아름답게 정렬된 개체의 무한한 활동'(NS 2, S.269)과 그에 따른 황금시대 이념의 실현을 추구하였다면, 슐레겔은 노발리스에 비해 시대의 역사적 발전의 문제에 보다 주안점을 두었던 것이다.

'고대−근대의 문제'에 천착한 슐레겔은 고대와 근대의 차이를 무엇보다 사유방식의 차이로서 규정한다. 그에 따르면, "고대인들에게서 우리는 전체 예술의 완성된 문자를 보게 된다. (그러나) 근대인들에게서 우리는 생성 발전되는 정신을 본다"(KA II, S.158). 여기서 우리는 두 가지 비교기준을 부각시켜볼 수 있다. 그 하나는 문학적인 창작의 정신과 관계되며, 다른 하나는 이러한 정신을 작품들로부터 읽어내는 방식이다. 고대인들이 추상적이며, "문자 그대로의 정확함으로"(KA II, S.195) 예술작품들을 창작하였으며, "제반 형식들 및 표현의 모든 특성과 미의 정도를 서로 조화시켰던"(KA II, S.218) 반면, 근대인들에게는 자신들의 예술에 관해 "철학하는 것"(KA II, S.208) 이외에는 다른 선택의 여지가 없다는 것이다. 왜냐하면 근대인들에게서 감각적인 것과 초감각적인 것 간의 결합은 더 이상 실

---

36 Friedrich Schlegel: Charakteristikum und Kritiken I (1796-1801), Kritische Friedrich-Schlegel-Ausgabe (이후로는 KA로 약칭) Bd. 2, hrsg. v. Ernst Behler u.a. Paderborn, SS.205-206.

제 사태가 아니며, 그러한 결합은 단지 미적인 것의 '메타원리'로서만 존재하는 것이기 때문이다: "미학은 하나의 중심점을 가지고 있다. 그리고 이러한 중심점은 바로 인간, 미, 예술이다 - 황금시대는 이러한 중심의 중심이다."[37]

이 같은 다소 일반적인 첫 번째 기준에 따른 비교와는 달리, 두 번째 기준에 따르면, 보다 구체적인 차이가 드러나게 된다. 고대인들에게서는 감각과 오성 그리고 "본능과 추상"(KA II, SS.184-185)이 서로 긴밀하게 결부되어 있었기 때문에, 창작정신을 감각적으로 지각하는 것과 이러한 정신에 대해 사유하는 것이 동시적이었다. 이 같은 행복한 상태는 횔덜린의 말대로 "자연의 아름다운 원환운동으로부터 배제된"(StA, S.17) 근대인들에게는 더 이상 허용되어 있지 않다는 것이다. "사변Spekulation" 내지는 "철학함Philosophieren"을 매개로 해서만 작품을 창작해야만 하는 근대인들은 개념과 직관, 감각적 지각과 사유를 관통하는 새로운 의미의 창작정신을 찾아 나서야만 한다는 것이다. 슐레겔에 따르면, 그러한 정신은 "예감Ahnung과 예견Weissagung"을 통해 가능하다고 한다.

노발리스에 의해 "미래의 표상Vorstellung der Zukunft"(NS 2, S.468)으로 규정되었으며, 횔덜린에 의해 "인간에게 […] 무한한 삶이 현재해 있는 상태"(FA Bd. 14, S.319)로 지칭된 예감Ahnung 개념은 슐레겔에게 있어서는 기억Erinnerung 개념과 쌍을 이루는 개념이다. 슐레겔에 따르면, 기억은 "인간정신의 주요능력ein Hauptvermögen des menschlichen Geistes"(KA XII, S.406)으로서 "근원적인 상황"(KA XII, S.352)으로 향해 있다고 한다. 이러한 기억을 통해 근대인들은 더 이상 이미 존재하였던 황금시대가 아니라 "현실적인 생생한 근원자아"(ebd.)의 구성이 이루어질 수 있는 무한한 통일에로 도달할 수 있는 것이다. 이에 비해 예감은 미래로 향해 있다. 그러나 예감이 단지 미래적인 것만은 아니다. 그 이유는 '자연과 인간의 오래된 결합'을 통해 현재에로 이미 기억되어 있는, 다시 말해 '내재화되어 있는er-innert' 것은 또다시 고대와는 다른 것으로서 등장하여 새로운 내용으로 채워져야 하기 때문이다. "직관으로부터 […] 설명될 수도 없으며 […] 이성으로부터 […] 설명될 수 없는, […] 오로지 기억으로부터만 추론될 수 있는"(KA XII, S.381) 무한한 통일이 예감을 통해 수행되는 무한한 충만과 결합된다면, 정신적 직관의 최상의 상태인 미의 이념이 달성될 수 있는 것이다.

---

37 Friedrich Schlegel: Fragmente zur Poesie und Literatur I, KA Bd. XVI, S.210.

'예감과 기억'의 이 같은 결합은 횔덜린에게서 보다 역동적인 모습으로 드러난다. 흥미로운 점은 횔덜린이 이 두 개념을 인식과 언어의 관계를 통해 설명하고 있다는 것이다. 그에 따르면, "근원적인 생생한 […] 감지는" 고대인들에게서 "삶의 반성되지 않은 순수한 감지"였던 것의 재출현으로서가 아니라 "생생한 전체 속에서 정신적인 전체로서 존재하는"(FA Bd. 14, S.319) 순간에 언어는 인식에 의해 예감된다고 한다. 이러한 인식 혹은 "반성"은 전적으로 사유에 국한되는 것이 아니라, "시인과 그의 미래의 시의 정신에 생명을 불어넣는 예술을 위해 존재할 뿐만이 아니라" 또한 "시인과 그의 시의 근원적 감각을 정신화시키는 예술을 위해 존재하는 것이다"(FA Bd. 14, S.320). 그리고 이러한 반성 혹은 인식에 의해 예감되는 것, 즉 그것의 산물이 바로 언어이다(Vgl. FA Bd. 14, SS.320-321). 언어가 산출되는 것은 인간과 자연의 생생한 전체에 대한 반성이 이루어진 이후에야 가능한 것이다. 언어가 이러한 방식으로 예감되고 산출되자마자, 언어는 반성을 기억해낼 수 있으며, 이와 동시에 반성을 표현할 수 있게 된다: "인식이 언어를 예감하듯이, 언어는 인식을 기억해내는 것이다"(FA Bd. 14, S.319). 결국 예감과 기억의 관계에 대한 설명을 통해 분명해지는 사실은 횔덜린에게 있어서 한편으로는 반성 내지는 인식에 의해 야기된 언어를 통해 기억되는 반성Re-flexion보다는 생동적인 힘의 감지과정에서 예감 이전에 이루어지는 "새로운 반성neue Reflexion"이 문제이며, 다른 한편으로 인간과 자연의 근원적 조화의 이념을 새롭게 부활시키는 것이 아니라 그러한 이념의 근거를 내적인 성찰을 통해 하나의 사상으로 형성시키는 것 또한 중요한 문제인 것이다.

여기서 우리는 횔덜린과 슐레겔 간의 차이를 조심스럽게 유추해볼 수 있다. 근대인의 의식을 분리되고 파편화된 것으로서 파악한 슐레겔에게 있어 그 대안책으로 요구된 것이 "우리의 의식의 조각편에 통일적인 연관과 근거규정을 부여해주는"(KA XII, S.402) 기준을 마련하는 일이었으며, 이러한 기준을 슐레겔은 "완전하게 형성된 기억"으로서의 역사라고 규정한다. 역사 속에서는 단지 개별 사건들만이 한자리에 모이는 것이 아니라, 역사 자체가 자연과 인간의 통일적인 근원적 상황이 전개되어 있는 하나의 과정이자 이러한 과정의 기억에 다름 아니라는 것이다. 결국 슐레겔이 지향하였던 것은 역사적인 발전과정으로부터 생동적인 사유체계를 구성해내는 것이었다. 이에 비해 횔덜린에게 체계구성의 문제는 항상 의심스러운 것으로 여겨진다. 그에 따르면, "논리적인 연관으로부터는 실재에서 올바르지 않았던 것이 올바로 추론될 수 없다"(FA Bd. 17, S.83)고 한다. 그리하여 철학체계는 유용함 이외에도 "해"를 야기시키는데, 왜냐하면 철학체계에서는 "실체Substanz"가 "사유의 원천die Quelle des Denkens"(FA Bd. 17, S.110)이라는 사실이 간과되고 있기 때문이라는 것이다. 물론 여기서 비판의 대상이 되는 철학체계는 철학일반이 아니라 볼프의 형식주의철학이다. 형식적 철학체계에 대한 이 같은 비판은 『시학 구상편Entwürfe der Poetik』[38]에서 보다 심도 깊게 논의된다. 횔덜린에 따르면, 현실적인 삶과 그 요소들의 논리적인 연관은, 비록 이러한 연관이 실제로 존재한다고 할지라도, "제반 사상들이나 회상 속에서 반복될 수 없다." 왜냐하면 "단지 사상은 […] 필연적인 연관만을, 즉 […] 전적으로 유효한 삶의 법칙들만을 반복할 수 있기 때문이다"(FA Bd. 14, S.47). 결국 횔덜린은 개념논리체계에 대해 대립하여 현실적인 삶의 실재근거를 다른 방식으로, 즉 "지적이고 역사적인 방식으로"(FA Bd. 14, S.48) 근거규정하고자 했던 것이다.

슐레겔과 횔덜린 간의 이 같은 차이는 상대적으로 횔덜린과 노발리스 간의 유사성을 부각시켜준다. 노발리스가 전시대의 표상으로서의 기억과 미래의 표상으로서의 예감 간의 연관을 사유하면서 결국 "정신적 현재geistige Gegenwart"(NS Bd. 2, S.468) 또는 '너무도 커다란 생동성을 완화시켜주는 기억'과 '너무도 약한 삶을 증진시키는 예감'을 서로 일치시키는 현재적 순간으로서의 "절대적 현재"(NS Bd. 2, S.470)를 추구하였으며, 이것을 통해 인간과 자연의 조화의 기억(내재화)된 본질과 아직 전개되지 않은 삶의 예감된 고유성을 역동적인 상호작용의 관계로 위치시켰듯이, 횔덜린은 미래에로 향한, 삶을 불어넣는 예술과 과거에로 향한, 정신화를 수행하는 예술이 서로 만나고 있는 현실적인 삶의 실재근거의 감지를 목표로 하였던 것이다.

---

38 Friedrich Hölderlin: Entwürfe zur Poetik, FA Bd. 14.

3. 노발리스, 슐레겔, 횔덜린의 방법론적 자기성찰

　지금까지 노발리스, 슐레겔 그리고 횔덜린이 역사철학적인 문제들과 씨름하였던 모습들을 분석하는 과정에서 우리는 각 사상가에게 고유하게 귀속된다고 규정할 수는 없는, 다음과 같은 유형학적인 기본 형식들을 추론해볼 수 있을 것이다. 첫째로는 '역사적 발전과정을 규정하는 체계의 구성'이며, 둘째로는 '근거의 사유'이다. 이러한 유형학적인 형식들의 작용에 대한 설명은 내용과 형식면에서 일정 정도 철학적 미학의 논증방식을 취할 수밖에 없다. 왜냐하면 노발리스의 논증은 피히테철학과의 접전을 통해 미적인 사유의 철학적 분석으로 이르렀으며, 횔덜린의 근원적 사유는 스피노자 및 야코비 그리고 피히테, 헤겔, 셸링 등의 철학적 이념들에 대한 성찰과정에서 형성될 수 있었고, 슐레겔의 방법적 사유 역시 스피노자 및 피히테철학에 대한 비판적 접전을 통해 구성될 수 있었기 때문이다.

　무엇보다 노발리스의 철학적 사유는 "존재와 비존재" 사이의 무매개성(NS Bd. 2, S.106)으로부터 출발한다. 이 둘 간의 "부유das Schweben" 혹은 "말해질 수 없는 것Ein Unaussprechliches"은 그에 따르면 오직 '삶의 개념'으로부터만 규정될 수 있다고 한다. 철학적인 사유에 열려져 있지 않은 "존재와 비존재 사이의 […] 보다 높은 영역"(ebd.)인 '삶' 자체와는 달리 '삶의 개념'은 우리의 철학적 반성과정을 통해 접근 가능한 개념이라는 것이다. 피히테의 반성절차에 의거하여 노발리스는 '삶의 개념'의 기본 경향을 추론해낸다. "자유로운 행동방식들 혹은 사유형식들"로서 규정할 수 있는 "범주들"은 삶의 개념에 의해 연상된 '필연적이고 자유로운' 경향들과 규정 가능한 존재, 또는 "자아 내의 무엇Was im Ich" 사이의 상호작용에 의거하여 생겨나며, 이렇게 생겨난 범주들과 반성과정 사이에는 "전진적인 동시에 후진적인 작용"(Vgl. NS Bd. 2, S.107)이 존재한다. 노발리스가 나타내고자 하는 반성과정을 도식화시켜보면 다음과 같다. 즉, 주체는 우선 반성수단들을 가지고 삶의 개념으로부터 연상된 주요 경향들을 자신의 존재인 '무엇'에 관계시킨다. 여기서 이러한 반성수단들과 주요 경향들 간의 상호작용을 통해 생겨난 범주들은 규정 가능한 존재의 형식과 재료에 부합한다. 이 두 과정에서 존재의 규정이 이루어지며, 이러한 규정의 시작은 규정 가능한 존재로서의 '무엇'이다. 반성주체는 범주들을 적용시키는 가운데 존재 자체나 삶 자체를 발견하는 것이 아니라 규정 가능한 존재와 삶의 개념에 공동으로 유효한 형식과 재료만을 발견한다. 그리하여 반성주체에 의해 발견되는 형식과 재료는 이미 존재하고 있는 것으로 여겨지는바, 형식으로서의 가능성은 "자아와 주체 속에" 있으며, 재료로서의 현실성은 "오로지 반성 속에서만" 존재한다는 사실이 밝혀진다. 결국 '정립적 의식thetisches Bewusstsein'에 의한 반성과정을 통해 달성될 수 있는 것은 규정 가능한 존재일 뿐, "존재 자체Nur Seyn"가 아닌 것이다.

이 같은 한계를 극복하기 위해 노발리스는 자신의 고유한 이론을 전개시킨다. 이러한 이론이 가능하기 위해서는 무엇보다 우선 "고유한 의미에서 최소한의 실재성도 없는 […] 단지 규제적 사용만을 위해 존재하는 이성의 학"(NS Bd. 2, S.256)으로부터 거리를 둘 필요가 있다고 한다. 그리고 반성 개념은 "환상적 오성"으로 그리고 감정 개념은 "오성적 환상"(NS Bd. 2, S.296)으로 대체되어야 하며, 자아의 규정을 위해 사용되는 '관계das Beziehen'는 "착상력의 행위Act der Einfallskraft"로, '규정das Bestimmen'은 "정립력Setzkraft"(NS Bd. 2, S.187)으로, 마지막으로 '상상력Einbildungakraft'은 "직관과 관련해서는 창조력Schöpfungskraft으로, 표상과 관련해서는 서술력Darstellungskraft"(NS Bd. 2, S.188)으로 대체되어야 한다고 한다. 결국 이 같은 과정을 통해 노발리스의 고유한 이론인 "생명력 이론Theorie der Lebenskraft"(NS Bd. 2, S.259)이 생겨나는 것이다.

'상호규정Wechselbestimmung'과 '상호작용력Wechselkraft'이라는 두 가지 기본 요소들에 의거하여 노발리스는 학문적이고 철학적인 영역과 현실영역 간의 관계를 명확히 해주는 하나의 역동적인 체계를 구성한다. 그는 이러한 체계를 '구Kugel'의 형태로 묘사한다. 우선 "학문의 구"를 들 수 있는데, 이것은 "한데로 모아지는 피라미드와 밖으로 뻗어 나아가는 피라미드Zulaufende-Auslaufende Pyramiden"(NS Bd. 2, S.192)로 구성되어 있는바, 여기서는 현실이 아니라 학문의 수동적 형식성만이 설명될 수 있을 뿐이다. 반면 "현실적인 것의 구는 원주표면에서 회전한다 – 왜냐하면 원주표면은 원주의 선들 내에서 움직이기 때문이다"(NS Bd. 2, S.193). 노발리스 자신은 이러한 '구 이론'에 대해 자세한 부연설명을 하지 않고 있기 때문에, 본인은 나름대로 다음과 같은 재구성을 시도해보았다. 즉, '학문의 구'에 있는 중심점은 다른 여타의 학문체계들의 출발점이자 귀환점으로 기능하는 것이며, 몇몇 학문적인 시도들은 현실에 다름 아닌 원주표면에 이를 수 있는 것이다. 다른 한편 학문의 구의 기반점은 노발리스에 따르면 현실의 구의 중심점과 일치한다고 한다. 결국 동일한 중심점으로부터 출발하는 과정이 원주표면의 한 선과 마주치게 됨으로써 현실에로의 접근이 가능해지며, 개별적인 학문의 작용들이 하나의 전체 속에서 보다 광범위하고 집중적으로 "다양화vermannichfacht"(NS Bd. 3, S.391)됨으로써 이러한 현실접근 가능성은 더욱 커지는 것이다. 노발리스의 이 같은 사유체계를 시각적으로 나타내면 다음과 같다.

노발리스의 사유체계

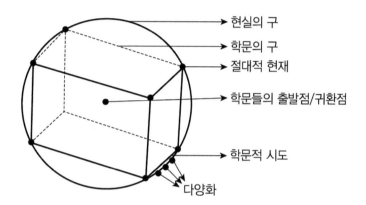

- 현실의 구
- 학문의 구
- 절대적 현재
- 학문들의 출발점/귀환점
- 학문적 시도
- 다양화

■ 중심 개념 : 삶(Leben)
■ 방법적 기초 : 부유(Schweben)
■ 방법적 원리 : 말할 수 없는 것(das Unaussprechliche)
■ 사유의 근거 : 절대적 현재

휠덜린에게서도 삶의 개념은 철학적인 중심 개념으로서 등장한다. 휠덜린이 규정하는 '새로운 삶' 개념은 존재의 분리성을 넘어설 수 있는 개념으로서, '쇠퇴 속의 생성Das Werden im Vergehen'이라는 부제를 달고 있는 「몰락하는 조국Das untergehende Vaterland …」[39]이라는 글에서 그 전거를 드러낸다. 여기서는 모든 개별 세계들과 개별 존재자들을 규정하면서 모든 시기마다 스스로를 드러내는 근본원리로서 '자기전개과정Selbstentfaltungsprozess'이 제기된다. 이러한 자기전개과정을 은유적으로 나타내주는 개념인 조국은 인간과 자연이 서

---

39 Friedrich Hölderlin: Entwürfe zur Poetik, FA Bd. 14.

로 상호작용을 하는 이상화된 세계에서만이 아니라 대대로 이어져온 역사와 자연력들로부터 새로운 상호작용으로서의 새로운 세계가 형성되는 순간에도 존재하는 것이다. 조국이 근본원리로서 하나의 세계가 몰락하고 새로운 세계가 형성되는 교차의 순간에 특수한 형태로 나타난다고 한다면, 그것의 보편성은 '자기 자체Sich-Selbst'로서 간주될 수 있을 것이다. 그리고 이러한 원리의 "존재Seyn"는 "모든 것 속의 모든 것Alles in Allen"(FA Bd. 14, S.174)이 된다. 여기서 우리는 스피노자철학의 영향의 자취를 인식할 수 있다. 초기 텍스트인 「스피노자론에 대한 야코비의 편지들에 대하여Zu Jakobis Briefen über die Lehre des Spinoza」[40]에서 횔덜린은 "사유가 실체의 원천이 아니라, 실체가 사유의 원천이다"(FA Bd. 17, S.110)라고 주장하면서 피히테철학의 한계를 스피노자의 철학적 기본 개념을 통해 극복하려고 한다. 횔덜린은 철학적 절차방식에 있어서는 피히테와 자신 간에는 차이가 없지만, 피히테의 절대적 자아 개념과 자신의 실체 개념 사이에는 결정적인 차이가 존재한다고 한다(StA Bd. 6, S.155). 횔덜린의 이러한 실체 개념, 즉 '생생하고도 특수한 전체'는 자신의 고유한 원리로서 "무한한 창조성das Immerwährendschöpferische"(FA Bd. 14, SS.174-175)을 가지고 있으며, 다음과 같은 전개 형태를 따른다. 즉, 첫 번째 단계에서는 "무한한 것으로부터 개인적인 것이 생겨나며", 두 번째 단계에서는 "개인적이고 무한한 것으로부터 개인적이고 영원한 것의 유한하고도 무한한 것이 생성되며", 마지막으로 "해소의 파악될 수 없는 것, 비영혼적인 것이 조화로운 것이자 파악될 수 있는 생동적인 것을 통해 […] 파악되고 활성화되는 것이다"(FA Bd. 14, SS.174-175).

'무한한 창조성'의 이 같은 전개는 그 자체로서 '고통의 전개과정'이기도 하다. 왜냐하면 횔덜린에게 있어 전체 과정의 근본원리는 전체를 움직이는 추동력으로서 "자체의 심원에서 감수자와 관찰자에게 여전히 알려져 있지 않은 최초의 거친 고통"(FA Bd. 175)으로 규정될 수 있기 때문이다. 해소와 생산이 동시적으로 이루어지는 마지막 단계인 "존재와 비존재 사이의 자기해소das sich Auflösende zwischen Seyn und Nichtseyn"(ebd.)의 단계, 또는 "신비적인 상황"(FA Bd. 14, S.177) 내에서 해소과정 자체이기도 한 삶의 근원적 운동 원리인 "(초월적인) 창조적 행동"(ebd.)이 드러나며, 이것은 또한 "시적인 개별성die poetische Individualität"(FA

40   Friedrich Hölderlin: Frühe Aufsätze und Übersetzungen, FA Bd. 17, hrsg. v. D. E. Sattler, Frankfurt a.M.: Stroemfeld/Roter Stern, 1991.

Bd. 14, S.311)의 형태로 파악된다. "긍정적인 무das positive Nichts"(ebd.)라고도 규정될 수 있는 이러한 시적인 개별성에 의거하여 인간과 자연, 영혼과 육체 그리고 무한과 유한 간의 교섭 및 반발작용으로서의 '고통스러운 과정'은 자신의 모습을 드러내는 것이다.

주체와 객체의 통일과 분리를 아우르는 "존재 그 자체" 속에서 현실적인 삶의 근거를 발견한 횔덜린은 철학적 시인에게 현재하는 "총체인상Totaleindruck"을 나타내고자 하는바, 이것은 '한 지점에서 다른 한 지점으로의 동일적인 이행추구'로 실행되며, 여기서 "시작지점과 중간지점 그리고 종결지점은 내적으로 가장 긴밀한 관계에 놓이게 되고, 최종적으로 종결지점은 시작지점으로, 시작지점은 중간지점으로 회귀한다"(FA Bd. 14, S.304). 이러한 총체인상은 다음과 같은 함의를 지닌다. 즉, 시간과 공간 내에서의 운동은 항상 그 어느 한 지점으로부터 다른 한 지점으로 끊임없이 진행되며, 동시에 전체적으로는 원환을 이루는 것이다. 그리하여 처음에 시작지점으로 규정된 지점은 시작지점과 종결지점사이에 놓여 있는 지점으로 진행되고, 중간지점으로 규정된 지점은 종결지점에로 진행되며, 아직 종결에 이르지 못한 지점은 종결지점 및 시작지점에로 진행되는 것이다. 이러한 총체인상의 이념이 역사적 시기들의 발전과 시간도식에 적용된다면, 시간과 공간에 대한 횔덜린의 이해는 보다 더 근접하게 조명될 수 있을 것이다. 즉, 이러한 이념에서 시작지점과 중간지점 그리고 종결지점은 시대규정에 따르면, 각각 고대와 근대 그리고 미래적인 것에 부합되며, 시간규정에 따르면, 각각 과거와 현재 그리고 미래에 부합된다. 우리가 이것을 다시금 횔덜린의 이념에 의거하여 해석해본다면, 다음과 같은 결론에 도달한다. 즉, 고대와 근대와 미래적인 것은 일정한 방향에 따라 병치될 수 있지만, 각 지점에 대한 규정은 원환구조 내에서는 각각의 위치에, 즉, 과거와 현재와 미래에 확정적으로 귀속될 수 없는 것이다. 시공간적인 동시성이 이루어지는 순간의 총체인상은 단지 예감될 수만 있으며, 근원적이고 생생한 감지 내에서 이루어지는 새로운 반성과 궤를 같이 하는 것이다. 횔덜린의 이 같은 사유체계를 시각적으로 나타내보자면 다음과 같다.

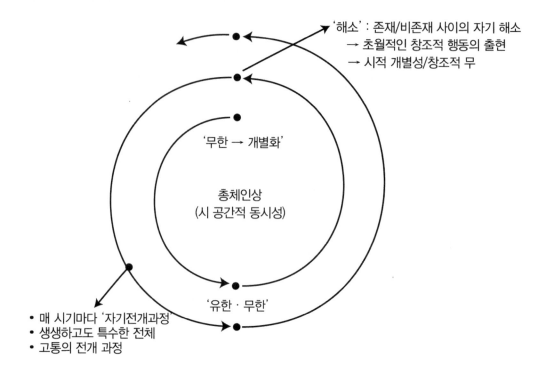

‘해소’ : 존재/비존재 사이의 자기 해소
→ 초월적인 창조적 행동의 출현
→ 시적 개별성/창조적 무

‘무한 → 개별화’

총체인상
(시 공간적 동시성)

‘유한 · 무한’

- 매 시기마다 ‘자기전개과정’
- 생생하고도 특수한 전체
- 고통의 전개 과정

- 중심 개념 : 새로운 삶/존재(Seyn)
- 방법적 기초 : 전일성(All − Einheit)
- 방법적 원리 : 무한히 창조적인 것(고통의 전개과정)
- 사유의 근거 : 시적 개별성/창조적 무/총체인상

　비정립적 의식에 의해 근원적 활동의 가능성을 모색한 노발리스와 정립적인 의식과 비정립적인 의식의 통일을 초월적 방법의 근간으로 삼았던 휠덜린처럼, 슐레겔 역시 ‘생동적인 것’의 철학체계를 구성하려고 하였다. “철학의 기본 갈래들”로서 “우리 자신에 대한 믿음과 사물에 대한 회의”를 규정한 후에 슐레겔은 세 번째 갈래로서 “파악할 수 없는 것의 확실성”(KA XII, S.334)을 제기한다. 여기서 확실성이 의미하는 것은 파악할 수 없는 것의 감정이 무한히 확실하다는 것이다. 이러한 감정의 무한성을 “삶에 있어서의 제한성의 감정과 통일시키기 위해” 그는 “생성의 개념”(KA XII, S.334)을 끌어들인다. 이 같은 생성의 이념을 통해 슐레겔은 다음과 같은 두 가지 국면들을 규정한다. 그 첫째는 의식에로 나아가는 피히테철학의 주요 국면이고, 다른 하나는 무한한 것에로 나아가는 스피노자철학의 주요 국면이다. 전자는 "자아 = 자아", 또는 "비자아 = 자아"로 표현되며, 후자는 'a(묘사가 능한 것) = x(묘사될 수 없는 것)'(KA XII, S.6)으로 표현할 수 있다. 슐레겔은 이 두 국면들을 조합하여 자신의 고유한 공식을 만들어낸다. 그것은 "a = Ich"(ebd.)로 표현된다. 이 공식을 통해 그가 말하고자 하는 것은 "자연의 최대치"와 "자아의 최소치" 또는 "자연의 최소치"와 "자아의 최대치"는 서로 동일하다는 것이다. 다시 말해 반성적 자아는 자신이 자연과 상호작용을 하는 정도 만큼 규정 가능한 존재를 전유한다는 것이다. 이러한 생각을 슐레겔은 다음과 같이 표현한다: "철학의 이념은 오직 체계들의 무한한 진보를 통해서만 달성될 수 있다. 그것의 형식은 원환이다"(KA XII, S.10).

노발리스의 학문의 구처럼, 슐레겔의 원환형식의 철학체계는 두 가지 기본 요소에 근거하여 규정될 수 있다. "원환의 중심은 긍정적인 요소이며, 원주는 부정적인 요소이고, 주변부 지점들은 무차별점들이다. 무차별점에서 긍정적인 요소는 중심에서의 긍정적인 요소와 통합되려고 한다. 그러나 부정적인 요소 때문에 그러한 긍정적인 요소는 중심부에로 근접하는 것이 아니라 단지 중심부 주변에서 맴돌 뿐이다. 이것이 바로 원주의 회의인 것이다"(KA XII, S.10). 여기서 긍정적인 요소는 견인력에 그리고 부정적인 요소는 반발력에 부응하는 개념이다. 견인력이라는 것이나 반발력이라는 것이 축소되거나 확대될 수 없으며, "중심"은 절대적이며, "회의"는 무한에로 증진될 수 있는 것이다(KA XII, S.11). 다시 말해 의식이 이루어지는 정도가 증진될수록, 열정은 보다 심화되고, 무한에로 이르게 될 가능성은 더욱 커진다는 것이다. 여기서 간과되어서는 안 되는 것은 사유의 근거에 다름 아닌 "실재성"(KA XII, S.6)으로서 규정될 수 있는 무차별점이 갖는 위상이다. 결국 슐레겔은 반성적 자아의 의식이 무한성에로의 접근과 더불어 일정한 긴장관계에 놓여 있는 지점인 무차별점이라는 실재성 속에서 사유의 근거를 발견함으로써, "무한히 완전한"(KA XVIII, S.506) "이상실재론Ideal-Realismus"을 구성하고자 했던 것이다. 슐레겔의 이 같은 사유체계를 시각적으로 나타내보자면 다음과 같다.

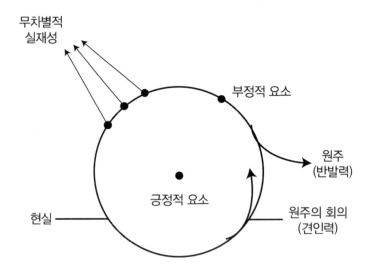

■ 중심 개념 : 생동적인 것(das Lebendige)

■ 방법적 기초 : a = Ich ・자아 = 자아
　　　　　　　 ・a(묘사 가능한 것) = ×(묘사될 수 없는 것)

■ 방법적 원리 : 무한히 완전한 것(das Unendlich-Perfektible)

■ 사유의 근거 : 무차별적 실재성

　이상과 같이 세 명의 사상가들의 사상들이 공유하는 유형학적인 기본 형식들의 전개를 살펴봄으로써, 우리는 현실적인 삶의 근거에 대한 사유가 역사철학적인 체계의 구성문제와 긴밀하게 결합되어 있다는 것을 알 수 있다. 이러한 유형학적인 기본 형식들은 앞서 논의된 것처럼 어느 한 사상가에게 고유하게 귀속될 수 있는 것이 아니라 근대적 위기의 식으로부터 제기된 문제해결의 노력과정들에서 공통적으로 나타나는 사유 유형들로서, 동시대의 독일관념론자들이라고 일컬어지는 철학자들의 사유체계들에서도 드러난다.

4. 이성의 신화

지금까지 노발리스, 슐레겔 그리고 휠덜린의 철학적 사유를 살펴보면서, 우리는 이들의 사유에 내재한 유형학적인 기본 형식들이 현실적인 삶의 근거를 파악하려는 노력의 양태들이며, 아울러 이러한 양태들의 기저에는 현실적인 힘으로서의 '미'를 기본적인 인식의 욕구로서의 '철학'을 통해 실현시키고자 하는 공통적인 경향이 자리 잡고 있음을 알 수 있다. 이 같은 기본 경향이 그들에게만 고유하게 귀속될 수 없을 정도로 그들이 살았던 시대의 공통적인 경향이었다는 사실을 우리는 그들과 동시대인들이었던 헤겔과 셸링에게서 발견할 수 있다.

조화와 통일로서보다는 절대적 긴장관계로서 파악될 수 있는 노발리스의 절대적 현재의 개념, 슐레겔에게서 "무한히 완전하게" 수행되어야 하는 현실적인 생생한 근원자아의 구성문제 그리고 사유의 원천으로서의 '실체' 내지는 '존재 그 자체'에 도달하고자 한 휠덜린의 노력 등은 야코비Friedrich Heinrich Jacobi(1743-1819)로부터 유래하고 헤겔과 셸링에게서 명확히 제기된 철학의 기본 과제라고 할 수 있다. 셸링에 따르면, "인간 자체의 본질에 기초해 있는 철학은 죽은 공식들을 다루는 것이 아니라 […] 현 존재Dasein를 드러내고 현현시키는 것을 목표로 하는 것이다. 즉, 철학의 본질과 정신은 공식과 죽은 문자들이 아니며, 그것의 대상은 개념들에 의해 매개된 것이나 힘들여 개념화된 것이 아니라, 인간에게서 그 자체로 직접적으로 현재해 있는 것이어야 한다는 말이다."[41] 인간에게서 그 자체로 생생하게 현재해 있는 것이란 '절대적인 대자적 자아absolutes Für-sich-Selbst',[42] 다시 말해 존재와 비존재의 끊임없는 운동의 순간적인 통일의 상태로서, 여기서는 생각하는 자아가 이렇게 생각하는 자아를 관찰하는 자아와 통일을 이루고 있으며, 동시에 이러한 동시적 과정을 가능케 해주는 절대적 자기관계성이 근거로서 작용하고 있다는 사실이 함축되어 있는 것이다.

이러한 철학적 문제유형은 헤겔에게서도 나타난다. '실체Substanz'의 분석을 논리학의 기

---

41 Friedrich Wilhelm Joseph Schelling: Vom Ich als Princip der Philosophie, in: Sämtliche Werke, Abt. I, Bd. 1, Stuttgart u. Augsburg, J. G. Cotta'scher Verlag, S.156.

42 Vgl. Friedrich Wilhelm Joseph Schelling: Vom Ich, S.193.

본 과제라고 규정한 헤겔에 따르면, "생생한 실체는, 이것이 스스로를 정립하는 운동이면서 또한 스스로 다르게 되는 운동인 한에서, 진정 주체이면서 또한 현실적이기도 한 존재이다. 그러한 실체는 주체로서는 순수하고도 단순한 부정성이며, 바로 그것을 통해 단순한 것의 분화가 되고, 또한 이러한 차별성과 그것들의 대립의 부정이기도 한 대립을 수행하는 이중화인 것이다; 이렇게 스스로를 재생산하는 동일성 또는 타자적 존재 속에서 이루어지는 자기 자신에 대한 반성은 […] 바로 진리인 것이다."[43] 즉, 헤겔은 근대적 의식의 분열성 자체가 철학적으로 범주화되어 있는 순수한 부정성의 개념을 기초로 하면서 이러한 부정성 자체를 실체화시킴으로써 주체의 실체성과 이것을 전개시켜 나아가는 주체성 간의 결합을 체계화시키고자 했던 것이다.

또한 노발리스와 슐레겔 그리고 횔덜린 등이 현실의 생생한 실재성으로 접근하기 위해 의식철학적인 사유수단의 적실성을 인정하면서도 그것에 머물지 않고 그러한 사유수단을 갈등과 긴장과 모순의 모티브들의 매개를 통해 역동적인 체계로 만들었던 것처럼, 헤겔과 셸링 역시 동일한 맥락에서 철학적인 문제의식을 전개시켰던 것이다. 헤겔이 의도하였던 고유한 의미에서의 사변철학의 과제가 "주체와 객체의 동일성 속에서 분리를 지양하는 것"(PhG 18)에 놓여 있다고 규정될 때, 이것은 전체의 개별요소들이 자기 자신을 정립시키는 동시에 자신을 다른 것으로 변화시키는 순순한 부정성을 통해 충만하게 전개됨으로써 마지막에 도달한 것에 진정한 전체성이라는 정당성이 부여되는 전체과정을 함축하고 있는 것이다. 이로써 전체가 전체로서 만들어지는 과정은 전체운동을 추동시켜 나아가는 순수한 부정성이 자신의 모습을 드러내는 과정과 일치한다는 사실이 밝혀진다. 그리하여 "철학에서의 전진운동은 오히려 후진운동이자 근거규정이며 […] 그것은 또한 근거 내지는 근원적인 것에로의 회귀과정"[44]인 것이다. 노발리스의 "절대적 현재성", 슐레겔의 '무차별점으로서의 실재성' 그리고 횔덜린의 "총체인상" 등과 같은 맥락에 놓여 있는 헤겔의 "근원적인 것"은 부정성과 긍정성이 긴장 속에서 통일을 이루고 있는 지점으로서 규정될

---

43 Georg Wilhelm Friedrich Hegel: Phänomenologie des Geistes(이후로는 PhG로 약칭), Gesammelte Werke Bd. 9, Hamburg 1980, S.18.

44 Georg Wilhelm Friedrich Hegel: Wissenschaft der Logik, Erster Band, Die objektive Logik (1812/1813)(이후로는 WdL I로 약칭), Gesammelte Werke Bd. 11, Hamburg 1978, S.34.

수 있는 것이다.

셸링에게서도 이러한 방법적 성찰이 시도된다. 절대자를 자기 자신을 통해 정립되는 동시에 자기 자신과 동일한 것으로서 존재하는 것으로 규정한 셸링은 자신의 '진정한 방법'에 의거해 이루어지는 절대자의 운동을 다음과 같이 묘사한다. 즉, 절대자는 자기 자신을 객관적으로, 다시 말해 객체에 대면해 맞서 있는 주체로서 정립시키며, 동시에 객관화된 본질성으로서 혹은 정립된 무한성으로서의 이러한 자기고유의 주체를 유한한 것으로 정립시키고서 또다시 유한한 것을 자체 내에서 무한한 것으로 정립시키는 것이다. 이 둘은 "하나의 행위"인바, "유한한 것과 무한한 것이 절대적인 것으로부터 생겨나는 방식, 즉 자기고유의 주객관화를 통해 이루어지는 생성(시간적인 의미에서의 생성이 아닌 영원한 생성)의 방식"[45]을 셸링은 "절대적 방식"(FDSP S.399)이라고 규정한다. 이러한 방식에 의거하여 반성의 진전운동과 반성의 자기전개는 서로 교섭하는 가운데 근원적인 복합적 일자를 형성하는 것이다.

노발리스, 슐레겔, 횔덜린의 철학적 사유와 헤겔과 셸링의 철학적 사유 사이에 놓여 있는 역사철학적이고 방법론적인 공통의 기반은 저자의 여부가 불분명하지만 횔덜린, 헤겔, 셸링이 공동으로 구상하였다고 알려진 「소위 독일관념론의 가장 오래된 체계프로그램*Das sogenannte 'Älteste Systemprogramm' des deutschen Idealismus*」[46]에서 보다 구체적으로 드러난다. 우선 본문에 대한 소개와 그에 대한 번역을 시도한 후에 상세히 분석해보기로 하겠다.

---

[45] Friedrich Wilhelm Joseph Schelling: Fernere Darstellungen aus dem System der Philosophie(이후로는 FDSP로 약칭), in: Sämmtliche Werke Abt.I, Bd. 4, S.391.

[46] 1917년 프란츠 로젠쯔바이크Franz Rosenzweig에 의해 셸링의 글이라고 주장되었던 것이 그 이후 횔덜린의 글로 주장됨으로써, 횔덜린의 전집에 이 글이 수록되었지만, 1965년에 다시 헤겔 연구가인 오토 푀겔러Otto Pöggeler에 의해 헤겔의 글이라고 주장되다가, 1978년에 디터 헨리히Dieter Henrich에 의해 새로운 해석 가능성이 열리게 되었다. 즉, 이 글의 저자에 대한 다각도의 연구들, 특히 헤겔 아카이브 일원들에 의해 이루어진 연구들은 부정합적인 많은 문제점들을 포함하고 있으며, 이러한 연구를 통해, 다시 말해 사유의 모티브나 기본 입장을 몇몇에 대한 전거들의 해명을 통해 헤겔 철학의 발전도정을 연구하는 것은 결코 성공을 거둘 수 없다는 것이다. 오히려 사상가의 철학적인 기본 입장은 "사상들의 내적인 형성형식을 통해 그리고 철학적인 문제들과 이론적 원리들에 대한 정교화방식들과 정렬방식들의 지배형식을 통해 얻어진다"는 것이다(Dieter Henrich: Aufklärung der Herkunft des Manuskripts 'Das älteste Systemprogramm des deutschen Idealismus', in: Mythologie der Vernunft. Hegels 'ältestes Systemprogramm' des deutschen Idealismus, hrsg. v. Ch. Jamme u. H. Schneider, Frankfurt a.M. 1984, SS.161-162).

recto

eine Ethik. Da die ganze Metaphysik künftig in d. *Moral* fällt -

wovon Kant mit seinem beiden praktischen Postulaten nur ein *Bei-*

spiel gegeben, nichts *erschöpft* ((hat)) hat] so wird diese Ethik

nichts anders als ein vollständiges System

aller Ideen, oder, was dasselbe ist, aller praktischen Postulate (ent-

halten ⸺)

seyn. Die erste Idee ist natürl. d. Vorst. *von mir selbst*, als einem

absolut freien Wesen. Mit dem freyen, selbstbewußten Wesen tritt

zugleich eine ganze *Welt* - aus dem Nichts hervor - die einzig

wahre und gedenkbare *Schöpfung aus Nichts* - Hier werde ich auf

die Felder der Physik herab-

steigen; die Frage ist diese: Wie muß eine Welt für ein moral s We-

sen beschaffen seyn? Ich möchte unsrer langsamen an Experimen-

ten mühsam schreitenden - Physik, einmal wieder Flügel geben.

So - wenn die Philosophie die Ideen, die Erfahrung die Data an-

gibt, können wir endl. die Physik im Großen ((bekommen)) be-

kommen, die ich von spätern

Zeitaltern erwarte. Es scheint nt daß die jezige Physik einen schöp-

ferischen Geist, wie der unsrige ist, od. seyn soll, befriedigen

könne.

---

47 이 글은 원문이 실려 있는 상태 그대로 소개되는 것이기 때문에, 정서법상의 오류와 단락 구분상의 문제는 고려
되지 않았다. 따라서 번역 역시 원문의 구성을 그대로 따랐다. 이 글이 실려 있는 지면을 출간시대 순서대로 열거
해보면 다음과 같다. Franz Rosenzweig: Das 'älteste Systemprogramm' des deutschen Idealismus. Ein handschriftlicher Fund,
Heidelberg 1917 (Sitzungsberichte der Heidelberger Akademie der Wissenschaften, Philosophisch-historische Klasse, Jg. 1917, 5.
Abh.), Rüdiger Bubner(hrsg.): Hegel-Tage Villigst 1969: Das 'Älteste Systemprogramm'. Studien zur Frühgeschichte des
deutschen Idealismus, Bonn 1973 (Hegel-Studien, Beiheft 9), Christoph Jamme und Helmut Schneider(hrsg.): Mythologie der
Vernunft. Hegels 'ältestes Systemprogramm' des deutschen Idealismus, Frankfurt a.M. 1984.

Von der Natur komme ich aufs *Menschenwerk*. Die Idee der

Menschheit voran - will ich zeigen, daß es keine Idee vom *Staat*

gibt, weil der Staat etwas *mechanisches* ist, so wenig als es eine Idee

von einer *Maschine gibt*.

Nur was Gegenstand der *Freiheit* ist, heist *Idee*. Wir müßen also

auch über den Staat hinaus! - Denn jeder Staat muß freie Menschen

als mechanisches Räderwerk behandeln; u. das soll er nicht; also

soll er *aufhören*.

Ihr seht von selbst, daß hier ((als)) alle die Ideen, vom ewigen Frie-

den u.s.w. nur

untergeordnete Ideen einer höhern Idee sind. Zugleich will ich hier

d. Princi-

pien für eine *Geschichte der Menschheit* niederlegen, u. das ganze

elende Menschenwerk von Staat, Verfaßung, Regierung, Gesezge-

bung - bis auf die Haut entblösen. Endl. kommen d. Ideen von ei-

ner moral. Welt, Gottheit, Unsterblichkeit - Umsturz alles

((Aberglaubens)) Afterglaubens, Verfolgung

des Priesterthums, das neuerdings Vernunft heuchelt, durch d.

Vernunft selbst. - (Die) absolute Freiheit aller Geister, die d. intel-

lektuelle Welt in sich tragen, u. weder Gott noch Unsterblichkeit

ausser sich suchen dürfen.

Zuletzt die Idee, die alle vereinigt, die Idee der *Schönheit*, das

Wort in höherem platonischem Sinne genommen. Ich bin nun

überzeugt, daß der höchste Akt der Vernunft, der, indem sie alle

Ideen umfasst, ein ästhe-

(sti)tischer Akt ist, und daß *Wahrheit und Güte, nur in der Schön-

heit* verschwistert sind - Der Philosoph muß eben so viel ästhe-

tische Kraft besitzen,

als der Dichter. Die Menschen ohne ästhetischen Sinnn sind unsre BuchstabenPhilo-

sophen. Die Philosophie des Geistes ist eine ästhetische Philos. (M) Man kan

in nichts geistreich, seyn (,) selbst über Geschichte kan man nicht geistreich

raisonniren - ohne ästhetischen Sinn. Hier soll offenbar werden, woran es eigentl. den Menschen fehlt, die keine Ideen verstehen, - und treuherzig genug

gestehen, daß ihnen alles dunkel ist, sobald es über Tabellen u. Register hinausgeht.

Die Poësie bekömmt dadurch e höhere Würde, sie wird am Ende wieder, was sie am Anfang war - *Lehrerin der (Geschichte)Menschheit*; denn es gibt keine Philosophie, keine Geschichte mehr, die Dichtkunst allein wird alle übrigen Wissenschaften u. Künste überleben.

Zu gleicher Zeit hören wir so oft, der große Hauffen müße eine *sinnliche Religion* haben. Nicht nur dr große Hauffen, auch der Phil. bedarf ihrer. Monotheismus der Vern. des Herzens, Polytheismus dr Einbildungskraft u. der Kunst, dis ists, was wir bedürfen!

Zuerst werde ich hier von einer Idee sprechen, die so viel ich weiß, noch

in keines Menschen Sinn gekommen ist - wir müßen eine neue Mythologie haben, diese Mythologie aber muß im Dienste der Ideen stehen, sie mus e Mythologie der *Vernunft* werden.

Ehe wir die Ideen ästhetisch d.h. mythologisch machen, haben sie für das *Volk* kein Interesse u. umgek. ehe d. Mythol. vernünftig ist, muß sich dr. Philos. ihrer schämen. So müssen endl. aufgeklärte u. Unaufgeklärte sich d. Hand reichen, die Myth. muß philosophisch werden, und das Volk vernünftig, u. d. Phil. muß mythologisch werden, um die Philosophen sinnl. zu machen. Dann herrscht ewige Einheit unter uns. Nimmer der verachtende Blik, nimmer das blinde Zittern des Volks vor seinen Weisen u. Priestern. Dann erst erwartet uns *gleiche* Ausbildung.

aller Kräfte, des Einzelnen sowohl als aller Individuen (,). Keine Kraft wird mehr unterdrükt werden, dann herrscht allgemeine Freiheit und Gleichheit der Geister! - Ein höherer Geist vom Himmel gesandt, muß

diese neue Religion unter uns stiften, sie wird das lezte, gröste Werk der Menschheit seyn.

독일관념론의 소위 '가장 오래된 체계프로그램'

앞면

윤리학. 앞으로 전체 형이상학은 도덕에로 이를 것이기 때문에 —

이것에 대해 칸트는 자신의 두 가지 실천적 요청들을 통해 오직 한 가지 예증만을 제공해주었을 뿐, 아무것도 **논증하지** 못했다—, 이러한 윤리학은

바로 모든 이념들의 완전한 체계

또는 그와 동일한 것으로서 모든 실천적 요청들의 완전한 체계 (를 포함한다—)

가 될 것이다. 첫째가는 이념은 물론 절대적으로 자유로운 본질로서의 나 자신의 표상이다. 자유롭고도 자기 의식적인 본질을 통해 — 무로부터 — 전체 세계가 모습을 드러내며, 상기시킬 수 있는 유일하게 참된 **무로부터의 창조가** 모습을 드러내는 것이다 — 여기서 나는 물리학의 영역으로 하강해

볼 것이다; 문제는 바로 이것이다. 도덕적인 본질을 위한 세계는

어떤 식으로 획득되어 있어야 하는가? 나는 여러 실험들을 거치며

힘겹게 나아가는 우리의 더딘 물리학에 일단 다시 한번 날개를 달아주어야 한다.

그리하여 만일 철학이 이념들을, 그리고 경험이 자료들을 진술해준다면,

우리는 결국 내가 이후의 시대들에서나 기대하는 보편적인

물리학을 얻을 수 있을

것이다. 현재의 물리학은 우리의 정신과 같은, 혹은 우리의 정신이

추구하는 창조적인 정신을 만족시킬 수 있을 것 같아 보이지는

않는다.

나는 자연으로부터 인간의 노력에 의한 산물로 나아간다. 인류의 이념은

진보하고 있다 – 나는 기계의 이념이 존재하지 않듯이, 국가의 이념 또한

존재하지 않는다는 사실을 보여주려고 한다. 왜냐하면 국가는 일종의 기계적인

것이기 때문이다.

오로지 **자유**의 대상인 것만이 **이념**이라 불리우는 것이다. 우리는

국가를 넘어서야만 한다! – 왜냐하면 모든 국가는 자유로운 인간들을 기계적인

톱니바퀴처럼 다루게 마련이기 때문이다; 국가는 그렇게 해서는 안 된다; 말하자면

국가는 그러한 행위를 **중단**해야만 한다.

당신들은 이 자리에서 영원한 평화 등과 같은 것들의 모든 이념들이 단지

보다 높은

이념의 하위이념들일 뿐이라는 사실을 저절로 알게 될 것이다. 동시에 여기서 나는

인류의 역사를

위한 원리들을 기록할 것이며, 국가, 헌법, 정부, 입법 등과 같은 인간의

노력에 의한 보잘것없는 전체 산물을 마지막까지 낱낱이 폭로해낼 것이다.

결국 도덕적 세계, 신성, 불멸성 등의 이념들이 도래할 것이며, – 온갖 종류의

미신 등이 전복될 것이고, 요즈음

이성을 가장하는 성직자 계급은 이성 자체에 의해 추궁을 받게 될

것이다. – 그리하여 자기 외부에서 신도 불멸성도 찾아서도 안 되는,

즉 지적인 세계를 자체 내에 담지하고 있는 모든 정신들의 절대적
자유가 이루어질 것이다.

이러한 과정을 통해 이루어지는 것은 결국 모든 것을 통일시키는
이념, 즉 보다 높은 플라톤적인 의미에서의 미의 이념인 것이다. 나는
이제 이성이 모든 이념들을 포괄함으로써, 이성의 최고의 행위가
미적인 행위가

되며, 진리와 선이 오로지 미 안에서만 자매관계를 형성한다는 점을
확신한다. - 그리하여 철학자는 시인이 소유하는 것과 동일한 정도의
미적인 힘을 소유하고 있어야

뒷면

하는 것이다. 미적인 감각이 없는 사람들이란 바로 우리의 문자적 철학자
들BuchstabenPhilosophen이다. 정신의 철학은 미적인 철학이다.

미적인 감각

이 없이 우리는 결코 정신적으로 풍요로울 수 없으며, 역사에 대해
정신적으로

날카로운 통찰을 가질 수 없다. 여기서 어떠한 이념도 이해하지 못하는
사람들에게, 그리고 형식적인 표와 목록을 벗어나자마자 모든 것이
불분명해진다는

것을 솔직하게 인정하는 사람들에게 과연 무엇이 결핍되어 있는지가
명백히 밝혀져야 하는 것이다.

이를 통해 시문학(예술)은 보다 높은 위엄을 얻게 될 것이며, 또다시
그것은 종국에 가서 처음의 모습, 즉 (역사)인류의 교사*Lehrerin
der (Geschichte)Menschheit*가 될 것이다; 왜냐하면 더 이상 어떠한 철학도,
어떠한 역사도 없을 것이며, 오로지 시예술만이 여타의 모든 학문들과
예술들을 존속시킬 것이기 때문이다.

동시에 우리는 종종 다음과 같은 말을 듣곤 한다. 즉, 대중은

감성적 종교를

가져야 한다는 것이다. 대중뿐만이 아니라 철학자 역시 그러한 종교를
필요로 한다. 일신론은 심성의 이성을, 다신론은 상상력과 예술을
필요로 한다. 이것은 바로 우리가 필요로 하는 것이기도 하다!
여기서 우선 나는 내가 아는 한 어떠한 사람에게서도 파악되지
못했던

이념에 대해 언급해보려고 한다 – 즉 우리는 새로운 신화eine neue
Mythologie를 가져야 한다는 것이다. 그러나 이러한 신화는 이념들에
복무해야만 하며, 결국 그러한 새로운 신화는 이성의 신화가 되어야 한다.
우리가 이념들을 미적인 것으로, 즉 신화적인 것으로 만들기 전에,
이념들은 민족을 위해 어떠한 관심도 가지지 않으며, 반대로 신화가
이성적이기 전에, 철학은 먼저 자신에 대해 부끄러워해야 한다. 그리하여
계몽된 것과 계몽되지 않은 것은 서로 악수를 청하고, 철학자들을
감각적으로 만들기 위해 신화는 철학적으로 되어야 한다. 그러고 나면
우리 가운데 영원한 통일이 지배하게 될 것이다. 그 어떠한 경멸적인
시선도 없어지게 될 것이며 현자들과 성직자들 앞에서 민중들이 맹목적으로
떠는 일도 없을 것이다. 그렇게 되고 나면 우리를 기다리고 있는 것은
모든 힘들, 개별자 그리고 모든 개인들의 동등한 육성이다.
어떠한 힘도 더 이상 억압되지 않는다. 그러고 나면 정신들의
일반적인 자유와 평등이 지배하게 될 것이다! – 하늘로부터
보내어진 보다 고귀한 정신은 이러한 새로운 종교를 우리들 가운데서
수립해야만 한다. 이러한 새로운 종교는 인류의 궁극적인, 가장
위대한 작품이 될 것이다.

'체계프로그램'의 '앞면'에서 다루는 문제는 우선 '도덕적인 본질을 위한 세계는 어떤 식으로 획득되어 있어야 하는가?' 하는 문제이다. 전통 형이상학을 극복하는 문제와 칸트 철학을 계승 발전시키는 문제를 윤리학의 새로운 정초에서 보았다는 사실은 저자들, 즉 횔덜린, 헤겔, 셸링에게서 현실의 정신적 피폐함을 극복하는 문제가 얼마만큼 절실한 문제였는지를 잘 말해준다고 할 수 있을 것이다. 이들은 무엇보다 윤리학의 새로운 정초가 모든 이념들의 체계구성을 통해 가능하며, 이러한 이념들 중 '절대적으로 자유로운 본질로서의 나 **자신의 표상**'이 중심에 놓여져야 한다고 생각하면서, 이러한 '자유롭고도 자기 의식적인 본질'인 절대적 자아에 대한 파악으로부터 '세계'를 재구성하고자 한다. 이들에게 있어 세계의 재구성은 '**무로부터의 창조**'를 의미하는바, 여기서 '무'란 앞서 횔덜린을 논의할 때 이미 논증된 바 있듯이, '존재와 비존재 사이의 자기해소'의 의미를 지니는 '긍정적 무'와 통하는 개념이다. 다시 말해 생생한 삶의 기본적인 표상인 존재의 모습은 존재와 비존재의 넘나듦이며, 이러한 모습은 원리로서의 자아 속에서 찾아질 수 있는 것이기 때문에, 내가 속해 있는 세계는 나의 표상의 한가운데에 놓여 있는 '무' 또는 '긍정적 무'로부터 재구성되어야 하는 것이다. 그러나 저자들은 여기서 멈추는 것이 아니라, 이러한 '나의 표상'과 실재성 간의 관계를 정립시키고자 한다. 그리하여 그들은 사물세계의 일반적인 원리를 묻는 학문으로서 '물리학'을 근거규정한다. 그들은 우선 당시까지의 물리학이 가설과 실험을 거치면서 그야말로 '힘겹게 나아가는' 모습과 거리를 두면서, 근거규정적인 정신을 담지한 '보편적인 물리학'의 가능성을 타진한다.

　'창조적인 정신'을 구현할 가능성을 '보편적인 물리학'에서 찾고자 한다는 기본 전제하에서, 저자들은 우선 현실적으로 가로놓여져 있는 문제들을 비판한다. 그러한 비판 대상들 중 첫 번째 대상은 '기계적인 것'이다. 그들은 특히 국가가 보여주는 기계적인 지배 장치는 유기적인 인간의 삶에 위배되는 것이라고 하면서, 자유의 이념을 통해 국가를 극복하고자 한다. '기계적인 것'과 맞물려 있으면서 이념적으로 보다 고도로 작용해왔던 이성 역시 주요한 비판의 대상이 된다. 절대적인 자유를 본질로 하는 이성이 국가와 종교의 이데올로기로 잘못 사용됨으로써, 이성의 본래적인 의미는 상실된 채, 억압기제로서의 이성만이 작용하고 있다는 것이다. 결국 이러한 문제들에 대한 해결은 '플라톤적인 의미의 미'의 회복을 통해 가능하다는 것이다. '플라톤적인 의미의 미'가 철학적인 물음과 윤리적인 물음이 만나는 공통의 기반이라고 한다면, 이러한 미의 이념에서 저자들이 본래적인 이성의 이념을 발견하였다는 것은 어찌 보면 필연적인 귀결일 것이다. 결국 '철학자는 시인이 소유하는 것과 동일한 정도의 미적인 힘을 소유하고 있어야 하는 것이다'.

프로그램의 '앞면'에서는 창조적인 정신과 실재성을 아우르는 철학에 대한 전망과 함께 이것을 수행하는 데 있어 필수적인 '미적인 힘'이 논지의 핵심이었다면, '뒷면'에서는 이러한 '미적인 힘'의 구체적인 모습을 구상하는 것에 초점이 놓여 있다. 저자들은 우선 미감이 결여된 사람을 칸트 철학의 정신과 문자 중 정신이 결여된 사람으로 규정하면서, 미감의 육성은 칸트 철학을 문자 그대로 받아들이는 것이 아니라 자기 성찰적 정신을 통해 발전시킴으로써 가능하다고 주장한다. 분류와 배열의 정신이 아니라, 반성과 성찰의 정신이야말로 미감의 계발에 있어서 중요한 인자일 수 있으며, 이러한 미감의 교육을 가능케 해주는 '시예술'만이 원자화된 학문들의 비소통성에 대한 유일한 대안이 될 수 있다는 것이다. 결국 미감의 교육 내지는 계발에 복무하는 시예술을 통해 구현되어야 하는 것은 '이념들을 미적인 것으로 만드는', 일종의 종교와도 같은 '새로운 신화'인 것이다. 새로운 신화는 '철학자들을 감각적으로' 만들어야 하기에 '이성의 신화'이기도 한 것이다. 새로운 신화로서 이성의 신화가 구현된다면, 모든 개별 영역들과 개별자들, 그리고 개인들이 가치에 있어서 동등한 이념적 기반이 마련될 수 있으며, 진정한 의미의 자유와 평등이 실현될 수 있는 것이다.

우리는 이처럼 같은 두 쪽 분량의 짧은 글에서 독일관념론 전체를 규정하는 기본 이념들이 제시되고 있다는 것을 알 수 있다. 물론 이 글의 생성에 영향을 미친 사상가들이 없었던 것은 아니다.[48] 그럼에도 불구하고 이 글의 저자들인 횔덜린과 헤겔 그리고 셸링이 제시한 이념들은 철학의 기본 이념의 정립에 있어서나 철학함의 방법에 있어서 가히 혁명적이라 할 만큼 결정적인 전회를 야기시키는 계기가 되었다. 세계이해의 출발을 긍정적인 무 개념에서 찾으면서 존재의 내적인 긴장성을 철학의 기본 원리로 파악한 것은 존재론의

---

[48] 헤겔은 일찍이 쉴러의 『인간의 미적인 교육에 관한 서한Briefe über die ästhetische Erziehung des Menschen』의 영향을 받았으며, 칸트의 계몽주의 사상에 대해서도 친숙했다. J. M. Ripalda: Poesie und Politik beim frühen Hegel, in: Hegel-Studien 9(1973)과 O. Pöggeler: Hegels praktische Philosophie in Frankfurt, in: Hegel-Studien 9(1973) 참조. 셸링 역시 인문주의자인 단테로부터 근대의 의식형성에 대한 단초들을 발견한다. Friedrich Wilhelm Joseph Schelling: Ueber Dante in philosophischer Hinsicht, in: Philosophische Journal der spekulativen Physik, Georg Wilhelm Friedrich Hegel, Gesammelte Werke Bd. 4(Hamburg 1968) 참조.

역사에서 중대한 전환점을 마련하는 것이며, 개별 학문들을 가능케 하는 '미적인 철학'이라는 메타 철학적 방법론을 구상한 것은 '거대이론Grand Theory'으로서의 방법론의 역사에서 최초로 내딛은 발걸음인 것이다. 결국 이러한 이념들을 담지하는 '이성의 신화'는 노발리스가 인간의 본질과 고유성 간의 상호작용을 통해 추구하였던 보편적 조화의 원리인 '중심이 되는 고대'와 슐레겔이 추구하였던 '미적인 것의 메타원리'와 더불어 사유의 토대 및 그 전개방식에서 중요한 전환점인 것이다.

　지금까지의 논의들을 기반으로 우리는 다음과 같은 실천적인 함의를 끌어낼 수 있다. 즉, 독일 낭만주의자들과 독일관념론자들의 근대적 자기성찰에 내재한 기본적인 사유는 현실적으로는 시대적 위기와 그 속에서 자기 정체성을 확보하려고 하는 노력의 형태로 추구되었으며, 이념적으로는 끊임없는 욕구와도 같은 '철학적 반성'과 이를 기저에서부터 이끌고 가는 '미적인 힘'을 통해 존재일반의 상태를 규명하려는 노력의 형태로 시도되었던 것이다. 이러한 사유의 기본 틀의 핵심은 역사적으로 축적되어온 것으로 규정될 수 있는 현재의 문제의식에 깊이 천착하여 이러한 문제의식을 이루고 있는 기본 개념들의 잠재적 가능성들을 최대한 외화시키는 것에 놓여 있다. 이것은 하이데거가 『존재와 시간Sein und Zeit』에서 학문적 수준에 대한 기준을 말할 때 근거로서 제시되는 '위기Krisis'개념과 같은 맥락에 놓여 있다. 하이데거에 따르면, 학문적 수준을 규정하는 기준은 "학문이 어느 정도로 자체의 기본 개념들을 결정짓고 이러한 결정에 의거하여 근본적인 도약의 가능성을 점칠 수 있는가wie sie einer Krisis ihrer Grundbegriffe fähig ist"[49] 하는 문제에 따라 결정된다고 한다. 즉, 위기 개념을 그것의 본래적 의미인 '결정' 내지는 '결정적인 전환'으로서 적극적으로 해석하는 가운데 역사적 현실에 문제를 던지는 자신과 자신에 의해 문제화된 현실사태, 그리고 문제제기의 모습 등을 극단으로까지 분석하는 우리의 노력여부에 따라 새로운 도약가능성이 타진될 수 있는 것이다. 독일 낭만주의와 독일관념론을 아우르는 독일인문주의의 사유공간이 우리에게 보여주는 시사점 역시 이 같은 위기조절능력의 계발이며, 이러한 능력에 근거하여 우리는 삶의 내적인 긴장과 풍요로움을 자기 및 자신의 시대상황과의 치열한 접전을 통해 생기화시키고 이로부터 근본적인 변화발전을 이룰 수 있는 것이다.

49　Martin Heidegger: Sein und Zeit, 17. Aufl. Tübingen 1993, S.9.

VII
고전주의 미학

1. 빙켈만의 고전주의적 미론

펼쳐져서 형성되기만을 기다리는 씨앗과도 같은 이성의 이념을 근간으로 하여 '정교화 Artikulation'와 '내적인 증진inneres Wachstum'의 방식으로 작동되는 '인식의 과학적 체계'로 서 칸트의 이성체계적 '아키텍토닉Architektonik', 역사와 자연 그리고 인간관계를 이상과 본 질의 접점으로서의 체적 구조 구성에 의거하여 표현하고자 한 슁켈Karl Friedrich Schinkel (1781-1841)의 건축적 '텍토닉Tektonik' 그리고 문화공간의 구성체계로서의 하이데거의 존재 론적 텍토닉은 모두 빙켈만Johann Joachim Winckelmann(1717-1768)의 고전주의 미학을 근원적 텍토닉의 원형으로 이해하는 동시에 다시금 현재의 문맥으로 재활성화시킬 수 있는 매개 들이라고 할 수 있다.

빙켈만의 사유방식과 예술사관은 우선 괴테시대의 정신사적인 맥락을 해명하는 데 중 요한 위상을 지닌다. 왜냐하면 그는 인위적 체계구성에 짜 맞춰진 예술사가 아니라, 역사 적인 고찰방식을 근간으로 하여 단순한 예술체계구성을 넘어서고자 하였기 때문이다. 다 시 말해 그는 예술작품들을 더 이상 "규범미학의 초시간적 패러다임들"이 아니라 "역사적

그림 2 Anton von Maron: Johann Joachim Winckelmann, 1768.

인 맥락에 의거하여"[50] 판단하였던 것이다. 예술고찰에서 체계적인 동시에 역사적인 사유를 구성하려는 노력이 빙켈만에 의해 비로소 열리게 되었다고 한다면, 결국 "레싱과 헤르더로부터 괴테와 실러를 지나 훔볼트와 슐레겔에게 까지 이르는 독일 정신사에 있어 가장 중요한 시기에 이들 모두에게 결정적인 자극을 주었다고 평가될 수 있는 빙켈만의 위상은", "그 어떤 문학사 서술이나 예술사 서술에서도 빠져서는 안 되는 공통의 지점"[51]을 형성하는 것이다.

그러나 괴테시대의 정신사 형성에 기여한 이 같은 측면이외에도 빙켈만의 사유방식과 예술사관은 예술문화일반을 근거규정할 수 있는 방법론적 기초의 형성에도 결정적인 기여를 하였다. 빙켈만은 주저인 『고대 예술사*Geschichte der Kunst des Altertums*』[52]에서 예술의 형이상학적 기초에 대한 정의로부터 논의를 시작한다:

도판에 의존하는 예술들은 모든 고안물들이 그렇듯이, 필연적인 것과 더불어 시작되었다; 그리고 나서 사람들은 미를 추구하였으며, 마지막으로 결국 불필요한 것이 이어졌다. 이것이 바로 예술의 가장 핵심적인 세 단계이다.

가장 오래된 문헌들이 전하는바에 따르면, 최초의 형상들은 표현된 인물이 우리에게

50　Peter Szondi: Poetik und Hermeneutik I, Frankfurt a.M. 1974, S.24.

51　Hinrich C. Seeba: Johann Joachim Winckelmann. Zur Wirkungsgeschichte eines 'unhistorischen' Historikers zwischen Ästhetik und Geschichte, in: Deutsche Vierteljahrsschrift für Literaturwissenschaft und Geistesgeschichte, 56 Jg. Sep., Stuttgart und Weimar 1982, S.168.

52　Johann Joachim Winckelmann: Geschichte der Kunst des Altertums(이후로는 GK로 약칭), Wien: Phaidon Verlag, 1936.

어떠한 모습으로 보이는지가 아니라, 그가 어떤 사람인지를 나타내주며, 그의 자태가 아니라 윤곽만을 나타내주고 있다고 한다. 사람들은 점차 형태의 단순함으로부터 올바른 척도를 가르쳐주는 관계들에 대한 연구로 이행하였으며, 이러한 연구는 사람들로 하여금 위대성 자체를 예술 속에서 과감히 시행하도록 만들었다. 그 결과 예술 자체는 위대함에 이르렀으며, 결국 그리스인들을 통해 최상의 미에 도달하였던 것이다. 그러나 미의 모든 부분들이 통일을 이루고 나서 그리고 단지 그것을 장식하려는 노력들만이 이루어지게 되었을 때, 예술은 불필요한 것으로 빠져들게 되었으며, 그 결과 예술의 위대성은 상실되고 결국 예술의 완전한 몰락이 이루어졌던 것이다(GK 25).

여기서 빙켈만은 무엇보다 '예술이상Kunstideal'과 '예술사Kunstgeschichte'를 서로 결합시키고 있다. 우선 예술이 예술이상과 관련하여 고찰될 때, 모든 예술의 기저에는 다음과 같은 내적인 구조가 자리 잡고 있음을 알 수 있다. 즉, 그것은 최초의 단계로서의 필연적인 것이 마지막 단계로서의 불필요한 것과 더불어 중간 단계에 속하는 미의 이상으로 응집되는 삼원적 구조이다. 슁켈의 건축 이념의 형성에도 결정적인 기여를 하였던 것으로, 이러한 삼원적 구조는 예술이 역사적으로 고찰된다고 해도 변함없이 유지된다. 왜냐하면 필연적인 것에 부합되는 최초의 예술작품들은 무 규정적이고 단순한 것이며, 불필요한 것에 부합되는 마지막의 예술작품들은 완성된 미에 대한 장식이기 때문에, 그리스 예술은 단선적인 의미로 파악된 역사적 발전과정에서 시기적으로 중간에 속하긴 하지만 빙켈만적인 의미로 파악된 예술사의 발전과정에서는 발전의 정점일 수 있는 것이다. 단선적인 발전의 의미와는 달리 발전 자체의 자기 발전의 의미로 파악될 수 있는 예술사의 발전이 가능할 수 있는 것은 빙켈만에 따르면, "모든 민족이 필연적인 것에 대한 최초의 맹아를 자기 자신에게서 발견해왔기 때문이다"(GK 26). 이성의 씨앗의 발현이라는 칸트의 체계 이념을 선취하는 이 같은 통찰을 통해 결국 빙켈만은 미의 형이상학과 예술의 역사적 고찰을 통일시키는 새로운 사유방식의 기초를 마련할 수 있었던 것이다.

그리스인들에게서 "형상의 근원적 창조와 탄생"(GK 27)이 가능할 수 있었던 것은 그들에게 부여되어 있는 "부드럽고 순수한 하늘" 때문이었다. 자연친화적 환경과 그것에 대한 정확한 관찰은 그리스인들의 보편적 교양만이 아니라 아름다우면서도 모범적인 육체의 형성에 영향을 미칠 수 있었으며, 심지어 "얼굴모양", "입술모양" 그리고 "혀의 신경들"마저도 기후적이고 풍토적인 영향하에서 모범적인 형태로 형성될 수 있었다. 그리하여 그리스 예술가들은 주어진 자연에 부합되게 형성된 아름다운 육체를 예술창작의 대상으로 삼아 최고의 미적인 예술작품을 만들 수 있었으며, 이를 통해 "고귀한 형태"[53]가 마련될 수 있었던 것이다.

빙켈만의 예술사 구조

예술 발전의 내적인 구조

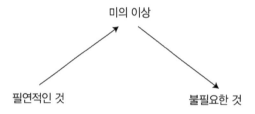

예술사의 구조적 발전

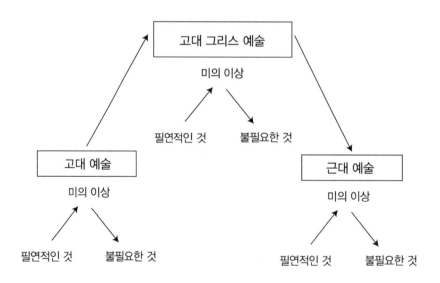

53 Johann Joachim Winckelmann: Gedanken über die Nachahmung der griechischen Werke in der Malerei und Bildhauerkunst (이후로는 GN으로 약칭), hrsg. v. Ludwig Uhlig, Stuttgart 1969, S.5.

그러나 아름다운 형상의 근원적 창조와 탄생이 단지 자연적인 조건하에서만 가능할 수 있었다고 주장된다면, 그리스 예술이 갖는 근원성은 불충분한 규정이 될 것이다. 왜냐하면 자연 상태의 시공간적인 일회성은 체계적이고 역사적인 의미로 이해되어야 하는 예술의 근원성과 모순되기 때문이다. 이러한 이유로『회화와 조각에서 그리스 예술작품들의 모방에 관한 성찰*Gedanken über die Nachahmung der griechischen Werke in der Malerei und Bildhauerkunst*』에서 빙켈만은 예술의 근원이 갖는 '근원적 발생성Ur-sprünglichkeit'을 제기한다: "이처럼 자연을 관찰할 기회들이 일상화됨으로써, 그리스 예술가들은 한 걸음 더 나아갈 수 있었다. 즉, 그들은 육체의 개별 지절들과 전체적인 관계들의 다양한 아름다움들에 관한 보편적인 개념들을 창출해내기 시작하였던바, 이러한 개념들은 자연 자체를 능가하는 것이었다. 그것들의 근원상은 오성 속에서 구상된 정신적 자연이었다"(GN 10). 즉, 모범적인 예술작품들의 산출을 위한 물질적 기반을 이루는 친화적 자연의 기저에는 자연에 대한 정확한 관찰로부터 형성되는 정신적 자연이 근원상으로서 자리 잡고 있다는 것이다. 여기서 우리는 그리스 예술의 근원성이 실제 역사 발전의 첫 단계가 아니라, '예술이라는 구동체계의 근원적 체계성'과 관계된다는 것을 알 수 있다.[54]

그렇다면 어떠한 조건하에서 그리스 예술에 예술의 근원성이 부여될 수 있는 것인가? 첫 번째 조건으로서 빙켈만은 예술창작의 원칙을 든다. 즉, 그리스 예술가들은 자연을 충실히 모방해야만 하며, 이것은 그들에게 "자연을 가장 잘 모방하지 않을 경우 처벌을 받을 수도 있는 법"과도 같았기 때문에, 그들은 "인물들을 유사하게 그리고 동시에 보다 아름답게 묘사"(GN 10-11)해야만 했다.

두 번째 조건은 "교육과 법체계 그리고 통치"를 통한 "자유"(GK 41)이다. 자유롭게 이루어지는 교육과 법체계 그리고 통치의 분위기에 그리스인들은 "자유로이 사고하는 방식"(GK 41)을 익힐 수 있었으며, "생각하는 사람들"(GK 134)로서 자신들의 상상력을 과장 없이 발전시킬 수 있었다. 빙켈만에 따르면, 이러한 자유로운 사유방식은 그리스 예술가들에게 예술창작을 위한 탁월한 재능을 가져다줄 수 있었다고 한다. "엄격한 법체계에 묶여

---

54 스쫀디는 빙켈만 자신이 극복할 수 없었던 의고전주의적 한계를 "그리스적인 것을 유일한 것으로 인식했다는 것과 그것의 모범성을 정언명제처럼 가정했다는 것 간의 […] 모순"으로 규정하였다(P. Szondi: Poetik und Hermeneutik I, Frankfurt a.M. 1974, S.30.). 이것은 예술이 갖는 근원적 발생성의 측면에 대한 간과로 여겨진다.

서 [⋯] 욕구와 즐거움으로 창작할 수 없었던"(GK 47-48) 이집트 예술가들에게서와는 달리, "예술의 우선적 지위를 가능케 해주었던 가장 중요한 원인"(GK 130)인 자유는 그리스 예술가들로 하여금 완전한 미를 실현할 수 있게 해주었다. 결국 그리스 예술의 완전한 미는 앞서 언급된 바 있는 자연적인 조건 및 모방과 자유라는 사회적 조건으로부터 발생적으로 형성될 수 있었으며, 이러한 조건하에서 생산된 예술작품들에는 시대를 초월하는 예술의 구조형식의 모범성이 부여될 수 있는 것이다.

예술의 이 같은 체계적이고 발생론적인 조건들에 근거하여 빙켈만은 그리스 예술을 순수히 미학 이론적으로 접근한다. 그에 따르면, 그리스 예술작품들에 나타나는 가장 보편적인 징표는 "자세나 표현에 있어서 고귀한 단순성과 고요한 위대성"(GN 20)이라고 할 수 있다.[55] 우선 도식적으로 규정해보자면, '고귀한 단순성'은 미의 형이상학과 관계되며, '고요한 위대성'은 미의 표현원리와 관계된다고 할 수 있다. 무엇보다 빙켈만은 예술가에게 "숭고한 특성들"을 부여해주는 "이상적인 미"와 "아름다운 자연"을 제공해주는 "감성적인 미"를 구분하면서, 전자로부터는 "신적인 것"이 얻어지고 후자로부터는 "인간적인 것"(GN 11)이 얻어진다고 한다. 그에 따르면, "자연의 미에 대한 모방"은 한낱 개별적인 예술소재에 불과하기 때문에(Vgl. GN 13), 예술가는 감각을 통해 받아들여진 미를 자신의 오성을 통해 인식함으로써(Vgl. GK 147-148), 인간적인 것을 신적인 것으로 승화시키려고 해야만 하는 것이다. 그리스 예술가들의 위대성은 그들이 '유사한 복제나 초상화'를 만든 것이 아니라, 다양한 여러 대상들로부터 특징들을 모아 이것들을 하나로 통일시킴으로써, '보편적인 미와 이것에 대한 이상적인 형상들로 이르는 길'을 내디뎠다는 데에 있다.

이러한 보편적인 미 혹은 최고의 미를 빙켈만은 다음과 같이 규정한다:

최고의 미는 신 안에 있다. 그리고 인간적인 미의 개념은 통일성과 비분할성의 개념에 의해 물질과 구분되는 최고의 본질에 보다 적합하게 그리고 보다 일치되게 사유될수록 완전해지게 된다. 이러한 미 개념은 신성을 가진 오성 속에서 구상된 최초의 이성적

---

55 이 같은 빙켈만의 규정은 지금껏 예술사나 문학사에서 다양하게 다뤄지기는 했지만, 정작 그의 고유한 미학이론적 입장과 연관하여 다뤄지지는 못했다. 그 이유는 아마도 '단순성'이 갖는 의미에 대한 이해가 제대로 이루어지지 못했기 때문일 것이다.

창조물의 모상에 따라 작품을 탄생시키고자 하는 정신으로서, 불을 통해 물질로부터 이끌어내어진 정신과도 같은 것이다. 그러한 모상의 형식들은 단순하면서도 끊임이 없고, 이러한 통일성 속에서 다양하다. 그것들은 바로 이러한 형태로 조화를 형성하는 것이다. [⋯] 통일성과 단순성을 통해 모든 미는 숭고하게 되는 것이다. [⋯] 왜냐하면 그 자체로 위대한 것은 단순성을 통해 실행되고 제기될 때 더더욱 위대해지기 때문이다 (GK 149).

일종의 '신플라톤주의 사상'[56]을 표방하고 있는 빙켈만의 이러한 사상은 '고귀한 단순성'의 이념적 기초라고 할 수 있다. 즉, 작품의 창작은 이상적인 형상의 구상과 동시에 이루어지며, 이러한 구상이 작품 고유의 전체성을 형성시키는 데 기여함으로써, 작품의 창작은 이상적인 형상을 유기적으로 구성할 수 있는 것이다. 우리의 정신을 "확장시키는 동시에 숭고하게 만드는"(GK 150) 이러한 이중적인 과정으로부터 조화로운 상태가 이루어지는바, 이러한 상태는 위대함을 간직하면서 통일적이고 단순하게 모습을 드러내게 된다. "우리의 정신을 매혹시키는 이러한 조화는 무한히 단절되고 사슬로 이어져 있으며 계속해서 연마된 음조들이 아니라, 오랫동안 지속되는 단순한 특성들 속에 존재하고 있다"(GK 150).

최고의 미의 이념이 '고귀한 단순성' 속에서 근거규정되고 있다면, 그것의 역동적인 상태는 '고요한 위대함' 속에서 고찰될 수 있다. 빙켈만에 따르면, 이러한 상태의 모방인 "표현Ausdruck"은 "우리의 영혼과 육체의 능동적이고 수동적인 상태의 모방일 뿐 아니라 행동과 격정의 모방이기도 하다"(GK 164). 예술가의 영혼의 상태는 인간적인 것을 신적인 것으로 고양시키는 과정을 함축함으로써, 미의 실현에 부합되지만, 행동과 격정의 움직임은 표현되어야 할 미에 적합하지 않을 수 있다. 왜냐하면 "바다와도 같은 미에 가장 고유한 상

---

56 확장된 플라톤주의로 규정될 수 있는 신플라톤주의에서는 일자의 사유를 근간으로 하는 통일성 사상이 보다 강화된 형태로 논의된다. 신플라톤주의에 따르면, 감각적 세계와 예지적 관계들에 대한 파악은 '다자성의 현상을 통일적인 형상으로 혹은 그것을 구성하는 이념들로 환원시킴으로써만' 가능해진다고 한다. 그러나 근원적이고 보편적인 통일성의 원리로서 일자는 타자 속에서 작용하며, 이러한 타자 역시 일자로 규정되어야 한다. 왜냐하면 개별 타자들 역시 근원과 관계되어 있기 때문이다. 근원과의 이 같은 관계로부터 세계는 "일자로 집중되는 동시에 이를 통해서만 존재할 수 있는 통일"로 파악되며, "우리 내부에 있는 일자"는 "인간의 자기 자신"으로 파악될 수 있다(Vgl. Werner Beierwaltes: Denken des Einen, Frankfurt a.M. 1985, SS.9-37). 요헨 슈미트는 빙켈만의 이상적 미 개념과 관련하여 그의 플라톤주의를 논증하고 있지만(Jochen Schmidt: Griechenland als Ideal und Utopie bei Winckelmann, Goethe und Hölderlin, in: Hölderlin-Jahrbuch, Bd. 28, Stuttgart und Weimar, 1992-1993), 보다 강화된 통일성 사상의 측면에서 보면 빙켈만은 플라톤주의보다는 신플라톤주의에 더 가깝다고 볼 수 있다.

태"가 바로 고요이며, 이러한 고요야말로 "최고의 미 개념"(GK 165)이기 때문이다. 그러나 "가장 고귀한 미 개념을 지속적으로 추구하지 못했던" 그리스 예술가들에게서 표현이 성공할 수 있었던 이유는 "미가 표현의 저울추 역할을 했기 때문이다"(GK 165). 다시 말해 표현원리로서의 미는 영혼의 다양한 격정들 간의 불일치 속에서 그리고 표현내용과 표현되어야 할 미 사이의 불일치 속에서 작용하는 것이다. 여기서 우리는 하이데거의 '축조의 본질로서의 거주의 사유'만이 아니라, 아도르노의 '불협화음적인 미적 조화'[57]를 선취하는 빙켈만의 표현의 미학을 엿볼 수 있다. 그에 따르면, 자연적인 상태에 대한 단순한 모방에 만족하지 않고 위대함을 표현하고자 했던 그리스 예술가들에게서 "위대한 영혼의 표현"은 "아름다운 자연의 형성"(GN 20)을 능가했으며, "격렬한 격정 속에 있는" 영혼은 "통일성과 고요의 상태에서 위대한 동시에 고귀"(GN 21)할 수 있었던 것이다. 이것은 격정에 찬 육체적 고통이 고요한 형태로 대리석 속에 조각되어 있는 라오콘 상에 대한 분석에서 잘 드러나는바, 아도르노의 목소리를 통해 다음과 같이 일반화할 수 있다: "표현은 예술작품들의 탄식하는 얼굴이다. 작품들은 자신들의 시선에 응하는 사람에게 자신의 얼굴을 보여준다"(ÄT 170). 격렬한 격정과 행동을 고요한 순간 속에 간직하는 표현은 이를 접하는 사람에게 자신의 얼굴을 보여줌으로써, 표현은 표현작용을 수행하며, 보는 사람은 격정의 움직임을 한순간 체득하는 것이다. 결국 이 같은 표현의 변증법은 최고의 미의 이념을 역동적으로 입증해주는 통로이자, 이러한 미를 실현시키는 패러다임이 되는 것이다.

---

[57] 아도르노에 따르면, "미적인 조화는 완수된 것이 아니라, 광택이나 균형과 같은 것이다. 예술에서 마땅히 조화로운 것으로 부를 수 있는 모든 것의 내부에서는 절대적이면서도 서로 모순되는 것이 살아남아 있다. 예술작품들에서는 그 구성관계를 놓고 볼 때, 자체의 형식과는 다른 모든 이질적인 것이 녹아들어 있어야 한다. 반면 그것들은 그것들이 몰아내고자 하는 것과 관련해서만 형식일 수 있다"(Theodor Wiesengrund Adorno: Ästhetische Theorie(이후로는 ÄT로 약칭), in: Gesammelte Schriften Bd. 7, Frankfurt a.M. 1970, SS.167-168). 결국 예술은 조화로 응결되는 것에 저항하는 불협화음과도 같은 표현을 통해 자신에게 말을 거는 것이며, 이것이 바로 "예술의 모방작용인 것이다. 그리하여 예술의 표현은 무언가를 표현하려는 행위의 대립자인 것이다"(ÄT, 171).

2. 칸트의 미학

1) 칸트의 전기

임마누엘 칸트Immanuel Kant(1724-1804)는 수공업자 가정에서 태어나 일생을 쾨니히스베르크에서 보냈다. 김나지움을 졸업한 후에 그는 1740년부터 1746년까지 쾨니히스베르크 대학에서 수학과 자연과학 그리고 철학을 공부했다. 1755년에 박사학위를 마치고 1756년에는 교수자격과정을 마친 후에 그는 1770년 철학교수가 되었다. 그의 학문적 생애에는 결정적인 전환의 시기가 있었는데, 1770년까지 철학적이고 자연과학적인 대상들에 관해서만 글을 썼다면, 그 이후에는 크리스티안 볼프Christian Wolff(1679-1754)와 알렉산더 바움가르텐 Alexander Gottlieb Baumgarten(1814-1762)의 강단철학으로부터 거리를 두고 소위 '비판철학 kritische Philosophie'을 주창하면서, 『순수이성비판Kritik der reinen Vernunft』(1781), 『실천이성비판Kritik der praktischen Vernunft』(1788), 『판단력 비판Kritik der Urteilskraft』(1790) 등의 주저를 남겼다.

한편으로 18세기 독일미학은 합리주의적인 학문의 이상과 예술론과 시문학 및 '자유예술들'의 이성적 토대 설정에 대한 욕구하에 있었다. 이 같은 상황으로부터 바움가르텐에게서는 '자유예술의 이론theoria liberalium artium' 내지는 '하위의 인식론gnoseologia inferior'으로서의 'Aesthetica'가 주창되었다.

다른 한편으로 당시 사람들은 '취미Geschmack, taste'나 '감정Gefühl, feeling' 같은 개념에 근거하여 협소한 의미의 미적인 현상들의 영역을 넘어서 사회구조적이고 도덕심리적인 중요성을 갖는 인간의 판단능력 및 반응능력들을 탐구하기 시작하였다.

칸트의 미학은 이 두 가지 시대적 흐름들에 영향을 받았다. 이미 1764년 칸트는 「미와 숭고의 감정에 대한 관찰Beobachtungen über das Gefühl des Schönen und Erhabenen」(1764/1771)이라는 글을 발표하였는데, 이 글은 명확히 에드먼드 버크의 『숭고와 미에 대한 우리들의 이념들의 기원에 관한 물음Enquiry into the Origin of our Ideas of the Sublime and Beautiful』(1757)에 의거한 인간학적이고 도덕심리학적인 연구였다. 그는 자신의 논리학만이 아니라 인간학에서도 미학의 문제를 다뤘다(칸트 미학의 발전과정에 관한 풍부한 자료들은 칸트의 아카데미Akademie판 전집 XV와 XVI에서 볼 수 있다).

칸트 미학의 주저는 『판단력 비판Kritik der Urteilskraft』(1790)으로서, 이 책은 '미학Ästhetik'
과 '목적론 비판Kritik der Teleologie'으로 이루어져 있다. 그리고 첫 번째 부분인 '미학'은 다
시 '미의 분석론Analytik des Schönen'과 '숭고의 분석론Analytik des Erhabenen'으로 나뉜다.

2) 칸트의 미학의 배경

칸트의 미적인 성찰은 이미 17세기 이래로 개개인의 삶의 지각과 형태화의 중심 개념인
'취미' 개념을 둘러싸고 진행되어온 논쟁의 역사와 그 본질을 이해하기 위한 좋은 접점이
다. 칸트 이전까지 이러한 논쟁을 이끌고 온 대표자들은 스페인 타라고나 출신의 예수회
신학교 학장이자 작가였던 발타자르 그라시안Baltasar Gracian(1601-1658), 프랑스의 공작이었
던 프랑수아 라 로슈푸코Françoise La Rochefoucauld(1613-1680) 그리고 영국의 백작이자 철학
자였던 셰프즈베리Anthony Ashley-Cooper, 3rd Earl of Shaftesbury(1631-1713)였다. 우선 그라시안
은 그의 저서 『신중한 사람El Discreto』(1646)에서 취미 개념을 경험과 반성을 통해 얻어진
숙련성으로 이해하면서 이 개념을 통해 우리는 편견 없는 올바른 결정들을 수행할 수 있
다고 주장하였다. 이와 유사한 맥락에서 라 로슈푸코는 『취미Des goût』(1678)에서 취미 개념
을 반성되지 않은 자발성을 통해 갖춰지는 판단력으로 정의하면서, 이 개념을 통해 인간
과 사물 및 예술작품들의 특수성들이 포착될 수 있다고 주장하였다. 셰프즈베리는 『독백
혹은 작가에 대한 조언Soliloquy: Or, Advice to an Author』(1710)에서 취미 개념을 판단과 선택능
력으로 이해하면서 이 개념이 취미의 기준과 취미의 형성을 논하는 데 있어 핵심적인 개
념이라고 주장하였다.

이 같은 취미 개념을 둘러싼 논의배경하에서 칸트는 18세기 말 취미 개념을 새로이 정
립하기 시작하였다. 그에 따르면, 취미란 보편타당성을 갖는 개인적인 미적 판단을 제공해
주는 역할을 한다고 하면서, 무언가가 아름답다고 하는 취미판단은 비록 주관적 판단으로
표현될지라도 모든 사람들에게 요구되는 보편타당한 판단을 목표로 한다고 한다. 이를 통
해 칸트는 미적 판단이 순전히 개인적인 취미에 근거한다는 견해를 반박한다. 그러면서
그는 세계에 대해 미적으로 관계할 때 거기에는 고유한 합리성이 놓여 있다는 생각을 견
지한다. 말하자면 학문적인 이론이나 도덕적 실천들과 비교해볼 때 미학과 예술은 독자성
과 고유성을 가지고 있다는 것이다.

3) 칸트 미학의 전제

칸트의 체계적인 미학이라고 여길 수 있는 『판단력 비판』 이전에 발표한 글인 「미와 숭고의 감정에 대한 관찰」에서 칸트는 '미와 숭고의 대상들Gegenstände des Schönen und Erhabenen', '인간에게 있는 미와 숭고의 고유성들Eigenschaften des Schönen und Erhabenen am Menschen', '성들 간의 대립적 관계에서 보이는 미와 숭고의 차이들Unterschiede des Schönen und Erhabenen in dem Gegenverhältnis der Geschlechter', '민족적 특성들에 대하여Von den Nationalcharaktern' 등과 같은 제목의 장들에서 보여지듯이 『판단력 비판』과는 달리 상당히 현상학적이고 인간학적인 내용을 다루었다. 말하자면 본격적으로 미학을 다루기 전부터 칸트는 인간학적인 측면이 미학의 중심에 놓여 있다고 생각하고 있었다는 것이다.

칸트의 미적인 사고는 무엇보다 목적론적 사고의 배경하에서 이해될 수 있다. 이를 위해서는 우선 그의 『판단력 비판』에서 '판단력Urteilskraft'이라는 개념이 의미하는 바를 이해할 필요가 있다. 칸트의 정의에 따르면, 판단력이란 "보편적인 것에 포함되어 있는 특수한 것을 사고하는 능력"[58]이다. 이러한 판단력은 두 가지 형태로 진행되는데, 그 하나는 '규정하는 판단력die bestimmende Urteilskraft'으로서 특수한 것을 보편적인 것 하에, 말하자면 규칙들과 법칙들하에 포함시키는 작용을 하며, 다른 하나는 '반성하는 판단력die reflektierende Urteilskraft'로서 특수한 것을 위해 보편적인 것을 발견하는 작용을 한다. '규정하는 판단력'이 경험 이전의 선험적인 사유법칙들에 의해 이미 특징지어져 있는 반면, '반성하는 판단력'은 그러한 판단들의 연관과 통일성을 확고히 하는 것을 통해 그러한 판단들의 가능성조건으로서 기능하는 원리를 필요로 한다. 이러한 원리가 바로 '자연의 합목적성Gesetzmäßigkeit der Natur'이다. '규정하는 판단력'은 선험적 사유법칙들에 의해 이미 특징지어져 있기에 안정적인 근거를 가지고 있는 반면, '반성하는 판단력'은 판단을 수행하기 위한 안정적인 근거로서 '자연의 합목적성'이라는 원리를 필요로 하는 것이다. 그리하여 '반성하는 판단력'이 작용하는 미적인 판단들의 경우, 우리는 자연의 대상들이나 예술 대상들 속에는 마치 합목적성, 구조화, 체계 등과 같은 다양성의 통일과 같은 것이 표현되어 있는 것처럼 판단

---

58 Immanuel Kant: Kritik der Urteilskraft (1790) (이후로는 KU로 약칭), in: Werkausgabe, Bd. 10, hrsg. v. Wilhelm Weischedel, Frankfurt a.M. 1974, B XXVI.

하는 것이다. 결국 칸트는 감각적인 것이 어떻게 자발성과 함께 나타나서 그로부터 보편적인 것이 생겨나게 되는지, 말하자면, 미적인 경험들로부터 경험적이지 않은 판단들이 어떻게 형성될 수 있는지를 입증하고자 하는 것이며, 칸트는 그것이 주관적인 합목적성을 통해 형성된다고 생각하는 것이다.

유기체들의 실재적이고 객관적인 합목적성들을 탐구하는 목적론적 판단력에 대한 성찰보다 더 중요한 것은 주관적 합목적성을 '쾌Lust'와 '불쾌Unlust'의 감정을 통해 규정하는 능력인 미적인 판단력이다. 미적 판단들은 취미판단들이라고 할 수 있는데, 그 이유는 미적 판단들에는 표상들이 직접적으로 쾌나 불쾌의 감정들과 결합되어 있기 때문이다. 미적인 쾌는 단순히 감각적인 쾌나 규칙 내지 집중적인 성찰과의 일치에 기인하는 쾌가 아니라, '반성의 쾌Lust der Reflexion'이다. 왜냐하면 미적인 판단들은 판단하는 자에게 쾌와 불쾌의 경험을 가능케 해주기 때문이다. 그렇지만 이러한 미적인 판단들에는 단순히 대상에 대해 편안함이나 불편함을 야기시키는 직접적인 감각들이 아니라, 감정에 대해 보편적인 규칙을 요구할 수 있는 미적인 형식들이 들어 있는 것이다.

그렇다면 미적인 판단들이 주관적이면서 보편적인 판단들이라는 것 혹은 구속력이 없으면서 구속력 있는 판단들이라는 것을 어떻게 이해해야 하는 것인가? 간단히 말하자면, 미적인 판단들이란 입증할 수는 없지만 보편적으로 구속력을 가지는 판단들이라는 것이다. 우선 이야기할 수 있는 것은 인간이 가지고 있는 취미 자체에 대해서는 논란의 여지가 없다. 문제는 취미판단인데, 그 이유는 취미판단이 개념적으로 논증될 수 없는 보편타당성을 목표로 하고 있기 때문이다. 취미판단은 규정되지 않은 개념들에 기초해 있으며, 이와 더불어 다른 이들이 그러한 개념들에 동조할 수 있다는 요청을 하고 있는 것이다. 따라서 미적인 판단력은 대상의 인식이 아니라 "판단하는 주체와 인식능력에 대한 비판"(KU B LIIIf.)에만 기여하는 것이다.

4) 칸트 미학의 체계와 내용

① 미에 대한 규정

칸트에게서 취미판단이 주관적 판단이기에, '미Schönheit'는 대상의 객관적 개념이 아니라, 주체 상대적인 개념으로 술어적으로 사용된다. 즉, 무언가가 아름답다고 하는 판단은 개인의미적인 태도로부터 기인하는 것이다. 칸트는 취미의 미학 및 천재의 미학에 의거하여, 말하자면 수용미학과 생산미학에 의거하여 작품미학과 결별한다. 천재가 예술에 규칙을 부여하는 자연적인 재능이고, 미적인 예술들이 천재의 예술로서 효력을 가져야 한다면, 독창적이고 모범적이며 규범적으로 이루어지는 모든 미적인 판단과 미적인 생산에는 천재적인 계기가 표현되어 있는 것이다(KU § 46).

칸트는 자신의 이론철학인『순수이성비판』(§ 10)에서 행한 범주적 규정들과 같은 방식에 의거하여 미의 지표들을 네 가지 범주들인 '질Qualität', '양Quantität', '관계Relation', '양태Modalität'의 범주들에 따라 규정한다.

첫째, 질의 범주에 따르면, 취미판단에서는 '무관심적이고 자유로운 만족das interesselose, freie Wohlgefallen'이 관건이다: "취미는 그 어떠한 관심도 없이 만족감이나 불쾌감을 통해 대상이나 표상방식을 판단하는 능력"(KU § 5)이다. 이 말은 예술작품이나 자연의 미들을 관찰하거나 청취하는 행위가 아무런 감정도 야기시키지 못한다는 것을 의미하는 것이 아니라, 예술이나 미에 대한 접근이 처음부터 이론적 인식이든 물질적 소유든 아니면 실천적인 기능화 작용이든 그 어떤 특정한 관심에 의해서 – 심지어는 그 어떤 "자극이나 감동을 통해서도" – 왜곡되어서는 안 된다는 것을 의미하는 것이다(KU § 14). 미적 판단의 대상은 모든 욕망으로부터 자유롭게 그 자체를 위해 관찰되고 청취되어야 한다는 것이다. 여기서 알 수 있는 것은 칸트가 자연미를 예술미보다 우위에 두고 있다는 사실이다. "예술미에 비해 자연미가 가지는 우월성"은 인간의 정감에서 "직접적인 관심을 일깨운다"(KU § 42)는 데에 있다.

둘째, 양의 범주에 따르면, 미적 판단은 주관적인 감각에 의거하지만 다른 사람들에게 그러한 판단을 따르도록 요구한다는 것이다. 그리하여 취미판단은 "보편성의 미적인 양" 내지 "모든 이를 위한 타당성"을 동반하는 것이다. 말하자면 취미판단은 미적인 객관성을 '기정사실로 요청하는 것postulieren'이 아니라, 미적 객관성을 단지 모든 이에게 '요구하는 것ansinnen'이다(KU § 8). 칸트는 이를 다음과 같이 간략히 규정한다: "개념 없이 보편적으로 마음에 드는 것이 아름답다"(KU § 8). 아름다움에 대한 미적인 쾌감은 감각적인 쾌감과 이성적인 쾌감 사이에 위치해 있으면서 육체적인 것과 이성적인 것, 자연과 자유를 서로 매개시킨다. 그러면서 칸트는 다음과 같은 놀랄만한 입장을 개진한다. 즉, 미적인 판단에 참여하는 인식능력들인 감성적인 상상력과 이성적인 합리성의 자유로운 협력작용으로부터 보편적인 전달 특성을 갖는 미적인 판단이 생겨난다는 것이다. 이러한 의미에서 미적인 판단은 명확히 사회적인 특성을 갖는다고 할 수 있는데, 그 이유는 미적인 판단이 항상 타자의 입장을 생각해야 한다는 판단력의 계율을 따르기 때문이다. 이로부터 여러 가지 추론들이 이루어진다. 첫째, 판타지와 합리성 같은 인식능력들의 자유로운 유희만이 미적인 판단들을 야기시킬 수 있다는 것이 하나의 규범으로 정식화될 수 있다. 둘째, 이러한 판단들에서 본질적인 인식능력들의 이원론은 해석적인 개방성을 야기시킴으로써, 미적인 판단들은 기본적으로 해석될 수 없다는 특성을 가지는 것으로 이해된다. 그리하여 칸트는 미적인 이념을 "그 어떤 특정한 사상이나 개념도 부합될 수 없는, 그리하여 그 어떤 언어에 의해서도 완전히 표현되거나 이해될 수 없는, 많은 사고를 야기시키는 상상력의 표상"(KU § 49)으로 이해한다. 셋째, 미적 판단은 사회적 차원과 의사소통적 관계를 가지지만, 입장표명의 요구를 받는다. 말하자면 미의 영역에서 우리는 최종적으로 의견의 일치를 보는 보편적 판단으로 이르지는 못하지만, 완결될 수 없는 취미담론을 수행할 수는 있는 것이다.

셋째, 관계의 범주에 따르면, 미의 차원은 외적 합목적성과 내적 합목적성의 차이 내지 유용성과 완전성의 차이와 더불어 작용한다. 칸트에 따르면, "미는 목적의 표상 없이 대상에서 지각되는 한, 대상의 합목적성의 형식"(KU § 17)이라고 한다. 어떤 대상이나 사태를 아름답다고 지칭하는 사람은 이러한 대상이나 사태에 완전성의 특별한 형식이 부여되어 있다는 것을 전제한다. 이때 유의해야 할 점은 그러한 완전성이라는 말이 결코 대상의 완전성이나 객관적이고 물질적인 미적 합목적성이 아니라 단지 형식적이고 주관적인 합목적성이라는 사실이다(KU § 14). 관계의 범주의 측면에 따라서 볼 때, 미는 객관적 목적이 없는 주관적인 합목적성인 것이다. 미적인 주체는 합목적성을 대상으로 유입시키는 것이다. 아름다움에 대한 미적인 경험은 주체가 쾌적하게 체험하는 경험의 실행과 관계된다. 대상들 자체가 아름다움에 대한 미적 경험의 근거가 아니라, 경험의 방식이 (미적 경험의 대상으로서 판단력을 포함하여) 대상들을 아름다운 대상들이 되도록 하는 것이다. 여기서 칸트는 인간이 세계에 주관적인 합목적성이 부여되도록 하는 것을 즐길 뿐 아니라 그 때 자기 자신을 비롯하여 자신의 목적규정능력인 판단력을 즐긴다는 사실을 전제하고 있다.

그리하여 다음과 같은 말이 가능하다. 인간은 아무것도 인식하려고 하지 않음으로써만 그가 인식할 수 있다는 것을 인식할 수 있게 된다.

넷째, 양태의 범주에 따르면, 미적인 판단은 아름다움에 대한 객관적이고 개념적인 인식이나 아름다움에 대한 객관적이고 경험적인 일반성으로부터 추론될 수 없다. 사람들이 미적 판단에서 보편적인 동의를 구하는 이유는 '공통감각sensus communis'의 인간적인 양태가 존재하기 때문이다. 미적 주체는 판타지와 합리성의 자유로운 유희의 인간적인 공통감각이 모든 사람들에게서 존재한다는 것을 전제할 때에만, 다른 사람들에게서 자신의 취미를 요구할 수 있는 것이다(KU § 18-21). 그리하여 "개념 없이 필연적인 만족의 대상으로 인식되는 것이 아름답다"(KU § 22).

② 미의 분석론

i) 도안과 구성

칸트에 따르면, '미Schönheit'는 감각적으로 지각 가능한 대상들의 형식이 갖는 고유성이다. 여기서 감각적으로 지각 가능한 대상들에는 연극, 음악, 춤, 모방예술작품 등이 포함된다. 칸트는 두 가지 형식을 구분하는데, 그 하나는 정적인 형식인 '형태Gestalt'이고 다른 하나는 동적인 형식인 '유희Spiel'이다. 이로부터 칸트는 다음과 같은 기본 명제를 도출하는데, 건축이나 정원예술을 비롯하여 조형예술들에서는 '도안Zeichnung'이 본질적이고, 음악이나 시간적인 흐름 속에서 이루어지는 예술들에서는 '구성Komposition'이 본질적이라는 것이다.

칸트는 미를 대상의 객관적인 고유성으로 규정하지 않으며, 미 자체에 대한 정의나 미라는 개념을 부여할 기준도 규정하고 있지 않다. 따라서 '도안'이나 '구성'의 미가 무엇을 담고 있는지 명확한 규정이 없다. 그럼에도 불구하고 칸트는 미의 지각에 있어서는 다양성의 결합과 관련된 '상상력Einbildungskraft'과 다양성의 통일과 관련된 '지성Verstand'의 일치가 필요하다고 한다.

ii) 자유로운 미와 조건적인 미

칸트는 미를 '자유로운 미die freie Schönheit, pulchritudo vaga'와 '부가적 혹은 조건적인 미die anhängende Schönheit, pulchritudo adhaerens'로 구분한다.

자유로운 미는 "대상이 무엇이라는 것에 대한 개념을 전제하지 않는다." 따라서 이러저러한 사물의 미가 자유로운 미라고 할 수 있는데, 여기에는 개별 자연형식들의 미(예를 들면, 아름다운 꽃, 아름다운 동물, 아름다운 조개 등의 미), 풍경의 미, 장식과 문양의 미, 음악에서 자유로운 판타지의 미 등이 속한다. 자유로운 미와 관련해서는 "다양성의 결합이 관계되는 그 어떠한 종류의 완전성이나 내적인 합목적성도" 미의 판단의 기저에 놓여 있지 않다.

조건적인 미는 "대상이 무엇이라는 것에 대한 개념과 그 개념에 따른 대상의 완전성을 전제한다." 따라서 이것은 "특정한 개념에 덧붙어 있으면서 특별한 목적을 가진 개념하에 있는 대상들에 부가된다." 여기에는 아름다운 개, 아름다운 말, 아름다운 고양이 등의 미가 속하는데, 여기에 해당되는 동물들은 각종의 동물들에서 완벽한 범례에 해당되는 동물들이라고 할 수 있다. 또한 건물(교회, 궁전, 정원 등), 인간(남자, 여자, 아이)의 아름다움도 여기에 포함되는데, 이러한 미는 대상이 무엇인지를 규정하는 목적 개념을 비롯하여 그것의 완전성 개념을 전제한다. 조건적인 미의 경우 대상의 형식은 대상의 종류에 따라 대상에 부합되는 것 내지는 부합되지 않는 것과 모순되어서는 안 된다. 무언가가 대상에 부합하는지에 대해서는 그 대상이 무엇이어야 한다는 관점이 결정하는 것이다. 예컨대 교회의 미는 궁전이나 정원의 미와는 다르다. 그리하여 칸트는 어떤 사람이 종족의 특징상 문신으로 몸을 뒤덮고 있다는 사실이 그가 어떤 사람인지에 부합되지는 않는다고 한다. 문신이 그 자체로 볼 때 항상 아름다울 수 있는 것과는 달리 그렇게 문신한 사람은 아름답지 않을 수도 있는 것이다.

iii) 미의 이상

대상이 무엇인지와 미가 그런 식으로 결합되어 있음으로서, 미의 최대치의 이상을 생각해보는 것 역시 가능하다. 이러한 미의 이상을 칸트는 인간에게 남겨놓는다. 즉, 인간의 미의 이상은 아름다운 인간이 이런 류의 생명체의 완전한 범례라는 조건의 충족만이 아니라 인륜적인 것의 표현 역시 요구한다.

③ 숭고에 대한 규정

후기 고대 사상가인 위-롱기노스Pseudo-Longinos의 「숭고에 대하여Peri hypsous, Über das Erhabene」이래로 미학 담론의 대열에 들어서게 된 숭고 개념은 17, 8세기 사상가들인 에드문트 버어크Edmund Burke, 칸트, 쉴러, 헤겔 등의 사상가들에 의해 다각도로 논의되었다. 칸트는 미와 숭고에 관한 초기 글에서는 미와 숭고의 대립에, 『판단력 비판』에서는 미와 숭고의 상보적 관계에 대해 논하였는데, 그 이유는 칸트에게 숭고는 "미와 반대되는 것이 아니라 미의 균형추Gegengewicht"[59]로 여겨졌기 때문이다.

칸트는 우선 미와 숭고의 공통점들을 규정한다. 그 이유는 이 두 가지 미적인 규정들 모두 자족성과 반성적 판단에 근거하고 있기 때문이다. 따라서 숭고에 대한 만족 역시 이미 설명된 미에 대한 규정들에 의해 관심 없이 주관적으로 보편타당하면서 필연적인 것으로 이해될 수 있다. 이 같은 공통점에도 불구하고 이 둘 간에는 차이가 존재한다. 즉, 미는 한정 속에 존재하는 반면, 숭고는 무한정성 속에 존재하며, 미의 만족이 질의 표상과 결합되는 반면, 숭고의 만족은 양의 표상과 결합되는 것이다. 칸트에 따르면, 미는 "삶을 촉진시키는 데에로" 나아가는 반면, 숭고는 삶을 감동이나 진중함을 통해 간접적으로 지원한다고 한다. 말하자면 미는 긍정적인 쾌와 유희적인 것을 포함하는 반면, 숭고는 경탄과 주의 같은 부정적인 쾌를 포함한다는 것이다(KU § 23). 그러나 칸트가 보기에 결정적인 차이는 다음과 같은 점에 있다고 한다. 즉, 미의 경험(특히 자연미의 경험)이 형식적인 합목적성을 수반하는 반면, 숭고의 경험은 "우리의 묘사능력에 부적합하게 그리고 상상력에 대해서는 폭력적으로"(KU § 23), 한마디로 말해 인간의 정감에 대해 목적에 위배되게 현상하는 것이다. 말하자면 숭고는 자신의 비정형성과 목적위배성을 통해 자연의 합목적성을 문제시하는 것으로 보인다는 것이다. 이 점을 통해 숭고는 취미의 미학의 대상일 수가 없다(ApH §64). 그러나 엄청나게 탁월한 자연의 면전에서 모습을 드러내는 불쾌감은 존경과

---

[59] Immanuel Kant: Anthropologie in pragmatischer Hinsicht abgefasst(1798)(이후로는 ApH로 약칭), in: Werkausgabe Bd. XII, § 65.

주의의 매개된 쾌감으로 전환될 수 있다. 왜냐하면 숭고는 이성적인 무한성 이념의 가시화이기 때문이다. 미나 숭고가 정감의 판단을 나타내기 때문에, 숭고에 대한 미적 경험은 이러한 무한하고 합목적적이지 않은 자연을 판단하고 규정할 수 있는 인간의 이성적 본질에 대한 존중을 필요로 한다. 이러한 이유로 인해 미적 주체는 자연미에 대한 근거를 자신 밖에서 찾는 반면, 숭고미의 근거를 그 자신의 고유한 경험 및 사유와 대면하는 가운데 찾으려고 하는 것이다. 말하자면 주체는 미 속에서는 세계와의 관계로 진입하며, 숭고 속에서는 자신과의 관계로 진입하는 것이다.

④ 숭고의 분석론

i) 수학적 숭고와 역학적 숭고

칸트는 숭고의 분석에서 당대 커다란 영향력을 미쳤던 스코틀랜드 사상가인 버크에 의거하여 설명하고자 한다. 칸트는 버크에 의해 논증된 숭고의 현상형식들을 체계화하면서 "수학적인 숭고das Mathematisch-Erhabene"와 "역학적인 숭고das Dynamisch-Erhabene"를 구별한다. 즉, 한편으로 숭고는 모든 비교와 척도를 넘어서는 양적인 크기로서 우리에게 나타나며, 다른 한편으로는 우리가 전적으로 굴복해야만 하는 힘으로 나타난다. 첫 번째 유형의 숭고한 현상들로는 우리 위로 펼쳐진 하늘, 무궁무진한 대양, 거대한 산맥 등이다. 두 번째 유형의 숭고한 현상들로는 위협적인 바위덩어리, 우리 앞에 돌연히 떨어져 내리는 바위벽, 강력한 폭포, 천둥, 번개, 지진, 용암분출 등과 같은 것이다.

ii) 숭고의 역사적 맥락

고대 수사학에서 숭고는 청자들에게 어떤 표상들이 환기될 때 등골이 오싹하는 전율이 야기되며 연설자가 어떠한 방식들을 통해 청중을 무아지경에 이르도록 할 수 있는가 하는 문제들과 연관하여 다뤄졌다. 이러한 물음들에 대해 가장 효과적이라고 여겨졌던 것은 바로 위협과 위험의 표상들과 섬뜩함과 전율의 감정들이었다.

칸트 역시 고대의 숭고론을 잘 알고 있었다. 하지만 칸트는 고대의 수사학에서 다뤄진 숭고와 거리를 두며, 관찰자가 스스로 안전하며 위험에 처해 있다고 느끼지 않는 숭고한 현상들에만 관심을 갖고 있었다. 무언가를 무시무시하다고 간주하는 것과 스스로가 무언가에 대해 공포를 느끼는 것을 구별하면서 칸트는 후자의 경우 판단의 자유가 박탈되어 있기 때문에 미적인 현상이라고 볼 수 없으며 따라서 숭고하지 않다고 주장한다.

iii) 숭고의 분석

칸트에 따르면 숭고의 지각은 쾌/불쾌의 감정혼합과 결부되어 있다고 한다. 즉, 숭고의 현상들은 우리로 하여금 우리의 약함과 열세함을 느끼게 하기도 하지만, 동시에 자연에 대한 우리의 열세를 표상할 때 우리로 하여금 단지 자연적 존재로서만 보잘것없을뿐 또 다른 관점에서는 자연을 능가한다는 의식을 갖도록 만들어준다는 것이다. 예컨대 우리는 자연의 광대함을 측정할 수 없지만, 자연에 대한 이성적인 표상들을 얻을 수는 있는 것이다.

그렇다면 숭고의 개념은 수정되어야 할 것이다. 말하자면 수학적으로나 역학적으로 숭고하다고 규정되었던 자연현상들이 숭고한 것이 아니라, 우리가 자연에 비해 우세하다고 말할 수 있는 우리 내부의 관념적인 계기들이 숭고하며, 자연현상들이 우리로 하여금 상기시켜주는 이상적인 계기들이 숭고하다고 할 수 있는 것이다. 한마디로 칸트는 주체가 웅장한 자연을 통해 그 자신에게서 모든 자연을 뛰어넘는 것을 내재화시킴으로써 얻는 웅장한 자연의 지각을 숭고한 것으로 해석하고 있는 것이다.

⑤ 예술과 천재

i) 예술작품과 미

칸트는 모든 개별 예술 분야들의 유개념이라고 할 수 있는 '아름다운 예술schöne Kunst, fine art' 개념을 자연에 대한 대립개념으로 규정한다. '자연Natur'이 저절로 생겨나는 모든 것들의 영역이라고 한다면, '예술Kunst'은 특정한 목적을 위해 인간에 의해 생산된 모든 것들의 영역이라고 할 수 있다. 칸트에게서 예술은 '작품Werk'의 성격을 가져야 하는 것으로 규정된다. 즉, 다양한 예술장르들에 유효한 규범들로부터 결과적으로 생겨나는 불가피한 것인 노동의 계기는 예술생산에서 간과될 수 없는 것이다. 따라서 예술가의 생산은 '목적이 없는zweckfrei' 활동 내지는 목적으로부터 자유로운 활동으로 규정된다. 다른 한편 작품은 자연처럼 보일 때에만 '아름다운schön' 것으로 규정된다. 칸트에게서 '자연모방'이 함축하는 것은 예술작품이 인위적으로 꾸며진 것이나 현학적인 인상을 주어서는 안 되며 마치 개별 요소들의 다양성이 저절로 그리고 자연스럽게 아름다운 형태로 결합되어 있는 것처럼 보여야 한다는 것이다.

결국 예술에서 중요한 것은 규칙의 준수와 미를 넘어서 '정신'이 내재해 있느냐 하는 문제가 된다. 정신은 예술작품 내에서 생동성의 계기로서, 관찰자를 묶어두고서 작품과 씨름하는 작업을 항상 가치 있는 것으로 만드는 역할을 한다.

ii) 예술과 천재

칸트는 '아름다운 예술'은 오직 천재의 예술일수만 있다고 한다. 칸트에 따르면, '천재 Genie'는 '전통적인 규범들의 준수하에서 새로울 뿐만 아니라 범례적이기도 한 독창적인 것을 창조해내는 자연적 능력', 혹은 '새로운 척도를 정립하고 이를 통해 한 예술장르 내에서 가능한 것의 공간을 변화시키는 능력'이라고 한다. 진정한 천재는 규범들을 깨는 것이 아니라 규범들을 충족시키는 동시에 새로운 것을 통해 그러한 과거의 규범들을 극복함으로써 규범들을 변화시킨다.

칸트의 이 같은 예술론은 고전주의와의 친근성에도 불구하고 과거의 규범미학과 구별된다. 왜냐하면 칸트의 관점에 따르면, 천재의 생산에서 형식의 특성을 지니는 미 개념 내에 포함되어 있는 척도의 요청들은 저절로 충족되는 것으로 규정되고 있기 때문이다. 천재는 생산과정이 어떻게 진행되는지를 알지 못하기 때문에, 다음과 같은 칸트의 공식화된 규정이 가능하다. 즉, "자연은 천재를 통해 아름다운 예술에 규범들을 제공해준다."

⑥ 취미판단

i) 취미판단의 특성

칸트는 미와 숭고에 관한 판단들을 "미학적인 반성판단들ästhetische Reflexionsurteile"(오늘날에는 그저 '미적인 판단'이라고 부른다)이라고 부른다. 무언가가 아름다운지 아닌지에 대한 판단만이 칸트가 말하는 '취미판단Geschmacksurteil'이다.

취미판단은 다음과 같은 특성들을 가진다.

• 취미판단의 규정근거는 순수하게 주관적인 감정으로서, '관심 없는 만족interesseloses

Wohlgefallen' 혹은 '불만족Mißfallen'의 감정이다.

- 취미판단에 있어 판단자 자신이 생각하기에 다른 판단자들에게도 유효하다고 아무리 확신을 가지고 취미판단을 할지라도 자유로운 미에 관해서는 인식 대상에 부가되는 그 어떠한 개념들도 아무 역할을 하지 못한다. 개념 없이 보편적으로 마음에 드는 것만이 아름다운 것이다.

- 미는 관찰자가 대면하고 있는 대상의 합목적성 속에 존재한다. 아름다운 대상은 관찰자 때문에 존재하는 것이 아니라, 관찰자가 아무런 유용성의 시각 없이 대상을 대면하고 있는 것이다. 자유로운 미를 지각할 때 대상의 목적이라는 개념이 아무런 역할을 하지 못하기 때문에, 칸트가 말하는 '관심 없는 만족interesseloses Wohlgefallen'은 '목적 없는 합목적성Zweckmäßigkeit ohne Zweck'에 대한 지각으로 이해되는 것이다.

- 취미판단에는 필연성의 계기 역시 포함된다. 즉, 판단자가 자신의 판단에 대해 타인들의 동의를 기대해도 좋을 만한 근거를 가지고 있다고 생각하며, 또한 타인들이 대상에 대한 관심 없는 관찰이라는 자신과 동일한 판단관점을 취하기를 요구한다는 점에서 취미판단에는 필연성의 계기가 존재하는 것이다.

ii) 취미판단의 주관적 보편타당성

주관적으로 지각되면서도 단지 주관적으로만 타당하지 않는 취미판단의 근거를 입증하기 위해 칸트는 '관심없는 만족'을 '자기지각Selbstwahrnehmung'으로 해석한다. 즉, 무언가를 아름답다고 특징짓는 한 개인은 대상에 의해 유발된 특별한 인지적 상태에 처하는 것이다.

기본적으로 칸트 철학에 따르면, 주어진 대상들에 대한 경험적 인식은 '상상력Einbildungskraft'에 의해 대상의 복잡한 형식을 파악하고 '지성Verstand'에 의해 대상의 종류에 대한 개념을 발견하는 과정을 통해 이루어진다. 그러나 이 두 과정은 동시적이다. 왜냐하면 경험 대상들에 대한 개념들에서 대상이 개념화될 때 대상이 가져야만 하는 형식이 함께 생각되기 때문이다. 이처럼 서로 상이한 인지적 능력들을 서로 관계시켜 이를 통해 대상 인식이 이루어지도록 해주는 능력을 칸트는 "판단력Urteilskraft"이라고 규정한다. 칸트에 따르면, 이러한 인지적 과정을 진행시키는 것은 바로 미적인 대상들의 특수성이라고 한다. 그러나 미적인 대상들의 특수성은 이러한 인지적 과정을 끝까지 밀고 나가지 못하며, 이것을 수행하는 것은 한편으로는 상상력에 의거한 '다양성'과 다른 한편으로는 지성에 의거한 '개념적 규정' 간의 결합을 계속적인 상호작용 속에서 유지시키는 능력이다. 이러한 인식능력의 유희작용이 미에 대한 성찰적 관찰의 내용을 형성하며 우리에게 관심 없는 만족의 형태로 의식되는 것이다. 결국 상상력과 지성으로 미를 지각하는 데에 있어서는 경험적 인식을 할 수 있는 모든 이들이 소유하고 있는 능력들만이 필요할 뿐이다. 그리하여 경험적 인식능력이 있는 모든 이들은 세계에 순수하게 미적으로 대응할 수 있는 것이며, 아름다운 것과 그렇지 못한 것을 판단할 수 있는 것이다.

칸트에 따르면, 취미판단이 단지 주관적이기만 한 판단이 아니기 때문에, 취미에 관한 논란이 있을 수 있지만, 우리가 우리의 미적인 판단들의 근거들을 내보여줄 수 없기 때문에, 논란에 관한 최종적인 결정은 있을 수 없다고 한다.

3. 쉴러의 미학

프리드리히 쉴러Friedrich Schiller(1759-1805)는 독일 고전주의 사상가이자 작가로서 칸트 미학과 씨름하였던 첫 번째 사상가들에 속한다. 칸트에게서 관심에 의해 유도된 판단들로부터 추상될 수 있기만 하다면, 모든 것이 미적으로 경험될 수 있다고 주장된 반면, 쉴러는 예술적인 행위에 보다 더 높은 위상을 부여한다. 즉, 그는 예술작품을 미적인 상태를 야기시키는 견인차로 상찬함으로써, 칸트의 예술철학을 새로이 재해석하는 데 기여하였던 것이다.

칸트 미학을 쉴러와 같은 예술가들이 매력적으로 여기도록 만들었던 점은 한편으로 미적인 관점을 인식 및 도덕과 동렬에 위치한 제 삼의 이성적 능력으로 평가하였다는 사실이며, 다른 한편으로는 예술과 미적인 것을 단순히 도구적인 위치로부터 해방시켜 그것에 독자적인 위상을 부여하였다는 것이다. 특히 쉴러는 칸트에게서 부수적인 의미만을 지녔던 다음과 생각을 강조하였다. 즉, 미에 대한 미적인 만족은 도덕적인 의식과 일정 정도 유비적이며 따라서 자연미에 대한 애호는 선한 영혼의 징표라고 할 수 있다는 것이다. 그리하여 미는 인륜적 도덕성의 상징이라는 것이다. 이로부터 쉴러는 인간의 미적인 교육에 관한 사상을 발전시킨다.

1) 쉴러의 삶

쉴러는 1775년부터 1780년 사이에 독일 슈투트가르트에서 의학공부를 한 후에 군의관으로 복무했다. 그 후 1782년 그의 첫 연극 작품인 『군도Die Räuber』가 만하임에서 초연되었으며, 그 이후 『피에스코Fiesko』(1783), 『카발레와 사랑Kabale und Liebe』(1784), 『돈 카를로스Don Carlos』(1787)가 연이어 발표되었다. 정치적 이유에서 바덴 뷔르템베르크Baden-Württemberg로부터 도망쳐 나와 이리저리 거주지를 옮겨 다녀야만 했다. 1788년 그는 예나 대학 역사학과 교수가 되었으며, 1791년까지 교수직을 수행하였다. 그의 철학적 연구시기는 1792년부터 1795년까지로서, 이 시기는 칸트의 『판단력 비판』을 처음 읽었던 시기이다. 그의 철학적 연구의 주요 결과물들은 『인간의 미적인 교육에 관하여Über die ästhetische Erziehung des Menschen』(1795)와 『우아와 존엄에 관하여Anmut und Würde』(1793)이다. 여기서는 감성과 이성의 대립이 지양되어 있는 전체적인 본질로서 인간을 각인시키는 것을 가능케 해주는 일이 예술에 의해 이루어질 수 있다고 주장된다. 이러한 컨셉은 『칼리아스 서한*Kallias oder über die Schönheit*』(1793)에서 발견된다. 철학적인 연구 작업 이후에 쉴러는 1799년부터 바이마르에서 괴테와의 친교하에서 『발렌슈타인*Wallenstein*』(1800), 『마리아 슈투아르트*Maria Stuart*』(1801), 『메시나의 신부*Braut von Messina*』(1803), 『오를레앙의 처녀*Jungfrau von Orleans*』(1804), 『빌헬름 텔*Wilhelm Tell*』(1804) 등의 작품을 쓴다.

2) 쉴러 미학의 기초

쉴러 미학의 기본 텍스트는 『인간의 미적인 교육에 관하여』이다. 이 글을 쉴러는 '질풍노도의 시기Sturm und Drang-Zeit' 말엽에, 즉 『돈 카를로스』와 『발렌슈타인*Wallenstein*』 삼부작 사이 시점에 덴마크 아우구스텐부르크의 황태자의 재정지원에 대한 감사의 표시로 작성하여 헌사했다. 그러나 코펜하겐 성의 화재로 소실된 후에 쉴러는 새롭게 작성하여 그가 편집하고 있었던 잡지인 『호렌*Die Horen*』에 소개하였다.

'미적 교육에 관한 서한'은 정치와 인간학으로부터 교육과 사회화를 지나 미적인 국가에 이르기까지 포괄적인 주제를 다루고 있다. 처음 10개의 서한들에서 쉴러는 당대의 정치적이고 문화적인 상황들을 다루면서 사회적인 결핍들과 문제들을 드러내고자 하였다. 그러면서 그는 '전체적인 교양'의 중요성을 설파하면서 국가와 시민들 간의 균열과 개인과 국가 간의 소외는 오직 미적인 교육을 통해서만 극복할 수 있다고 주장하였다.

11번째부터 16번째 서한에서는 인간의 기본 충동들에 관한 쉴러의 인간학적 이해의 배경하에서 미적인 상태가 논의의 대상이 된다. 그는 여기서 미적 충동의 바탕에 놓여 있는 "유희충동Spieltrieb"이 '감성적인 소재충동der sinnliche Stofftrieb'과 '이성적인 형식충동der vernünftige Formtrieb'의 상호작용으로부터 규정된다는 점을 설명한다. 이를 통해 쉴러는 문화와 미적인 교양의 핵심적 과제가 소재충동과 형식충동이 상호영향을 주고 보충하여 인류의 이상이 그로부터 귀결되도록 하는 것에 있다고 주장한다.[60]

---

60 Friedrich Schiller: Über die ästhetische Erziehung des Menschen(이후로는 ÜEM으로 약칭), in: Friedrich Schiller. Theoretische Schriften, hrsg. v. Rolf-Peter Janz u.a., Deutscher Klassiker Verlag, Frankfurt a.M. 2008, S.609ff.

19번째 서한부터 23번째 서한까지는 쉴러의 고유한 교양 및 교육적 이념을 다루고 있는데, 여기서 쉴러는 무엇보다 어린 아이는 아직 "수동적인 결정성"(ÜEM 625ff.)의 상태에 있으며, 이러한 상태는 도덕적인 목표를 위해서나 이론적인 인식을 위해 도구화될 수는 없다고 설파한다. 사회화가 이루어짐으로써 비로소 아이는 예정된 실재성 의식을 달성하며, 아이가 능동적인 자기규정성의 길을 내딛을 때에야 비로소 아이는 미적 교육의 도움으로 자유로운 상태가 된다고 한다.

24번째 서한에서 마지막 27번째 서한까지 쉴러는 시민이 능동적 결정력으로 참여하는 '미적인 국가'(ÜEM 673)에 대해 서술한다.

종합적으로 이야기하자면, 쉴러의 미적 교양의 네 가지 핵심적인 계기들은 다음과 같다.

① '미학의 출발점'은 현실의 분열상이다

쉴러 미학의 출발은 인간학적이고 정치적인 이상에 모순되는 사회정치적 분열상이었다. 쉴러에 따르면, 당대의 현실은 노동분업으로 인해 직업이 특수한 숙련성과 전문화 영역에 고정되어 있어서 인간의 정신적 능력 역시 전체성을 상실하고 부분적으로 구획화되고 분열되었다는 것이다. 그렇지만 모든 인간은 "자신 안에 순수한 관념적 인간상을 지니고 있는바, 인간의 모든 변화 과정들에서 그러한 인간상의 변함없는 통일성과 조화를 이루는 것이 인간 현 존재의 대과제인 것이다"(ÜEM 564). 따라서 쉴러는 감정과 지성, 의무와 성향, 사고와 행동의 분열이 유지되도록 한다. 왜냐하면 이것이 바로 현실의 모습이기 때문이다. 이 같은 현실의 분열상에 순응하는 것이 아니라 그 곳에서 통일을 끌어내려고 한 쉴러는 인간의 '전체성의 도덕Moral der Ganzheit'을 추구하면서, 이러한 전체성이 미적인 표현으로 나타나야 한다고 주장한다. 그러면서 쉴러는 이러한 '완성된 인간의 봉인das Siegel der vollendeten Menschheit이자 아름다운 영혼eine schöne Seele이라고 이해되는 것'이기도 한 것을 '우아Anmut'라고 규정하는 것이다.

쉴러에 따르면, 전문화와 개별 사회체계들로의 분화는 그 나름대로 정당성을 가지며, 개별 능력들의 엄밀한 기능화가 없다면 사회적이고 문화적인 성과들은 가능하지 않을 것이라고 한다. 그럼에도 불구하고 전문화와 기능적 분화는 감정능력과 감각능력을 훈련시키는 것을 통해 평형을 가질 필요가 있다. 그리하여 쉴러는 '자기 자신의 지성을 사용할 용기를 가져야 한다'고 한 칸트와 계몽주의 사상과는 상반되게 감성과 감각의 교양을 주창한다. 칸트가 지성과 이성의 개입으로부터 출발한다면, 쉴러는 의지력과 감각능력을 발전시킬 용기에 더 많은 가치를 두었던 것이다.

정치사회적인 측면에서도 분열상은 고수될 필요가 있었다. 1789년 프랑스 혁명을 통한 사회문화적 변화에 대한 기대감은 공포정치와 테러에 의해 사람들에 의해 좌절되었다. 이제 사람들은 더 이상 사회적 관계들의 혁명이 아니라 개개인의 변화를 통한 변화를 기대하게 된 것이다. 그 결과 정치가 아니라 예술이 다른 새로운 사회로의 길을 지시해줄 수 있다고 생각되었던 것이다. 예술은 미적 가상 속에서 현실적으로 이상을 선취하는 유일한 방식이기에 예술 속에서 그리고 예술과 더불어 새로운 시대의 이상으로의 접근이 이루어질 수 있는 것이다.

쉴러는 프랑스혁명의 좌초가 결여된 자유의식으로부터 기인한다고 생각하였다. 그에 따르면, "자연국가Naturstaat라는 건물은 흔들리며, 그것의 취약한 기반은 점차 약해지게 된다. 그리고 법을 왕좌에 올리고, 인간을 결국에는 자기목적으로 존중하며, 진정한 자유를 정치적 결속의 토대로 만들 물리적 가능성이 주어져 있는 것 같다"(ÜEM 567-568). 결국 이성은 감성과 상호작용을 해야 하는바, 그렇지 않을 경우 이성은 너무 강하게 관철되어 야만적인 상태가 벌어질 수 있는 것이다.

② 미학의 대상은 아름다움이다

쉴러는 첫 번째 서한부터 감정과 감각 역시 미를 이해하는 데 있어 중요하다고 말한다. 칸트가 감각과 감정의 문제를 소홀히 했다는 점에서 쉴러는 칸트의 이성철학이 공허한 철학이라고 규정한다. 왜냐하면 쉴러에게서 미는 지배적인 정신의 표현으로서 '존엄'과 지배적인 충동의 표현으로서 '관능' 사이에 있기 때문이다. 쉴러는 칸트의 미 이념 속에 내재되어 있는 미적 판단의 주관성을 문제시하면서 무관심적 만족에 근거하는 칸트의 미 이념으로부터 거리를 둔다. 쉴러가 보기에 칸트의 미 이념에 따르면 대상에 대해 '무관심성'이라는 올바른 태도만 취하면 모든 것이 아름답다고 일컬어질 수 있기 때문이다.

칸트와는 달리 쉴러는 『칼리아스 서한』에서 미란 특정한 대상이나 형식과 동일시될 수 있다는 고전적 견해로 돌아선다. 윌리엄 호가스William Hogarth(1697-1764)의 관점에 의거하여 쉴러는 미를 야기시키는 계기를 객관성으로 옮겨놓고서 인간을 자기규정 및 자유로 추동시키는 잠재력을 가진 예술작품들에 미를 귀속시킨다. 그리하여 아름다운 가상은 정치적 자유로 나아가는 길이 단순히 키메라 같은 것으로 머물지 않기 위해서 객관적으로 되어야만 하는 것이다. 그렇다면 자유로운 자기규정의 가능성들을 개시해주는 완전한 형식은 미와 동일시되는 것이다. "미는 현상에서의 자유에 다름 아니다."[61] 이러한 자유가 임의성으로 전환되지 않기 위해서, 미는 합법칙성의 지배하에 놓여 있어야 하는 것이다. "미적인 산물은 규칙적이어도 되며 또 규칙적이어야만 한다. 그러면서도 미적인 산물은 규칙으로부터 자유로이 현상해야만 한다"(KüS 289). 미적 산물의 이 같은 자유로운 현상이 의미하는 것은 미가 외적인 것으로 환원되는 것이 아니라 자기 스스로를 설명하는 자명성을 자체 내에 지니고 있다는 것이다. 그리하여 "어떠한 설명도 요구하지 않는 형식이 혹은 개념 없이 설명되는 그러한 형식이 [⋯] 아름답다"(KüS 290). 이와 더불어 쉴러는 미가 항상 가상 속에서만 발견될 수 있다는 점을 명확히 하고자 한다. 왜냐하면 대상들은 항상 필연성들에 얽매여 있기 때문이다. 이러한 의미에서 미는 자신을 스스로 현상하도록 한다고 할 수 있는 것이다.

예술가는 테크니컬한 규칙들에 의거하여 예술작품에 특별한 자유의 형식을 부여한다. 이러한 자유의 형식은 미에 대한 보편적이고 필연적인 욕구로부터 시작하며 "형식의 내적인 필연성"(KüS 306)으로서 관찰자에게 일정한 강제로서 규정되는 형식이다. 미학에서 자유는 강제를 통해 생겨나며 이렇게 생겨난 후에 자유는 다시금 강제를 작용시키는 것이다. 이를 쉴러는 다음과 같이 간략히 표현한다. "미는 예술적 규칙성(내지 절제된 규칙성) 가운데 있는 자연이다Schönheit ist Natur in der Kunstmäßigkeit"(KüS 301). 쉴러는 여기서 'Kunst'라는 말이 "규칙을 통해 존재하는 것was durch eine Regel ist"을 함축하고 있다고 하면서 "Natur in der Kunstmäßigkeit"라는 말은 결국 "자기 자신에게 규칙을 부여하는 것 - 자신의 고유한 규칙을 통해 존재하는 것"을 의미한다고 한다. 그리하여 자유는 존재론적 필연성과 기술적인 필연성의 조합을 통해 이러한 자유의 성찰을 야기시키는 자기규정으로서 생겨나는 것이다. "미 혹은 취미는 모든 사물들을 자기목적들로 고찰하며, 하나가 다른 하나에게 수

---

61 Friedrich Schiller: Kallias oder über die Schönheit(이후로는 KüS로 약칭), in: Friedrich Schiller. Theoretische Schriften, S.285.

단으로 복무하거나 고삐를 짊어지는 일을 결코 허용하지 않는다"(KüS 312). 말하자면 미학의 영역은 독자성과 자기규정의 영역으로 이해될 수 있다는 것이다. 우리가 사물들을 자유로운 것으로 고찰할 때에만, 우리는 그것들을 미적으로 고찰할 수 있는 것이다. 그리고 이러한 고찰 가운데에서 사물들이 자연에 적합하거나 예술에 적합하게 자유로이 현상할 때에만 그 사물들은 미적이라고 불릴 수 있는 것이다: "예술적 규칙성 속에서 자유로이 현상하는 자연산물은 아름답다. 자연산물을 자유로이 묘사하는 예술산물은 아름답다"(KüS 322). 여기서 드러나는 중요한 사실은 자기규정이라는 측면에서 예술과 예술미가 자연과 자연미보다 우위에 있다는 것이다. 왜냐하면 자연을 자기규정 속에서 현상하도록 하는 일은 예술을 통해서만 이루어질 수 있기 때문이다. 대리석 인체조각상은 현실에서는 대리석 돌덩어리이지만 예술작품의 측면에서는 살아 있는 듯한 인간처럼 여기는 것이다.

③ 미학의 형식은 유희의 인간학적 이론에 근거한다

쉴러의 인간상은 앞서 언급된 바 있는 인간의 두 가지 기본 충동들인 '감성적인 소재충동der sinnliche Stofftrieb'과 '이성적인 형식충동der vernünftige Formtrieb'의 상호작용을 통해 규정된다. 소재충동은 감각지각들을 받아들이고 항상 새로운 경험상황들을 추구한다. 반면 형식충동은 형태의 창조성과 통일성에 의해 각인되며 물리적 자연으로부터의 해방을 추구한다. 이 두 충동들 중 어느 하나도 억압되어서는 안 된다. 왜냐하면 이 두 충동들은 인간을 구성하는 기본 충동들이기 때문이다. 인간이 둘 중의 어느 한 충동에 의해서만 규정되거나 둘 중 어느 한 충동만이 지나치게 강하게 전면에 나선다면, 인간은 '영Null'의 상태로 축소된다고 한다. 왜냐하면 너무 강한 소재충동에 의해 각인되어 있는 사람은 자신의 외부세계를 선택적으로만 지각함으로써 그저 자신의 편견들을 입증하려고만 할 것이기 때문이다. 그는 자신이 인정하고 싶어 하는 관점으로부터만 자신의 주위세계를 받아들여서 그저 자신이 이미 알고 있는 사물들만을 볼 뿐이다. 그리하여 그는 세계 속에서 자신의 거울상을 보며 자기 자신을 지각하지 못한 채 제로상태가 되는 것이다. 반면 인간이 너무 강한 형식충동의 지배를 받는다면, 그는 모든 사물들을 가공도 못하고 그 자체로 지각하게 되어, 그 스스로가 주위세계가 되고 그 결과 '영'이 되는 것이다. 결국 인간은 과도한 합리성이나 과도한 감성으로 인해 자신의 자아를 상실하는 것이다. 이러한 문제로부터 벗어날 길을 쉴러는 다음과 같이 이중적으로 제시한다: 인간은 "모든 내적인 것을 외화시키고 모든 외적인 것을 형태화시켜야만 한다." 아니면 인간은 "우리 안의 필연적인 것을 현실로 가져가고 우리 밖의 현실적인 것을 필연성의 법칙에 종속시켜야만 한다"(ÜEM 596).

그럼에도 불구하고 쉴러는 형식충동의 함양에서는 가능한 한 커다란 '내적 집중성 Intensität'을 강조하고 소재충동의 함양에서는 가능한 한 커다란 '외연적 확장성Extensität'을 강조한다: 이러한 교양을 함양하는 사람의 문화는 "첫째로는 수용하는 능력에 세상과 최대한 다양한 접촉을 마련해주고 감정의 측면에서 수동성을 가장 최고로 추동시키는 것에 있으며, 둘째로는 규정하는 능력에 수용하는 능력으로부터의 최대한의 독립성을 마련해주고 이성의 측면에서 능동성을 가장 최고로 추동시키는 것에 있다"(ÜEM 602). 소재충동은 가장 다양한 감각인상들에 열려 있어야 하며, 그것의 감수성은 최대한 세분화되어 함양되어야 한다. 그러나 이러한 소재충동의 함양은 형식충동의 함양과의 연관 속에서 가능하다. 형식충동은 분산과 흩어짐의 위험에 굴복하지 않기 위해 사태에 집중할 수 있어야 한다. 그리하여 "수용성이 점점 더 다면적으로 함양되고 점점 더 동적이며 점점 더 많은 부분을 현상들에 할애하게 될수록, 인간은 세계를 점점 더 많이 파악하고 점점 더 많은 자질들을 발전시킨다. 그리하여 인성이 더 많은 힘과 충동들을 얻고 이성이 더 많은 자유를 얻는다면, 인간은 세계를 더 많이 파악하고 더 많은 형식을 창조하게 되는 것이다"(ÜEM 602).

이러한 두 가지 서로 대립적인 능동성과 수동성의 매개를 쉴러는 유희충동이라고 부른다. 유희충동을 통해서야 비로소 인간은 완전해지고 자유로워지게 된다. 왜냐하면 이 유희충동에서만 인간은 형식과 재료의 통일이자 규정과 피규정성의 통일인 "생생한 형상 lebende Gestalt"(ÜEM 609)과 관계하게 되기 때문이다. 형식을 재료로, 실재성을 형식으로 가져가서 충동을 만족시키는 행복에 대한 인간의 추구를 도덕적인 완전성과 통일시키는 일은 오직 미적 유희에서만 가능할 수 있는 것이다. 쉴러에 따르면, "인간은 미와 유희만을 해야 하며 동시에 **오로지 미하고만** 유희해야 하는 것이다der Mensch soll mit der Schönheit nur spielen, und er soll *nur mit der Schönheit* spielen"(ÜEM 614).

"미와 유희를 한다"는 것은 무슨 의미인가? 쉴러는 '유희das Spielen'를 '성찰' 내지 '관찰'이라는 의미로 규정한다. 쉴러에 따르면, "융합하는 미die schmelzende Schönheit를 통해 감성적 인간은 형식과 사유로 인도된다. 그리고 융합하는 미를 통해 정신적 인간은 재료로 환원되며 감각세계로 되돌려진다"(ÜEM 622). 감각적 층위가 없는 미적인 교양은 단지 추상일 뿐이다. 그러나 우리가 대상들에 아무런 형식도 부여하지 않은 채 그것들을 순전히 감성적인 층위에서만 경험한다면, 이러한 대상들은 형상없는 인상들 내지 무정형의 덩어리로만 남게 될 것이다. 오직 감성과 형식의 상호작용 속에서만 우리는 대상들을 아름다운 것으로 경험할 수 있는 것이다.

예술의 미적 경험이 소재충동과 형식충동의 이상적인 관계를 발전시킴으로써, 감성적인 동시에 이성적인 생생하게 형상화된 대상들은 아름다운 대상들로서 감지될 수 있는 것이다. 예술은 인간을 완성으로 이끈다. 그리고 경험을 통해 무언가가 아름다운지 추한지를 아는 것이다. 유희충동은 수동적 능동성과 능동적 수동성의 역설적인 이중작용이다. 유희작용은 개인들과 예술을 서로 관련시키는 주체가 됨으로써, 인간들이 풍부해질 뿐 아니라 세계 역시 보다 풍부한 것으로서 나타나는 것이다. 미적인 상태에서 인간은 규정되는 동시에 자신을 스스로 규정하기도 하여, 이 같은 규정과 피규정의 상호작용을 통해 창조적으로 발견되는 실재성에 이르게 된다.

④ 미적 교양의 목표는 미적인 국가의 달성이다

쉴러의 전체 기획에 따르면, 인간은 우선 감성적인 것과 자연적인 것의 영역에서 스스로를 계발하며, 이성을 통해 감성충동이 보완되어 결국 감성적인 것이 이성적인 것으로 대체된다는 것이다. 같은 맥락에서 자연국가는 이성국가를 통해 대체되어야 하는 것이다. 그러나 이성만으로는 인간이 도덕적이고 정치적으로 올바로 행동하는 것이 보장되지 않는다. 이성국가는 개인들로부터 형성되어야 하고 시민들에게 어떠한 법도 강제해서는 안 된다. 이성국가의 형성은 인간의 이중적 본질이 조화롭게 균형을 이룰 때에만 가능한 것이다. 만일 그렇지 못할 경우 인간은 "야생의 존재die Wilden"나 "야만적 존재die Barbaren"가 될 것이다. "야생의 존재"를 쉴러는 '이성을 사용하지 못한 채 감정들에 의해 지배되는 사람들'로 이해하며, "야만의 존재"를 '도덕적 이성으로 감정을 억누르는 사람들'로 이해한다. 이 두 상태는 오직 미적인 조화를 통해서만 배제될 수 있는 것이다. 그렇다면 쉴러가 생각하는 이상적인 국가는 어떤 모습일까?

쉴러는 국가가 개인의 발전에 영향을 주어서는 안 되며 다양한 개인적 추구행위들을 억압해서는 안 된다고 한다. 이성국가로 이르는 길은 미적인 국가를 통해서 가능한 것이다. 쉴러에 따르면, 자연국가에서 인간은 자연의 힘을 감내하고, 미적인 상태에서 그러한 자연의 힘으로부터 자유로워지며, 결국 도덕적 국가에서 자연의 힘을 지배한다고 한다. 여기서 미적인 상태는 이성으로 이르기 위한 도구로 이해된다. 그러나 미적인 상태는 인간의 완성에 가장 근접한 상태이기도 하다: "미 또는 미적인 통일의 향유에서 재료와 형식, 감내와 활동의 실제적인 통일과 교류가 이루어지기 때문에, 바로 이를 통해 두 가지 본성들의 통일, 즉 유한성 속에서 무한성의 실행 내지 가장 숭고한 인간성의 가능성의 실행이 입증되는 것이다"(ÜEM 659). 그러나 쉴러가 미적인 국가를 한시적인 상태로 이해하는지 아니면 지속적인 상태로 이해하는지 혹은 그가 미적인 국가를 이성국가로 이르는 과도기 국가로 생각하는지 아니면 민주주의적인 삶의 형태와 지배형태로서 도덕적 규율들에 의해 담지되는 궁극적인 국가형태로 생각하는지 명확하게 이야기되지는 않는다. 쉴러는 『인간의 미적인 교육에 관하여』 마지막 부분에서 다음과 같이 묻는다: "미적 가상의 그 같은 국가가 존재하는가? 그것은 어디에서 발견될 수 있는가? 욕구에 따르면, 그러한 국가는 정교하게 조율된 모든 영혼 속에 존재하며, 행동에 따르면, 사람들은 그러한 국가를 […] 몇몇의 정선된 공동체들에서만 발견하고 싶어한다"(ÜEM 676). 이 같은 언급은 쉴러가 지향하는 이성국가에 대한 정치적 열정이 약화되었거나 소수 엘리트주의적으로 축소된 것처럼 들릴 수 있다. 그렇지만 완전한 미적 국가가 실현된다고 한다면, 그것은 예술과 미학의 몰락을 의미하는 것이다. 말하자면 예술과 미학은 불필요한 것이 되는 것이다. 왜냐하면 예술과 미학은 불완전한 현실 속에서 불완전한 현실과 대비되는 가운데 자체의 정당성을 가지는 것이기 때문이다. 그리하여 인간이 유희하는 인간이 되고 따라서 '전체 인간'이 된다면, 인간은 더 이상 완전해질 수가 없는 것이다.

3) 쉴러 미학의 개별적 주요 내용

① 『우아와 존엄에 관하여』

『우아와 존엄에 관하여*Anmut und Würde*』(1793)라는 글에서 쉴러는 이성의 계율들을 감성의 욕구들과 화해시킴으로써 완전한 내적인 독자성과 자유로 이르게 된 전체적 인간의 이상을 표명한다. 이미 『칼리아스 서한』에서 밝힌 바 있듯이, 쉴러에 따르면, 자유는 현상 속에서 미로서 모습을 드러낸다고 한다. 따라서 도덕적이고 전체적인 인간에게 우아의 자격을 지닌 미가 부여되는 것이다: "우아는 자유의 영향하에 있는 형태의 미이다." 잘 갖춰진 신체나 균형이 잘 잡혀 있는 얼굴에서 보여지는 자연적인 미와는 달리 도덕적이고 자유로운 정감의 표현인 우아는 인간 자체의 공로이다. 즉, 우아는 인간의 특성이 스며들어 있는 자의적인 움직임들에서 나타난다. 쉴러에게서 진정한 우아는 "완성된 인간의 봉인이자 아름다운 영혼이라고 이해되는 것"이다.

그러나 도덕적인 인간 역시 모든 상황에서 우아할 수는 없다. 오히려 흥분된 상황에서 그의 자유는 다음과 같이 표명된다. 즉, 의지가 이성의 규정하에서 정서를 통제하며 무절제한 모든 것을 저지하는 것이다: "도덕적 힘을 통한 충동들의 지배는 '정신의 자유 Geistesfreiheit'이며, 존엄은 현상 가운데서 나타나는 그것의 표현이다." 우아가 지시하는 바로 그것은 정서적인 도전의 상황에서 존엄 내지는 이성의 독자성을 강하게 만들 수 있다. 쉴러는 감성의 욕구들로 향해 있지만 이것들이 도덕성의 원리들을 부정하려고 하자마자 그러한 욕구들에 저항하는 '자유로운 통치liberale Regierung'를 영위하는 것을 이성의 과제로 보았다.

우아와 존엄은 대립쌍이 아니라, '아름다운 영혼'에게서 항상 지배적인 이성에 대해 단호한 태도를 취해야 하는 경우에만 존엄이 우아를 대체한다. 쉴러는 이성과 감성의 일치의 이상을 의무와 성향의 통일로 규정하기도 한다. 이것은 인간의 자유가 성향에 대한 고려 없이 항상 이성의 원리들의 지배 속에서만 나타난다고 주장한 칸트와 대별되는 생각이다.

② 미적인 것의 작용

쉴러에 따르면, 우아와 존엄의 현상은 도덕적인 작용을 가질 수 있다고 한다. 그리하여 존엄의 경우에 논증되는 "인륜적 도덕하에로의 감성의 종속"은 함께 사는 다른 사람들 및 그들의 감성적 욕구들에 대한 호소로 제한된다고 한다. 반면 우아는 다른 사람에게서 동일한 이성과 동일한 인륜적 도덕성을 재발견하는 행복한 경험으로부터 빚어지는 사랑이나 만족을 유발시킬 수 있다. 고전적인 조각예술에서 인간의 이상이 묘사되는 한에서, 그리스인들의 형상들은 우아와 존엄의 표현을 나타내줄 뿐만 아니라, 도덕적으로 정화하는 작용을 할 수도 있다. 원칙적인 박약함을 가지는 사람은 그러한 작품들의 존엄을 통해 자신의 의지를 이성에 의해 지도되도록 할 수 있으며, 순전히 이성만을 강조하는 사람의 경우 우아는 이성과 감성의 균형을 마련해줄 수 있다. 단지 감성만을 따르는 "야생의 존재"와 순전히 이성에만 향해 있는 "야만적 존재"에 대해 쉴러는 특정한 충동의 지배를 주장한다. 전자는 "감성적 충동"에 의해 지배되는 사람으로서 그때그때의 체험에 대해 아무런 반성 없이 모든 것이 그러한 체험으로부터 수동적으로 제시되도록 한다. 후자는 모든 것을 너무 일반화시킨 나머지 결국 자신의 개별성을 포기하고 단지 유적인 존재로서만 존재하는 것이다. 쉴러에 따르면, 이 같은 두 가지 일면성들은 미 내지는 예술을 통해서만 극복될 수 있다고 한다.

③ 유희충동과 미적인 상태

쉴러에 따르면, 그 자체로 감성적인 풍요와 형태상의 명료성을 통일시키고 있는 예술작품은 인간 내부에서 '유희충동Spieltrieb'이라는 제 삼의 충동을 일깨울 수 있다고 한다. 유희충동은 감성충동처럼 수동적이지 않으며, 단지 우연적인 것과 순간의 욕구들에 내맡겨져 있지 않다. 다른 한편 유희충동은 이성적 원리들의 필연성에 의해 지배되지도 않는다. 유희충동의 임무는 "법칙과 욕구 사이의 행복한 중간"이다. 그리하여 쉴러에 따르면, 인간은 그의 유희충동을 소생케하고 미적인 상황에서 그것에 도움을 주는 미 덕택에 총체성으로 발전된다고 한다.

쉴러에게 있어 '미적인 교육'은 인간이 예술을 통해 자신을 자유로운 존재로 파악하는 것을 배우고 이러한 자유의 잠재성을 의식하자마자 불필요한 제한들과 구속들로부터 벗어나게 된다는 점을 말해준다. 이러한 미적인 교육을 받은 인간은 무질서한 방종에 빠지는 것이 아니라 자기 규정된 법칙들과 원칙들의 필연성을 알게 된다. 그리하여 예술에 의거하여 인간에게는 "원래 그렇게 존재해야 하는 자유"가 부여되는 것이다. 쉴러는 미적으로 발전된 문화들이 일반적으로는 도덕적으로 데카당스하다는 견해에 대항하여 예술의 도덕적인 작용을 옹호하였다.

유희충동에 의해 규정되는 미적인 상태에서 모든 일면성이 잠시라도 지양되어 있기 때문에, 아름다운 예술작품은 항상 '충족된 무한성'을 기약하는 특별한 내용을 통해 정의된다. 따라서 예술작품의 작용은 작품 내에서 표명된 태도에 의해서가 아니라 수용자를 정신적 부자유와 야만상태로부터 건져내어 그에게 더 많은 자립성을 가능케 해줌으로써 도덕적인 작용을 하는 것이다. 이 같은 근거에서 쉴러는 수용자로 하여금 특정한 내용에 고정시켜두고 일정하게 포장된 형태로 일의적인 내용만을 전달하고자 하는 예술을 거부한다.

예술이 인간을 순전히 감각적인 욕구로 몰락하는 것으로부터 건져내기 때문에, 예술은 현실의 상황 자체에 대해 일정 정도 거리감을 나타낸다. 미적인 상태의 유희작용은 인간의 반성작용 속에 있을 뿐 아니라 인간의 이념적 능력의 활성화에 놓여 있기도 하다. 그리하여 예술은 아름다운 가상의 징표이며, 이것을 함양하는 일은 최상의 문화적 교양의 수준을 나타내는 것이라고 할 수 있다. 그러나 가상이 실재와 혼동될 경우, 예술의 해방적 힘이 사라지고 미적인 상태 속에서 획득된 이상들이 주어진 현실관계들에 강제적으로 관철되는 위험이 존재하는 것이다. 그리하여 쉴러는 모든 삶의 영역들이 미학화되는 것에 반대하면서 예술은 단지 독립적인 영역으로서 자연과 이성의 화해를 이루어내야 한다고 주장하였다.

현실에서 이상적인 미는 결코 마주칠 수 없기 때문에, 미적인 상태에서의 완전한 균형도 달성될 수 없다. 오히려 미는 감미로운 특성의 과잉이나 정열적인 특성의 과잉을 지닌다. 전자의 경우 인간의 일면적 특성은 부드럽게 완화되어 정서적 힘들의 전반적 무력화가 이루어질 수 있는 반면, 후자의 경우 감성이나 이성이 지배하는 긴장관계가 완전히 해소될 수 없다.

④ 역사적 차원

미의 도움으로 달성된 미적인 상태가 이성의 지배로 이르는 도정에서 최상의 목표를 나타내는지 아니면 필연적인 단계인지는 불분명하다. 『인간의 미적인 교육에 관하여』의 서두에서 인간이 더 이상 물리적 욕구들의 강제에 종속되지 않는 상태이자 오로지 도덕적 필연성만이 존재하는 상태인 이성국가에 대한 요청이 제기된다. '자연국가'에서 '이성국가'로의 이행을 완수하기 위해서는 인간에게 존재하는 두 가지 극단들 간의 균형을 모색하는 중간단계가 마련되어야 한다. 이러한 중간 단계가 바로 미적인 국가인 것이다. 쉴러에 따르면, "감성적 인간을 이성적으로 만드는 길은 우선 감성적 인간을 미적으로 만드는 방법이외에는 도리가 없다." 그러나 다른 한편 미적인 국가는 유토피아이기도 하다. 왜냐하면 미적인 국가는 보편적으로 고도로 발전된 예술만이 아니라 전적으로 민감한 수용자("세심한 영혼의 소유자")를 요구하기 때문이다. 그리하여 『인간의 미적인 교육에 관하여』 마지막 부분에서는 감성과 인륜적 도덕성의 화해를 비롯하여 미적인 국가에 대해 희망이 표명된다.

4. 헤겔의 역사철학적 미학

게오르크 빌헬름 프리드리히 헤겔Georg Wilhelm Friedrich Hegel(1770-1831)은 1788년부터 1793년까지 튀빙엔 신학교에서 횔덜린, 셸링과 함께 공부하였다. 그 후 베른과 프랑크푸르트에서 가정교사로 일하였으며, 1807년부터 1808년까지 밤베르크에서 신문사 편집장으로 그리고 1808년에서 1816년까지 뉘른베르크에서 김나지움 교장으로 활동한 것을 제외하고는 예나 대학(1801-1806), 하이델베르크 대학(1816-1818), 베를린 대학(1818-1831)에서 가르쳤다. 그의 '예술철학Philosophie der Kunst'은 하이델베르크 대학강의(1818)와 베를린 대학강의에서 소개되었으며(1820/1821, 1823, 1826, 1828/1829), 사후에 제자 호토Heinrich Gustav Hotho(1802-1873)에 의해 출간되었다(1835-37년, 2판은 1842년).

1) 헤겔 미학의 위상

헤겔의 철학적 미학의 기본 테제에 따르면, '예술은 과거와 현재의 문화에서 수행되는 문화적 기능을 통해 규정된다'고 한다. 헤겔은 역사적 자기의식의 수립이라는 예술의 이같은 기능이 과거에, 특히 고대 그리스시대에 수행되었다고 본다. 폴리스에서 예술은 역사적 공동체의 종교를 비롯하여 미의 직관 속에서 현재하는 신적인 것의 표상을 수립하며, 이와 더불어 "인륜성Sittlichkeit"의 토대를 제공해주었다는 것이다. 이처럼 고대세계에서 예술을 통해 이루어지는 역사적 방향정립에 대립되는 것이 바로 단순한 직관과 예술만으로는 만족할 수 없는 욕구인 근대세계에서의 "이성에 대한 욕구Bedürfnis nach der Vernunft"로서 이것은 '반성Reflexion을 통해 보장되는 행동의 이행에 대한 욕구'이다. "학문적 인식 wissenschaftliche Erkenntnis"을 비롯하여 예술의 인식 역시 근대인에게는 욕구가 되는 것이다. 따라서 예술사적 연구와 예술철학은 예술들의 역사적 다양성 속에서 예술들을 매개하며, 예술의 역사적이고 문화적인 의미를 해명하기 위해 직관을 동반해야만 한다. 헤겔은 이러한 과정에서 철학이 차지하는 과제를 규정하는데, 그것은 바로 체계적이고 역사적인 연관 속에서 예술을 설명하는 것이다. 그리하여 미학은 한편으로 예술의 본질에 대한 개념적 규명을 수행하는바, 그 한복판에는 "이상Ideal"의 규정이 자리 잡고 있으며, 다른 한편으로 "예술형식론"에서 개별 예술들의 역사적 전개를 구조화하는 작업을 수행한다. 비록 이 같은 미학의 기본 규정이 동일하게 남아 있다고 해도, 베를린 강의에서는 두 갈래의 미학규정이 세 갈래로 설명되고 있다. 즉, '이상'의 일반규정, 예술형식들의 구조적 규정, 그리고 개별적 예술세계들의 역사적 다양성에 대한 논의 등이 그것이다.

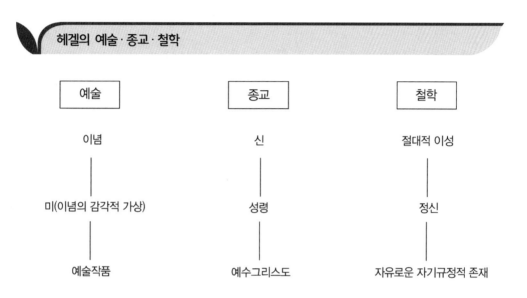

헤겔의 예술·종교·철학

예술	종교	철학
이념	신	절대적 이성
미(이념의 감각적 가상)	성령	정신
예술작품	예수그리스도	자유로운 자기규정적 존재

　헤겔 사후에 그의 제자인 호토는 헤겔 자신의 메모들과 학생들의 강의 필사본들로부터 완결된 미학체계를 구성하였으며, 이것은 헤겔 사후에 출간된 전집 내에서 세 권으로 묶여 빛을 보게 되었다. 1930년 독일 신학자 게오르그 라손Georg Lasson(1862-1932)은 미학의 새로운 판본을 만들면서 이미 출간된 텍스트와 베를린 미학강의자료들 간의 차이에 주목하였다. 그리하여 오늘날 헤겔미학의 기본 텍스트는 더 이상 호토가 출간한 텍스트가 아니라 베를린 강의자료들이다. 헤겔은 그의 미학강의들에서 그의 사후에 출간된 미학과는 다른 예술작품들을 고찰하고 있을 뿐 아니라 다른 체계적 중점들을 규정하고 있다. 말하자면 헤겔에게서는 예술에 대한 열광과 전문가의 예술판단이 아니라 역사적 문화에서 예술이 어떤 기능을 하는지에 대해 체계적인 근거를 갖는 답변을 하는 것이 관심의 초점에 있는 것이다. 그리하여 개별 예술들에 대해 사변적으로 근거규정된 예술적 심판을 내리는 작업이 아니라 예술 속에서 그리고 예술을 통해서 역사적 진리를 경험할 구조적 가능성을

점검하는 작업이 이루어지는 것이다. 예술은 무엇보다 전문적 학자들을 위해서가 아니라 "우리를 위해", 즉 모든 역사적 개인들을 위해 만들어져 있는 것이다. 헤겔은 자신의 미학 강의들에서 예술이 갖는 모든 이를 위한 의미로부터 출발하는 예술 개념을 발전시킨다. 여기서는 아름다운 것과 숭고는 받아들여지고 아름답지 않은 것과 일상적인 것은 받아들 여질 수 없는 것으로 서로 구분되지 않는다. 따라서 호토에 의해 출간된 미학이 아름다운 고대 예술에만 고착하여 일면적으로 다뤄진 것은 비판되어야 하며, '의고전주의비난 Klassizismusvorwurf'도 반박되어야 하는 것이다. 헤겔은 미학강의에서 예술을 "이상Ideal"으로 서 체계적으로 규정하고 있다. 말하자면 이상으로서의 예술은 유한한 형상을 하는 '이념 Idee'의 역사적 "실존Existenz" 내지 이념의 "생동성Lebendigkeit"이라는 것이다. 예술에 대한 이 같은 보편적 규정에 근거하여 헤겔은 '아름다운 것das Schöne'으로부터 '특징적인 것das Charakteristische'을 지나 '추한 것das Häßliche'에 이르는 다양한 예술들의 형상화가능성들의 스펙트럼을 비롯하여 수용적 측면에서 '아름다운 것 속에서 참된 것의 직관Anschauung des Wahren im Schönen'으로부터 아름다운 형식과의 유희와 향유를 지나 반성에 이르는 스펙트 럼을 구조화하여 설명한다.

2) '형식미학Formale Ästhetik' 대신 '내용미학Inhaltsästhetik'

합리주의 미학과 경험주의 미학에서 그리고 칸트 미학에서 미와 미적 형식에 관한 취미 판단의 유효성이 인식론의 확장을 통해 근거규정되었던 반면, 헤겔에게서 예술은 역사적 문화의 계기로 규정되며 그 근거는 인식론과 실천이론을 통해 정립된다. 헤겔은 예술이 포괄적인 역사적 의식을 매개한다고 주장한다. 그리고 이러한 내용이 바로 형식을 규정한 다고 한다. 헤르더와 마찬가지로 헤겔은 예술작품들을 역사 내지 역사적 상황의 연관 속 에서 문화적으로 자라난 것으로 본다. 미학강의에서 지속적으로 언급되는 사실은 예술이 인간의 교육과 공동체의 자기이해를 위해 유일하지는 않다고 하더라도 중요한 열쇠임에 는 틀림없다는 것이다. 개별 예술들에서 직관적으로 형상화되는 신적인 것의 표상은 역사 적 자기의식에 대한 해명을 내용적으로 제공해준다. 예술작품 속에는 내용과 형식이 서로 결합되어 있다. 내용에 해당되는 신적인 것과의 관련 없이 형식에 해당되는 아름다운 형 태가 적합하게 판단될 수는 없는 것이다. 미적인 형식은 사실적인 실재를 넘어 이념이 파악되도록 해주는 유한하고 직관적인 것의 초월을 수행한다.

'예술의 종말Ende der Kunst' 이후에, 즉 근대세계에서 예술은 더 이상 단지 제례적인 맥락에서, 즉 제식의 틀 속에서 의미를 갖는 예술이 아니다. 예술은 이제 세속적인 문화의 요소로서 남게 되었다. 과거 예술의 근원적인 장소인 숭배 대신에 예술을 성찰적으로 고찰하는 기관인 박물관이 예술에 고유한 사회적 장소를 제공해주게 된 것이다. 이제 박물관과 전시회는 과거 예술이 그랬던 것처럼 인간의 교육을 촉진시키는 과제를 얻게 되었다. 이때 교육은 개인들에게만 해당되는 것이 아니라 예술작품의 역사적 매개를 통해 사회적이면서 사회비판적인 기능을 획득한다. 그리하여 헤겔은 예술을 본질적으로 상호주관적인 이해에 기초된 세계구상으로 규정한다. 예술은 인간문화의 형성과 유지 및 전수에 있어서 중심적인 기능을 갖는 것이다.

3) 예술작품과 예술가

헤겔은 예술이 갖는 역사적 능력을 예술작품 개념을 통해 정의내린다. 즉, 예술은 공동체에 그것의 역사적 의식과 이러한 역사적 의식의 공통의 토대로서 역사적 문화를 헌사할 때 비로소 작품이 된다. 그리하여 예술작품은 개별 예술가에 의해 산출되었다고 할지라도 결국 공동체의 소유가 되는 것이다. 이 같은 예술작품 개념으로부터 출발하여 헤겔은 천재로서의 예술가 개념을 규정한다. 그에게 있어 천재란 두드러진 문화적 성과들을 낼 수 있게 해주는 그러한 능력을 갖추고 있는 사람이 아니다. 오히려 천재란 모든 이의 작업 속에서 역사적으로 달성된 것을 직관적인 형태로 의식으로 끌어올리는 사람이다. 헤겔이 미학강의에서 특정한 현상이 예술작품으로 불릴 만한 가치가 있는지에 대한 물음을 제기할 때, 문제는 미와 추 같은 미적인 범주들에 의거하여 예술과 비예술을 분리시키는 것이 아니다. 거기서 문제는 예술작품의 개념에서 정의되고 있는 것으로서의 예술, "이상"으로서의 예술 그리고 이상의 역사적 구조화를 통해 규정되고 있는 예술 등과 같이 이러한 예술의 문화적 기능이 무엇인가 하는 것이다.

4) 이상, 예술형식, 개별 예술들의 세계

계몽주의 미학 및 낭만주의 미학에 대립하여 헤겔은 자연미가 아니라 예술미, 즉 "정신으로부터 탄생된" 미를 미학의 중심적 위치에 놓는다. 그리하여 '모방Nachahmung' 개념 역시 예술의 본질규정에서 부차적인 역할만을 수행한다. 그에 따르면, 예술에서 중요한 것은 '주어져 있는 것의 모방Nachahmung des Vorgegebenen'이 아니라 '의식적으로 정립된 미의 형상화Gestaltung eines bewusst gesetzten Schönen'이다. 이처럼 의식적으로 정립된 미를 헤겔은 바로 "이상das Ideal"이라고 정의한다. 즉, 호토판 미학에서 정의된 것처럼 이념의 "감각적 가상화das sinnliche Scheinen"가 아니라 이념의 "현 존재Dasein", "실존Existenz" 혹은 "생동성Lebendigkeit"인 것이다. 이상 속에서 '이성적 이념Vernunftidee'은 모든 이를 위해 파악가능하게 존재하며 동시에 다음과 같이 이중적인 의미에서 역사적이다. 즉, 한편으로 이상은 개인(천재) 혹은 공동체의 창작과정 속에서 예술작품으로 실현된다. 다른 한편으로 이러한 형상화는 그때마다의 특수한 역사문화적으로 각인된 상태로부터 떼내어져 있을 수 없으며, 그 자체로 구조적 변동에 내맡겨져 있다.

구조적 변동과 관련하여 헤겔은 그 유명한 예술형식의 역사적 변동을 규정하는데, '절대적인 것das Absolute'의 직관적 형상화의 가능성에 따라 '상징적 예술형식die symbolische Kunstform', '고전적 예술형식die klassische Kunstform', '낭만적 예술형식die romantische Kunstform'으로 구별된다. 특히 헤겔에게서 '절대적인 것das Absolute'은 처음에는 "신적인 것das Göttliche"으로 규정되다가 나중에는 "이성적 이념die Vernunftidee"으로 규정된다.

'상징적 예술형식die symbolische Kunstform'은 '신적인 것' 내지 '역사적으로 파악가능한 절대적인 것'을 재현하는 첫 단계로 규정된다. 상징적 예술형식은 신적인 것을 자연형태들의 무한화 속에서 직관한다. 이러한 예술형식은 "숭고함die Erhabenheit"의 예술형식으로서 이것은 신적인 것의 적합한 형태를 찾는 과정에서 인간적이지 않은 경탄할 만한 자연형태들과 거대한 기하학적 물체들에서 볼 수 있으며, "동양과 이집트 예술die Kunst des Orients und Ägyptens"이 대표적이다.

'고전적 예술형식die klassische Kunstform'은 정신적이면서 자연적인 형상인 인간 형상의 아름다움 속에서 신적인 것이 완성된 형태로 묘사되어 있다는 것을 함축하는 예술형식으로서 미적인 형식과 신적인 내용의 조화를 달성한 예술형식이다.

'낭만적 예술형식die romantische Kunstform'은 "현현된 종교geoffenbarte Religion"인 기독교에서 정신적인 동시에 인간으로서 고통 받는 신의 표상이 예술의 미적인 형식을 파괴함으로써 생겨난 예술형식이다. 이 시기는 고대의 종말과 더불어 시작하여 중세를 지나 현재까지 이르는 시기이다. 낭만적 예술형식은 다음과 같은 이중적 의미에서 '과도기형식'이다. 즉, 신적인 것의 유한한 형상으로서 미적인 형식은 그 내용인 역사적으로 이해된 신에서 파괴된다. 인간과 더불어 행동하는 신에 대해 적합한 묘사가 이루어지기 위해서는 미적인 직관의 반성적 파괴가 이루어져야 하는 것이다. 그러나 여기서 동시에 예술은 정의내려진 신의 표상에 결부되어 있는 인륜적 질서를 넘어선다. 그리하여 예술은 인간의 가슴을 움직이는 모든 것을 묘사하는 것이며, 예술의 '새로운 성자neuer Heiliger'는 'humanus', 즉 이성적이고 자유로운 인간 자체가 되는 것이다.

상징적 예술형식과 낭만적 예술형식을 결합시키는 구조적 요소는 형식과 내용의 관계가 직관적 묘사의 미와 통일될 수 없다는 것이다. 상징적 예술에서는 형식들의 다양성과 숭고성이 내용의 무한성을 정신적으로 파악하는 동시에 직관적으로 형상화시키는 모색적 시도의 징후로서 나타난다. 반면 낭만적 예술에서 무한한 내용은 고전적 예술의 미적 형식을 확장하거나 파괴시키는 계기로서 혹은 직관적으로 유한하게 주어져 있는 다양한 절대자 표상들, 즉 역사적으로 존재하는 이념의 다양한 표상들을 담아내는 다양한 형식들을 산출할 계기로서 존재한다.

이러한 역사의 삼분화를 통해 헤겔미학은 18세기에 유효했던 '고대Antike'와 '근대Moderne'라는 이분화와 구분된다. 그리고 동시에 헤겔은 이러한 이분화를 통해 불가피했던 논쟁인 '근대예술에 대한 고대예술의 우월성 혹은 그 역에 관한 논쟁'을 피할 수 있었다. 헤겔은 각 예술형식의 역사적 고유성을 존중하면서 예술의 역사적이고 문화적인 능력, 즉 이념을 이상으로서 구체적이고 직관적으로 실현시키는 능력에 있어서 각기 고유한 구조적 동등권리가 있다고 보았다.

헤겔은 예술형식들에 저마다 고유한 형상화 원리를 갖는 각각의 특정한 개별 예술들을 귀속시킨다. 헤겔은 어떤 개별 예술이 특정 시기와 문화에서 그리고 주어져 있는 형상화 가능성들에 부합되게 '절대적인 것das Absolute' 혹은 '신적인 것das Göttliche'을 가장 포괄적으로 표현하는가라는 물음을 제기하는 가운데 예술형식들이 개별 예술들의 세계를 구조화하는 과정을 묘사한다. 헤겔은 건축을 우선적으로 상징적 예술형식에 귀속시키며 일정 정도는 고전적 예술형식에도 속하게 한다. 물론 고전적 예술형식 내에서는 조각이 신적인 것을 형상화시키는 보다 더 적합한 예술로서 규정된다. 회화, 음악, 시문학은 낭만적 예술 형식들로 규정된다. 특히 시문학은 낭만적 예술형식의 완성으로 규정된다. 그러나 시문학은 예외적 예술이기도 한데, 그 이유는 시문학은 세 가지 예술형식들 모두에서 이념과 절대자에 대한 파악을 나타내는 예술로서 작용하고 있기 때문이다.

5) 작품으로서 예술: 건축, 서사시, 조각

헤겔의 건축이론은 종종 당대의 정신적 성과의 잔여물들을 그저 모아놓은 것에 불과한 것으로 폄하된다. 그러나 이 같은 평가에서 간과되는 사실은 헤겔이 건축의 예에서 그의 미학의 중심 개념이 되는 작품 개념을 발전시키고 있다는 것이다. 헤로도투스가 서술하는 'Bel 사원'이나 바벨탑 혹은 이집트 왕들의 무덤 등과 같은 건축물들은 포괄적인 의미의 예술작품이라고 할 수 있는 "민족의 작품Werk der Nation"이라고 한다. 그에 따르면, 그러한 건축물들을 축조하는 작업을 하는 인간들에게 예술은 공통의 의식을 헌사한다는 것이다. 그리하여 "작품" 속에는 다양하면서도 상이한 관심들이 서로 결합되어 있으며, 개인들은 자신들이 살고 있는 세계의 공통의 관계지점을 획득하게 되는데, 이러한 관계지점은 그들을 하나의 행위공동체로 결합시켜주는 '세계관Welt-Anschauung'인 것이다. 그리하여 예술은 정신의 이념을 표상시켜주며 이를 통해 "인간을 위한 통일점Vereinigungspunkt für die Menschen"으로 존재할 예술 고유의 목적을 수행하는 것이다. 헤겔에 따르면, 이러한 통일의 과정, 즉 공통의 노동을 수행하는 가운데 이루어지는 인륜성의 수립과정에는 자연으로부터 인간으로 나아가는 도정이 놓여 있는바, 이러한 도정은 "정신의 본능적인 노동과정" 속에서 실현되며 보다 의식적인 형식들로 진전된다.

건축 다음 단계는 서사시의 단계로서 호머에게서 완성된 형태로 이루어진다. 서사시는 "민족의 활동과 관련된 모든 것을 대변해주는 말"로서 언어적으로 실현되고 후세에 전해지는 역사적 의식을 가능케 해준다.

조각은 이 같은 예술작품규정의 맥락에서 분석된다. 아름다운 신의 모습인 이상은 그것이 갖는 아름다움 때문이 아니라 미의 역사적 작용 때문에 헤겔의 관심의 대상이 된다.

조각에서 폴리스의 예술은 개별존재자와 공동체의 인륜적 질서인 신들을 정립한다. 그러나 근대세계의 복잡한 조건들하에서 예술은 이 같은 역사적 질서의 포괄적인 가능성을 상실한다. 서사시 역시 더 이상 객관적이고 포괄적인 의미를 갖는 것이 아니라 부분적인 의미만을 갖게 된다. 그 대표적 예는 전형적인 낭만적 기사서사문학인 돈키호테이다.

6) 예술과 시간: 회화와 음악

건축과 조각이 신적인 것을 자연 자체에서 현상하도록 한다면, 회화는 자체의 주된 수단인 색채(의고전주의 전통 및 칸트와 구별되게 헤겔은 윤곽이 아니라 색채를 예술의 주된 수단으로 본다)를 가지고 예술을 "주관적인" 실행에 결부시킨다. 여기서 예술은 공간의 삼차원성의 "완전히 물질적인 것"에서 벗어나 "시선의 추상적으로 이념적인 의미den abstrakt ideellen Sinn des Gesichts"만을 호소한다. 색채를 매개로 그리고 색채들의 형태구성적인 종합작용 속에서 회화는 의식적으로 형상화된 세계의 단면인 하나의 역사적 세계를 구성한다. 그리하여 화화의 내용은 자체 내에 고요하게 거하는 미적인 신의 형상이 아니라 특정 상황과 행동 속에 현상하는 신의 모습이다. 그 결과 회화는 기독교의 신화적 표상, 즉 역사적 신의 묘사에 적합한 것이 된다.

헤겔에게서 회화는 탁월한 기독교 예술이지만 절대자의 형상화 과정에서 미적인 형식을 넘어서야만 한다. 호토판 미학과는 달리 미학강의에서 헤겔은 기독교적인 신의 표상을 나타내는 상징으로서 두 가지 "미적인" 형상들을 언급한다. 그 하나는 마돈나 묘사이고, 다른 하나는 아름다운 죄인인 마리아 막달레나인데, 특히 마리아 막달레나가 사랑스럽게 신에게로 돌아서는 것을 통해 아름다움과 의미가 통일을 이루게 된다고 한다.

그 밖에 기독교의 내용은 '더 이상 아름답지 않은 묘사 형식들nicht-mehr-schöne Darstellungsformen' 속에서 적합한 표현을 발견할 수 있게 된다. 헤겔에 따르면, 신과 그리스도의 초상화 방식의 묘사들은 아름다운 것으로 존재해서는 안 된다: "그리스도의 머리는 고전적 이상이 아니다. 아폴로의 미를 그리스도의 머리에 적용시키는 것은 매우 부적합한 것으로 보일 것이다." 이것은 인간과 더불어 존재하는 신의 역사에 대한 묘사에도 해당된다. 즉, 그것은 고난과 고통 및 추함의 묘사를 통해 나타나야만 하는 것이다. 그리하여 그것은 미적인 기준을 통해서 – 즉 미를 통해서 – 의미를 획득하는 것이 아니다. 그것은 오로지 역사적인 맥락을 통해 반성적으로 드러날 수 있는 것이다.

그러나 헤겔은 여기서 머물지 않고 한 걸음 더 나아가 "삶의 평범성Prosa des Lebens"[62]이라는 새로운 내용으로 나아간다. 즉, 예술은 인간과 그의 세계를 테마로 제기한다는 것이다. 이를 통해 예술의 스펙트럼은 과거 예술형식들의 스펙트럼에 비해 확장된다. 이제 예술은 극히 다종 다기한 현실영역들을 묘사할 수 있으며, 종교에 결부되지 않고 역사적 인간에 결부되어 이성과 자유를 실현시키는 진보의 의미에서 인간의 자기실현과 결부되는 것이다. 미학강의에서 헤겔은 미적인 기독교적 르네상스회화를 예술의 정점에 위치시키지 않으며, 예술작품이 창조되기 위한 보증을 종교적 내용 속에서 찾지도 않는다. 그 대신 헤겔은 회화의 철학적 특성을 염두에 두면서 당시에 과소평가된 네덜란드 장르화 및 정물화를 높이 평가한다. 네덜란드 장르화 및 정물화에서 일상의 묘사는 "삶의 평범

그림 3 Jan Vermeer: Dienstmagd mit Milchkrug, 1658-1660.

성"과 형식적 완성의 통일을 달성한다. 네덜란드 회화는 테크니컬하게 완성도가 높고 아름답다. 조각과 같이 회화는 미를 통해 역사적 자기의식을 매개하지만, 이와 마찬가지로 철학적 반성을 통한 역사적 매개로서 다시금 개시되어야 하는 것이다. 이것이 이루어진다면, 예술은 그때그때의 각기 고유의 역사적 자기의식을 타자로 확장시키는 것을 통해 인간을 인간으로 교육시키는 예술 자체의 역사적 과제를 수행하는 것이다.

개별 예술들의 발전과정에서 네덜란드 회화는 또 다른 낭만주의 개별 예술인 음악으로

---

62 'Prosa'라는 말은 'ungebundene Rede', 즉 '구속되지 않은, 자유로운, 운율이 없는'이라는 뜻을 지닌다. 따라서 'Prosa des Lebens'는 삶의 자유롭고 일상적인 평범한 상태를 함축하고 있다.

의 과도기를 제공해준다. 말하자면 네덜란드 회화는 "색의 마술"을 통해 미적 가상의 음악성에 도달하는바, 이는 예술의 시간적 실행이자 음악에서 계속 이어지는 내재성의 묘사인 것이다. 회화에 비해 음악은 순차적인 실행과정들에서 현재화되는 비물질적 소리로서 보다 높은 정신성의 단계에 이르게 됨으로써 보다 진전된 반성성의 단계로 나타내진다. 헤겔은 미학강의에서 음악에 관해서는 적은 부분을 할애하면서 주관적 감정으로 기울어져 있는 성악과 기악의 관계를 다루었다. 미학강의 마지막 부분에서는 개별 예술들의 조합 속에서 진부한 내용과 형식적인 미의 결합을 통해 순수한 미적 향유의 예술이 되는 오페라가 다뤄진다.

7) 직관적 세계해석으로서의 예술: 시문학

헤겔은 시문학에 개별 예술들 중에서도 가장 중요한 위상을 부여한다. 왜냐하면 시문학은 예술적 수단인 말의 추상성 및 탄력성 덕택에 "최상의 정신화"로 고양된 "가장 포괄적인" 예술이기 때문이다. 시문학은 모든 예술형식들에 자리 잡고 있지만, 근대세계에서 시문학은 종교로부터 이탈하여 인간적 가능성의 충만함을 묘사하는 것으로 이행하게 된다. 이를 통해 시문학은 '아름답고 의미 있는 것das Schöne und Bedeutsame', 즉 "인륜적 파토스das sittliche Pathos"와 일상적인 것인 "삶의 평범성Prosa des Lebens" 그리고 "흥미로운 것das Interessante"을 포괄한다. 말하자면 시문학은 예술일반에서 묘사될 수 있는 것의 전체 스펙트럼을 포괄하는 것이다. 서사시와 서정시에서는 "보편적으로 인간적인 것das allgemein Menschliche"이 형식의 미와 결합되는 반면, 근대 드라마에서는 문화적으로 중요성을 갖는 것인 "인륜적 파토스"가 '더 이상 아름답지 않은 예술'을 통해 매개되는 것이다. 이 같이 역사적 구체성 속에서(예컨대 초상화나 근대 서사시 혹은 소설에서) 특징적으로 나타나며 쉴러의 드라마에서 분명하게 드러나는 더 이상 아름답지 않은 예술인 '추한 예술die hässliche Kunst'은 헤겔에 따르면 극복될 수 있는 단계 내지는 새로운 미로 나아가는 과도기로 규정되지 않는다. '더 이상 아름답지 않은 예술적 형태'에는 복잡한 근대세계의 변화된 조건하에 처해 있는 예술을 통해 '도덕적으로 대변될 수 있는 미적인 행위의도와 현실에서 좌초되는 의도의 관철 간의 분열에 기초한 고대 비극의 미적 행동'을 묘사할 가능성이 놓여 있는 것이다. 이처럼 그리스 비극이 근대사회의 특정 상황으로 "번역"되는 것을 성공적으로 수행한 예가 바로 쉴러의 드라마라는 것이다. 또한 과거의 낯선 생활형식이 시문학적으로 번역된 형태로서 헤겔은 더 이상 아름답지 않은 예술과 상보적으로 당대 별로 평가받지 못했던 괴테의『서동시집*West-östliche Divan*』을 예로 든다. 헤겔에 따르면, 파우스트에서와는 달리(호토판 미학에서는 후기낭만주의적 평가에 부합되게 파우스트가 '새로운 서사시'로 혹은 '절대적인 철학적 비극'으로 상찬된다) 서동시집에서 괴테는 낯설고 요원한 것에 대한 수용성과 동양의 삶의 형식을 일깨울 뿐 아니라 제한된 시민사회와 낭만주의적 내재성에 대해 비판적 거리를 취하는 데에 성공을 거두었다고 한다. 그리하여 헤겔은『서동시집』을 자체 내에서 반성된 아름다운 예술의 정점으로 부각시킨다. 이러한 예를 비롯하여 일련의 다른 예들에서 헤겔은 개별작품으로 존재하는 작품들은 "부분적"으로만 남아 있을 뿐, 계몽된 인간의 포괄적이면서 인륜적인 방향설정을 보장할 수 없다는 사실을 보여준다.

그러나 예술의 묘사 가능성들의 충만함 속에서 "이념의 실존"의 새로운 형태인 이상은 낭만적 예술형식 속에서 보다 더 구별된 자기의식을 매개하고 그러한 자기의식으로 형성되도록 교육시키는 역사적 기능을 얻게 된다. 그리고 이러한 교육은 더 이상 직관된 미와의 긍정적 동일화를 통해서가 아니라 - 아름다운 것과 특징적인 것 그리고 추한 것에 의해 환기된 - 비판적 반성을 통해 이루어진다.

8) 예술의 종말 테제

헤겔의 미학강의들의 발전과정에서 명백히 드러나는 사실은 고전적인 고대/근대 대립에 비해 헤겔에 의해 도입된 예술사의 삼분화와 미학의 내용적 발전이 '의고전주의비난Klassizismusvorwurf'을 반박해줄 뿐 아니라, 이러한 비난 자체가 헤겔의 미학 콘셉트의 차후적 개선을 통해 야기된 오해로 밝혀질 수 있다는 것이다.

헤겔에 따르면, 예술은 "그것의 최상의 가능성에 따르면ihrer höchsten Möglichkeit nach" 과거의 것이며, 그것의 '부분성Partialität'에 근거하여 볼 때 유일한 역사문화적 질서로 유효할 수 없다고 주장하였다. 이러한 "예술의 종말 테제"에 대한 통상적인 비판 역시 헤겔의 의도를 놓치고 있다. 이미 헤겔미학에 대한 최초의 논쟁에서 예술의 과거적 특성의 테제를 예술의 끝날 수 없는 미래의 테제로 옮겨놓으려는 시도가 이루어진 것이다(Hotho, Vischer,

Wundt 등에 의해 이루어졌듯이). 아마도 헤겔의 미학강의록들에 대한 연구를 통해 그 테제가 헤겔에게는 주변부적인 생각일 것이라는 점을 밝혀줄지도 모르겠다.

　개별 예술들의 상이한 구조 속에서 개별 예술들이 규정되고 이념의 실존의 새로운 형태인 이상이 낭만적 예술형식의 맥락에서 발전되는 과정을 통해 드러나는 점은 헤겔이 예술의 종말 테제에 지금까지 그 테제에 대한 비판가들이 간과했던 한 가지 의미를 부여했다는 사실이다. 즉, 헤겔은 그의 제자들과 추종자들이 함께 공유하고 있었던 괴테시대의 희망들, 즉 예술을 통해 전체 공공의 삶을 쇄신할 수 있다는 희망을 버렸다는 것이다. 즉, 유일하고 포괄적인 질서의 형태로서 예술은 근대에 실제로 끝났다는 것이다. 그러나 형식적으로 볼 때 이러한 예술의 종말은 동시에 고갈되지 않는 새로운 가능성들로의 전환이기도 하다. 예술이 역사적 삶으로의 자명한 개입을 상실함으로써, 역사적으로 나타나는 개별 스타일과 개별 내용을 사용할 예술가의 주관적 재주가 해방되는 것이다. 그리하여 이상에 부합되는 절대자의 형상인 신적인 것은 단지 종교의 표상들에서만이 아니라 인간과 그의 행동 속에서도 묘사될 수 있게 된 것이다.

　근대세계에서 예술의 주제의 다양성과 짝을 이루는 것은 바로 형상화 가능성들의 다양성이다. 예술작품은 아름다울 뿐 아니라 이와 동등한 권리로 더 이상 아름답지 않기도 하며 특징적이고 추하기까지 한 것이다. 그리하여 예컨대 유머가 단지 원리로 고양된 낭만주의자들의 아이러니에 대항하여 자기비추기와 내재성에 머무는 것이 아니라 객관적 유머가 되는 한에서 성스러운 예술의 묘사의 진지함을 받쳐주는 기제가 되는 것이다. 헤겔에게서는 그리스 조각보다 더 아름다운 것은 없지만, "아름다운 것"이란 여전히 존재하며 예술을 통해 교양과 역사적 질서를 매개하는 여타의 다른 형식들이 존재하는 것이다.

　호토판 미학이 예술의 규정과 판단의 고전적 질서를 고수한다면, 미학강의는 예술의 종말 테제를 구체적인 예들에서 항상 비판적으로 점검한다. 그리하여 미학강의들에서 고전적 예술형식에 대한 논의는 상징적 예술형식과 낭만적 예술형식의 맥락에 부합되는 '아직 아름답지 않은 예술noch-nicht-schöne Kunst'과 '더 이상 아름답지 않은 예술nicht-mehr-schöne Kunst'의 논의 이면으로 계속 소급해 들어간다. 그 결과 두 가지 결론이 도출된다. 한편으로 단지 역사적 반성 가운데에 있는 예술은 미적인 거리 속에서 현존할 수 있으며, 그리하여 역사에 있어 이성의 한 형식으로서 예술의 미에 대한 철학적 근거규정을 필요로 한다는 것이다. 다른 한편으로 근대세계에서 개별 예술들은 내용과 형식의 탈경계화를 통해 반성과 직관이 서로 뒤얽혀 있는 다양한 형상화 가능성 그리고 역사적 중요성에 의거한 미의 고수로부터 해방된 다양한 형상화 가능성들을 얻게 되었다는 것이다.

VIII

헤겔 이후의 미학 I

1. 쇼펜하우어의 예술론

1) 쇼펜하우어의 삶

쇼펜하우어Arthur Schopenhauer(1788-1860)는 15세의 나이에 영국 윔블던에서 영어수업을 받기 위해 몇 주간을 보내고서는 네덜란드, 프랑스, 스위스, 오스트리아, 슐레지엔 등을 거치면서 소위 '교양여행Bildungsreise'을 하였으며 그 과정에서 당대 유행이었던 염세주의 철학의 영향을 받았다. 그 후 그는 1809년 괴팅엔 대학에서 의학공부를 시작하였으며, 곧 철학으로 전환하였다. 1813년 예나 대학에서 그는 『충분근거명제의 네 가지 기원에 관하여 *Ueber die vierfache Wurzel des Satzes vom zureichenden Grunde*』로 박사학위를 받았다. 이 시기에 그는 괴테와 그의 자연적 사고만이 아니라 인도철학도 접하게 되었다. 1814년부터 1818년 까지 그는 그의 주저가 되었던 『의지와 표상으로서의 세계*Die Welt als Wille und Vorstellung*』를 저술하였다. 이후 그는 베를린 대학에서 대학교수 자격을 취득하고 강의를 하게 되었다. 당시 그는 베를린 대학 철학과 교수였던 헤겔과 같은 시간대에 강의를 편성하여 헤겔과 마찰을 빚었으나, 학생들 대부분은 헤겔의 강의에 열광하였기에 그의 강의에는 소수의 학생들만이 참석하였다. 1860년 그는 폐렴으로 사망하였다.

2) 쇼펜하우어의 예술론

① 미적 성찰Ästhetische Kontemplation

쇼펜하우어의 철학에서 미적인 관찰은 인간의 깊은 고통과 형언할 수 없는 권태감의 '헤아릴 수 없는 근거der grundlose Grund'를 형성하는 근원적 의지로부터 벗어날 유일한 가능성을 제공해준다는 점에서 매우 중요한 역할을 한다. 이때 구원의 길은 "표상Vorstellung"을 통해, 즉 직관과 사고와 성찰을 통해, 또는 현상의 응시 내지 현상을 통한 현실의 응시, 결국 현상을 현상으로 응시하는 것을 통해 이루어진다고 한다.

그에 따르면, 표상하는 인간에게는 실재하는 세계가 무대가 되고 그는 관객이 된다고 한다.

> 고요한 성찰의 세계인 이곳에서 그를 전적으로 소유하여 격렬하게 움직이는 것은 그에게 차갑고 아무런 광채도 없으며 순간 낯선 것으로 나타난다. 여기서 그는 단순히 관객이고 관찰자이다. 이렇듯 성찰의 영역으로 물러나 있는 동안 그는 자신의 장면을 연기한 후 다시 등장할 때까지 관객들 사이에서 언제고 뛰어나갈 태세로 자리를 차지하고 앉아 있는 배우와 비슷하다.[63]

고대 철학에서부터 이야기되어왔던 연극무대라는 세계의 메타포는 세계의 연극이 항상 관객을 전제하며 이러한 세계는 관객의 일부이자 관객의 '상관자'라는 사실을 나타내주는 것이다. 따라서 세계는 독자적으로 외따로 존재하는 것이 아니라 인간 주체와 항상 상관적으로, 인간 주체에 대해 상대적으로 존재하며, 이러한 이유로 세계는 절대적이지 않고 상대적이라고 할 수 있는 것이다(WWV I, 474). 말하자면 세계는 주관적이고 불안정한 것이며, 일시적인 가상의 특성과 꿈같은 환상성을 지니는 것이다. 이처럼 세계와 꿈을 비유

---

63 Arthur Schopenhauer: Die Welt als Wille und Vorstellung(이후로는 I권은 WWV I로, II권은 WWV II로 약칭), in: Zürcher Ausgabe. Werke in zehn Bänden, hrsg. v. Arthur Hübscher, Zürich 1982, S.127.

적으로 동일시하면서 쇼펜하우어는 현 존재를 한편으로는 '비존재Nichtsein'와 '무Nichts'로, 다른 한편으로는 구원의 가능성으로 근접시킨다. 왜냐하면 오직 무로서의 존재는 긍정하고 기만의 세계로서의 존재는 부정함으로써, 더 나아가 의지가 고유하게 의지하는 것을 부정함으로써만, 세계의 본질을 드러내는 '자기탈피Entbildung'가 이루어질 수 있기 때문이다.

현상을 지각하는 첫 번째 차원은 세상의 고통의 이미지를 제공해주는 차원으로, 이는 연극에서 사람들이 세상의 고통에 실재적으로가 아니라 표상적으로만 참여한다고 의식되도록 하는 것과 같다. 아리스토텔레스와 레싱의 미메시스이론들의 관점에서 볼 때, 여기서는 보여진 것의 실행이 아니라 보는 사람과 보여진 것 간의 차이를 강조하는 부정적 미메시스가 이야기될 수 있다.

현상을 지각하는 두 번째 차원은 고유한 의미의 미적인 차원으로서 '성찰'이다. 성찰은 표상의 정점으로서 단순한 지각의 차원을 넘어선다. 주체의 운동과 객체의 운동이라는 이중적 운동으로 이루어지는 성찰에서 대상 측면에 있는 객체는 지각 측면에 있는 주체의 내적인 상태에 부합한다. 우선 객체는 고유한 의지로 환원될 수 있는 모든 관계들로부터, 즉 언제, 어디서, 왜와 같은 관계상황들로부터 떨어져 나오며 공간과 시간과 인과적인 모든 연관들로부터 떨어져 나오게 된다. 마찬가지로 주체는 의지와의 모든 관계들로부터 그리고 장소와 시간과 모든 관계들로부터 벗어나게 된다. 그 결과 '표상으로서의 세계'는 성찰과정에서 거짓 없이 완전하게 모습을 드러내게 된다. 성찰과정에서

> 그 둘(주체와 객체)은 완전히 평형을 이루게 된다. 말하자면 객체가 주체의 표상에 다름 아니듯이, 주체는 직관된 대상 속에서 모습을 드러냄으로써, 전체 의식에 다름 아닌 그것의 가장 명확한 이미지로 존재함으로써, 이러한 대상 자체가 되었던 것이다(WWV I, 233).

세계를 투시하기 위한 토대는 '개체화의 원리principium individuationis'의 관철이다. 말하자면 성찰과정에서 시공간적인 이해의 틀이 지양된다. 현 존재의 근거로 나아가기 위해 인간은 단순한 표상의 가능성을 넘어서는 "성찰적 인식"을 필요로 한다(WWV I, 254). 왜냐하면 성찰적 직관 속에서만 "모든 것을 투과하는 안구"는 삶의 참담함을 이미지로서 보게 되기 때문이다(WWV I, 255). 성찰적으로 직관하는 자는 자신의 표상을 통해 전체적으로 채워지

고 받아들여지는 것이다.

성찰적 직관은 세상의 고통과 의지로부터 벗어나지 못한다. 왜냐하면 이것은 시간적으로 볼 때에는 성찰의 무시간성을 목표로 하며, 공간적으로 볼 때에는 대상으로의 자기상실 속에서 주체와 객체의 무차별성을 지향하기 때문이다. 다시 말해 주체와 객체의 상호침투인 성찰 과정에서 눈은 세계 속에서 모습을 드러내며, 세계는 눈 속에서 모습을 드러내는 것이다. 그런 한에서 쇼펜하우어의 미학이론은 주체와 기만과 의지로부터 면해진 것에 초점이 모여진 구원의 공간 속에서 작동한다고 할 수 있다. 또한 그의 성찰이론은 주체와 객체, 의식과 대상의 무차별성을 담지하고 있다. 주체는 성찰 속에서 세상의 중심이 된다. 주체는 세상에 의해 완전히 채워지고 관류되며, 역으로 세상은 주체에 의해 완전히 관류된다.

이 같은 무차별점에서 그 어떤 차이도 불가능해지게 된다. 자아와 세계는 비의지적인 것으로서 비존재자 내지 무가 되는 것이다. 주체와 객체의 분리 및 관찰자와 관찰된 것의 대립은 직관된 것과 동일해지는 주체의 의식 속에서 지양된다. 그 결과 주체의 의식은 존재를 거의 "생명이 없는" 침잠상태 속에서 '비의지적인 것willenlos'으로 파악한다. 이러한 상태에서 주체의 의식은 이렇게 직관된 것의 내용을 의식적으로 반성할 수 없고 단지 그것과 관계없는 이미지만을 가질 뿐이다. 주체의 의식이 이미지와 완전히 동일하지 않다면, 그러한 의식은 이미지와의 관계를 만들어낼 수 있을 것이다. 말하자면 성찰의 이미지는 모든 것이 동시에 존재하고 현재가 영원의 시간형식으로 나타나는 순수한 존재 속에서 생겨나는 것이다.

쇼펜하우어의 미학은 세계로의 침잠 속에서 이루어지는 신비적인 비규정성인 성찰의 부정적 규정을 담지하고 있다. 이 같은 세계로의 침잠은 세속적인 행복과 불행을 넘어서 행복주의적인 가능성 조건들을 나타내준다. 말하자면 그러한 침잠은 인간이 세계를 그리고 세계가 인간을 모방하는 이중적 모방관계를 담지하고 있는 것이다.

현상을 지각하는 세 번째 차원에서는 이제 판타지가 보여진 것과 파악된 것인 세계의 이념들을 "완성시키고 질서지우며 상세히 묘사하고 원하는 대로 반복하는 것"(WWV II, 449)을 이룰 수 있게 되는 것이다. 여기서 '표상한다vorstellen'는 것은 성찰적으로 파악된 의지의 현현들에 명확하게 규정된 표현을 부여해주는 것을 의미한다. 말하자면 여기서는 성찰의 "순수한 이미지들"을 보편타당한 묘사들로 "옮겨놓는" 미메시스적 활동이 이루어지는 것이다.

쇼펜하우어의 미학에서 명확하게 나타나는 사실은 성찰을 통한 구원이 과도기의 현상이라는 점이다. 성찰의 절대적 상태는 구원의 목표, 즉 의지로부터 풀려난 행복의 목표로서 절대적 목표를 나타내는 것이다. 성찰의 행복은 완전한 행복이긴 하지만, 인간의 전체 삶을 충족시키지는 못한다. 그런 한에서 그것은 삶의 고통과 관계되어 있다. 왜냐하면 비의지적인 성찰의 "마술"은 지속하지 못하기 때문이다. 우리가 전체 삶을 고찰해볼 때, 성찰은 "마술적인 위로"일 뿐이며, 짧은 순간의 향유이고 "의지의 수레바퀴"에서의 순간적인 휴식일 수 있을 뿐이다(WWV I, 254, 335).

성찰적 무차별성은 삶을 넘어선다. 그리하여 성찰에 대한 대가는 자기상실이자 예술과 삶의 대립이다. 성찰적 삶은 더 이상 능동적 삶의 성취가 아니며, 능동적 삶은 성찰적 행복을 가능케 만드는 데에서 의미를 찾는 것이 아니다. 주체는 성찰의 산으로 달아나지만, 거기서 사는 것이 아니라 거기서 단지 보게 되는 것이다. 말하자면 주체는 수동적인 세계의 눈이 되는 것이다.

② 개별 예술들과 천재

천재의 작품인 예술은 성찰 속에서 파악된 영원한 이념들의 묘사로 존재하는 기능을 갖는다. 그리하여 천재적인 예술가는 "세계의 모든 현상들의 본질적으로 남아 있는 것"을 파악하고 묘사할 수 있는 자이다(WWV I, 239). 이러한 묘사의 형식들에 따라 예술들은 조형예술, 시문학, 음악 등으로 구별된다. "그것들의 유일한 근원은 이념들의 인식이다. 그것들의 유일한 목표는 이러한 인식의 전달이다"(WWV I, 239).

쇼펜하우어에 따르면, 천재적 능력이란 다음을 의미한다.

> 순수하게 직관하는 태도를 취하는 능력, 직관 속으로 자기를 상실하는 능력, 근원적으로 의지의 복무를 위해서만 존재하는 인식을 이러한 의지의 복무로부터 완전히 떼어내는 능력, 다시 말해 그러한 의지의 관심과 의지행위와 목적 등을 시야에서 완전히 떼어내고 난 후 순수하게 인식하는 주체이자 맑은 '세계눈Weltauge'으로서 남기 위해 자신의 인성을 일정기간 완전히 포기할 수 있는 능력(WWV I, 240)

여기서 알 수 있듯이, 예술에 일정한 인식능력이 부여되는바, 성찰적 침잠 속에서만 영원한 이념들이 발견될 수 있기 때문이다.

> 예술가는 자신의 눈을 통해 우리로 하여금 세계를 통찰하도록 한다. 그가 이러한 눈을 가진다는 것, 그가 본질적인 것, 즉 모든 관계들 밖에 놓여 있는 사물들의 본질을 인식한다는 것은 천재의 재능이자 타고난 능력이다. 그러나 그가 우리에게도 이러한 재능을 부여할 수 있다는 것, 말하자면 우리에게 그의 눈을 끼워 넣을 수 있다는 것은 후천적인 것이자 예술의 테크닉인 것이다(WWV I, 251).

예술은 지각만이 아니라 사고 역시 훈련시킨다. 문제는 올바른 성찰과 진, 선, 미의 인식을 할 수 있는 사람은 몇 안 되는 사람들, 이른바 천재들뿐이라는 것이다. 천재의 본질은 "그러한 성찰을 할 수 있는 압도적인 능력"(WWV I, 240)이다. 천재의 인식능력은 자신의 천재성을 통해 의지의 관계로부터 벗어난다. 성찰은 천재적인 개인들 속에서 의지를 넘어서는 비정상적인 과잉이 지배적일 때에만 가능하다(WWV II, 447). 천재의 작품인 예술은 "순수한 성찰을 통해 파악된 이념들인 세계의 모든 현상들의 본질적으로 남아 있는 것을 반복한다. [⋯] 예술은 도처에서 목표에 도달해 있다. [⋯] 시간의 수레바퀴가 예술을 멈춰 세운다. 예술에서 관계들이 사라진다. [⋯]"(WWV I, 239). 예술은 거부된 현실에 부정적으로 관계를 맺고 있는 한 부정적인 메커니즘에 의존한다. 예술이 의지로부터 벗어나는 것이어야 한다면, 예술이 중점을 두는 것은 예술에 의해 묘사되는 것에 있는 것이 아니라 예술이 그것을 '어떻게' 묘사하느냐에 있는 것이다. "세계와 삶의 본질을 충실하게 비춰주는 거울"(WWV I, 401)로서 예술은 인간을 직관하는 자가 되도록 함으로써, 삶 자체에 낯선 구원을 매개시켜준다. 말하자면 예술은 "무관심적인 직관 속에서" 직관하는 자를 안정시킴으로써, 행복하게 만들어주는 역할을 하는 것이다. "불필요하고 쓸모없이 존재하는 것은 천재의 작품들의 특성에 속한다. 그것은 천재의 작품이라는 증서이다. [⋯] 그 때문에 천재의 작품을 향유할 때에 우리의 가슴이 부푸는 것이다. 왜냐하면 그때 우리는 궁핍함을 지닌 육중한 땅의 에테르로부터 떠오르게 되기 때문이다"(WWV II, 459f.).

관객에게서 비탄과 전율이 불러일으켜짐으로써, 관객이 이러한 상태의 과잉으로부터 정화된다는 아리스토텔레스의 카타르시스 이론과는 달리, 쇼펜하우어는 한 걸음 더 나아가 예술 자체가 모든 추구들의 '정화'로 작용하도록 한다. 말하자면 예술은 의지 자체로부터 정화된 것으로 현상함으로서 의지로부터의 해방이 되는 것이다. 그리하여 좁은 의미에서 미적 경험은 감각이 아니라, '벗어나 있음Entkommensein'의 확신이자 '완전한 정화 vollkommene Reinigung'의 확신인 것이다.

쇼펜하우어에게 있어 미는 그 어떤 형태의 만족이나 미적인 판단의 술어가 아니라, 사물들과 사태들이 인간으로 하여금 자신들 속에서 스스로를 상실하도록 인도하는 상황을 나타내는 것이다. 같은 맥락에서 예술은 인간으로 하여금 표상으로 이끌어주는 삶의 형식이자, 지각과 파악과 성찰로 인도해주는 삶의 형식인 것이다. 왜냐하면 "삶이 아름다운 것이 아니라, 삶의 이미지들만이 아름다운 것이기 때문이다"(WWV II, 444).

이러한 맥락에서 쇼펜하우어는 다양한 예술들을 통한 미적 구원의 단계론을 발전시킨다. 그 첫 단계에는 건축이 위치한다. 건축의 목적은 "의지의 가시성의 가장 낮은 단계에서 의지의 객관화를 명료화하는 것"이다. 쇼펜하우어에 따르면, 비유기적인 소재인 돌은 "중력과 경직 간의 투쟁"을 나타내며, 무의식적이고 인과적인 "질량의 추구"(WWV I, 346)는 의지의 현현의 노골적인 표명이다. 이와는 달리 비극은 의지 및 의지의 힘과 분열의 가장 커다란 가시성을 제공해준다. 이러한 미적인 양극단들 사이에는 회화와 조각 그리고 시가 놓여 있다.

쇼펜하우어에게 있어 음악은 특별한 위치를 점하고 있다. 다른 모든 예술들이 의지의 객관화의 모방들일 뿐이라면, 음악은 의지의 "직접적"(WWV I, 324) 모방을 나타낸다. 쇼펜하우어에 따르면, 음악은 세계의 본질을 직접적으로 언술하며, 음악의 멜로디들은 의지의 다양한 변이태들에서 의지의 다양한 추구형태를 관철시킨다. "이 때문에 음악의 작용은 다른 예술들의 작용들보다 훨씬 더 강력하고 인상적이다. 왜냐하면 다른 예술들은 단지 그림자에 대해서만 이야기하는 반면, 음악은 본질에 대해 이야기하기 때문이다"(WWV I, 346, 349).

2. 니체의 예술론

1) 니체의 삶과 사유

니체Friedrich Nietzsche(1844-1900)는 독일 본 대학에서 신학과 고전문헌학을 공부한 후 1869년 라이프치히 대학에서 '호머와 고전문헌학Homer und die klassische Philologie'이라는 제목의 취임 공개강의를 하였다. 이 시기에 니체는 쇼펜하우어 및 바그너와 교류하게 되었다. 그 후 스위스 바젤에 머물면서 바그너와 친분을 쌓았으며, 그 결과가 『음악의 정신으로부터 비극의 탄생Die Geburt der Tragödie aus dem Geiste der Musik』(1872)이었다. 이 글은 그의 고전문헌학 동료들에게서는 전통과의 단절을 의미하는 것이었다. 말하자면 이 글은 철학자 니체의 탄생을 알리는 글이었다:

> 기존의 문헌학적 기획은 디오니소스제전의 제의적 합창무도로부터 그리스 비극의 발전을 설명하는 것이었으며, 비극에는 두 가지 상이한 삶의 형식들의 혼용이 체현되어 있다는 테제를 입증하기 위한 것이었다. 이와 더불어 고전적 고대를 새로이 해석하려는 시도가 이루어지게 될 것이다.[64]

이처럼 고대 그리스 문화를 새로이 해석하고자 한다는 것은 문화와 개별 주체들에서 서로 격전을 벌이는 주요한 힘들인 '디오니소스적인 것'과 '아폴로적인 것'을 철학적으로 분석하고자 한다는 것을 의미했다. 더구나 이 글이 니체의 철학을 이해하는 데 있어 중요한 이유는 여기서 이미 계보학, 사회 및 문화비판, 부정주의, 영원히 동일한 것의 회귀와 같은 이후의 주요한 이론적 맥락들이 모습을 드러내고 있기 때문이다.

더 나아가 이 글은 프로이트의 충동이론을 예비하는 이론적 시도로 여겨지는 중요한 의미를 갖는 글이다. 니체의 디오니소스적이고 아폴로적인 것의 이념은 인간의 심리 속에 존재하는 다양한 충동들에 집중되어 있다. 아폴로적인 것은 이성과 도덕을 체현하는 것으로 행동의 형식을 제시해주는 것인 반면, 디오니소스적인 것은 욕망에 의해 추동되는 힘

---

[64] Friedrich Nietzsche: Die Geburt der Tragödie aus dem Geiste der Musik(이후로는 GT로 약칭), in: Sämtliche Werke. Kritische Studienausgabe, Bd. 1, hrsg. v. Giotgio Colli und Mazzino Montinari, München 1999, S.49.

으로서 인간과 문화 속에서 작용하는 것이다. 디오니소스적인 것과 아폴로적인 것은 인간 주체로 하여금 미적인 도취의 형태나 사회문화적인 순응의 형태로 스스로를 드러내도록 만든다. 그리하여 이 두 경우 모두에서 자아의 소외가 이야기된다. 말하자면 개인은 도취나 순응 속에서 자아를 상실하며 미혹된 자들의 무리 속에서 몰락한다. 혹은 자아는 이러한 충동의 유희를 통해 자신이 능동적인 삶을 영위할 가능성을 가지고 있다는 것을 인식한다. "철학자가 현 존재의 현실과 관계하듯이, 예술적으로 자극될 수 있는 인간은 꿈의 현실과 관계한다; 그는 정확히 그리고 기꺼이 바라본다. 왜냐하면 이러한 이미지들로부터 그는 삶을 해석해내며, 이러한 과정에서 그는 삶을 위해 스스로를 단련하는 것이다"(GT 27).

니체는 자신의 첫 철학적 발걸음을 고대 그리스 문화에 대한 새로운 해석으로부터 내디딘 후에『반시대적 고찰*Unzeitgemäße Betrachtungen*』에서 미적이고 문화적인 관계들을 다루면서 본격적으로 자신의 사상적 기획을 모색한다.『반시대적 고찰』은 1873년부터 1876년 사이에 쓰여진 글로서, 여기에는 종교와 기독교비판 및 진보이념에 대한 비판을 다루는「다비트 슈트라우스, 고백자, 작가*David Strauß, der Bekenner und der Schriftsteller*」, 헤겔과 에두아르트 하르트만으로부터 시작하여 역사의 장점과 위험을 다루면서 자신의 계보학의 이념을 제시하는「역사의 유용성과 단점에 대하여*Vom Nutzen und Nachteil der Historie*」, 세계의 곤궁에 대한 개별자의 반성된 인식을 다루는「교육자로서 쇼펜하우어*Schopenhauer als Erzieher*」, 그리고 바그너에 대한 열광과 동시에 그로부터의 거리두기를 통해 바그너의 의미를 논증하는「바이로이트의 리하르트 바그너*Richard Wagner in Bayreuth*」등이 포함된다.

바그너와의 단절은 바그너로부터 거리를 두는 것만이 아니라 니체의 사유에서 결정적 전환점을 가리키는 것이기도 하다. 말하자면 바그너와의 단절을 계기로 그는 관념론적이고 미적인 세계관으로부터 등을 돌리고 실증주의적인 관점으로 향하게 되었던 것이다.『인간적인, 너무도 인간적인*Menschlich, Allzumenschlich*』(1878/1880)에서 니체는 자신의 두 번째 전환을 위한 초석을 놓는다. 여기서 그는 자신의 이전의 사고의 관념성을 비판하였을 뿐 아니라, 실재하는 물질세계를 행복한 삶을 위한 중심적 관계지점으로 이해하면서 인간의 가능성과 한계를 명확히 보고자 하였다. 그러면서 그는 문화적이고 사회적인 구조들로부터 해방되어 세계의 사회문화적 구조의 가면 뒤를 통찰할 수 있는 '자유로운 정신'을 이야기한다.

『인간적인, 너무도 인간적인』을 쓰던 시기에 니체는 정신적이고 육체적인 상태가 악화되어서 대학을 떠나게 된다. 1879년 이후 그는 심리적 붕괴가 일어나기까지 독일과 스위스와 이탈리아를 여행한다. 그는 맑은 공기와 평안한 햇빛으로 유명한 스위스 질즈-마리아 Sils-Maria라는 작은 마을에서 휴식을 하면서 머리와 눈의 통증이 완화되는 것을 느꼈고, 그러한 상태에서 『아침놀Morgenröte』(1881)과 『즐거운 학문Die fröhliche Wissenschaft』(1882)을 저술하였으며, 이 두 글들에서는 『인간적인, 너무도 인간적인』의 주요 사상들이 심화된 형태로 논의되었다. 그 후 니체는 루 살로메Lou Salomé라는 여인과 알게 되어 결혼신청을 하지만 퇴짜를 맞은 후 세상과 단절하고 자신이 느낀 고통을 『짜라투스트라는 이렇게 말했다 Also sprach Zarathustra』에서 미학적인 형태로 묘사하였다.

1889년 1월 3일 니체는 이탈리아 튜린에서 마부가 말을 난폭하게 학대하는 광경을 지켜보고는 말을 감싸 안고 주저앉아 흐느껴 울었다. 이후 정신적 붕괴를 겪은 니체는 우선 바젤의 신경클리닉에서 치료를 받은 후 예나로 옮겨졌으며, 어머니가 그를 간호하였다. 니체의 진단명은 매독 후유증으로서 진행성 마비였다. 니체의 병을 올바로 진단한 것인지에 대해서는 아직도 의견이 분분하다. 니체는 망상과 심리적 쇠약에 시달렸으며 가까이 있는 사람들조차 인식할 수 없었다. 1897년 니체의 어머니가 죽자 니체의 여동생이 간호를 맡았으며 니체의 저작들을 관리하는 일도 수행하였다. 니체는 여러 차례의 발작과 뇌기능 마비로 1900년 8월 25일 사망하였다.

2) 니체의 미학적 사유

니체는 자신의 저작 여러 곳에서 모든 사람은 '자유로운 정신' 내지 '주권적인 개인'이 되기 위해 자신의 고유한 실존을 의식해야만 한다는 점을 설파하였다. 니체가 말하는 자유로운 정신은 주어져 있는 사회적 구조들로부터 반성적이고 비판적으로 벗어나 새로운 사회문화형태들을 위해 능동적으로 참여할 수 있는 인간이다. 그는 삶을 자기규정적인 삶의 기술에 의거하여 성공적인 삶을 이루기 위해 많은 수고와 극복과정과 경험을 필요로 하는 '미적인 현상'으로 생각한다. 이 같은 개인의 자기주권화 과정에서 일종의 삶의 자극제인 예술들은 커다란 역할을 하는바, 그 이유는 예술들이 음악과 연극 및 문학에서 이루어지는 실재의 허구적 묘사를 통해 또 다른 인간 삶의 형식을 표상하는 데 기여할 수 있기 때문이라는 것이다.

① 사회비판과 문화비판

니체에게서 니힐리즘, 즉 부정주의는 인간 공동체의 사회문화적 구조들을 비롯하여 기존의 규범들과 가치들을 비판적으로 '가치전도Umwertung'시키는 작업과 관계된다. 니힐리즘, 즉 부정주의라는 말은 더 이상 신적인 의미의 궁극적인 가치가 없다는 것을 의미하는 것으로, 이에 대해 가치의 다원주의가 제시될 수 있다는 것이다. 니체에 따르면, 사회와 문화의 도덕적이고 윤리적인 표상들은 특정 집단들을 억압하고 다른 특정 집단들을 선호하는 권력구조들을 통해 항상 의심의 대상이 되어왔다고 한다. 이러한 연관에서 그는 '무리들의 도덕Herdenmoral' 혹은 '노예들의 도덕Sklavenmoral'을 이야기한다. 이러한 원초적 도덕은 원래 다양한 엘리트들로 하여금 특정한 도덕적 표상들과 윤리적 원칙들의 수립을 통해 '무리'들을 노예화시키는 것을 가능케 해준다고 한다. 이때 위장과 은폐의 전략이 사용되는데, 예컨대 선한 삶의 암시라든가 법과 규칙을 통한 협박, 본질적인 욕구들의 만족과 같은 위장과 은폐의 전략들이 사용되는 것이다. 이를 통해 무리의 인간들은 다양한 이데올로기들과 소비메커니즘에 마취되어 자기규정적인 존재의 삶으로부터 저지되는 것이다.

이러한 힘의 전략들은 계보학적으로 재구성될 수 있으며, 그러한 전략들과 결부된 장치들인 종교, 이데올로기, 문화 등을 통해 구체화될 수 있다. 이러한 힘의 전략들의 장치들은 선과 악, 미와 추 등의 이원적 구조로 이루어져 있으며 노예화로부터 해방에 이르기까지 단계화되어 있다고 한다:

> 기존의 도덕은 무엇보다 공동체 일반을 유지시키는 수단이다. [⋯] 그것의 동기들은 두려움과 희망이다. [⋯] 도덕의 다음 단계들은 [⋯] 신의 명령과 [⋯] '너는 해야만 한다'는 절대적 의무개념의 명령이다. [⋯] 그리고 나서 성향과 취미의 도덕이 오고, 최종적으로는 통찰의 도덕이 오는바, 이것은 도덕의 모든 환상적 동기들을 넘어서며 인간이 오랜 시간에 걸쳐 어떻게 그 어떤 다른 도덕들도 가져서는 안 되게 되었는지를 명확히 밝혀주는 도덕이다.[65]

도덕의 발전은 반성과 비판을 통해 인간을 기존의 도덕과 가치의 표상들로부터 해방시킬

---

65 Friedrich Nietzsche: Menschliches, Allzumenschliches I und II, in: Sämtliche Werke. Kritische Studienausgabe, Bd. 2, S.573.

수 있는 '능동적 부정주의'에서 마감을 하게 되어 모든 가치들과 규범들의 '가치전도 Umwertung'가 가능해지게 되는 것이다. 니체에 따르면, 이러한 가치전도는 인간의 진보에 초점을 두는 지속적인 과정 속에 있다고 한다. 이러한 과정은 인간의 개인적이고 육체적 이며 미적인 욕구들을 얼마나 담지하느냐에 따라 측정된다. 이러한 능동적 부정주의와는 달리 수동적 부정주의에서는 인간이 자신을 도덕적 표상들 및 가치의 표상들과 지나치게 동일시함으로써, 그리고 이러한 표상들을 맹목적으로 옹호하고 실행함으로써 인간은 더욱 노예화된다. 능동적 부정주의와 수동적 부정주의는 모두 도덕성의 근본형태들을 나타 내준다. 그것들은 각기 특수한 방식으로 문화의 상태를 지시하게 되는 것이다.

능동적 부정주의에서 중요한 것은 공동체의 변화가 아니라 개별 주체의 해방이다. 이와 관련하여 니체는 다음과 같이 논증한다:

> 도덕의 진보는 이기적인 충동들에 비해 이타적인 충동들이 우세한 경우, 개인적인 판 단들에 비해 보편적인 판단들이 우세한 경우에 이루어지는 것일까? […] 반면 나는 다 른 개인들에 대해 자신의 충분히 잘 이해된 관심(개인이 다른 개인을 그 자체로 인정하 고 장려하는 한 동등한 자들 가운데에서의 정의)을 대변하는 개인이 성장하는 모습을 본다. 또한 나는 판단들이 점점 더 개인적으로 되고 보편적인 판단들이 점점 더 깊이 없고 상투적으로 되는 것을 본다. 나는 동물들의 거친 이기주의에서 이타적인 충동들 이 가장 강력하게 나타나는 것을 본다 […]. 이타적 충동은 개인의 인정을 위해서는 장 애이다. 그것은 타자를 우리와 동일한 것으로 취하고 우리와 동일한 것으로 만들려고 한다. 나는 국가와 사회의 경향 속에서 개인화의 장애인 공동체적 인간의 형성을 본다. 그러나 나약한 인간들이 강한 개인을 두려워하여 개인적인 것으로 발전해나가려는 대 신 차라리 전반적인 약세를 원한다는 바로 그러한 이유 때문에 사람들은 공동체적이고 동등한 인간을 그렇게도 욕망하는 것이다. 나는 현재의 도덕에서 그러한 전반적인 약 세가 미화되는 것을 본다 […]. '절대적 진리들'은 평준화의 도구이며, 특성 있는 다양한 형태들을 게걸스럽게 먹어치운다.[66]

니체의 사회문화비판은 개인이 공동체 속에서 살아가는 방식에도 관계된다. 그에 따르면,

---

[66] Friedrich Nietzsche: Nachgelassene Fragmente 1880-1882, in: Sämtliche Werke. Kritische Studienausgabe, Bd. 9, S.238f.

개개인들을 단지 대중의 일부이자 공동체의 보편적 기능으로 파악하는 그 어떠한 이데올로기나 종교도 만들어져서는 안 된다고 한다. 주체는 주권적인 개체로서 모든 개개인에게 결정과 선택과 행동의 자유를 부여해주는 새로운 결속체를 형성해야만 하는 것이다. 니체에게서 주체로의 방향전환은 인간을 지배하는 형이상학적 체계들로부터 벗어나는 것을 의미한다. 왜냐하면 그러한 주체로의 방향전환은 고통이나 자신의 유한성에 대한 공포와 같은 현 존재의 참혹함을 완화시켜주거나 마비시키는 의미를 인간들에게 제공해주기 때문이다.

주체는 자기 고유의 취미를 발전시키고 자기 자신을 전개시키기 위해 자유로운 선택을 필요로 한다. 이를 통해 이러한 주권적 개체는 자신의 행동들에 대해서도 책임을 지게 된다. 능동적 부정주의는 개개의 주체를 위한 자유를 기약할 뿐 아니라, 자신의 행동에 대한 책임 역시 기약해준다. 이러한 이유로 니체는 주권적 개체가 인류의 극히 적은 부분들에서만 존재하는 '초인Übermensch'의 이상적 형상 속에서 실현된다고 보았다.

② 예술의 삼단계

니체에게서 예술 개념은 자아의 구성에 있어 결정적인 기제로서 작용하는 다양한 연관들과 관계된다. 말하자면 인간이 사물들과 자기 자신 사이에 예술을 밀어 넣는 것을 이해하게 될 때에야 비로소 이러한 이해로부터 세계가 생겨나는 것이다. 그 결과 인간은 예술을 통해 사물들로 이르게 될 뿐 아니라 비로소 자기 자신에게로 이르게 되기도 하는 것이다. 따라서 예술과 접전을 벌임으로써, 인간은 자신을 한편으로는 인간으로서, 다른 한편으로는 독자적이며 자유로운 자아로서 인식하게 되며, 또한 예술을 통해 세계 및 사물들과의 결합이 가능해지는 것이다. 결국 예술은 자아와 세계 간의 상호관계를 창출하는 것이다.

니체에게서 이 같은 예술이해를 위한 토대는 바로 철학이다. 철학을 통해 예술에 대한 두 가지 관점이 보다 분명하게 이해되는 것이다. 예술의 첫 번째 관점은 학문성, 예술적이고 미적인 표현방식의 기술적 능력 그리고 진리와 현실을 구조화시키는 예술 내지 미학의 힘 등과 관계되며, 두 번째 관점은 예술을 통해 인식될 수 있는 자아와 세계의 환영과 관계되는 것으로서, 이것은 한편으로 실재와의 유희로서 다양한 삶의 방식이 드러나도록 해주고 다른 한편으로 허구와 환상으로서 삶이 현실과 동떨어진 도취 속에서 살아지도록 해줄 수 있는 것이다. 이러한 관점에 따르면, 예술은 치료를 해주는 치료제로서 혹은 정신적 죽음으로 이르는 환각제로서 간주될 수 있는 것이다.

이러한 배경하에서 니체의 예술이해는 삼단계로 고찰될 수 있다.

첫 번째 단계는 '환영apate'의 단계이다. 이 단계에서 니체는 '도취Rausch', '탈자Ekstase', '예술을 통한 그리고 예술로의 탐닉Hingabe durch und an die Kunst'의 문제를 다룬다. 쇼펜하우어와 바그너의 영향하에서 니체는 예술을 음악의 매개로 인간에게 새로운 차원으로 이르는 데 도움을 주는 이상으로 양식화한다.『음악의 정신으로부터 비극의 탄생』에서 니체는 (도취로서) 디오니소스적인 것과 (꿈으로서) 아폴로적인 것을 통해 인간에게는 예술을 통해 종합되는 두 가지 충동들이 존재하며 이러한 충동들은 이상적인 경우에 인간을 자유로운 주체로 만들어주는 자기소외를 가능하게 해준다는 점을 입증하였다. 아폴로적인 꿈의 이미지세계와 디오니소스적인 '도취에 가득 찬 현실'과 같은 예술의 환영을 통해 인간은 자기 삶의 예술가가 될 수 있는 것이다:

> 그는 디오니소스적 도취와 신비적인 자기단념 속에서 외로이 북적거리는 합창들로부터 떨어져서 침강해 있으며, 아폴로적인 꿈의 작용을 통해 그의 고유한 상태, 즉 세계의 가장 내적인 근거와의 통일 상태가 그에게는 비유적인 꿈이미지로 나타난다(GT 31).

"삶의 직접적인 이념"(GT 108)으로서 음악은 자아와 세계를 매개시켜주는 이러한 이상을 예술적으로 체현하는 것이다. 그 이유는 음악이 인간과 세계의 조화를 묘사해주는 것이기 때문이다:

> 우리는 세계를 '체현된 음악verkörperte Musik' 내지 '체현된 의지verkörperter Wille'라고 부를 수 있을 것이다. 이로부터 왜 음악이 현실의 삶과 세계의 모든 장면, 모든 그림이 곧장 고도의 함축성 속에서 모습을 드러내게 하는지가 설명된다. 물론 이것은 음악의 멜로디가 주어진 현상의 내적인 정신에 보다 더 유비적이면 유비적일수록 그마만큼 더 명확히 이해되는 것이다(GT 106).

예술을 통한 이러한 자기단념은 긍정적인 주체형성 속에서 정점을 이루게 될 뿐 아니라 자기상실 속에서 마감을 하게 되는 것이다.

두 번째 단계는 '모방mimesis'의 단계이다. 예술이해의 두 번째 단계에서 니체의 관점은 다소 변화된다. 그는 예술을 한편으로는 기존의 것을 모방하는 과정으로 이해하며, 다른 한편으로는 변형되고 독창적인 새로운 모습에서 정점에 이르는 모방의 완성으로 이해한다. 그리하여 예술은 일종의 학문으로 이해되는데, 그 이유는 예술이 특정한 원리들에 따라 기능하며 연습을 통해 모방 가능해지게 되기 때문이다. 이 같은 학문적 접근방식을 통해서 비로소 예술의 환영적 특성은 극복될 수 있으며 실재에 대해 의미 있는 것이 생산될 수 있는 것이다. 두 번째 단계에서 니체의 관점은 이상적인 예술가로부터 벗어나며 예술을 모든 이가 배울 수 있는 수공업 같은 것으로 파악한다. 물론 기존의 것을 단지 모방하는 예술가도 존재하며, 수공예를 완전히 능숙하게 지배하여 독창적이고 새로운 것을 창조해내는 예술가도 존재한다. 예술수용자는 예술가의 실재적인 이미지를 만들어 그의 작품을 재능만이 아니라 수공예 능력을 요구하는 창작과정의 산물로 바라보아야만 한다. 말하자면 천재적인 완전성이 아니라 예술적이고 수공예적인 숙련성이 전면에 놓여 있다는 것이다. 니체는 예술가에게 자신의 수공예를 지배할 뿐 아니라 창작과정과 창작물에 대해 반성적으로 접전을 벌이기를 요구한다. 예술적 창작과정의 시작단계에는 목적을 수행하기 위해 무엇보다 먼저 습득되어야 하는 모방이 놓여 있다. 단계가 지나면서 개별적인 수공예 방식들이 모방되고 이해되며 어느 순간 완전한 예술작품이 생산되는 것이다. 그리하여 예술적 창작과정의 모방이 내재화되었을 때 비로소 이러한 경험으로부터 하나의 예술작품을 산출할 가능성이 존재하게 되는바, 이러한 예술작품은 기존의 것에 기대면서도 미세한 차이를 통해 독창적인 것으로 된 것이다. 이 순간 예술의 환영적 특성이 문제시되고 실재적 능력의 현실적 이미지가 나타내지게 되는 것이다. 이제 남는 것은 힘, 삶, 도취, 완전성 등과 연관되는 예술의 표상이다:

> 예술가의 심리학―예술이 존재하기 위해, 그 어떤 예술적 행위와 주시가 존재하기 위해서는 생리학적인 선결조건은 필수불가결하다. 그것은 바로 도취이다. […] 도취의 본

질은 힘의 상승과 충만함의 감정이다. 이러한 감정으로부터 우리는 사물들로 향해가서, 사물들을 우리로부터 강제로 떼어내려고 하며, 사물들에 폭행을 가한다 - 이 말은 이 과정을 관념화하는 것을 말한다. […] 이러한 상태(도취상태)의 인간은 사물들이 자신의 힘을 반영할 때까지, 그리고 사물들이 자신의 완전성의 반영물이 될 때까지 사물들을 변형시킨다. 완전한 것으로 변형시켜야만 하는 것 이것이 바로 예술이다.[67]

세 번째 단계는 '정화katharsis'의 단계이다. 마지막 단계에서 니체는 앞선 두 단계들에서 이야기된 요소들인 환영과 모방을 다시금 끌어들여 이 둘 간의 종합을 시도한다. 그리하여 이 둘의 결합을 통해 정화가 이루어지게 된다는 것이다. 환영은 실재와의 유희를 나타내며, 모방과정을 거쳐서 자아의 정화 내지 자아의 새로운 구성에 이르게 되는 것이다. 이러한 정화가 다름 아닌 부정주의이다. 왜냐하면 관습적인 규범들과 가치들이 이를 통해 전도되기 때문이다. 개인은 원초적 도덕의 관습적 규범들로부터 풀려나 새로운 가치들을 자신에게 부여하고 이를 통해 사회와 문화에 영향을 끼쳐 사회와 문화를 변화시키게 되는 것이다. 이때 예술은 인간이 주권적 개체 내지 자유로운 정신이 되어 주어진 권력구조들로부터 해방되고 이러한 권력구조들을 변화시키는 것을 가능케 해주는 부정주의를 위한 일종의 촉매제 역할을 하는 것이다. 인간은 세계와 자기 자신을 의식하고, 도취하게 하는 예술의 환영으로부터 각성하여, 자신이 전수된 가치들로부터의 해방을 위해 적용할 수 있는 지식을 적극적으로 전유해야만 한다. 이를 통해 예술은 주체로 하여금 비판적이고 자기성찰적인 본질로 만드는 카타르시스가 될 수 있는 것이다. 이러한 의미에서 예술은 능동적 부정주의를 위한 촉매제로 기능할 수 있는 '삶의 자극제Stimulans des Lebens'로 간주되는 것이다:

우리는 여기서 삶의 가장 천사 같은 본능 속으로 투입되어 있는 […] 예술을 발견하게 된다. 즉, 우리는 삶의 가장 커다란 자극제로서의 예술을 발견한다 - 예술은 거짓을 말하는 상황에서도 여전히 숭고하고 합목적적이다. […] 그러나 우리는 길을 잃고 거짓말을 하는 예술의 힘에 머물게 될지도 모른다. 예술은 상상 이상의 것을 행한다. '예술은

---

67 Friedrich Nietzsche: Der Fall Wagner, Götzen-Dämmerung, Der Antichrist/Ecce homo, Dionysos-Dithyramben/Nietzsche contra Wagner, in: Sämtliche Werke. Kritische Studienausgabe, Bd. 6, S.116f.

스스로 가치들을 옮겨놓는다sie verschiebt selbst die Werthe'.[68]

니체는 예술을 인간의 실존에서 본질적인 기제로 기능한다고 생각하며, 같은 맥락에서 인간의 현 존재를 능동적으로 형상화되어야 하는 미적인 현상으로 파악한다. 이러한 의미에서 예술과 접전을 벌이는 일은 경험의 과정을 통해 비로소 지각되고 이해되며 생산적으로 형상화될 수 있는 권력구조들과 메커니즘들로부터 벗어날 수 있는 결정적인 방식이 되는 것이다. 자신이 살고 있는 세계의 구조들과 메커니즘들과 능동적으로 접전을 벌임으로써, 그리고 그것들에 대해 비판적인 반성을 함으로써, 인간은 주권적인 개체로서 스스로를 형상화시킬 수 있는 것이다.

③ 삶의 미학적 의미

불행한 세계 속에서 행복한 삶을 살아가야 한다고 하는 쇼펜하우어의 염세주의로부터 거리를 두고 자기에게 권한을 부여하는 고대적인 삶의 기술을 옹호하는 니체는 무엇보다 삶의 미학적인 의미를 해명하는 것에 중점을 두었다. '권력에의 의지'의 장본인이라고도 할 수 있는 예술은 주체로 하여금 다른 그 어느 누구의 힘과 권력에 의해 좌지우지되지 않고 자기에게 권한을 부여하여 독자적으로 존재할 수 있는 본질이 되도록 해주는 핵심적인 기제인 것이다. 그리하여 니체에게서 주체의 자기구성은 미학적으로 규정된다. 미적인 대상들 및 미적인 산물들의 창조와 접전을 벌임으로써, 인간은 자기 고유의 실존을 지각하고 변화시킬 수 있게 되는 것이다.

예술과 미학은 사회와 문화의 미적 지각을 통해 인간 고유의 실존에 대한 반성적 논의를 가능케 해준다. 수동적으로 수용되는 것이 아니라 능동적으로 살아진 삶은 성공적인 실존이자 일종의 '예술작품'으로서 규정될 수 있는 것이다. 니체는 우리로 하여금 자기 고유의 존재를 미적으로 지각하고 형상화하는 것과 더불어 자기 자신에게로의 무조건적인 몰두와 자기 고유의 실존에 대한 의식적인 인정을 요구한다. 여기에는 육체적인 긍정 역시 함축되어 있다. 니체는 보편적인 취미는 주권적인 개체를 통해 형성된다고 하면서 다

---

68 Friedrich Nietzsche: Nachgelassene Fragmente 1887-1889, in: Sämtliche Werke. Kritische Studienausgabe, Bd. 13, S.299.

음과 같이 말한다:

> 아무리 보잘것없는 취미라고 할지라도 취미를 가지고 있는 자들은 행복한 자들이다!
> – 그리고 우리는 이러한 특성에 의해서만 행복할 뿐 아니라 지혜로워질 수도 있는 것이
> 다. 그러한 이유 때문에 그러한 경우들에서 매우 정확했던 그리스인들은 지혜로운 자
> 를 취미의 소유자를 의미하는 말로 나타냈으며, 지혜를 예술적이며 인식적인 취미로
> 지칭하였다.[69]

취미를 통해 얻은 "미적이고 도덕적인 판단들은 '퓌지스의 가장 정교한 음조들feinste Töne
der Physis'이다."[70] 미적이고 도덕적인 판단들이 퓌지스, 즉 인간 육체의 가장 정교한 음조
들이라는 말은 예컨대 육체적 감각들과 취향이 이성과 긴밀하게 결합되어 있다는 것을
함축하고 있다. 호모 사피엔스의 'sapientia'라는 말은 지혜와 이성만이 아니라 후각과 미각
같은 감각 역시 의미하는 말이었다. 자기 자신의 취미를 의식하고 이를 능동적으로 살아
지도록 하는 것은 의지와 자기의식의 표현인 것이다.

인간은 자기의 의지의 힘을 의식하게 될 때에만 자기 주위의 사회적이고 문화적인 환경과
비판적으로 접전을 벌일 수 있다. 예술은 인간의 실존의 미적인 지각에 대한 이 같은 접근을
가능케 해주며 사회문화적인 생활세계에서 자신의 미적인 표상들을 예술적으로 실행할 수
있도록 해준다. 여기서 능동적 부정주의는 결정적인 역할을 하는바, 이를 통해 주체 내에서
비판적 사고의 토대가 마련되기 때문이다. 주체가 비판적 사고를 통해 자신이 처한 사회와
문화를 변형시킬 때, 주체는 자신의 동시대인들에게 사회문화적 한계들을 보여주면서 규범
들과 가치들이 항상 변화 가능하다는 사실을 입증해주는 '초인'이 되는 것이다.

---

69 Friedrich Nietzsche: Menschliches, Allzumenschliches I und II, S.449.
70 Friedrich Nietzsche: Morgenröte, Idyllen aus Messina, Die fröhliche Wissenschaft, in: Sämtliche Werke. Kritische Studienausgabe,
    Bd. 3, S.407.

IX
헤겔 이후의 미학 II

1. 페히너의 심리물리학적 미학

I. 서론

칸트의 『순수이성비판』 출간연도인 1781년부터 헤겔의 사망연도인 1831년까지 대략 50여 년간 역사적으로 독보적인 이념지형을 형성하였던 독일관념론 진영의 사상가들은 물리적 실재 세계와 현상적 직관세계의 공통적 기반에 대한 이해를 학문의 기본 과제로 삼으면서 이러한 공통적 기반을 창출하기 위한 방법론을 자명한 원리, 지적 직관, 선험적 구성, 변증법적 추론 등으로부터 얻고자 하였다. 라인홀트Karl Leonhard Reinhold(1757-1823)의 '기초원리철학Elementarphilosophie',[71] 피히테Johann Gottlieb Fichte(1762-1814)의 '지식학Wissenschaftslehre',[72] 헤겔Georg Wilhelm Friedrich Hegel(1770-1831)의 '철학적 학문들의 엔치클로패디Enzyklopädie der

---

[71] Karl Leonhard Reinhold: Versuch einer neuen Theorie des menschlichen Vorstellungsvermögen[1789]. Gesammelte Schriften. Hrsg. v. Martin Bondeli/Silvan Imhof, Basel 2013.

[72] Johann Gottlieb Fichte: Grundlage der gesammten Wissenschaftslehre als Handschrift für seine Zuhörer. Gesamtausgabe. Hrsg. v. Hans Jacob/Reinhard Lauth, Stuttgart 1965.

philosophischen Wissenschaften'[73] 그리고 셸링Friedrich Wilhelm Joseph Schelling(1775-1854)의 '초월적 관념론의 체계System des transzendentalen Idealismus'[74] 등은 그러한 시도의 결과물이다.

그러나 이러한 사상적 지형은 1840년대 이래로 더 이상 지탱될 수 없었다. 자명한 제일 원리나 지적 직관 혹은 선험적 구성이나 변증법적 추론 등에 의거한 관념론적 방법론에 인간의 지각을 포함한 인간의 경험세계를 다루는 학문들의 메타이론적 지위를 부여하는 것이 의문시되기 시작하였던 것이다. 이 같은 의문은 무엇보다 독일관념론 시기에 이미 비판적 목소리를 내고 있었던 경험심리학 진영의 학자들(프리스Jakob Friedrich Fries, 헤어바르트Johann Friedrich Herbart, 베네케Friedrich Eduard Beneke)과 생물학적 인간학의 기초자인 슐라이덴Matthias Jakob Schleiden에 의해 이루어졌으며[75], 헤겔 사후 1840년대 이래로 후기 관념론자들로 여겨졌던 페히너Gustav Theodor Fechner(1801-1887), 롯체Rudolf Hermann Lotze(1817-1881) 그리고 하르트만Eduard von Hartmann(1842-1906) 등에 의해 본격화되었다. 물리적 세계 자체의 직관은 어떻게 가능하며 메커니즘적으로만 유사할 뿐 서로 다른 지각능력을 가지고 있는 인간들 사이의 소통은 과연 가능할까 하는 물음들은 보편으로부터 특수로 이행하여 논증하는 사변적 철학의 종합적 방법만이 아니라 경험적 지식에 의거한 분석적 방법과의 공조를 통해 점차 해결 가능하다고 여긴 것이다. 이제 인간의 생물학적인 심리적 삶과 생리학적인 육체의 관계는 물리적 실재 세계와 감각적 경험세계의 공통지평을 이해하기 위한 핵심적 논의대상으로 정립되었으며, 이에 따라 관찰과 실험에 의거한 새로운 방법론의 모색이 다각도로 시도되었다. 그 결과 자연철학적 자연 개념은 생물학적 삶의 개념으로, 정신화된 자연은 일반화된 형태로는 물질과 감각과 생명이 전일화된 자연으로, 특수하게는 생물학적 성으로 새롭게 이해될 수 있었다.

이 장에서는 관념론으로부터 경험과학적 실재론으로 전환되기 시작하였던 시기이자 18세기 경험과학적 인간학의 전통을 다시금 잇기 시작하였던 19세기 중엽 이후의 이념적 지형으로서 생명(삶), 물질(재료), 자연(성), 살(육체), 심리적인 것(정신적인 것) 등의 매개개

---

73 Georg Wilhelm Friedrich Hegel: Enzyklopädie der philosophischen Wissenschaften im Grundrisse[1817]. Gesammelte Werke. Hrsg. v. Wolfgang Bonspien/Wolfgang Grotsch, Hamburg 2000.

74 Friedrich Wilhelm Joseph Schelling: System des transcendentalen Idealismus[1800]. Historisch-Kritische Ausgabe. Hrsg. v. Harald Korten/Paul Ziche, Stuttgart 2005.

75 김윤상: 19세기 인간학의 이론적 지형에 관한 연구(I), 독일문학 140, 2016, 56-62쪽.

념들을 중심으로 형성되었던 19세기의 인간학적 지형에서 당대의 인간학적 맥락에 있었던 대표적인 사상가들 중의 하나이자 실험미학의 창시자였던 구스타프 페히너의 심리물리학과 심리물리학적 미학의 함의를 해명하는 작업이 이루어진다.

II. 인간학의 심리물리학적 지평

1) 심리물리학의 기초

19세기 전체에 걸쳐 가장 독특하고 고유한 사상가로서 물리학자이자 철학자이며 신비주의적 신학자이자 풍자작가였던 페히너의 저작과 삶은 결정적인 학문적 전환의 지점이자 위기의 무대였다고 해도 과언이 아니다. 결정적인 학문적 전환의 지점이란 메타담론이자 거대담론으로서 철학이 갖는 위상이 개별 학문들의 독자성에 자리를 내주게 된 이래로 지배적 규정근거에 의존함 없이 자연과학과 인문과학의 개별 학문들 간의 접점에서 논의가 시작되었다는 것을 의미하며, 위기의 무대란 과학과 종교 사이 그리고 철학과 문학 사이의 미결정의 상황에서 새로운 세계관을 형성하고자 하는 시도가 이루어졌다는 것을 의미한다. 페히너 연구자인 하이델베르거Michael Heidelberger에 따르면, "한편으로는 전적으로 자연과학의 새로운 독자성에 의해 각인되어 있고", "다른 한편으로는 셸링학파로부터 생겨난 자연철학적 세계관에 결부되어 있는" 페히너의 사유는 "경험주의와 자연주의 Empirismus und Naturalismus"를 모든 경험과학의 자명한 입장으로 간주하면서 "우주의 생동성의 원천으로서 세계 내의 심리적인 것이 더 이상 다른 것으로 환원될 수 없는 근본적인 특성을 지닌다"[76]는 입장을 견지하였다고 한다. 독일관념론이라는 거대한 사상적 흐름으로부터 벗어나 개별 경험과학들 간의 관계에 주목하면서도 물리적인 것에 못지않게 정신적인 것의 독자성을 주창하였던 '신관념론Neoidealismus'의 사상가이자 신관념론적 생철학의 사상가인 페히너는 결국 식물로부터 동물로 그리고 인간과 천체에 이르는 "정신적 단계"로서 "자연의 보편적 생기화Allgemeinbeseelung der Natur"란 신적인 것에 다름 아니며 신

---

76 Michael Heidelberger: Die innere Seite der Natur. Gustav Theodor Fechners wissenschaftlich-philosophische Weltauffassung. Frankfurt a.M. 1993, S.13.

이란 "전체의 정신"에 다름 아니라고 주장함으로써, 범신론적 '범심리주의Panpsychismus'를 주장하였던 것이다.[77]

엄밀하게 경험적이고 실험적인 사고로부터 다시 사변적인 형이상학적 사고로 기울었다가 결국에는 종합적인 관점으로 귀결되는 페히너의 사상적 궤적은 그럼에도 불구하고 한 가지 일관된 이념을 기초로 하고 있었다. 그것은 다름 아닌 '심리물리학Psychophysik'의 이념이었다.

> (심리물리학이란) 육체와 영혼 사이의, 보다 일반적으로 말하자면, 육체적인 세계와 정신적인 세계 내지 물리적인 세계와 심리적인 세계 사이의 기능적인 혹은 의존적인 관계들에 대한 정밀한 이론(이다).[78]

정신과 육체의 교통이라는 인간학 본래의 '심리물리학적인 이중적 존재psychophysisches Doppelwesen'로서의 인간 개념이 전제되어 있는 페히너의 심리물리학은 "내적인 지각innere Wahrnehmung"을 통해 파악될 수 있는 정신, 영혼 등을 포괄하는 심리적인 것과 "외적인 지각äussere Wahrnehmung"(Fechner EP 8)을 통해 파악될 수 있는 육체, 몸, 물질 등을 포괄하는 물리적인 것이 기능적으로 서로 의존적 관계를 맺으며 결합되어 있는 상황을 정량적으로 해명하고자 하는 이론적 기획이다. 심리물리학이 내적인 지각 내지 외적인 지각을 통해 파악될 수 있는 것과 관계되기 때문에 심리물리학은 이러한 지각들을 통해 현상하는 것, 즉 "육체적 세계와 정신적 세계의 현상적 측면" 내지 "현상적인 것의 관계, 범주, 연관, 계열, 법칙" 등을 대상으로 하며, 이는 한마디로 "물리학과 화학의 의미에서 물리적인 것과 경험영혼론Erfahrungsseelenlehre의 의미에서 심리적인 것"(Fechner EP 8)이라고 할 수 있다.

페히너에 따르면, 심리적인 것과 물리적인 것은 일정한 연관을 이루고 있다. 일반화시켜 말하자면, 심리적인 것은 "물리적인 것의 기능으로서 물리적인 것에 의존하고 있는 것

---

77 Gustav Theodor Fechner: Nanna oder über das Seelenleben der Pflanzen. Leipzig 1921, S.1; Ders.: Ueber die Seelenfrage. Leipzig 1907, S.223; Ders.: Zend-Avesta oder über die Dinge des Himmels und des Jenseits. Leipzig 1919, S.25.

78 Gustav Theodor Fechner: Elemente der Psychophysik. Erster Theil[1860], Amsterdam 1964(이후로는 Fechner EP로 약칭), S.8.: Die Psychophysik ist "eine exacte Lehre von den functionellen oder Abhängigkeitsbeziehungen zwischen Körper und Seele, allgemeiner zwischen körperlicher und geistiger, physischer und psychischer, Welt."

이다"(Fechner EP 8). 혹은

> 심리적인 것이 물리적인 것의 직접적인 기능으로 고찰되는 한에서 물리적인 것은 심리
> 적인 것의 '담지자Träger' 내지 '기반Unterlage'이라고 불릴 수 있다. 심리적인 것의 담지자
> 내지 기반으로서 심리적인 것과 직접적인 기능적 연관관계에 있는 물리적 활동들을 우
> 리는 '심리물리적psychophysisch' 활동들이라고 부른다(Fechner EP 10).[79]

심리물리학은 다시금 외적인 심리물리학과 내적인 심리물리학으로 구분되는데, 외적인 심리물리학이 감각에 대한 외적인 자극의 의존성을 다룬다면, 내적인 심리물리학은 심리적인 측면을 담지하는 심리물리적 자극으로서 "우리 뇌 안에서 이루어지는 일정한 활동들"(Fechner EP 9)인 뇌신경작용들과 감각 간의 관계를 다룬다. 한마디로 말해 외적인 심리물리학에는 대상들이 내적이고 외적인 현상 속에서 직접 주어져서 다뤄지는 반면, 내적인 심리물리학은 심리적 현상들의 직접적인 물리적 담지자와 관계되는 부분을 해부학적으로

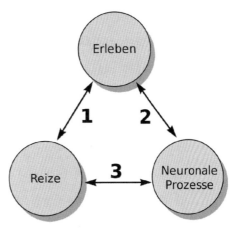

그림 4 David Ludwig: Unterteilung der Psychophysik, 2012.
1. 외적인 심리물리학(자극 ↔ 체험)
2. 내적인 심리물리학(체험 ↔ 신경과정)
3. 생리학(자극 ↔ 신경과정)

나 생리학적으로 다루는 것이다. 결국 심리물리학은 현상 이면에 자리 잡고 있는 심층적 의미를 다루고자 하였던 기존의 관념론적 입장으로부터 거리를 취하면서 물리적인 것과 심리적인 것의 접점 내지 물리적인 양의 기능으로서 심리적인 양을 해명하고자 하는 것이다.

---

79 "Insofern das Psychische als directe Function des Physischen betrachtet wird, kann das Physische der Träger, die Unterlage des Psychischen heissen. Physische Thätigkeiten, welche Träger oder Unterlage von psychischen sind, mithin in director functioneller Beziehung dazu stehen, nennen wir psychophysische."

2) 영혼과 육체의 동일성

물리적인 것과 심리적인 것의 관계의 기저에는 몸과 영혼의 관계가 자리 잡고 있다. 앞서 언급된 바 있듯이, 페히너의 심리물리학에서는 현상 이면의 것에 대한 관념적인 실체 자체가 인정되지 않기 때문에, 몸과 영혼의 관계 역시 현상의 표면 자체에서만 논의된다: "나의 영혼 이면에서나 육체 이면에서나 영혼과 육체의 다양하면서도 변화무쌍한 현상들을 하나로 결합시키는 그 어떤 어두운 사물 자체도 찾아질 수 없다."[80] 심리물리학이 현상의 이면에 존재하리라고 여겨질 수 있는 관념적인 실체를 인정하지 않음에도 불구하고 영혼이라는 개념을 상정하는 것은 어떤 맥락에서일까? 페히너는 육체와 연관된 영혼에 대해 『영혼 문제에 대하여 *Ueber die Seelenfrage*』에서 다음과 같이 말한다:

> '정신Geist' 혹은 '영혼Seele'은 오직 자기현상들 속에서만 파악될 수 있고 자기현상의 현상들과 규정들을 통해 특징지을 수 있는 통일적인 본질과 동일하다; '육체Körper' 혹은 '몸Leib'은 오직 외적인 현상 속에서 외적인 감각들을 통해서만 파악될 수 있으며 외적인 현상의 관계들과 규정들을 통해 특징지을 수 있는 체계이다. 자연은 우리의 작은 몸을 일부분으로 가지는 육체적 사물들의 전체 체계이다.[81]

결국 페히너는 몸과 영혼을 동일한 것으로 간주하면서 육체와 영혼의 "동일성 관점 Identitätsansicht"[82]을 정립한다.

육체와 영혼의 동일성 관점에 따르면, 육체의 현상적 연관이 영혼의 현상적 연관과 동일하다는 것이며, 여기서 육체의 개념과 영혼의 개념 각각에 동일하게 관계하는 연관이 핵심적 논점이 되는 것이다. 말하자면 육체와 영혼 개념 각각이 문제가 아니라 그것들의 교차지점 내지 접점으로서 그것들 각각이 맺고 있는 동일한 현상영역이 문제인 것이다. 이에 대해 페히너는 보다 집중적으로 다음과 같이 논증한다:

---

80 Gustav Theodor Fechner: Ueber die physikalische und philosophische Atomlehre. Leipzig 1855, S.96.

81 Gustav Theodor Fechner: Ueber die Seelenfrage. Leipzig 1907, S.16. "Geist, Seele gleichbedeutend ein nur in Selbsterscheinung erfaßliches, nur durch Phänomene und Bestimmungen der Selbsterscheinung charakterisierbares einheitliches Wesen; Körper, Leib ein, nur in äußerer Erscheinung, durch äußere Sinne erfaßliches, durch Verhältnisse, Bestimmungen der äußern Erscheinung charakterisierbares, System. Natur das ganze System der körperlichen Dinge, wovon unser kleiner Leib ein Theil."

82 Ebd. S.221.

육체와 정신 혹은 몸과 영혼 혹은 물질적인 것과 이념적인 것 혹은 물리적인 것과 심리적인 것(이 대립개념들은 여기서 가장 넓은 의미에서 동일한 유효성을 지니는 개념들로 사용된다)은 궁극적인 근거와 본질에서가 아니라 단지 이해나 고찰의 관점에 따라서만 서로 다르다. 내적인 관점에서 정신적이고 심리적인 것으로 현상하는 것은 외적인 관점에 의거해서 볼 때 그것에 맞서있는 것에는 다른 형태로 즉 육체적으로 물질적인 표현의 형태로 현상할 수 있다. 현상의 상이성은 관찰의 관점과 그에 맞서있는 것의 상이성에 달려 있다. 그런 한에서 동일한 본질은 정신적이고 심리적인 한 측면과 물질적이고 육체적인 한 측면을 가진다.[83]

본질적으로가 아니라 어떤 관점에서 이해하고 고찰하느냐에 따라서만 다른 두 가지 현상들로서 육체적인 것과 영혼적인 것 혹은 물리적인 것과 심리적인 것은 동일한 연관으로 수렴된다.

경험적으로 볼 때 모든 영혼의 현 존재에는 외적인 현상을 위해 창조된 육체가 속하며, 이러한 육체에 의거하여 영혼은 다른 영혼들과 관계되는 것이다. [⋯] 다른 식으로 표현하자면, 자기현상들의 연관의 가능성은 타자의 현상적 연관의 가능성과 연대적으로 결부되어 있다. [⋯] 육체와 영혼의 동일하게 공통적인 본질은 영혼의 자기현상들과 육체의 외적인 현상들 간의 연대적인 상호조건성에 다름 아니다. [⋯] 이 같은 관점은 영혼과 육체 양자를 단지 동일한 본질의 두 가지 상이한 현상방식들로 간주함으로써 '동일성 관점Identitätsansicht'인 것이다.[84]

---

83 Gustav Theodor Fechner: Zend-Avesta oder über die Dinge des Himmels und des Jenseits. Leipzig 1919, S.321f. "Körper und Geist oder Leib und Seele oder Materielles und Ideelles oder Physisches und Psychisches, (diese Gegensätze hier im weitesten Sinne als gleichgeltend gebraucht) sind nicht im letzten Grund und Wesen, sondern nur nach dem Standpunct der Auffassung oder Betrachtung verschieden. Was sich selbst auf innerm Standpunct als geistig, psychisch erscheint, vermag einem Gegenüberstehenden vermöge dessen dagegen äußern Standpunct nur in anderer Form, welche eben die des leiblich materiellen Ausdrucks ist, zu erscheinen. Die Verschiedenheit der Erscheinung hängt an der Verschiedenheit des Standpunctes der Betrachtung und der darauf Stehenden. In sofern hat dasselbe Wesen zwei Seiten, eine geistige, psychische, sofern es sich selbst, eine materielle, leibliche."

84 Gustav Theodor Fechner: Ueber die Seelenfrage. Leipzig 1907, S.210f. "Erfahrungsgemäß gehört zum Dasein jeder Seele ein für die äußere Erscheinung geschaffener Körper, vermöge dessen die Seele mit andern Seelen in Beziehung steht. [⋯] Anders ausgedrückt: die Möglichkeit eines Zusammenhanges von Selbsterscheinungen hängt solidarisch zusammen mit der Möglichkeit eines Erscheinungszusammenhanges für Andere. [⋯] Das identisch gemeinsame Wesen des Körpers und der Seele ist eben nichts Anderes als die solidarische Wechselbedingtheit der Selbsterscheinungen der Seele und der äußeren Erscheinungen des Körpers. [⋯] Diese Ansicht ist ganz Identitätsansicht, indem sie Beides, Leib und Seele, nur für zwei verschiedene Erscheinungsweisen desselben Wesens hält."

육체와 영혼이 하나의 본질의 두 가지 서로 다른 현상방식들이라면, 물리적인 과정과 심리적인 과정은 서로 동일시될 수 있는 것이다.

> 한 측면에서 육체적이고 유기적인 과정으로 다른 측면에서는 정신적이고 심리적인 과정으로 파악될 수 있는 것은 기본적으로 동일한 과정인 것이다. 육체적인 과정들로서 그것들은 이러한 과정들 외부에서 이것들을 관찰하거나 아니면 해부학자나 생리학자 그리고 물리학자가 하듯이 외적으로 지각 가능한 것의 형태하에서 보여진 것으로부터 이해하는 사람에게 나타난다. 그러한 사람은 자신이 하고자 하는 대로 시작해볼 수 있을 것이다. 하지만 그는 다른 사람 내부의 심리적 현상들에 대해 최소한의 것도 지각할 수 없을 것이다. 이러한 과정들 속에서 자기지각이 일어나는 한, 이러한 과정들은 공통의 감정들, 감각적 감지들, 표상들, 감정적 동요들과 같은 심리적 과정들로 다시금 나타나는 것이다.[85]

그렇다면 물리적인 것과 심리적인 것을 동일한 본질의 두 가지 서로 상이한 현상방식들로 고찰하기 위해서는 어떠한 법칙이 마련되어야 하는 것일까? 육체와 정신의 관계를 놓고 본다면 일반적으로 육체의 변화가 정신의 변화를 혹은 정신의 변화가 육체의 변화를 야기시킨다고 말해질 수 있을 것이다. 이러한 일반적인 생각과 다르지 않게 페히너는 이러한 법칙을 "심리물리적 기본 법칙das psychophysische Grundgesetz"[86]이라고 규정한다. 심리물리학의 가장 보편적인 법칙인 이 법칙은 다음과 같이 규정된다:

> 육체세계의 주변 영역과 미래로 작용들과 결과들을 뻗치는 그 무언가가 육체 속에서 함께 존재하고 생겨나며 진행되지 않고서는 아무것도 정신 속에서 존재하게 되거나 생겨나거나 진행될 수가 없다. 이를 간단히 표현해보자면 다음과 같을 것이다. 즉, 모든

---

85 Gustav Theodor Fechner: Zend-Avesta oder über die Dinge des Himmels und des Jenseits. Leipzig 1919, S.320f. "Es sind im Grunde nur dieselben Processe, die von der einen Seite als leiblich organische, von der andern als geistige, psychische aufgefaßt werden können. Als leibliche Processe stellen sie sich Jemandem dar, der außerhalb dieser Processe selbst stehend, dieselben ansieht, oder aus Gesehenem unter Form des äußerlich Wahrnehmbaren erschließt, wie der Anatom, Physiolog, Physiker thut. Ein solcher mag es anfangen, wie er will, er wird nicht das Geringste von psychischen Erscheinungen im Andern direct wahrzunehmen vermögen, dagegen stellen sich diese Processe wieder als psychische dar, als Gemeingefühle, Sinnesempfindungen, Vorstellungen, Bestrebungen u.s.w., sofern eine Selbstgewahrung in diesen Processen stattfindet."
86 Gustav Theodor Fechner: Die Tagesansicht gegenüber der Nachtansicht. Leipzig 1879, S.203.

정신적인 것은 자신의 담지자나 표현을 뭔가 육체적인 것 속에서 가지며 이를 통해 자신의 이후에 이어지는 작용들과 결과들을 육체적인 것 속에서 갖는다는 것이다.[87]

정신적 상황들과 관계들이 서로 유사하거나 그렇지 않거나 하는 정도에 비례하여 그에 속하는 물질적인 상황들과 관계들 역시 마찬가지이다. 달리 말하자면, 정신적인 영역에서 유사하거나 그렇지 않은 것에 비례하여 물질적인 영역에서도 유사하거나 그렇지 않은 것이 존재하는 것이다.[88]

이 같은 심리물리적 보편법칙은 다음과 같은 놀라운 사실로 귀결된다. 즉, 내가 다른 사람에 대해 갖게 되는 외적인 현상들과 내가 다른 사람과 동일한 외적인 상태에 있게 될 때 나에게 주어져 있는 내적인 현상들은 나로 하여금 다른 사람의 내적인 현상들의 존재방식을 추론하는 것을 가능케 해준다는 것이다. 다른 사람이 자신의 육체와 더불어 취하게 되는 물리적 상황과 동일한 상황을 내가 물리적으로 실현할 수 있다면, 나는 이러한 상황이 지속되는 동안 그와 동일해질 수 있으며 그의 내적인 현상들과 동일한 현상들이 나에게도 주어져 있게 될 것이다. 결국 심리물리적 기본 법칙은 한편으로 물리적인 것과 심리적인 것이 하나의 본질의 두 가지 현상방식에 다름 아니며, 다른 한편으로 이러한 법칙에 의거하여 나와 타인의 동일한 물리적 상황이 실현될 경우 나의 내적인 현상들과 타인의 내적인 현상들이 이루는 동일한 지평이 해명될 수 있을 것이다.

3) 심리물리학적 미학

인간학적 지평에서 육체와 영혼, 물리적인 것과 심리적인 것의 동일성 관점에 의거하여 정립된 페히너의 심리물리학의 대표적인 지류들 중의 하나가 바로 그의 '실험미학experimentale

---

87 Gustav Theodor Fechner: Ueber die Seelenfrage. Leipzig 1907, S.211. "daß nichts im Geiste bestehen, entstehen, gehen kann, ohne daß etwas im Körper mit besteht, entsteht, geht, was seine Wirkungen und Folgen in den Umkreis und die Zukunft der Körperwelt hinein erstreckt. Man kann es kurz so ausdrücken, daß alles Geistige seinen Träger oder Ausdruck in etwas Körperlichem und hiedurch seine weiteren Wirkungen und Folgen im Körperlichen hat."

88 Gustav Theodor Fechner: Die Tagesansicht gegenüber der Nachtansicht. Leipzig 1879, S.203. "Nach Maßgabe als die geistigen Umstände, Verhältnisse sich gleichen oder nicht gleichen, ist es auch mit den zugehörigen materiellen der Fall, oder anders gesagt: zum Gleichen und Ungleichen im geistigen Gebiete giebt es auch etwas zugehörig Gleiches und Ungleiches im materiellen Gebiete."

Ästhetik'이다. 페히너에 따르면, 실험미학은 미학에 대한 "정밀한 연구exacte Untersuchung"를 수행하는 분야로 "자극과 감각 혹은 보다 일반화시켜 말하자면 외적인 육체적 자극들과 내적인 심리적 결과들 간의 양적인 관계들"[89]을 다루는 학문이라고 한다. 결국 페히너의 실험미학은 미와 추 그리고 숭고 등의 개념들에 의거하는 전통적인 미학과 거리를 두면서 "그러한 보편성들의 높은 곳으로부터 시간적이고 공간적으로 미적인 것 혹은 개별적으로 미적인 것의 세속적이고 경험적인 영역"으로 내려가 "보편적인 것의 척도로 개별적인 것"[90]을 측정하는 '아래로부터의 미학Ästhetik von unten' 혹은 '경험과학으로서의 미학Ästhetik als Erfahrungswissenschaft'을 추구하였던 것이다.

페히너는 무엇보다 기존의 미학이 미적인 법칙들에 대한 경험과학적 규명을 "개념들과 이념들로부터의 규명으로 보충하는 것이 아니라 그러한 규명으로 대체"(Fechner I, 5)하고자 하였다고 비판하면서 소위 위로부터의 미학인 기존의 미학과 아래로부터의 미학인 실험미학을 상호보완하고자 한다. 페히너는 우선 미학을 '만족Gefallen과 불만족Mißfallen 혹은 쾌Lust와 불쾌Unlust'의 이론(Fechner I, 33ff.)으로 규정한다. 페히너는 이 같은 만족/불만족의 이론 혹은 쾌/불쾌의 이론으로서 감각적 지각에 대한 경험과학적 연구를 하는 학문으로 미학을 상정하는 가운데 "감각적으로 지각 가능한 것 내지 감각적 지각의 형식들에 대해 미학적으로" 관계하였던 바움가르텐을 상기시키지만, 미학을 그렇게만 한정지을 경우 괴테의 파우스트나 시스틴 성당의 마돈나 등이 갖는 의미에 대해서는 미학적으로 다뤄지지 못한다고 하면서 실험미학의 영역을 감각적 지각만이 아니라 미학적 의미로까지 확장시킨다:

> 이제 우리는 감각들을 통해 우리 안으로 들어오는 것의 순전히 감각적인 측면을 주시함 없이 그것에 대한 직접적인 만족/불만족의 관계들과 관련된 것을 미적이라고 이해한다. 왜냐하면 음악에서 감각적인 것의 관계들이라든가 문학에서의 말과 조형예술에서의 형태와 같은 감각적인 것과 직접적으로 융합되는 연상적 표상들, 결국 이러한 표상들의 관계들은, 모든 것에 만족이나 불만족이 결부되는 한, 미적인 것의 영역으로 끌

---

89 Gustav Theodor Fechner: Zur experimentalen Aesthetik. Leipzig 1871, S.557.
90 Gustav Theodor Fechner: Vorschule der Aesthetik. Erster Theil. Leipzig 1897(이후로는 Fechner I로 약칭), S.1.

어들여지기 때문이다(Fechner I, 33).[91]

결국 감각적인 요소들과 미학적 의미요소들을 포괄하는 아래로부터의 미학은 감각적 지각의 생리학적인 영역, 예술적 지각의 영역 그리고 미적인 이념들을 포괄적인 연구대상으로 삼는 현대적 의미의 소위 지각학적 학문으로 구상되었던 것이다.

계몽주의 시대 통합적인 의미에서의 인간학적인 미학의 맥락에 부합되는 페히너의 미학은 '행복주의적 관점der eudämonistische Gesichtspunkt'[92]을 상위의 원리로 전제하면서 미적인 지각과 쾌/불쾌 감각을 해명해줄 수 있는 심리물리학적인 미학적 원리들을 정립한다.

미적인 지각의 첫 번째 원리는 "미적인 문턱의 원리Princip der ästhetischen Schwelle"로서, "우리의 의식에 대한 작용이 알아채려질 수 있을 정도가 되기 위해서"(Fechner I, 49) 그리하여 쾌/불쾌의 감각작용이 불러일으켜질 수 있기 위해서는 대상으로부터의 자극의 강도와 주체로부터의 자극의 감지가 일정 정도를 넘어서야만 한다는 것이다.

이러한 첫 번째 원리는 "미적인 보조 혹은 증진의 원리Princip der ästhetischen Hülfe oder Steigerung"(Fechner I, 50)에 의해 보완된다. 쾌락의 감정들이 미적인 대상들의 수용과정에서 서로 모순되지 않는다는 전제하에서 쾌락의 조건들의 조합은 쾌락의 결과를 증진시킨다는 것이다. 미적인 대상을 구성하는 요소들의 조합의 강도가 커지면 커질수록 그 효과는 더욱 증진된다는 것으로, 이러한 생각은 '전체가 부분들의 합보다 크다'는 게슈탈트 심리학의 이념을 선취하는 것이다.[93]

세 번째 원리는 '다양성의 통일적 결합의 원리Prinzip der einheitlichen Verknüpfung des Mannigfaltigen'로서, 우리는 통일적으로 결합된 다양성을 야기시키는 것에 대해 만족감을 얻는다는 것이다. 단일한 것보다는 알록달록하고 다양한 것들이 긍정적인 만족감을 야기

---

91 "Also versteht man jetzt unter ästhetisch überhaupt, was sich auf Verhältnisse unmittelbaren Gefallens und Mißfallens an dem bezieht, was durch die Sinne in uns eintritt, ohne aber blos die rein sinnliche Seite davon im Auge zu haben, da vielmehr Verhältnisse des Sinnlichen, wie in der Musik, und Associationsvorstellungen, die unmittelbar mit dem Sinnlichen verschmelzen, wie mit den Worten in der Poesie und den Formen in den bildenden Künsten, endlich Verhältnisse dieser Vorstellungen, insoweit sich an alles das Gefallen oder Mißfallen knüpft, mit in das Bereich des Aesthetischen gezogen werden."

92 "미적인 범주들과 윤리적 범주들을 서로 관계시키고 미학과 윤리학을 서로 관계시키는 작업은(행복과 쾌를 목표로 삼는) 행복주의적 관점으로부터 이루어졌다(Unsere Bezugssetzung der ästhetischen zu den ethischen Kategorien und folgweis der Aesthetik zur Ethik ist aus einem eudämonistischen (Glück, Lust als Ziel setzenden) Gesichtspuncte geschehen" (Fechner I, 38)).

93 E. Bruce Goldstein: Wahrnehmungspsychologie. Heidelberg u.a. 1997, S.169.

시키기에, "짧게 관여하는 경우라 해도 매우 적은 다양성만으로 정신이 충족과 긍정적인 만족감을 발견하도록 하기에는 충분하다"(Fechner I, 55).

네 번째 원리는 '비모순성의 원리Prinzip der Widerspruchslosigkeit'로서 지각대상들의 비모순성이 쾌감을 야기시킨다는 것이다. 지각된 내용들이 "일치되는 표상übereinstimmende Vorstellung"(Fechner I, 82)으로 되돌려져서 점검될 수 있을 때에만 모순 없는 정보처리가 가능하기 때문에 의미상의 조화로운 결합은 긍정적인 만족을 일으키기 위한 조건이 되는 것이다.

다섯 번째 원리는 '명료성의 원리Prinzip der Klarheit'로서 비모순성의 원리가 수용자와 관계된다면, 명료성의 원리는 미적 대상과 관계된다. 대상의 지각과정에서 방해되는 요소들이 없으면 없을수록 모순성은 덜해지고 명료성이 더해지는 것이다. 그리하여 대상지각과정에서의 명료성은 만족감을 야기시키는 것이다.

마지막 여섯 번째 원리는 '미적인 연상의 원리Prinzip der ästhetischen Assoziation'로서 페히너의 미학의 주요 원리이다. 미적 연상은 지각 대상들에 대한 감각을 자극할 뿐만 아니라 감정과 체험을 일으키는 복합적인 미적 지각이다. 페히너의 생각에 따르면, 오감에 의한 감각지각은 미적이라기보다는 지각적이다. 미적인 지각은 감각지각을 통해 의미 내용의 연상작용이 이루어질 경우라는 것이다. 예컨대

> 우리는 책상, 기본적으로는 사각형 면을 본다. 그렇지만 우리는 또한 책상이 사용되는 용도와 관련된 모든 것 역시 보는 것이다. 그것이 바로 사각형 면을 비로소 책상으로 만드는 것이다(Fechner I, 93).[94]

우리는 감각적으로만 지각하는 것이 아니라 환상, 기억, 상상 등과 같은 다양한 정신적 작용으로도 지각하는 것이다. 그리고 이러한 작용은 개인적으로만이 아니라 사회문화적으로도 일정한 맥락 속에서 이루어지는 것이다.

지금까지 페히너의 심리물리학의 대표적인 지류로서 '아래로부터의 미학', '경험과학으

---

[94] "Wie sehen einen Tisch, im Grunde nur einen viereckigen Fleck. Aber auch alles, wozu ein Tisch gebraucht wird, und das macht den viereckigen Fleck erst zu einem Tisch."

로서의 미학' 혹은 '실험미학'에 대한 논의를 통해 이야기될 수 있는 중요한 사실은 행복주의적인 관점에 의거한 미적인 쾌의 원리들이 물리적인 것과 심리적인 것 내지 육체와 영혼의 접점들을 기초로 자연철학적인 사변과 경험과학적인 자연과학의 종합을 통해 통합적인 인간학적 미학을 구성하는 중요한 계기들이라는 것이다. 더구나 이러한 통합적인 인간학적 미학의 기저에는 자연과학과 인문과학을 포함하여 위계 없이 관계하는 개별 학문들 간의 그물망적 결합의 가능성 조건이 자리 잡고 있으며, 아울러 19세기 문학적 인간학의 방법론적 원리로서 '경계, 문턱, 이행공간' 등의 함의를 갖는 '경계성Liminalität' 개념이 선취되어 있다는 것이다. 이러한 맥락에서 페히너의 인간학적 심리물리학은 19세기 인간학의 형성에 있어서 중요한 기반을 이룬다고 할 수 있다.

III. 심리물리학적 인간학의 문학적 궤적

앞서 언급된 바처럼, 페히너의 영향력은 그리 크지 않았지만, 페히너 사후 몇몇 자연주의 작가들은 페히너의 사상에 커다란 관심을 보였다. 그 계기가 된 글은 바로 뵐쉐Wilhelm Bölsche(1861-1939)였다. 뵐쉐는 젊은 자연주의 작가들로 하여금 페히너의 사상에 관심을 갖도록 만들었던 「미학자로서 피셔와 페히너Vischer und Fechner als Ästhetiker」[95]라는 논문을 발표하였으며, 『문학의 자연과학적 토대Die naturwissenschaftlichen Grundlagen der Poesie』[96]라는 저술을 통해 자연과학적인 문학적 세계관을 제기하였다. 그에 따르면, "우리는 형이상학과 결별하였고", "의지의 자유의 어릴 적 꿈들" 및 "영혼의 불멸성" 등과도 결별하였다. 하지만 "이와 더불어 우리는 이상을 포기한 것은 아니다"라고 한다. 인간은 "그가 보는 모든 것"으로부터, 자연과 역사 속에서 그에게 나타나는 모든 것으로부터 그러한 이상을 이끌어낸다는 것이다. 인간은 자연의 과정들이 정신적인 것만이 아니라 물질적인 것 속에서 필연적으로 추구해나가는 "균형"이라든가 "정상적인 것의 상태"[97] 같은 질서형식들을 어느 곳에서든 인식하게 된다는 것이다.

---

95 Wilhelm Bölsche: Vischer und Fechner als Ästhetiker, in: Die Gegenwart. 40. 1887, SS.215-217.

96 Wilhelm Bölsche: Die naturwissenschaftlichen Grundlagen der Poesie. Hrsg. v. Johannes J. Braakenburg, Tübingen 1976.

97 Ebd. S.49.

하르트Julius Hart(1859-1930)는 「유사-경험주의적 시학Eine schein-empirische Poetik」이라는 글에서 "몇 년 전부터 특이한 변형과정에 놓여 있게 되었다"고 하면서 "자연과학적 영역들에서의 엄청난 발견들"과 "우리의 세계관의 점진적 확장"은 미학을 새로운 도정에 올려 놓았다고 한다. "구래의 사변적이고 체계적인 미학"이 붕괴되고 페히너의 미학과 같이 취미와 예술창작을 비롯하여 "전적으로 확고한 예술법칙들"을 정립하고자 하는 경험과학적 미학은 "법칙의 강제Regelzwang"와는 무관하며 예술적 천재성의 "자유로운 전개를 제일가는 필연성으로 요구"[98]한다고 한다. 그는 1905년 『과학의 혁명에 대한 입문으로서 미학의 혁명Revolution der Ästhetik als Einleitung zu einer Revolution der Wissenschaft』이라는 저서에서 감각적으로 직접적인 자연의 경험과 삶의 경험을 강조하면서 "무엇보다 창조자이자 예술가인 새로운 인간"[99]의 재탄생을 기대한다. 그러면서 그는 미학의 혁명이라는 파롤을 통해 구래의 사변적 미학만이 아니라 순수 경험과학적 미학 역시 극복하고자 한다.

페히너의 '아래로부터의 미학'의 이념과 동일한 맥락에서 알베르티Konrad Alberti(1862-1918)는 미학이 미적인 대상에 대한 논의로부터 예술적 지각의 주체에 대한 논의로 전환되는 것에 주목하였다. 그에 따르면,

> 대상과 감각은 실제로 서로 구분될 수 없다. 미의 감각은 그것이 달라붙어 있는 실재 대상을 전제하며 그것을 실제로 가지는 사람을 전제한다. - 그러나 구래의 미학은 감각하는 본성들의 다양성만이 아니라 감각들을 야기시키는 대상들의 다양성 역시 알지 못한다.[100]

더 이상 미의 학문이 아니라 감각의 분석에 복무하는 학문으로 미학을 규정하였던 알베르티는 예술이 갖는 발생적 측면을 강조하였다. 즉, 예술은 인간과 그의 문화적 욕구들의 정

---

98 Julius Hart: Eine schein-empirische Poetik, in: Kritisches Jahrbuch 1. 1889, SS.29-30.

99 Julius Hart: Revolution der Ästhetik als Einleitung zu einer Revolution der Wissenschaft. Erstes Buch: Künstler und Ästhetiker, Berlin 1905, S.73.

100 Thomas Mayer: Theorie des Naturalismus. Stuttgart 1973, S.154에서 재인용. "Gegenstand und Empfindung sind tatsächlich voneinander untrennbar. Die Schönheitsempfindung setzt einen realen Gegenstand voraus, an dem sie haftet, und eine Person, die sie wirklich hat-die alte Ästhetik aber kennt weder die Mannigfaltigkeit der empfindenden Naturen noch die Mannigfaltigkeit der Gegenstände, welche Empfindungen hervorrufen."

신적 조직화 과정의 "자연적이고도 필연적인 결과"로서 "근원적으로 […] 실재적 목적들의 완수를 위해 창조된" 예술은 인류역사의 발전과정에서 "인간문화의 일부"가 되었으며 이와 더불어 "유기적인 지속적 발전"[101]의 법칙에 종속되게 되었다는 것이다. 그리하여 그에게서 예술이 생물학과 물리학의 모든 법칙들에 귀속되어 논구되듯이, 미학적인 법칙들 역시 예술의 조건들에 적용된 자연법칙들인 것이다.

페히너의 사상은 자연주의 문학만이 아니라 19세기 말 20세기 초에 걸쳐 딜타이Wilhelm Dilthey(1833-1911)[102]와 프로이트Sigmund Freud(1856-1939)[103] 등의 심리학의 논의에도 커다란 영향을 미쳤을 뿐 아니라 20세기 초 짐멜Georg Simmel(1858-1919)[104]과 캇시러Ernst Cassirer (1874-1945) 등의 문화학의 이념형성에 중요한 근간이 되었다. 특히 캇시러의 경우 자연과학에 비해 문화학이 갖는 지각방식의 고유성이 페히너에 의해 방법론적으로 명료화되었다고 하면서 다음과 같이 말하였다:

> 이 경우 페히너가 사용하였던 방법을 따라가 보는 것은 매우 유익할 것이다. 그의 방법은 '표현지각Ausdruckswahrnehmung'으로부터 시작하여 이것을 다시금 본래의 완전한 권한에로 이입시키고자 했다는 데에 있다. 페히너에 따르면, 이러한 지각방식은 기만적이지 않을 뿐 아니라 우리가 추상적 사고의 영향권으로부터 우리 자신을 해방시켜 현실에 가까이 갈 수 있도록 해주는 유일한 수단이기도 하다.[105]

표현지각이라는 개념으로 압축된 문화학의 핵심적 방법은 캇시러의 문화학적 구상의 통로를 통해 드러나는 페히너의 인간학적 심리물리학의 현대적 가능성 조건인 것이다.

---

101 Konrad Alberti: Die zwölf Artikel des Realismus. Ein litterarisches Glaubensbekenntnis (1889), in: Thomas Mayer (Hg.): Theorie des Naturalismus. Manifeste und Dokumente zur deutschen Literatur 1880-1900. Stuttgart 1987, S.49.

102 Wilhelm Dilthey: Einleitung in die Geisteswissenschaften (1914). Gesammelte Schriften. Hrsg. v. Bernhard Groethuysen u.a., Göttingen 1990; Ders.: Die drei Epochen der modernen Ästhetik. Gesammelte Schriften. Hrsg. v. Georg Misch, Göttingen 1978.

103 Sigmund Freud: Vorlesungen zur Einführung in die Psychoanalyse. Studienausgabe. Frankfurt a.M. 1989; Ders.: Jenseits des Lustprinzips. Studienausgabe. Frankfurt a.M. 1989.

104 Georg Simmel: Das Wesen der Materie nach Kant's Physischer Monadologie. Gesamtausgabe. Frankfurt a.M. 2000.

105 Ernst Cassirer: Zur Logik der Kulturwissenschaften. Darmstadt 1994, S.47f.

Ⅳ. 결론

거대담론의 위기로 특징지을 수 있는 19세기 중반의 시점은 영미권의 철학사가인 바이저Frederick C. Beiser에 따르면, 대략 세 진영으로부터 문제 제기된다고 한다. 첫 번째 진영은 리비히Justus Liebig, 뒤 부아 레이몽Emil du Bois Reymond, 헬름홀츠Hermann von Helmholtz 등의 물리학자 진영이고, 두 번째 진영은 프리스, 헤어바르트, 베네케 등의 초기 신칸트주의자 진영이며, 세 번째 진영은 트렌델렌부르크Friedrich Adolf Trendelenburg(1802-1872), 롯체Rudolf Hermann Lotze(1817-1881), 하르트만Eduard von Hartmann(1842-1906) 등의 후기 관념론자 진영이라는 것이다. 바이저에 따르면, 각기 접근방식이 다르긴 하지만 이들의 입장들이 모아지는 지점은 "보편적 원리들과 선험적 추론들이 그 자체로는 구체적 결과들을 제공해줄 수 없다"[106]는 공통의 인식이라는 것이다. 말하자면 실재 존재하는 것에 대한 모든 내용과 지식은 실재에 대한 경험으로부터만 얻을 수 있다는 공통의 문제의식인 것이다. 독일관념론과 낭만주의에서 주창된 사변적 자연철학의 이념이 기울게 됨과 동시에 나타난 위기의식은 새로운 방법론의 추구로 나타났으며 그러한 전환점에 페히너의 심리물리학이 위치해 있었다. 이후 18세기 계몽주의적인 경험과학적 인간학의 19세기적 형태로서 '새로운 인간'을 중심으로 하여 발전된 자연과학적 지식을 기초삼아 새로운 의미의 자연철학적 인간학의 토대를 마련하고자 하는 기조가 형성되었다.

18세기 계몽주의 인간학에서와는 달리 19세기 인간학의 기조에서는 기존의 사변적 자연철학과 거리를 둘 뿐 아니라 순전히 경험과학적인 경향과도 거리를 두면서 제3의 통합적 인간학의 가능성이 추구되었다. 페히너의 심리물리학의 성과들로서, 인간의 기억이 새로운 감각인상들을 통해 자동적으로 재활성화되는 일정한 '반향패턴들Resonanzmuster'[107]의 형태로 저장된다는 네트워크적 사고와 사람들 사이에서 각자의 심리적 상태가 서로 통용될 수 있다는 상호주관성의 원리 등은 바로 그러한 가능성의 기반이 되었다. 물론 이 같은 추구와는 별도로 19세기 말 20세기 초에 걸쳐 초월적 주체개념을 중심에 위치시키고서 이것의 성과물인 지향적 세계를 공유하고자 하는 노력이 이루어졌는가 하면, 인간사고의 기

---

106 Frederick C. Beiser: After Hegel. German Philosophy 1840-1900. Princeton/Oxford 2014, S.16.
107 Gerhard Roth und Wolfgang Prinz (Hg.): Kopf-Arbeit: Gehirnfunktionen und kognitive Leistungen. Heidelberg u.a. 1996, S.111.

본 법칙들과 현실세계의 기본 법칙들 간의 일치를 전제하면서 실재와 직관의 공통지평을 추구하는 시도가 이루어졌으며, 종합적 판단과 공통의 지평을 거부하고 순전히 경험적 관찰과 실험에 의존하는 노력 역시 존재했다. 이러한 세 가지 대응방식들은 모두 자아와 외부세계의 분리를 전제하고서 한 지절을 절대화하거나 두 지절 간의 막연한 종합에 근거하여 각기 독립적인 담론을 형성하였다. 그러나 그럼에도 불구하고 19세기와 20세기의 인간학의 발전과정에서 페히너의 심리물리학적 사유가 갖는 의미는 동시대인이었던 롯체와 하르트만에게서도 나타나듯이, 외부세계와 자아, 자연과 인간의 막연한 종합이 아닌 각각의 접점으로부터 끊임없는 연결과 결합의 역동적 체계가 모색되었다는 데에 있다.

2. 침머만의 형식미학

I. 서론

지금까지 미학사뿐 아니라 문화이론 내에서 제대로 다뤄지지 못했던 흐름으로서, 최근의 문화예술영역의 중심코드들에 부합될 뿐 아니라 이미지적 삶의 양태를 가늠해보는 데에 있어 기준이 되는 잣대를 제공해줄 수 있는 미학사에 있어서의 한 흐름을 주목할 필요가 있는데, 그것은 한편으로 미학을 미적인 특수한 현상들에 국한시키는 대신 예술과 사회와 문화의 보다 포괄적인 작용스펙트럼으로 확장시켰으며, 다른 한편으로 인간의 감각과 결부된 실재의 생동적인 측면들을 포착하고자 비현존적 의미와 이것의 담지체로서의 이미지라는 이분법 체계 대신 역동적인 형식들로 구성된 표면의 이미지적 작용에 주목하였던 '형식미학Die formale Ästhetik'의 흐름이다. 19세기 초부터 헤어바르트Johann Friedrich Herbart의 형식주의의 영향하에서 시작된 형식미학은 자연과학의 귀납적 방법에 의거하여 미학을 '엄밀한 학문Strenge Wissenschaft'으로 규정하면서 미학 내에서 '정밀성의 이상Ideal der Exaktheit'을 추구하였던 로베르트 침머만Robert von Zimmermann과 에두아르트 한스릭 Eduard Hanslick으로부터 시작하여, 이미지들과 직관들 간의 관계 논리적 공통성을 해명한 리글Alois Riegl 및 뵐플린Heinrich Wölfflin과 순수한 가시성의 질서를 모색한 콘라트 피들러 Konrad Fiedler를 지나 20세기 이미지작용의 현상학적 측면을 밝히고자 한 후설Edmund Husserl 및 메를로-퐁티Maurice Merleau-Ponty와 매체환경의 극단화 형태로서 '영 매체Nullmedium'를 제기한 엔첸스베르거Hans Magnus Enzensberger에 이르기까지 추상적인 관념미학과 거리를 두고서 미학을 형이상학적인 체계로부터 해방시켜 학문적 인식과 실재적 삶의 공통의 형식적 체계로서의 미학을 정립하고자 하였다. 오늘날 감성의 수행체로서 육체에 대한 재평가에 기초한 감성의 미학, 표현 내용의 매체로부터 매체의 표현방식으로의 관심의 이동을 중심축으로 하여 다양한 매체들이 형성하는 작용공간을 다루는 매체환경미학 그리고 예술적 실천과 생활 세계적 실천 간의 상호규정을 다루는 시지각적 행동미학의 문제들은 바로 19세기로부터 시작하여 20세기까지 이어지는 형식미학의 핵심적 논의대상들과 같은 지평에 놓여 있다.

II. 형식미학의 배경과 기초

1) 형식미학의 배경: 헤겔미학의 지평에서 헤어바르트의 형식미학

20세기에 접어들어 이미지와 연관된 영역들에서
이루어진 혁명적인 변화들은 기존의 철학적 미학에
중대한 도전이었다. 그림이 자기 스스로를 해석하고
있는 모습을 표현한 세잔느Paul Cézanne의 '사과'(1895),
대상에 구애받지 않는 감각의 자유로운 활동을 포착하
고자 한 러시아 구성주의자 말레비치Kasimir S. Malewitsch
의 '검은 사각형'(1915), "오직 겉모습만이 속이지 않
는다"는 모토하에 색과 형태가 이루는 현상적 조합
을 표현한 알버스Josef Albers의 '사각형에 대한 경
의'(1965) 그리고 최근의 MTV의 비디오 클립 등은 이
미지 자체가 더 이상 의미나 정보의 전달을 위한 매
개수단으로, 즉 부재하거나 은폐되어 있는 것을 현재
화시켜주는 기호로서 이해될 수 없으며 따라서 미의
모방적 기능과 대상 관련성으로부터 자유로운 새로
운 미학이 정립되어야 한다는 사실을 주창하고 있는
시도들이다. 그렇다면 이처럼 재현의 임무로부터 해
방되어 자기 이외에는 그 어느 것도 지시하지 않는
미적 이미지의 독자성에 대한 이해라든가 오늘날과
같이 순전히 이미지들이 이루는 이미지화 작용에 주
목하는 이미지 이해는 언제 시작되었을까? 이미지의
독자적 작용에 대한 이해는 고대 그리스까지 올라갈
수도 있지만, 직접적으로는 관념미학의 끝자락인 19
세기 중엽에 시작되어 20세기 중엽에 이르는 형식미
학의 흐름 속에 본격적으로 제기되었다.

그림 5 Paul Cézanne: The Basket of Apples, 1895.

그림 6 Kasimir S. Malewitsch: Schwarzes Quadrat, 1915.

그림 7 Josef Albers: Hommage to the Square, 1965(1993년 독일 우체국에서 발행한 기념우표).

283

현대 예술과 최근의 새로운 매체환경들에서 작용하고 있는 이미지들의 미학 이론적 토대로서 정초될 수 있는 형식미학은 미학사에 있어 일대 전환점을 이룬 19세기 헤어바르트 학파를 통해 발전되었다. 헤어바르트 학파의 형식미학은 헤겔로 대표되는 형이상학적인 관념론적 체계에 매몰되어 있던 당시의 철학적 미학을 이미 19세기 초부터 서서히 진행되어왔던 비사변적 연구경향으로 방향 전환시키고자 한 최초의 시도들 중의 하나이다. 당시 소위 "비사변적 미학die nicht-spekulative Ästhetik"[108]이라고 규정될 수 있는 새로운 미학적 경향은 '사변적 미학에 저항하여Gegen die spekulative Ästhetik'라는 모토를 내걸었던 헤트너Hermann Hettner와 "아래로부터의 미학Ästhetik' von unten"[109]을 주창하였던 페히너Gustav Fechner에 의해 대변되었던 매우 영향력 있는 흐름으로서, 자연과학의 귀납적 방법론에 입각하여 과거 철학적 미학에서 이루지 못하였던 과학적 엄밀성을 달성하려는 목적으로 '일반 예술학 allgemeine Kunstwissenschaft'을 정립하고자 하였던 흐름이다. 이 밖에도 비사변적 미학의 흐름에는 일종의 "응용 식물학으로서의 미학"[110]을 주장하였던 텐느Hippolyte Taine, 생리학 속에서 미적인 물음들에 대답할 실험적 방법들을 모색하였던 히르트Georg Hirth와 앨런Grant Allen 및 갤턴Francis Galton 등이 포함된다고 할 수 있다.

이러한 거시적인 비사변적 미학의 맥락에서 형식미학은 무엇보다 당대 지배적이었던 철학적 미학의 유형인 헤겔의 사변적 미학으로부터 단절하고 혹은 헤겔미학의 사변성에 감춰져 있는 경험성을 드러내기 위해 '사태 자체들로 회귀zurück zu den Sachen selbst'하고자 하였다. '사태 자체들로의 회귀'란 미학의 경험화를 의미하는 것으로서 사변적 미의 성찰이 아닌 구체적이고 현상적인 형태들에 대한 '정밀한 관찰과 엄밀한 분석exakte Betrachtung und strenge Analyse'을 통해 '정밀한 엄밀학exakte Strengwissenschaft'으로서의 미학을 구축한다는 것을 함축하고 있었다. 사변적 관념미학의 대표자였던 헤겔은 '미das Schöne' 개념 일반과 철학적 미학의 결정적인 지표로서 작용하는 핵심적인 맥락을 다음과 같이 규정한다:

---

108 Hermann Hettner: Gegen die spekulative Ästhetik (1845), in: Schriften zur Literatur, hg. von A. Kaempfe, Berlin 1959, SS.17-49.
109 Gustav Theodor Fechner: Vorschule der Ästhetik (1876), Hildesheim/New York 1978.
110 Hippolyte Taine: Philosophie de l'art, Paris 1865.

우리가 이제 미란 이념이라고 말한다면, 미와 진리는 한편에서는 동일한 것이라고 할 수 있다. 말하자면 미는 그 자체로 참으로 존재해야 하는 것이다. 그러나 보다 자세히 들여다보면, 진리는 미와 구분된다. […] 이념 자체는 외적으로도 자신을 실현시켜야 하며 특정한 현존적 실존을 자연적이고 정신적인 객관성으로서 획득해야만 한다. 그 자체로 존재하는 진리는 실존하기도 하는 것이다. 진리가 이 같은 자신의 외적인 실존 가운데에서 의식을 위해 직접적으로 존재함으로써, 그리고 개념이 직접적으로 자신의 외적인 현상과의 통일 속에서 존재함으로써, 이념은 참일 뿐만 아니라 아름답기도 하다. 그리하여 미는 이념의 감각적 가상화로서 규정된다. 왜냐하면 감각적이고 객관적인 것은 미 속에서 그 어떠한 독자성도 간직하고 있지 않기 때문이다. 오히려 그러한 감각적이고 객관적인 것은 자신의 존재의 직접성을 포기해야만 하는데, 그 이유는 그러한 존재가 개념의 실존이자 객관성일 뿐이기 때문이며, 더 나아가 […] 개념의 가상화로서만 유효한 객관적 실존 속에서 이념 자체를 묘사하는 실재로서 정립되어 있기 때문이다.[111]

미가 이념인 한에서 미와 진리는 동일하지만, 이념이 외적으로 실현되는 순간, 말하자면 이념이 자연적이고 객관적인 실존으로서 현존적 실존을 획득하게 되는 순간, 이념은 아름다운 것이 된다. 그리하여 그 유명한 헤겔의 명제인 '미는 이념의 감각적 가상화das sinnliche Scheinen der Idee'라는 명제가 가능한 것이다.

그런데 이러한 유명한 헤겔의 미 규정 바로 다음에 나오는 감각적인 것의 규정은 그 중요성에도 불구하고 지금까지 별로 주목받지 못했다. 헤겔에 따르면, 이념이 감각적으로 모습을 드러낸 것이 미라고 할 때, 감각적인 것은 존재의 직접성을 가지고 있지 않은 것으로 규정되는데, 그 이유는 그러한 감각적인 것의 존재가 개념의 실존이자 객관성인 동시에 이념 자체를 묘사하는 실재이기 때문이라는 것이다. 기본적으로 헤겔은 미가 감각적이긴 해도 이념이 감각적으로 모습을 드러낸 것이기에 감각적인 것 그 자체라고 할 수는 없으며, 오히려 미 속에서 감각적인 것의 존재는 자신의 직접성을 포기해야만 한다고 한다. 이 같은 헤겔의 규정을 깊숙이 들여다보면 다음과 같은 놀라운 함의가 내재되어 있다

---

111 Georg Wilhelm Friedrich Hegel: Vorlesungen über die Ästhetik, Werke in 20 Bänden. Bd. 13, Frankfurt a.M. 1986 (10. Aufl.), SS.150-151.

는 사실이 드러난다. 즉, 미란 이념이 감각적으로 외화되고 실현되는 작용이며, 이러한 작용활동을 묘사해주는 실재는 감각적인 것이라고 할 때, 미는 감각이라는 몸체를 가지고 이념을 외화시키고 실현시키는 능동적인 작용인 것이다. 결국 헤겔에게서 암시된 미는 진리와 미의 공통기반인 이념의 외화와 실현이며 진리의 실존이기도 한 것으로서 감각이라는 몸체를 가진 능동적인 이념적 작용인 것이다.

헤겔에게서 직접적으로 진술된 것이 아니라 해석학적으로 추론된 이 같은 미의 규정은 구체적인 미의 외화 및 실현방식 내지는 미의 이념적 작용방식을 해명하는 문제로 귀결될 수 있으며, 실제로 이러한 문제제기는 19세기 초 독일관념론과 거리를 두고서 자신의 고유한 행보를 시작하였던 헤어바르트에 의해 제기된다. 헤어바르트에게서 미는 한마디로 말해 '방식의 문제'였다. 미적인 대상이 어떠한 고유한 특질을 가지고 있는지를 알기 위해서는 독일관념론에서처럼 이념이나 진리의 의미가 아니라 감각적으로 지각 가능한 대상 표층부의 형식을 파악하는 것이 중요하다는 것이다. 이러한 입장은 관념론적 미 개념에 대한 비판으로 보이지만, 사실상 앞서 언급된 바 있는 헤겔에게서 암시된 미 개념인 감각이라는 몸체를 가진 능동적인 이념적 작용으로서의 미 개념과 같은 지평에 있다고 할 수 있다. 왜냐하면 지각 가능한 대상 표층부의 형식이란 사실 감각이라는 몸체가 작용하는 형식에 다름 아니기 때문이다. 결국 미적인 대상의 미는 능동적인 이념적 작용의 개별 부분들이 이루는 내적인 형식구조라고 할 수 있는 것이다.

이 같은 규정에 이르기 위해 헤어바르트는 경험의 구조에 주목한다. 그에 따르면, "우리는 금과 물의 참된 실체를 직접 보고 느끼고 지각하는 것이 아니라 단지 이러한 대상들의 감각적 특성들만을 감지"[112]하며 따라서 "금에는 어떤 특징들이 속하고 물에는 어떤 특징들이 속하는지에 대한 규정이 우리에게 주어져 있지 않다고 주장하는 것은 전적으로 잘못된 것이다."[113] 헤어바르트가 이러한 주장을 하는 데에는 우리의 경험이 갖는 중요성 때문이다. 왜냐하면 "경험이야말로 현실의 실체들에 대한 지식에 도달하기 위해 어떤 특징들

---

112 Johann Friedrich Herbart: Allgemeine Metaphysik nebst den Anfängen der philosophischen Naturlehre. Erster historisch-kritischer Theil (1828), in: Sämtliche Werke in chronologischer Reihenfolge, hrsg. v. Karl Kehrbach, Bd. 7, Langensalza 1892, S.222.

113 Ebd., S.223.

이 여기에 그리고 어떤 특징들이 저기에 모아져야 하는지를 '규정하기vorschreiben'"[114] 때문이다. 경험이 이렇듯 대상의 특징들을 규정하는 역할을 할 수 있는 것은 "경험이 바로 이미 주어져 있는 자체의 형식들을 가지고 있기" 때문이다. 그리고 바로 이 지점에서 다음과 같은 중요한 사실이 드러난다. 즉, "관찰자를 위해 그러한 형식들을 취하는 '실재적인 것 ein Reales'이 존재해야만 한다."[115] 이러한 견해를 미학에 적용시켜보자면 다음과 같을 것이다. 미적인 대상이란 감각적 형태로 이루어지는 경험의 내적인 부분들 내지는 관계들 간의 결합형식이라고 할 수 있으며, 미란 이러한 형식들을 취하고 있는 '실재ein Reales'이기에,[116] 결국 형식미학이란 사태 자체들로 회귀하여 이 같은 감각적 경험과 직접 맞닿아 있는 대상 표층부의 관계들 간의 구조와 이러한 구조를 취하고 있는 생생한 실재로서의 미를 해명하는 이론인 것이다.

2) 형식미학의 기초: 로베르트 침머만의 형식미학

① 헤어바르트의 형식미학의 지평에서 침머만의 형식미학의 발전

헤어바르트의 형식미학의 지평은 감각적 형태로 이루어지는 경험의 내적인 부분들 내지는 관계들 간의 결합형식들과 이러한 형식들을 취하고 있는 실재로서의 미를 해명하고자 함으로써 미학의 경험화 가능성을 제공하는 것과 관계된다. 이러한 지평에서 사태 자체들로의 회귀를 모토로 하여 '정밀한 관찰과 엄밀한 분석exakte Betrachtung und strenge Analyse'의 방법을 통해 '정밀한 엄밀학exakte Strengwissenschaft'으로서의 미학을 구축한 사람은 바로 침머만Robert von Zimmermann(1824-1898)이다. "미란 무엇인지를 정밀한 방식으로 확증"[117]하고자 한 침머만은 자연과학의 발전과 더불어 학문지형이 변화되었으며 미학 역시 이 같은 변화와 무관하지 않다고 하면서 다음과 같이 주장한다:

---

114 Ebd., S.223.

115 Ebd., S.223.

116 "미는 대상적이거나 객관적으로 존재해야 한다."(Johann Friedrich Herbart: Lehrbuch zur Einleitung in die Philosophie (1813), in: Sämtliche Werke in chronologischer Reihenfolge, hrsg. v. Karl Kehrbach, Bd. 1, hrsg. v. G. Hartenstein, Leipzig 1850, S.129).

117 Robert von Zimmermann: Zur Reform der Aesthetik als exacter Wissenschaft, in: Studien und Kritiken zur Philosophie und Aesthetik. Erster Band, Wien 1870, S.226.

자연 개념의 내용으로부터 전체 자연경험을 발전시키는 구래의 자연철학의 자리에 이제 보편적인 자연과학이 들어서게 되었는데, 이러한 자연과학은 개별적인 경험적 지류학문들의 토대 위에서 그것들의 총합으로부터 우뚝 솟아 나왔다. 미학의 경우에도 이와 유사한 도정이 묘사될 수 있을 것이다. 지금까지 미학이 미의 이념의 내용으로부터 연역되어 선험적으로 구성되는 자연철학과 유사한 역할을 해왔다고 한다면, 이제 미학은 개별적인 미적 지류학문들의 토대 위에서 미의 총합으로부터 보편적 예술학으로 구축될 수 있게 된 것이다.[118]

구래의 사변적이고 관념적인 자연철학의 자리에 개별경험과학들의 토대 위에서 자연과학이 솟아 나왔듯이, 미의 이념으로부터 연역되어 선험적으로 구성된 구래의 미학의 자리에 개별적인 미적 지류학문들의 토대 위에서 보편적 예술학이라는 새로운 미학이 생겨나게 되었다는 것이다. 침머만에 따르면, 이 같이 미학지형이 변화될 수 있었던 데에는 헤어바르트의 공로가 크다고 한다:

> 헤어바르트의 공로는 칸트 자신에 대항하여 칸트를 보호했다는 것이다. 그는 소위 이성의 요청이 조화와 일치에 대한 저절로 이루어지는 만족 속에만 존재하며 이에 따라 우리가 우리 인식의 통일적인 종결과 완성에 도달하기를 원하게 된다는 사실을 이론의 여지없이 보여줌으로써, 바로 이를 통해 미적인 쾌감이 이론적인 이성과는 전적으로 독립된 원천을 가지고 있으며 따라서 유쾌한 것이나 불쾌한 것은 존재하는 것이나 생성되는 것을 통해 결코 조건지을 수 없다는 사실이 입증된 것이다.[119]

이처럼 사변적 형이상학이 아닌 다른 토대 위에서, 더 나아가 전통적인 내용미학에서와는 다른 토대 위에서 논의되어야 하는 쾌와 불쾌의 문제는 '형식' 개념 특히 미적인 형식 개념과 긴밀한 연관을 가진다. 이는 헤어바르트에게서도 입증된 바 있다고 하면서 침머만은 다음과 같은 헤어바르트의 또 다른 공로를 언급한다:

---

118 Ebd., S.227.
119 Ebd., S.255.

헤어바르트의 업적은 (이 같은) 단순한 쾌의 감정과 본질적으로 구분되는 진정한 미감의 본질을 해명하였다는 것이다. 단순한 쾌의 감정이 관찰된 것의 재료에 해당되는 반면, 미감은 그것의 형식에 해당된다. 또한 전자가 개별자와 구분될 수 없을 정도로 개별자 속으로 침잠해 들어가는 반면, 후자는 구분을 통해 가능해지게 된 표상된 다수의 비교에 근거하고 있다. 그리하여 전자가 만족감에 깊히 빠져들어 만족을 주는 대상의 내용을 의식하지 못하는 반면, 후자는 오로지 서로 비교된 것들의 내용에 대한 관찰로부터 생겨나는 것이다.[120]

관찰된 대상의 형식에 해당되는 미감은 표상된 다수의 비교에 근거하면서 항시 비교된 것들 간의 내용에 대한 관찰과 연관을 갖는 객관적인 것이다. 말하자면 물리적인 의미의 객관적인 것이 아니라 항시 주관적인 것과의 연관 속에서 존재하는 대상들 간의 실재적 관계를 의미한다는 점에서 미감은 '객관적 형식'인 것이다. 바로 이와 동일한 맥락에서 침머만은 실재 대상들의 개별요소들 간에 존재하는 객관적 형식으로서 "관계Verhältnis"[121] 개념에 부응하는 형식 개념을 제기한다. 침머만에 따르면, "헤어바르트의 미학"은 "순전히 형식적"이며, 그에게 있어 "취미판단의 대상들"은 오로지 "관계들, 즉 형식들"[122]인바, 이때 관계는 "다수의 요소들로 조합된 관계"를 뜻하는 말로서 "미학의 진정으로 객관적인 것"[123]이라고 한다. 결국 "구체적인 미적 관계들"이 발견될 경우, "미학에 있어 광활한 영역이 개시되는바, 이러한 영역을 개척하는 과정에서 자연스레 미학은 단순한 기본물질의 총체를 탐구하고자 하는 화학이나 모든 생명현상들의 물리적 토대를 해명하고자 하는 생리학과 마찬가지로 정밀한 과학이 되고자 애써야만 하는 것이다."[124]

② 이미지미학으로서 침머만의 형식미학

표상된 다수의 비교에 근거하면서 항시 비교된 것들 간의 내용에 대한 관찰과 연관을

---

120 Ebd., S.258.

121 Ebd., S.256.

122 Robert von Zimmermann: Geschichte der Aesthetik als philosophischer Wissenschaft, Wien 1858, S.768.

123 Ebd., S.769.

124 Robert von Zimmermann: Zur Reform der Aesthetik als exacter Wissenschaft, S.263.

갖는 객관적인 것이자 관찰된 대상의 형식에 해당되는 미감과 더불어 미는 '다수의 요소들로 조합된 관계' 또는 '조합Zusammen'으로서의 구체적인 형식이다. 이러한 관계 내지는 조합 또는 구체적인 형식으로서의 미는 무언가를 재현하는 도구의 위상으로부터 벗어나 독자적인 위상을 갖는다. 말하자면 독자적인 미의 작용을 다루는 독자적인 학문영역으로서의 미학이 가능할 수 있는 중요한 단초가 바로 미의 독자적 위상인 것이다.

그러나 이러한 미의 독자성은 과거 관념적인 사변미학에서 이야기되던 미의 독자성 개념과는 전혀 다르다. 왜냐하면 미는 조화와 균제의 이념이 아니라 "표상세계에서만 작동하는" 것이며, 이러한 현상세계는 현상과는 무관한 순전한 "가상"[125]이기 때문이다. 실재로 현상하는 것과 무관하다는 점에서 현상이 아니며 그런 의미에서 가상이라고 밖에 할 수 없는 표상세계인 미는 다름 아닌 '이미지Bild'이다. 플라톤식의 이데아적인 미라든가 헤겔식의 이념의 감각적 가상화로서의 미와는 달리 표상세계자체로서의 이미지에 주목한다는 점에서 미학에 있어 일대 혁신이 될 수 있는 이 같은 개념규정을 입증하기 위해 침머만은 '모범상Vorbild', '모방상Abbild', '이미지Bild'를 각기 구별하여 설명한다. 그에 따르면, 대상에 대한 주체의 능동적인 태도는 이중적인데, 그 하나가 모범상에 따라 대상을 판단하는 것이라고 한다면, 다른 하나는 그것의 모방상에 따라 대상을 변경시키는 것이라고 한다. 그러면서 전자가 사물에 대한 '비판적 태도das kritische Verhalten'라고 한다면, 후자는 사물에 대한 '예술적 태도das künstlerische Verhalten'라는 것이다. 예술적 태도는 "대상을 모범상에 적합하게 변경시키는 작업이 시도되기 전에 대상과 모범상 간의 관계가 규정되어야 하기에 비판적 태도를 전제한다." 반면 비판적 태도는 "모범상 자체에 대한 지식, 즉 대상과 유사성 관계를 갖는 것에 대한 지식을 전제한다."[126] 이러한 두 태도 모두에 있어 비교의 잣대가 되는 모범상은 무언가에 대한 모방상이어서는 안 된다. 만일 그렇게 된다면 모범상이 갖는 역할이 없어질 것이며, 무한히 뒤로 소급되어 나아가게 될 것이기 때문이다. 그렇다면 결국 그것은 "모방상으로 존재하지 않으면서 모범상을 제공해줄 수 있는 이미지"[127]로 귀결되는 것이다. 이러한 이미지는 존재자의 모방상도 아니고 아직 존재하지 않

125 Robert von Zimmermann: Allgemeine Aesthetik als Formwissenschaft, Wien 1865, S.63.
126 Ebd., S.9.
127 Ebd., S.10.

는 것의 모범상도 아닌 "그저 이미지로 존재하고 이미지로서 남을 수 있는 것"[128]이며, 이러한 이미지가 사유됨으로써 "우리는 이론적으로 표상을 넘어서 인식에 이르거나 실천적으로 표상을 넘어서 사태의 판단과 변경에 이르는 것이 아니라 단지 고유한 표상작용 내에서 쾌나 불쾌 혹은 선호나 배제와 같은 작용을 나타내는 부가작용으로 촉발되는 것이다. 이런 류의 개념들이 바로 미적인 개념들인 것이다."[129] 그리하여 아직 존재하지 않는 것의 모범상도 아니고 존재자의 모방상도 아닌 그저 이미지일 뿐인 이미지와 이러한 이미지에 대한 일정한 규정으로서의 부가작용은 미 개념을 형성하는 핵심 구성요소들인 것이다.

무언가가 인식되도록 해주는 도구도 아니고 주어진 대상이나 사태와 직접 연관되는 것도 아닌 미 개념은 이미지와 부가작용이라는 고유한 구성요소들의 작용에 의거하여 고유한 체계를 형성한다. 이미지와 부가작용의 관계에서 우선 주목해야 할 점은 "주체 속에서 이미지에 부가되는 부가작용"[130]의 기능이다. 이미지가 어떤 이미지인지 이미지에 고유한 위상을 부여해주는 부가적 작용으로서, 이것은 개념 내용의 진위나 이론적 타당성 여부와는 무관하게, 말하자면 표상과 사태나 대상과의 관계와는 무관하게 오로지 표상 자체와만 관계된다. "포착된 감정fixiertes Gefühl"[131]이라고도 부르는 이러한 부가작용은 주체 내에서 객관적인 형식이자 표상세계인 이미지에 부가되는 것이기에 주관적인 것이며, 따라서 "그것(부가작용)이 없는 곳에서는 순전한 표상작용 자체만이 일어나는 것이다."[132] 주관적인 것으로서의 부가작용은 이미지에 부가되어 이미지의 특정한 작용을 규정해줄 뿐 표상내용에 대해 알지 못하기에 순전히 기능가치만을 지닐 뿐이다. 그렇기 때문에 부가작용은 홀로 존재하는 것이 아니라 이미지와 하나가 되어 기능적 작용을 하는 것이다. 앞서 미는 다수의 요소들의 조합관계로서 규정되었듯이, 이미지 역시 "각각이 구별되어 그 자체로 표상될 수 있는 여러 부분들로 구성된 것"[133]이며, 이러한 이미지의 객관적 형식에 속하는 것이 바로 부가작용인 것이다.

---

128 Ebd., S.10.
129 Ebd., S.10.
130 Ebd., S.11.
131 Ebd., S.21.
132 Ebd., S.11.
133 Ebd., S.21.

쾌와 불쾌, 혹은 선호와 배제 등과 같은 부가작용의 기능적 양태들을 통해 이미지의 특정한 작용이 규정된다면, 이제 문제는 이렇게 규정된 이미지 자체를 규정하는 일이다. 침머만은 표상세계인 미에 다름 아닌 이미지를 각기 개별적으로 표상될 수 있는 부분들의 조합으로 이해했을 때, 이러한 조합의 요소들을 다음과 같이 규정하였다:

> 조합 속에 존재하는 미적인 이미지의 지절들은 '생동하는 힘들lebendige Kräfte', 즉 서로 저항과 긴장관계를 형성하면서도 서로를 파괴시키지는 않고 [⋯] 제 삼의 것으로 녹아 들어갈 수 없는, '일정한 내용과 강도를 지닌 실제적인 심리적 작용들wirkliche psychische Akte mit Inhalt und Stärke'이다.[134]

침머만이 말하는 이미지는 진리나 의미의 감각적 표상으로서의 단순한 가상이 아니라 현실에서 생동하는 힘들의 조합인 동시에 일정한 내용과 강도를 지닌 실제적인 심리적 작용들이 형성하는 팽팽한 긴장관계 그 자체인 것이다. 예컨대 특정한 음악의 개별 소리감이나 특정한 그림의 개별 색채감은 각각 그 자체로 표상될 수 있는 것으로서 존재하며, 개별 소리감이 다른 소리감과 조합을 이루어 듣기에 좋은 형식이나 듣기에 불쾌한 형식으로 이르게 된다. 말하자면 개별 소리감들이나 개별 색채감들은 질적으로는 서로 구별되지 않으며 단지 내용과 강도에 따라 구별되기에, 개별감각 그 자체에서는 쾌나 불쾌의 형식이 존재하지 않는 것이다. 그리하여 쾌나 불쾌의 형식은 개별 감각에서가 아니라 여러 개별 감각들 간의 팽팽한 긴장관계에서 이루어지며, 이렇게 형성된 긴장관계가 실재하는 형식으로서의 미적인 이미지인 것이다. 따라서 "형식학으로서의 미학die Aesthetik als Formwissenschaft"은 "어떤 종류의 형식들을 통해서, 즉 어떤 종류의 '조합Zusammen'을 통해서"[135] 개별감각들의 결합이 미적으로 쾌감 내지는 불쾌감을 주는지를 해명하는 과제를 가지며, 미학의 핵심적 대상인 미는 객관적인 "형식이미지Formbild"[136]로서, 일정한 양적 강도를 가진 개별 감각들의 조합으로서의 이미지와 이것이 주관적으로 포착된 부가작용의 통일체인 것이다.

---

134 Ebd., S.27.
135 Ebd., S.31.
136 Ebd., S.64.

III. 결론

관념론적인 사변적 미학의 대표적 정의인 '이념의 감각적 가상화'라는 헤겔의 미 규정은 사실상 미란 감각이라는 몸체를 가지고서 이념을 외화시키고 실현시키는 능동적인 작용이라는 함의를 지니며, 비록 헤겔과는 거리를 두고서 관념론적 미학으로부터 벗어나고자 하였지만 이념의 발전과정에서 볼 때 유사한 지평에 있었던 헤어바르트의 미학은 구체적인 미의 이념적 작용방식을 해명하고자 감각적으로 지각 가능한 대상 표층부의 형식에 주목하였다. 감각이라는 몸체를 가진 능동적인 이념적 작용이라는 헤겔의 미 개념과 지각 가능한 대상의 표층부의 형식이라는 헤어바르트의 미 개념은 침머만에게서 일정한 강도와 내용을 가진 실제적인 심리적 작용들의 조합으로서의 이미지와 이것에 대한 순간포착으로서의 부가작용의 통일체로서의 미 개념으로 구체화되면서 이미지미학으로서의 형식미학의 기초가 갖춰지게 된다. 개념규정상 19세기 중엽 헤겔철학의 함의를 자연과학적으로 재수용하였던 헤르만 롯체Hermann Lotze(1817-1881)에 의해 처음 사용되었으며,[137] 세기말에는 미술사가인 하인리히 뵐플린Heinrich Wölfflin(1864-1945)에 의해서 보다 구체화된 형태로 규정된 바 있는[138] '형식미학'은 침머만에게서 의미의 심층적 차원을 전제하는 과거의 전통미학과 거리를 두면서 현상학적이고 실증적인 차원 내지는 표층적 차원에서의 관계 내지는 형식에 초점을 맞춰 미적 대상을 순수한 구조형성물로 파악하는 결정적으로 새로운 미학체계의 모습을 띠게 되었던 것이다.

침머만에게서 기초가 다져진 형식미학은 미학 자체의 발전만이 아니라 학문의 방식에 있어서도 획기적인 전환점을 가져왔다. 우선 미학의 발전에 있어서 중요한 점은 형식미학에서 논증적 토대가 되는 표층적 차원은 무언가를 재현하는 재현의 장소가 아니라 다양한 요소들이 서로 그물망적으로 관계를 형성하는 구조화 내지는 기능화 형식으로 이해되었다는 것이다. 침머만에 의해 새로이 규정된 미는 바로 이러한 그물망적 구조화형식 내지기능화 형식에 다름 아니며, 그의 형식미학은 미적 이미지의 표면 위에서 조합으로서의

---

137 Hermann Lotze: Geschichte der Aesthetik in Deutschland, München 1868, S.246. 여기서 롯체는 당시까지만 해도 아직 헤어바르트의 미학을 단정짓기 힘들다고 한다.

138 Heinrich Wölfflin: Prolegomena zu einer Psychologie der Architektur, in: Kleine Schriften (1886-1933), hg. v. J. Gantner, Basel 1946, S.21. 뵐플린에 따르면, "우리의 몸 조직은 우리가 모든 육체적인 것을 파악할 수 있는 형식이다. [...] 형식미학의 법칙들은 유기적인 만족이 가능한 것으로 보이는 조건들에 다름 아니다."

이미지의 개별 지절들이 관계를 맺는 내재적 관계들을 해명하는 것에 중점을 두고 있는 것이다.

이와 연관된 것으로 학문의 기본 방식의 발전에 형식미학이 기여한 바는 바로 전통형이상학적인 관점에서 개념적 실체를 규명하는 작업방식이 비위계적인 사유방식에 의거하여 개별 요소들 간의 기능적 연관과 그 효과를 해명하는 작업으로 이행하는 데 있어 결정적 계기를 마련해주었다는 것이다. 예컨대 캇시러는 설명의 대상들을 더 이상 심층적 실체로 환원시키는 것이 아니라 대상의 각 요소들 간의 관계 및 기능들과 그 작용방식에 주목하는 세기말의 변화된 학문상황을 이야기하면서 "사상이 지속적으로 추구하는 정체성은 궁극적인 실체적 사물들의 정체성이 아니라, 기능적인 질서들과 귀속성들의 정체성"[139]이라고 한다. 실체로부터 기능으로의 전환이라는 학문방식에 있어서의 이 같은 변화는 표상된 다수의 요소들 간의 조합 내지는 객관적 형식들의 그물망 관계를 탐구하는 형식미학과 같은 지평에 놓여 있는 것이다.

결국 헤어바르트로부터 시작되어 침머만에게서 기초가 형성된 형식미학의 의미는 대상의 내용 전달이나 의미 재현에 얽매임 없이 의미 담지체들을 순전히 구문론적으로만 다루는 형식논리학과 유비적으로 순전한 이미지들 자체의 형식화 구조와 관계들을 해명함으로써 고유한 이미지미학의 가능성 조건을 마련하였다는 데 있다. 이 같은 형식미학의 미학적 기초는 실제 예술가들 내지는 예술이론가들에게서 보다 구체화된 형태로 근거규정되었던바, 음악에서 헤어바르트의 형식미학을 추구한 음악이론가이자 음악미학자인 한스릭Eduard Hanslick(1825-1904)은 음조들로부터 형성되는 형식은 공허하고 텅 빈 형식이 아니라, 내부로부터 형상화되는 정신이라고 하면서 음악의 독자성과 자기 지시성 내지는 자기 목적성에 기초한 음악적 형식미학을 정립하였으며, 침머만의 제자로서 예술사영역에서 형식미학을 추구하였던 리글Alois Riegl(1858-1905)은 자신의 고유한 '양식론Stiltheorie'을 통해 이미지 표면의 인프라 구조를 형식적으로 고찰하였다. 특히 리글이 정립한 '시각적 – 회화적' 범주와 '촉각적 – 선적'인 범주는 '미학Ästhetik'과 '지각학Aisthetik'의 연관선상에서 표면의 미학을 구성하는 데 기여하였다. 이 밖에도 19세기 말 20세기 초 다양한 형식미학의

---

139 Ernst Cassirer: Substanzbegriff und Funktionsbegriff, in: Gesammelte Werke Hamburger Ausgabe, Bd. 6, hg. v. Birgit Recki, Hamburg 2000, S.351.

근거규정방식들이 존재하며, 이러한 경향은 비록 아직 해명되지는 않았지만 20세기 말 소위 '이미지적 전환' 이후의 맥락에 서 있는 미학적 논의들의 기저에도 작용하고 있다. 결국 형식미학은 포괄적인 의미의 이미지의 독자적 가시성을 해명하는 현대미학의 핵심적 토대가 되는 것이다.

3. 립스의 감정이입미학

I. 문제지형

20세기 중반에 들어서면서 예술과 철학의 영역에서는 패러다임 전환의 가능성이 마련되는데, 그것은 바로 감각적인 것과 초감각적인 것을 위계질서에 의거하여 구별하려는 시도에 제동을 걸거나 감각적인 것의 정신화 내지는 정신적인 것의 감각화를 수행하려는 노력이다. 예컨대 미국 현대화가 바넷 뉴먼Barnett Newman(1905-1970)은 '영웅적이고 숭고한 인간 *Vir Heroicus Sublimis*'(1950-1951)이라는 작품을 통해 동질적인 붉은 색으로 칠해진 면들을 분할해서 내적으로 분할된 하나의 거대한 색채 덩어리를 창조해내었는데, 이를 통해 뉴먼이

그림 8 Barnett Newman: Vir Heroicus Sublimis, 1950-1951.

의도한 것은 관람객으로 하여금 가능한 한 근거리에서 붉은 색채 덩어리를 자신의 시야에 가득 차도록 함으로써 시선이라는 것이 무언가를 보는 수단이나 도구가 아니라 한편으로 색채 덩어리의 시각적 체험을 통한 색의 현존을 가능케 하고 다른 한편으로 이러한 색의 현존과 상호작용을 하는 시각적 체험자의 육체적 현존을 가능케 해주는 핵심적 기제라는 사실을 드러내는 것이었다. 1963년 영국의 철학교수인 안소니 케니Anthony Kenny의 『행동, 감정, 의지*Action, Emotion, Will*』[140]의 출간에 이어 1976년 미국의 철학교수인 로버트 솔로몬Robert Solomon의 『정감. 감정과 삶의 의미*Passions. Emotions and the Meaning of Life*』[141]의 출간과 더불어 이성적 논리를 근간으로 하는 철학계에 비이성적이라고 치부되어왔던 감정을 핵심적 논의대상으로 다루려는 움직임이 일게 되었으며, 철학을 비롯하여 비교문학을 가르치면서 실용주의적 자연주의를 주창하였던 리차드 로티Richard Rorty(1931-2007)의 부

---

140 Anthony Kenny: Action, Emotion, Will, London 1963.
141 Robert Solomon: Passions. Emotions and the Meaning of Life, Hackett Publisher 1993.

인 아멜리 옥센베르크 로티Amélie Oksenberg Rorty가 편찬한 『감정에 대한 해명Explaining Emotions』(1980)[142]의 출간과 더불어 감정에 대한 본격적인 논의 기반이 마련되었다. 이와 같은 맥락에서 독일어권에서도 힌리히 핑크-아이텔Hinrich Fink-Eitel과 게오르크 로만Georg Lohmann이 편찬한 『감정의 철학에 대하여Zur Philosophie der Gefühle』(1993)[143]가 출간됨으로써 새로운 사유 패러다임을 향한 분위기가 형성될 수 있었다.

물론 역사적으로 볼 때 호머와 플라톤 및 아리스토텔레스로부터 데카르트와 스피노자 및 흄을 지나 하이데거와 막스 셸러Max Scheler(1874-1928) 및 에디트 슈타인Edith Stein(1891-1942)에 이르기까지 감정은 철학적 테마를 형성해오기는 했지만, 20세기 중반 이후의 예술과 철학에서처럼 패러다임 전환의 결정적 계기로 작용하지는 않았다. 그러나 20세기 말 이래로 예술과 철학만이 아니라 문학 및 문화학, 매체학, 심리학, 의학, 신경과학 등의 다양한 학문 영역들에서도 감정 연구가 중요하게 다뤄지게 되었는데, 그 이유는 무엇보다 1990년대 중반 이후의 시기가 '뇌 연구의 시기'라고 일컬을 정도로 뇌 과학이 집중적인 조명을 받아왔던 시기로서 기존의 분과학문체계를 뒤흔들 정도로 획기적인 통합학문의 조건들이 형성되었던 시기였기 때문이다. 신경생물학, 신경심리학, 신경생리학 등을 포괄하는 신경과학의 획기적인 발전은 자신의 영역에서는 인간의 정신을 컴퓨터 알고리즘 모델로 이해하였던 초창기 인지과학을 극복하고 'mind'라는 정신적 체계와 'CNS(Central Nervous System)'라는 물리적 체계의 통합체계인 소위 'wetware'라는 감성적 뇌 연구의 필요성을 자각하였던 반면, 인문학과 사회 및 정치경제학 등의 영역들에서는 시간적이고 단선적이며 위계적인 사고로부터 공간적이고 그물망적이고 비위계적인 사고로의 이행의 필요성을 야기 시켰던 것이다.

패러다임 전환의 결정적 계기로서 감정의 부각은 육체와 정신의 이분법체계를 벗어나 "대상을 느끼고 대상의 가치들을 판단하는 몸 개념"[144]의 재활성화로 이행하게 되었으며, 감정과 연관하여 몸 개념의 활성화 작업에서 중요한 쟁점들 중의 하나로서 논의되는 대상이 바로 '감정이입Einfühlung, empathy'이었다. 최근의 뇌 과학 연구에서 감정이입은 "사람들

142 Amélie Oksenberg Rorty: Explaining Emotions, University of California Press, 1980.
143 Hinrich Fink-Eitel u. Georg Lohmann: Zur Philosophie der Gefühle, Frankfurt a.M. 1993.
144 Íngrid Vendrell Ferran: Die Emotionen, Berlin 2008, S.21.

로 하여금 경험들을 공유하도록 해줄 뿐만 아니라 타인을 이해하도록 해주는 인지적이고 감정적인 과정"으로서 "감정이입의 변화들은 전전두엽 피질의 손상 이후에 분명하게 드러나는"[145] 인간의 신경학적인 근본적 행동메커니즘으로 규정된다. 미학과 심리학의 영역에서는 이미 19세기 중반부터 프리드리히 피셔Friedrich Theodor Vischer(1807-1887)에 의해 논의되기 시작하여 20세기에 들어 특정 움직임에 대한 시선과 사고가 이러한 움직임의 실행을 야기시킨다는 "카펜터 효과Carpenter Effect"[146]에 근거하여 '관념운동ideomotor'에 주목한 후베르트 로라허Hubert Rohracher(1903-1972)에 의해 구체적으로 논의되었다. 이처럼 현재의 신경과학적 행동주의의 맥락과 유사한 지평을 형성하였으며 문화학적 몸 담론의 미학적 근간을 이루는 논의는 이미 20세기 초에 논의되기 시작하였으며 테오도르 립스Theodor Lipps(1851-1914)에 의해 본격화되었다.

II. 미학적 범주로서 감정이입

감정이입이라는 말은 세기말 독일 철학자 테오발트 찌글러Theobald Ziegler(1846-1918)에게서 처음 미적인 개념으로 규정되었다.[147] 그러나 감정이입이라는 개념이 함축하고 있는 의미맥락은 그보다 더 이전 시기인 1844년 헤겔주의 미학자 프리드리히 테오도로 피셔Friedrich Theodor Vischer에게서 형성되었다. 아들인 로베르트 피셔Robert Vischer(1847-1933)가 편찬한 『비판적 도정Kritische Gänge』에서 프리드리히 피셔는 미를 다음과 같이 정의한다:

> 미는 한번도 단순히 대상으로 존재하지 않으며, 직관행위가 이루어지는 가운데 비로소 존재한다. 그리하여 미는 대상과 파악하는 주체의 접촉이 된다. 이러한 접촉 과정에서 실제로 활동하는 것은 주체이기 때문에, 그것은 일종의 행위인 것이다. 간단히 말해 미는 특정한 종류의 직관이다.[148]

---

145 Paul J. Eslinger: Neurological and Neuropsychological Bases of Empathy, in: European Neurology, Vol. 39, No.4, 1998, p.193.

146 '관념운동ideomotor'은 영국의 자연과학자 윌리엄 벤자민 카펜터William Benjamin Carpenter(1813-1885)에 의해 제기된 개념으로 강한 감정에 반응하는 몸이 무의식적으로 산출해내는 눈물 같은 것이 그 예이다(Vgl. William Benjamin Carpenter: On the Influence of Suggestion in Modifying and directing Muscular Movement, independently of Volition, in: Royal Institution of Great Britain (Proceedings), 12 March 1852, pp.147-153).

147 Theobald Ziegler: Zur Genesis eines ästhetischen Begriffs, in: Zeitschrift für vergleichende Literaturgeschichte, 7 (1894), S.116.

148 Friedrich Theodor Vischer: Kritische Gänge (1844, 1860) Vierter Band, hrsg. v. Robert Vischer, München 1922, S.224.

미라는 것이 대상이 아니라 특정한 종류의 직관행위로서 대상과 주체가 접촉하는 활동 그 자체라 할 때, 이러한 미 개념은 구체적으로 어떤 모습일까? 이에 대해 피셔는 다음과 같이 보다 구체적인 논증을 한다:

> 사람들은 미가 도처에 모습을 드러내며 자연 속에서 이미 그 자체로 존재한다고 생각한다. 그러나 그러한 생각은 틀렸다. 미에는 두 가지(대상과 주체 - 필자)가 속해 있으며, 미는 눈을 필요로 한다. 만일 우리가 무언가를 시거나 달다고 혹은 쓰다고 말하면서 그 대상이 쓰거나 달거나 시다고 생각한다면 우리는 너무도 천진난만하다고 할 수 있다. [···] 우리가 그렇게 부르는 것은 그 대상이 화학성분을 통해 우리 혀의 미각신경들에서 만들어내는 인상일 뿐이다. 더 나아가 대상이 푸르거나 붉거나 노란 것이 아니라, 단지 우리의 눈에만 그렇게 보이는 것이다.[149]

말하자면 미란 자연 대상에 내재해 있는 것도 아니고 그렇다고 순전히 주관적 상상의 소산도 아닌, 대상과 주체가 접촉하는 활동으로서의 직관활동 그 자체라 할 수 있으며, 이러한 활동이 바로 미적인 직관활동인 것이다. 결국 이념의 현현으로서의 헤겔적인 의미의 미 개념과는 다른 맥락에서 이해될 필요가 있는 순수한 직관행위로서의 미는 대상과 대상을 감지하는 주체의 이분법과는 다른 틀에서 파악될 필요가 있는 것이다.

프리드리히 피셔의 이 같은 미 규정은 구성적 행위의 함의를 갖는 것으로서 세기말 감정이입 이론을 정립시킨 테오도르 립스에게서 보다 정교화된 형태로 나타난다. 립스는 인간과 자연사물 간의 관계를 형성하는 기본 개념들을 단계적으로 설명하는 가운데 감정이입개념을 추론해낸다. 피셔의 미 규정의 맥락에 있던 그의 기본 인식론에 따르면, "공간형식, 색채, 음조 등은 우리에게 주어져 있는 것들로서 '마주침들Widerfahrnisse oder Begegnisse'이며, 그것들과 마주하고 있는 것은 다른 그 어떤 것으로서 나의 행위 혹은 나의 내적인 활동성"[150]이다. '대상과 주체가 접촉하는 활동으로서의 직관활동 그 자체'로 규정된 피셔의 미 규정과 같은 맥락에서 립스는 지각대상들과 마주치는 주체의 행위를 "욕구감정의

---

149 Friedrich Theodor Vischer: Das Schöne und die Kunst, hrsg. v. Robert Vischer, Stuttgart 1989, S.28.

150 Theodor Lipps: Ästhetik. Psychologie des Schönen und der Kunst. Erster Teil. Grundlegung der Ästhetik (3. Aufl.) (이후로는 Ästhetik I로 약칭), Leipzig 1923, S.97.

근거"로 그리고 이러한 욕구감정을 "나의 행위의 감정Gefühl meines Tuns, 욕구에 찬 자기감정lustvolles Selbstgefühl, 혹은 자기가치감정Selbstwertgefühl"(Lipps, Ästhetik I, 97)으로 규정한다. 대상에 대한 대상적 욕구감정과는 달리 나의 고유한 행위에 대한 자기가치감정은 나의 능동적 행위에 근거하는 것이다.

인간의 행위는 대상을 '파악Erfassen'하고 '확정Festhalten'하는 능동성과는 달리 대상을 '감내Erleiden'하는 수동성 역시 가지고 있다. 립스는 이를 "감내로서 존재하는 것을 중단함 없이 특정 행위나 능동성을 자체 내에 간직하는 것"(Lipps, Ästhetik I, 99)으로 규정하면서 세 가지로 설명한다. 그는 우선 '감내를 견지한다'는 능동성을 담지한 수동성으로서 첫 번째 수동성을 간단히 언급한 후 두 번째 수동성을 "나에게 밀려드는 것과 나의 본성이 요구하는 것 간의 대립에 기초"(Lipps, Ästhetik I, 100)한 것으로 설명한다. 나에게 밀려드는 것에서 힘의 격렬함이 있다면, 나의 본성이 요구하는 것에서는 자기주장의 생동성의 깊이가 얻어지는 것이며 여기에 바로 능동성이 있는 것이다. 마지막으로 세 번째 수동성은 "자유롭고 능동적인 응대ein freies, also aktives Nachgeben"로서 "외부로부터의 작용들에 응대하면서 바로 이것을 통해 내적인 긴장을 증대시키는 것"(Lipps, Ästhetik I, 100)이다. 자연 대상에 대한 인간의 관계는 능동성과 수동성, 파악과 감내, 한마디로 말해 능동적 활동과 "즐김sich Ausleben"(Lipps, Ästhetik I, 101)의 역관계에 근거하고 있다고 할 수 있으며, 자기가치감정은 위의 계기들 중 우세한 계기의 현상에 따라 상이하게 나타난다고 할 수 있다.

립스는 능동성으로서의 활동과 능동적 수동성으로서의 즐김의 역관계에 기초한 가치평가의 대상을 "실제적이고 실증적인 삶"으로 규정하면서 "대상 속에 놓여 있는 생동성과 삶의 가능성의 인상"을 "미의 향유"(Lipps, Ästhetik I, 102)라고 주장한다. 립스에게서 이러한 미의 향유를 가장 분명하게 드러내주는 존재는 인간으로 규정되는데, 그 이유는 "인간이야말로 자연 대상들에 속하며, 이에 부합되게 자연 대상들의 미의 일반적 조건들은 인간들을 위해서도 존재"(Lipps, Ästhetik I, 102)하기 때문이다. 자연 대상들의 미의 조건들과 같은 지평에 있는 인간의 미의 조건들을 해명하기 위해서는 무엇보다 미적 가치를 평가할 수 있는 구체적인 인간적 대상 정립을 할 필요가 있다. 립스에게서 이것은 인간의 육체, 혹은 보다 구체화시키자면 "인간의 말, 감각적 현상으로 진입하는 행위, 몸짓, 육체의 형태와 색채" 등이다. 그러나 이것들은 "그 자체로 볼 때 미적으로 현상할 수 있다거나 심지어 가장 아름다운 것으로서 현상할 수 있는 그 어떤 것도 제공해주지 못한다"(Lipps, Ästhetik I, 103). 그렇다면 미의 근거는 어느 곳에서 찾아야 할까?

립스는 다음과 같이 결정적인 언급을 한다:

> 우리는 미를 우리 자신의 인성의 특성들로부터 만들어낸다. '타자'란 표상된 인성, 즉 그때그때의 외적인 현상에 따라 그리고 지각 가능한 삶의 외적인 모습들에 따라 수정된 우리 고유의 인성이자 수정된 우리 고유의 자아이다. 내가 내 밖의 사람에 대해 일정한 의식을 가질 때 내가 의식하는 내 밖의 사람이라는 것은 나 자신의 이중화이자 동시에 나 자신의 수정인 것이다(Lipps, Ästhetik I, 106).

자연 대상들에는 자기 자신만이 아니라 타인 역시 포함되어 있으며 따라서 자연 대상들의 미의 조건들을 파악한다는 것은 자신의 이중화이자 수정된 형태인 타인의 미의 조건들을 파악하는 것이나 다름이 없다. 립스는 타인의 "낯선 인성을 구성하기 위한 최초의 재료이자 단초를 제공해주는 것은 바로 들을 수 있고 볼 수 있는 삶의 외적인 모습들, 소리들, 표정이나 몸짓들, 간단히 말해 표현운동들"(Lipps, Ästhetik I, 106)이라고 한다. 타인의 표현운동에 내재해 있는 내적인 행동이 "나의 고유한 본질에 부합되는 정도로" 그리고 "내가 그러한 표현운동과 그러한 내적인 행동에 관찰적으로 헌신하는 정도로"(Lipps, Ästhetik I, 111) 나는 타인의 내적인 행동을 함께하며, 이 같은 함께하기가 바로 '감정이입Einfühlung'인 것이다. 그리고 감정이입의 형태들 중 가장 완전한 형태의 감정이입은 바로 "시각적으로 지각된 것 속에서 그리고 그 속에서 내가 체험하는 것 내에서 내가 완전히 혼연일체가 되는 것인 미적인 감정이입이다"(Lipps, Ästhetik I, 125).

III. 미학적 범주의 확장으로서 감정이입

앞서 논의된 내용의 핵심을 요약하자면 다음과 같다. 즉, 립스는 대상과 주체의 접촉활동 내지는 순수한 직관활동으로서의 미라는 피셔의 개념을 넘겨받아 대상의 능동적 파악과 대상 가운데에서의 능동적인 수동적 즐김의 역관계에 기초하여 타인의 표현운동들에 내재한 내적인 운동을 함께한다는 감정이입 개념을 정립하였다. 이 같은 맥락에서 립스는 인간만이 아니라 자연 사물들에게로까지 대상 영역을 확장함으로써 이분법적 패러다임을 넘어설 수 있는 획기적인 전기를 마련한다. 그는 감정이입에서는 무엇보다 '운동 감각들이나 운동 표상들Bewegungsempfindungen oder-vorstellungen'이 감정이입되며, 이것들의 구체적인 내용은 "근육과 힘줄의 긴장, 관절들의 접촉과 압력 및 마찰 그리고 피부의 압박과 긴장"(Lipps, Ästhetik I, 130) 등이라고 한다. 움직임들에 대한 감지나 표상이 특정한 의미 내용을 담지하는 것이 아니라 몸의 세부 부위들의 팽팽한 접점들이라고 주장하는 것은 기존의 형식-내용 내지는 정신-사물의 이분법적 사유 패러다임을 벗어나 몸의 다양한 움직임들의 표현들이 형성하는 역동적 공간의 작동 패러다임을 암시하는 것이라고 할 수 있다. 따라서 립스에게서 감정이입의 완전한 형태인 미적인 감정이입의 고유한 내용은 "의지와 행위의 개별 행동들이 유래하는 곳으로서의 내적인 행동의 전체적인 내적 상태 내지는 방식"(Lipps, Ästhetik I, 132)인 것이다.

표현운동들을 관찰하는 가운데 내적인 행동의 전체적인 내적 상태 내지는 방식을 체험하게 되는 감정이입은 사람만이 아니라 무 생명체에도 적용된다. 미적인 경험만이 아니라 일상에서 이루어지는 체험들에서도 감정이입이 나타나는데, 인간은 육체의 몸짓이나 형태들로 자신을 감정이입시킬 뿐 아니라 자연경치 속으로도 감정이입을 할 수 있다. 이를 위해 립스는 다음과 같이 미적 대상의 유효가치를 규정한다:

> 미적인 대상, 즉 '아름다운 것'의 경우에 감각적으로 주어져 있는 것 속에 '놓여' 있는 것만이 유일하게 미적인 대상의 '가치'를 형성한다. 감각적으로 주어진 것의 미적 가치의 근거는 항상 '그 속에 놓여 있는 것'인 내적인 것이다. 그리고 이런 내적인 것은 항상 나이다. 그리하여 미적인 가치의식은 항상 대상 속에 그리고 가치를 향유하는 나이자 그 가운데에서 나 자신을 향유하는 나 속에 있는 깊이의 의식이다.
> 그러한 깊이는 대상과 나 자신 속으로 보다 깊이 진입해 들어가고자 하는, 나에 의해 감지된 충동적 욕구이자 대상으로 내가 이끌려 들어간 상태로서 언제나 어디서나 미의 감정을 특징짓는 것이다(Lipps, Ästhetik I, 159).

미를 자연 대상에 내재해 있는 것만도 아니고 순전히 주관적 상상의 소산도 아닌, 대상과 주체가 접촉하는 활동으로서의 직관활동 그 자체로 정의한 피셔의 미 개념에서 구체화되지 못한 점이 이 같은 립스의 규정에서 구체화된다. 립스는 미의 감정을 "생동감Lebensgefühl, 즉 삶의 가능성들과 삶의 활동들의 내적인 조화 내지는 자유와 힘과 충만함에 대한 욕구감정" 혹은 "방해받지 않은 자기향유에 대한 욕구감정Lustgefühl am ungehemmten Sichausleben"(Lipps, Ästhetik I, 156)으로 규정함으로써 생동적 개념으로서의 자기향유를 미적 가치의 중심 개념으로 정립하였는데, 여기서 그는 자기향유를 "개체가 목표로 하는 것의 자기실현"(Lipps, Ästhetik I, 156)으로 파악하는 가운데 나와 자연 대상의 분리가 전제되지 않은 근원적 동류성의 상태를 해명하고자 하는 것이다. 말하자면 자기향유에 의거한 감정이입을 통해 나와 낯선 개체가 통일을 이루게 되는 것이 아니라 나와 낯선 개체가 원래 근원적으로 하나라는 사실이 드러나게 된다는 것이다. "미적인 감정이입이 추론을 통해 도출된 것이 아니라 […] 근원적인 것"(Lipps, Ästhetik I, 126)이기에 감정이입은 전통적인 의미의 이분법적 대상 인식과는 다른 새로운 사유 패러다임에 근거하고 있으며, 그 한가운데에는 자연 대상들로까지 확장된 생동적 자기향유 개념이 자리 잡고 있는 것이다. 그렇다면 자연 대상들에 그저 소여되어 있는 것만도 아니고 주관적이고 우연적인 감각인상만도 아닌 나와 낯선 개체의 분리 이전의 근원적 동류성으로서의 내적인 행동과 이것의 동참으로서의 감정이입, 특히 미적인 감정이입은 구체적으로 어떠한 방식으로 진행되는 것일까?

립스는 무엇보다 미적인 감정이입의 방식을 "순전히 관찰을 수행하면서 대상 속에 머물면서 나 자신을 특정한 방식으로 느끼고 체험하는 것"(Lipps, Ästhetik I, 173)으로 묘사한다. 대상 속에서 관찰을 수행하는 존재로 스스로를 체험하는 나의 감정이입은 우선 다음과 같은 도정을 거친다:

> 감정이입의 행위 자체 속에서 나의 추구와 행위의 감정은 사물들 속으로 감정이입된 추구와 구분되어 있지 않다. '감정이입'이라는 것은 바로 그 둘의 동일성 속에 혹은 나와 대상의 동일화 속에 있는 것이다. 즉, 나는 돌이나 흙으로의 감정이입 속에서 내가 돌이나 흙과는 별도로 추구하고 있다고 느끼지 않으며, 돌이나 흙이 나와는 별도로 추구하고 있다고 느끼는 것도 아니다. 나는 내가 추구하고 있다고 느끼지도 않으며 돌이나 흙이라는 것을 무언가를 추구하는 존재로 표상하지도 않는다. 나는 돌과 흙 속에서 내가 추구하고 있다고 느낀다(Lipps, Ästhetik I, 182).

자연 대상 속에서 스스로를 추구하는 존재로 느낀다는 것은 자신을 끝없이 움직이며 활동하는 존재로 감지한다는 것을 말하며, 그 결과로서 존재의 활동과 동시에 주어지게 되는 관련행위가 드러나게 되는 것이다. 예컨대 내가 바위를 관찰할 때 그리고 바위 속에서 관찰하는 나를 느끼게 될 때, 나는 "추구행위를 나로부터 유래되며 바위를 향해 행해지는 행위로서가 아니라 바위로부터 유래되는 행위"(Lipps, Ästhetik I, 188)로 체험하며, 이때 이루어지는 활동은 "바위 속에서 그리고 바위와 더불어 느끼면서 주어지게 되는 행위이자 [⋯] 바위에 결부되어 있으며 행위의 특성을 갖추고 있고 부분에서 부분으로 지속적으로 진행하는 과정이다. 한마디로 말해 그것은 바위에 놓여 있는, 생동적이고 활동적인, 추구를 실현시키는 움직임"(Lipps, Ästhetik I, 189)이다.

IV. 근원적 통각으로서의 감정이입의 네 가지 양태

감정이입은 한마디로 말해 "내가 나를 느낀다"[151]는 것이며, 다른 식으로 표현하자면, "나와 다른 감각적 대상이 무언가 내적인 것 혹은 정신적인 것을 표현한다"(Lipps, Ästhetik II, 1)는 것이다. 예컨대 특정 대상과의 관계 속에서 기쁨이나 분노 같은 것을 나는 보거나 들을 수는 없지만 내 안에서 체험하거나 느낄 수 있으며, 이때 나는 이러한 태도 안으로 감정이입되어 있다고 말할 수 있는 것이다. 이처럼 "나에 의해 직접 체험된, 내적인 그리고 지속적으로 목표를 향해 나아가는 운동과정"(Lipps, Ästhetik I, 3-4)으로서의 감정이입은 지성적인 판단이나 논리적인 추론과는 다른 인식과정이다. 이 점을 명확히 하기 위해 립스는 '통각Apperzipieren' 개념을 제기한다:

> [⋯] 나는 색이나 맛을 통각한다. 그리고 이렇게 함으로써, 통각행위의 활동과 그 활동의 '채색Färbung'을 체험한다. 즉, 나는 쾌와 불쾌를 느끼는 것이다. 이 경우 내가 감각적 대상인 색이나 맛을 통각함으로써 쾌를 느끼기 때문에 나의 의식에 있어 필연적으로 쾌는 나와 다른 것인 이 대상에 관계되어 있으며, 나의 의식에 있어 그러한 쾌는 대상에 대한 쾌이기도 한 것이다. 그리하여 내가 대상의 통각에서 얻게 되는 감정은 항상

---

151 Theodor Lipps: Ästhetik. Psychologie des Schönen und der Kunst. Zweiter Teil. Die ästhetische Betrachtung und die bildende Kunst (2. Aufl.) (이후로는 Ästhetik II로 약칭), Leipzig 1920, S.1.

이러한 통각된 대상과 관계되어 있는 것이다(Lipps, Ästhetik I, 3-4).

통각의 과정은 나로부터 대상으로 나아가서 다시 나에게로 돌아오는 기존의 대상 인식방식과는 다른 인식과정으로서, 통각활동이 대상과 나 사이에서 시작됨으로써 나와 대상 내부에 존재하는 각각의 내적인 활동성이 통각활동에서 접촉되는 동시성의 인식방식이 이루어지는 것이다.

　이를 해명하기 위해 립스는 감정이입의 인식가치를 규정한다. 그는 인식 영역을 사물에 관한 영역, 나 자신에 관한 영역, 다른 개체들에 관한 영역의 세 가지로 분류하면서 이들 영역을 다음과 같이 규정한다:

> 첫 번째 인식은 감각적 지각을 원천으로 가지고 있다. 두 번째 인식은 내적인 지각, 즉 자아의 피규정성들, 요구적 체험들, 활동들, 행위들과 감정들 그리고 자아의 대상 관계들을 통한 자아의 성찰적 파악을 원천으로 가지고 있다. 세 번째 인식방식의 원천은 감정이입이다. 이러한 감정이입은 인식이라는 것을 훨씬 넘어서는 의미를 갖는다. [...] 그것은 나와 구별되는 대상 일반 속에서 이루어지는 나의 객관화 과정이다.[152]

나와 구별되는 대상 속에서 내가 객관화되는 과정이라는 감정이입의 방식은 앞서 언급된 바 있는 '능동성과 수동성의 관계'와 연장선상에서 다시금 세 가지로 구분된다. 그 첫 번째 방식은 "보편적인 통각적 감정이입allgemeine apperzeptive Einfühlung"(Lipps, LP, 194)으로서, 예컨대 선분이 나의 관찰 대상이 될 때 선분은 나로 하여금 선분을 관찰하면서 선분을 따라 이어 나아가도록 만들게 되는데, 이렇게 "이어 나아가는 운동"이 바로 "특정한 방향의 연쇄적 통각활동"(Lipps, LP, 194)인 것이다. 이 같은 통각활동의 수행과정에서 나를 비롯하여 다른 대상들과 구별되는 고유한 대상으로서 '선분'이 생성되며, 이와 동시에 선분에 형태를 부여하는 나의 활동이 함께 진행된다. 그리하여 나와 선분이 통각활동을 매개로 접촉하여 '선분이라는 형태'와 '선분을 형태화하는 나의 활동'이 모습을 드러냄으로써 대상과 나의 동시성의 인식이 이루어지는 것이다. 결국 대상 속에 나의 형태화 활동이 놓여 있는

---

152 Theodor Lipps: Leitfaden der Psychologie (2. Aufl.) (이후로는 LP로 약칭), Leipzig 1906, S.193.

한에서 나의 활동을 통해 드러나는 대상의 형태라는 일종의 "구성물은 그러한 생동적 활동 속에서 자신에게 자기 고유의 존재와 형태를 부여하게 되는 것이다. 그리하여 나는 대상이 그러한 활동을 통해 매 순간 새롭게 생성되고 매 순간 그때그때의 현 존재 속에서 자신을 관철하게 되는 것을 보는 것이다"(Lipps, LP, 195). 감정이입과정에서 이루어지는 대상에 대한 통각은 끊임없이 변화하는 가운데 일정하게 포착되는 역동적인 통일적 과정으로서, 통각적 활동이 감정이입 됨으로써 "대상은 스스로 생성되어 스스로를 현존으로 불러들여 스스로 전개되면서 자신을 자신 속에서, 즉 자아 속에서 종합하고 현존 속에서 유지하는 것으로서 나타나는 것이다"(Lipps, LP, 196).

나와 대상 사이의 통각활동을 매개로 나의 형태부여 활동과 대상의 자기전개작용이 동시적으로 인식되도록 해주는 보편적인 통각적 감정이입과 구별되는 또 다른 감정이입방식으로는 "분위기 감정이입Stimmungseinfühlung"(Lipps, LP, 196)이 있다. 우리가 특정한 색을 보거나 멜로디를 들을 때, 우리는 우리 내부에 있는 내적인 태도의 방식인 "리듬감 혹은 정신적 사건의 요동감", 한마디로 말해 그러저러한 방식의 "분위기"(Lipps, LP, 197)를 체험한다. 특정한 색을 감지할 때 나타나는 색의 체험이나 특정한 음조를 들으면서 그러한 멜로디의 기저에 놓여 있다고 여기는 영혼의 울림 같은 것들은 그러한 분위기 속에서 펼쳐지는 것이다. 그리하여 색이나 멜로디 같은 대상들에 대한 체험은 "그 체험 고유의 리듬이나 진행방식에 따라 우리의 영혼을 리듬화시킨다"(Lipps, LP, 197). 색이나 멜로디가 일정한 리듬에 따라 펼쳐지게 됨으로써 색이나 멜로디가 펼쳐지는 장으로서의 분위기가 일정한 리듬으로 구조화되듯이, 이러한 분위기에 대한 체험 역시 그에 상응하는 리듬을 갖추게 되며 이와 더불어 우리의 영혼 역시 리듬화되는 것이다. 그 결과

> 한편으로 나는 분위기를 색이나 멜로디로부터 생겨나서 색이나 멜로디에 결부되어 그 속에 기초를 두고 있는 것으로 체험하며, 다른 한편으로 그런 식으로 분위기에 젖은 존재인 나를 객관화하거나 대상 안으로 투사시키는 것이다. 아니 오히려 나는 특별히 나의 행위를 첨가함 없이 그저 그 속에 있는 것이다. 나는 대상 속에서 분위기를 발견한다. 간단히 말해 나는 분위기를 감정이입시킨다(Lipps, LP, 197).

결국 색이나 멜로디 같은 대상을 체험하는 나의 고유한 방식인 분위기 감정이입은 이

분위기가 우선은 대상으로부터 유래되고 대상에 결부되어 있으며 대상 속에 기초되어 있는 것으로 체험하도록 함으로써, 즉 대상을 능동적 주체로 만들고 나를 수동적 주체로 만듦으로써 나를 대상으로부터 유래되는, 분위기에 젖은 존재가 되게 하는 동시에, 대상으로부터 유래되는 분위기에 수동적 주체인 나를 능동적으로 내맡김으로써 능동적 수동성의 함의를 갖는 작용인 '분위기 감정이입'을 수행하는 것이다.

첫 번째 감정이입 방식이 통각적 활동의 감정이입과 더불어 나의 형태 부여 활동과 대상의 자기전개작용을 동시에 인식되도록 해주는 보편적인 통각적 감정이입이고, 두 번째 감정이입 방식이 분위기라는 대상 체험 방식을 내가 아닌 대상에서 유래되는 것으로 체험하여 수동적인 나를 능동적으로 내맡김으로써 대상의 작용공간이자 나의 대상 체험 방식인 분위기를 형성시켜주는 분위기 감정이입이라고 한다면, 세 번째 감정이입 방식은 "경험적으로 조건지어진 통각적 감정이입die empirisch bedingte apperzeptive Einfühlung"(Lipps, LP, 197)이다. 이러한 감정이입 방식은 자연과 자연적 연관으로 감정이입되는 것을 말하는데, 예를 들면, 수직선을 관찰할 경우, 수직선이 위로 뻗어 나가는 역학적인 활동과 그 안에 놓여 있는 중력의 극복작용이 감정이입되는 상황이 벌어진다. 자연에서 존재하는 사물이나 사건들이 일정하게 인과적인 관계로 결합되어 있다는 사실이 이러한 감정이입을 통해 인식되는 것이다. 원인과 결과의 관계와 연관된 감정이입을 립스는 다음과 같이 설명한다.

> 원인이라는 개념은 무엇보다 '원인'이 '결과'를 '요구하고 있다'는 사실을 말해주고 있다. 이와 동시에 이러한 요구의 체험에는 통각적으로 결과로 나아가서 결과를 받아들이려는 경향이나 추구 혹은 요청이나 동기가 존재한다. 그리고 이러한 추구는 다시금 원인과 결부되어 있다. 말하자면 원인은 결과를 추구하는 것이다. 사실 이러한 추구는 원인으로 감정이입된 나의 고유한 통각적 추구인 것이다(Lipps, LP, 197).

자연사물 내에 존재하는 원인과 결과의 인과적 관계는 원인으로 감정이입된 나의 통각적 추구와 같은 것이다. 자연적 사물 내지는 사건에 존재하는 인과적 작용과 나의 통각적 추구는 모두 일정한 구조를 갖는데, 그것은 바로 '추구Streben'와 '추구하는 진행과정strebendes Fortgehen'의 통일적 구조이다. 추구와 추구하는 진행과정의 통일상태에 대한 파악을 립스는 "힘의 감정Kraftgefühl"(Lipps, LP, 198)이라고 부른다. 그리하여 자연사물 및 사건들에서 작용하는 모든 힘과 활동들은 '중력Schwerkraft', '견고성Festigkeit', '강도Härte', '부드러움Weichheit', '탄력성Elastizität' 등과 같은 개념들에서와 같이 경험적으로 조건지어진 통각적 감정이입을 통해 인식되는 것이다.

마지막 감정이입의 양태는 감정이입 개념과 관련하여 인간에게 가장 명시적이고 중요한 감정이입 형태일 수 있다. 그것은 다름 아닌 "인간의 감각적 현상으로의 감정이입Einfühlung in die sinnliche Erscheinung des Menschen"(Lipps, LP, 198)으로서 귀로 들을 수 있고 눈으로 볼 수 있는 인간의 외적인 삶의 모습들로 감정이입되는 것이다. 립스가 여기서 인간의 외적인 삶의 모습들로의 감정이입이라고 말할 때, 그것은 나 이외의 다른 사람들에 대해 일정한 방식으로 알게 되는 것을 의미한다. 다른 감정이입이 그렇듯이, 우리는 타자의 감정과 표상 그리고 의지 등을 우리의 오감을 통한 감각적 지각으로 지각하는 것이 아니라, "오로지 우리 내부에서 체험한다. 말하자면 우리는 우리 고유의 인성의 특성들로부터 낯선 타인의 인성을 '자아내는 것weben'이다"(Lipps, LP, 199). 우리 고유의 인성의 특성들로부터 낯선 타인의 인성을 한 올 한 올 자아낸다는 말은 무엇을 의미하는 것일까?

이에 대해 립스는 다음과 같은 설명을 한다:

> 나는 어떤 한 몸짓을 본다. 그리고 나서 더 이상 상세히 묘사될 수 없는 나의 본성의 장치에 의거하여 그러한 몸짓의 관찰은 내 안에서 동일한 감정상태를 일깨우게 되는데, 이때 내 안에서 일깨워지는 감정상태의 본질은 바로 그러한 몸짓을 나에게서 현존으로 불러내는 것이다. 다시 말해 그러한 몸짓의 관찰은 내 안에서 이 같은 감정상태의 표상을 일깨우며 더 나아가 이러한 감정상태의 체험의 경향을 일깨우는 것이다(Lipps, LP, 200).

타인의 몸짓을 관찰할 때, 이러한 관찰이 내 안에서 일깨우는 감정상태가 타인의 몸짓에서 표현되는 감정상태와 동일한 것이기 위해서는 그러한 몸짓이 나에게서도 동일한 감정상태를 표현하는 것이어야 하며, 이를 위해서는 동일한 체험이 나에게서도 있었어야 한다. 결국 타인의 감각적 현상들로의 감정이입은 타인의 삶의 모습들에 대한 지각과 통각을 통해 일깨워진, 타인과 나 자신의 내부에 존재하는 '공통체험Miterleben'의 추구를 근거로 하고 있는 것이다.

V. 몸 담론의 미학적 기초서의 감정이입

지금까지 분석된 바에 따르면, 립스의 감정이입 개념은 몇 가지 측면에서 볼 때 시대를 앞서가는 문화담론의 핵심적 함의들을 선취하고 있다는 사실이 드러난다. 우선 그의 감정이입 개념은 논리적으로 추론된 것이 아니라 근원적인 것이라는 점, 즉 자연에 이미 주어져 있는 것도 아니고 관찰자의 우연적인 감각인상만도 아닌 나와 타자의 분리 이전의 근원적 동류성으로의 동참인 것이다. 이러한 근원적 동류성으로의 동참은 주체/객체의 분리라는 이분법적 사유 패러다임이 아닌 나와 타자 모두의 기저에 흐르고 있는 힘과 행위의 표현체계에 근거하며, 이러한 표현체계를 담지하는 구체적 담지체는 바로 '인간의 말, 감각적 현상으로 진입하는 행위, 몸짓, 육체의 형태와 색채' 등과 같은 인간의 육체이고 그 구체적 내용은 '근육과 힘줄의 긴장, 관절들의 접촉과 압력 및 마찰, 그리고 피부의 압박과 긴장'과 같은 표현 내용들이다. 또한 힘과 행위의 표현체계의 또 다른 담지체로서 규정된 것은 바로 자연의 무생물체들인데, 나의 관찰적 추구행위를 나로부터 대상으로 향해지는 것이 아니라 대상으로부터 나에게로 오는 것으로 체험함으로써 나와 대상 간의 관련 행위가 모습을 드러내게 되는 것이다. 결국 립스는 기존의 이분법적 사유 패러다임, 즉 나와 내가 지각하고 사유하는 대상에 기초한 인식방식이라든가 사물을 파악하는 정신과 사물 자체의 분리에 기초한 대상 인식방식과 같은 사유 패러다임으로부터 탈피하여, 몸과 몸의 작용들 내지는 자연사물들과 그것들의 내적인 활동들에 내재한 힘의 사유에 기초하여 몸과 개체들의 다양한 움직임들의 표현들이 형성하는 역동적 공간의 작동 패러다임을 새로운 미학체계로 정립하고자 했다고 볼 수 있다.

몸과 개체들의 표현운동들이 형성하는 역동적 작용공간의 패러다임이라고 한다면, 형식과 내용의 이분법에 의거하여 '내용을 담지하는 미적인 형식을 논하는 미학'과는 다른 '힘 내지 운동의 형식적 가치를 탐구하는 미학' 내지는 '몸의 미학'이 이야기될 수 있을 것이다. 립스와 연관된 몸의 담론들로는 몇 가지 대표적인 것들이 이야기될 수 있다. 예컨대 20세기 초 현상학적 몸 담론의 기초자들 중의 하나였던 에디트 슈타인Edith Stein이 "눈을 감고 손을 멀리 뻗어 우리의 어느 지절도 다른 것과 접촉하지 않을 경우에도 [···] 우리는 몸을 떼어내지 못하는바 [···] 이 같은 결속성 내지는 나에게로의 귀속성이야말로 외적인 지각 속에서 결코 구성될 수 없다"[153]고 주장하였을 때 그리고 20세기 초중반 철학적 인간학의 대표적 사상가인 막스 셸러Max Scheler가 외적인 감각적 지각에서 주어지게 되는 '육체Körper'라는 개념으로부터 감각기관의 지각들의 도움 없이 육체 자체에 대해 느껴지는 '몸Leib' 개념을 최초로 구분하였을 때,[154] 그리고 이를 통해 육체의 지각이라는 이분법적 대상 인식체계로부터 탈피하여 자기감정 내지는 '몸의 감지leibliches Spüren'라는 독자적 의미효과체계를 주창하였을 때, 슈타인과 셸러의 이 같은 몸 담론은 모두 립스의 감정이입이론에 기초하고 있었다.[155]

립스와는 직접적 연관은 없지만, 소위 '신현상학Neuen Phänomenologie'의 기초자로서 립스의 감정이입 개념과 유사한 지평에 있는 헤르만 슈미츠Hermann Schmitz는 몸을 다음과 같이 규정한다:

> 나는 인간의 고유한 몸을 다음과 같이 이해한다. 즉, 그것은 인간이 자신의 육체의 영역에서 오감(보고 듣고 만지고 냄새 맡고 맛보는 것)과 지각적인 육체도식(예컨대 시각과 촉각의 경험들로부터 추론된 습관적인 자기육체표상들)의 증거 없이 자신에 대해 감지할 수 있는 것이다. 몸은 두려움, 아픔, 배고픔, 갈증, 숨쉬기, 안락함, 정감적 감정 상태 등과 같은 몸의 미동들로 채워져 있다. 몸은 '좁혀짐과 넓혀짐Engung und Weitung'의 역학을 갖고 있는 전前차원적인(즉, 수량적 차원을 갖지 않으며 3차원적이지 않은) 양으로 '나누어질 수 없고 표면이 없는 채로unteilbar flächenlos' 연장된다.[156]

좁혀짐과 넓혀짐의 역학에 기초해 있으면서 분할되지도 않고 경계면도 가지고 있지 않으며 오직 자기 자신을 체험하는 고유한 형식만을 갖는 슈미츠의 몸 개념은 육체와 정신의 이분법 체계만이 아니라 외부와 내부의 이분법적 사유 패러다임을 넘어선다.

그러나 현상학적 몸 담론, 철학적 인간학, 신 현상학 등에서 립스의 감정이입 이론과 직·간접적인 연관맥락이 있기는 했어도 이러한 논의들을 제외하고는 립스의 감정이입 이론은 최근까지 거의 잊혀져 왔다. 최근에 발견된 이른 바 '거울뉴런mirror neuron'의 활동을

---

153 Edith Stein: Zum Problem der Einfühlung, Halle (Saale) 1917, S.45.

154 Max Scheler: Der Formalismus in der Ethik und die materiale Wertethik. Gesammelte Werke, Bd. 2, Bern 1954, S.408.

155 Matthias Schloßberger: Die Erfahrung des Anderen, Berlin 2005, S.62.

156 Hermann Schmitz: Der Leib, der Raum und die Gefühle, Stuttgart 1998, S.12f.

립스의 감정이입 작용과 결부시켜 상호주관적인 다양한 모방작용의 메커니즘을 주장한 연구들[157]이 있기는 하지만, 립스의 감정이입이 갖는 거시적인 의미의 문화학적 몸 담론의 가능성 조건들을 해명한 연구들은 현재적 유효성과 유의미성에도 불구하고 아직 이루어지지 못하고 있다. 이것은 물론 일정 정도 립스 자신에게 책임이 있다. 감정이입과 관련된 립스의 여러 글들에서 통일적인 입장이나 일관된 논리전개를 찾아보기 힘들기 때문이다.[158] 그럼에도 불구하고 립스의 몸 담론과 연관하여 현재까지도 여전히 유효한 단초들로서 육체를 정신적 표현의 매개로 보거나 외부를 내부표현의 매개로 보는 이분법적 가치체계로부터 탈피하여 표현의 주체이자 표현내용의 통일체로 상정된 몸의 '자기 체험의 구조 Struktur des Sich-Selbst-Erlebens'를 갖는 일원적 몸 담론의 미학적 기초라든가, 상호주관적 경험의 다양한 매개양태(언어적인 것만이 아니라 비언어적 매체들을 포괄하여), 타인과의 복합적인 사회적 관계를 이해하는 메커니즘 등 다양한 단초들이 존재한다. 이러한 단초들은 립스 자신에 의해 일관되게 정식화된 감정이입의 네 가지 유형들, 즉 '보편적인 통각적 감정이입', '분위기 감정이입', '경험적인 통각적 감정이입', '인간의 감각적 현상으로의 감정이입'의 유형들에 의거하여 예컨대 영화, 음악, 문학작품들 같은 구체적인 대상들에 적용될 수 있을 것이다.[159] 결론적으로 볼 때, 육체와 정신의 이분법적 가치체계로부터 탈피하여 몸을 표현 주체와 표현 내용의 통일체로 보는 몸의 미학은 "사유의 논리와는 다른 논리에 의거하여 위에서 언급된 감정적 도식형태들을 비롯하여 지각, 가치평가, 동기화, 개별감정들과 같은 기본요소들을 통해 작동되는 고유의 독자적 합법칙성들을 따르는 체계"[160]라고 할 수 있을 것이며, 립스의 감정이입 미학은 이 같은 감정적 도식체계의 기초와 가능성 조건을 형성하였다고 볼 수 있는 것이다.

---

157 Giacomo Rizzolatti u.a.: Premotor cortex and the recognition of motor actions, in: Cognitive Brain Research 3 (1996), SS.131-141; Vittorio Gallese u.a.: Action recognition in the premotor cortex, in: Brain 119.2 (1996), SS.593-609.
158 Matthias Schloßberger: Die Erfahrung des Anderen, S.63.
159 립스의 이 같은 감정이입 양태들은 브레히트의 서사극이론이 배제하고자 하는 관객의 감정이입과는 다른 맥락이다.
160 Vgl. Aaron Ben-Ze'ev: Die Logik der Gefühle. Kritik der emotionalen Intelligenz, Frankfurt a.M. 2009, S.9ff.

4. 피들러의 미학

I. 피들러의 삶과 예술관

부유한 유태인 가정에서 태어난 피들러Konrad Fiedler(1841-1895)는 스위스 로잔 대학과 독일 하이델베르크 대학, 베를린 대학 그리고 라이프치히 대학에서 법학 공부를 하였으며 『개혁권에 관한 역사적 연구Die geschichtlichen Studien über das ius reformandi』로 법학박사학위를 받았다. 그 후 라이프치히에 있는 변호사 사무실에서 잠시 일을 한 후 유럽과 근 동아시아 여행을 하였다. 1866/67년 그는 포이어바하Anselm Feuerbach(1829-1880), 마레스Hans von Marées(1837-1887) 같은 화가를 비롯하여 힐데브란트Adolf von Hildebrand(1847-1921) 같은 조각가와 친분을 쌓게 되었다. 그는 이미 학창시절 칸트의 철학, 심리학적이고 생리학적인 칸트 해석, 쇼펜하우어의 철학 등을 공부하면서 예술의 독자성 이념을 정립하였으며, 이를 근거로 「근대 자연주의와 예술적 진리Moderner Naturalismus und künstlerische Wahrheit」(1881)라는 논문에서 '예술의 감각적 현상성sinnliche Phänomenalität der Kunst' 이념을 구축하였다.

마레스의 회화와 힐데브란트의 조각에서 그가 주목하였던 점은 일차적인 실재성에 의존해 있는 우연적인 현 존재를 포기하고 독자적으로 작용하는 새로운 시각적 형식언어의 가능성이었다. 그는 당시 이탈리아 피렌체에 있는 산 프란체스코 디 파올로 수도원에서 그들과 함께 생활하면서 실재 예술적 활동 및 예술작품들을 비평적으로 분석하는 가운데 예술비평적 관점을 정교화시켰다.

1895년 그는 뮌헨의 집에서 갑작스레 창문에서 떨어져 사망하였다.

II. 피들러 예술철학의 맥락

피들러의 예술철학은 신칸트주의 이론 틀 내에서 특히 슈페Wilhelm Schuppe의 『인식론적 논리Erkenntnistheoretischer Logik』(1878)의 영향을 받은 이론 틀 내에서 형성되었다. 이러한 이론 틀에 따르면, 인간의 모든 직관적인 실재의식만이 아니라 개념적인 실재의식 역시 주관적인 구성과정의 산물이라는 것이다. 분트Wilhelm Wundt(1832-1920)의 『생리학적 심리학 개요Grundzüge der physiologischen Psychologie』(1874)의 기본적인 이론 틀과 관련해서는 피들러는 주관적 구성능력을 "심리물리적 처리과정psycho-physische Verarbeitungsprozesse"으로 파악하는바, 이러한 처리과정들은 "표현운동들Ausdrucksbewegungen"로서 육체적으로 주어진 감 각들에 반응하며 이로부터 현실의식의 상이한 형태들을 전개시키는 것이다.

시지각을 세계의 직관상을 구성하는 역동적인 과정으로 이해하는 비기계적인 시지각 이론은 피들러 당대의 지각생리학적이고 지각심리학적인 논쟁들로부터 영향을 받았던 것 으로 추정된다. 이러한 논쟁과 접하게 된 계기는 헬름홀츠Hermann von Helmholtz(1821-1894) 의 『생리학적 광학Physiologische Optik』(1867)이었다.

III. 피들러 예술론의 현재적 의미

18세기 말에서 19세기 중반까지 전 유럽에 걸쳐 맹위를 떨쳤던 독일관념론의 사상적 흐 름이 19세기 중반 이래로 세력을 잃기 시작한 후 철학을 비롯하여 미학과 예술철학의 영 역에서도 다양한 모색의 시도들이 이루어졌다. 예술학적인 모색들이 바로 그것인데, 그러 한 모색의 시도들의 한가운데에는 '아래로부터의 미학'과 '역사적 재료들에 대한 실증적 연구'가 이루어져야 한다는 실용적인 입장이 자리 잡고 있었다. 이 중 새로운 관점하에서 예술사적 방법론의 구축을 시도한 대표적 흐름으로는 다음과 같은 네 가지를 언급할 수 있다.

첫째, 피셔Friedrich Theodor Fischer(1803-1867), 립스Theodor Lipps(1851-1914), 폴켈트Johannes Volkelt(1848-1930) 등의 '감정이입미학Einfühlungsästhetik'에서 시작하여 보링어Wilhelm Worringer (1881-1965)의 예술사학이론인『추상과 감정이입Abstraktion und Einfühlung』(1908)에 이르는 감 정이입미학적 흐름

둘째, 촉각Haptik과 초심리학Parapsychologie 등에 대한 논의를 개척하였으며, 경험주의미학 에 근거한 예술학 방법론을 통해 미학과 일반예술학을 통합시키고자 한 데수아Max Dessoir (1867-1947)의 『미학과 일반예술학Ästhetik und allgemeine Kunstwissenschaft』(1923)의 경험주의미 학의 흐름

셋째, 신칸트주의자 캇시러Ernst Cassirer(1874-1945)의 『상징적 형식들의 철학Philosophie der symbolischen Formen』(1923-1929)으로부터 직접적 영향을 받은 파노프스키Erwin Panofsky(1892-1968) 의 도상학적 흐름

넷째, 피들러와 힐데브란트에 의거한 예술사가 뵐플린Heinrich Wölfflin(1864-1945)의 형식주의 예술학의 흐름

피들러의 형식주의 예술학은 당대 예술사가였던 뵐플린의『예술사의 기본개념Kunstgeschichtliche Grundbegriffe』(1915), Georg Simmel의「인생관Lebensanschauung」(1918) 그리고 캇시러의 글들에서 부분적으로 수용되었을 뿐 동시대 다른 예술이론가들에 의해 전혀 수용되지 못했다. 오히려 클레, 칸딘스키 등과 같은 예술가들에게서 폭넓게 수용되었다.

위와 같은 네 가지 흐름들은 20세기 말 21세기에도 여전히 유효성을 지니는 문제의식, 즉 실재 예술활동들과 그 작업결과들로부터 시작하여 보편적 형태와 문제의식을 추론하는 일반예술학을 미학과 같은 지평에 놓으려는 문제의식을 공통으로 한다. 이 같은 보편예술학의 문제의식의 기저에 놓여 있는 이론적인 핵심적 함의를 해명하는 데 있어 피들러의 예술론은 중요한 의미를 지니는 것이다.

IV. 피들러의 예술론

1) 피들러의 철학적 관점

칸트의 철학과 관련하여 칸트 당대와 그 후 독일관념론 사상가들에게 공통적으로 제기되었던 문제의식은 '물 자체Ding an sich'와 관련된 철학적 논제를 어떻게 하면 명확히 해결하는가 하는 점이었다. 19세기 중엽 독일관념론의 마지막 철학자 셸링의 죽음과 더불어 관념론이 마감하면서 이미 19세기 초부터 점차 목소리를 내면서 19세기 중엽 이후 본격화되기 시작하였던 경험주의적 실재론의 시대에 피들러는 다시금 칸트의 철학을 처음부터 새로이 파악하고자 하였다.

피들러에게서는 무엇보다 칸트의 초월적 철학의 이원론을 해결하는 것이 문제였다. 인식의 초월적 조건들은 이론이성이 가능한 경험의 한계들에 한정되어 있다는 것을 나타내주는 것이다. 칸트에 따르면, 우리에게 대상이 주어지도록 해주는 '감성의 수용성Rezeptivität'은 자기 자신으로부터 표상과 개념을 산출할 수 있는 '자발성Spontaneität'의 능력과 상호의존관계에 놓여 있다. 그래서 칸트는 '직관 없는 개념은 공허하고, 개념 없는 직관은 맹목'이

라고 하였다. 모든 지성 개념들이 시공간의 직관형식들과 이들 속에서 경험된 데이터들에 필연적으로 의존해 있을 수밖에 없다는 사실은 자기의식의 종합적 통일로부터 추론되며, 이러한 구성은, 우리가 현상들을 지각하는 한에서만이 아니라 현상들이 인식되는 한에서, 인식 대상들을 현상들로 입증하는 것이다. 왜냐하면 지성은 인식하고자 하는 경우 직관과 관계를 맺어야만 하기 때문이다. 여기서 칸트는 인식의 자기한계 내에서 경험될 수 있는 현상들과 지성이 현상과 관계할 때 현상들의 기저에 놓여 있는 것으로서 받아들여야만 하는 '물 자체Ding an sich'의 이념 간의 차이에 마주치게 된다. 물 자체는 그 어떤 가능한 경험의 대상이 아니다. 왜냐하면 우리는 대상들을 단지 우리에게 주어져 있는 조건하에서만, 말하자면 현상으로서만 인식할 수 있기 때문이다.

피들러는 칸트의 인식비판의 맥락에 부합되게 그러면서도 결정적인 비판적 전환의 제스처로 자신의 고유한 인식론적 입장을 개진한다. 그가 주목하는 지점은 다름 아닌 '감각지각'이다. 그에 따르면, "모든 정신적 활동들과 모든 의식내용의 근원"[161]은 바로 이러한 감각지각에 놓여 있다는 것이다. '감성Sinnlichkeit'은 지성과는 상호의존과 한정의 관계에 있지 않은 자발적 능력으로 이해된다. 그리하여 인식 역시 더 이상 현상하는 것 모두의 기저에 놓여 있는 '물 자체'의 이념을 전제하도록 강요받지 않는 것이다. 피들러에 따르면, "감각지각의 저편에서 전제될 수 있는 모든 것은 불충분한 것으로 생각될 수밖에 없다. 반면 감각지각 이편에서 지각되는 모든 것은 이미 인간 본성의 산물인 것이다"(SK I, 73).

능동성과 수동성의 필연적인 상호작용을 제시하였던 칸트의 인식비판을 모든 대상들을 산출하는 '감성이라는 정신적 능력'의 생산적 사상으로 전환시킴으로써 피들러는 현재까지도 영향력을 미치는 중요한 귀결을 야기시켰다. 칸트의 철학에서 물 자체의 이념이 인식의 종합적 연관 속에서 외부의 현실성근거가 주어져 있기 위한 보증이었다면, 피들러의 철학에서는 사고의 영역 외부에서는 아무런 본질성도 생각될 수 없는 것이다. 그리하여 인식하는 정신은 형식과 소재의 상호대립을 통해 초월적으로 한정될 수 있는 것이 아니라, 인식이 형식들의 순수한 생산능력인 것이다. 엄밀한 의미에서 생각된 소재는 필연적으로 정신의 능력 밖에 놓여 있다. 즉, 소재는 인식될 수 없고 생각될 수 없다. 우리가 감성

---

161 Konrad Fiedler: Schriften zur Kunst I/II(이후로는 SK I/II로 약칭), hrsg. v. Gottfried Boehm, München 1991 (2. Aufl.), Bd. I, S.73.

(소재)과 지성(형식)으로 하여금 서로에게 변화를 주도록 하는 것을 인식의 초월이라고 칭한다면, 형식적인 감성만을 중요시하는 피들러의 철학에서는 순수한 내재성의 영역이 기술되는 것이다. 그리하여 서로 의존하는 감성과 지성의 상호작용은 형식이미지들의 무한한 생산의 사상으로 대체된다. 칸트에게서 경험의 가능성조건들은 경험대상의 가능성조건과 일치되어 있었지만, 경험의 대상들은 물 자체가 아니라 현상들이었다. 반면 피들러에게 있어서 그러한 일치는 전면적이었다. 피들러에게서 대상은 무한한 감각적 생산의 기능이 되며, 이를 통해 대상 자체의 실체성을 상실하게 되는 것이다. 그리하여 감성은 영원한 창조가 되고, 현실 개념은 '일원론적으로' 되는 것이다:

> (일원론에서는) 감각적으로 주어진 것과 초감각적인 것 간의 차이가 사라질 뿐 아니라, 완전한 존재와 불완전한 직관의 차이 역시 사라진다(SK II, 53).

감각적 생산성의 영역은 자체 내에서 순회하며 지속적인 대상규정과 관계한다. 말하자면 인식하는 정신은 인식의 "구조를 실행시킬 뿐 아니라 구조의 소재 역시 생산한다"(SK I, 122)는 것이다. 그리하여 정신은 더 이상 전통적으로 전해 내려온 전제, 즉 형식의 능동적 능력과 소재의 수동적 의존성 간의 관계 속에 있는 것이 아니라, 낭만주의 시대의 천재 개념과 쇼펜하우어의 의지의 형이상학의 연장선상에서 물질이나 대상이나 자연과 같은 모든 외부의 근거보다 우위를 갖는 '지속적인 생산'으로 규정되는 것이다. 그 결과 피들러는 구래의 형식 – 내용의 이분법의 문제를 '정신의 자기관계'를 통해 해결하는 것이다.

형식의 능력으로서 정신은 내용이기도 한 형식들을 생산한다. 다시 말해 감성이라는 정신적 능력은 형식과 내용의 근원인 것이다. 형식화 작용 속에서 항상 형식들을 창조해내는 감성으로 규정된 창조적 정신의 역동성은 피들러의 예술론의 핵심적인 철학적 근거가 되는 것이다.

2) 현실의 생산

현실의 생산의 문제는 피들러의 철학적 이념의 중핵을 이룬다. 기본적으로 그의 철학적 기본 이념은 데카르트와 칸트에 의해 발전된 비판적 철학의 기조를 따른다. 비판철학은 현실에 대한 모든 종류의 믿음을 일단 유보시켜놓고 개인적인 의견에 사로잡혀 있는 인간의 소박함에 대해 거리를 취하면서 필연적인 근거들로부터 세계에 대한 인식을 재구성하는 작업을 수행하는 것에 중점을 두고 있다. 칸트의 경우 이러한 기획은 더 이상 대상의 인식이 아니라 대상에 대해 우리가 인식하는 방식의 조건들과 관계하는 초월철학의 형태를 지녔다. 피들러는 이러한 칸트의 근거규정과정에 '인식의 심리-물리적인 근거'에 대한 반성의 형태를 부여한다. 그는 자신의 내재성 모델에 부합되게 형식과 내용의 이원론으로부터 벗어난다. 산출하는 것과 산출된 것 간의 분리를 통해 존재 개념을 확정짓고자 하는 것은 여전히 이분법적 사고틀에 얽매여 있는 것이다. 따라서 이러한 이분법적 틀로부터 벗어날 수 있는 길은 이분법적 구도에 사로잡혀있는 존재 개념을 포기하고 그 자리에 '지속적인 생성beständiges Werden'이라는 개념을 위치시키는 것이다. 여기서 피들러의 사유모델이 드러나게 되는데, 그것은 바로 '무한한 생산성의 내재성 모델'이다:

> 존재의 위치에 지속적인 생산이 들어서게 된다. 매 순간 우리는 무에 대면해 있으며, 매 순간 우리가 존재하는 것으로서, 현실적인 것으로서 나타내는 것이 생산된다. [⋯] 우리는 우리와 독립해 있건 우리에게 의존해 있건 주어져 있는 현실의 가정이 우리에게 제공해주었던 온갖 종류의 확고한 기반을 빼앗겼다. 우리는 우리의 전체 현실의식과 더불어 우리가 우리 바깥이 아니라 우리 안에, 우리를 통해 일어나는 사건에 의존해 있음을 보게 된다(SK I, 140).

이러한 점을 설명하기 위해 피들러는 인간 감성의 '심리-물리적 토대'를 분석한다. 이러한 토대에 대한 단초를 그는 헬름홀츠, 분트, 랑에Friedrich Albert Lange(1828-1875) 등의 칸트해석으로부터 넘겨받았다. 여기서 주요 문제는 인간의 심리-물리적 특성과 인식능력은 어떻게 통일적으로 생각될 수 있는가라는 물음이다. 정신과 육체의 이분법적 사고로부터 이 둘 간의 분리의 실현불가능성의 사고로 이행하는 것만으로는 충분치 못하다. 피들러는 자신의 내재성의 사상을 순수하게 사고의 영역에 한정하여 수행하고자 하는 것이 아니라 육체와 정신의 통일적 사고에 기반하여 내재성 사상의 새로운 지평을 열고자 한 것이다. 그리하여 그는 모든 존재자가 육체적이고 정신적인 통일체라고 규정한다:

모든 감성Sinnlichkeit, 육체성Körperlichkeit, 몸성Leiblichkeit 등은 우리에게는 단지 감각Empfinden, 지각Wahrnehmen, 표상Vorstellen, 사고Denken와 같은 다양한 과정들과 형식들 속에서만 존재할 수 있다(SK I, 136).

육체와 정신의 분리는 "기만적인 가상"(SK I, 136)을 의미하는 것이다. 피들러에 따르면, 경험으로부터 독립해 있는 그 어떤 선험적인 것도 간직하지 않는 순수한 감각적 형식들을 생산하는 능력 내지 다양한 소재영역들로 변화된 단일한 능력만이 존재한다고 한다:

일어나는 모든 일은 단지 그 자체만을 의미한다. 어떤 일어난 일이 그것과는 다른 의미를 지니며 다른 것들에 비해 두드러진다는 가상은 연상의 진행과정에서 다른 일들이 그것과 결합된다는 사실에 근거해 있다(SK I, 137).

이러한 생각에는 인식에 대한 심리-물리적인 통일적 관점이 결부되어 있다. 즉, 모든 인식은 자기 자신만을 가리키며 자기 자신만을 의미한다는 것이다. 그 결과 우리에게는 "지각과 표상이 아닌" "그 어떠한 감각적 존재"도 존재하지 않으며, "지각과 표상이 현실에 대해 갖는 모든 관계는 항상 지각과 표상이 지각과 표상에 대해 갖는 관계이기만 할 뿐"(SK 137)이라는 결론이 도출되는 것이다. 이 때문에 피들러에게 있어 인식의 심리-물리적 관점은 통일적인 것으로 규정되는 것이다. 왜냐하면 인식의 심리-물리적 관점은 매번 또 다시 심리-물리적 관점에 근거한 것만을 규정할 수 있기 때문이다. 지각과 표상은 감각적인 방식으로 의식에 이르며, 여기서 또 다시 감각적인 동시에 정신적인 지각과 표상으로 존재하는 것이다. 결국 피들러의 이 같은 인식론적 입장은 예술의 감각적 인식방식을 정신적 인식방식이기도 한 것으로서 입증하는 것을 목표로 하는 것이다.

피들러의 이 같은 인식론적 입장이 가능할 수 있었던 것은 피들러 이전에 이루어진 과학철학적 성과가 이미 존재했기 때문이다. 19세기 독일의 대표적 신경생리학자였던 뮐러 Johannes Müller(1801-1858)는 감각기관의 특수한 에너지에 관한 이론을 발전시키면서 개별기관에 고유한 힘으로부터 감각적 인식이 발생된다고 주장하였다. 감각기관의 특수한 에너지는 다음과 같은 경우에 해당된다. 예컨대 누군가 나의 얼굴을 향해 주먹을 뻗을 때, 나의 눈은 감기고 이렇게 감긴 눈은 외부의 시각작용을 통해 생겨난 것이 아니라 망막의 특수한 에너지를 통해 생겨난 것일 수 있는 이미지들을 인식한다는 것이다. 이처럼 다른 자극을 통해 감각이 이루어지기는 하지만, 이렇게 생겨난 감각은 특정 의미를 갖는 것은 아니다:

> 우리의 눈은 눈이 보는 모든 것을 시지각 장에 있는 색채면들의 집적체로 보는 것이다. 말하자면 그것은 눈의 직관형식인 것이다. 이러저러한 경우에 어떤 특별한 색들이 나타나며, 어떠한 연관과 어떠한 계열로 나타나는지는 외적인 개입작용의 결과이며 유기 조직의 법칙을 통해 규정된 것은 아니다.[162]

말하자면 외적인 자극과 유기체적인 지각 사이의 모방적인 관계는 더 이상 성립될 수 없으며, 대신 신칸트주의적인 상징이론적 입장이 그 자리에 들어서는 것이다:

> 우리의 감각의 특성이 이것을 자극하는 외부 개입작용의 고유성에 대해 정보를 제공해 주는 한, 우리의 감각은 외부의 개입작용의 기호Zeichen이지 모상Abbild일 수는 없는 것이다. 왜냐하면 이미지Bild라는 것에 대해 우리는 모방된 대상과의 일종의 동일성 같은 것을 요구하기 때문이다. [⋯] 그러나 기호는 무언가에 대한 기호로서 기능하는 것과 아무런 종류의 유사성도 가질 필요가 없다.[163]

결국 주체와 객체라는 인식론적 기본개념들은 피들러의 내재성의 철학에서 더 이상 유효성을 가질 수 없게 되며, 외부로 감각을 투사시킴으로써 정신적인 능력과 대상 간의 연관을 입증할 수 있다고 주장하는 실증주의적 철학 역시 영향력을 발휘할 수 없게 되는 것이다.

3) 예술학의 방법론: 파노프스키

피들러와 인식론적 유사성을 가진 예술학방법론은 파노프스키Erwin Panofsky(1892-1968)에

---

162 Vgl. Hermann von Helmholtz: Die Tatsachen in der Wahrnehmung (1879), Darmstadt 1959, S.29.
163 Hermann von Helmholtz: Die Tatsachen in der Wahrnehmung, S.18.

의해 마련되었다. 파노프스키가 철학적으로 기대었던 신칸트주의 철학자 캇시러의 경우 정신은 외부 대상들의 영향이라는 기준에 얽매이지 않는 상징들과 형식들의 무한한 규정으로 이해한다. 그에 따르면, 정신은 "외화 속에서 비로소 참되고 완전한 내재성에 도달한다"고 하면서 "자신에게 내재적인 것을 마련해주는 형식은 뒤로 소급하면서 자신의 본질과 내용을 규정하기도 한다"[164]고 한다. 사상은 자신에게 직관이 "일정 정도 마무리된 채로 가져다주는" 형상들에 더 이상 의존할 수 있는 것이 아니라, "상징들의 제국을 완전한 자유와 순수한 자기활동성 속에서 구축하는 데에로 나아가야 한다"[165]는 것이다. 그리하여 학문, 신화, 종교, 예술 등의 영역들로 구분되어 있는 상징적 형식들의 제국은 정신의 부단한 활동을 통해 역사 속에서 안착되었다는 것이다. 정신의 본질은 그것의 외화형식들로부터 읽혀질 수 있으며, 이러한 형식들 이면에 이러한 형식들이 관계하는 현실이 자리 잡고 있는 것이 아니라 그러한 형식들 자체가 공간과 공간의 구조화를 포함하는 형식구성의 지속적인 내재적 생산과정의 최종산물을 나타내는 것이다.

파노프스키는 이러한 캇시러의 상징철학의 이념에 부합되게 「예술사와 예술이론의 관계에 대하여Über das Verhältnis der Kunstgeschichte zur Kunsttheorie」라는 논문에서, 깊이Tiefe와 표면Fläche, 맞물림Ineinander과 병치Nebeneinander, 시각적 가치opische Werte와 촉각적 가치haptische Werte와 같은 규정들은 '충만과 형식'의 보편적 대립관계로 환원되어야 하는 것이지, 예술사가의 모호한 서술관심 속에서 규정될 수는 없다고 주장한다. 그러면서 그는 사변적 성찰이 아니라 직접적으로 보는 예술관찰의 전통적 슬로건을 따르고자 한다. 파노프스키 역시 예술작품들을 "감성의 형상화"로 규정하지만, 그에게 있어 이 같은 예술적 형상화들은 예술사적 기본개념들에 의해 감각적-내용적 방식으로 기술되는 것이 아니라고 한다. 즉, 그 같은 예술적 형상화들은 일종의 "감히 보편적이고 이성적인 문법과 같은 것으로서 현상들을 분류하고자 하지는 않는다."[166] 그러한 형상화들은 "예술작품 속에서 매우 다양한 방식으로 관계를 맺고 있는 현상세계 저편의 두 가지 서로 대립하는 가치영역들의 양극

---

164 Ernst Cassirer: Philosophie der symbolischen Formen, Bd. II, Darmstadt 1964, S.235.

165 Ibid. S.333.

166 Erwin Panofsky: Über das Verhältnis der Kunstgeschichte zur Kunsttheorie, in: Aufsätze zu Grundfragen der Kunstwissenschaft, Berlin 1964, SS.55-56.

성"[167]을 나타내주는 역할만을 할 뿐이다. 특히 파노프스키는 예술사의 기본개념들의 메타경험적 특성을 충분히 정교화시키지 못했다고 평가되는 뵐플린에 대해 칸트주의를 불충분하게 이해했다고 하면서, 모든 예술사적 규정들의 보편적 규정인 '충만과 형식'이라는 보편적 대립관계는 칸트의 초월적 감성론과 캇시러의 상징형식들의 역사적 맥락에서 논의된 시간과 공간의 필연적 병렬로 이해되어야 한다고 주장한다. 말하자면 '충만과 형식'이라는 보편적 대립관계는 항상 감각적 영역에서 시각적으로 경험되는 것에 대한 경험적 조건들을 묘사해주는 것이다. '충만과 형식'은 경험적 직관 속에서 보여질 수는 없고, "선험적으로 정당화될 수는 있는 것이다."[168] '충만과 형식'은 화학반응시약과 같은 것으로서, "현상들로 하여금 말을 하도록 해준다." 그리하여 '충만과 형식'은

> 예술적 문제들의 해결책들이 아니라 단지 그러한 문제들의 위상만을 공식화시킴으로써, 대상들이 우리에게 줄 수 있는 결코 미리 예견될 수 없는 개별적 대답들이 아니라 우리가 이 대상들에 대해 던져야만 하는 물음들만을 규정하는 것이다.[169]

그 때문에 예술사적 기본 개념들은 필연적으로 쌍의 형태로 정렬되어 있다. 왜냐하면 그것들은 예술적 대상들의 초월적인 구성요소들로서 시간과 공간을 대표하기 때문이다. 예술의 역사를 단순히 보이는 그대로 묘사하는 것만이 문제라면, 예술의 역사에서 특정한 문제가 개념쌍들의 작용을 통해 정식화되는 것을 보여주는 예술이론만 작동시키면 족할 것이다. 그러나 파노프스키는 예술 대상들의 초월적 분석이 아니라 예술적 문제들의 초월적 분석을 하고자 하는 것이다. 말하자면 그는 감각적으로 경험될 수 있는 예술작품들이 예술적 문제들에 어떻게 역사적으로 다양한 대답을 제공해주는지를 분석하고자 하는 것이다.

여기서 예술사와 예술이론을 명확히 구분할 필요가 있다. 선험적 개념들은 비역사적이다. 왜냐하면 그것들은 의식 속에서 인식의 조건들을 묘사하기 때문이다. 그러나 보편적인

---

167 Ibid. S.55.
168 Ibid. S.57.
169 Ibid. S.56.

문제들에 대한 대답들을 직관적으로 충실하게 묘사해주는 개념들은 특정 예술작품들의 역사적 특수성을 일깨워주는 것이다. 직관 속에서 주어져 있는 것이 초월적 통각의 종합적 통일에 관계되고 있는 칸트의 범주표와 유사하게, 파노프스키는 "모든 예술적인 개별 문제들이 체계적인 방식으로 서로 결합되어 있고 […] 근본 문제들로 환원되어 있는" "예술학적인 기본 개념들의 표"[170]를 발전시킨다. 그리하여 예술이론적인 개념구성과 실제 역사적인 사태들에 대한 연구가 선험적인 연관을 형성하는 것이다. 이를 통해 한편으로 예술은 보편적인 개념들과 그 연관의 추론으로 묘사될 수 있으며, 다른 한편으로 감각적이고 역사적인 직관으로부터 출발하여 회화적이고 조형적이며 부조적이며 개방적이며 완결적인 것과 같은 개념들의 일상적 사용을 설명할 필연성과 대면하여 이것들이 어떻게 선험적인 기본 개념들로 넘어가는지를 볼 수 있게 된다. 그리하여 예술학은 단순한 범주들의 소박한 사용을 '충만과 형식', 즉 공간과 시간의 보편적인 원리들로 환원시키는 한에서 '비판적'이라고 할 수 있다. 결국 파노프스키는 예술학을 선험적 예술이론과 역사적이고 사실적인 '사물학Dingwissenschaft'의 통일을 통해 규정하고자 하였던 것이다.

4) '표현운동Ausdrucksbewegung'으로서의 예술

앞서 이야기한 바 있듯이, 피들러의 인식론은 신칸트주의의 맥락에서 이해할 수 있으며, 그의 예술이론 역시 유사한 지평에서 논의할 수 있다. 그의 '내재성Immanenz' 개념은 무한한 활동성을 통해 특징지을 수 있다. '표현운동의 활동'이 이루어지는 가운데 의식 속에서 카오스적인 흐름의 형태로 나타나는 무한성으로부터 일정한 형식들이 얻어지게 된다. 그러나 물리적 감각데이터들로부터 외적인 정신적 형상이 생겨나는 방식으로 형식들이 얻어지는 것은 아니다. 왜냐하면 인간의 심리-물리적 체계는 외화 과정들에서조차 지양되어버릴 수 없는 것이기 때문이다. 피들러는 다음과 같이 말한다:

표현운동의 의미는 정신적 유래를 갖는 내용이 육체적 기관들의 운동 속에서 자체의 현존의 기호를 […] 마련한다는 의미일 수는 없다. 오히려 우리는 표현운동 속에서 단지

---

170 Ibid. S.57.

심리－물리적 과정의 발전단계만을 인정할 수 있을 뿐이다. […] 감각신경들의 자극과 더불어 시작되는 육체적 과정이 직접적으로 되는 외적인 운동 속에서 이전에는 달성되지 못했던 발전단계에 이르게 되듯이, 우리가 그러한 삶의 과정의 내적인 측면으로서 우리 자신을 직접적으로 의식하게 되는 영혼의 과정 역시 표현운동 속에서 일정한 발전, 즉 그것이 오직 그러한 운동 속에서만 경험할 수 있는 그러한 발전을 경험하는 것이다(SK I, 116).

"마치 우리가 우리 앞에 그리고 우리 주위에 있는 세계를 소유하기 위해서 이러한 세계를 우리 육체의 기관들과 우리 영혼의 능력들을 가지고 그런 식으로 무분별하게 점령할 필요가 있기라도 한 것처럼"(SK I, 116) 무비판적인 견해로부터 자유롭게 된 인식이자 "우리 밖의 모든 것이 우리 안의 것으로 귀결된다"(SK I, 118)라는 인식은 특정한 지점으로 향하는바, 이 지점은 "내적인 작업장으로서, 여기서는 세계상의 구성요소들이 우리를 위한 존재를 획득한다고 할 때에야 비로소 그러한 구성요소들이 생겨나는 것이다"(SK I, 119). 인식은

일정한 과정들의 무한성을 발견하게 되는바, 이러한 과정들에서 매번 새로워지는 일시적이 소재가 변함없는 고정된 형태들로 굳어짐 없이 모든 존재의 요소들은 일정하게 가공되는 매우 다양한 단계들마다 매우 다양한 방식으로 나타나게 된다. 감각들과 감정들 및 표상들이 왔다가 가버리고, 나타났다가 사라지며, 형성되고 해체되는 그야말로 중단 없는 유희과정이 한순간도 머물지 않고 부단하게 형성되었다가 다시 변화되는 과정들이 계속 이루어지고 있는 것이다(SK I, 119).

우리 안에서 일어나는 끝없는 흐름으로부터 우리는 다양한 인식들과 단어들 그리고 가시적인 형태들 가운데에서 이상적인 의미를 지니는 고정된 발판을 갖게 되는 것이 아니라, 단어가 감각들과 이미지들의 내적인 흐름을 내용으로 갖게 되는 것이다.

여기서 피들러의 언어이론이 모습을 드러낸다. 그에게 있어 언어는 아무것도 "의미하지" 않는다. 즉, 언어는 선험적인 내용을 가리키지 않는다는 것이다. 내재성 내에서 언어는 자기 자신으로 회귀하는 것을 통해서만 내용에 이를 수 있다. 그럴 경우 언어는 그 어떠한 존재도 의미하는 것이 아니며 "언어 자체가 존재"라는 사실이 드러난다. 말하자면 언어

자체가 언어의 내용이며, 언어의 가치는 낯선 현실을 지칭하는 것에 있는 것이 아니라, 심리-물리적인 소여성들의 모호한 감각과정들로부터 "자체 내에 정합적인 […] 현실구조를"(SK I, 123) 발전시키는 것에 놓여 있는 것이다. 여기서 언어적 인식은 무력화된다. 즉, 언어적 인식은 내적인 생성을 명확하게 규정된 존재로 형성시키지 못하는 것이다. 피들러는 의미의 보편성을 감각 내용의 충만성과 서로 맞세워 대비시킨다. 이를 통해 피들러는 존재자의 전체 내용을 자신에게 굴복시키고 규정하는 일반적 의미의 인식과정을 비판하는 것이다. 일반적인 인식과정에서 이루어지는 존재자의 규정은 감각적인 동시에 정신적으로 이루어지는 감각의 내적인 무한성에 적합하지 못한 것이다. 여기에 적합한 것은 오직 예술뿐이다. 피들러가 보기에 예술은 현상들에 베일을 드리우는 것이 아니라 감각적인 동시에 정신적인 순수성 속에서 현상들을 드러내는 것이다. 예술적 생산활동은 인식 자체의 정화 과정 속에 존재한다. 왜냐하면 예술적 활동은 감각의 내적인 무한성이 일정하게 해결되고 있는 인식 자체이기 때문이다. 감각적인 동시에 정신적인 인식으로서 예술은 합리적이고 이성적인 사고에는 닫혀져 있었던 경험의 영역들을 해명하는 것이다. 따라서 인식의 정화라는 말은 예술적 생산의 모든 사건들이 오직 자기 자신들로만 환원되는 것을 의미하는 것이며, 형식들 주변에서 무성해지고 형식들을 불투명하게 만드는 모든 연상적 의미들을 제거한다는 것을 말한다.

5) 가시성 이론

예술적 활동은 시각이미지들을 "보다 높은 정도의 현존상태로" 발전시키는 활동을 의미한다. 피들러는 우선 시지각을 다른 감각들로부터 분리시킬 필요가 있다고 생각한다. 그 이유는 한 감각이 다른 감각을 통해 이해될 수는 없기 때문이라는 것이다. 가시적인 것은 보여질 수만 있을 뿐 만져지거나 들려질 수는 없다고 생각하면서 피들러는 "시지각의 영역에 속하는 형식표상과 촉각의 영역에 속하는 형식표상 간에는 아무런 유사성도 존재하지 않는다"(SK I, 148-149)고 한다. 그렇다고 해서 외부 현실을 특정 감각을 통한 파악이 적합한지 아닌지를 판가름하는 기준으로 삼는 것 역시 가능한 것은 아니다. 왜냐하면 이런 외부 현실이라는 것은 표상에 다름 아니기 때문이다. 만질 수 있는 대상이건 측정될 수 있는 대상이건 혹은 가시적인 대상이건 서로 동일한 것이 아니다. 그리하여 시지각의 경우 전체 내재성 모델에 유효한 것이 잘 드러난다. 즉, 시지각은 오로지 자기 자신만을 의미하며 자기 자신으로부터만 자기 자신에 대해 진술할 수 있는 것이다. 시지각은 자기 고유의 의미성을 획득한 이후에야 비로소 "자기 자신으로 돌아올 수 있으며", 가시적인 존재의 가상이 제거되고 현실은 자기묘사가 이루어지고 있는 표상들의 발전과 형성으로 입증될 수 있는 것이다. 스스로 발전하는 시지각의 표상은 그 어떤 고정된 것이나 현존의 의미를 지니는 가시적 현실을 산출하는 것이 아니다.

시지각은 무엇보다 공허한 성찰이 아니라 끊임없는 발전과정 속에서 파악되는 시지각 활동이다. 피들러는 인간의 시지각이 세계의 시각적 형태의 고정가능한 직관을 이룰 수 없을뿐더러 그런 세계의 시각적 형태의 완전히 명증한 직관을 이룰 수도 없기에, 특정한 이론적 입장의 영향이나 아무런 편견 없이 수행되는 순수한 시지각 이론은 가능하지 않다고 생각한다. 왜냐하면 시지각은 사진 촬영 작업에 비교될 수 있는 기계적인 활동이 아니기 때문이다. 눈의 운동의 시간적 지속과정에서 일어나는 '가시상Sichtbarkeitgebilde'은 실제로 매 순간 사라진다. 그리하여 우리가 시지각 속에서 입체적으로 드러나는 대상의 동일성으로 간주하곤 하는 고정가능한 직관의 상이란 어느 순간에도 존재하지 않는 것이다. 게다가 일정하게 훈련되지 않은 통상의 시지각은 상당 정도 무의식적인 습관들에 의해 규정되어 있으며, 더 나아가 인간의 직관적 의식을 앞서 형태화하고 있는 직관적 관찰의 형식들에 의해 각인되어 있다.

이러한 시지각의 이론적 배경하에서 예술의 본질은 "기본적으로 극히 단순한 공식"에 적용될 수 있다. 그 공식이란 "미계발되고 암흑 속에 가려져 있는 직관적 의식의 상태로부터 '피규정성Bestimmtheit'과 '명증성Klarheit'으로의 고양"인 것이다. 피들러는 이러한 단순한 공식으로부터 모든 것을 추론하고자 한다.

우선 예술활동은 인간의 통상적인 직관이 멈추는 곳에서 시작된다. 왜냐하면 예술활동은 의식적으로 취해진 '시지각의 작업'으로 나타나는바, 이 작업은 문화적으로 적용된 시지각 관습들의 척도하에서 이루어지는 통상의 시지각이 자체의 직관들을 명료화하는 작업을 그만두는 곳에서 시작되는 것이다. 피들러에 따르면, 시지각 과정의 예술적 발전은 예술가의 손이 재료에 구성적인 작용을 함으로써 이러한 작용에 자리를 내주고 그 자체로는 모습을 감추는 것이 아니라, 오히려 예술가의 손의 작용에 의해 비로소 가능해지게 되는 것이다. 따라서 예술가의 손이 이루는 구성적 작용을 통해 생겨나는 '작품das Werk'은 재생산적인 모방이 아니라, 아직 보여지지 않은 현실, 즉 그때그때의 자연현상에 대조를 이루는 계산된 이미지현상을 통해 관찰자의 시지각에 나타나는 그러한 현실의 '산물 Produktion'인 것이다. 혁신적인 작품은 항상 감각적인 추상들을 나타내주며 현실의 새로운 측면을 산출하기 때문에, 그러한 작품의 현상은 관습적인 눈에는 시각적으로 올바른 묘사의 규범으로부터 벗어난 것으로 보이게 된다.

피들러에 따르면, 예술은 "세계에 눈을 열어준다." 왜냐하면 예술은 예술적으로 활동하지 않는 다른 사람들에 의해서도 보여질 수 있도록 해주는 새로운 형식들을 산출하기 때문이다. 예술이 세계에서 새로운 측면을 얻어내어 세계를 새로운 직관방식을 통해, 즉 통상의 묘사방식들과는 다른 방식을 통해 풍부하게 할 때, 예술은 시대를 변화시키는 획기적인 것이 되는 것이다. 결국 예술은 칸트 식의 취미판단과는 관련이 없는 고유한 감각적 인식과정인 것이다. 피들러 역시 예술을 정화된 감각적 인식으로 규정하는데, 그 이유는 예술이 예술적 직관의 특수한 논리에 근거하고 있는 보편성이기 때문이라는 것이다.

> 예술은 […] 그 자체로 취미판단과 아무런 관련이 없다. 왜냐하면 예술의 과제는 원래 사물들의 인식, 즉 그 어떤 다른 수단을 통해서 나타낼 수 없는 표상의 대상들에서 전적으로 특정한 측면들을 나타내는 작업이기 때문이다(SK II, 262).

6) 절대예술

피들러는 개념적이고 실천적인 인식능력과는 달리 예술적 직관을 "고유하게 의미화 작용을 하며", "고유한 법칙을 가지는" 활동이라고 생각한다. 감각적 직관이 예술작품들에서 경험될 수 있는 고양된 가시성으로 하여금 현존하도록 해주는 순수한 의식활동이라고 입증된다면, 예술에 있어 외적인 현실은 그 의미를 상실해버리게 될 것이다. 그리고 이와 더불어 모방의 범주 역시 무의미하게 될 것이다. 때문에 피들러에게서 예술은 모방에 기초해 있는 것이 아니다. 예술적 창작활동은 예술적인 고유법칙을 가능케 해주는 현실의 정화를 야기시키기 때문이다.

예술적 모방 개념을 거부하는 피들러는 독일관념론 철학자 셸링의 예술철학의 후예라고 할 수 있다. 셸링에게서 자연은 자아의 무의식적 활동의 산물인 반면, 예술은 자아의 의식적 활동의 산물로 규정된다. 예술은 자연보다 상위에 놓임으로써, 예술의 자연모방은 예술의 위엄에 부합되지 않는 것으로 여겨지는 것이다. 근대에 점차 공고화되는 모방 범주의 해체과정은 여기서 보다 명확하게 수행되고 있으며, 예술적 판타지 역시 미의 이상으로 간주되어온 자연의 카논에 더 이상 결부되지 않게 되었던 것이다. 이 같은 모방개념의 해체는 추상예술에 와서 극명해지게 되는데, 이와 유사한 맥락에서 피들러 역시 예술이 자연의 규범들에 묶여 있는 것을 비판하면서 창조적인 의식의 정화활동에 기초해 있는 예술에 고유한 의미, 즉 '고유한 법칙성Eigengesetzlichkeit' 내지 '고유한 의미성Eigenbedeutsamkeit'을 부여하고자 하였던 것이다. 현실 밖에 놓여 있지만 현실을 그 자체로부터 산출하고 새롭게 창조하는 예술은 자기 고유의 절대성을 획득하게 되는 것이다. 즉, 예술이 인식하고 묘사하는 것은 다름 아닌 예술 자체인 것이다: "예술작품의 내용은 형상화 그 자체인 것이다"(SK I, 37). 예술은 다른 그 무엇도 지시하지 않으며, 인간의 주위환경의 그 어떤 맥락도 관계하지 않고 아무것도 진술하지 않는다. 예술은 그저 예술 그 자체인 것이다. "최상의 의미의 예술에서 예술가의 능력은 지식에 다름 아니다. 즉, 그러한 능력 이외에는 그 어떤 다른 것을 통해서도 입증될 수 없는 그런 지식말이다"(SK II, 263). 예술가의 창조적 활동은 모든 존재들을 세속적 대상들로부터 고유한 의미화 작용을 하는 형상들로 나아가도록 해준다. 이를 통해 항상 새롭고도 수수께끼 같은 세계의 내적인 산출과정이 가시화되는 것이다.

7) 현대 예술과 피들러의 예술이해

예술을 특수한 인식 형태로 파악하는 피들러의 예술철학은 인간의 시지각 이론과 결부된 철학사적 진단에 기초해 있다. 이러한 그의 진단에 따르면, 지금까지의 전체 예술철학은 감각적 지각이 인간의 의식에 세계의 시각적 형태의 명확한 직관을 나타내주며 그러한 한에서 명확히 해명될 수도 명확히 해명될 필요도 없다는 독단론에 근거하고 있었다고 한다. 따라서 사람들은 직관을 특정한 명증성을 가진 인식으로가 아니라, "예비적 단계 Vorstufe"로 또는 직관적 소여성으로부터 출발하여 지성의 방법적 절차들을 통해 획득되는 인식의 "재료"로 여겨왔다는 것이다. 피들러에 의하면 플라톤적 전통까지 거슬러 올라가는 이성적 인식의 이상 때문에 예술의 본질을 비롯하여 예술활동이 잘못 해석되어왔다고 한다. 말하자면 예술가가 감각적 직관에서 취하게 되는 인식적 관심에 대한 충분한 이해가 이루어지지 못했다는 것이다.

이 같은 상황은 모더니즘 시대의 예술가들에게서 획기적인 변화를 겪게 된다고 한다. 그는 예술이 "인간이 현실을 획득하도록 해주는 수단들 중의 하나"라고 하면서 "현실 생산"(SK I, 109)의 새로운 원리를 제기한다. 이러한 원리는 당대의 예술가들이었던 세잔느, 클레, 칸딘스키 같은 예술가들의 작품들 속에 관철되고 있었다. 말하자면 그들의 예술은 현실이 독자적으로 가시화되도록 해주는 작용을 하였던 것이다.

"예술은 가시적인 것을 재현하는 것이 아니라, 가시화 작용을 한다"라고 말한 클레의 규정은 대상을 나타내는 직관관계가 아니라 표현운동으로서 가시성 개념을 주창한 피들러의 이해에 완전히 부합되는 것이다. 예술은 자연에 대한 의존적 관계로부터 벗어날 때에만 자연처럼 창조하고 자체 내에서 독자적인 세계를 산출해야 한다는 요구를 충족시킬 수 있는 것이다. "이러한 활동 속에서만 가시적 사물에서 가시성으로 존재하는 것이 사물로부터 분리되어 독자적이고 자유로운 형상으로 나타나게 되는 것이다"(SK I, 192). 예술은 자연의 위치에 들어서게 됨으로써, 현실을 핵심적으로 파악하는 기관이 되며, 자연의 내적인 형성 과정들을 해명할 수 없는 추상적인 학문에 비해 고유한 영역을 형성한다:

> 오로지 외적인 표현 내지 형식으로 발전된 정신적 과정에만 자연의 가장 내적인 본질을 파악할 가능성이 주어져 있다. 예술적 형식과 자연적 형식은 바로 다음과 같은 관계에서, 즉 예술적 형식에서 비로소 자연적 형식이 인식될 수 있다는 두 형식들 간의 관계에서 서로 대면하고 있는 것이다(SK I, 94).

클레 역시 이와 유사한 맥락에서 이야기한다. 즉, 문제는 "사물을 그 뿌리에서" 파악하는 것이자 "그 기저에 흐르고 있는 것 […] 내지 가시적인 것의 전사"[171]를 익히는 것이다. 그리하여 "창조는 작품의 가시적인 표면하에서 이루어지는 발생의 형태로 작용한다."[172]

---

171 Werner Haftmann: Paul Klee, München 1950, S.88.
172 Ibid. S.52.

세잔느에게서 사용되었던 '실현réalisation'이라는 개념 역시 피들러의 '표현운동' 개념과 유사성을 갖는다. 세잔느에 따르면, 자연의 인상들에서 "강렬한 느낌sensation forte"을 제공해주는 것은 구성과정을 통해 새로운 통일로 결합된다고 한다. 그 결과 지각으로부터 '실현'의 계기로 나아가게 된다는 것이다:

> 사람들은 자연을 재생산하는 것이 아니라 재현해야만 한다. 무엇을 통해서? 형상화 작용을 하는 색채등가물들을 통해서.[173]

> 그림은 아무것도 묘사하지 않는다. 그림은 무엇보다 색채 이외에는 아무것도 묘사해서는 안 된다.[174]

> 자연은 표면에 있지 않고 깊은 곳에 있다. 색들은 표면에서 이러한 깊이를 표현하고 있는 것이다. 색들은 세계의 뿌리들로부터 떠오른다. 색들은 세계의 삶이며 이념들의 삶이다.[175]

세잔느의 '실현' 개념은 바로 이러한 세계창조적 색채를 매개로 실행되는 것이다. 그것은 색의 수단으로 사물과 하나가 되는 회회적 실현인 것이다. 말하자면 피들러의 가시화 작용과 유사하게, 세잔느의 회화적 실현은 색들의 다양한 계기들을 결합시킴으로써, 유기적이고 목적론적인 자연이 생동감을 얻고 이를 통해 이미지의 세계를 구성하도록 만드는 것이다.

---

173 Paul Cézanne: Über die Kunst, Gespräche mit Gsaquet, Hamburg 1957, S.75.

174 Ibid. S.41.

175 Ibid. S.25.

5. 한스릭의 음악미학

I. 서론

현대의 이미지론은 비재현적이고 자기지시적이며 의미산출효과의 기능작용을 하는 이미지들의 끝없는 지시연관체계를 다룬다. 이러한 이미지론의 이론적 근거는 비현존적 의미와 이것의 담지체로서의 이미지라는 이분법 체계 대신 역동적인 비재현적 형식들로 구성된 표면의 이미지적 작용에 주목하였던 '형식미학Die formale Ästhetik'의 흐름에서 발견될 수 있다. 사변적 미학으로부터 비사변적 미학으로의 전환국면에서 제기된 형식미학에서 예술작품의 미는 작품 외적인 영향이나 작품의 내재적 의미 그리고 작품에 의해 야기된 감정이나 작품의 내적으로 은폐된 의미와는 무관하게 작품의 개별 부분들이 이루는 형식적 완결성을 의미하였으며, 이는 대상 표층부에서 내부와 외부가 합치되어 드러난 내적인 형식구조라는 함의를 지니고 있었다.

이 같은 형식미학의 논의맥락의 형성과 연관된 이념은 근대 이래로 세기 전환기마다 외연과 형식을 달리하면서도 유사한 형식적 기능성을 가지고서 일정한 형태로 반복되어 나타났던 '예술의 독자성' 이념이었다.[176] 특히 18세기 말에 제기된 예술의 독자성 이념은 형식미학의 논의맥락과 유사한 지평을 형성한다. 예컨대 괴테의 친구이자 고대학자였던 칼 필립 모리츠Karl Philipp Moritz는 칸트의 『판단력 비판Kritik der Urteilskraft』(1790)이 출간되기 이전인 1788년 「미의 조형적 모방에 관하여Über die bildende Nachahmung des Schönen」라는 글에서 미 개념을 유용성 개념으로부터 분리시켜 만족의 개념과는 무관한 미의 독자적 영역을 구축하고자 하였다.[177] 모리츠는 특히 미의 고찰에서 주체의 상실을 주창함으로써 현대의 '저자의 죽음' 논의를 선취하였는데, 이와 연관하여 그는 다음과 같이 주장하였다: "미적인 작품을 고찰할 때 우리 자신을 아무런 불편 없이 망각하는 것은 우리의 만족이라

---

[176] 예술의 독자성 이념과 관련하여서는 여러 입장들을 열거할 수 있지만, 대표적으로는 18세기 말 작품미학을 명시적으로 주창한 칼 필립 모리츠Karl Philipp Moritz, 19세기 말 미적 작용의 가능성 조건을 삶의 감정의 증진 속에서 보았던 니체Friedrich Nietzsche 그리고 20세기 중후반에 보편적 상징이론으로서의 미학을 제기한 넬슨 굿맨Nelson Goodman 등의 입장을 들 수 있다.

[177] Karl Philipp Moritz: Über die bildende Nachahmung des Schönen (1788), in: ders. Schriften zur Ästhetik und Poetik, hrsg. v. Hans Joachim Schrimpf, Tübingen 1962, S.70.

는 것이 여기서는 부차적인 것이라는 사실에 대한 증거이다. [...] 이 같은 우리 자신의 상실 내지는 망각이란 미가 우리에게 허용해주는 사심 없고 순수한 만족의 최상의 정도이다."[178] 모리츠의 작품미학에 기초가 되는 이 같은 예술의 독자성 이념의 한가운데에는 예술가 및 수용자로부터 해방된 예술작품의 예술성의 척도로서 "내적인 완전성innere Vollkommenheit"[179] 개념이 자리 잡고 있었다. 외적인 목적들과 구분된다는 의미에서 "내적인 합목적성innere Zweckmäßigkeit"[180]이라고도 부르던 내적인 완전성 개념은 예술작품의 개별 부분들 간의 형식적 기능들이 하나의 완결성을 형성하는 '형식적 완결성'을 함축하는 것이었다("예술작품의 모든 개별 부분들과 그것들 간의 위상들이 점점 더 필연적이면 필연적일수록, 작품은 더욱더 미적인 것이 된다"[181]).

대상 표층부에서 내부와 외부가 합치되어 드러난 내적인 형식구조라는 형식미학의 기본 이념과 유사한 지평에 있는 이 같은 모리츠의 내적인 완전성으로서의 형식적 완결성의 이념은 19세기 중엽 에두아르트 한스릭Eduard Hanslick의 음악미학에서 구체적으로 드러난다. 예술을 '표현Ausdruck'이 아니라 '형식Form'이라고 규정하면서 예술의 고유성을 작품의 형식적 관계들 속에서 찾고자 하였으며 같은 맥락에서 미적인 판단을 정서적이며 감정적인 계기들로부터 해방시키고자 하였던 헤어바르트의 영향하에서 한스릭은 그 이전의 음악미학이 감정 내지는 내용의 표현으로서의 미학이었다고 하면서 이러한 감정미학으로서의 기존의 음악미학과 단절하고 음악의 자기목적성과 자기지시성을 기초로 하는 형식미학적 음악미학을 주창하였다. 한스릭의 음악미학이 음악적 테크닉을 감정의 표현 내지는 절대자의 인식을 위한 수단이 아니라 그 자체이자 고유한 형식과 구조를 갖는 것으로 파악하였으며, 더 나아가 음악을 우리의 영혼에 작용하여 정서들을 환기시키는 도구가 아니라 그 자체로 자유로이 유동하는 판타지 형식으로 이해하였다는 점에서 그것은 현대의 자유로이 부유하는 이미지들의 체계에 대한 논의의 미학적 기초를 형성한다고 할 수 있다.

---

178 Karl Philipp Moritz: Versuch einer Vereinigung aller schönen Künste und Wissenschaften unter dem Begriff des in sich selbst Vollendeten, in: ders. Schriften zur Ästhetik und Poetik, S.5.

179 Ebenda, S.3.

180 Ebenda, S.6.

181 Karl Philipp Moritz: Grundlinien zu einer vollständigen Theorie der schönen Künste, in: ders. Schriften zur Ästhetik und Poetik, S.120.

II. '음예술Tonkunst' 미학의 수정에 기초한 형식미학적 음악미학

한스릭 이전에 음악예술작품은 경험적 존재인 작곡가 개인의 감정이 표현되어 있는 증서로 이해되었다. 아마도 당대에 감정미학의 척도이자 준거로서 음악예술에 대해 내려졌던 가장 직접적인 규정은 로버트 슈만Robert Schumann(1810-1856)이 클라라 비이크Clara Wieck(1819-1896)를 향해 자신의 마음을 표현했던 다음과 같은 말이었을 것이다: 소나타는 "너를 향한 유일한 마음의 외침ein einziger Herzensschrei nach Dir"[182]이다. 그러나 음악을 단지 개인의 감정적 상태의 표현만으로 볼 경우 타 예술들에 비해 음악예술이 갖는 미적인 독자성이 확보되지 못하며, 감정을 음악예술의 토대로 삼을 경우 음악에 대한 객관적이고 보편적인 접근이 어려워질 수 있다. 이러한 이유로 감정미학적 음악이해로부터 거리를 두면서 음악예술에 대한 논의에서 감정을 철저히 배제하고 음악의 고유한 형식성만을 해명함으로써 형식미학적 음악미학을 정립하고자 한 이가 바로 한스릭이었다.

음악예술에 대한 논의에서 감정의 부분을 배제하고 음악고유의 형식성을 해명할 뿐 아니라 음악예술 영역에서 형식미학의 가능성 조건을 정립하고자 한 시도는 음악미학의 역사에서 일대 획을 그었던 『음악미에 대하여Vom Musikalisch-Schönen』(1854)에서 이루어지는데, 여기서 한스릭은 감정에 기초한 음악의 이해와 대비되는 그의 고유한 형식미학적 음악이해를 다음과 같이 규정한다:

> 사람들은 음악작품을 감도는 감정을 그것의 내용이자 이념 혹은 정신적 함의로 간주하는 반면, 예술적으로 창조된 특정한 음계열들Tonfolgen을 단순한 형식이나 이미지 혹은 그런 초감성적인 것의 감성적 포장으로 간주하곤 한다. 그러나 '특수하게 음악적인' 부분이란 직관적 정신과 합리적으로 통일을 이루고 있는 예술적 정신의 창조이다. 추상화된 감정의 애매모호한 총체인상이 아니라 이 같은 구체적인 음조구성들Tonbildungen에 바로 작곡의 정신적 내용이 놓인 것이다. 통상 내용이라고 생각되는 감정에 대립되어 있는 단순한 형식인 '음조형상Tongebilde'이야말로 음악의 진정한 내용이자 음악 자체이며, 반면 산출된 감정은 내용이나 형식도 아니고 그저 사실적인 효과faktische Wirkung라고 부

---

182 Clara und Robert Schumann: Briefwechsel. Kritische Gesamtausgabe, Bd. 1, hrsg. v. Eva Weissweiler, Basel und Frankfurt a.M. 1984, S.104.

를 수 있다. 마찬가지로 통상의 재료적인 것 내지는 묘사를 수행하는 주체는 바로 정신에 의해 구성된 것인 반면, 소위 묘사된 것으로서 감정효과Gefühlswirkung는 음조의 재료에 내재해 있으며 반 정도는 생리학적인 법칙들physiologische(n) Gesetzen을 따른다.[183]

이러한 규정에는 한스릭이 『음악미에 대하여』를 통해 이야기하고자 하는 가장 핵심적인 문제의식과 논의주제들이 함축적으로 열거되어 있다. 한스릭은 무엇보다 전통적인 음악의 내용과 형식의 관계, 즉 한편으로 음악의 내용이자 이념 또는 정신적 함의로 간주되어왔던 감정과 다른 한편으로 의미를 전달하는 단순한 음악형식 간의 관계를 근본적으로 재규정함으로써만 음악미학의 근본적인 수정이 가능하다고 한다. 감정이란 추후에 부수적으로 산출된 효과로서 추상적이고 애매모호한 것이기에 음악의 내용이 될 수 없으며 음악 자체와도 관계가 없다. 한스릭에 따르면, 기존의 내용/형식 관계에서 형식의 위치에 있었던 '음조형상들'이야말로 음악의 진정한 내용이자 음악자체이고, 음조형상들이 이루는 음조구성들에 음악의 '예술적 정신'이 존재하며, 이러한 예술적 정신은 음악적 미와 관계된 가장 고유한 음악적인 것이라는 것이다. 결국 새로운 내용/형식관계가 제기될 수 있는데, 이러한 새로운 관계에서 내용에 해당되는 것은 '정신에 의해 구성된 것', 즉 능동적으로 묘사를 수행하는 행위체이며, 이러한 행위체를 통해 묘사된 것은 바로 감정효과로서 일정 정도 생리학적 법칙을 따르는 것이다. 이제 『음악미에 대하여』에 대한 정밀한 읽기를 통해 감정미학 비판, 형식미학적 음악미학의 새로운 내용/형식관계, 음악의 고유한 예술적 정신, 그리고 생리학적 법칙을 따르는 감정효과 등의 주제들을 다루면서 한스릭의 형식미학적 음악미학의 기본 이념과 이것의 이미지미학적 함의를 살펴보는 작업이 이루어질 것이다.

1) 감정미학적 음악미학 비판과 형식미학적 음악미학의 기초

한스릭의 『음악미에 대하여』는 처음부터 감정미학에 대한 철저한 거리두기로부터 시작된다: "음예술의 본질에 관한 가르침을 찾는 사람은 감정의 어두운 지배로부터 벗어날 뿐

---

183 Eduard Hanslick: Vom Musikalisch-Schönen(이후로는 Hanslick MS로 약칭). Ein Beitrag zur Revision der Ästhetik der Tonkunst (1854), Breitkopf & Härtel: Wiesbaden 1980 (Zwanzigste Auflage), SS.124-125.

만 아니라 […] 끊임없이 감정을 참조하지 않게 되기를 바란다"(Hanslick MS 1). 한스릭이 처음부터 그토록 거리를 두고자 했던 감정미학적 음악미학은 "음악적 미의 규명과 관계없이 단지 음악을 통해 일깨워진 감정들에 주목하여"(Hanslick MS 1) 한편으로 감정을 일깨우는 것이야말로 '음악의 고유한 목적'이며, 다른 한편으로 "음악작품들에서 묘사되는 내용이란 다름 아닌 감정"(Hanslick MS 5)이라는 입장에 근거하는 음악미학이다. 물론 한스릭은 음악을 감정과 전혀 무관한 것으로 간주한 것은 아니다. 한스릭은 특정한 음조나 색과 같은 감각질에 대한 지각으로서의 '감지Empfindung'와 우리의 정신상태의 쾌나 불쾌에 대한 의식으로서의 '감정Gefühl'을 구분하면서 감정의 토대인 감지를 자극하는 데 있어 반드시 예술이 필요한 것은 아니기에 감정이 미의 기관이라고 할 수 없다고 하면서도(Hanslick MS 6-7), 음악적 미는 감정과 직접적으로가 아니라 "간접적으로만"(Hanslick MS 10) 관계되며, 모차르트 작품들에서 나오는 열정적인 분위기나 하이든의 교향곡들에서 연원하는 순수하고도 편안한 분위기의 경우들에서처럼 음악작품과 감정적 분위기는 "항상적이고 전적이며 필연적인 것이라기보다는 유동적인 것"(Hanslick MS 13)이라고 한다. 말하자면 감정은 그 자체로 존재할 수 있는 것이 아니라 현실의 특정한 역사적 내용과의 연관 속에서만, 다시 말해 "현실적인 사태와 그 사태의 변화에 의존적으로만 존재"(Hanslick MS 23)할 수 있는 우연적인 것이며, 지각자의 생리학적 변화에 기초해 있는 현실적 사태의 변화에 의존적으로 존재한다는 점에서 "생리학적이고 병리학적인 전제들에 의존"(Hanslick MS 22)하는 것이다. 한스릭은 구체적인 예들을 들면서 음악에 한정되지 않고 예술 전체와 관계시켜 감정에 근거한 예술해석의 한계를 지적한다:

> 만일 우리가 "노란색에서 질투를, G장조에서 명랑함을, 실측백나무에서 비애를 본다고 한다면, 이러한 해석은 이 감정들의 피규정성들과의 생리학적이고 심리학적인 연관을 갖는 것이며, 이러한 연관은 우리의 해석만이 가지는 것이지 색이나 음조 식물 그 자체는 그러한 연관을 가지지 못하는 것이다. 그리하여 우리는 어떤 화음이 특정한 감정을 묘사한다고 말할 수 없거니와 그 화음이 예술작품의 연관 속에서 그런 특정한 감정을 묘사한다고는 더더욱 말할 수 없다(Hanslick MS 29).

감정의 일깨움을 위해 반드시 예술이 필요한 것은 아니며, 감정이라는 것이 현실의 변화에 대한 지각에 의존적으로 존재한다는 점에서 생리학적이고 병리학적인 전제들에 의존하는 것이기에 감정은 음악적 미를 비롯하여 예술작품의 미와 단지 부수적으로만 관계되는 것이라고 할 수 있다. 한스릭의 이 같은 감정미학적 음악미학 비판의 핵심적 함의는 음악으로부터 단지 의미를 떼어내고자 하는 것이 아니라 '음악적 형식과 의미가 일정한 연속성'을 형성한다는 것을 암시하고자 하며, 단지 건조한 형식들의 구조만을 강조하여 음악의 표현력을 부정하고자 하는 것이 아니라 '음악적 표현과 음악적 미를 명확히 구분'하고자 하는 데에 있다.[184] 그렇다면 한스릭이 감정미학으로부터 거리를 두고서 추구하고자 하는 형식미학적 음악이해는 어떠한 형식성을 근간으로 하는 것일까?

한스릭은 음악이 자기 외부에 있는 현상을 묘사하는 것이 아니라 우리 내부에서 산출된 감정만을 묘사할 수 있을 뿐이라는 기존의 견해에 정반대되는 입장을 취하면서 음악의 형식성의 의미를 다음과 같이 주장한다:

> 음악은 단지 외적인 현상만을 모방하려고 할 수 있을 뿐 음악 자체에 의해 야기된 특수한 감정을 모방하려고 할 수는 없다. 나는 눈송이의 떨어짐과 새들의 푸드덕거림, 그리고 태양의 출현 같은 현상들과 닮은 유비적인 소리인상들을 산출함으로써만 그러한 현상들을 음악적으로 묘사할 수 있다. 소리의 높이와 강도, 빠르기와 리듬을 통해 귀에는 인상의 측면에서 특정한 시지각과 유비적인 형상이자 다양한 장르의 감각지각들 서로가 달성할 수 있는 형상이 제공된다. 생리학적으로 한 감각이 다른 감각을 일정한 한계에 이르기까지 '대리하는 것Vikarieren'이 가능하듯이, 미학적으로도 하나의 감각인상이 다른 감각인상을 일정 정도 대리하는 것이 가능하다. 공간내의 운동과 시간 내의 운동 사이에, 그리고 한 대상의 색채, 정밀도, 크기와 한 음조의 높이, 음색, 강도 사이에는 확실한 유비관계가 존재하기 때문에, 우리는 실제로 대상을 음악적으로 묘사할 수 있다. 그러나 떨어지는 눈, 울부짖는 닭, 번쩍이는 번개가 우리 안에서 산출하는 '감정'을 음조들로 묘사하는 것은 정말 우스운 일이다(Hanslick MS 43-44).

한스릭이 생각하는 음악의 형식성은 외적인 현상들에 유비적인 소리인상들을 산출하는

---

184 Nicholas Cook: Musikalische Bedeutung und Theorie, in: Musikalischer Sinn. Beiträge zu einer Philosophie der Musik, hrsg. v. Alexander Becker und Matthias Vogel, Frankfurt a.M. 2007, S.88.

것에만 한정되는 것은 아니다. 한스릭은 음악이 우리 내부에서 산출된 감정의 모방이 아니라는 점을 강조하기 위해 음악이 오히려 외부현상에 유비적인 소리인상들을 일정 정도 모방한다고 말하고 있는 것이다. 음악의 고유한 형식성은 그 다음에 암시적으로 주장된다. 그것은 다름 아니라 한 감각인상이 다른 감각인상을 소리의 높이와 강도, 속도와 리듬을 통해 '대리'하는 작용을 통해 생겨나는 형식적 형상이라는 것이다. 여기서 소리의 높이와 강도, 속도와 리듬을 통해 한 감각인상이 다른 감각인상을 대리한다는 것은 각 감각인상이 특정한 감정내용을 표현하지 않는 대신 개별 감각인상들의 계열 속에서 하나가 다른 하나를 소리의 높이와 강도, 속도와 리듬의 변수들의 매개를 통해서 지시한다는 것을 의미한다. 말하자면 개별 감각인상들은 특정 내용을 표현하는 매개 내지 전달수단이 아니라 각기 단순한 음조형상들로서 서로 기능적 지시연관을 형성하는 가운데 하나에 의해 다른 하나가 형식적으로 규정되는 관계에 놓여 있는 것이다. 그리하여 음악예술의 형식적 관계는 "규정되지 않은 것으로부터 규정된 것의 각인, 일반적인 것으로부터 특수한 것의 각인이라고 할 수 있는 개별화Individualisieren"(Hanslick MS 45)이다.

2) 형식미학적 음악미학의 체계

앞서 규정된 음악의 고유한 형식성이 하나의 감각인상이 다른 감각인상을 대리함으로써 생겨나는 형상의 형식성이라고 할 때, 이러한 형식성은 소쉬르의 언어모델에서 이야기되는 '기호관계의 두 가지 기본특성'을 함축하고 있다. 소쉬르에 따르면, 기호는 "표기된 것과 표기하는 것 간의 연상적 결합"[185]에 의존해 있는 것으로서 기호적 요소들은 서로 "자의적"(de Saussure 79)인 관계에 놓여 있다고 한다. 이러한 기호의 첫 번째 특성과 결부된 두 번째 특성은 "기호의 단선적 특성"이다: "청취 가능한 것으로서 시니피앙은 전적으로 시간 속에서 진행되며, 시간에 의해 규정된 특징들을 지니고 있다: 그리하여 a) 시니피앙은 연장을 나타내주며, b) 이러한 연장은 선이라는 유일한 차원에서 측정 가능한 것이다"(de Saussure 82). 말하자면 음향적 기표들은 병렬적인 계열을 이루면서 하나의 연쇄사슬

---

185 Ferdinand de Saussure: Grundfragen der allgemeinen Sprachwissenschaft(이후로는 de Saussure로 약칭), hrsg. von Ch. Bally u. A. Sechehaye, übersetzt von H. Lommel, Berlin 1967, S.79.

을 형성하는 것이다. 결국 소쉬르에 따르면, 자체로는 아무것도 담지하지 않은 채 서로 자의적인 연쇄적 지시사슬로 결합되어 있는 개별요소들의 체계로서 언어에는 "실제적인 개별지절들을 가지고 있지 않은 차이들만이 존재"하며, 따라서 "언어는 언어적 체계보다 앞서 존재하는 표상이나 소리를 포함하는 것이 아니라, 단지 언어체계로부터 생겨나는 개념적이고 음성적인 차이들만을 지니고 있는 것이다"(de Saussure 143-144). 이 같은 소쉬르의 언어모델의 핵심적 함의는 의미란 우연적인 기호화 작용의 효과이기에 기호라는 순전한 차이들로 구성된 지시연관체계를 파악하는 것이 중요하다는 것이다.

한스릭 역시 음악과 의미 내지는 음악적 형식과 언어형식 간의 관계를 논하지 않은 것은 아니다. 그러나 그의 언어관은 소쉬르의 그것과 달리 전통적인 언어관을 따르고 있었다. 그는 언어와 음악의 근본적 차이를 다음과 같이 규정한다: "언어에서 음조는 단지 기호 내지는 목적을 위한 수단일 뿐이다. 말하자면 음조는 이러한 수단에 아주 낯선, 표현되어야 할 것의 목적을 위한 수단일 뿐이다. 반면 음악에서 음조는 사태, 즉 자기목적Selbstzweck으로 등장한다. 음악에서 음조형식들의 독자적인 미와 언어에서 음조에 대한 사상의 절대적 지배는 서로 전적으로 대립해 있기에 이 두 원리의 혼합은 논리적으로 불가능하다"(Hanslick MS 88-89). 언어적 음조를 표현되어야 할 대상의 표현을 위한 수단으로 간주하고 있다는 점에서 한스릭의 언어관은 소쉬르와는 달리 전통적 언어관을 따르고 있다. 반면 음악적 음조 내지는 음조형식들이 자기이외에는 그 어떤 목적을 위해서도 복무하지 않는 자기목적적이며 특정한 사상이나 의미에 종속되지 않는다고 주장한다는 점에서 그의 음악적 형식은 소쉬르의 기호적 형식과 유사하다고 할 수 있다. 그렇다면 자의성과 단선성이라는 기본관계 내에서 기호의 각 요소들이 한편으로는 차이 그 자체로서 존재하면서 다른 한편으로는 한 요소가 다른 한 요소를 규정하는 방식으로 차이의 지시연관체계를 형성하고 있는 소쉬르의 기호적 형식성과 유사한 한스릭의 음악적 형식성은 구체적으로 어떠한 체계를 이루고 있는 것일까?

한스릭은 우선 음악의 기본요소들을 다음과 같이 규정한다:

음악의 근원적 요소는 아름다운 소리이며 그것의 본질은 리듬이다. 커다란 의미의 리듬은 대칭적 구조의 일치라고 할 수 있으며, 작은 의미의 리듬은 박자 속에서 개별 지절들이 변화하는 동시에 일정한 법칙에 따라 움직이는 움직임이라고 할 수 있다. 음조를 만들어내는 사람이 창작과정에서 사용하는 재료는 […] 전체 음조들만이 아니라, 이러한 음조들 내에 거하고 있는 다양한 멜로디와 화음 그리고 리듬화의 가능성이다. 무엇보다 음악적 미의 기본형상인 멜로디는 지치지 않고 고갈되지 않은 채로 계속 작용하며, 수천 배의 변화와 역전과 강화를 통해 화음은 항상 새로운 토대를 제공한다. 그리고 이 둘을 움직이는 것은 음악적 생명력의 맥박인 리듬이며 이 둘을 채색하는 것은 다양한 음색들의 자극이다.

그렇다면 이러한 음조재료들로 표현되는 것은 무엇인가라고 묻는다면, 그것은 바로 '음악적 이념들Musikalische Ideen들이라고 대답될 수 있을 것이다. 그러나 완전히 현상화된 음악적 이념은 이미 독자적인 미이며 자기목적이지 감정이나 사상의 묘사를 위한 수단이나 재료가 결코 아니다. 음악의 내용은 '음조를 내면서 움직여진 형식들tönend bewegte Formen'이다(Hanslick MS 58-59).

앞서 언급된 바 있듯이, 기존의 음악이해에서 형식의 위치에 있었던 '음조형상들'이야말로 음악의 진정한 내용이자 음악 자체이고, 기존의 음악이해에서 내용에 해당되는 감정이나 사상 혹은 의미는 부수적 효과로서 음악과는 직접 관련이 없기에 음조형상들은 형식과 내용이 현상영역에서 편평하게 서로 달라붙어 하나가 된 것이라고 할 수 있다. 이처럼 기존의 내용/형식관계에서 내재화되어 있고 안에 고이 간직되어 있다고 여겨졌던 '감정/사상/의미가 바깥 내지는 표면과 일체가 된 것'[186]이 바로 '음조를 내면서 움직여진 형식들'인 것이다. 특정한 감정이나 사상 또는 의미라는 내용이 없이 어떻게 음악이 형식들을 산출할 수 있는지 다소 모호하게 들릴 수 있다. 이를 설명하기 위해 한스릭은 조형예술에서 사용되는 오나멘트의 방식인 '아라베스크Arabeske'를 예로 든다. 아라베스크는 부드럽게 휘다가 자신을 찾는 듯 잃는 듯 하면서 크고 작은 원을 그리는 가운데 형성한 궤적들을 하나의 역동적 전체로 구성해낸다. 말하자면 우리 눈 앞에서 자기조직화와 구조화가 생생하게 일어나는 것이다. 이 같은 "예술적 정신의 역동적 유출"(Hanslick MS 60)로 규정될 수 있는

---

186 이와 같은 맥락에서 음악학자 로렌스 크래이머Lawrence Kramer는 순수 음악적인 것의 지평에서 의미와 형식의 관계를 다음과 같이 규정한다: 의미는 "음악 작품의 형식적 과정 및 양식적 정교화와 긴밀하게 결합되어 있다"(Lawrence Kramer: Music as Cultural Practice, Berkeley: University Califonia Press, 1990, p.1).

아라베스크는 음악에도 그대로 적용될 수 있다는 것이다. 아라베스크처럼 음악에서도 멜로디, 화음, 리듬의 변화에 의거하여 음조들이 다양한 운동의 궤적들을 만들어나가면서 운동의 몸체를 만들어 나가고 동시에 이러한 움직임의 몸체를 일정하게 각인하게 됨으로써 음악적 이념이 나타나는데, 이때 형성된 '음조를 내는 몸체를 가진 형식들'이 바로 '음조를 내면서 움직여진 형식들'인 것이다. 결국 음악의 내용은 음조를 내는 몸체가 육체적으로 형성되는 것과 음조를 내는 몸체가 일정하게 움직여지는 것이 동시적으로 이루어지는 작용인 것이며, 음악의 형식은 리듬과 멜로디와 화음의 변화에 의거하여 이루어지는 이러한 작용의 구체적인 도정인 것이다.

3) 정교화, 음악의 고유한 예술적 정신, 음악적 미

하나의 감각인상이 다른 감각인상을 '대리Vikarieren'하는 것 내지는 규정되지 않은 것으로부터 '규정된 것의 각인Prägen des Bestimmten' 또는 '개별화Individualisieren'로서의 음악의 형식성은 헤겔의 차이의 철학과 같은 지평에 있다. 한스릭 자신은 헤겔의 사변적 음악미학을 적극적으로 비판하였지만,[187] 그의 형식 개념은 헤겔의 사변철학에서 중심을 이루는 차이의 개념과 유사하다. 헤겔의 사변철학에서 핵심적 테마들 중의 하나인 '실체/주체의 통일'은 다음과 같이 규정된다:

생동하는 실체는 진정 주체인, 혹은 바로 그러한 주체라고 부르는 존재인바, 이것은 그러한 실체가 자기 스스로를 정립시키는 운동이거나 아니면 스스로 다르게 되는 것과 자기 자신을 매개시키는 작용인 한에서 진정 현실적인 존재이다. 그리하여 그러한 실체는 주체로서 순수하면서 단순한 부정성이며, 바로 이를 통해 단순한 것의 분할 내지는 대립적인 이중화인 것이다. 더 나아가 이러한 대립적인 이중화는 이러한 무관심적인 차이와 그것의 대립의 부정이기도 한 것이다. 이처럼 자신을 재생산하는 동일성 혹은 타자 속에서 행하는 자기 자신에 대한 반성이 바로 […] 진리인 것이다.[188]

---

187 한스릭에 따르면, "헤겔은 음악예술에 개별성 없는 내부의 언술이라는 위상만을 부여하였으며", "작곡가의 본질적으로 형태구성적이며 객관적인 활동을 간과하였을 뿐 아니라 음악을 순전히 주관성의 자유로운 외화로 파악하였다"(Hanslick MS 173)고 한다.

188 Georg Wilhelm Friedrich Hegel: Phänomenologie des Geistes(이후로는 PhG로 약칭), in: Gesammelte Werke, Bd. 9, Hamburg

실체가 주체라고 하는 말은 실체가 '자기를 정립하는 운동'이자 '자기를 차이로 만드는 운동'이라는 사실을 의미하며, 이러한 운동을 통해 주체로서의 실체에는 '순수하고 단순한 부정성' 혹은 '순전한 차이'의 위상이 부여되는 것이다. 이러한 순수한 부정성 내지 순수한 차이는 움직이는 주체로서의 실체인 동시에 움직여진 주체로서 진리로 이르는 운동 그 자체이다. 여기서 자신을 '정립Setzen'시키는 작용은 자신을 다른 것들과 다르게 구분하고 '정교화Artikulieren'시키는 작용과 같다. 여기서 헤겔은 차이와 정교화가 가능하기 위해 한 편으로는 차이와 정교화 이전에 통일의 상태가 앞서 존재한다고 생각될 수 있어야 하며 다른 한편으로는 이러한 통일이 차이와 정교화를 통해 비로소 전개되어 나타난다고 하는 그의 고유한 변증법을 작동시킨다. 그리하여 자신의 정립과 자신의 정교화가 하나로서 생각되어야 할 때, 그리고 이것은 운동 그 자체라고 할 때, 생동적인 전체는 자신을 '움직이는 주체das Bewegende'와 '움직여진 것das Bewegte'으로 정교화시키며, 움직여진 것은 움직이는 주체의 타자가 된다. 이러한 과정에서 움직여진 것은 그 자체가 되고 움직이는 주체는 자기구별을 실행하는 자로 자신을 직관함으로써, '단순한 규정성die einfache Bestimmtheit'이 구성되는 것이다. 그러나 다시금 '움직이는 주체'와 '움직여진 것'의 통일의 관점에서 보면 이러한 단순한 규정성은 현 존재의 자기규정으로서 "자기 자신과의 비동일성Ungleichheit mit sich selbst"(PhG 39)이라는 사실이 드러난다. 이러한 자기 자신과의 비동일성은 바로 부정성 내지 차이 그 자체인 것으로 이미 자체 내에 구조화되어 있는 것을 정교화 과정을 통해 전개시켜 하나의 역동적인 전체가 작동되도록 하는 핵심적 기제인 것이다. 결국 스스로를 생성으로 묘사하는 가운데 자기를 움직이면서 이미 정교화되어 있는 자신의 규정들을 펼쳐나가는 것을 헤겔은 "개념의 발생론적 현시die genetische Exposition des Begriffs"[189]로 규정한다.

이러한 개념의 발생론적 현시와 유사한 논증이 한스릭에게서도 발견된다. 그는 "이념들, 즉 생동적으로 된 개념들이란 '예술적 체현의 내용Inhalt künstlerischer Verkörperung'"이며, 음악에서 가장 핵심적인 역할을 하는 것은 "운동Bewegung"으로서 이것은 "개별 음조나 화

1980, S.18.

189 Georg Wilhelm Friedrich Hegel: Wissenschaft der Logik, Zweiter Band, Die subjektive Logik (1816), in: Gesammelte Werke, Bd. 12, Hamburg 1981, S.11.

음의 증대와 약화"(Hanslick MS 27)를 수행한다. 이러한 음조의 운동은 구체적으로 베토벤의 「프로메테우스 서곡」의 예에서 다음과 같이 작동한다:

첫 소절의 음조들은 낮은 4도 음으로 하강한 후에 조용하면서도 급속하게 구슬 흐르듯 상승하면서 정확히 두 번째 소절에서 다시 반복된다. 그리고 세 번째와 네 번째 소절도 역시 보다 커다란 범위에서 동일한 과정을 거친다. 높이 올라간 분수의 물방울들은 다음 음에 이어지는 네 소절들에서 동일한 형상을 만들기 위해 다시 구슬 흐르듯 굴러 내려온다. 청취자가 정신적으로 감지하기 이전에 멜로디에서는 우선 첫 번째 소절과 두 번째 소절 간의 대칭이 구축되고, 그러고 나서 이 두 소절들과 다음에 오는 두 소절들 간의 대칭이 이루어지며, 마지막으로 네 소절들의 대칭이 형성된다. [...] 리듬을 표시하는 베이스는 한 번의 타격으로 처음 세 소절들의 시작을 나타내고, 두 번의 타격으로 네 번째 소절의 시작을 나타내며, 다음 네 소절들에서도 동일한 방식으로 수행된다. 여기서 처음 세 소절들에 비해 네 번째 소절은 다음 네 소절들에서의 반복을 통해 대칭적으로 되는 차별성이다. [...] 테마상에서 화음은 하나의 커다란 만곡과 두 개의 작은 만곡들 간의 일치를 보여준다. 말하자면 처음 네 소절들에서의 C장조 3화음에는 다섯 번째 소절과 여섯 번째 소절에서의 '속화음 3전위Sekundakkord'가 부합되고 나서 일곱 번째 소절과 여덟 번째 소절에서의 '5·6도화음Quintsextakkord'이 부합된다. 이렇듯 멜로디와 리듬과 화음의 상호작용은 대칭적이면서도 변화무쌍한 이미지를 산출해내는 것이다 (Hanslick MS 30-31).

멜로디, 화음, 리듬의 상호작용에 의거하여 다양한 운동의 궤적들이 만들어짐으로써, '음조를 내면서 움직여지는 형식'들이 형성되는데, 이러한 형식은 "공허한 것이 아니라 채워진 것이고, 진공의 단순한 단선적 한정이 아니라 '내부로부터 형성되어 나오는 정신sich von innen heraus gestaltender Geist'이다"(Hanslick MS 63). 음악적 형식이 공허한 텅 빈 형식이 아니라 마치 육체가 자신을 직관하면서 형성되듯 실제적인 것으로 채워진 것이고, 일정하게 구별되어 있는 내부가 차이의 정교화 과정을 통해 형상화됨으로써 내부와 외부가 일체를 이룬 정신으로 모습을 드러낸 것이라고 할 때, 이러한 정신의 작용으로서 음악은 소쉬르의 기호적 차이나 헤겔의 개념적 차이처럼 "번역될 수 없는 언어"이자 "개념화시킬 수 없는 이미지"(Hanslick MS 63)라고 할 수 있는 것이다.

내부로부터 형성되어 나오는 정신의 작업은 다름 아닌 '작곡Komponieren'이다. 한스릭은 작곡을 "형상화 작용Bilden"(Hanslick MS 96)으로 규정한다. 음조들이 움직임으로써 "그 속에서 형상화 작용을 하는 것의 주체성은 형식을 구성하는 방식으로 자신을 부각시킨다"(Hanslick MS 97). 이러한 음조들의 결합작용의 '자기부각Selbstausprägung'은 스스로를 생성으로 묘사하는 가운데 자기를 움직이면서 이미 정교화되어 있는 자신의 규정들을 펼쳐나가는 헤겔의 개념의 발생론적 현시와 유사하다. 헤겔의 개념의 개별 성과들 간의 관계처럼, 한스릭의 음악의 구체적 "행위성과들은 분명한 고유성들을 통해 서로 구분되며, 그 성과들의 창조자의 개별성을 전체 이미지로서 반영한다. 하지만 그 모든 것들은 […] '독자적인 미selbständiges Schöne'로서 자기 자체를 위해 순수 음악적으로 창조된 것이다"(Hanslick MS 97-98). 그렇다면 한스릭이 음악미학사에서 결정적으로 중요한 획을 긋는 데 기여하였을 뿐 아니라 현재의 이미지미학에서도 형식미학의 유효성을 발휘할 수 있게끔 해주었던 『음악미에 대하여』에서 가장 핵심이 되는 '음악적 미'란 어떤 함의를 지니는 것일까?

우선 위에서 말한 음악의 개별 행위성과들은 다름 아닌 음조들의 결합들을 의미한다는 것을 이해할 필요가 있으며 음악적 미는 이러한 결합들과 관계되어 있다는 것이 주목될 필요가 있다. 더 나아가 음악적 미는 창조적 판타지와도 관계된다: "음악적 미는 음조의 결합관계들 내에 거하고 있으며, 이러한 음조결합들은 기계적인 배열작용을 통해서가 아니라 판타지의 자유로운 창조 작용을 통해 획득된다"(Hanslick MS 65). 음악적 미는 개별 음조가 아니라 음조들의 결합관계에, 다시 말해 음조들 사이에 존재하며, 음조결합들은 판타지의 자유로운 창조 작용을 통해 얻어진다고 할 때, 판타지를 통해 음조결합이 이루어지고 나면 그 결합관계에서 음악적 미가 독자적으로 작용한다는 것이다. "미를 받아들이는 기관Das Organ, womit das Schöne aufgenommen wird"이자 "순수한 직관의 활동Tätigkeit des reinen Schauens"(Hanslick MS 7)인 판타지가 특정한 멜로디와 순간적으로 마주한 이후에, 말하자면 '더 이상 뒤로 소급될 수 없는 최초의 단초'가 예술가의 판타지로 들어가고 나면, "예술가의 정신에는 테마 내지는 모티브가 울리고" 이러한 모티브와 관계를 맺으면서 모든 부분들에서 모티브가 묘사되도록 해주는 창조적 결합작용이 이루어지며, 이 과정에서 "현상의 내적인 합목적성 혹은 외부에 존재하는 제 삼의 것과 전혀 무관하게 자체의 부분들 간에 이루어지는 조화"(Hanslick MS 66)의 함의를 지니는 음악적 미가 작동하게 되는 것이다.

결국 "비육체적인 재료 때문에 가장 정신적인 예술이라고 할 수 있고, 비대상적인 형식작용 때문에 가장 감각적인 예술이라고 할 수 있는"(Hanslick MS 105) 음악은 개념화될 수 없는 순수한 차이들로서 음악적 형식들의 결합관계들 사이에서 내부와 외부가 하나가 된 현상 영역의 부분들 간의 합목적적인 조화라는 음악적 미가 작동하고 있는 생동적 전체인 것이다.

III. 한스릭의 형식미학적 음악미학의 이미지미학적 함의

한스릭의 형식미학적 음악미학은 현대의 이미지미학의 핵심적 이념들인 의미 내지는 진리와 이것의 지시라는 이분법적 지시 관계의 극복이나 단선적 배열구조 대신 비선형적이고 비위계적인 결합관계 제시 등과 같은 이념들을 선취하고 있다.

무엇보다 한스릭은 감정이나 사상이라는 내용이 음악의 형식을 통해 전달된다고 하는 전통적인 이분법적 체계를 극복하고 음조형상에 내용과 형식의 동시적 가치를 부여함과 아울러 음악적 형식과 의미의 연속성을 주창하였다. 이러한 한스릭의 입장은 단지 전통적인 이분법적 가치체계를 비판한 것만이 아니라 형식적 변용들이 가지고 있는 의미형성효과를 암시하고 있는 것이기도 하다.

둘째, 음악의 고유한 형식성으로 제기된 '대리', '규정' 그리고 '개별화' 등의 형식화 작용은 진리, 의미, 근원 등에 대한 지시의 강제로부터 자유롭게 차이들의 지시연관체계 내지는 판타지의 자유로운 결합작용체계로 나타난다. 이것은 자기 스스로 차이로 존재하면서 동시에 끊임없이 차이를 만들어내며 차이의 공간을 형성하는 이미지의 작용과도 통하는 것이다.

셋째, 한스릭에게서 가장 핵심이 되는 개념들인 '스스로 내부로부터 형성되어 나오는 정신'과 '음조를 내면서 움직여진 형식들' 그리고 '음악적 미'는 형식미학적 음악미학의 근간을 형성하면서 동시에 이미지미학의 가능성 조건의 정립에 기여하는 핵심적 기제들이다. 멜로디, 화음, 리듬의 변화에 의거하여 음조들이 다양한 운동의 궤적들을 만들어나가면서 운동의 몸체를 만들고 이러한 움직임의 몸체를 규정함으로써 '음조를 내는 몸체를 가진 형식들'이 나타나고 음조들의 결합관계가 형성됨으로써 그 결합관계들 사이에서 비로소 음악적 미가 작동한다고 할 때, 내부로부터 형성되어 나오는 정신은 대상의 표층부에서 내부와 외부가 합치된 채로 드러나는 현상의 구조에 다름 아닌 것이다. 이것은 생생한 현상에서 각인되는 이미지의 구조를 설명해줄 수 있는 한 가지 가능성인 것이다.

이 밖에도 현재의 음악심리학과의 연관성 속에서 음악과 생리학적 법칙을 따르는 감정효과 간의 관계에 대해 한스릭에게서는 많은 논의단초들이 존재한다. 그러나 이 논의는 다시 여러 연구영역들로 나누어 다뤄야 할 만큼 많은 문제들이 얽혀 있다. 따라서 이 논의는 다른 맥락에서 차후에 보다 상세하게 다뤄질 것이다. 단 한스릭의 음악미학 자체와 연관하여 미해결과제로 남아 있는 문제들은 스스로 내부로부터 형성되어 나오는 정신이 음조를 내면서 움직여진 형식들의 관계 속에서 구체적으로 어떻게 모습을 드러내며, 음악형식들의 형식논리적 구조의 의미가 명확히 어떠한가 하는 문제들이다. 그러나 이 같은 음악미학 내재적인 문제들에도 불구하고 한스릭의 형식미학적 음악미학은 음악을 '비육체적인 재료들로 이루어진 정신적 예술과 비대상적 형식작용에 근거하는 감각적인 예술의 통일'로서 새로이 정립시킴으로써 '비물질적인 몸체로 가장 감각적인 작용을 수행하는 이미지'를 이해할 가능성 조건을 만들어놓은 것이다.

X
20세기 독일미학

1. 하이데거의 예술론

1) 하이데거의 삶

하이데거Martin Heidegger(1889-1976)는 1909년 독일 프라이부르크Freiburg에서 신학공부를 시작하였는데, 건강상의 이유로 사제가 될 수 없었기 때문에 1913년 학과를 철학과로 바꿨다. 1915년 그는 철학으로 '교수자격과정Habilitation'을 마쳤으며, 프라이부르크에서 후설 Husserl의 조교로 일하면서 현상학 학파와 가까워졌다. 1928년 그는 후설의 후임으로 프라이부르크 대학 교수가 되었다. 1933년에는 프라이부르크 대학 총장이 되었으며 '민족사회주의 독일 노동당NSDAP'에 입당하였다. 일년 후 그는 총장직을 그만두고 다시 교수로서 1945년까지 학생들을 가르쳤다. 그러나 프랑스 점령군에 의해 1951년까지 교수직을 금지당했으며 1952년 퇴임하였다.

미학 및 예술에 관한 글로는 1936년에 완성되고 1950년에 출간된 논문 「예술작품의 기원Der Ursprung des Kunstwerkes」이 있으며, 1930년대 강의록들 중에 횔덜린과 니체를 다루는 강의들이 있다. 1950년대에는 주로 건축가들에 의해 많이 논의되었던 「축조 - 거주 - 사유 *Bauen Wohnen Denken*」(1951)라는 강연 텍스트와 스페인 조각가 칠리다Eduardo Chillia에게 헌사된 「예술과 공간*Die Kunst und der Raum*」(1969)이라는 텍스트가 있다. 횔덜린Hölderlin, 트라클Trakl, 릴케Rilke 등 독일 시인들의 문학에 특별한 관심이 있었지만, 조형예술 역시 하이데거에게 중요한 의미를 가졌다. 세잔느Paul Cézanne의 인상주의적 색채공간의 이념과 클레Paul Klee의 표현주의적 구성주의는 하이데거의 후기사상인 '사건의 사유Ereignis-Denken'와 연관하여 중요한 예술론적 단초들이었다.

2) 전통적인 '사물존재론Ding-Ontologie' 비판

예술작품의 특수성을 해명하기 위해 하이데거는 예술작품과 다른 일반 사물들을 구별해주는 것이 무엇인지를 규정하고자 했다. 이를 위해 그는 우선 전통적으로 '사물Ding'이라고 규정되는 것에 대한 고찰을 시작한다. '사물' 개념과 관련하여 우선 하이데거는 세 가지 기본모델들을 비판한다.

1. 사물을 고유한 특성들의 담지자로 보는 모델
2. 사물을 감각들에 의해 지각 가능한 것으로 보는 모델
3. 사물을 재료와 형식의 결합체로 보는 모델

하이데거에게 이 세 모델은 오늘날 이미 낡아빠진 것으로서 적합한 경험을 방해하는 모델들로 여겨졌다. 세 가지 모델 중 세 번째 모델인 사물을 일정한 형식을 갖는 재료로 보는 모델은 종종 예술작품들을 규정하는 데 사용되었지만, 하이데거에 따르면 이 모델은 원래 "사물과 작품 간의 고유한 중간자적 지위"를 갖는 "도구Zeug"[190] 개념, 즉 그때그때 정해진 목적을 위해 인간이 제작한 사물이라는 도구 개념의 이해로부터 유래된 것이라고 한다. 예술작품과 도구는 '제작된 것'이라는 공통점을 갖지만, 도구와 달리 예술작품은 일정한 기능성을 띠고 나타나지는 않는다. 하이데거는 예술작품을 '존재하는 것으로서 존재하게

---

190 Martin Heidegger: Der Ursprung des Kunstwerkes(이후로는 Heidegger UK로 약칭), in: Holzwege, Frankfurt a.M. 1994, S.14.

놔두려고das sein zu lassen, das es ist'(Vgl. Heidegger UK 71) 한다.

3) 작품의 진리

하이데거에 따르면, 농부의 신발을 나타내주
는 반 고흐의 그림은 관찰자에게 농부가 사는 세
계의 고유성을 눈앞에 제시해주는 반면, 실제 농
부의 신발은 농부 신발로 사용되는 상황 속에서
드러난다. 말하자면 그것은 "단순히 거기에 존재
한다" (Heidegger UK 18). 농부의 신발의 일상적인
'도구'의 특성은 농부의 신발이 이 신발에 의해
구성되는 생활세계를 그 자체로 보여줄 수 없다
는 것을 의미한다. 오직 예술작품만이 본질적인

그림 9 Vincent van Gogh: Stillleben, Ein Paar Schuhe, 1886.

것을 드러낼 수 있다. 반 고흐의 그림에서 우리는 신발이라는 도구가 본질적으로 무엇인지
를 알 수 있는 것이다. 따라서 예술작품의 본질이란 "존재자의 진리가 스스로 작품으로 정립
되는 것das Sich-ins-Werk-Setzen der Wahrheit des Seienden"(Heidegger UK 21)이다.

이러한 규정이 예술을 충실한 모방으로 여겼던 전통적 규정으로 오해되지 않도록 하기
위해 하이데거는 다른 예를 든다. 그리스 신전은 진리가 작품으로 정립된 경우라고 할 수
있는데, 그 이유는 신전을 통해 하나의 세계가 이룩되는 것으로 여겨졌기 때문이다. 말하
자면 신전은 여타의 건축물과는 달리 주위 환경을 분위기적으로 규정하며 거기에 거하는
사람들의 자기이해와 가치들을 각인하고 있기 때문이다. 그리하여 "신전은 그곳에 서 있
음으로서 사물들에 사물들 고유의 외관을 부여해주며 인간들에게는 자기 자신에 대한 조
망을 제공해준다"(Heidegger UK 29).

도구의 경우와는 달리 작품의 경우에는 재료들 역시 각각의 특수성 속에서 현재한다.
하이데거에 따르면, 작품의 재료는 여타의 경우들에는 스스로를 감추는 것으로서 드러난
다고 한다. 그는 이러한 차원을 "대지Erde"라고 부른다. 그리하여 "존재자의 진리가 스스로
작품으로 정립되는 것"은 "세계의 건립das Aufstellen der Welt"이자 "대지의 산출das Herstellen
der Erde"(Heidegger UK 34)인 것이다.

4) "대지"와 "세계"의 투쟁

"대지"는 항상 '자기 은폐Sich-Verbergen'를 하는 경향이 있기 때문에, 존재자가 고유하게 현상할 수 있는 곳인 세계와 대립된다. 작품이 갖는 이러한 두 가지 본질적 특성들은 서로 투쟁관계에 있지만, 그럼에도 불구하고 하나가 다른 하나를 이기는 관계는 아니다. 오히려 "대지"와 "세계"는 서로 의존관계에 있다. 즉, "대지"는 세계가 '드러내는 힘entbergende Kraft'을 가지고 있지 않다면 대지로서 나타날 수 없으며, 반대로 무언가의 현존이 존재자 (특히 '도구')의 은폐성의 배경 앞에서 일어나지 않는다면 세계를 통해서는 아무것도 현존할 수 없다. 그러나 대지는 아무것도 완전히 다르게 모습을 드러낼 수 없다는 것을 보장해주기도 한다. 그리하여 대지는 그때그때 현상하는 존재자를 숨겨주며 그 존재자의 형상과 안정성을 보증해준다. 이를 통해 예술작품은 통상적인 영역에 결부되어 있는 것을 새롭고도 두드러지는 방식으로 산출해낼 수 있다. 서로 상이한 정도로 나타날 수 있는 "개시Entbergung"와 "은폐Verbergung" 또는 '명백히 드러나 있음'과 '일상적으로 눈에 띄지 않음'이라는 이중적 경향으로부터 결국 존재자의 이미지가 생겨난다. 대지와 세계의 투쟁이라는 특성 때문에 이러한 존재자의 이미지와 존재자의 본질은 최종적이고 정적인 것이 아니라 매번 (새로운 예술작품을 통해서) 변화될 수 있다.

그러나 무언가의 본질이 현상하게 될 때 진리 역시 발생한다. 그리하여 예술작품에서 진리는 작품으로 정립되며 대지와 세계의 투쟁의 장소로서 구체화되는 것이다. "세계를 건립하면서 그리고 대지를 산출하면서 작품은 진리가 싸워 얻는 투쟁의 작용"(Heidegger UK 36)인 것이다.

하이데거에게 작품창조의 과정은 중요한 위상을 갖는다. 그 과정에서는 무언가가 정해진 척도에 따라 모방될 뿐 아니라, 존재자가 본질적으로 새로이 규정되기도 한다. 심지어 예술은 '이미 개시되어 있는 진리의 영역' 내에서 연구되며 본질적인 변화들을 가져오지 못하는 학문보다 더 높은 의미에서 진리와 관계된다. 그리하여 예술은 '스스로를 건립하는 진리가 형태로 확정되는 것'으로서, 이러한 과정은 "존재자의 비은폐성의 산출인 창작 속에서 일어나는 것이다." 그 결과 예술은 "창작을 통해 작품 속에 진리를 보존하는 것die schaffende Bewahrung der Wahrheit im Werk"으로서 "진리의 생성이자 사건ein Werden und Geschehen der Wahrheit"(Heidegger UK 59)이 되는 것이다. 존재자가 드러나는 동시에 모습을 감추는 것으로서의 진리는 '시작詩作, Dichten'의 사건으로 일어난다. "모든 예술은 존재자 그 자체의 진리의 도착이 시라는 본질 속에서 일어나도록 하는 것으로 존재한다Alle Kunst ist als Geschehenlassen der Ankunft der Wahrheit des Seienden als eines solchen im Wesen Dichtung" (Heidegger UK 59). 말하자면 시적 언어는 존재자를 지칭하면서 존재자를 존재자로서 개시함으로써, 이러한 "지칭은 존재자를 비로소 말로 혹은 현상으로 이르게 하는 것이다" (Heidegger UK 61).

5) 예술의 의미

예술가가 작품의 형상을 만들어내기 위해 대지와 세계의 투쟁을 조정하듯이, 수용자 역시 그러한 투쟁을 경험할 수 있다. 바로 이러한 과정을 통해 존재자의 본질적 규정이 보편타당성을 얻는 것이다. 하이데거에게 있어 예술관찰이란 "보존하고 유지하기Bewahren", 즉 "작품 속에서 일어나는 진리에 부응하는 것"이다. 이러한 사건은 부응의 방식으로부터 독립해 있는 것이 아니라, 작품 자체가 수용자의 선이해에 부응하면서 모습을 드러내는 것이다. 즉, 작품을 통해 개시된 존재자의 본질은 예술적인 창조행위를 통해서만 생겨나는 것이 아니다. "보존하고 유지하는 작용" 속에서 비로소 예술작품은 자체의 영향력을 전개시키는 것이다. 예술작품 속에서 무언가가 더 강력하게 묘사되면 묘사될수록, 작품이 더 뚜렷하게 나타나면 나타날수록 그리고 작품이 친근한 맥락 속에서 보다 더 신뢰할 만하게 나타나면 나타날수록, 작품은 그만큼 더 분명하게 스스로를 관철시킬 수 있는 것이다. "예술이라는 사건이 일어날 때마다, 즉 시작이라는 것이 있을 때마다, 역사로의 진입이 이루어지고, 역사가 비로소 혹은 다시금 시작된다"(Heidegger UK 65). 역사는 한 민족이 일정하게 내맡겨 있는 상황으로 옮겨지는 것이다. 작품의 예술적 차원은 세계를 변화시키는 영향력의 범위에 따라 측정된다. 민족공동체가 통일체로서 형성되도록 해주는 것이 바로 언어인 한에서 언어적인 것은 우선권을 갖는다. 결국

> 예술은 진리가 발원하도록 만든다. 예술은 정립하는 보존으로서 존재자의 진리를 작품 속에서 발원시킨다. '근원Ursprung'이라는 말은 무언가를 발원시키는 것, 즉 본질적인 기원으로부터의 정립적인 도약 속에서 무언가를 존재로 가져가는 것을 의미한다.

창조하고 보존하는 것의 근원으로서 '예술작품의 근원Ursprung des Kunstwerkes', 다시 말해 한 민족의 역사적 현 존재의 근원이 바로 예술이다(Heidegger UK 65-66).

하이데거에게서 예술작품이 단지 감각적으로 수용될 수 있는 대상으로 간주될 수 없는 이유는 바로 예술이 "그 본질에 있어서 근원"이기 때문이다. 예술은 단순한 체험 대상이나 단순한 기분전환의 대상이 아니라 "진리가 존재하게 되는, 즉 역사적으로 되는 탁월한 방식"(Heidegger UK 66)인 것이다.

6) 예술작품과 '사건경험Ereignis-Erfahrung'

제2차 세계대전 이후에 하이데거는 예술에 새로운 강조점을 부여하였다. 예술을 역사의 추진체로 이해하고 예술을 통해 보편타당한 본질적 전환이 이루어지느냐의 여부에 따라 예술을 판단하는 대신, 예술은 진리의 사건이 경험 가능하게 되도록 해주어야 한다고 하는 것이다.

"사건Ereignis"이라는 말에는 존재자의 본질이 사건으로서 효력을 얻게 되는데, 이를 통해 '존재 망각성Seinsvergessenheit'이 극복되는 것이다. 이를 위해 하이데거는 세잔느의 그림을 예로 든다. 세잔느의 그림들에서 개별 색채들은 그림의 대상들을 구성한다. 이러한 그림의 대상들은 단순히 주어져 있는 것이 아니라, 생성되는 것으로 나타남으로써 특별한 강도와 긴요성을 가지며, 통상적으로 마주하게 되는 존재자보다 더 많은 본질을 갖는다.

하이데거에게 있어 회화 이외에도 조각과 건축은 사물들의 변화무쌍한 본질에 대한 통찰을 통해 각인된 세계이해를 창출할 수 있는 예술 분야들이다. 조각가 에두아르도 칠리다에 대해 쓴 글인 「예술과 공간Die Kunst und der Raum」에서 하이데거는 빈 공간을 재료의 부재로서 부정적으로 이해하는 것이 아니라, "장소의 정립Stiften von Orten"으로서 긍정적으로 이해한다. 즉, 공간이라는 것이 고유한 특질로서 파악됨으로써, 공간은 형상적인 힘으로서도 작용할 수 있으며 '공간 내에 존재하는 것의 현상방식'에 영향을 줄 수 있는 것이다. 「축조-거주-사유Bauen Wohnen Denken」라는 논문에서는 공간을 개시하고 경험 가능하게 만드는 장소들을 창조하는 것이 건축의 과제라고 규정된다.

7) 예술과 테크닉

겉보기에 확고하게 결합되어 있는 세계에 역동적이면서도 본질형성적인 진입을 시도하는 예술은 존재자와 기술적으로 규정된 관계를 갖기 위한 수단으로 생각된다. 이 같은 존재자와의 관계가 일상적으로 반복되는 것과 계산을 통해 그리고 유용한 것으로의 대상의 환원을 통해 특징지어지듯이, 그러한 존재자와의 관계는 또한 인간 본질의 쇠락을 함축하기도 한다. 하이데거는 근대 과학기술문명에 대해 인간의 빈곤화를 진단하는데, 인간은 결국 스스로를 한 조각의 기술로 만들어버리며 그의 잠재적인 특수성을 포기해버리는 것이다. 그리하여 인간은 역사적으로 사는 대신, 기계적이고 단조로운 세계 속에서 소진되어버린다는 것이다. 사리분별과 사고의 종말을 의미하며 더 나아가 예술의 종말을 의미하는 이러한 발전에 대항하여 예술은 여전히 저항을 할 가능성을 가지고 있다. 왜냐하면 그리스어 'techne'라는 말이 본래 "(존재자의 산출이) 현전자 자체를 은폐성으로부터 나와 자기 모습의 비은폐성으로 산출되도록 한다"(Heidegger UK 47)는 것에 대한 지식을 의미하며, 따라서 결코 제작활동을 의미하는 것이 아니기 때문에, 그리고 새로운 테크닉이 고대 그리스어 'techne'의 소멸단계를 나타내기 때문에, 새로운 테크닉의 빈곤함은 진리를 생산하는 예술에 의해 명백히 모습을 드러날 수 있게 된다. 그리하여 인간은 예술 덕택에 그가 기술적으로 지배되고 있는 일상 속에서 어느 정도나 위엄을 잃게 될 수 있는지를 깨닫게 된다.

8) 아름다움

기술적인 일상의 쇄도로부터 벗어날 수 있도록 해주는 예술의 능력을 묘사하기 위해 하이데거는 철학적 전통을 재해석하면서 새로운 미 개념을 도입한다. 이미 '예술작품의 기원'에서 '존재자의 출현das Zum-Vorschein-Kommen eines Seiendes'은 미적인 것으로 정의된다: "작품으로 끼워 넣어진 가상이 미이다das ins Werk gefügte Scheinen ist das Schöne"(Heidegger UK 43). 이를 통해 미는 진리와 함께 생각된다. 예술을 통해 진리의 사건을 경험하는 사람은 본질이 구성되는 것을 경험하는 것이며 결국 이 속에서 '실행Erfüllung'을 발견할 수 있고 이러한 실행을 미로 해석하게 되는 것이다.

하이데거는 이러한 미의 경험을 '끌어들이기와 밀어내기Berückung und Entrückung'의 상호작용으로 구체화한다. 그에게 있어 '끌어들이기'는 스스로 자기 고유의 형태로 형성되는 존재자의 본질 속에서 그 존재자에 의해 끌어들여져 연관되는 반면, '밀어내기'는 이러한 본질 형성의 사건을 지시하는 것이다. 그러한 사건을 그 자체로 파악하는 사람은 그때그때 매 순간의 존재자를 넘어서서 세계 전체를 통상의 방식과는 다른 방식으로 이해하게 되는 것이다. 아름다움이란 '자체 내에서 대립적인 것etwas in sich Gegenwendiges'이라고 할 수 있다. 하이데거는 이러한 미의 정의로 과거 미학사에서 이루어져온 편향을 거부한다. 즉, 과거 미학사는 대립적 긴장의 한 극인 '끌어들이는 것'만을 고려하면서 이것을 감각적으로 자극을 주는 것으로 그리하여 '자극Reiz' 내지 '체험Erlebnis'으로, 즉 '주체를 감화시키는 대상Objekt, das ein Subjekt affiziert'으로 파악하였다는 것이다. 하이데거의 예술철학은 다른 한극인 '본질 형성의 사건'이라는 측면 역시 고려함으로써 이제 아름다움이란 대상에 의해 끌어들여지는 자극 내지 체험이라는 한 축과 스스로를 고유하게 형성하는 존재자의 본질 형성이라는 다른 한 축 간의 팽팽한 긴장관계로 정립되는 것이다.

9) '축조와 거주 그리고 사유'

1951년 독일 다름슈타트에서 개최된 한 회의에서 하이데거는 문화적 공간개념의 기본 틀을 제시한 바 있다. 우선 그는 짓고 세우며 축조한다는 의미를 가지는 'bauen'이 존재한다는 뜻을 지니는 'bin'과 동일한 어원을 지니며, "내가 존재하는 방식die Art, wie ich bin"이 '거주하다wohnen'는 뜻을 지니는 'buan'에 다름 아니기 때문에, "인간으로서 존재한다 Mensch sein"[191]는 의미를 지니는 'bauen'이 가능하기 위해서는 'wohnen'이 전제되어야 한다고 주장한다. 그러나 일상에서 'bauen'은 "이미 거주된 것das im vorhinein Gewohnte"으로 경험됨으로써, 'bauen'의 근원적 의미인 'wohnen'은 망각 속에 빠져들게 된다는 것이다. 여기서 하이데거는 결정적인 논거를 제기한다. 즉, "거주는 인간의 존재로서 경험되지 못할 뿐 아니라, 결코 완벽하게 인간존재의 기본특징으로서 생각되지도 못한다는 것이다"(BWD 142). 말에 거주하여 말의 고유한 의미를 축조시키는 언어의 경우, 말해진 것은 의도된 것을 위

---

191 Martin Heidegger: Bauen Wohnen Denken(이후로는 BWD로 약칭), in: Vorträge und Aufsätze, Pfullingen 1978 (4. Auflage), S.141.

해 쉽게 망각 속으로 빠져들게 되듯이, 존재의 의미를 축조시키는 거주의 경우, 거주된 것만 전면에 드러나고 거주 자체는 망각되는 것이다.

그렇다면 거주는 어떠한 방식으로 이루어지는가? 하이데거에 따르면, '인간으로서 존재한다'는 것은 "지상에 거한다는 것auf der Erde sein"(BWD 143)을 의미하며, 이것은 다시 "하늘 아래 거하는 것unter dem Himmel sein"(BWD 143)을 뜻하기 때문에, 지상과 하늘, 인간적인 것과 신적인 것은 사원적 통일을 이루는 것이다. 그러나 이러한 사원적 통일, 즉 "4의 단순성Einfalt der Vier" 혹은 "사각성das Geviert"(BWD 144)은 사유의 대상이 될 수 없다. 왜냐하면 사원성은 거주에 의해 사물들 속에서 보호되고 보존되기 때문이다. 이러한 보호와 보존으로서의 거주가 바로 축조이다. 결국 축조는 사원성을 보존하고 있는 사물들에 건물의 위상을 부여하는 생산적 활동인 것이다.

사원성을 보존하는 이러한 사물은 어떠한 본질을 지니는가? 그것은 우선 일정한 '거처 Stätte'를 마련해주고 있다는 의미에서 장소의 함의를 지니며 또한 일정한 테두리 내에 둘러쳐 있다는 의미에서 '공간Raum'의 함의를 지닌다. 그리고 공간은 일정하게 벌어진 거리를 기반으로 하고 있다는 의미에서 "사이 공간Zwischenraum"인 동시에, 다차원적 다양성이라는 의미에서 "순수한 연장reine Ausdehnung"(BWD 150)이기도 하다. 이러한 공간은 인간과 별개의 것일 수 없다. 일정한 테두리 내에 둘러쳐져 있는 공간이란 인간적인 방식으로 이루어진 공간화이며, 어떤 특정한 인간이란 항상 "사물들 내에 보존되어 있는 사각성에 머물고 있다"(BWD 151)는 의미를 동반하기 때문이다. 예를 들어, 우리가 하이델베르크에 있는 다리를 생각할 때, 그 장소에 대한 생각은 이 자리에 있는 사람들이 하는 단순한 체험이 아니라, "우리의 사유가 이 장소와의 거리를 자체 내에 견지하고 있다"(BWD 151)는 사실을 함축하고 있는 것이다. 그리하여 거리의 견지를 통해 생겨나는 공간 속에서 우리는 무심코 그 다리 위를 거니는 사람들보다 그 다리에 훨씬 더 가까이 있을 수 있는 것이다. 결국 거리유지방식이기도 한 인간의 존재방식에 의거하여, 다시 말해 거주방식에 의거하여 구성되는 공간은 인간과 사물이 근원적으로 만나는 장소라고 할 수 있는 것이다.

이 같은 맥락에서 하이데거가 말하고자 하는 고유한 의미의 축조는 무엇인가? 그에 따르면, 사각성 내지 사원성에 거처를 부여하는 장소들이 결국에는 축조에 의해 건립되는 것이기 때문에, 축조는 사원성의 통일을 이루는 단일한 단순성으로부터 "장소의 건립을 위한 지시를 받으며", "이미 형성된 장소들을 통해 둘러쳐져 있는 공간들을 측정할 척도를 사각성으로부터 넘겨 받는다"(BWD 153). 그리하여 사원적인 통일을 보호하는 거주의 본질이 건축물 속에 각인되어 있을 때, 축조의 생산적 활동은 사각성의 진정한 의미에 부합되는 것이다.

사각성의 의미에 부합되는 축조의 생산은 다른 한편으로 고대로부터 근대까지 이어져 오는 '테크네'의 역사와 관계된다. 본래 예술이나 수공예와는 다른 의미를 지니는 '테크네'는 "무언가를 이러저러한 것으로 현존 속에서 나타나도록 함"(BWD 154)이라는 뜻을 가지고서 예로부터 "건축의 텍토닉한 것 내에서im Tektonischen der Architektur"(BWD 154) 유지되어왔다. 그러나 축조의 생산이 이처럼 '무언가를 나타나도록 함'이라는 의미에서만 이해된다면, 적절한 규정이 될 수 없을 것이다. 왜냐하면 축조는 사원적 통일을 보존하는 사물들로서의 장소들이 인간의 다양한 존재방식을 통해 공간화되어 이로부터 생겨나는 공간들이 서로 접합됨으로써만 비로소 장소들을 건립할 수 있기 때문이다. 따라서 "축조의 본질은 바로 거주되도록 함Wohnenlassen"(BWD 154)인 것이다.

하이데거의 이러한 '텍토닉의 이념'으로부터 우리는 '문화공간의 근원적 체계로서의 아키-텍토닉'의 기본 틀을 추론해볼 수 있을 것이다. 사원성의 구성요소인 땅과 하늘, 그리고 인간적인 것과 신적인 것을 현실세계와 이상세계 그리고 현실의 인간과 이상적인 인간상으로 대치시키고, 이것들의 통일인 사원성 혹은 사각성을 각 요소들의 동시성으로 대치시키며, 사원성을 보존하고 있는 사물로서의 장소에 의해 둘러쳐진 공간이 시간을 초월하여 언제고 존재할 수 있는 문화공간으로 대치될 수 있다면, 이로부터 우리는 사원성 내지 사각성이라는 단일한 단순성이라는 체계구성적 근거이자 척도를 기초로 하여 매 시기의 문화공간들을 근거규정하는 근원적 체계를 구성해낼 수 있을 것이다. 이러한 체계는 시공간적으로 멀리 떨어져 있건 가까이 있건 간에 사람들의 다양한 존재방식에 의해 생성되는 공간들이 어우러져 관계를 맺을 때 가능한 장소의 축조, 다시 말해 문화공간의 거주를 통해 가능해지는 문화적 기반의 축조를 근거규정하는 동시에 점검할 수 있다는 의미에서 문화공간의 '근원적 축조체계Archi-tektonik'로 규정될 수 있다. 이미 아리스토텔레스와 사포에게서 '텍톤tecton'이 목수인 동시에 시인을 뜻하였듯이, '아키-텍토닉'은 문화예술의 존재방식이자 문화예술 전반을 기초 짓는 방법론적 틀인 것이다.

2. 철학적 인간학의 미학

I. 플레스너의 감각학적 미학

1) '정신의 감각학Ästhesiologie des Geistes'의 기초

플레스너Helmut Plessner(1892-1985)의 철학적 인간학의 한가운데에는 인간적인 현상들, 즉 육체적이고 감각적이며 상호주관적인 현상들을 보편적인 표현이론을 통해 해명하려는 노력이 자리 잡고 있으며, 그 출발점이자 지지대가 바로『감각들의 통일. 정신의 감각학의 기초*Die Einheit der Sinne. Grundlinien einer Ästhesiologie des Geistes*』(1923)이다. 여기서 그는 지금까지 인간의 감각들이 서로 구별되도록 해주는 양태들 및 특질들에 대한 자연과학적 이론이 부재하다고 하면서, "왜 세계는 시각적이고 청각적이며 촉각적으로 모습을 띠며, 왜 인간은 눈과 귀와 압력에 민감한 피부지점들과 온점들과 냉점들과 냄새 및 맛의 기관들을 가지는가?"[192]라고 근본적인 질문을 던진다. 그에 따르면, 자연과학은 감각들이 맹아적 상태로부터 발전되어 수천 년을 지나면서 어떻게 형성되어 왔는지에 대해서만 이야기해줄 뿐, 감각들 간의 질적인 차이나 감각들 고유의 논리에 대해서는 아무것도 말해주지 못하며, 따라서 감각들의 차이와 감각들의 정신적 통일에 대한 초월철학적인 분석을 수행하는 것에 자신의 목적이 놓여 있다고 한다.

플레스너는 이 같은 초월철학적인 분석방법론을 "정신의 보편적 해석학"(ES 282)이라고 부르는데, 이것은 생물학적이거나 이성적으로 한쪽으로 치우치지 않으면서 감각이해의 모든 형식의 기저에 놓여 있는 표현유형을 해명하는 것을 과제로 삼는다고 한다. 그는 이 같은 시도가 전적으로 새로운 것이라기보다는 역사적 맥락의 연장선상에 있는 것이라고 하면서, 무엇보다 '지각학 내지 감각학Wahrnehmungs-oder Empfindungslehre'이지만 단순히 지각학이나 감각학이 아니라 '정신의 감각학Ästhesiologie des Geistes'인 그의 고유한 감각학이 라이프니츠와 바움가르텐 그리고 헤르더의 미학과 동일한 역사적 맥락을 형성하고 있다고 주장한다. 특히 바움가르텐의 '하위의 인식론Gnoseologia inferior'의 규정, 헤르더의 「언어

---

[192] Helmut Plessner: Die Einheit der Sinne. Grundlinien einer Ästhesiologie des Geistes (1923)(이후로는 ES로 약칭), in: Gesammelte Schriften Bd. III, hrsg. v. Günter Dux, Odo Marquard und Elisabeth Ströker, Frankfurt a.M. 2003, S.29.

의 기원에 대하여*Über den Ursprung der Sprache*」와 「인간 영혼의 감각작용과 인식작용에 관하여*Vom Empfinden und Erkennen der menschlichen Seele*」라는 글들은 자신의 감각학과 유사한 지평을 이룬다고 한다(ES 32). 『감각들의 통일. 정신의 감각학의 기초』로부터 5년 후에 출간된 『유기적인 것의 단계들과 인간. 철학적 인간학 입문*Die Stufen des Organischen und der Mensch. Einleitung in die philosophische Anthropologie*』(1928)에서 플레스너는 감각학의 기획에 대해 다음과 같이 평가한다:

> 여기서 중요하게 다뤄지는 대상은 문화의 담지자로서 인간이다. 문화의 객관화형태들인 학문, 예술, 언어 등은 인간에 관한 고찰, 말하자면 구체적인 생명단위로서 인간에 관한 고찰이 이루어지고 있는 매개가 되는 것이다. 문화는 이러한 생명단위의 특수한 외화형태로서 탐구되어야 한다. 문화의 객관화 형태들의 종류와 형식은 인간의 생명체계의 모든 층위들의 종합 속에서 그러한 생명체계의 구조에 대한 정보를 제공해야만 하는 것이다. [···] '정신의 감각화Versinnlichung des Geistes', '감각의 정신화Vergeistigung der Sinne'가 분석의 테마가 된다. 오직 이러한 방식에 의거해서만 인간 존재의 양극단들인 육체적이고 감각적인 한 극과 정신적인 다른 한 극을 형식체계의 연구를 통해 [···] 고찰하고 그것들 간의 상호 의존성과 그것들의 공존의 본질적 법칙들을 파악하는 것이 가능해질 수 있는 것이다.[193]

'정신의 감각화' 양태 내지는 '감각의 정신화' 양태에 대한 분석을 통해 플레스너는 학문, 예술, 언어 등과 같은 형태들로 객관화된 문화의 담지자로서 인간을 총체적으로 규정하고자 하는 것이다. 말하자면 헤르더와 유사하게 플레스너 역시 감각의 기능과 의미를 이성적인 분석이나 심리학적인 자기관찰 혹은 생리학적인 분석을 통해서가 아니라 감각들이 일정한 모습으로 체현되어 있는 문화적 대상들에 대한 분석을 통해서 해명하고자 하는 것이다.

이 같은 플레스너의 '정신의 감각학'은 두 가지 부분으로 이루어져 있다. 하나는 "감성적 감각들의 현상학Phänomenologie der sinnlichen Empfindungen"으로서 "심리학, 감각생리학

---

193 Helmut Plessner: Die Stufen des Organischen und der Mensch. Einleitung in die philosophische Anthropologie, 3. unveränderte Aufl. Berlin/New York 1975, S.32f.

그리고 인식론"의 기초가 되는 학문이다. 다른 한 부분은 "우리의 가치판단들의 물질적 조건들에 관한 학문Wissenschaft von den materialen Bedingungen unserer Werturteile"[194]으로서 인 식론과 비판적 미학의 기초가 되는 학문이다. 서로 결부되어 있는 이 같은 두 가지 방식들에 기초하여 정신의 감각학은 "특정한 가치판단들, 즉 이론적인 감각들이나 비이론적인 감각들, 개념적인 표명이나 개념외적인 표명들의 특정한 형식들이 특정한 감각들에 결부되는 고유한 법칙들"[195]을 탐구하는 것이다.

이러한 정신의 감각학을 구성하는 두 가지 방식들에 부합되게 플레스너는 예술의 기능을 규정한다. 그에 따르면, 일상 삶의 영역에서 감각적 작용과 이념적 직관이 서로 구별되어 이루어지는 반면, 특정 테마에 의거하여 이루어지는 의미부여과정에 있는 예술의 경우 감각적 작용과 이념적 직관의 통일이 이루어진다고 한다:

> 모든 경우에 서로 대립되고 서로로부터 벗어나려고 하는 가운데 감각작용과 순수한 직관은 이 둘이 동일한 종류의 현재적인 의식의 태도들이라고 할지라도 이 둘을 서로 관계시켜줄 수 있는 그 어떠한 매개도 만나지 못한다. 이러한 매개는 '테마적인 의미부여작용die thematische Sinngebung'을 통해서 창출되는 것이다. […] 테마적인 의미부여작용은 예술과 예술적 이해의 중추적 능력을 형성한다. 오직 테마적으로만 감각소재와 이념은 서로 완전히 투과되고 용해될 수 있게 되며, 그 결과 소재적인 충만함 속에서 순수한 본질 내용이 반사되고 이러한 다채로운 반사면에서 자신의 모습을 드러내는 것이다(ES 177f.).

내용적으로 볼 때 플레스너가 규정하는 '감각소재와 이념의 상호투과 및 용해'는 헤겔의 미 규정인 '이념의 감각적 가상화 작용sinnliches Scheinen der Idee'[196]과 결부되는 것으로서, 이성적 의식이 직관적으로 소여된 것을 의미내용으로 해석하는 과정을 나타내주고 있는 것이다. 플래스너는 헤겔보다 더 정교하게 재현적인 이해과정을 '도식Schema', '통합Syntagma',

---

194 Helmut Plessner: Über die Möglichkeit einer Ästhetik (1925), in: Gesammelte Schriften Bd. VII, S.56.
195 Ibid. 56.
196 Georg Wilhelm Friedrich Hegel: Vorlesungen über die Ästhetik I, in: Werke Band 13, hrsg. v. Eva Moldenhauer und Karl Markus Michel, Frankfurt a.M. 1986, S.151.

'테마Thema'의 세 가지 순차적 과정으로 구분한다:

> 도식Schema은 원리들에 의거한 단순화를 제공해주며, 통합Syntagma은 분류와 배열을 제
> 공해주고, 테마Themas는 비율 통한 형태화를 제공해준다. 테마 속에서 이념과 감각적
> 소재는 공간적 비율에 따라서든 시간적 비율에 따라서든 서로 용해된다. 이것은 예술
> 작품이 특정한 사람이나 전원생활의 감각과 같이 그 어떤 특정한 대상을 다루는지와는
> 전적으로 무관하다. 테마라고 칭하는 것을 구성하는 것은 예술작품이 무엇에 관해 쓰
> 였고 무엇에 관해 그렸으며 무엇에 관해 작곡했는지가 아니라 예술작품이 만들어져 있
> 는 방식과 형식, 예술작품이 예술가와 인간을 사로잡는 방식과 형식인 것이다(ES 178).

도식적 이해는 학문적인 개념들 속에서 의미를 산출하고, 통합적 이해는 언어적 의미들의
형식 속에서 의미를 산출하며, 테마적 이해는 예술적인 의미표현들의 형식 속에서 의미를
산출하는 것이다. 형식미학적인 이해와 유사하게 플레스너는 테마를 예술작품의 내용이
나 소재로 이해하는 것이 아니라 '예술작품이 만들어져 있는 방식과 형식'으로 이해하고
있는 것이다.

이념과 감각적 소재의 상호침투 및 용해가 이루어지는 테마적 의미부여작용은 단지 예
술영역에만 국한되지 않는다. 그 이유는 이러한 테마적 의미부여작용 속에서 근본적인 현
실전유의 형식이 작용하고 있다고 여기기 때문이다. 말하자면 삶의 과정에서 나타나는 모
든 현상들은 미적인 작용으로서 테마적인 의미부여작용 속에 수용될 수 있는 것이다. 플
레스너가 아도르노의 미학이론과 관련하여 "거의 구닥다리 느낌을 주는 테마들"[197]이라고
폄하하였던 '미와 추'의 개념들 역시 삶의 과정에서 나타나는 개별적인 기본경험들로 간
주된다:

> 우리는 현상과 풍경과 인간과 작품을 더 이상 아무것도 말해주지 않으며 그 어떤 올바
> 름의 근거들에 종속되지도 않는 순수한 의미로서 테마적으로 파악한다. 그 결과 현상
> 은 미적인 가치들 아래로 들어오게 된다. 정신의 공관적共觀的인 힘synoptische Kraft에 저

---

197 Helmut Plessner: Politik, Anthropologie, Philosophie, hrsg. v. Salvatore Giammusso und Hans-Ulrich Lessing, München 2001,
S.295.

항할 수 있는 것은 세상에 아무것도 없으며 심지어 정신조차 그것에 저항할 수 없다. 테마적인 이해가 특별한 특성을 얻어내지 못하는 영역이란 없으며, 테마적인 이해가 그러한 영역을 개별적인 지형으로 만들지 못하는 경우도 없다. 또한 테마적인 이해가 특징적으로 현상되도록 할 수 없는 의견표명이란 존재하지 않으며, 테마적인 이해가 사건의 인장을 찍을 수 없을 정도로 그렇게 명백히 무의미한 사건이라는 것도 존재하지 않는다. 미와 추의 대립을 포괄하는 미적인 가치부여작용은 의미부여작용의 가장 하위단계의 표현이다(ES 204f.).

그리하여 플레스너의 "직관의 철학Philosophie der Anschauung"(ES 114)은 인간의 개별적인 현상세계가 고유한 가치를 갖는 현상으로서 존중되고 있는 비이성적이고 비목적적인 인간활동의 영역을 나타내는 미적 경험의 이론을 포괄하는 것이다.

2) 감각의 인간학

철학적 인간학의 이념지형을 『감각들의 통일. 정신의 감각학의 기초』로 개시하였던 플레스너는 그의 사유의 도정에서 시종일관 '감각의 의미를 그것들의 문화적 표현형식들에 대한 분석을 통해 해명하는 것'을 기본이념으로 삼고 있었다. 그는 헤겔 미학의 유산을 지탱해온 그 이전의 미학사가 예술작품들의 의미와 기능을 해명하는 일에만 몰두한 나머지 '감각적 인식의 학문scientia cognitionis sensitivae'이라는 미학 본래의 기원을 망각하였다고 하면서, 1980년대 이래로 바움가르텐의 미학에 대한 재고찰과 미학을 감각학으로 쇄신하고자 하는 시도가 이루어지기 이전에 인간학적인 감각이론의 의미에서 '감각의 인간학'의 정립필요성을 인식하였다:

감각학이란 감각적 지각, 즉 감성에 관한 학문을 말한다. 감각학은 예술적 영역과 예술적 형상화 그리고 예술의 향유와의 관련을 갖는 미학과 혼동되어서는 안 된다. 감각들은 미적인 현상들의 기초를 이루면서도 그것을 넘어 인식관심에 의해 위로부터 강조된 감각지각의 영역으로 나아간다.[198]

---

198 Helmut Plessner: Selbstdarstellung, in: Gesammelte Schriften Bd. X, S.317.

감각학이란 근거규정학문이라는 관점에 의거하여 플레스너는 후기에 쓰여진『감각의 인간학Anthropologie der Sinne』(1970)에서 예술미학적인 관점을 개진한다. 여기서는 여러 예술 장르들 중에 무엇보다 음악이 중요한 분석대상으로 다뤄진다. 플레스너는 물질적인 특성들, 예컨대 음악의 경우 연속적 질서, 음량, 연장성, 공간성과 같은 물질적 특성들을 감각적인 구조들로 지각하고 이해할 수 있기 위해 인간의 감각기제가 어떠한 상태에 있어야 하는지를 범례적으로 조명하고자 한다.

특히 감각의 인간학에서 주목할 만한 점은 그가 인간학적인 감각이론 이외에도 육체의 현상학을 자신의 이론체계에 새롭게 끌어들인다는 사실이다.『감각들의 통일. 정신의 감각학의 기초』에서는 자연의 질적인 현상방식의 직관과 이해가 중심적 위치를 차지하고 있었다면,『감각의 인간학』에서는 시그널기제로서 육체와 환경을 서로 매개시켜주는 감각들의 생물학적 기능에 대한 논의가 중심을 이루고 있다. 생물학적 기능화의 관점에서 감각들은 방향정향에 기여하며, 그리하여 감각들의 진화적 발전은 생물학적 주체의 욕구의 구조와 행동의 선택 그리고 행동의 가능성으로부터 설명될 수 있다고 한다.[199] 그는 유기체가 자신의 환경을 파악하는 방식은 유기체가 환경을 가공하고 환경 속에서 활동하는 방식에 부합된다고 하면서 다음과 같이 주장한다:

> 운동 없이는 어떠한 감각작용도 없으며, 기관과 기관의 집합 혹은 기관이 이해되도록 해주는 전체 육체의 운동양태 없이는 그 어떠한 감각양태도 없다.[200]

그리하여 눈은 주로 방향을 미리 선취하는 원격감각으로 기능하며, 취각과 미각기관은 섭생과 증진과정에 기여하고, 자기수용적propriozeptive 기관은 육체의 공간적 정렬과 안정화에 기여하는 것이다. 여기서 현상방식과 욕구상태 간의 일치는 잘못 유도된, 즉 욕구들을 만족시키지 못하는 태도의 위험을 줄여준다. 이러한 관점에 의거하여 플레스너는 감각특질들을 현상방식으로부터가 아니라 육체의 운동체계의 가능성들로부터 설명한다.

이 같은 육체의 현상학적 설명과정에서 플레스너는 인간과 동물의 실존방식의 본질적

---

199 Vgl. Helmut Plessner: Politik, Anthropologie, Philosophie, S.123.
200 Ibid. S.122.

차이에 주목한다:

> 인간 존재에 대한 분석은 감각체계, 즉 현상하는 세계의 정교화와 운동체계 사이의 상
> 호일치의 문제를 지나칠 수 없다. 단지 그러한 분석은 한계들을 가질 뿐이다. 즉, 인간
> 의 경우에는 그 한계들 외에도 그 두 영역들 간의 특수한 불일치들이 존재하는 것이다.
> 그러한 불일치들은 인간의 위대함과 동시에 인간의 빈곤함을 이루는 것으로서, 동물들
> 에게는 낯선 것이며 이러한 불일치들 속에서 인간은 동물과 구별되는 것이다.
> 감각체계와 행동체계는 인간에게서 세계에 대한 개방성을 갖는다. 그 두 체계들은 비
> 록 완전하게는 아니라고 할지라도 상당 정도 본능들을 통한 조절을 결여하고 있다. 그
> 리하여 개인은 매우 오랜 시간 동안 도움이 필요한 상태이자 미숙한 상태에 처해지게
> 된다. 말하자면 너무 일찍 태어나는 것이다. 또한 개인은 사회적 접촉과정에서 경험을
> 통해 감각운동적인 능력들을 습득하는 데에 의존해 있게 된다. 그의 전체적 발전은 변
> 화하는 상황들에 적응하려는 목적으로 본능적 조절과 의식적 조절 사이의 적대적 관계
> 속에서 존재한다.[201]

플레스너는 인간의 감각들의 본질적 능력을 그때그때의 양태에 부합되게 정신적 이해와
육체적 운동 사이를 매개시키는 것으로 규정한다. 감각들은 지성과 육체, 사고와 행동, '인
상Eindruck과 표현Ausdruck'을 결합시켜주는 중요한 작용을 하는 것이다. 감각들의 이 같은
역할은 예술작품들의 계획과 생산 및 지각과 이해를 결합시키는 과제에도 해당된다:

> 고지를 받을 가능성이 없는 고지는 존재하지 않으며, 어떤 종류이건 간에 기호와 기호
> 적 소통의 형태로 알려진 것을 육체화하지 않고서는 그 어떤 고지도 존재하지 않는다.
> 인간은 이러한 육체화, 물질화, 객관화를 학문적이고 예술적이며 종교적이고 정치적인
> 방식의 고양된 형태로 수행한다 [⋯]. 지성이란 주고 이해하는 것을 이해할 가능성이며,
> 표현의 매개로서 감성에 의존해 있다. 마찬가지로 표현은 태도유형과 언어유형과 행동
> 유형의 육체적 운동들 속에서만 실행되는 것이다.[202]

---

201 Helmut Plessner: Anthropologie der Sinne (1970)(이후로는 AS로 약칭), in: Gesammelte Schriften Bd. III, S.375.
202 Helmut Plessner: Politik, Anthropologie, Philosophie, S.139f.

플레스너는 인간의 육체적 존재를 육체를 가지고 있다는 것과 육체로서 존재한다는 것의 이중적 측면에서 고찰한다(AS 382). 이러한 이중적 육체경험은 끊임없는 갈등관계로 이르게 된다. 때문에 플레스너는 '육체Körper'와 '몸Leib'의 교차 속에서 어떻게 행동을 할지 저울질한다고 한다:

> 육체와 몸의 이중적 측면의 조정을 위한 압박은 행동의 저울로서, 이것은 인간이 자신의 가장 가능한, 다시 말해 인간으로서 가능한 행동을 시도할 때 자신의 행동체계에서 벗어날 수 없는 것이다(AS 386).

이러한 관점하에서 플레스너는 소위 '육체의 감각학'을 모든 육체화 및 탈육체화의 형식들을 분석하는 작업으로까지 확장시킨다. 그 결과 육체의 감각학의 대상영역은 "연극적이고 무용적인 육체화로부터 의복과 장신구를 통한 가리면서 드러내는 강조에까지 이르며, 식음료 풍속들로부터 자기지배와 탈육체화의 집중테크닉들에까지 이르고, 가장 단순한 놀이로부터 전문화된 스포츠에까지 이르는"(AS 383f.) 영역을 포괄하는 것이다.

플레스너는 특히 연극예술에 주목하는데, 그 이유는 연극예술에서는 형상화하는 매개와 형상화된 매개가 동일하기 때문이다. 자신을 한 역할과 동일시하여 "자신의 고유한 실존의 소재 속에서"[203] 한 인물을 되살리기 위해서는 자기의 육체로부터 끝없는 거리두기가 필요하게 된다. 낯선 역할을 체현하는 능력은 사회적 의미를 담지한 인간학적 기본성향이다. 왜냐하면 우리는 일상의 삶 속에서 그때그때의 사회적 기대들에 부합되는 특정한 역할들을 수행하도록 요구받고 있기 때문이다. 연극배우의 수행적 행위 속에서 육체화의 사회적이고 인간학적인 차원이 투명하게 드러나게 되는데, 그 이유는 연극배우가 육체의 일정하게 형태화된 행동들과 인간상호 간 형태들의 형상화로 시선을 유도하기 때문이다. 그리하여 연극적 상연은 개인적 경험들과 상호주관적인 사건들 및 사회적인 형세들을 압축적으로 표현하기 때문에, 연극은 "형상화 작용을 통해 인간 존재를 상연시키는" "인간학적 실험"[204]인 것이다. 결국 연극배우는 무대위에서 자신의 육체적 자아와 자신이 맡은

---

203 Helmut Plessner: Zur Anthropologie des Schauspielers (1948), in: Gesammelte Schriften Bd. VII, S.407.
204 Ibid. 415.

역할의 육체 사이의 거리를 드러내는 과정에서 플레스너가 『유기적인 것의 단계들』에서 '탈중심적 위치성exzentrische Positionalität'[205]이라고 묘사하였던 인간의 기본경험을 수행하는 것이다. 결국 인간학적인 맥락의 예술은 인간이 자신의 능력과 욕구를 압축적인 형태로 깨달을 수 있도록 해주는 핵심적인 매개라는 사실이 드러나는 것이다.

플레스너에 의해 주창된 인간학적 미학으로서 정신의 감각학은 인간이 자신의 환경 및 자신에게 주어진 소재들과 관계하는 가운데 자신의 감각들과 육체를 유기적으로 조직화하는 방식과 상태를 해명하는 것을 목표로 하는 인간학적 미학의 중요한 기반을 제공해주고 있다.

II. 겔렌의 생리학적 미학

1) '예술생리학Physiologie der Kunst'의 기초

겔렌Arnold Gehlen(1904-1976)은 예술과 더불어 신화, 종교, 세계관 그리고 학문적 체계를 "확정되지 않은" 인간이 "세계를 자신의 상에 따라 해석하고 역으로 자신을 세계상에 따라 해석하는"[206] 핵심적 형식들로 규정한다. 플레스너의 철학적 인간학처럼, 겔렌의 철학적 인간학 역시 인간을 전체로서 파악하고자 하는 시도로서, 인간을 정신이나 육체 그 어느 한 면만으로 바라보려는 관점들로부터 거리를 두고 감각운동체계로부터 사유와 언어 및 판타지라는 보다 높은 능력에 이르기까지 인간의 모든 능력들을 하나의 전체적인 관점 하에서 파악할 수 있도록 해주는 통일적인 원리를 지향한다. 이러한 "전체를 관류하는 구조법칙durchlaufende Strukturgesetz"[207]은 영혼과 육체, 정신과 자연, 문화와 자연 같은 전통적인 이분법적 관계들을 무력화시키는 행동의 범주에서 발견된다. 겔렌이 보기에 행동의 개념은 감각적이고 육체적이며 인지적인 모든 활동들이 집중되어 있는 상호작용으로서 항

205 인간의 고유성에 해당되는 이 개념은 자기 자신과 환경에 대해 반성적 태도를 취하는 인간의 기본태도를 의미한다. 탈중심적 위치성을 갖는 인간과는 달리, 동물에게는 동물 자신으로 하여금 동물이 처한 환경에 대해 위치를 잡도록 해주는 고유한 중심이 자리 잡고 있다. 말하자면 "중심화를 깨트릴 수는 없으면서도 동시에 그로부터 나가고자 하는" "탈중심적인exzentrisch" 인간과는 달리 동물은 "본질적으로 지금 - 여기Hier-Jetzt에 매여 있는" "중심적인zentrisch" 존재인 것이다(Vgl. Helmut Plessner: Die Stufen des Organischen und der Mensch, SS.290-292).

206 Arnold Gehlen: Die Seele im technischen Zeitalter(이후로는 StZ로 약칭), Gesamtausgabe Bd. 6, Frankfurt a.M. 2004, S.17.

207 Arnold Gehlen: Der Mensch. Teilband 1(이후로는 DM 1로 약칭), Gesamtausgabe Bd. 3, Frankfurt a.M. 1993, S.19.

상 이분법적 양극단들을 포괄하고 있기 때문이다.

이러한 행동원리에 의거하여 겔렌은 '인간에 대한 생물학적 고찰'의 전체기조에 대해 다음과 같이 이야기한다:

> 인간이 주요한 논의대상이라고 한다면, 생물학적 고찰은 단지 신체적인 것das Somatische, 육체적인 것das Körperliche으로만 나아가서는 안 된다. 그렇다면 인간-생물학적인 문제제기die anthropo-biologische Fragestellung는 어디에 존재하는가? 그것은 오직 인간의 실존조건들Existenzbedingungen 속에만 존재한다. 사람들은 모든 동물적인 삶의 조건들이 결여되어 있는 이러한 특별하면서도 그 무엇과도 비교될 수 없는 존재를 바라보면서, 다음과 같은 질문을 던져볼 수 있을 것이다. '그러한 존재는 그저 자신의 삶을 보존하고 자신의 현 존재를 유지하며 자신의 벌거벗은 실존을 견지하고자 할 때 어떠한 과제들 앞에 직면해 있는가?' […] 거기에는 다름 아닌 인간의 기초적인 내재성의 전체 영역으로서 사고, 언어, 판타지, 어떤 동물도 소유하고 있지 않은 이미지화된 특별한 추동력들, 유일무이한 운동체계와 역동성 등이 속한다. […] 바로 이 같은 육체적 심신상태를 가진 존재가 내일, 다음 주 그리고 내년에도 여전히 생존할 수 있기 위해서는 극도로 복잡하고 놀랄 만한 능력들의 구조가 요구되는 것이다. 인간이 주요 논의대상이라고 할 때, 생물학적 고찰은 바로 그런 모습을 띠는 것이다(DM 1, 12).

인간의 실존적 모습은 완전한 존재가 아니라 불완전하고 결여된 존재이다. 겔렌에 따르면, 인간은 유기적으로 환경에 최적화되어 있지 못하고 전문적인 능력을 갖추고 있지 못하며 완전한 실존을 위한 수단을 구비하고 있지 못한 '결여된 존재'로서 스스로를 유지시킨다고 한다. 그리하여 인간의 실존의 "위험스러운 상황"은 인간으로 하여금 결여된 상태를 "자신의 삶의 유지의 기회들"(DM 1, 35)로 전환시키는 행동을 통해 그러한 상황을 완화시키도록 만들게 된다. 결국 인간이라는 존재는 그저 살아가는 존재가 아니라 자신의 삶을 영위하고 자신을 둘러싼 세계와 직접 씨름하는 가운데 자신의 능력들을 구성시켜야만 하는 존재인 것이다. '완화Entlastung' 개념은 '행동Handlung' 개념과 상보적인 관계를 갖는 개념으로서 세계와의 직접적 접촉으로부터 거리를 두는 작용이라는 함의를 가지고 있다. 겔렌은 개체발생과정에서 직접적인 생존의 압박으로부터의 부담이 완화되어 있는 자기관계적 행동반경들을 매개로 하여 기초적인 촉각경험들이 어떻게 시각인상들과 점차 결합되고 보다 높은 인지능력들로부터는 분리되게 되는지를 다양한 분석과정들을 통해 해명한다.

서로 분리되어 있지만 일정하게 연결되어 있는 정신적 작용과 생리적 작용 간의 상호작용의 문제는 겔렌의 인간학적 미학으로서 '예술의 생리학'의 핵심적 테마이다. 겔렌에 따르면, "인간학의 짧지만 중요한 장"을 이루는 예술생리학은 "미적 현상영역에서 본능에 가장 근접한 층위들"[208]을 다루는 학문이라고 한다. 아직 "미지의 영역"(PAH 195)인 예술생리학은 오스트리아 출신의 비교행동학자인 로렌츠Konrad Lorenz(1903-1989)의 본능행동이론의 영향하에서 발전되었다. 로렌츠의 이론에 따르면, 동물의 종에 특수하게 나타나는 주요자극들은 일정한 자극의 수준을 넘어서게 될 경우 생래적으로 타고난 본능적 움직임들을 야기시킨다는 것이다. 그러한 결정적 자극들은 그 종을 둘러싼 환경과 구분되는 단순하고도 명확한 징표들을 통해 특징지어진다. 특이하게도 자연에서는 순수한 분광색들, 규칙적이고 비례적인 형태들, 기하학적인 형태들, 리듬감 있게 형태화된 움직임들이 존재한다. 로렌츠는 이러한 현상들이 인간에게서도 미의 인상을 불러일으킨다고 주장한다. 물론 겔렌에 의해 이 같은 견해는 동물적 본능운동과 인간적 본능운동 간의 차이를 고려하지 못한 것이라고 비판되는데, 겔렌이 생각하기에 인간의 본능운동은 미적인 상황에서 "행동이 없는 미적 열광"[209]으로 나타나기도 하기 때문이라는 것이다.

겔렌은 본능을 "타고난 자동운동에 의거하여 진행되며 내생적인 자극생산과정들에 의존해 있는 매우 특수한 종류의 매우 함축적인 운동형태"(DM 1, 21)로 정의한다. 인간은 개통발생과정에서 고정적인 자극-반응 도식들을 모두 허물어왔다. 이러한 이유 때문에 우리는 인간에게서 본능이 아니라 서로 구분되지 않은 채로 서로 용해될 수 있는 불분명한 "본능잔여물"(PAH 188)을 말할 수 있는 것이다. 본능이 경감되면서 한편으로는 운동체계가 타고난 운동형들로부터 해방되어 모든 인간은 자신을 둘러싼 환경을 스스로 탐구하는 가운데 매우 탄력적인 운동기제를 형성시킬 수 있었으며, 다른 한편으로는 더 이상 생존문제에만 국한되지 않는 인간고유의 지각의 지평이 개시될 수 있었다. 그리하여 인간은

---

208 Arnold Gehlen: Philosophische Anthropologie und Handlungslehre(이후로는 PAH로 약칭), Gesamtausgabe Bd. 4, Frankfurt a.M. 1983, S.196.

209 Arnold Gehlen: Über einige Kategorien des entlasteten, zumal des ästhetischen Verhaltens, in: Studien zur Anthropologie und Soziologie, Neuwied 1963, S.67.

종에 특수하게 한정된 환경이 아니라 다양한 감각운동적인 선택가능성들과 열려진 행동 반경들을 포괄하는 폭넓은 활동의 장을 갖게 되었다는 것이다.

> '인간은 세상에 대해 열려져 있다'는 말은 다음과 같은 의미를 갖는다. 인간은 재단된 환경에의 적응을 결하고 있다. 그 어떠한 생래적인 신호기능도 가지고 있지 않은 지각들에 대해 이례적인 자극 및 인상 개방성은 의심할 바 없이 매우 특별한 행동들 속에서 해결될 수밖에 없는 엄청난 부담을 나타낸다. 인간의 육체적 비전문성, 유기적으로 적절한 수단의 부재, 제대로 된 본능들의 놀랄 만한 결여 등은 '세계개방성(막스 셸러)' 혹은 이와 동일한 것으로서 '환경해제Umweltenthebung'라는 개념과 반대되는 연관을 자체 내에 형성한다(DM 1, 34).

그리하여 개연적이지 않은 자극들에 대한 지각은 그 어떠한 본능적 운동도 야기시키지 않지만, 그것들의 특이성은 남아 있는 본능잔여물들을 자극시키게 되는 것이다. 겔렌에 따르면, 본능들이 경감되고 자극들이 서로 구별되지 않게 된 결과 개연적이지 않은 자극들의 신호작용은 불특정한 "감정충동들"(PAH 192)에 한정된다고 한다. 왜냐하면 그것들은 운동반응을 야기시키는 것이 아니라 행동이 없는 것이기 때문이다. 따라서 빛을 내는 색채들과 비례적인 형태들 그리고 리드미컬한 운동들에 대해서 느끼는 직접적인 쾌감은 생리학적으로 정초된 현상으로서 "생물학적으로 깊게 뿌리내리고 있는 미의 상태tiefe biologische Verwurzelung des Schönen"[210]를 나타내주는 문화불변적인 인간고유의 현상이다.

이 같은 입장에 근거하여 겔렌은 인간학적 미학의 핵심문제를 제기한다. 즉, 미에 대한 쾌감은 어디로부터 연원하는가? 이 문제에 대해 이미 칸트는 설득력 있는 대답을 제시한 바 있다. 그에 따르면, 주체 안에서 쾌감을 일으키는 것으로서 무관심적 만족을 야기시키는 것은 아름답다고 판단된다고 한다. 여기서 칸트는 미에 대한 쾌감을 인간의 인식능력들의 조화로운 유희에 대한 쾌감으로 규정하고 있다. 겔렌은 "개념 없이 보편적으로 마음에 드는 것은 아름답다"라는 칸트의 규정을 "결과 없이 마음에 드는 것은 아름답다schön ist, was folgenlos gefällt"(PAH 197)라는 규정으로 바꿔놓는다. 그가 칸트와 의견의 일치를 보

---

210 Arnold Gehlen: Über einige Kategorien des entlasteten, zumal des ästhetischen Verhaltens, S.69.

는 점은 미적인 만족이 "성찰적인 것의 고유한 특성"을 나타내며 "감정적으로 강하면서 매우 직접적이고 활력적인 […] 매료상태"(PAH 198)를 일깨울 뿐만 아니라 자기경험과 자기인식 역시 장려한다는 생각이다. 따라서 칸트보다 더 나아가 겔렌의 인간학적 미학의 관점에서 볼 때, 중요한 것은 인식능력들 간의 조화로운 작용에 대한 통찰이 아니라, 인간의 완화된 세계개방성에 대한 경험인 것이다:

> 결국 본능의 경감은 세계를 넘어 비개연적인 것의 충만함을 개시하며 이 세계를 아름답게 만들게 된다. 그리하여 인간은 자신의 가장 깊은 곳에 있는 본질적 특징, 본능의 결박으로부터의 해방, 완화 등을 바깥으로부터 체험하게 되는 것이다(PAH 199).

인간은 태고부터 조개, 알록달록한 돌조각과 같은 "비개연적인" 사물들을 수집하였으며, 자신을 꽃과 동물의 깃털로 장식하였고, 몸에 색을 들였다. 그러던 것이 정교하게 재단되고 일정한 형태로 그려진 장신구들의 계획된 생산은 우연적인 자극적 환경을 능동적으로 확장하고 미구별 상태의 동인들을 일정한 목적에 맞춰 자극시킴으로써 비개연적인 것의 수집과 보존을 넘어서게 된 것이다(PAH 200-202). 이러한 변형과정에서 결정적인 것은 대상들의 사회적 기능이다. 말하자면 대상들의 사회적 기능은 의미 있는 형상들에 대해서 기쁨을 느끼도록 자극시켜줄 뿐 아니라 성적인 매력을 인위적으로 증대시키고 "사회적인 차이들을 표시"[211]해주는 데 기여하는 것이다. 겔렌은 이러한 인간학적 미학의 논의들을 통해 자연미의 지각현상들과 장식적 형태의 인위적인 작품들을 조명하는 것이다. 근대예술에서는 새로운 문제들과 요구들이 나타나기는 했지만, 그럼에도 불구하고 근대예술가들 역시 자신들의 작품들 속에서 "비개연적인 자극배열들의 집적지들"(PAH 200)을 만들어놓음으로써 이례적인 형태들과 색채들에 대한 성향을 유지하고 있었다.

---

211 Arnold Gehlen: Über einige Kategorien des entlasteten, zumal des ästhetischen Verhaltens, S.70.

2) 인간학적 미학의 근거로서 인간

겔렌의 인간학적 미학의 한가운데에는 '전체인간'으로서 인간 개념이 자리 잡고 있다. 겔렌은 인간의 보다 높은 능력과 생물학적이고 생리학적인 본성 간의 결합을 근거로 하여 하나의 전체로서의 인간상을 정립하고자 한다. 겔렌에 따르면 다음과 같다:

> 인간은 이성존재Vernunftwesen로서 특징지어지지만, 판타지존재Phantasiewesen라고 해도 맞는 말일 것이다. 그리하여 환경의 직접적인 영향과 압력으로부터 벗어나 그로부터 방법적이고 가변적인 위치전환의 힘을 끌어내는 존재의 경우에 있어서만 고유한 의미의 행동에 대해 이야기될 수 있는 것이다(DM 1, 374).

판타지 내지 상상력은 "모든 인간의 영혼력들 중에서 아마도 가장 연구되지 못한 것"이라는 헤르더의 말을 인용하면서 겔렌은 "인간을 행동으로부터 파악하는 인간학이야말로 판타지의 능력과 의미가 가시화되도록 하는 데 기여할 것"(DM 1, 373)이라고 한다.

그는 우선 상상력을 "과거의 경험들이나 상황들에 근거하여 미래에 일정한 태도를 취하려는 목적으로 유기체 자신이 지나간 상황들을 자신에게 동화시켜 자신 안으로 형성시키는 유기체의 능력"(DM 373)으로 이해한다. 이러한 의미에서 상상력은 동물들에게 존재하는 수동적인 기억능력보다 더 이전의 것으로 이해된다. 반면 판타지는 미래의 상황들을 상상하고 기대들을 형성하며 계획들을 자극하고 이 같은 방식으로 인간을 "직접적인 시공간적 현재의 집게들로부터Klammer der unmittelbaren Raum- und Zeitgegenwart"(DM 374) 해방시킴으로써 능동적인 상상력으로 작용한다. 운동 유형들로부터 언어적 재현에 이르기까지 기본적인 모든 행동들에 있어 판타지에는 구성적 의미가 부여되어 있는 것이며, 이러한 이유로 인해 겔렌은 판타지를 "행동의 속도조절바퀴Schwungrad der Handlungen"(DM 1, 357)로 규정한다.

판타지존재로서 인간은 자기를 형태화시키고 세계를 전유하는 가운데 결국 자기유지를 수행하는 존재이다. 겔렌은 이 같은 존재규정을 보다 더 근본적으로 반성하기 위해 '근원판타지Urphantasie'라는 개념을 끌어들인다. "판타지의 가장 깊은 층위"로서 "소위 사유가능성의 경계에 놓여 있는"(DM 1, 378) 근원판타지 논의의 출발점은 개체발생적 성숙의 과정에서 근친적 동물종들의 개체들에 의해 발전되는 특정한 생리적 징표들을 이전 단계에서 보존하고 있는 발전지체라는 결핍이다. 겔렌의 추정에 따르면, 내분비적 요소들에 의해 저지된 생식력은 본능조절로부터 해방된 미구별상태의 동인들로 발전해나가고자 하는 압박을 산출한다고 한다. "더 많은 삶을 위한 삶의 생식력"(DM379)은 생물학적으로 깊은 층위에 자리 잡고 있어서 상당 정도 의식으로부터 벗어나 있기 때문에, 불특정한 형태화 강제만이, 혹은 "삶의 과정에서 중요한 것과 깊이 연루되어 있는지의 여부가 불분명한 예감" (DM 1, 381)만이 지각되는 것이다. 근원판타지의 기능은 이러한 예감을 "삶에서 잉여적인 것" 내지 "형태화 수준에서 잉여적인 것"(DM 1, 382)의 막연한 이미지들을 통해 자극함으로써, 인간에게 그가 형태화의 필연성에 대한 정확한 목표를 알고 있지 못해도 그 자신이 과제 자체라는 사실이 의식되도록 해주는 것이다. 니체 역시 이 점을 통찰하고 있었다고 하면서 "'우리 자신보다 더 높은 본질을 창조하는 것이 우리의 본질이다. 우리를 넘어서 창조하는 것! 이것이 바로 생식의 충동이며 행위와 작품의 충동이다'"라는 니체의 '초인의 상징'을 인용한다(DM 1, 382). 결국 인간은 단순히 자기유지를 하는 것이 아니라 불특정한 '자기증진Selbststeigerung', '융화Einverleiben와 극복Überwältigen', '추상적인 생물학적 잉여 abstraktes biologisches Mehr'를 수행하는 존재라고 할 수 있는 것이며, 예술은 원칙적으로 파악할 수 없는 메타생물학적인 근원판타지를 구체적인 이미지들을 통해 직접적으로 직관되도록 해주며 근원판타지의 '삶을 자극시키는 힘'을 생산적인 루트들에서 각기 다르게 실현되도록 해주는 것이다.

운동과 감각 판타지에서 이루어지는 기초적인 행동의 조절과 근원판타지를 매개로 이루어지는 주관적인 자기증진 외에도 겔렌은 "기초적 사회기관das elementare Sozialorgan"(DM 1, 376)으로서 다른 생명체들과 타인들에게도 자신을 융화시키는 것을 가능케 해주는 상상력의 상호주관적 기능을 강조한다. 이것은 어린 아이의 개인적인 자아 형성 과정에서만이 아니라 집단적인 정체성 형성 과정에서도 핵심적 기능을 한다고 한다. 1956년 『원형적 인간과 현대의 문화Urmensch und Spätkultur』에서 겔렌은 예술에 의거하여 고대의 제도들의 형성법칙들, 변형법칙들, 기능법칙들의 원리들을 살펴보면서 예술의 기원에 관한 행동철학적인 이론을 전개시켰다. 겔렌에 따르면, 안정적인 사회결사체들은 "의무적 유효성Sollgeltung" 속에서 특정한 행동태도를 인준하고 그런 식으로 사회적인 공동의 삶을 조절하는 의무규범들을 통해 구성된다고 한다. 여기서 기본사상은 이미 『인간Der Mensch』에서 주장된 전제로서, '안정적 질서구조들의 발생에서 목적합리적인 동기들은 이차적인 첨가를 통해 비로소 덧붙여지게 된다'는 것이다. 겔렌에 따르면, 제도들은 이성적인 점유와 의식적인 통제로부터 벗어나서 충동과 욕구의 형태화 과정의 우연적이고 자족적인 부산물로서 안착된다고 한다. 그가 보기에 "개별 인간들에게 확산되는 지속적이고 고정된 구조들"[212]로서 모범적인 제도들은 교회와 국가이며, 보다 넓은 의미에서는 "사회적으로 인준된 행동모범들"[213]에 기초한 소규모 사회집단들과 문화 영역들 역시 여기에 포함된다. 예술 영역 역시 제도적으로 안정화된 구조로서, 오랜 시간에 걸쳐 포괄적인 사회결사체들 속에 뿌리내려져 있는 상태로부터 고유한 문화적 하위체계로 해방되는 과정에서 독자적인 영역을 형성하게 되었다는 것이다.

겔렌에 따르면, 구석기 시대 초의 인간은 전적으로 모방적인 묘사행위들을 "인체 내에" 새겨 넣었던 반면, 거대한 문화적 변동이 이루어졌던 구석기시대 말의 인간은 그러한 묘사행위들을 "물체 내에" 새겼다고 하면서, 이는 마술적인 행위들의 일종으로서 인간의 직접적 의식행위를 대신하여 부담을 덜어주는 역할을 하는 것이었다고 한다. 겔렌이 보기에 마술적 행위의 본질은 마술에 의거하여 특정한 사건들을 야기시켜 외부세계를 실험적으로 조작하는 데에 있기 때문에, 주술수단들로 사용되는 그림들과 조각품들은 자연을 합목적적으로 전유하는 데에로 이르게 된다고 한다. 그러나 마술적 제의에 사용되는 이러한 물질적 모방수단들은 극히 불확실하고 불안정한 것인바, 그 이유는 그것들에는 실제적 변화를 목적으로 하지 않는 제의적인 묘사의 불가침적 효력이 부재하기 때문이다. 마술적 방식이건 제의적이고 모방적인 방식이건 겔렌은 외부세계를 시각적으로 안정화시키는 기능 속에서 구석기시대 말 회화의 중요한 성과와 예술의 인간학적 뿌리들 중의 하나를 발견한다:

이러한 그림작품들은 의무감과 '어떤 것을 만들 필요besoin de faire quelque chose'가 정교화될 수 있었던 제의의 접점들이었다. 말하자면 그것들은 그 자체로 "신적인 본질들"로

---

212 Arnold Gehlen: Urmensch und Spätkultur (1956)(이후로는 US로 약칭), Frankfurt a.M. 2004, S.291.
213 Arnold Gehlen: Moral und Hypermoral (1969)(이후로는 MH로 약칭), Frankfurt a.M. 2004, S.92.

파악되었던 것이다. 개개의 동물은 사라져버리지만, 본질은 지속되는 것이다. 그리고 "지속"이라는 이러한 현저한 표상의 외부적 지지대로서 스스로 지속하는 이미지가 필요했던 것이다(US 171).

기이한 사건들이나 자연현상들 혹은 동물들을 이미지 속에 지속시킴으로써, 구별되지 않은 채로 존재하는 잉여적인 충동들은 지속적이고 상호주관적인 욕구들로 의식되는 것이다. 그리하여 "지속적이고 가상적이며 공통적인 욕구들을 위한 충족 대상들의 지속적이고 가상적인 현존"(US 173)은 인간의 내적인 상태를 이해하는 데에 기여할 수 있었던 것이다.

　그림과 물질적인 대상들에 의거하여 욕구들을 현재화하고 시각화함으로써 원하는 목표가 실현될 수 있는 것이기 때문에, 이미지를 통한 묘사는 '제의적이고 묘사적인 행동'과 '기술적이고 도구적인 행동' 이외에 제 삼의 행동유형인 '충동방향의 역전'에 기여하는 것이라고 할 수 있다. 여기서 충동의 역전이란 자기감정을 민감화시키고 주관적인 체험을 강화시키는 활동들을 말한다. 원래 이 활동들은 외부 대상들로 향하면서도 이러한 외부 대상들을 도구적으로 변화시키지 않는 제의를 내부적 삶의 집단적 자극을 위해 이용하는 활동들이었다. 겔렌은 이러한 '충동방향의 역전'을 제의적 묘사의 탈규범화로 구상하였을 뿐 아니라, 외부세계의 실험적인 변화를 의도하는 기술적이고 도구적인 행동에 대한 보충으로 기획하였다. 고대적인 형태의 충동의 역전들로는 금욕, 춤, 자해행위, 성적인 난음, 알코올이나 독약에 의한 환각상태, 억제력의 해소를 매개로 행복하게 느껴지는 이완감들을 야기시키는 테크닉 등이 언급된다. 겔렌에 따르면, 이 모든 경우들에서 의도되는 것은 주체성의 탈자적 노출로서, 이는 "감정적 성향과 감각적 성향의 과도한 긴장"으로 나타나는바, 이를 통해 "제의의 체험측면인 주관적이고 감정적인 측면은 원래 의도된 목표가 되며"(US 273), 행동들은 "고조되고 해방된 내부세계 속에서"(US 275) 끝나게 되는 것이다.

　결국 이 같은 모습은 현대예술의 경우에도 유사하게, 하지만 보다 극단화된 형태로 나타난다. 겔렌이 보기에 추상회화예술에서 그 어떠한 개념적 의미부여 작용의 의무로부터 벗어나 있는 관찰자는 반성된 의미구성자로서 온전히 자기 자신만을 지시하는 존재로 여겨지는 한에서, 말하자면 다른 그 어느 것도 지시함 없이 오로지 자기 자신만을 지시하는 '자기지시적 존재'로 여겨지는 한에서, 현대예술은 자체의 기본적 좌표체계인 주체성을 순수한 형태로 남김없이 모두 작동시켰다는 것이다. 그리하여 현대예술의 비대상성 속에서 현재적인 일의성 요구에 대립하여 단순한 의미암시에 만족하는 '완화'의 수단이 작용하게 되는 것이다. 겔렌은 추상회화와 현대음악을 아우르는 다음과 같은 결정적인 논증을 통해 자신의 예술관을 명확히 정교화시킨다:

> 그것(추상적 회화)은 겉보기에 색채응시와 형태응시의 경향들을 서로 반대되는 방향으로 밀어내는 것처럼 보일 수 있으며, 그 결과 순수한, 그러면서도 전혀 들어보지 못한 소리가 존재하게 된다. 우연치 않게도 여기서 단어는 소리로 현상한다. 그리하여 우리는 성공적인 경우 우리의 말할 수 없음이 눈을 통해 구제되리라고 생각하게 되는 것이다. 바로 여기서 종종 논의의 장으로 소환되는 음악과 추상회화 간의 유비를 찾아볼 수 있을 것이다. 아무것도 객관화시키지 않고 아무것도 야기시키지 않는 이미지들이 존재한다. 그것들은 감정들 너머의 영역으로부터 오는 것이며 사람들은 그것들을 지각하는 것이다. […] 우리가 '신화적인 명명자Nomothetes'를 부질없이 마냥 기다린다면, 언젠가 회화가 자체의 근본적인 비개념성으로부터 전화위복이 되게 하여 우리로 하여금 세상과 동떨어진 유예된 의미를 예감하도록 만드는 것에 성공을 거두게 될 때 우리는 그것을 환영해 맞이해야 할 것이다. 아마도 마찬가지로 유사하게 설명될 수 있는 것은 우리가 한참동안 현대 전시회들의 폭력적인 비정형성과 색채들의 아우성을 수용했을 때 차츰차츰 생겨나는 특별히 좋은 기분 또는 '즐거운 자유exhilarating freedom'의 감정일 것이다. 우리의 의식과 가까이 있는 신경체계는 너무도 많은 차단과 억제들로 과부하되어 있고 저장된 회로들에 의해 꽉 막혀있는 것은 아닐까? 그리고 눈을 통해 유도된 불분명한 자극들이 '보다 더 개연적인' 상황을 유발시키는 것은 아닐까?[214]

결국 "눈의 합리성"을 극단으로 밀고 나아가, '내부시각적이고inneroptisch, 전술어적인vorprädikativ' 반성과정들이 방출되도록 하는 "망막 – 시선중심주의Netzhaut-Optizismus"[215]로 모든 고착된 의미장악의 시도들을 해소시켜버린 현대의 추상예술에서 겔렌은 현대의 인간학적 미학의 전형을 보았던 것이다.

---

214 Arnold Gehlen: Zeit-Bilder. Zur Soziologie und Ästhetik der modernen Malerei, 3. erweiterte Aufl. Frankfurt a.M. 1986, S.187.
215 Ibid. S.150.

3. '지각학Aisthetik'으로서의 '미학Ästhetik'

I. 서론 – 문제지형

미학이라는 개념만큼 그렇게도 오랫동안 그리고 지속적으로 사람들의 관심을 끌어왔으며 그렇게도 모호하게 그리고 다의적으로 사용되어온 개념도 없을 것이다. 더구나 소비와 향유중심의 소위 '문화적 체험사회'로 일컬어지는 현대 사회에서 소비행태로부터 스타일링을 지나 도시미관에 이르기 까지 모든 사람들이 '미학'을 이야기하고 있다. 한마디로 사람들은 '미학의 붐'을 체험하고 있는 것이다.

그러나 역사적으로 보자면, 본래 미학의 주요 대상 영역이라고 할 수 있는 미, 예술 그리고 감각적 지각의 문제는 다양한 스펙트럼을 이루며 상이한 기반 위에서 다뤄져왔다. 플라톤에게서는 욕망의 지배를 받는 인간의 육체가 미에 관한 성찰이 이루어지는 장이었다면, 중세에는 신적인 것에 대한 감각적이고 영성적인 파악이 중심을 차지하였으며, 근대 계몽주의 이래로 미학은 감각적인 인식과 독자적인 예술작품에 대한 위상정립 위에 자신의 작용기반을 마련하였다. 결국 처음부터 불분명한 학문적 위상으로부터 출발하였던 미학에 대한 관심은 20세기에 들면서 미적인 체험에 대한 탐구에 자리를 내주었다. 이제 미적인 체험은 예술적인 실천과 생활세계적인 실천이 상호 규정을 이루고 있는 시지각과 행동의 주도적인 모티브로서 생각되기 시작하였던 것이다.

20세기 중엽 이래로 철학적 미학은 결정전인 전환의 상황에 놓이게 된다. 감각적인 것과 초감각적인 것 간의 구별 내지는 감각적인 것의 정신화 혹은 정신적인 것의 감각화의 문제가 인간의 육체 자체에 대한 문제로 이행함으로써, 감성의 수행체인 육체가 재평가되기 시작하였으며, 아방가르드 예술가들에 의해 예술적 표현의 가능성이 폭발적으로 확장됨에 따라 표현내용의 매체에 대한 관심 대신 매체의 표현방식에 대한 관심이 예술적 논의의 중심에 위치하게 되었다. 예컨대 말레비치Kasimir Sewerinowitsch Malewitsch의 '검은 사각형'이나 알버스Josef Albers의 '사각형에 대한 경의Homage to the Square'(1965)와 같은 작품에서 그림은 더 이상 무언가를 묘사하는 매개가 아니라, '그 자체로 존재하는 것'으로 생각되었으며, 알버스의 색채연구인 『색의 상호작용Interaction of color』(1963)에서 색의 객관적 사태인 '실제적 사실factual fact'은 이러한 사태가 우리에게 주는 효과 또는 색의 발산인 '현실적 사실actual fact'과 구분되는 것으로 규정되었다. 회화의 영역에서 이루어진 그림 또는 이미지 개념에 대한 문제제기는 쇤베르크Schönberg 이후 음악에서도 동일하게 나타난다. 존 케이지John Cage로부터 다니엘 오트Daniel Ott를 지나 최근의 랩 음악에 이르기까지 고전적인 '형식정전Formenkanon'에 대한 회의와 더불어 음악의 물리적 실재에 대한 관심의 폭이 확대됨으로써 우리의 생활 주변에 실재하는 다양한 소리들이 음악의 영역으로 편입되었다. 이 같은 예술 지형의 근본적인 변혁은 '감성Sinnlichkeit'에 부여되어왔던 철학적 위상만이 아니라 철학적 미학의 가능성 조건 자체에 의문을 제기할 필요성을 야기시키고 있는 것이다.

더구나 20세기 말에 가속화된 '체험사회Erlebnisgesellschaft'의 대두, 새로운 매체들의 등장과 매체지형의 다변화, '시뮬라크르들Simulakren'에 의한 실재 세계의 대체와 같은 '실재의 미학화Ästhetisierung des Realen' 과정들은 우리가 살고 있는 공간과 우리를 둘러싼 환경 모두를 미적으로 상연시키게 됨으로써, 우리의 실재적 삶은 미학화된 실재의 논리에 의해 지배되고 있는 것처럼 여겨지기 시작하였다. 따라서 생산과 소비의 메커니즘에 의거하여 작동되어왔던 자본주의는 이제 미학화된 실재의 추동력인 무한한 욕망의 메커니즘에 내맡기게 되었으며, 기본적인 욕구의 충족에 그치지 않고 그것을 넘어서 현실적 삶의 '연출Inszenierung'을 무한히 증대시켜 자본주의의 새로운 성장발판을 마련해주고 있는 욕망의 메커니즘은 욕망의 대상과 주체를 끊임없이 옮겨 다니며 자신의 대리자들인 가시화된 이미지들의 범람을 산출하는 문화생산의 기본 패러다임으로 자리 잡게 된 것이다.

예술의 지형에서나 현실의 지형에서 터져 나온 이 같은 현상들은 지금까지 '지성적인 판단의 이론'으로 혹은 '예술적 취미의 이론'으로 여겨져 왔던 철학적 미학으로 하여금 감성 내지는 감각적 실재와 이미지 일반을 다루는 새로운 학문범주에 자리를 내주거나 아니면 근본적인 자기변혁을 이루거나 하는 기로에 서도록 만들고 있다. 이 같은 문제인식에 의거하여 최근 몇몇 학자들은 이미 미학 패러다임의 변화와 관련된 논의들을 진행시키고 있다. 특히 독일 문화학 진영 내에서 새롭게 제기되고 있는 미학 논의는 기존의 철학적 미학의 한계를 극복하면서 문화학 연구의 이론적 토대를 정립시키려는 방향으로 나아가고 있다. 따라서 이 장은 전통적인 의미의 '미학Ästhetik'을 '지각학Aisthetik'으로 정립함으로써 기존의 철학적 미학을 수정 내지는 확대발전시키고자 하는 최근의 논의들을 살펴보면서 '지각학으로서의 미학'이 갖는 결정적 전환의 의미를 각각의 논의들 내에서 잠정적으로 추론해보는 동시에, 각각에 대한 비판적 점검 및 비판적 보충을 통해 그 실현 가능성 조건을 모색해보고자 한다.

II. Ästhetik or Aisthetik?

미학의 새로운 패러다임 창출을 목표로 최근 들어 몇몇 연구자들은 전통적인 의미의 '미학Ästhetik'의 보완 내지는 확대발전 혹은 더 나아가 미학의 일반 '지각학Aisthetik'으로의 전환과 관련하여 연구를 진행시키고 있다.[216] 그중 대표적인 연구자들로서는 게르노트 뵈메Gernot Böhme, 볼프강 벨쉬Wolfgang Welsch, 마틴 젤Martin Seel 등을 들 수 있다.[217] 물론 이들 상호 간에 본격적인 이론적 접전이 이루어지지 않았으며, 이들을 하나의 맥락에서 다루고 있는 논의들로 없다. 이들의 시도들 외에도 보다 더 다양하면서도 집중적인 논의들이 이루어져야 한다는 당위와는 별도로, 다양한 문화적 논의들이 고유한 미학적 틀의 부재 속에서 분산적으로 이루어지고 있는 현재의 상황에서 이들의 이론적 입장들 각각이 갖는 함의를 미학의 패러다임에 대한 새로운 모색이라는 문제의식의 맥락에서 해명하고 이에 대한 비판적 검토를 수행하는 것은 의미 있는 일이며, 또한 이를 통해 미학의 현재적 위상에 대한 논의 기반을 마련하는 작업이 이루어질 수 있을 것이다. 따라서 이 장에서는 아직은 시작단계에 있는 지각학으로서의 미학의 가능성 조건들을 정초시키는 논의들에 대한 이해와 이에 대한 비판적 검토가 논의의 중심을 이루며, 학자들에 의해 현재까지 이루어진 논의 수준 자체가 아직은 시도단계에 있기 때문에 일정하게 규정된 맥락하에서의 새로운 미학 패러다임에 대한 본격적인 논의는 차후의 과제로 남아야 할 것이다.

---

216 1990년대 초 중반부터 독일에서는 철학, 사회학, 정치학, 매체이론, 디자인, 신경생리학, 학문이론, 개별 예술 영역 등과 같이 다양한 영역의 학자들이 전통적인 미학의 틀을 넘어서고자 하는 학제적 연구를 위한 심포지엄이 개최되었다(Wolfgang Welsch (Hrsg.): Die Aktualität des Ästhetischen, München 1993).

217 물론 이들 이외에도 활발하게 현대의 문화현상들에 대한 미학적 분석을 시도한 이들로 노베르트 볼즈Nobert Bolz 와 빌렘 플루서Vilem Flusser 등을 언급할 수 있을 것이다.

1) 게르노트 뵈메

1990년대 말부터 '새로운 미학'[218]의 가능성을 연구해온 게르노트 뵈메는 인간의 인식능력의 질서에 미학을 편입시켜 인간의 자기이해의 공통근거에 기초한 미학을 주창한 칸트와 객관적 정신의 질서에 미학을 편입시켜 역사철학적이고 형이상학적인 전제에 근거한 미학을 주창한 헤겔로부터 거리를 두면서, 전통적으로 미학적 논의들에서 중심적인 역할을 했음에도 불구하고 부수적으로만 다뤄져 왔던 '감성' 내지는 '인간의 육체성'에 주목하여 감성을 체현하는 육체적인 현존방식으로서 '지각'의 문제를 새로운 미학의 중심에 위치시킨다.

이를 위해 그는 무엇보다 미학에 최초로 학문적 이론의 위상을 부여하였던 바움가르텐을 새롭게 조명하고자 한다. 그에 따르면, '감성적 인식의 이론으로서의 미학'을 주창한 바움가르텐의 논의는 "결코 완전히 전개되어 체계적으로 다듬어진 것이 아니라 그의 계승자들에게서 예술과 예술경험 그리고 예술작품에 관한 이론이 되어버렸다"[219]고 한다. 본래 바움가르텐은 "감각적 인식이 판명한 인식의 근거"[220]이며, "미학의 목표는 감각적 인식 그 자체의 완전성으로서, 이것은 바로 미이다Aesthetices finis est perfectio cognitionis sensitivae, qua talis. Haec autem est pulcritudo"[221]라고 주장하였음에도 불구하고, 이러한 주장이 지니는 함의가 제대로 입증되지 못했다는 것이다. 특히 후자의 주장에서 바움가르텐은 한편으로 미를 인식의 대상이 아니라 인식 자체에 부여함으로써, 미적 판단으로서의 취미판단의 근거를 대상이 아니라 다양한 인식능력들의 종합적 작용 속에서 찾고자 한 칸트를 선취하였으며, 다른 한편으로 미학의 고유한 역할을 판명한 인식에 도달하기 위한 보조적 작용이 아니라 감각적 인식 그 자체의 완전성에서 찾고자 함으로써, 감각적 인식만의 고유한 완전성을 해명하려고 하였다는 것이다.

---

218 대표적 연구서들로는 『Für die ökologische Naturästhetik』(Frankfurt a.M. 1999), 『Atmosphäre. Essays zur neuen Ästhetik』 (Frankfurt a.M. 2000), 『Aisthetik. Vorlesungen über Ästhetik als allgemeine Wahrnehmungslehre』(München 2001) 등이 있다.

219 Gernot Böhme: Aisthetik. Vorlesungen über Ästhetik als allgemeine Wahrnehmungslehre(본문에 자주 인용되는 관계로 본문에 인용 시 Böhme 2001로 약칭), München 2001, S.12.

220 Alexander Gottlieb Baumgarten: Texte zur Grundlegung der Ästhetik, übers. und hrsg. von H. R. Schweitzer, Hamburg 1983, S.80.

221 Alexander Gottlieb Baumgarten: Theoretische Ästhetik. Die grundlegenden Abschnitte aus der 'Aesthetica' (1750/58), Übers. u. Hrsg. v, Hans Rudolf Schweizer, Hamburg 1988, S.11.

그러나 뵈메에 따르면, 바움가르텐의 이 같은 감각적 인식 고유의 완전성에 복무하는 미학 개념 및 인식적 미 개념은 그의 계승자인 마이어Georg Friedrich Meier(1718-1777)에게서 객관적 미 개념으로 전도되었다는 것이다. 즉, 마이어에게서 예술작품은 감각적 인식의 객관화 형태로 규정되었으며, 이러한 객관화의 대표적 형태가 바로 예술작품이라는 것이다. 따라서 애초부터 "감각적 인식의 이론으로 구상되었던 미학은 예술작품의 이론"(Böhme 2001, 17)으로 변화되었으며, 이 과정에서 내용적으로 중요한 두 가지 요소, 즉 감각적 실재의 총체인 '자연'과 "오늘날 디자인이라고 부르는 영역, 즉 일상적 삶의 미적인 형상화"(Böhme 2001, 17)가 상실되었다는 것이다. 그리하여 뵈메는 디자인과 자연 그리고 예술을 포괄하는 '새로운 미학'을 구축하고자 하는 것이다.

우선 일상적 삶의 미적인 형상화로서의 디자인 개념은 예술 및 예술경험에 국한되어 예술비평을 위한 개념적 도구로서 기능해온 고전적 미학의 잣대로는 평가될 수 없는 새로운 영역이다. 한편으로 제3제국에서의 정치의 미학화를 기점으로 시작되어 20세기 말 탈영토적이고 탈중심적인 세계질서의 재편을 기반으로 광범위하게 전개되었던 '시뮬라크르에 의한 실재의 대체'와 다른 한편으로 메시아적 희망을 내세우며 세계화 네트워크를 주창하는 '질적으로 새로운 매체들의 등장'으로 인해 매체적 가상세계가 인간의 현실적 삶이 영위되는 곳으로 여겨짐으로써, '실재의 미학화Ästhetisierung des Realen', 다시 말해 실재적 삶의 수단과 장소의 연출적 재현이 이루어지게 된 것이다. 그 대표적인 예가 후기 자본주의 사회에서 전형적으로 나타나는 상품의 사용가치의 새로운 경향이다. 다시 말해 대량생산/대량소비의 시대에 상품은 본래적인 사용가치의 영역을 넘어 "특정한 라이프 스타일의 연출"(Böhme 2001, 21)에 기여하는 새로운 의미의 사용가치를 창출함으로써, 무한한 욕망의 경제라는 '미적인 경제ästhetische Ökonomie'가 형성되었던 것이다. 그리하여 이제 '연출적 가치'가 지배적인 미적인 경제는 "디자인, 미용, 광고, 건축, 도시계획, 조경 등의 전문분야들"을 비롯하여 "텔레비전과 대량통신수단 대부분"(Böhme 2001, 22)의 영역들에서 전반적으로 관철되고 있는 것이다. 따라서 새로운 미학은 이 같은 실재의 미학화로서의 디자인을 담아낼 수 있는 개념 틀을 마련하는 동시에 자칫 비가시적 파시즘의 모습을 띠고서 맹목적 권력화로 흘러버릴 수도 있는 실재의 미학화의 자기 권력화에 대해 비판적 긴장의 끈을 놓지 말아야 하는 것이다.

새로운 미학의 두 번째 중심요소는 고전미학에 의해 예술적 관찰의 대상으로만 여겨져 왔던 자연의 영역이다. 뵈메에 따르면, 생태계 및 인간의 자연적 생활조건들의 파괴와 인간 자신의 육체에서 발견되는 그 같은 파괴의 징후들은 더 이상 자연을 예술적 관찰의 대상이나 자연과학적 대상이 아니라 "우리에게 감지되는 자연Natur für uns"(Böhme 2001, 23)으로 파악해야 할 필요성을 야기시키고 있다고 한다. 다시 말해 인간의 '정신적 상황Befindlichkeit'과 직접적으로 결부되어 있는 자연은 도구적이거나 실험적인 관찰의 맥락이 아니라 인간에게 육체적이고 정감적으로 작용하는 감각적 경험의 맥락에서 이해되어야 하는 것이다. 이 같은 이해를 가능케 해줄 수 있는 미학을 뵈메는 '생태 환경적 자연미학die ökologische Naturästhetik'이라고 규정한다. '지각론으로서의 미학Ästhetik als Wahrnehmungslehre'으로 규정될 수도 있는 생태 환경적 자연미학은 '과연 우리가 주위환경의 특성을 우리 자신의 육체에서 어떻게 감지하는가?'라는 물음으로부터 시작하여 감지의 현존성에 다름 아닌 지각작용의 체계를 해명하고자 하는 것이다.

새로운 미학의 마지막 세 번째 요소인 예술의 영역은 주로 20세기 예술과 연관되며, 그 중에서도 이미지, 그림, 형상 등의 함의를 지니는 'Bild' 개념과 관계된다. 앞서 언급된 바 있듯이 아방가르드 예술 이래로 'Bild' 개념은 더 이상 무언가를 의미하거나 지시하는 기호라기보다는 그 자체로 고유한 역학을 갖고서 일정한 효과를 야기시키는 독자적 존재로 생각되었다. 무언가를 진술하거나 묘사하지도 않으며 무언가를 의미하지도 않은 채 고유한 현실성을 지니면서 존재하는 이미지들은 실재와 가상의 경계에 대해 끊임없이 문제제기를 하면서 고전적 예술이해의 틀을 넘어서고 있는 것이다. 아직은 명확하게 규정되지 못하고 있는 '이미지들의 세계'는 현재로서는 '물질성', '육체성', '분위기적인 것' 그리고 '사건'과 같은 예술적 대상이자 효과들을 통해 잠정적으로 파악될 수 있다. 즉, 그림의 예술 작품적 특성이 지각과정에서 비로소 실현되고, 음악의 예술성 역시 공간의 분위기적인 울림 속에 존재하게 되며, 문학작품의 의미 역시 다양한 의미들 간의 결합작용 속에서 생성되듯이, 현대예술을 이해하고 규정하는 데 있어 지각작용의 '실재적 양태들'은 결정적인 작용을 하는 것이다.

결국 실재의 미학화로서의 디자인, 육체적 감지의 현존성에 관여하는 자연, 지각작용을 통해 실현되는 예술 등을 포괄하는 뵈메의 새로운 미학은 "현존성의 분위기적 감지das atmosphärische Spüren der Anwesenheit"(Böhme 2001, 42)라는 지각의 기본 현상을 근간으로 하여 감각적 지각의 특수한 형태들을 도출하는 동시에 감각적 경험의 근원적 통일이라고 할 수 있는 "공감각Synästhesie"(Böhme 2001, 43)을 정초하고자 함으로써, 전통적 미학을 보충하는 동시에 미학의 새로운 패러다임을 모색하고 있는 것이다.

2) 볼프강 벨쉬

80년대 포스트모던 논쟁의 한가운데서 중심적인 역할을 담당하면서 포스트모던 이론가로 알려졌던 볼프강 벨쉬는 80년대 말 90년대 초부터 미학의 감각론적 전환 가능성에서 더 나아가 '보다 일반적인 의미에서의 미학'에 대해 연구해왔다.[222] 그는 미학을 감각론적 지각학보다 더 일반적으로 정립시키기 위해 감각적 지각을 비롯하여 정신적인 지각, 생활세계적 지각 그리고 예술적 지각을 모두 포괄하는 통합적 지각학의 가능성을 모색하고자 하였다. 이러한 노력의 기저에는 그 어느 누구보다도 근본적이라고 할 수 있는 미학적 관점이 자리 잡고 있다. 즉, 그는 "의미란 궁극적으로는 감각적 의미"[223]에 다름 아니라고 하면서 지각과 사유의 관계를 새로이 정립하고자 하는 것이다. 그에 따르면, 보편적 지각학으로 규정될 수 있는 '미학적 사유Ästhetisches Denken'는 다음과 같이 세 가지 층위에서 규정될 수 있다고 한다. 첫 번째 층위에서 미학적 사유는 "지각과 관찰들로부터 출발하여 이것들에 의거하여 현실의 파악이 전체적으로 어느 정도나 가능해지게 되는지를 반성적으로 점검하는"(Welsch 1990, 223) 사유라고 할 수 있다면, 두 번째 층위에서 미학적 사유는 "미적으로 구성되어 있는 오늘날의 현실을 인식할 수 있는 적합한 수단"(Welsch 1990, 223)이라고 할 수 있다. 마지막으로 세 번째 층위에서 미학적 사유는 오늘날과 같이 전 세계적으로 진행되는 미학화 과정에서 "미학화Ästhetisierung가 무감각화Anästhetisierung로 전도될 위험"(Welsch 1990, 224)에 대해 비판적 긴장을 늦추지 말아야 하는 것이다.

이 같은 기본적인 문제의식에서 출발하는 벨쉬는 무엇보다 오늘날 미학이 더 이상 감각

---

[222] 대표적 저서들로는 『Aisthesis. Grundzüge und Perspektiven der Aristotelischen Sinnenlehre』(Stuttgart 1987), 『Ästhetisches Denken』(Leipzig 1990), 『Grenzgänge der Ästhetik』(Leipzig 1996) 등이 있다.

[223] Wolfgang Welsch: Ästhetisches Denken(본문에 자주 인용되는 관계로 본문에 인용 시 Welsch 1990로 약칭), Leipzig 1990, S.219.

적 현상들의 학문적 규정에 국한되지 않고 "이러한 현상들 자체의 구조"(Welsch 1990, 10) 로서 사용되고 있다는 사실에 주목한다. 즉, 그가 보기에 감각적 인식 내지는 '미적인 사유 ars pulchre cogitandi'로 규정되었던 전통적 의미의 미학의 자리에 실재적 현상들 내지는 비 물질적 계기를 체현하는 미학이 들어서 있는 것이다. 따라서 그는 전통적인 의미의 '미학 Ästhetik'이라는 개념에 쌍을 이루는 개념으로서 의학적인 함의를 지니는 '무감각학 Anästhetik'이라는 개념을 사용한다. 그에 따르면, 전통적 의미의 미학이 주로 '감지능력', 다 시 말해 인식적 측면과 관계된다면, 무감각학은 감지 그 자체, 다시 말해 "미적인 것의 기 초적인 조건인 감지능력이 지양되어 있는 상황"(Welsch 1990, 10)으로서, 육체적 무감각으 로부터 정신적 맹목에 이르기까지 감수성이 상실되거나 불가능해지게 된 상황과 관계된 다는 것이다.

이미 오도 마르크바르트Odo Marquard에 의해 사용된 바 있는[224] '무감각das Anästhetische' 개 념은 벨쉬에게서는 미학 개념의 어원인 'Aisthesis' 개념에 대한 포괄적 규정과 결부되어 보다 확장적인 의미로 사용된다. 그에 따르면, 'Aisthesis'는 "감지Empfindung나 지각Wahrnehmung, 감 정Gefühl이나 인식Erkenntnis"(Welsch 1990, 11)과 같이 이중적인 함의를 지닌다고 한다. 그러 나 전통적인 미학은 지각이나 인식과 같이 인지적인 측면만을 다루어왔으며, 감지나 감정 과 같은 다른 한 측면은 도외시되어 왔던 것이다. 따라서 미적인 것의 기초층위이자 조건 내지는 한계로서 감지와 감정은 경계걷기로서의 미학의 고유한 작용기반으로서 무감각학 에 의해 복구될 수 있는 것이다.

이러한 무감각학의 전형적인 징표로서 벨쉬는 인간의 자연적 감각욕구를 넘어서는 근 대 건축과 끝없는 욕망의 메커니즘에 의해 의미 없이 반복되는 포스트 모던적 소비사회에 서의 '쿨한 태도Coolness'를 든다. 특히 현대에 일반화되어가고 있는 세계의 매체화는 무감 각화로서만 이루어지는 미학화의 전형이라고 할 수 있는 현상인 것이다. 왜냐하면 "매체 화된 이미지 세계가 고유한 현실로 부상되면서, 이를 통해 […] 인간은 전적으로 이미지적 인 동시에 창문이 없는 개체의 의미에서의 단자로 변형"(Welsch 1990, 16)되어가고 있기 때

---

224 오도 마르크바르트는 『Aesthetica und Anaesthetica. Philosophische Überlegungen』(Paderborn 1989)에서 미학과 무감각학 을 포괄하는 미학을 통해 미적인 예술만이 아니라 비미적인 현실 역시 고찰될 수 있다는 입장을 취하였다. 그러 나 벨쉬와 마르크바르트의 차이는 마르크바르트가 예술을 고통스러운 현실을 잠재워주는 미적인 마취제로 규정 하면서 예술의 현실적 작용을 거부한 반면, 벨쉬는 미적인 것의 현실구성적 측면을 강조하고 있는 것이다.

문이다. 따라서 이미 "비본래적이고 부차적이며 가상적이고 무미건조한 실재로 전락해버린 본래적이고 구체적인 현실에 대한 접촉부재 내지는 무감각한"(Welsch 1990, 16) 상태, 즉 본래적인 실재에 대한 무감각화는 오늘날의 미학이 직면한 가장 중요한 자기 기반이자 새로운 미학의 가능성 조건이기도 한 것이다. 그렇다면 벨쉬의 이 같은 무감각학은 새로운 미학의 정립에, 혹은 더 나아가 오늘날의 미학화 경향에 어떠한 의미를 지니는 것인가?

벨쉬는 우선 미학과 무감각학이 이루는 변증법적 관계를 역사적으로 재구성한다. 그에 따르면, 철학의 시초부터 18세기에 이르는 소위 '형이상학의 시대'에는 미학으로부터 무감각학으로 나아가고자 하는 경향이 지배적이었다고 한다. "죽음을 배우는 과정으로 철학을 규정하고자한 플라톤"(Welsch 1990, 24)이나 "자신의 형이상학을 감각세계에 대한 분석으로부터 얻어내고자 한 아리스토텔레스"(Welsch 1990, 25)에게서 공통된 점은 "감각적 본질로부터 […] 초감각적이고 무감각적인 본질로의 상승"(Welsch 1990, 24)이라는 것이다. 또한 스토아 주의자들은 '무감각Apathie'과 '평정Ataraxie'을 추구했으며, 칸트 역시 법칙제정적인 오성의 체계를 이루고자 했다. 그러나 스토아 주의자들의 시도는 감성의 영역을 위한 것이었으며, 칸트에게서 감성은 "법칙제정적인 오성의 사용을 위해 가공될 수 있는 재료"[225]였다는 점에서, 한마디로 말해 감각적인 것과 완전히 결별한다는 것 자체는 유한한 존재인 인간에게 가능한 것일 수 없기 때문에, 형이상학자들은 무감각학을 지향하는 미학자일 수밖에 없었던 것이다.

형이상학의 시대에 비해 18세기부터 20세기에 이르는 근대는 완성된 미학화를 통해서만 완전한 인간존재가 구현된다고 생각되던 시기였다. '결핍과 잘못된 강제사회의 징후'인 무감각학과는 달리, 바움가르텐의 '영원한 통일의 새로운 동맹', 쉴러의 '유희와 가상의 즐거운 왕국', 헤겔의 '인류의 궁극적으로 가장 위대한 작품' 등으로 인식되었던 미학은 이성의 최고의 행위가 실현되는 곳으로 여겨졌다. 19세기 말과 20세기에 들면서 이러한 미학화 경향은 변형과 쇄신을 반복하면서도 계속해서 유지된다. 바그너에게서 미적 이상은 예술의 전 장르를 포괄하는 '전체 예술작품'의 형태로 나타났다면, 베르크분트Werkbund와 바우하우스Bauhaus 일원들에게서는 야만적 산업화에 대항하여 전체 사회를 예술적으로 쇄신하

---

225 Immanuel Kant: Anthropologie in pragmatischer Hinsicht (1798), Immanuel Kant Werke Bd. XI, hrsg. v. Wilhelm Weischedel, Insel Verlag, Wiesbaden 1956, BA 32.

고자하는 시도가 이루어졌으며, 이러한 경향은 20세기 중반까지 계속되었다. 그러나 이 같은 근대의 미적 절대주의는 파편화와 해체 같은 대립적 경향에 의해 좌초될 수밖에 없었다.

이 두 시기와 결별하지 않으면서 긴장을 유지하는 포스트모던 시대는 한마디로 미학과 무감각학이 결합하여 상호작용을 하고 있는 시기라고 규정될 수 있다. 벨쉬는 포스트모던 시대에 대한 역사적 규정에서 비로소 미학과 무감각학 간의 변증법적 관계를 규정하고자 한다. 벨쉬에 따르면, 근대의 총체적으로 미적인 유토피아와는 달리 포스트모던 시대의 문화는 "사각지대의 문화Kultur des blinden Flecks"(Welsch 1990, 38)로 규정될 수 있는바, 이러한 무감각의 문화를 테마화시키는 것에 오늘날의 미학의 과제가 놓여 있다고 한다. 그 이유는 오늘날 우리가 살고 있는 시대는 "모든 현실적인 것의 허구적 특성을 주장한 니체의 테제가 점차로 설득력을 얻고 있는 시대"(Welsch 1990, 57)에 다름 아니기 때문이다. 현실이 점점 더 허구적인 것이 됨으로써, 다시 말해 이미지적 가상이 됨으로써, 이제 미적인 사유야말로 '실재적인 사유realistisches Denken'로 간주될 수밖에 없다는 것이다. 따라서 매체들에 의해 매개적으로 생산되고 끊임없이 재생산되는 것만이 실재적인 것으로 간주되며 텔레 – 비주얼한 지각이 지배적인 시대에 "지각될 수 없는 것에 대한 지각", 혹은 "직접적인 지각의 경계들과 차안"(Welsch 1990, 67)의 함의를 지니는 무감각적인 것은 새로운 미학의 본질적인 추동력이며, 이것과 씨름을 벌이는 것에 새로운 미학의 존재근거가 놓여 있는 것이다. 결국 벨쉬는 미학과 무감각학이 서로 교차되고 뒤섞이며 변증법적인 관계를 맺고 있는 보다 일반적인 의미에서의 미학을 통해 "차이들의 결합과 이질성 내의 이행들을 위한 새로운 모델들과 지각형태들"(Welsch 1990, 72)을 계발함과 아울러 '횡단적인 미적 이성transversale ästhetische Vernunft'[226]을 새로이 정초하고자 하는 것이다.

3) 마틴 젤

뵈메나 벨쉬와는 달리 마틴 젤은 지각학으로서의 미학의 이념과 거리를 두면서 자신의 고유한 미학체계를 주장해왔다.[227] 그가 미학을 경험적으로 기초 짓는 것에 대해 거부하는

---

226 Wolfgang Welsch: Vernunft. Die zeitgenössische Vernunftkritik und das Konzept der transversalen Vernunft, Frankfurt a.M. 1996, SS.485-512.

227 대표적 저서들로는 『Eine Ästhetik der Natur』(Frankfurt a.M. 1991), 『Die Kunst der Entzweiung. Zum Begriff der

이유는 미학이 지각학을 통해 확대될 경우 예술의 특수성이 더 이상 규정될 수 없을지도 모른다는 우려 때문이었다. 그러나 정작 그는 최근의 저서인 『현상의 미학Ästhetik des Erscheinens』에서 예술의 영역이 단순한 현상 내지는 분위기적 현상의 영역과 구분됨으로써 비로소 고유한 모습을 드러낸다고 주장하면서 미학을 현상 그 자체의 영역으로 확장시키고 있는 것이다. 그러면서 그는 미적인 것이 특수한 지각, 즉 현상하는 것 그 자체 내지는 자기 고유의 삶의 '지금 여기Hier und Jetzt'를 대상으로 삼는 미적인 지각에 부합된다고 강조한다. 결국 그는 미학을 일반적 지각이론으로 다루고 있지는 않지만, 미적인 지각이론으로 정립시키려고 하고 있기는 한 것이다.

기존의 거대담론들에 기대지 않으면서 "오늘날 미적인 자연지각의 가능성에 대한 체계적이고 규범적인 서술"[228]을 시도하는 젤은 새로이 구축되어야 할 자연미학을 "선한 삶의 보편적 윤리의 부분"으로 규정하면서 "인간의 범형적 삶의 가능성"(Seel 1991, 10)을 간직하고 있는 자연미에 주목한다. 그에 따르면, 기본적으로 고대로부터 근대까지 미학의 대상으로서 자연에 대한 직관은 "상기를 통해 자연의 고유한 상태에 참여하는 것, 즉 우주적 질서를 인지하고 신적인 자연의 책을 읽어내며 이데아들을 바라보는 것, 혹은 주체가 초 감성적 본질들과 조우하는 것"(Seel 1991, 15)으로 이해되어 왔다고 한다. 따라서 근대적인 의미의 자연미학은 아직 없다고 해도 무방할 것이다. 그렇다면 젤이 생각하는 새로운 의미의 자연미학은 무엇인가?

젤은 우선 자연에 대한 미적 고찰의 역사를 해석학적 지평에서 재구성하면서 세 가지 기본 모델을 추론해낸다. 그 하나는 "아름다운 자연을 활동적 행위에 대한 행복한 거리두기의 장소"로 이해함으로써, 자연미를 지각하는 행위는 "삶의 과업들로부터 성찰적으로 거리를 두는 행위ein Akt der kontemplativen Abwendung von den Geschäften des Lebens"(Seel 1991, 18)로 파악된다. 전통적으로 미적인 성찰은 '지적 직관intellektuelle Anschauung', 다시 말해 초감성적 의미의 현상으로 간주되었다. 이론적 성찰의 모델에 따라 수행된 미적인 성찰은 감각과 세계의 질서로부터 거리를 두면서 수행되었을 뿐 아니라, 이론적 성찰과도 분리된

ästhetischen Rationalität』(Frankfurt a.M. 1997), 『Ästhetik des Erscheinens』(München 2000) 등이 있다.

228 Martin Seel: Eine Ästhetik der Natur(본문에 자주 인용되는 관계로 본문에 인용 시 Seel 1991로 약칭), Frankfurt a.M. 1991, S.9.

채로 존재하였다. 이렇듯 이미 역사적으로 고착된 두 가지 성찰 간의 분리로부터 젤은 이론적 성찰과 미적인 성찰을 다시 통합하고자 하는 것이 아니라, 이론적인 성찰로부터 떨어져나온 "세속적인 의미의 미적 성찰"(Seel 1991, 72)에서 순수하게 미적인 성찰의 가능성 근거를 발견한다.

반면 두 번째 모델에서는 아름다운 자연이 "인간의 실천이 직관적으로 성취되는 장소"로 이해되며, 따라서 여기서 자연미의 지각은 "자기 고유의 삶의 상태를 대응적으로 현재화시키는 행위(ein Akt der korresponsiven Vergegenwärtigung der eigenen Lebenssituation"(Seel 1991, 18)로 파악된다. 젤에 따르면, 미적인 대응과 관련하여 전통적으로 중요시되어 왔던 것은 "감각적 자연의 인식과 인정이었지, 그것에 대한 감각적 표현 자체가 아니었다"(Seel 1991, 120)고 한다. 말하자면 인간과 자연의 대응은 "시간적 제약이 없는 의미와의 감각적 접촉"(Seel 1991, 120)으로 이해되어왔던 것이다. 그러나 감각적으로 분절되어 일정하게 규정된 자연에 대한 경험은 반드시 자연의 본질적 특성에 대한 이해로서 수행되는 것은 아니다. 말하자면 자연의 풍부한 의미화 가능성을 설명하기 위해서 필연적으로 자연의 초시간적인 언어적 체계가 전제되어야만 하는 것은 아니라는 것이다. 헤겔의 사유모델과 유사하게 젤은 미적인 대응을 "인간의 형상화된 삶의 가능성이자 형상화하는 삶의 가능성"(Seel 1991, 132)으로 파악하고자 한다. 자연에 대한 미적인 지각은 자연 속에서 형상화된 것이 동시에 형상화 작용을 수행하고 있는 것이기도 하다는 사실을 지각하는 것이며, 따라서 자연의 형태들은 "삶의 상호주관적 기획들에 대한 해답으로서 일어나는 것이다"(Seel 1991, 132).

마지막 세 번째 모델에서 아름다운 자연은 "인간 세계를 비춰주는 이미지적 거울"로 나타남으로써, 자연미의 지각은 "세계 속에 있는 존재를 상상적으로 해석하는 행위(ein Akt der imaginativen Deutung des Seins in der Welt"(Seel 1991, 18)로 파악된다. 전통적으로 규정되어 온 예술과 자연 간의 연관을 한마디로 요약하자면, "예술의 자연적 가상은 자연의 예술적 가상에 부합된다"(Seel 1991, 164)는 것이다. 다시 말해 "상상적인 자연은 예술작품의 내적인 생동성의 모범이며, 반면 예술작품의 상상은 자연에 대한 풍부한 상상의 모범"(Seel 1991, 165)이라는 것이다. 칸트와 아도르노에게서 관철되고 있는 이 같은 자연과 예술 사이의 대화로부터 젤은 "상상적인 자연 지각이 미적인 예술지각의 순수한 형식"(Seel 1991,

169)이라는 결론을 끌어낸다. 즉, "예술작품의 자연적 가상은 예술의 성공을 위한 조건"이며, 상상적 자연지각을 통해 "일깨워진다"(Seel 1991, 169)는 것이다. 그리고 바로 이러한 후자의 의미에서, 즉 예술의 자연적 가상이 이해되거나 파악되는 것이 아니라 일깨워진다는 의미에서, 상상적 자연지각은 기존의 성공한 예술형식들의 '모방'이 아니라, "앞으로의 예술생산과 고찰의 예감"(Seel 1991, 169)이 되는 것이다. 결국 '성찰과 대응 그리고 상상'은 예술과 자연의 관계와 관련하여 전통적인 미학들을 일정하게 범주화시키는 동시에 자연에 대한 미적 지각 일반을 규정할 수 있는 세 가지 기본 개념들이자 기본 국면들인 것이다.

젤은 미학의 역사로부터 추론된 이러한 기본 개념들을 기반으로 새로운 자연미학의 대상인 자연개념을 규정한다. 그에 따르면, 미적인 자연지각의 대상은 단순히 자연 그 자체가 아니라, "감각적으로 지각 가능한 인간의 생활세계적인 현실 영역"(Seel 1991, 20)으로서 다음과 같이 세 가지 국면들을 검토하는 과정에서 규정될 수 있다고 한다. 첫째, 자연의 변화 상황들과 생산 과정들이 인간에 의해 이루어지는 것이 아니라는 점에서 자연은 "독자적eigenmächtig이다"(Seel 1991, 21). 그러나 '자연의 독자성'이라는 규정은 자연에 대한 미적인 관심을 논하기에는 너무 다의적인 규정이다. 만일 자연의 독자성이 자연과학적인 합법칙성의 관점에서 이해된다면, 자연 대상과 인공 대상의 차이 말고도 자연적 삶의 영역과 비자연적 삶의 영역 간의 차이 역시 해소될 수 있는 것이다. 자연과 인간이나 실제적 사태와 인공적 사태는 모두 "자연의 물리적이고 화학적인 법칙들"(Seel 1991, 22)의 지배하에 놓여 있으며, 이렇듯 "방법적으로 객관화된 자연"(Seel 1991, 22)은 인간의 감각들에 의해 지각 가능한 것이다. 따라서 자연은 '감각적으로 지각 가능한 것'이라고 할 수 있다. 그러나 감각적 지각 가능성 역시 인간 삶의 실제 현실이 아니라 이론적인 구성의 기초라는 함의만을 지니기에, 이때의 자연은 "변화나 파괴로서 지각될 수 있는 모든 경우들에서 여전히 변화나 파괴 없이 존재하는 것"(Seel 1991, 22)으로 정의될 수 있을 뿐이다. 미적인 판단에서 우리의 관심의 대상이 되는 것은 변화나 파괴의 가능성이 있는 자연이며, 이러한 자연에 대해 우리는 합법칙적으로 객관화된 관계가 아니라 "생활 세계적이고 실천적인 관계"(Seel 1991, 22)를 맺는 것이며, 바로 여기서 미적인 자연이해의 대상으로서의 자연은 "자연생장적인 형상들의 감각적 다양성 속에서 모습을 드러내는 것이다"(Seel 1991, 22). 말하자면 자연은 '자연의 생활 세계적 현존성'으로 규정될 수 있는 것이다. 결국 자연의 생활

세계적 현존성을 고유한 대상으로서 삼고서 성찰과 대응과 상상이라는 세 가지 미적 지각 방식을 통해 젤의 자연미학이 추구하는 것은 특정한 미적 판단의 기저에 놓여 있는 자유로운 자연의 공간, 즉 "미적인 풍경ästhetische Landschaft"(Seel 1991, 185)인 것이다.

III. 지각학으로서의 미학 논의들에 대한 비판적 검토

몇 안 되는 그렇지만 현재의 미학 논의를 이끄는 대표적인 학자들에 의해 현재까지 진행된 연구들은 모두 (감각적이든 아니든) 지각 일반의 문제를 현재의 미학 논의에서 중심적인 문제로 보고 있으며, 공감각이건, 미학과 무감각학이 이루는 변증법적 관계이건 혹은 미적 풍경 그 자체이건 간에 모두 소위 '실재'의 파악을 목표로 하고 있다. 따라서 전통적인 의미의 미학으로부터 일반적 지각학으로의 전환 내지는 일반적 지각학에 의한 미학의 확대발전의 필요성과 이를 위한 논의기반은 이미 형성되어 있는 상황이다.

그러나 이러한 선행연구에서 본격적으로 다뤄야 함에도 불구하고 아직까지 논의되고 있지 않은 부분은 지각 내지는 감성 일반의 작동체계이다. 미학의 지각학으로의 전환과 관련된 논의에서 급진적이라고 할 수 있는 뵈메는 자연과 디자인 그리고 예술을 포괄하는 새로운 미학을 목표로 현재의 미적인 경제를 비판적으로 해석해낼 수 있는 동시에 자연과의 조화를 회복시킬 수 있는 생태학적 미학을 주장하고 있다. 그러나 그가 전제로 삼고 있는 지각학의 구성요소들인 자연과 디자인 및 예술 범주들은 인위적 구성물들로서, 전통적 미학의 범주들의 위상과 크게 다를 바 없어 보인다. 더구나 그는 지각학적 미학의 개념들을 정립할 때 현상학적 지각론자인 헤르만 슈미츠Hermann Schmitz의 철학에 상당 부분 의존하고 있다. 물론 감각적 지각에 대한 철학적 분석에 있어서 헤르만 슈미츠는 탁월한 성과를 거두긴 했지만,[229] 여전히 현상학적 기술에 의존하고 있기에 지각의 작동구조에 대한 논의는 상대적으로 등한시되고 있으며, 따라서 그의 철학적 분석에 의존하는 뵈메의 논의에서도 동일한 문제가 존재하고 있는 것이다.

전통적 미학과의 끈을 여전히 간직하고 있는 것처럼 보이기에 뵈메보다는 상대적으로

---

[229] Hermann Schmitz: Spüren und Sehen als Zugänge zum Leib, in: Quel corps?, hg. v. Hans Belting, Dietmar Kamper u. Martin Schulz, München 2002, 429-38; ders.: Der sogenannte Brutus, in: Ziad Mahanyi, Neue Ästhetik. Das Atmosphärische und die Kunst, München 2002, 127-37.

덜 급진적으로 보이지만 사실상 가장 급진적이라고 할 수 있는 벨쉬는 의미란 궁극적으로는 감각적 의미일 뿐이라고 주장하면서 감각적 지각, 정신적 지각, 생활 세계적 지각 그리고 예술적 지각을 모두 포괄하는 통합적 지각학의 가능성을 모색하고자 한다. 그는 특히 미적인 것의 기초층위이자 조건 내지는 한계로서 감지와 감정에 주목하면서 이것을 미학의 고유한 작용기반으로 규정한다. 벨쉬 미학의 고유한 징표이기도 한 이러한 미학의 작용기반으로서의 무감각적인 것은 특히 매체들에 의해 매개적으로 생산되고 끊임없이 재생산되는 것만이 실재적인 것으로 간주되며 텔레－비주얼한 지각이 지배적인 시대에 '지각될 수 없는 것의 지각'의 함의를 지니며, 또한 현대에 일반화되어가고 있는 세계의 매체화를 설명해줄 수 있는 적합한 개념도구라고 할 수 있다. 그러나 문제는 그의 무감각학 내지는 무감각적인 것이 갖는 개념사용의 유효범위가 모호하다는 것이다. 고대의 미학과 관련하여서 무감각적인 것은 초 감성적인 것 내지는 감각의 배제를 함축하는 듯하더니, 근대의 미학과 연관하여서는 결핍과 강제사회의 징후로 규정되다가, 현대 포스트모더니즘 문화가 논해질 때는 지각될 수 없는 것의 지각 내지는 직접적인 지각의 경계이자 차안으로 규정되고 있는 것이다. 물론 벨쉬의 주장들을 꼼꼼히 살펴본다면, 진리와 가상, 실재와 재현의 이분법을 넘어서서 가상과 재현이 갖는 위상을 새로운 의미의 실재성을 통해 복원하고자 하는 의도가 읽혀질 수 있다. 그러나 정작 이러한 의도를 드러내주어야 할 효과적인 기제인 무감각학에 대한 개념규정은 정교화되어 있지 못한 것이다.

마틴 젤은 세 명 중에 가장 난해한 입장을 개진하고 있다. 선한 삶의 보편적 윤리의 일환이자 인간의 범형적 삶의 가능성을 간직하고 있는 새로운 의미의 자연미학을 주장하는 젤은 이론적 성찰의 가능성 조건으로서의 미적 성찰, 감각적 자연의 인식의 가능성 조건으로서의 감각적 표현, 그리고 미적인 예술지각을 수행하는 상상적 자연지각과 같이 전통적 개념들과 미묘한 차이를 이루며 정교하게 다듬어진 기본개념들을 중심으로 '자연의 생활 세계적 현존성'을 대상으로서 삼으면서 미적 판단의 기저에 놓여 있는 자유로운 자연의 공간인 '미적인 풍경'을 해명하고자 한다. 그가 뵈메나 벨쉬와 다른 점은 자연의 인간화가 아니라 '자연생장적인 형상들naturwüchsige Gestalten'의 감각적 다양성 속에서 모습을 드러내는 자연을 미학의 대상으로 규정하면서 인간의 범형적 삶의 가능성을 간직하고 있는 본래적인 의미의 생생하고 역동적인 자연의 미를 새로운 미학의 궁극적 목표로 삼는다는 것이다. 젤의 자연미학은 다른 두 사람들에 비해 현대의 다양화된 문화현상들에 대한 분석을 상대적으로 덜 다루고 있기는 하지만, 탈형이상학적 미학의 가능성 조건들을 구체적으로 정교화하고 있다는 점에서 새로운 미학으로서의 지각학의 발전에 중요한 시사점을 제시하고 있다고 여겨진다.

지각학으로의 미학의 전환 내지는 확장 가능성과 관련하여 뵈메와 벨쉬 그리고 젤 등은 각기 다른 시각에서 논의를 전개시키면서 지각 내지는 감성 일반의 체계를 위한 논의기반을 형성시키고 있다. 그러나 이러한 논의의 단초는 20세기 말 21세기 초의 변화된 문화상황에서 갑작스럽게 나타난 것이 아니라 이미 19세기 말부터 20세기 중반에 걸쳐 전개된 바 있다. 따라서 지각학으로서의 미학의 논의에 중요한 이론적 토대로서 작용할 수 있는 감성일반에 관한 논의의 역사적 맥락이 현재의 논의 기반에 보충된다면, 보다 유기적인 논의가 이루어질 수 있을 것이다.

IV. 결론

실재하는 것을 인식할 수 있다는 소박한 믿음에 대한 회의로부터 출발한 근현대 사상가들의 행보는 감각적 실체 내지는 이미지에서 본질과 현상의 접점을 찾으려는 시도를 지나 감각의 그물망에 기초한 끝없는 변형생성공간을 드러내려는 작업에 이르고 있다. 그리고 이와 더불어 새로운 인식 패러다임에 대한 요구 역시 제기되기 시작하였던 것이다. 19세기 말부터 지속적으로 논의되어온 실재 및 감각적 경험의 문제와 관련된 다양한 논의들의 지형에서 한 가지 중요한 공통점이 추론될 수 있다면, 그것은 바로 그물망 구조를 갖는 지각 내지는 감성 일반의 작동체계라고 할 수 있다. 이 같은 사실은 미학의 지각학으로의 전환과 관련하여 최근 논의를 진행시키고 있는 뵈메나 벨쉬 혹은 젤에게서는 거의 찾아볼 수 없는 사실로서 현재의 미학 논의에 중요한 시사점을 줄 수 있으리라고 여겨진다. 그렇다면 그물망 구조를 지니는 감각지각의 체계로서의 미학, 아니 보다 일반화시켜보자면, 체계적인 일반 지각학으로서의 미학은 어떠한 내용과 함의를 갖는 것일까?

뵈메와 벨쉬 그리고 젤의 논의들을 통해 마련된 새로운 미학의 논의기반만이 아니라 19세기 말부터 20세기 중반까지 지속해온 '실재의 회귀'를 둘러싼 논의들로부터 다음과 같은 새로운 미학의 가능성 조건들이 잠정적으로 정립될 수 있을 것이다.

첫째, 새로운 미학에서는 감각적 지각의 고유한 작동방식인 이미지적 작동방식, 즉 한 번 산출되고 나면, 더 이상 생산자에 귀속되지 않고 끝없이 재생산되고 전이되며 변종되면서 때로는 암시적인 전이와 치환을 통해 그리고 때로는 리좀 형태의 자극 전달을 통해 다발처럼 엮이고 매듭지어지는 가상, 비존재, 비유, 그림, 영상 등을 포괄하는 이미지들의 작동방식이 다뤄질 것이다.

둘째, 새로운 미학의 기본 구조와 관련하여서는 다양한 지각작용들을 통해 마련되는 지속적인 생성 공간의 그물망 구조를 정교화시키는 작업이 이루어져야 할 것이다. 이것을 위해서는 특히 예전부터 논의되어왔던 지각 구조와 최근 인지과학에서 논의되는 신경생물학적이고 신경생리학적인 구조가 참조될 수 있을 것이다.

셋째, 언어란 심리적인 동시에 물리적인 사태들의 집합체로 실현되며, 감성 역시 끊임없이 생성되는 실재라고 할 때, 언어적이고 감각적인 이미지들은 복합적으로 체험된다고 할 수 있다. 따라서 따뜻한 색, 달콤한 냄새, 어두침침한 소리, 부드러운 맛, 동경에 찬 촉감 등과 같은 공감각적인 복합적 이미지 체험이 이루어지는 것이다. '지각학Aisthetik'은 바로 이러한 공감각적 이미지들의 효과인 '정감적 의미emotionale Bedeutung'를 다루는 것이다.

마지막으로 지각학은 연극, 영화, 텔레비전, 광고, 문자예술 등에서 이루어지는 다양한 이미지 상연방식을 다룬다. 여기에는 정치, 경제, 대중심리적인 측면들이 함께 다뤄질 수 있을 것이다.

결국 이 같은 가능성 조건들을 충족시키는 지각학으로서의 미학이 구성될 수 있다면, 이를 통해 우리는 실재를 넘어서 있는 관념적이고 추상적인 '초실재Hyper-Realität'가 아니라 항상 유동적이고 가변적인 '기층적 실재Hypo-Realität'를 파악할 수 있을 것이며, 이와 더불어 우리 자신의 결핍된 구체성을 보충하는 동시에 무제한적인 체험공간으로의 길에 들어서기 위한 이론적 기반을 다질 수 있게 될 것이다.

XI

심리학과 신경과학으로서의 미학

1. 심리학적 미학/예술심리학

I. 심리학적 미학이란 무엇인가?

우리가 독서를 하거나 갤러리에서 작품을 감상할 때, 아니면 콘서트홀에서 음악을 감상하거나 극장에서 뮤지컬이나 연극을 관람할 때, 우리는 일상에서와는 다른 특별한 체험을 한다고 여기며 이러한 체험을 곱씹어보면서 무언가 '미적인 체험' 같은 것이 아닐까 하는 막연한 생각을 한다. 이 같은 종류의 '미적인 체험들' 모두에 공통적인 것은 특정한 미적인 대상이 일상의 맥락으로부터 갑작스레 부각되어 우리의 지각작용과 행동방식이 습관화된 일상적 형태를 벗어나게 되는 것이다. 이에 대해 현대 해석학의 대가였던 가다머Hans Georg Gadamer(1900-2000)는 「미학과 해석학*Ästhetik und Hermeneutik*」이라는 논문에서 다음과 같이 말하였다: "예술작품이 우리를 감동시키는 수단인 친숙함은 동시에 그리고 불가사의하게도 익숙해진 것의 동요와 몰락이다."[230] 가다머가 말하는 예술작품은 일반적인 개념으로

---

*   이 장은 알레쉬Christian G. Allesch의 『심리학적 미학 인문*Einführung in die psychologische Ästhetik*』(Wien 2006)을 주로

미적인 것이라고 칭해질 수 있는 모든 것들에도 해당된다. 예술작품으로 통칭되는 미적인 모든 것들은 우리의 삶의 과정에서 익숙하게 지각하고 행동하는 방식을 뿌리 채 뒤흔들어 급기야 몰락하도록 만들 만큼 우리에게 심리적으로 강한 영향을 미치는 것이다.

미적인 것들이 익숙한 것들을 동요시키고 몰락하도록 만드는 고유한 심리적 작용을 한다는 것은 대상들에 대한 감각적 지각을 다루는 기존의 미학 개념이 일정한 범위에서 확장될 필요가 있다는 점을 암시하고 있다. 이 같은 맥락에서 오스트리아 잘츠부르크 대학 철학과에서 미학과 철학을 가르치고 있는 노이마이어Otto Neumaier는 기존의 '감각적 지각'을 의미하는 'Aisthesis' 개념이 "'대상들의 감각적 지각die sinnliche Wahrnehmung von Gegenständen' 만이 아니라 '미적인 표징들의 포착das Erfassen ästhetischer Merkmale'을 포괄하기도 한다"[231] 고 주장한다. 대상들을 감각적으로 지각하는 것은 지각의 영역에 한정될 수 있지만, 미적인 표징들을 미적인 것들로 포착하는 작용은 지각작용을 넘어서 가치판단의 작용까지 포함하는 보다 포괄적인 작용이라고 할 수 있다는 것이다.

노이마이어보다 더 포괄적이고 근본적으로 미학을 이해하고자 했던 미학자 팔틴Peter Faltin은 다음과 같이 미학을 포괄적으로 규정한다:

> 실재에 대한 미적인 가공은 부수적인 산물이 아니라 인간과 세계 사이의 모든 접촉의 본질적 구성요소이며, 지각의 차원으로서 인간이라는 부류의 전제에 속한다. 미적인 기능은 인간학적인 상수이다. 인간은 일정 정도 실재의 미적인 가공을 하도록 선고받았다. 말하자면 세계와 접전을 벌이는 모든 행위 속에는 반드시 그러한 실재의 미적인 가공이 존재하고 있다는 것이다. 미적인 만족은 문화활동을 하고자 하는 엘리트의 잉여적인 사안이 아니라 기본적인 욕구인 것이다.[232]

참조하였다.

231 Otto Neumaier: Ästhetische Gegenstände, Sankt Augustin 1999, S.165.

232 Peter Faltin: Bedeutung ästhetischer Zeichen. Musik und Sprache, Aachen 1985, S.39.

230 Hans Georg Gadamer: Ästhetik und Hermeneutik, in: Hans Georg Gadamer Gesammelte Werke Bd. 8, Tübingen 1993, S.8.

말하자면 미학은 감각적 지각을 비롯하여 심리적이고 사회적인 측면들과 보다 근본적으로는 정신과 육체를 아우르는 인간학적인 측면을 다루는 것으로 확장될 필요가 있다는 것이다. 왜냐하면 실재를 마주하고서 실재를 일정하게 가공하는 미적인 작용은 인간학적인 기본욕구이기 때문이라는 것이다.

바움가르텐에 의해 '감각적 인식의 학문die Wissenschaft der sinnlichen Erkenntnis'으로 규정되어 철학의 한 분야로 존재해왔던 미학은 감각적 인식을 비롯하여 일반적 판단작용과 가치판단작용을 포괄하는 포텐셜을 내포하고 있었던 것이다. 소위 '심리학적 미학die psychologische Ästhetik'이라고 일컬을 수 있는 이 같은 미학적 논의맥락은 이미 19세기 말 20세기 초에 광범위하게 자리 잡고 있었으며, 다양한 스펙트럼을 이루면서 발전되었다. 20세기 중반 미학 개념이 예술 개념에 자리를 내주게 된 이래로 심리학적 미학은 잊혀진 역사의 한 장이 되었다가 20세기 말 다시금 경험적 미학 연구가 재조명받기 시작하면서 새로이 주목받게 되었다. 이 장에서는 19세기 말 20세기 초의 심리학적 미학의 논의맥락을 역사적으로 고찰하면서 현대에 심리학적이고 사회학적이며 인간학적으로 재논의되고 있는 심리학적 미학의 함의와 현재 다각도로 논의되고 있는 예술심리학적 논의지평이 고찰될 것이다.

II. 심리학적 미학의 역사적 맥락들

1) 경험심리학적 미학: 페히너와 그 후예들

미학의 역사에서 인간의 경험심리적 측면에 주목하여 심리학적인 미학의 가능성을 정초하기 위해 첫 발걸음을 내딛던 이는 근대 심리학의 아버지라 부르는 구스타프 페히너이다. 앞서 논의된 바 있듯이,[233] 페히너는 1860년경 이른 바 '황금분할der goldene Schnitt'과 같은 다양한 형태의 비례들이 어떠한 미적인 작용들을 일으키는지를 알기 위해 다양한 심리학적 실험들을 수행하였으며, 그 결과를 「실험미학에 대하여Zur experimentalen Aesthetik」라는 글에서 발표하였다. 그리고 75세라는 노년의 나이에 그는 향후 경험심리학적 미학이 성립할 수 있도록 이론적 토대를 제공해주었던 『미학의 기초Vorschule der Aesthetik』를 출간하였

---

[233] IX장 1. 페히너의 심리물리학적 미학 참조.

다. 페히너는 실험미학의 주저인 이 책에서 19세기 독일미학의 방법론적 근간이었던 연역적이고 사변적인 방법으로부터 명확히 거리를 두고서 미적인 것들의 경험적 실재로부터 출발하는 '아래로부터의 미학'을 정립하고자 한다고 주장하였다. 물론 헤겔과 셸링으로부터 많은 영향을 받았던 페히너는 철학적 미학을 경험심리학적으로 정초되는 실험미학으로 대체하려고 한 것은 아니다. 그는 경험심리학적인 실재에 기초하여 그 위에 철학적 미학을 새로이 정립하는 것이 필수불가결하다고 생각하였던 것이다.

페히너의 이 같은 시도는 전통적 철학적 미학의 입장을 고수하고 있었던 당대의 몇몇 학자들에 의해 도발적인 시도로 여겨졌다. 그중에서도 『무의식의 철학Philosophie des Unbewußten』(1869)을 통해 프로이트와 융의 심리학에 지대한 영향을 끼쳤던 에두아르트 폰 하르트만 Eduard von Hartmann(1842-1906)은 전체 2권으로 구성된 자신의 미학 1권인 『칸트 이래로 독일미학Die deutsche Ästhetik seit Kant』(1886)에서 미학이 경험적으로 관찰된 사태들의 영역으로 흘러들어가서는 안 된다는 입장을 견지하면서 미학은 "철저하게 철학적 학문 분야"이며 "단순한 경험의 토대를 넘어 그것들을 설명하는 데에로 나아간"[234] 지점에서 비로소 시작된다고 주장하였다. 따라서 실험미학이라는 것은 그에 따르면, 미학이 아니라 "기껏해야 미학을 위한 소재를 조달해줄 수 있으며, 그 외에는 매우 저급한 가치를 지니는 소재를 제공해주는 것으로서, 그것 없이도 미학은 자체의 영역을 매우 잘 꾸려나갈 수 있다"[235]고 한다. 그러면서 그는 "인간이 자신의 사변적 사유의 종합적 힘에 대해 신뢰를 덜 가지게 되면 될수록, 경험적 토대를 모으는 일에 점점 더 오래 머물게 된다"[236]고 페히너의 경험심리학적 태도를 간접적으로 비판하였다. 경험심리학적 미학에 대한 이 같은 비판적 입장을 하르트만은 그의 미학 2권인 『미의 철학Die Philosophie des Schönen』(1887)에서 보다 첨예하게 개진한다. 그는 "오용에 대한 필수적인 보호장치로 잘 둘러싸여 있는 장소들과 시점들의 경우에만 그런 종류의 예술미와 자연미를 허용하는 [⋯] 도덕경찰Sittenpolizei"이 존재해야 한다고 하였을 뿐 아니라, "성적으로 능동적인 남성은 성적으로 수동적인 여성과는 전혀 다른 도덕성과 정숙성"[237]을 가지고 있기 때문에 남성관객들 앞에서 이루어지는 연극과

---

234 Eduard von Hartmann: Die deutsche Ästhetik seit Kant, Berlin 1886, S.329.
235 Ibid. S.330.
236 Ibid. S.329.

남녀혼성 관객들 앞에서 이루어지는 연극은 전혀 비교의 대상이 아니라고 주장하였다.[237] 여기서 우리는 전통적인 철학적 미학이 역사적 실재들과 사회심리학적 표상들로부터 얼마나 거리가 있으며, 더 나아가 이데올로기적인 관계와 관련해서도 얼마나 보수적인 가치판단에 근거해 있는지를 알 수 있다.

그러나 하르트만의 비판적 입장은 경험과학적으로 경도된 19세기 말 20세기 초 학문의 흐름을 거스를 수는 없었다. 기존의 철학과 '정교수자리Lehrstuhl'들이 실험심리학자들로 채워지면서 심리학이 기존의 철학적 학문분과 영역으로부터 벗어나서 고유한 분과학문으로서 독자적 위상을 갖게 되었으며, 미학 역시 본격적으로 실험심리학적인 관점에서 재조명받기 시작하였던 것이다. 그 대표적인 학자가 바로 빌헬름 분트Wilhelm Wundt(1832-1920)였다. 분트는 물론 실험심리학 영역에서 탁월한 성과를 이루긴 했지만 심리학이 철학과의 연관을 벗어버리는 것에 대해 비판하면서 실험심리학적인 입장과 전통철학적인 입장의 조화를 추구하였다. 분트의 실험심리학은 색채들이 어떠한 감정적 작용을 하는지를 실험적으로 입증하는 것으로 음조들이 어떠한 심리적 작용을 하는지를 연구한 슈툼프Carl Stumpf(1848-1936)의 '음향심리학Tonpsychologie'과 마찬가지로 당대 실험심리학자들에 의해 광범위하게 수용되었다. 분트의 실험심리학은 그의 영향을 받은 분트의 제자 모이만Ernst Meumann(1862-1915)에게서 심화 발전되었던바, 그는 미학의 영역에서 "미적인 태도에 대한 심리학적 분석은 지금 현재로서는 여타의 거의 모든 미적인 방법들을 몰아내었다"[238]고 주장하였으며, 유사한 맥락에서 '사유심리학Denkpsychologie'의 기초자였던 오스발트 퀼페 Oswald Külpe(1862-1915)는 미적인 지각과정들과 판단과정들에 대한 실험적인 연구가 당대 독일어권의 심리학 분야에서 광범위하게 자리 잡은 연구테마가 되었다고 말하였다.[239]

19세기에서 20세기로 넘어가는 시점에 전통적인 철학적 미학의 영역으로부터 분리되어 가기 시작하였으며 철학적 영역으로부터 독립하여 고유한 영역으로 자리 잡기 시작한 실험심리학적 미학은 페히너의 선구적 연구 이래로 어느 정도 정립되는 듯 보였다. 그러나 페히너의 시도가 기존의 철학적 미학과 완전히 결별하여 순전히 경험적 사태에만 의존한

237 Eduard von Hartmann: Die Philosophie des Schönen, Berlin 1924 (2. Aufl.), S.435.
238 Ernst Meimann: Zur Einführung. Archiv für die gesamte Psychologie, 1, Leipzig 1903, S.6.
239 Oswald Külpe: Der gegenwärtige Stand der experimentalen Ästhetik, Leipzig 1907.

경험심리적 미학을 주창한 것은 아니듯이, 새로이 자리 잡기 시작한 심리학적 미학을 둘러싼 논쟁은 심리학과 철학 중 어느 한 영역을 택하는 양자택일의 문제는 아니었다. 이러한 문제의식에서 의학, 심리학, 철학의 경계에서 미학적 문제들을 살펴보고자 했던 데수아 Max Dessoir(1867-1947)는 현재까지도 계속해서 발간되는『미학과 일반예술학 잡지Zeitschrift für Ästhetik und allgemeine Kunstwissenschaft』를 1906년에 창간하였다. 잡지의 제목에서도 알 수 있듯이, 데수아는 역사적이고 문화적인 현상인 예술을 학문적으로 다루는 일반 예술학과 가치판단의 영역에 속하는 미적인 것을 학문적으로 다루는 미학을 구분하면서, 심리주의의 유용성을 인정하면서도 미학이 당대의 실험심리학자들에 의해 전적으로 실험심리학적으로 전유되는 것을 비판하였다.[240] 이후 데수아는 19012년 '미학연구회Vereinigung für ästhetische Forschung'를 창립하여 이듬해인 1923년 베를린에서 미학과 일반예술학을 위한 첫 번째 학회를 개최하였다. 당시 참가학자들 대부분은 미학이라는 것이 주변적인 테마가 아니라는 점에 동의하면서 가치철학적인 입장과 경험심리학적인 입장으로 팽팽하게 나뉘어 토론을 하였다. 그러나 학회가 거듭할수록 실험심리학자들은 심리학적 미학에 대한 원래의 관심을 잃기 시작하였으며, 문화철학의 기초자였던 에른스트 캇시러Ernst Cassirer(1874-1945)가 1930년에 함부르크에서 개최한 미학과 일반예술학 네 번째 학회에서는 실험심리학적 경향의 미학 논의들에 비해 일반예술학적이고 철학적인 미학 논의들이 우세하게 되었다.

2) 감정이입미학: 립스와 그 후예들

심리학적 미학의 형성사에서 간과될 수 없는 또 다른 사상가는 19세기 말에서 20세기 초 이념사적으로 중요한 한 획을 그었던 '심리주의Psychologismus'의 창시자로서 뮌헨 대학 심리학과를 창립했던 테오도르 립스Theodor Lipps(1851-1914)이다. 립스는 미적인 것이 그것에 내재되어 있는 특정한 영향을 산출하는 능력을 통해 기술될 수 있으며, 이러한 영향은 주체의 심리적인 사태에 다름 아니라고 주장하였다. 그는 미학이 순전히 "심리적인 학문"[241]이라고 하면서 자신의 미학을 '미와 예술의 심리학'으로 규정하였다. 립스는 특히 페

---

240 Max Dessoir: Ästhetik und allgemeine Kunstwissenschaft, Stuttgart 1906, S.93.
241 Theodor Lipps: Ästhetik-Psychologie des Schönen und der Kunst, Hamburg/Leipzig 1903, S.1.

히너보다 더 강하게 미학의 심리학적 측면을 강조하면서 감정이입이론을 미적 지각만이 아니라 인간의 시지각적인 착시를 설명하는 기제로도 끌어들였다.[242] 그에 따르면, '뮐러–리어 착시Müller-Lyer'sche Täuschung'에서 볼 수 있듯이, 인간의 지각은 내부 및 외부로 향해진 각들로 '감정이입'되어, 이를 통해 수평선의 지각이 뭉뚝해지거나 늘려지게 된다는 것이다. 립스의 이러한 시지각적 착시에 대한 실험결과를 토대로 추론해보자면, 미적인 지각은 물리적인 사태 자체에 부합

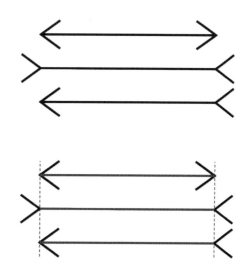

그림 10 뮐러–리어 착시\Müller-Lyer'sche Täuschung

되지 않을 수는 있으나 실재로 지각된 것으로서 심리적인 실재사태라고 할 수 있으며, 미학은 바로 이러한 심리적인 실재사태를 다룰 수 있는 학문이라는 것이다.

감정이입이론의 미학적 함의는 미적인 감정의 작용들이 미적인 대상의 자극들에 대한 반응들이 아니라 우리가 우리 고유의 감정들과 지각들을 지각된 대상으로 감정이입시킴으로써 야기되는 작용들이라는 점이다. '감정이입' 개념은 이미 노발리스, 슐레겔, 쟝 파울 등의 독일 전기낭만주의 사상가들과 헤르더에게서 제기된 개념으로서, 모든 인간들은 미적인 자극들에 대해 공감하는 감수성을 지니고 있으며, 이러한 공감적 감수성은 생동하는 것들 간의 본질적 일치에서 기원한다고 한다. 자유시장경제이론의 주창자였던 아담 스미스Adam Smith(1723-1790) 역시 자유시장경제에서 다양한 힘들의 균형은 타인의 욕구들로 자신을 감정이입시킬 수 있는 '공감능력sympathy'에 의해 이루어질 수 있다고 하였다.

감정이입 개념이 미학적 중심 개념으로 정초된 것은 로베르트 피셔Robert Vischer에게서였다. 예술적으로 형상화된 형식들의 창조적 생산은 "영혼의 무의식적인 감정이입작용"[243]에 기인한다고 주장한 프리드리히 테오도로 피셔Friedrich Theodor Vischer의 아들인 로베르

242 Theodor Lipps: Raumästhetik und geometrisch-optische Täuschungen, Leipzig 1897.
243 Friedrich Theodor Vischer: Das Schöne und die Kunst. Vorträge zur Einführung in die Ästhetik, Stuttgart 1898, S.61 und 69.

트 피셔는 아버지처럼 대상들에 대한 시각적 파악이 항상 감정적인 요소들을 포함한다는 기본 입장을 취하였다. 그는 예컨대 나무가 하늘을 향해 가지를 뻗친다고 말할 때 우리는 그것에 대해 이성적으로 생각할 뿐 아니라 감정이입을 통해 그러한 상황을 실재로 지각할 수도 있다고 주장한다. 피셔는 미적인 것이 전적으로 미적 대상의 형식적 구조 속에 자리 잡고 있다고 보았던 미학적 형식주의에 대해 거리를 두면서 "미적으로 조율된 인간은 단순한 지각작용들을 수행하는 것이 아니라, 즉 눈으로 보고 머릿속에서 그것에 대한 메모를 적는 식이 아니라 전체 인간으로서 감정을 느끼면서 보는 것"[244]이라고 한다. 더 나아가 피셔는 「미적인 자연관찰에 관하여*Über die ästhetische Naturbetrachtung*」(1890)라는 제목의 강연에서 "재생산적인 감정이입"이 갖는 감정적으로 형상화하는 기능에 대해 언급하였는데, 말하자면 관찰적 시선은 단순히 형태와 거리를 지각하는 것이 아니라, "언덕을 쌓고" "평지를 확장시킨다"[245]는 것이다.

감정이입이론을 미학에 적용시킨 또 다른 미학자는 미학에 대한 다양한 저술들을 남긴 라이프치히 대학 철학교수 요하네스 폴켈트Johannes Volkelt(1848-1930)였다. 그는 '미적인 생기화ästhetische Beseelung'라는 개념을 처음 사용한 사람으로서 립스의 감정이입개념을 미적인 지각의 유일한 원리로 이해하지는 않았으나 그의 주저인 『미학의 체계*System der Ästhetik*』(1905, 1910, 1912)에서 미적인 감정이입의 다양한 형태들에 관해 논의하였다.

이 같은 다양한 시도들에도 불구하고 감정이입이론은 아무런 비판 없이 지속되지는 않았다. 예컨대, 앞서 논의된 바 있는 데수아는 장식의 작용과 같은 몇몇 미적인 작용들이 감정이입 개념을 통해서는 설명될 수 없다고 하면서 "모든 미적인 향유가 즐거움을 주는 공감에 뿌리를 두고 있는 것은 아니다"[246]라는 주장을 하였다. 감정이입 개념에 대해 가장 집중적인 비판을 제기한 사람은 예술사가인 콘라트 피들러Konrad Fiedler였다. 피들러는 미학과 예술창작이론을 구분하면서, 예술창작의 이론에는 미라든가 모방개념을 비롯하여 감정 개념 역시 포함되지 않는다고 주장하였다. 예술창작이론에서 중요한 원리는 그에 따르면 다름 아닌 "순수한 직관reine Anschauung" 또는 비가시적인 심층의미와 가시적인 표층

244 Robert Vischer: Drei Schriften zum ästhetischen Formproblem, Halle 1927, S.46.
245 Robert Vischer: Über die ästhetische Naturbetrachtung, in: Drei Schriften zum ästhetischen Formproblem, S.62f.
246 Max Dessoir: Max Dessoir: Ästhetik und allgemeine Kunstwissenschaft, S.86.

적 표현의 이분법으로부터 탈피하여 가시화 작용 그 자체로 기능하는 "순수한 가시성reine Sichtbarkeit"이며, 이러한 순수 가시성의 미학은 감정의 요소를 배제한 한스릭의 형식미학과 같은 지평에 놓여 있었다.

3) 현상학적 미학: 브렌타노와 후설 그리고 그 후예들

감정이입이론 외에도 심리학적 미학의 형성조건으로 작용하였던 이론적 흐름은 현상학적 미학의 흐름이다. '현상학Phänomenologie'이라는 말은 그리스어 'phainómenon'에서 유래한 말로서 '스스로 나타나는 것'이라는 의미를 갖는다. 에드문트 후설Edmund Husserl(1859-1938)에 의해 주창된 현상학적인 방법은 현상에 대해 의도적으로 향해져 있는 의식에게 나타나는 사태들을 가능한 한 이론적인 전제들과 주관적인 편견의 영향을 받지 않은 채로 파악하고 기술하는 것을 목표로 한다. 그러나 후설 자신은 현상학적 철학에서 '심리주의'를 철저하게 배제하고자 하였기 때문에, 심리적 현상에 대한 현상학적 탐구는 그의 스승인 브렌타노Franz Brentano(1838-1917)의 '기술 심리학die deskriptive Psychologie'과 연관하여 논의될 수 있다. 브렌타노는 『경험적 관점의 심리학Psychologie vom empirischen Standpunkt』(1874)에서 무엇보다 의식의 지향적 행위와 재현된 의식 내용을 구별하였다. 지각이나 표상과 같은 의식 내용에 주목하였던 분트의 '의식심리학Bewusstseinspsychologie'과 구별되게 브렌타노는 심리적 행위 내지는 의식의 지향성 등을 탐구하는 작업 속에서 심리학의 고유한 대상을 발견하였다.

이러한 현상학적 심리학에서 미적인 대상은 실재적인 것으로 이해된 외부세계의 물리적 대상으로 파악되는 것이 아니라 인간의 의식 속에서 발생된 것으로 이해된다. 말하자면 미적인 대상은 한편으로 이것이 자신의 모습을 드러내는 감각적 특질들로부터 파악되며, 다른 한편으로는 그러한 대상으로 향해진 의식의 지향성으로부터 파악되는 것이다. 그 결과 현상학적인 의미의 미학은 미적인 대상을 객관적인 동시에 주관적으로 파악하게 됨으로써 심리학적 미학의 논의에서 항상 문제시된 경험심리학적 입장과 가치철학적인 입장 간의 논란으로부터 벗어나 그 둘을 매개시키는 입장으로 자리매김될 수 있었다.

이 같은 현상학적 의미의 미학은 립스와 분트에게서 철학과 심리학을 공부하고 괴팅엔에서 교수직을 수행하다가 나치에 쫓겨 미국으로 망명하여 스탠포드 대학에서 가르쳤던 모리츠 가이거Moritz Geiger(1880-1937)에 의해 발전되었다. 가이거는 그의 스승인 립스를 통해 후설과 뮌헨의 현상학자들을 알게 되었으며 이들과 함께 현상학 운동의 모체였던 「철학과 현상학 연구 연보Jahrbuch für Philosophie und phänomenologische Forschung」를 발간하였다. 그는 「풍경들에 있어 분위기 감정이입의 문제에 대하여Zum Problem der Stimmungseinfühlung bei Landschaften」(1911)라는 글에서 립스의 감정이입이론과 연관된 심리학적 미학의 문제를 집중적으로 논하였다. 그에게는 무엇보다 다음과 같은 중요한 물음을 해결하는 것이 문제였다. 즉, '만일 우리가 묘사된 경우이든 자연 그대로의 경우이든 어떤 한 풍경을 침울하다거나 기분 좋다고 특징지을 경우 그러한 체험에서 존재하는 것은 무엇인가?'[247] 가이거는 페히너의 경험주의 심리학적 전통의 모범에 따라 특정 사람들로 하여금 예술적으로 묘사된 풍경을 관찰하고 이로부터 어떠한 체험을 하는지를 실험적으로 입증하고자 했다. 그리하여 그는 미학을 대상으로 향해 있는 학문이라고 규정하면서 이러한 미학으로의 접근은 대상으로 향한 심리적 기제들을 다루는 심리학을 통해서 이루어진다고 주장하였다. 그러나 다른 한편 가이거는 심리학적으로 정향된 미학이 일종의 "센티멘탈리즘"에 빠져 있다고 비판하였다. 그 이유는 심리학적 미학이 다음과 같은 중요한 점을 간과했다는 것이다. 즉, "미적인 작용의 근간은 특정한 개별 체험들의 산출에 놓여 있는 것이 아니라, 미적 작용 그 자체가 보다 깊은 층위에, 말하자면 주체 자체와 주체의 실존에 그리고 주체의 실체와 실재성에 닿아 있다는 것이다."[248] 여기서 우리는 가이거의 심리학적 미학이 당대의 심리학의 경향보다는 브렌타노의 현상학적 심리학의 경향에 더 가깝다는 것을 알 수 있다. 이 점은 그가 1924년 미학과 일반예술학 두 번째 학술대회에서 발표한 「현상학적 미학Phänomenologische Ästhetik」이라는 글에서 잘 드러난다. 그에 따르면,

> 대개 심리학적 미학은 예술작품을 표상들의 복합체로 파악한다. 말하자면 심리학적 미학은 회화작품을 색채감각들, 형태인상들, 연상들 그리고 혼합된 인상들의 복합체로 파악하는 것이다. 그러한 태도로 사람들은 현상들을 포기해왔다. 어떠한 감각도 어떠

---

247 Moritz Geiger: Zum Problem der Stimmungseinfühlung bei Landschaften (1911). Zeitschrift für Ästhetik und allgemeine Kunstwissenschaft, 6, in: Die Bedeutung der Kunst. Zugänge zu einer materialen Wertästhetik. Gesammelte, aus dem Nachlass ergänzte Schriften zur Ästhetik, hrsg. v. K. Berger und W. Henckmann, München 1976, SS.18-59.

248 Moritz Geiger: Zugänge zur Ästhetik (1928), in: Die Bedeutung der Kunst, S.85.

한 연상도 어떠한 혼합인상들도 주어져 있는 것이 아니다. 주어져 있는 것은 묘사된 풍경이나 멜로디 혹은 인간들과 같은 대상들이다. 만일 우리가 풍경의 묘사의 가치의 근거에 대해 묻는다면, 우리는 그것을 풍경의 분위기 속에서, 채색에서, 양적인 배치에서, 말하자면 현상들 속에서 직접 제시될 수 있는 순전한 계기들 속에서 찾을 수 있을 것이다. 현상으로서 예술작품을 구성하는 계기들로 순수하게 회귀함으로써 개별학으로서 미학의 물음들이 해결될 수 있는 것이다.[249]

가이거 자신은 이 같은 심리학적 미학을 구체화시키지는 못했으나 이후 현상학적인 지평에서 심리학적인 미학의 기초를 다지는 데 중요한 역할을 하였다.

현상학적 의미의 심리학적 미학을 보다 적극적으로 전개시킨 이는 폴란드 출신으로 후설에게서 공부하였던 로만 인가르덴Roman Ingarden(1893-1970)이다. 인가르덴은 1937년 파리에서 개최된 국제 미학회에서 자신의 현상학적 미학의 근간에 대해 발표하였다. 그는 미적인 대상을 "그 어떤 실재적인 것, 즉 이것의 지각으로 인해 미적인 체험의 전개를 위한 최초의 동인이 주어지게 되는 그러한 실재적인 것, 그리고 이러한 목적을 위해 형성된 예술작품의 경우 미적인 체험의 진행에서 조절적인 역할을 수행하는 그러한 실재적인 것과 동일시될 수 없는" 고유한 대상으로 규정한다. 인가르덴에게서 미적인 체험 역시 순간 포착된 정적인 것이 아니라 "여러 국면들의 다양성"[250] 속에서 구축되어 "미적인 대상의 구성과 직접적인 파악으로 이르게 되는" 동적인 것으로 파악된다. 말하자면 미적인 체험이 미적인 대상을 비로소 창출해내는 것이며, 이러한 미적인 대상은 미적인 체험이 물질화된 것도 미적인 체험의 정신적 모상도 아니며, 오로지 주체가 현실과 커뮤니케이션하는 과정이라고 할 수 있다는 것이다.

가이거와 인가르덴 외에도 현상학적 미학의 실제적 가능성을 추구한 이들로는 『미적인 가치이론의 기초Grundlegung einer ästhetischen Werttheorie』(1927)에서 미학을 감정이론으로 구상한 루돌프 오데브레히트Rudolf Odebrecht(1883-1945), 후설을 위한 기념논문집에서 「미의 쇠락과 예술가의 모험」(1927)이라는 글을 통해 현상학적인 미학의 새로운 가능성을 제시한 오스

---

249 Moritz Geiger: Die Bedeutung der Kunst, S.275f.

250 Roman Ingarden: Das ästhetische Erlebnis, in: Erlebnis, Kunstwerk und Wert. Vorträge zur Ästhetik 1937-1967, Tübingen 1969, S.3.

카 베커Oskar Becker(1889-1964), '기초존재론Fundamentalontologie'의 입장에서 미적인 것의 가치를 세계의 층위화된 구조 속에서 고유한 구조와 법칙을 가진 특별한 존재자로 규정한 니콜라이 하르트만Nicolai Hartmann(1882-1950) 등이 언급될 수 있다. 비록 제2차 세계대전의 발발과 가이거의 미국 망명 등으로 인해 연속적 발전이 단절되기는 했지만, 발전의 잠재성은 여전히 남아 있었으며 20세기 말 예술심리학적 경향의 대두와 더불어 다시금 주목받게 되었다.

4) 게슈탈트 심리학과 심리학적 미학

게슈탈트 심리학은 지각내용들의 구조와 지각장의 구조화 원리들을 다루는 일반지각이론이다. 게슈탈트 심리학의 대표자들 중의 하나인 볼프강 퀼러Wolfgang Köhler(1887-1967)는 '이종동형체가정Isomorphieannahme'에 의거하여 뇌에서 이루어지는 생리학적인 자극과정들과 물리적 현실에서 이루어지는 형태 형성 과정들 간의 게슈탈트적 유사성을 이야기하면서 게슈탈트 심리학의 일반지각이론적 위상을 제시하였다.

이러한 게슈탈트 이론을 처음 제기한 이는 브렌타노와 마이농Alexius Meinong(1853-1920)에게서 공부를 한 후 프라하에 있는 '독일 칼 페르디난드 대학Die deutsche Karl-Ferdinands-Universität'에서 철학교수로 활동하였던 에렌펠스Christian von Ehrenfels(1859-1932)였다. 게슈탈트 이론의 최초의 이론적 출발점이 되었던 「게슈탈트 특성들에 관하여Über die Gestaltqualitäten」(1890)[251]라는 논문에서 에렌펠스는 게슈탈트 개념의 두 가지 기본 특성들로 '총합초과성Übersummativität'과 '이항성Transponierbarkeit'을 든다. '총합초과성'이란 예컨대 음악의 한 멜로디의 지각은 물리적으로 지각될 수 있는 구성요소들의 총합 그 이상의 것이라는 점을 의미하는 것이다. 다음과 같이 규정한다:

> 게슈탈트 특성들이란 서로 분리될 수 있는 […] 요소들로 이루어진 의식 내의 표상복합체들의 현존에 결합된 실재적 표상내용들로 이해된다. 게슈탈트 특성들의 현존을 위해 필수적인 모든 표상복합체들은 게슈탈트 특성들의 기초라고 명명될 수 있다.[252]

---

251 Christian von Ehrenfels: Über Gestaltqualitäten, in: Vierteljahrsschrift für wissenschaftliche Philosophie, 14, hrsg.v. R. Avenarius, Leipzig 1890, SS.249-292.
252 Ibid. S.263.

에렌펠스에 따르면, 내적으로는 서로 분리 가능한 구성요소들의 단순한 총합이 아니라 하나의 복합적 전체를 이루는 이러한 게슈탈트 특성은 또 다른 본질적 특성과 결부되어 있다고 한다. 즉, 하나의 멜로디가 여러 음조들로 이루어져 있지만 이러한 음조들의 총합 그 이상의 것이라는 사실 외에도, 개별 음조들은 완전히 다른 멜로디들에 결합될 수 있으며 원래의 멜로디가 다른 음조방식으로 옮겨져 다른 음조들을 포함한다고 해도 동일한 멜로디로 남아 있을 수 있다는 사실 역시 존재한다는 것이다. 이러한 후자의 사실을 에렌펠스는 '이항성'이라고 규정하였다. 그러면서 그는 음악적 멜로디에 적용된 게슈탈트 특성을 촉각적 특성, 온도적 특성, 미각적 특성 등의 공간적 게슈탈트들과 "천둥소리, 쾅하는 소리, 바삭거리는 소리, 철썩거리는 소리 등과 같은 비음악적인 소리형태들과 같은 시간적인 게슈탈트들"[253]에도 적용시킨다. 결국 에렌펠스는 "공통의 근원적 요소로부터 전체 표상 내용들을 추론함으로써, 우리에게 알려진 전체 세계를 하나의 유일한 수학적 공식하에서 파악할 가능성이 제공될 것"[254]이라고 한다.

에렌펠스의 이 같은 게슈탈트 이론에 기초하여 게슈탈트 심리학자들은 분트의 소위 '요소주의Elementarismus'를 비판하였다. 말하자면 실재로 작용하는 자극요소들을 가능한 한 정확히 규정하여 자극요소들의 작용을 연구하는 분트의 요소주의적 심리학은 미적인 관계들과 같이 전체적으로 이해되어야 하는 상황을 연구하는 데에는 적합하지 않다는 것이다. 게슈탈트 심리학자들은 지각과정에서 지배적인 것은 다름 아닌 전체 인상이며, 이로부터 분석적 시선이 개별사항들을 파악하게 된다고 주장한다. 이 같은 차이는 감각과 지각의 관계와 관련해서도 명확히 드러난다. 분트의 의식심리학의 경우에 요소적인 감각이 일차적이고 이로부터 의식이 연상의 수단으로 복합적인 지각인상들을 구성하는 것으로 이해되는 반면, 현상학적인 맥락에 있는 게슈탈트 심리학의 경우 의식과정에 존재하는 지각인상이 일차적이고 이러한 지각인상을 구성하는 감각들에 대한 문제는 인과적인 연관들로 향해 있는 심리학적 분석을 통해 비로소 생겨나는 것이다. 이처럼 복합적인 지각현상에 대한 고유한 접근을 통해 게슈탈트 심리학은 심리학적 미학의 핵심적인 기초이론으로

---

253 Ibid. S.272.
254 Ibid. S.292.

서 정립될 수 있었던 것이다.

기본적으로 게슈탈트 심리학에 근거한 심리학적 미학의 이념에 따르면, 어떤 풍경이 야기시키는 미적인 작용을 이야기할 때, 그러한 풍경의 미적인 작용은 다양한 요소들의 조화로운 앙상블로 이해되어야 하며, 그러한 풍경을 특징짓는 지형지물의 개별 형상들이 야기시키는 미적 작용들의 총합으로 이해되어서는 안 된다. 이항성과 결부되어 있는 이 같은 총합초과성의 본질적 지표 외에도 게슈탈트 심리학에 근거한 심리학적 미학의 또 다른 핵심 개념은 '좋은 게슈탈트die gute Gestalt' 개념이다. 이는 게슈탈트 심리학자인 막스 베르트하이머Max Wertheimer(1880-1943)에 의해 정교화된 게슈탈트적 법칙들[255] 중의 하나로, 심리학적 미학의 맥락에서 구체적인 한 형태가 다른 형태보다 더 좋은 것으로 감지되는 법칙들이 발견될 수 있다는 사실을 입증해주는 중요한 지표이다. 게슈탈트 심리학자인 볼프강 메츠거Wolfgang Metzger(1899-1979)에 따르면, 지각장의 요소들은 "생성되는 전체들이 여타의 다른 생각 가능한 분할들에 비해 일정하게 게슈탈트적으로 두드러지는"[256] 방식으로 통합된다고 한다.

5) 예술심리학 I: 루돌프 아른하임

게슈탈트 심리학에 근거한 심리학적 미학을 본격적으로 발전시켜 예술심리학의 현대적 가능성 기반을 마련한 사람은 루돌프 아른하임Rudolf Arnheim(1904-2007)이었다. 아른하임은 베를린 대학에서 실험심리학, 철학, 예술사, 음악 등을 공부하고 막스 베르트하이머와 볼프강 쾰러 등에게서 게슈탈트 심리학을 연구하여 박사학위를 받았다. 그는 1939년 나치를

---

255 Max Wertheimer: Untersuchungen zur Lehre von der Gestalt, in: Psychologische Forschung. Zeitschrift für Psychologie und ihre Grenzwissenschaften. Festschrift für Carl Stumpf, Berlin 1923, SS.301-350. 베르트하이머는 이 논문에서 다음과 같이 6가지 게슈탈트 기본법칙들을 정립한다.
　1. 근접성의 법칙(Gesetz der Nähe): 작은 간격을 가진 요소들은 함께 속해 있는 것으로 지각된다.
　2. 유사성의 법칙(Gesetz der Ähnlichkeit): 서로 유사한 요소들은 그렇지 못한 요소들보다 더 함께 속한 것으로 지각된다.
　3. 완결성의 법칙(Gesetz der Geschlossenheit): 개방적인 것보다는 완결된 것으로 작용하는 구조들이 선호된다.
　4. 좋은 형태의 법칙(Gesetz der guten Gestalt): 간단하고 명료한 구조로 이루어진 형태들이 선호되어 지각된다.
　5. 공동 운명의 법칙(Gesetz des gemeinsamen Schicksals): 두 개 이상의, 동시에 같은 방향으로 움직이는 요소들은 하나의 통일체나 형태로 지각된다.
　6. 연속성의 법칙(Gesetz der guten Fortsetzung): 선들은 가장 단순한 길을 따르는 것처럼 보인다. 두 선이 교차할 경우 우리는 선의 진행이 꺾인다고 지각하는 것이 아니라 두 개의 연속하는 직선을 본다.
256 Wolfgang Metzger: Psychologie. Die Entwicklung ihrer Grundannahmen seit der Einführung des Experiments, Darmstadt 1975, S.108.

피해 런던으로 망명하고 이후 미국 뉴욕으로 이주하여 미시간에서 103세의 나이로 생을 마감하였다. 그는 1954년 미국에서 게슈탈트 심리학에 기초한 선구적인 미학 저술로『예술과 시지각Art and Visual Perception』을 출간하였다. 게슈탈트 심리학자인 쿠르트 레빈Kurt Lewin(1890-1947)이 물리적 장이론을 심리학에 적용시킨 점에 착안하여 아른하임은 단순한 기본 형태부터 구성분석에 이르기까지 시각장의 영역에서 장이론을 적용시켰다. 더 나아가 그는 게슈탈트 이론을 일반 구조이론으로 확대하여 시각예술작품들의 게슈탈트적인 특성들을 소우주로 해석할 뿐 아니라 게슈탈트 법칙들을 세계 내에 존재하는 구조들로 이해하고자 하였다. 아른하임에게 있어 예술적 상징은 일종의 소우주를 나타내는바, 이러한 소우주는 경험과 인식과 감정 등의 다양한 단계에서 세계에 대한 전체체험을 반영해주고 있는 것이다. 아른하임은 다음과 같은 전제로부터 출발한다. 즉, "인간학적이고 정신의학적인 관찰들은 요소적인 시각패턴이나 패턴의 종류들이 놀랍게도 다양한 문화들과 다양한 시기들 그리고 다양한 개인들에게서 통일적으로 나타난다는 사실을 보여준다."[257] 그에 따르면,

> 상이한 시기와 상이한 장소들에서 유사한 요소적 시각상징들이 나타나는 이유는 (a) 힘들의 구성관계의 지각이 시지각에 속하며, (b) 그렇게 지각된 힘들의 구성들은 의미 있는 삶의 상황들에서 힘들의 관계의 이미지들로서 보여지기 때문이다. 그리하여 예컨대 매일매일 이루어지는 태양의 운행은 인간 삶의 상징으로 보여지게 되는바, 그 이유는 동트기 시작하여 떠오르고 정점에 다다랐다가 다시 지게 되는 과정들이 탄생과 성장과 성숙과 소멸의 역동적 과정과 구조적으로 유사한 (동형적인) 것으로 지각되는 지각의 국면들을 나타내주기 때문이다.[258]

상이한 시간과 장소에도 불구하고 구조적 동형성을 갖는 시지각 패턴이라는 개념 외에도 아른하임의 예술심리학의 형성에서 중요한 위상을 점하는 또 다른 개념은 정서와 감정 개념이다. 그는 기존의 심리학에서 논의된 '정서Emotion' 개념이 '동기화Motivation'나 '인식

257 Rudolf Arnheim: Wahrnehmungsanalyse eines Symbols der Wechselwirkung (1961), in: Ders. Zur Psychologie der Kunst, Frankfurt a.M. 1980, S.193.
258 Ibid. S.193.

Erkennen' 개념에 포함될 수 없어 임시방편으로 마련된 개념이라는 의미로 다음과 같이 말한다:

> 학술적인 심리학은 특정한 정신의 상태를 정서Emotionen라고 칭하는 것 외에는 다른 도리가 없었다. 왜냐하면 학술적인 심리학은 정신의 모든 상태가 동기화의 조건에 의거한 인지적이고 정서적인 차원들을 가지며 이러한 세 가지 차원들 중 어느 한 차원만으로는 제대로 정의될 수 없다는 사실을 분명히 밝히는 대신 인식, 동기화, 정서의 세 가지 서랍 속에 모든 심리적 현상들을 분류해 넣는 데에 익숙해져 있기 때문이다.[259]

아른하임은 동기화의 조건에 의거한 차원, 인지적 차원, 정서적 차원을 심리적 과정의 근본적 차원들이라고 하면서 이러한 세 가지 차원들을 복합적으로 고려해야만 미적인 대상의 심리적 작용이 전체적으로 이해될 수 있다고 한다.

아른하임은 『예술과 시지각』 이후 15년만인 1969년에 『시각적 사고Visual Thinking』라는 저서에서 예술심리학적 이념을 일반지각학의 의미로 확대발전시킨다. 그는 미학이 역사적으로 '감각적 지각aisthesis'에 관한 이론으로부터 출발하였음에도 불구하고 현대에 접어들어 '예술론'으로 협소화된 것에 대해 문제의식을 가지면서 다시금 일반지각학으로서의 미학의 의미를 정립하고자 한다. 그리하여 그는 기존의 미학이 관념론적이며 감각에 대해 적대적이었다고 하면서 사유를 감각으로부터 근거규정하고자 하는 것이다. 그에게 있어 그림그리기와 글쓰기 그리고 작곡하기와 춤추기 등은 "감각들을 가지고 사유하는 행위"에 다름 아닌 것으로 여겨진다. 이것은 사유와 지각의 통일을 의미하는 것으로서, 예술의 영역만이 아니라 일상 삶의 영역에까지 확대적용되는 기본작용으로 이해될 수 있다. 이를 통해 우리는 "직관적인 사유가 전적으로 보편적인 것에서 얼마나 근본적으로 중요한지"[260]를 알 수 있는 것이다. 특히 아른하임은 『시각적 사고』에서 컴퓨터의 정보처리과정과 인간의 지각과정의 근본적인 차이를 설명하면서 일반지각학으로서의 미학의 의미를 부각시키고자 한다. 그에 따르면, 컴퓨터는 '아래로부터' 개별정보들을 처리하여 결론에

---

259 Rudolf Arnheim: Emotion und Gefühl in der Psychologie der Kunst (1958), in: Ders. Zur Psychologie der Kunst, S.224.
260 Rudolf Arnheim: Anschauliches Denken, Köln 2001, S.15.

이르는 반면, 인간의 지각과정에서 이루어지는 정보처리는 전체의 작용이 이루어지는 '장field'으로부터, 즉 '위로부터' 이루어진다고 한다. 말하자면 인간의 지각과정은 전체로부터 부분으로 나아간다는 것이다. 이러한 사실은 심리학적 미학에 중요한 단초가 되는데, 그 이유는 인간이 미적인 체험과정에 있을 때, 이러한 미적인 체험은 테크니컬한 정보처리 개념을 통해서는 이해될 수 없고 게슈탈트 심리학에서처럼 전체의 사고를 통해서만, 혹은 아른하임의 개념으로 이야기하자면, '시각적 사고'를 통해서만 설명될 수 있는 것이다.

6) 예술심리학 II: 에른스트 곰부리히

게슈탈트 심리학적 미학이 가장 심도 깊고 포괄적으로 논의된 것은 미학자이자 예술이론가인 에른스트 곰부리히Ernst Gombrich(1909-2001)에게서였다. 곰부리히는 20세기 초 비엔나 예술학파의 대표자로 여겨졌던 슐로서Julius von Schlosser(1866-1938)에게서 예술사를 공부하고 게슈탈트 심리학에 몰두하여 예술사와 심리학 간의 관계에 주목하였으며, 실험심리학, 인지과학 등과 같은 과학적 방법론을 예술사연구에 적용하여 인지심리학적인 미학의 가능성 조건을 마련하였다.

예술심리학 연구로 그의 이름을 알린 첫 번째 저술은 1960년에 출간된 『예술과 환영Art and Illusion』이었다. 여기서 그는 "예술과 관련된 모든 것이 완전히 주관적인 것인지" 아니면 "객관적인 척도 같은 것"[261]이 존재하는지의 물음으로부터 시작하였다. 곰부리히는 그러한 객관적 척도가 있다는 사실을 '양식사Stilgeschichte'가 보여준다고 말한다. 말하자면 특정한 시기는 현실을 보는 특정한 방식, 현실을 묘사하고 그리는 특정한 방식을 통해 특징지을 수 있다는 것이다. 또한 우리는 그러한 양식사적인 특성들을 직접 볼 수도 있고 구별할 수도 있다고 한다. 각각의 모든 문화적 시기와 문화 자체는 자기 고유의 미학과 묘사 컨셉을 담지하는 특수한 현실관을 발전시켜왔다. 예컨대 고전적 미학에서 이미지 묘사가 '완전한 환영'으로부터 이탈하는 것은 그때그때의 예술적 발전단계를 반영하는 불완전성의 모습으로 규정되었으며, 근대 미학에서 사진과 같이 충실하게 그리는 것이 예술적 가

---

261 Ernst Gombrich: Kunst und Illusion. Zur Psychologie der bildlichen Darstellung (Art and Illusion, 1960), übers. v. Lisbeth Gombrich, Stuttgart 1986, S.19.

치가 있다는 확신은 단순한 편견에 불과하다고 여겨졌던 것이다. 물론 이 같은 생각은 예술적 환영을 소홀히 하는 상황으로 이어지긴 했다. 이러한 상황에서 곰부리히는 나름대로의 해결책을 제시하려고 했다. 즉, 그는 대상을 자신의 시선에서 파악하여 이를 예술적으로 묘사하는 예술가들에게서나 예술작품들을 보는 관찰자들에게서나 인간의 지각세계의 예술적이고 비예술적인 대상들을 편견 없이 파악하는 '순진무구한 눈das unschuldige Auge'은 없다는 사실을 드러내고자 했던 것이다.[262] 곰부리히는 인지심리학적인 지각이론에 의거하여 지각은 관습적인 "도식들Schemata" 내지는 사유와 감각적 지각의 "선재적 체제들Voreinstellungen"로부터 시작하며, 이를 통해 우리는 경험세계의 대상들을 처음부터 특정한 틀 조건하에서 파악하게 되는 것이라고 한다. 따라서 그에 따르면, 예술에서는 "그 어떠한 직접적인 '중립적 자연주의'도 존재하지 않는다"[263]는 것이다.

곰부리히는 『예술과 환영』에 이어 1979년에 『질서의 감각The Sense of Order』을 출간하였는데, 여기서 그는 무엇보다 20세기 지각심리학에서 지배적이었던 영국의 철학자 버트란트 러셀Bertland Russel(1872-1970)의 소위 '정신의 양동이 이론bucket theory of mind'[264]을 비판하였던 독일의 과학철학자 칼 포퍼Karl Popper(1902-1994)의 입장을 자신의 논의의 근거로 삼는다. 주위환경으로부터 얻어진 인상들이 마치 텅 빈 양동이와 같은 개인의 기억 속에 차곡차곡 쌓이게 된다는 러셀의 이론은 포퍼에 따르면 인간을 수동적 경험론자로 파악하고 있다고 하면서, 이에 대립되는 이론으로서 '정신의 전조등 이론'이 제기될 수 있다고 한다. 즉, 포퍼의 '전조등 이론'에서는 유기체가 자신의 환경을 탐구하고 탐색하는 데 있어 부단히 능동적인 활동을 벌인다는 것이다.[265] 마찬가지로 『순수이성비판』에서 이러한 생각을 이미 인식하였으나 순수이성개념을 고수하였던 칸트와 같은 맥락에서 곰부리히 역시 일상에서 우리는 공간이나 시간과 그리고 인과성 같은 추상적 범주들이 아니라 다양한 의미들 및 질서들과 마주한다고 한다.

인간주체의 끊임없는 모색의 기본태도에 근거하여 곰부리히는 "수동적인 자극수용의

262 Ibid. S.327.
263 Ibid. S.109.
264 Karl Popper: Objective Knowledge, Oxford: United Kingdom, 1972, Chapter 2 참조.
265 Karl Popper: Ornament und Kunst: Schmucktrieb und Ordnungssinn in der Psychologie des dekorativen Schaffens, Stuttgart 1982, S.13.

'양동이 이론'에 대해 체계적으로 맞서는 첫 번째 지각이론"[266]으로서 게슈탈트 이론을 제기한다. 그에 따르면, 게슈탈트 이론은 그 스스로가 『예술과 환영』에서 비판한 바 있는 '순진무구한 눈'을 그야말로 허상과 같은 것으로 입증해주었다고 한다. 그는 인간의 지각이 현실을 단순히 모사하는 것이 아니라, '선제적 체제들'에 의거하여 구성 또는 재구성한다는 것이다:

> 우리의 지각은 직선, 원, 단순한 질서 등과 같은 요소적인 형태들에 대해 분명한 애호를 가지며, 우리는 혼돈스러운 외부세계와 조우할 때마다 우연적인 형태들보다는 규칙적인 형태들을 더 빨리 보게 되는 경향을 가지고 있다.[267]

곰부리히에 따르면, 인류가 태고부터 구상하고 형상화해왔던 "장식적인 그림들과 문양들은 자신과 자연세계의 관계를 막론하고 단순한 그림형태들을 만들고 관찰하는 것을 통해 자신의 질서감각을 수행하는 것에 만족감을 가진다는 것을 입증해주는 것"[268]이라고 한다. 이러한 질서감각에 대한 논증과 이를 뒷받침하기 위해 그가 다양하게 보여주는 예들은 심리학적 미학의 발전에 있어 중요한 단초들이 되는 것이다.

곰부리히는 1982년 『이미지와 눈The Image and the Eye』이라는 논문집을 출간했는데, 여기서 그는 『예술과 환영』이 갖는 의미가 변화될 수밖에 없다고 비판적인 태도를 취하면서 '기억과 재인식의 연관'이라는 맥락에서 재조명될 필요가 있다고 주장한다. 그에 따르면, 예술적 묘사란 항상 재인식을 목표로 하며, 아주 드문 경우들에만 정확한 모방을 목표로 한다고 한다. 따라서 재인식은 반드시 정확한 모방에 의존하는 것이 아니며, 오히려 특징적인 코드들의 존재 여부에 달려 있다는 것이다. 그러한 코드들을 파악하고 투입하는 것에 바로 초상화와 캐리커처의 핵심적 역량이 존재하는 것이다. 곰부리히의 이 같은 논의는 단지 회화의 영역에 한정되는 것이 아니라 사진과 광고그래픽 같은 예술적 이미지 생산 영역들에까지 적용될 수 있는 중요한 기반이 될 수 있는 것이다.

---

266 Ibid. S.12.
267 Ibid. S.16.
268 Ibid. S.17.

7) 정신분석학적 미학

심리학적 미학의 현대적 가능성 기반을 형성하는 논의맥락으로서 정신분석학이 제외될 수는 없다. 물론 정신분석학의 기초자였던 프로이트 자신은 정신분석학과 미학이 갖는 연관에 대해 회의적이거나 부차적으로만 언급하였지만, 이와는 달리 융의 정신분석학뿐 아니라 정신분석학적인 논의들 자체는 심리학적 미학의 현대적 가능성 기반의 논의에서 반드시 다뤄질 필요가 있는 중요한 단초들이다.

지그문트 프로이트Sigmund Freud(1856-1939)는 「기이한 것Das Unheimliche」(1919)이라는 제목의 글에서 다음과 같이 말하였다:

> 정신분석학자는 드문 경우에만 미적인 연구를 위한 충동을 감지한다. 이것은 미학이 아름다움에 관한 학문에 한정되는 것이 아니라 우리의 감정의 특질들에 관한 학문으로 묘사되는 경우에도 그렇다. 정신분석학자는 정신적 삶의 다른 층위들에서 작업을 하는 사람으로서, 수많은 부수적 정황들에 의존하는, 목표로 향해가는 것을 저지하고 일정 정도 둔화된 형태로 만드는 감정적 자극들(이것들은 대게 미학의 소재들이다)과는 별로 관계가 없다. 그렇지만 도처에서 마주하게 되는 사실은 정신분석학자가 미학의 특정한 영역에 관심을 가져야 한다는 것이며, 그러한 영역은 통상 외따로 떨어져 있는, 미적인 전문적 문헌들에서는 소홀히 취급되었던 영역이다.[269]

미학에 대한 프로이트의 이 같은 회의적 태도에도 불구하고 마르쿠제는 '프로이트의 정신분석학에 의거한 미학'[270]을 주창하기는 했으나, 사실상 프로이트 자신은 "성적 감각의 영역으로부터 추론되는 것이 확고해 보이는 미에 대해 (정신분석학이) 거의 언급할 필요가 없다"[271]고 이야기하였다는 점에서 심리학적 미학과 직접 관련된 논의를 발전시키지는 않았던 것으로 보인다.

프로이트와는 반대로 심리학과 미학 간의 이론적 친근성을 강조한 융Carl Gustav Jung(1875-

---

269 Sigmund Freud: Das Unheimliche (1919), in: Ders. Studienausgabe Bd. 4, Frankfurt a.M. 1982, S.243.
270 Herbert Marcuse: Frueds Ästhetik, in: Publications of Modern Language Association of America, 72, 1957, pp.446-463.
271 Sigmund Freud: Das Unbehagen in der Kultur (1930), in: Ders. Studienausgabe Bd. 9, Frankfurt a.M. 1982, S.214.

1961)은 『심리학적 유형들Psychologische Typen』이라는 저서에서 미학에 대한 심리학적 이해를 다음과 같이 주장하였다:

> 미학은 그 전체 본질상 응용심리학이며, 사물들의 미적인 본질을 다룰 뿐 아니라 – 아마도 보다 높은 정도로는– 미적인 태도에 대한 심리학적 물음을 다루는 것이기도 하다.[272]

프로이트와는 달리 융은 당대의 심리학적인 미 이론들에 대해 보다 구체적이고 집중적인 관심을 갖고 있었으며, 특히 립스의 감정이입이론을 정신분석학적인 '전이Übertragung' 개념과 관련시켜 논의하기도 했다. 그러나 융 역시 심리학적 미학이론의 맥락에서 논의될 수 있는 구체적 전거들과 확신들을 다루긴 했지만 완결된 심리학적 미학이론을 제시하지는 못했다.

심리학과 미학의 관계에 대한 구체적인 연구는 2000년대 초 예술치료가이자 대학에서 예술치료를 가르쳤던 데이비드 맥라간David Maclagan에 의해 이루어졌다. 맥라간은 그의 저서 『심리학적 미학Psychological Aesthetics』(2001)이라는 저서에서 다음과 같이 말하였다:

> 심리학적 미학은 우리가 연구하는 것이 제작 수준에서의 그림과 그것이 우리에게서 촉발하는 느낌 사이의 상호작용이 되는 그런 분야이다. 그러나 이러한 상호작용은 일정한 형태가 되도록 만들어진 것처럼 그렇게 단순하지가 않다. 예컨대 그림과 관람객 사이의 교통은 일방적인 것이 아니듯이 말이다. 예술에서 이루어지는 커뮤니케이션이나 표현과 관련된 통상적인 가정들에 따르면, 그림은 우리에게 이미 성립된 메시지를 전달하며 우리는 다소간 성공적으로 이것을 기록한다고 한다. 우리의 지각들은 항상 관찰자들 간의 복합적인 상호작용들을 포함하며, 그들이 '보는' 것과 우리의 회화에 대한 경험은 그러한 반응들을 증대시킨다. 그리하여 사실상 그림들은 그러한 상호작용들의 '응축장치들'로 기능한다고 말할 수 있을 것이다.[273]

맥라간은 예술사적인 접근에 대해 일정하게 선을 그으면서 심리학적 미학은 예술작품에

---

272 Carl Gustav Jung: Psychologische Typen (1921), in: Ders. Gesammelte Werke Bd. 6, Olten 1971, S.310.

273 David Maclagan: Psychological Aesthetics. Painting, Feeling and Making Sense, London 2001, p.8.

대한 접근을 예술가의 개인적 삶이라든가 그가 활동했던 시대적 관계에 대한 고찰을 통해서가 아니라 예술작품 자체의 '무의식적인 의미'를 통해서 수행하고자 하는 것이며, 이러한 의미는 작품의 미적인 고유한 특성들의 표면 뒤에 숨어 있는 것으로 예술치료적인 관계를 매개로 하여 경험될 수 있는 것이라고 한다. 여기서 알 수 있는 사실은 실제로 예술치료를 시행하였던 예술심리학자로서 맥라간이 심리학적 미학을 정신분석학적인 예술론과 상당 정도 동일시하고 있다는 것이다.

이처럼 제한된 의미로 심리학적 미학 개념을 사용하고 있기는 하지만 그의 시도는 심리학적 미학의 현대적 가능성을 모색하는 데 있어 한 가지 중요한 시사점을 주고 있다. 왜냐하면 그는 미적인 경험행위의 구체적인 내용보다는 미적인 행동의 무의식적 동기를 비롯하여 이를 통해 만들어진 작품의 지각의 동기 역시 정신분석적인 논의의 중심적 대상으로 규정하기 때문이다. 이를 통해 그가 목표로 삼는 것은 우리의 일상적 삶의 경험 대상들이 갖는 미적인 특성을 해명하는 아니라 자기와 타인의 창조적 행동 및 형상화의 '충동경제적인 기본맥락'을 해명하는 것이다. 그리하여 정신분석학적인 미학은 '수용미학'이라든가 미적인 일상경험의 이론이 아니라 '생산미학'이라든가 예술적 개성의 이론의 방향으로 발전되어 갔던 것이다. 결국 정신분석학적인 맥락에서 이루어진 심리학적 미학은 예술이 무의식적인 리비도적 소망들을 초자아에 의해 억제되고 한정되어 일정한 모습으로 '승화된' 형태로 표현할 가능성으로부터 생겨난다는 기본전제하에서 예술을 지각하는 사람들에 의해 감지된 욕망의 원천들이 어떤 종류의 것들인지 해명하는 작업을 수행하는 것이다.

III. 새로운 실험미학: 다니엘 벌라인

제2차 세계대전 이후 대략 1950년대부터 학문의 상황은 많은 변화를 겪었으며, 심리학의 경우 철학 및 여타의 정신과학의 영역으로부터 분리되어 자연과학의 영역에 포함되어 갔다. 이와 더불어 정신적인 영역과 경험적인 영역에 걸쳐 있으면서 관념론적인 미의 분석과 경험론적인 미적 체험의 논의가 상호 교차되는 가운데 경계의 학문으로 발전되어 온 기존의 미학은 심리학의 자연과학적 방향전환의 맥락에서 더 이상 주요한 논의대상으로 여겨질 수 없었다. 이 같은 상황에서 실험심리학적인 맥락에서 미학을 새로이 정립하려는 움직임이 생겨났으며, 그것은 바로 영국의 실험심리학자였던 다니엘 벌라인Daniel E.

Berlyne(1924-1976)에 의해 이루어졌다.

벌라인의 소위 '새로운 실험미학new experimental aesthetics'은 '신행동주의neobehaviorism'에 기초한 미학이라고 하는데, 그 이유는 미학에 대한 벌라인의 핵심적 연구들이 심리학의 영역에서 1968년부터 1974년 사이 행동주의가 인지주의로 이행하던 시기에 이루어졌기 때문이다. 벌라인의 이론이 행동주의적인 이유는 그가 미적인 경험들을 특정한 자극구조들에 대한 반응들로 파악하고 있기 때문이다. 심리학에서 행동주의는 1920년부터 1950년대 사이에 지배적이었던 이론적 경향으로 1913년 미국 심리학자 존 브로드어스 왓슨John Broadus Watson(1878-1958)에 의해 콜럼비아 대학에서 행해진 '연설'[274]에서 처음 정립되었다. 분트의 실험심리학의 제자들을 자청하였던 미국의 심리학자들은 분트의 심리학이 너무 정신이나 의식과 같은 심리적 구조들에 치우쳐 있다고 하면서, 이러한 심리적 구조들이 결국에는 심리적 기능들로 관찰될 수 있기에 심리학의 대상을 관찰 가능한 심리적 기능들로 삼고자 하였다. 심리학의 이 같은 '기능주의적 전환'과 더불어 그들은 인간의 구체적인 삶의 문제들을 심리학의 관심 영역으로 옮겨놓는 '실용주의적 전환'을 이루었다. 심리학의 기능주의적 전환과 실용주의적 전환에 기초하여 왓슨은 내적이고 주관적인 정신적 과정들로 향해 있는 모든 물음들을 허용될 수 없는 물음들이라고 선언하면서 심리학이란 전적으로 직접 관찰가능한 객관적인 사태들로 향해져야 한다고 주장하였다. 그에 따르면, 행동주의 심리학의 방법론적 기본모델은 다름 아닌 '자극stimulus과 반응response 간의 연관관계'인 'S-R-Schema'라고 한다. 행동주의 심리학의 2세대에 속한 심리학자 클라크 헐Clark Hull(1884-1952)은 자극과 반응 사이에 심리적인 또 다른 변수로서 '유기체Organism'를 삽입하여 'S-R-Schema'를 'S-O-R-Schema'로 확장하였다. 헐에 따르면, 외부자극에 대한 유기체의 행동반응은 외적인 자극변수만이 아니라 특정한 습관 같은 유기체 내의 개입변수에도 의존한다는 것이다. 헐의 이 같은 행동주의 확장은 신행동주의의 시작을 알리는 신호였다.

헐의 신행동주의와 같은 지평에서 벌라인은 미적인 행동을 유기체적인 자극과정들로부터, 말하자면 욕구들과 성향들 그리고 동기들로부터 설명하고자 한다. 그는 새로운 자극들에 반응하고 그것들을 삶에서 의미 있는 행동구조들로 이입시키는 생명체의 능력은 진화

---

274 John B. Watson: Psychology as the Behaviorist Views it (1913), Psychological Review. 20, pp.158-177.

의 중심적 메커니즘을 나타내주는 것이라고 하면서, 「탐색적 행동의 결정요소들로서 신기함과 호기심Novelty and Curiosity as Determinants of Exploratory Behavior」(1950)이라는 논문에서 자극상황들의 신기함에 대해 호기심과 특별한 관심을 쏟아 반응하는 행동준비태세들이 진화 과정에서 구축되어왔다고 한다.

벌라인은 이러한 진화 과정의 결과로서 놀이행동의 발전을 든다. 그에 따르면, 놀이행동은 사고와 지각을 "명백한 동기원천들의 부재 속에서 […] 활동적으로 유지하는" 기능 이외에는 "그 어떤 명확히 인식할 만한 생물학적 기능도 가지고 있지 않은"[275] 행동이라고 한다. 아무런 것들에 의해 동기화되지 않은 채, 말하자면 특별한 동기로부터 야기됨 없이 사고와 지각을 작동시키는 놀이행동은 외부의 자극에 대한 유기체의 순수한 반응이 일어나는 원초적인 상태가 되는 것이다. 이를 기초로 하여 벌라인은 자극대상의 어떠한 구체적 특성들이 호기심과 탐색적 행동 그리고 관심 있는 주의를 불러일으키는 데 적합한지에 대해 물음을 제기하면서, 신기함, 불확실성을 생산하는 능력, 갈등을 유발시키는 능력, 자극형태의 복잡성 등과 같은 변수들이 특별한 자극작용들을 설명해주는 변수들이라고 말한다. 결국 벌라인의 진화생물학적인 이론에 따르면, 진화 과정에서 유기체는 스스로 최적화된 자극수준을 창출하는 경향을 발전시켜왔다는 것이며, 이 같은 기본 전제에 기초해 있는 그의 '새로운 실험미학'은 미적인 활동들이 "내적으로 동기화된 자극-탐색 행동의 형태들"[276]이라는 사실을 입증해준다는 것이다.

이 같은 맥락에서 벌라인은 심리학적 미학을 일종의 쾌락이론으로 파악한다. 그에 따르면, 복잡성, 새로움, 모호성 등의 요소들은 처음에는 쾌감을 주다가 최대치에 이르고 나면 덜 긍정적이게 되고 결국에는 불쾌감의 의미에서 부정적인 것으로 감지되는 자극들이라고 한다.

물론 대상의 쾌감적 가치와 심리적 요소들의 작용포텐셜의 정도 간의 연관관계에 근거하고 있는 벌라인의 이론이 미적인 것을 쾌감적 체험의 특수한 경우로 환원시킴으로써 과연 미적인 것 자체에 대해서 말해줄 수 있을까 하는 문제가 존재한다. 이 같은 이유 때

---

275 Daniel Berlyne: Konflikt, Erregung, Neugier. Zur Psychologie der kognitiven Motivation, Stuttgart 1974, S.25.
276 Daniel Berlyne: Psychological Aesthetics, in: H. C. Triandis and W. Lonner (ed.): Handbook of Cross-Cultural Psychology, Vol. 3: Basic Processes, Boston 1980, p.329.

문에 벌라인의 이론이 과연 예술과 유머, 예술과 놀이 그리고 예술과 학문을 구분할 수 있을까라는 의문이 제기되었으며, 그의 이론에서 예술적 대상들의 지각은 대뇌피질의 수준에서 이루어지는

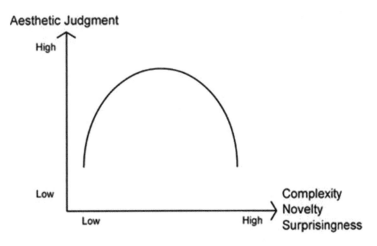

그림 11 Daniel Berlyne, inverted U-relation

수동적이고 수용적인 과정으로 간주되고 있다는 비판이 이루어지기도 했다. 이러한 비판은 그의 미학에 내재된 행동주의적 관점의 한계를 드러내주는 것이며, 동시에 이것은 행동주의적 관점이 인지주의적 관점으로 전환되어야 할 필요성을 암시하는 것이기도 하다.

행동주의의 한계와 모든 것을 실증적인 것으로 환원시켜버리는 환원주의의 문제를 안고 있음에도 불구하고 벌라인의 심리학적 미학은 미학이 예술작품들만이 아니라 자연대상들과 풍경들과도 관계되며, 미적인 것이 단지 미와 추의 범주에 한정되지 않고 일상에서 이루어지는 모든 자극들에 대한 반응들로 확장된다는 점을 주장함으로써 현실학문으로서의 미학의 가능성 조건을 마련하였다. 반면 그의 미학은 미적 경험의 질적인 측면들에 대해서는 불분명한 태도를 취할 수밖에 없었다. 예컨대 미적 대상의 '총합초과성'이 주장되었던 게슈탈트 심리학적인 미학과 달리 벌라인의 심리학적 미학에서는 미적인 행동이 요소적인 자극들의 작용결과로, 말하자면 선호적인 반응으로 이해된다. 그러나 미적인 반응들은 단순히 선호의 과정이나 판단의 과정으로 환원될 수는 없는 것이다. 그렇지만 이러한 한계들에도 불구하고 심리학적 미학의 형성에 기여한 그의 공로는 예술작품의 지각적 특성들로부터 예술작품들에 의해 야기되는 감정의 특성들로 포커스를 옮겨놓음으로써 심리학적 미학의 작용 영역을 확대발전시키는 것이었다.[277]

---

277 Arthur P. Shimamura: Toward a Science of Aesthetics, in: Aesthetic Science, ed. by Arthur P. Shimamura and Stephen E. Palmer, Oxford Univ. Press 2012, p.16.

2. 인지과학적 미학/문화심리학적 미학

I. 인지과학적 미학

심리학에서 인지적 전환은 1950년대 학제적 연구 플랫폼으로 형성되기 시작한 '인지과학'[278]이라는 흐름에 의해 이루어졌다. 인지적 전환의 의미로 미국 심리학자인 윌리엄 뎀버William Dember에 의해 1974년에 처음 사용된 '인지적 혁명'[279]은 심리학의 발전만이 아니라 심리학적 미학의 발전에도 커다란 기여를 하였다. 인지적 전환의 핵심적 단초는 자극에 의해 컨트롤되는 지각의 행동주의적 표상이 컨셉에 의해 컨트롤되는 지각의 모델들에 점차 자리를 내주게 되었다는 것이다. 이것이 의미하는 것은 지각된 내용이 지각된 대상의 요소들에 의해 규정되는 것이 아니라 주체가 자신이 사는 세계와 대면할 때 갖게 되는 지각의 기대요소들이나 지각의 준비상태들에 의해 규정된다는 사실이다. 그리하여 지각의 과정들은 전적으로 '아래로부터', 즉 자극들로부터 이루어질 뿐 아니라, '위로부터'도, 말하자면 지각하는 주체로부터도 이루어진다는 것이다.

인간의 감각기제들이 수동적인 자극처리의 도구들일 뿐만 아니라 의미를 지니며 삶을 영위하는 데 기여하는 지각내용들을 향한 능동적인 체계들이기도 하다는 인지과학적 태도는 미국의 심리학자인 제임스 깁슨James Jerome Gibson(1904-1979)에 의해 주창되었다. 자신의 스승이었던 게슈탈트 심리학자 쿠르트 코프카Kurt Koffka(1886-1941)의 영향하에 게슈탈트 심리학에도 관여하였던 깁슨은 『시지각적 세계의 지각The Perception of the Visual World』(1950)이라는 저서에서 심리학적 미학에 중요한 단초가 되는 시지각적 성찰들을 다각도로

---

278 "인지과학Cognitive science은 마음과 지능을 학제적으로 연구하는 분야로, 철학, 심리학, 인공지능, 신경과학, 언어학, 인간학 등을 포괄하는 학문이다. 인지과학의 지적인 기원은 1950년대 중반으로 이 시기에 몇몇 분야 연구자들은 복잡한 재현complex representations과 컴퓨터 처리과정computational procedures에 기초한 마음의 이론들을 발전시키기 시작했다. 그 이후 인지과학이 학문 영역으로 조직화된 것은 1970년대 중반으로서 이 시기에 인지과학회the Cognitive Science Society가 설립되었고 인지과학회지가 발간되기 시작하였다"(Paul Thagard: Cognitive Science, in: Stanford Encyclopedia of Philosophy, 2018. https://plato.stanford.edu/entries/cognitive-science/).

279 William N. Dember: Motivation and the cognitive revolution, in: American Psychologist. Band 29, Nr. 3, 1974, SS.161-168. 이후 인지심리학자 스티븐 핑커Steven Pinker는 『The Blank Slate』(Penguin 2003)에서 '인지적 혁명'의 핵심이념을 다음과 같이 다섯 가지로 요약하였다:
1. "마음의 세계는 정보, 컴퓨터화, 피드백 등의 컨셉들에 의해 물리적 세계 속에서 기초지을 수 있다."(p.31)
2. "마음은 비어 있는 판일 수 없다. 왜냐하면 비어 있는 판은 아무것도 할 수 없기 때문이다."(p.34)
3. "무한한 행동반경은 마음 속의 유한한 조합적 프로그램들에 의해 발생될 수 있다."(p.36)
4. "보편적인 정신적 메커니즘들은 여러 문화들을 가로지르는 피상적인 변화의 근저를 이루고 있을 수 있다."(p.37)
5. "마음은 상호작용을 하는 수많은 부분들로 구성된 복잡한 체계이다."(p.39)

제시하였으며, 『지각 체계로 간주된 감각들The Senses Considered as Perceptual System』(1966)에서는 감각들을 자극들을 수동적으로 처리하여 "지속적으로 주변 환경에 관한 정보들을 탐색하는"[280] 정보획득체계들로 해석하였다. 깁슨은 인간의 감각들을 수동적인 자극수용체로 생각하는 것이 아니라 주위 환경을 탐색하고 알아가기 위한 능동적인 체계로 이해한 것이다. 현상학적 심리학자들과 유사하게 그는 아리스토텔레스 이래로 서구 역사에서 전해 내려온 '감각'과 '지각'의 구분을 비판한다. 그에 따르면, 이러한 구분은 인간이 처음에는 감각들을 갖게 되고 그리고 나서 지각의 행위를 통해 이러한 감각들을 지각하게 된다는 잘못된 생각으로 이르게 된다고 한다. 인간은 일상 삶 속에서 지각할 때 감각들과 관계한다기보다는 지각된 세계 및 그 대상들과 직접적으로 관계한다고 하면서 깁슨은 개별 감각들이 "지각작용의 간헐적인 동반자들일 뿐, 지각이 이루어지기 위한 기본데이터들이 아니다"라고 주장한다. 그러면서 그는 "외부세계의 지각을 애써 물리적 에너지들의 개별 강도들과 파동들로부터 구성해야 하는 사람은 존재하지 않으며, 주체는 세계를 자극의 흐름 속에 놓여 있는 불변의 고유성들로부터 발견한다"[281]고 한다. 지각하는 주체가 복잡한 감각들의 덩어리로부터 정보들을 어떻게 끌어내는가 하는 문제는 우리가 개별 감각체계들을 지각체계 내에 고착시켜놓고 그것들을 '미리 접속된' 입력기관들로 고찰하는 경우에만 생겨나는 문제이다. 실제 지각의 과정은 "의미 없는 요소적 입력데이터들의 심리적 증대과정"이 아니라 "그 자체로 이미 풍부하게 넘쳐나는 입구 내에서 이루어지는 분화 과정"[282]을 나타내주는 것이다.

주목할 만한 것은 지각체계가 "'명증성'이라는 말로 가장 잘 특징지을 수 있는 단계의 달성을 향해 나아간다"[283]고 하는 깁슨의 주장이다. '명증성'이라는 말은 깁슨의 이전의 주장들처럼 필연적으로 대상들의 객관적인 단순구조를 의미하는 것이 아니라 감각정보들 내에서 불변의 상수들을 파악하는 것을 의미하는 것이다. 그리하여 깁슨은 "뇌의 자동적인 '장력Feldkräfte'이라는 의미"에서 이해되는 "형상화 작용Gestalten"의 가정을 포기하고, 대

---

280 James J. Gibson: Die Sinne und der Prozeß der Wahrnehmung, 2. Aufl. Bern 1982, S.23.

281 Ibid. S.384.

282 Ibid. S.385.

283 Ibid. S.385.

신 가변적 요소와 불변적 요소가 이미 지각 체계 자체의 신경적 관문들을 통해 제공된다는 입장을 새로이 제기하게 되었다.[284] 그 결과 학습과정을 통한 지각 체계의 구축은 "연상들의 구축"을 통해서가 아니라 점차 증대되는 구별화 능력의 분화 작용을 통해 일어나는 것으로 이해되는 것이다. 말하자면, 새로운 의미들의 학습과 아울러 미적인 체험능력의 향상은 "연상들의 저장을 증대시키는 것"을 통해서가 아니라 "새로운 주의력방향들을 습득하는 것"[285]을 통해 이룰 수 있다는 것이다.

인간의 지각활동에서 대상을 구성하는 것이 불변적 요소들의 파악을 통해 이루어진다면, 이것이 의미하는 바는 이러한 불변적 요소들이 우리의 실제 경험과정과 독립해 있는 대상들의 시공간적인 불변요소들이 아니라 우리의 실제 지각활동의 실제사태로 해석되어야 한다는 사실이다. 말하자면 중요한 것은 지각된 세계에서 동일하게 남아 있는 것이 아니라, 우리가 항상인 것으로 지각하는 것이다. 물론 지각된 불변요소들은 지각된 세계에서 '자극의 토대'를 갖는다. 그렇다고 해서 그것들이 자극의 토대와 동일한 것은 아니다. 예컨대 우리가 항상적인 공간각을 갖는 대상을 표상할 때, 우리는 그 어떠한 불변적 자극토대도 존재하지 않는 대상을 지각한다. 물론 일상의 지각과정들에서는 이러한 '착시들'이 일어나지는 않는다. 그렇기 때문에 우리는 지각 세계에서 주체적으로 활동할 수 있는 것이며 일상세계의 대상들을 확신 있게 다룰 수 있는 것이다. 따라서 시각적인 컴퓨터 예술이나 공상과학 소설들에서 이루어지는 환상들의 산출과정에 있어 중심적인 의미를 갖는 것은 어떠한 시각구조들이 불변적 요소의 지각에 이르며 이를 통해 지각과정에서 대상의 구성에 이르게 되는지에 대한 지식인 것이다.

비록 깁슨이 몇몇 사항들에서 게슈탈트 심리학자들을 비판하였다고 할지라도, 게슈탈트 심리학의 대표자들에 대한 성찰은 고전적인 게슈탈트 심리학적 관점들에 대한 확대발전으로 해석될 수 있을 것이다. 게슈탈트 심리학의 2세대 학자에 속하는 메츠거Wolfgang Metzger(1899-1979)는 그의 주저인 『시지각의 법칙들Gesetze des Sehens』(2. Aufl. 1986)에서 명확히 깁슨의 입장에 근거하여 논의를 전개시켰다. 마찬가지로 곰부리히 역시 깁슨이 『시각

---

284 Ibid. S.325f.
285 Ibid. S.386.

세계의 지각*The Perception of the Visual World*』(1986)을 통해 "표면구조들에 대한 우리의 반응을 이해하는 데에 있어 엄청난 기여를 하였다"[286]고 말하였다.

미학의 인지적 전환을 주도한 또 다른 사상가는 독일에서 태어나 유년기에 미국으로 건너가 1967년『인지심리학*Cognitive Psychology*』이라는 저서를 통해 심리학에서 인지적 전환을 이루는 데 결정적 기여를 한 얼릭 네이서Ulric Neisser(1928-2012)이다. 이 책에서 네이서는 '인지적 전환'의 필요성을 정당화 시켜주는 미학적 논의를 전개하였다. 그는 무엇보다 미란 '관찰자의 눈의 사안'이라는 통상의 관점으로부터 시작한다. 그는 행동주의 심리학이 현실이란 우리에게 실제로 그림같이 주어져 있다는 전제하에 고대 '이미지이론'에 의거하여 대상들은 자신의 물질적 이미지들을 내보낸다는 입장을 전개시켰다고 하면서, 깁슨의 관점에 기초하여 그리고 인지심리학적인 의미에서 감각기제라는 것은 정보들을 단지 처리하기만 하는 것이 아니라 찾아 나서기도 하는 점을 명확히 하고자 하였던 것이다.

『인지심리학』 이후 거의 10여 년이 지난 시점인 1976년 그는『인지와 실재*Cognition and Reality*』라는 저서에서 인지적 과정들을 컴퓨터 프로그램을 통해 완전하게 모델화시킬 수 있다고 하는 정보이론적 접근을 비판하였을 뿐 아니라 생태학적인 문제와 문화적 요소들을 도외시하는 기계주의적 관점 역시 비판하였다. 심리학에서 생태학적인 문제는 게슈탈트 심리학과 유사한 태도를 취하였던 헝가리 출신의 미국 심리학자 에곤 부른스위크Egon Brunswik(1903-1955)에 의해 이미 다뤄진 바 있다. 그는 실험실에서 이루어진 실험들과 여타의 실험적 과정들로부터 추론된 결과들이 실재 삶의 상황들에 적용될 필요가 있다고 하면서, 행동주의 심리학적인 학습과 기억모델들을 비판하는 맥락에서 '생태학적 타당성'이라는 개념을 미적인 경험에 적용시켜보고자 하였다. 그에 따르면, 실험 상황에서 얻어진 미적인 경험들에 관한 인식은 실재 삶의 상황들에는 제한적으로만 적용될 수 있다고 한다. 예컨대 라이브 콘서트에서 보여지는 사람들의 열광은 음악생리학적인 실험에서 이루어지는 생리학적 반응의 측정을 통해서는 적합하게 전달될 수 없으며, 사람들이 실재 자연경관을 체험하며 걸을 때 생겨나는 인상은 영화나 비디오를 통해 보여지는 자연경관 묘사로부터 얻어지는 인상과 동일시될 수 없는 것이다. 따라서 생태학적 타당성이라는 문제는

---

286 Ernst Gombrich: Kunst und Illusion (Art and Illusion. 1959), Stuttgart 1986, S.243.

심리학적인 인지미학에서 이루어지는 실험적 연구의 중심문제로 여겨져야 한다는 것이다. 네이서 역시 『인지와 실재』에서 현실적인 체험은 전혀 다른 양상을 가질 수 있다고 하면서 거의 모든 감각적 체험들은 감각체계의 작용 이상의 것을 담지한다고 주장하였다.

인지미학의 발전에 두드러진 공헌을 한 이들로서 반드시 언급되어야 할 사람들은 크라이틀러 부부Hans and Shulamith Kreitler이다. 이들은 무엇보다 당시 경험미학에서 지배적이었던 벌라인의 '신행동주의적 입장'에 대해, 즉 미적인 체험들을 '항상성homoeostasis' 과정으로 파악하고자 하는 입장에 대해 비판적 태도를 취하였다. 그들에 따르면, 벌라인의 이론은 "행동의 특수한 본질과 방향을 모든 국면과 모든 상황에서 충분히 설명할 수 없는" 반면, 자신들의 인지적 이론은 행동의 특수성과 방향을 만족스럽게 설명할 수 있다고 하면서 벌라인의 이론에 비해 자신들의 이론이 갖는 차별성을 다음과 같이 설명하였다. 즉, 자신들의 이론은 미적인 자극이 단순히 그저 자극적 요소들을 야기시키는 것이 아니라 지각 대상의 의미분석을 목표로 하는 정향적 반응들을 불러일으킨다는 것이다:

> 예술체험은 체험의 시작 이전에 존재하는 긴장들에 의해, 말하자면 예술작품을 통한 새로운 긴장의 산출로부터 활성화되는 긴장들에 의해 추동되는 것이다.[287]

예술작품을 지각하는 것만이 아니라 예술적 생산활동들 역시 본질적으로는 "예술작품과 관계하기 이전에 이미 관찰자에게서 존재하는" 긴장들을 통해 동기화된다는 것이다. 예술작품이 이미 존재하는 이런 긴장들에 추가적인 긴장들을 덧붙임으로써, 예술작품은 동시에 "새로운 긴장의 창출을 통해 이전의 긴장상태를 완화시키거나 이완시키는 작용"[288]을 매개시켜주는 것이다. 예술작품은 "유발된 긴장들에 관찰자의 다소 혼란스러운 긴장들과의 결합 내지 흡수를 가능케 하기에 충분할 정도로 가변적이고 다층적인 긴장들을 산출할 수 있어야 할 뿐 아니라, 예술적 자극의 또 다른 국면을 통해 해소되도록 하기에 충분할 정도로 특별한 긴장들 역시 산출할 수 있어야 한다." 말하자면 예술작품은 일상적인 감정들과 결합해야 할 뿐 아니라 새로운 종류의 특별한 자극과정들 역시 유발시킬 수 있어야

---

287 Hans Kreitler und Shulamith Kreitler: Psychologie der Kunst, Stuttgart 1980, S.31.
288 Ibid. S.33.

하는 것이다.

언뜻 보기에 크라이틀러 부부의 이론은 다니엘 벌라인의 '새로운 실험미학new experi-mental aesthetics'으로부터 그리 멀리 떨어져 있지 않은 것 같다. 왜냐하면 벌라인의 이론처럼 그들의 이론 역시 감정적 긴장들의 구축 내지 '유발arousal'로부터 시작하고 있기 때문이다. 물론 크라이틀러 부부는 거기에 머물지 않고 '인지적 정향cognitive orientation'이론으로 미적인 체험을 보다 심화된 형태로 연구하였다. 이 이론에 따르면, 자극이라는 것은 자극 유발자로 기능한다기보다는 특별한 관심을 야기시키는 지시적 자극으로 기능한다는 것이다. 그리하여 인간의 "행동은 개인의 지식과 관점, 판단들과 평가들, 자신 및 타인을 비롯하여 세계에 대한 관점들에 의해 조종된다"[289]는 것이다. 이로부터 크라이틀러 부부의 예술심리학적 입장이 드러나게 된다. 그들에 따르면, 예술심리학적 이론 내지 예술체험의 이론은 형식주의 이론들이 소홀히 취급하였던 '감정이입'이라든가 '예술적 승화' 같은 메커니즘들을 적극적으로 다룸으로써 '반형식주의적'인 특성을 지닌다고 한다. 다른 한편으로 그들의 인지적 관점은 감정이입 이론과 같은 기존의 심리학적 미학의 논의들과 정신분석학 및 게슈탈트심리학의 이론적 논의들을 포함하는 혼합주의적인 특성 역시 지니는 것이다.

크라이틀러 부부의 인지미학에서 미적 체험의 문제와 관련하여 다뤄지는 핵심적인 물음은 예술적 체험의 틀에서 구체적으로 어떠한 인지적 정향과정들이 기대될 수 있는가 하는 것이다. 그들에 따르면, 예술작품은 일반적으로 실재적인 모사물이 아니며, 일상적인 정향적 반응의 의미에서 단순히 인식을 야기시키는 것도 아니라고 한다. 예술작품의 이같은 '불완전한 정향'은 "예술적 자극의 고양된 주의와 강화된 지각의 형태를 띠는 외적인 탐구를 비롯하여 연상과 그 밖의 의미규정의 형태를 띠는 내적인 탐구"를 야기시키는 긴장을 산출한다. 그러한 한에서 예술작품의 지각은 관찰자의 능동적인 관여 없이 진행되는 "의미 확장과정"을 나타내준다고 할 수 있다. 지각작용들이 대개 기능적인 행동과정들에 복무하고 있는 일상의 삶에서 지각작용의 공간은 "기능적 복무"로의 정향을 통해 일정하게 한정된다. 반면 예술작품을 관찰할 때, "점차 전개되는 이러한 의미들의 발전"은 그 어느 것에도 한정되지 않는다. 그리하여 예술작품은 지각하는 사람의 인지적 정향을 확장시

---

289 Ibid. S.37.

키는 데에 기여할 수 있는 것이다. 크라이틀러 부부의 예술심리학이 목표로 삼고 있는 것은 바로 "인지적 정향에 대한 예술의 기여를 […] 학문과 철학이나 일상적 체험들로부터 기인하는 여타의 예들과 구별해주는"[290] 특별한 방식을 해명하는 것이다.

예술적 체험과 관련하여 논의될 필요가 있는 또 다른 문제는 개인적 관여의 문제이다. 그들에 따르면, 이 문제에서 중요한 역할을 하는 것이 바로 감정이입의 과정과 자기동일화 과정이라고 한다. 왜냐하면 이러한 과정들은 "야기된 다층적 긴장들과 이러한 긴장들의 이완, 그리고 이와 결부된 의미구조들을 개인적으로 체험된 감정들의 형태로 이끌기"[291] 때문이라는 것이다. 물론 예술작품을 관찰하는 체험과정들에서 개인의 관여는 축구장 같은 곳에서 야기되는 것과 같은 감정적 반응들을 야기시키는 경우는 거의 드물다. 예술적인 공감과정에는 '무아경의 상태'라든가 '미적인 거리의 작용'이 뒤따르는 것이다. 크라이틀러 부부의 인지적 관점은 신행동주의적 관점과는 달리 자극의 작용을 전면에 내세우는 것이 아니라 예술작품과 관찰자 간의 상호작용에 주목한다. 크라이틀러 부부가 강조하는 긴장상태와 관련해서도 그러한 긴장상태가 "관찰자에게서 일어나는 진행과정"을 나타내주면서도 "예술작품의 특정한 특성들에 의해 고양되고 특별한 방식으로 유도된다"는 점이 주장되는 것이다. 미적인 체험을 이루는 개별적 진행과정들의 종합적 작용은 그들에 따르면, "서로 긴밀하고 복합적이며 역동적이어서 그 어떤 형태의 추상화의 시도도 왜곡의 위험을 야기시킬 수 있다"고 한다. 그럼에도 불구하고 예술심리학적인 연구는 이러한 과정들을 개별적으로 세심하게 부각시켜 서로 구별되게 설명할 필요가 있다고 한다.

더 나아가 크라이틀러 부부는 색채지각과 같이 다양한 심리학적 미학의 대상들과 관련하여 인지미학적 관점을 전개시키기도 했다. 예컨대 그들에게 있어 회화는 예술심리학적 설명을 하기에 아주 적합한 출발점이었다. 왜냐하면 회화는 시간의 진행과정에서 전개되지 않고 정적이기 때문이다. 그러나 그림이나 색채표면에 대한 관찰은 결코 정적인 과정이 아니다:

---

290 Ibid. S.41.
291 Ibid. S.42.

관찰자가 그림의 관찰을 일반적인 조망의 첫 단계 너머로 연장한다면, 그의 체험은 점차 변화하게 될 것이다. 즉, 그의 체험은 더 깊어지고 확장되며 개개의 강조점들로 위치이동하게 되거나 새로운 통로들로 이동하게 될 수 있을 것이다. 우리가 개개의 동질적인 색 표면을 오랫동안 바라보게 된다면, 그 색채는 변화되는 것처럼 보일 것이다. 예를 들면 그 색채는 덜 짙게 보일 것이며, 우리는 명도와 채도에 있어서 그리고 여러 지점들의 색채 톤에 있어서 불규칙성들을 지각하게 될 것이다.[292]

여기서 명확히 드러나는 사실은 인지미학이 더 이상 순수한 자극-반응 관계들이 아니라 시간의 진행과정에서 일어나는 '미적인 경험의 과정'에 주목한다는 점이다. 결국 크라이틀러 부부가 그들의 인지미학적 이론의 구현을 설명하는 응용 영역들은 시각예술로부터 음악과 춤을 지나 문학에까지 이르는 것이다.

II. 문화심리학적 미학

인지심리학의 발전은 인지과학연구가 시작되었던 초창기부터 내재되어 있었으며, 결국 인지심리학의 주창자에 의해 비판될 수밖에 없었다. 얼릭 네이서와 더불어 인지심리학의 선구자이자 기초자로서 조지 밀러George Miller(1920-2012)와 함께 '하버드 인지과학 센터 Harvard Center for Cognitive Studies'를 세웠던 제롬 브러너Jerome Bruner(1915-2016)는 1990년에 출간된 『의미의 행위Acts of Meaning』에서 기존의 인지과학적 논의에서 인지적 과정이 문화적 과정에 깊숙이 개입되어 있는 점을 간과하였다고 하면서 소위 '인지적 전환'은 인간 정신의 의미발생적 기능을 분석하는 과제를 소홀히 해왔다고 비판하였다. 따라서 그에 따르면, 의미구성과정을 객관화될 수 없는 과정이라고 배제하였던 행동주의에 비해 정신의 의미발생적 과정을 탐구하는 인지과학의 본래적 함의가 회복될 필요가 있다는 것이다.

브러너는 거시적 맥락에서는 자신의 관점을 '인지적 전환'의 연속으로 보지만, 기존의 인지과학적 논의들이 본래의 의도로부터 멀어져서 "지나치게 기술적인 양태로 변질"되었고, "정신 개념을 […] 탈인간화시켰으며, 이와 더불어 심리학의 상당부분을 여타의 인문과

---

292 Ibid. S.45.

학들 및 정신과학들로부터 분리시켰다"[293]고 비판하였다. 그리하여 브러너는 "인지과정에 대한 보다 강한 해석적 접근"을 특징으로 하면서 최근 인간학, 언어학, 철학, 문학이론, 심리학 등에서 확산되어 가고 있는 "의미의 창조"를 다루는 '새로운 인지적 혁명'을 주창하였다.

이러한 '새로운 인지적 혁명'은 무엇보다 "실재 정신"을 복잡한 컴퓨터 계산체계의 "가상적 정신"과 동일한 방식으로 설명하고자 하는 기존의 인지적 전환의 경향을 비판하는 것으로부터 시작한다. 브러너는 기계와 인간의 결정적 차이들 중의 하나를 문화적 과정에서 찾는다. 그에 따르면, 인간은 본래 문화적이고 역사적이며 사회적으로 각인된 존재라고 한다. 따라서 인간의 심리를 단지 개인으로부터 구축한다는 것은 불가능한 일이 된다. 인간의 심리는 "의미를 창조하고 의미를 이용하는 모든 과정들, 인간을 그의 문화와 결합시켜주는 모든 과정들의 맥락 속에서 구축되어야 하는 것이다."[294]

문화심리학 개념은 심리학적 미학 개념과 마찬가지로 독일어권에서는 다소 생소한 개념이다. 문화심리학과 유사한 함의를 갖는 개념은 독일어권에서는 '민족심리학Völkerpsychologie'이라는 개념이 있는데, 민족심리학은 독일 교육학자이자 철학자였던 헤르바르트 Johann Friedrich Herbart(1776-1841)의 이론에 기초하여 심리학자였던 라자루스Moritz Lazarus (1824-1903)와 슈타인탈Heymann Steinthal(1823-1899)이 1859년 『민족심리학과 언어학 저널 Zeitschrift für Völkerpsychologie und Sprachwissenschaft』을 창간한 이후 실험심리학의 기초자인 빌헬름 분트Wilhelm Wundt(1832-1920)의 열 권으로 된 『민족심리학Völkerpsychologie』(1900-1920)에서 정점을 이루었으며, 19세기 중반부터 20세기 초 심리학이 독자적인 학문분과로 자리 잡기 시작하던 시기에 중요한 심리학 분야로 정립되었다. 그러나 민족심리학과는 달리 문화심리학은 심리학의 고유한 분야로 자리매김되지는 못했다. 왜냐하면 문화심리학을 연구하는 데 있어 일종의 딜레마가 존재하기 때문이다. 말하자면, 한편으로 학문적인 심리학은 그 대상이 되는 인간의 체험과 태도가 문화적 맥락에서 이루어진다는 것을 전제하면서도, 다른 한편으로는 심리학적 물음들이 이러한 문화적 맥락을 배제하는 가운데 연구될

---

293 Jerome Bruner: Sinn, Kultur und Ich-Identität. Zur Kulturpsychologie des Sinns, Heidelberg 1997, S.21.

294 Ibid. S.31.

수 있다는 전제로부터 출발하고 있기 때문이다. 그래서인지 독일과 미국의 거의 모든 심리학과 교수직을 차지하고 있었던 분트의 제자들은 분트의 민족심리학을 제외하거나 부정하였다. 독일어권에서 문화심리학적 사유와 연관된 분야로는 민족심리학 외에도 다양한 흐름들이 존재하긴 했다. 직접적이진 않지만 20세기 '해석학적 심리학'[295]을 주창하였던 빌헬름 딜타이Wilhelm Dilthey(1833-1911)와 게슈탈트 심리학의 맥락에서 언어심리학을 연구한 칼 뷜러Karl Bühler(1879-1963)가 그 예이다. 특히 뷜러는 딜타이와 마찬가지로 심리적인 것을 '객관적 정신의 형상들'로부터 해명하고자 하였으며, '행동심리학Verhaltenspsychologie', '체험심리학Erlebnispsychologie' 외에 세 번째 심리학적 접근방법으로서 '문화심리학'을 들었다. 이 밖에도 언급될 수 있는 것은 오스트리아에서의 연구였다. 브러너가 인지심리학을 문화심리학으로 확대발전시켰던 시점인 1990년대 초 오스트리아 잘츠부르크에서는 문화심리학적 연구의 기반이 마련되었다. 1987년 문화학에 관심을 기울였던 심리학자들이 모여 자연과학적으로 기울어진 심리학 연구에 만족하지 못하고 문화심리학적인 새로운 연구방향을 정립하고자 '문화심리학회Gesellschaft für Kulturpsychologie'를 창립하였던 것이다.

이 같은 문화심리학의 지평에서 심리학적 미학에 적용된 최초의 문화심리학이론은 스위스 출신의 문화심리학자 에른스트 에두아르트 뵈쉬 Ernst Eduard Boesch(1916-2014)에 의해 마련되었다. 뵈쉬에 따르면, 당시의 행위이론 모델들은 다른 문화권의 사람들에게는 단지 제한적으로만 적용될 수 있다고 한다. 그리하여 그는 1980년에 출간한『문화와 행위Kultur und Handlung』에서 인간의 행위를 상징적으로 매개된 문화적 주변세계로 위치시킬 수 있는 모델을 개발했다. 이로부터 뵈쉬는 고유한 문화심리학을 구축하면서 1991년『상징적 행위이론과 문화심리학Symbolic Action Theory and Cultural Psychology』이라는 중요한 저서를 저술하였다.

뵈쉬는『마법적인 것과 미적인 것Das Magische und das Schöne』(1983)이라는 저서에서 미적인 문제들에 대해 논하였음에도 불구하고 자신의 '상징적 행위이론Symbolische Handlung-

---

295 Wilhelm Dilthey: Psychologie als Erfahrungswissenschaft, Erster Teil: Vorlesungen zur Psychologie und Anthropologie (ca. 1875-1894), hrsg. Guy van Kerckhoven u. Hans-Ulrich Lessing, in: Wilhelm Dilthey Gesammelte Schriften Bd. 21, Göttingen 1997; Ders.: Psychologie als Erfahrungswissenschaft, Zweiter Teil: Manuskripte zur Genese der deskriptiven Psychologie (ca. 1860-1895), hrsg. Guy van Kerckhoven u. Hans-Ulrich Lessing, in: Wilhelm Dilthey Gesammelte Schriften Bd. 22, Göttingen 2005.

stheorie'을 미학이론이라고 보지는 않았다. 그러나 그의 논의들은 넓은 의미에서 볼 때 문화심리학적 미학이론의 논의들로 여겨질 수 있는 것이다. 그는 『문화와 행위Kultur und Handlung』에서 문화를 "인간의 서식구역Biotop des Menschen"으로 규정하였다. 말하자면, 인간에게 문화의 기본조건들은 일종의 조절체계를 형성하는바, 이는 생명체의 생활세계와 행위가능성들이 자신의 "서식구역"의 기본조건들을 통해 규정되는 것과 유사하다는 것이다. 인간에게 있어 문화는 행위가능성들 내지 행위의 제약들을 상징화하고 있는 "행위의 장"을 나타내주는 것이다. 그리하여 행위자극제들 또는 행위억제제들은 인간이 단지 물리적인 대상들로 지각하는 대상들을 통해서가 아니라 의미의 담지자들로 지각하는 대상들을 통해 매개되는 것이다. 뵈쉬에 따르면, 행위의 장의 대상들은 "심리학적으로 볼 때 사물들 자체가 아니라", "대상을 포괄하는 체계들과 과정들의 대표자들"[296]이라고 한다. 대상들은 결코 "절대적으로" 지각되는 것이 아니라, 본질적으로는 행위들이나 행위의도들에 의해 규정되어 있는 실제 상황들에 의거하여 지각되는 것이다. 따라서 인간과 그를 둘러싼 대상들 간의 관계는 "그의 행위의 방향들에 의존해 있으며", 이러한 행위의 방향들은 "본질적으로 그의 '현실체계Wirklichkeitssystem'를 통해 영향을 받는 것이다."[297]

뵈쉬의 상징적 행위이론은 주체와 객체의 명확한 구분을 단념한다. 뵈쉬에게 있어 객체라는 것은 "행위복합체의 부분들"로서 "단지 행위하는 주체에 의해서만 정의내려질 수 있는 것"[298]이다. 말하자면, 객체의 의미는 그것이 포함되어 있는 행위수행과정들의 목표로부터 밝혀지는 것이며, 이러한 목표란 '다가적多價的, polyvalent'이다. 우리가 알고 있는 최초의 문화들에서 보여졌던 것처럼, 장식들로 치장된 용기를 생산하는 일은 하나의 대상을 객관적인 도구적 목적에 맞추기만 하는 것이 아니라 자기 자신의 만족이라든가 수공예적인 능력의 묘사 같은 주관적인 기능적 목적에도 부합되게 하는 것을 의미하는 것이다. 우리의 이러한 일상적인 행위의 근본적인 다가성 속에 바로 미적인 체험을 유발시킬 능력의 단초가 자리 잡고 있는 것이다.

뵈쉬가 미학적인 문제들에 대해 처음 논한 것은 1975년 출간된 『불안과 승리. 자아와

---

296 Ernst Eduard Boesch: Kultur und Handlung, Bern 1980, S.34.
297 Ernst Eduard Boesch: Das Magische und das Schöne, Stuttgart 1983, S.20.
298 Ibid. S.20.

그것에 대한 증명Zwischen Angst und Triumph. Über das Ich und seine Bestätigung』에서였다. 여기서 그는 미적인 감정과 미적인 체험의 본질에 대한 물음을 제기한다. 그에게서 출발점이 되는 현상은 모든 문화들에서 보이는 '미적인 것의 편재성Allgegenwärtigkeit des Ästhetischen'이다. 그가 주목하는 두 번째 현상은 미적인 것이 유용성과 기능성의 강제하에 있지 않다는 것이다. 세 번째 주목할 만한 현상은 미의 이상이 한 문화 내에서도 특정한 "유행들"을 따르며 한 세대의 기간 내에 전복될 수 있다는 것이다. 그러나 뵈쉬에 따르면, 이와는 무관하게 "좋은 형태gute Gestalt"[299]라는 개념에 반영되어 있듯이, "만족의 상수die Konstanten der Gefälligkeit"가 존재한다고 한다. 이러한 만족의 상수는 예술창작활동을 하는 개인에게 단순한 만족부터 미적인 감정에까지 이르는 예측가능한 효과들을 산출하도록 해주는 "규칙들"의 기능을 가진다. 그러나 이러한 일반화될 수 있는 효과들에도 불구하고 미적인 체험은 뵈쉬의 용어로 표현하자면 "주관적이고 기능적"이다. 말하자면 미적인 체험은 그 어떠한 객관화할 수 있는 기능을 충족시켜주는 것이 아니라, "자아의 묘사"와 "자아의 확장"[300]에 기여하는 것이다. 뵈쉬에 따르면, 미적인 감정은 "상징적 형식세계에서 이루어지는 자아의 재인식"이다. 말하자면, 미적인 감정은 "개체이자 집단의 일원인 개인이 상징적인 묘사에서 자기고유의 행위의 '규정치Sollwert'를 적합하게 표현하거나 내재화된 형태로 추체험할 수 있는 곳에서 감지되는 것이다."[301] 여기서 뵈쉬가 말하는 규정치란 행위의 경쾌함, 우아함, 자유로움 등과 같은 것을 말한다. 이 같은 규정은 특히 음악에서 두드러진다. 음악적 리듬을 청취를 통해 혹은 외적인 운동을 자기 몸을 통해 추체험하는 것은 미적인 체험의 심리학적 핵심을 이루는 것이다. 이 같은 생각을 확장하여 뵈쉬는 음악적 체험을 스키 선수의 육체운동의 경험과 비교한다:

> 스키 선수의 경우 그의 앞에서 풍경의 전환이 이루어질 때, 당연히 그의 육체 역시 그러한 전환에 부합되게 적합한 움직임을 취하게 되듯이, 완벽한 음악청취자는 적합한 공감의 태도로 모든 음악적 형상을 좇아간다. 말하자면 스키 선수는 움푹 패인 땅을

---

299 Ernst Eduard Boesch: Zwischen Angst und Triumph. Über das Ich und seine Bestätigung, Bern 1975, S.46.
300 Ibid. S.71.
301 Ibid. S.73.

보고 그것을 건너뛰는 도약을 하듯이, 완벽한 음악청취자에게 고전주의의 제의적 형식주의는 자명한 것이다. 스키 선수가 미리 예견될 수 없는 지형의 굴곡들에 갑작스러운 긴장을 동반한 즐거운 감정으로 자신의 육체를 맞추듯이, 완벽한 음악청취자는 즉각적으로 의미와 구조를 파악하는 사람의 즐거운 경이감으로 기대치 않았던 일회적인 것을 쫓아가는 것이다.[302]

이 같은 전제하에서 심리적인 개념들로 보편적인 층위에서 미적인 것의 의미를 이해하고 표현하는 것이 가능할 수 있는 것이다.

음악적인 진행과정은 조절과정들 혹은 과정체계들의 상징적이고 추상적인 묘사들에 다름 아닐 것이다. 팀파니의 리듬과 멜로디의 흐름은 상대적으로 단순히 그저 진행과정일 수 있지만, 오케스트라를 통한 멜로디와 리듬과 화음의 결합은 하나의 복합적인 체계로서 우리는 더 이상 이 속에서 개별진행들에 대해 말할 수 없는 것이다.[303]

이러한 이유에서 미적인 경험은 미적인 감정의 개별요소적인 반응에 한정되지 않는다고 할 수 있다. 미적인 것과 진정으로 접전을 벌이기 위해서는 직접적인 인상 속에서 무차별적으로 밀려드는 것에 대해 총체적으로 인지하는 과정이 요구되는 것이다.

뵈쉬는 『문화와 행위』에서 "미적인 감정이 아무리 현실적이고 만연해 있다고 할지라도 추후적으로 조절할 수 있는 관찰과 측정을 허용치 않는 내적 체험의 영역에서 이루어진다"[304]고 이야기한다. 그러면서 그는 이러한 미적 체험의 언어적 재현 자체가 "단순히 현상의 모사나 다른 매체로의 전환이 아니라 하나의 새로운 행동을 나타내는 반성적 성과"[305]라고 한다. 이 같은 생각은 『마법적인 것과 미적인 것』에서 보다 정교화된다. 그에 따르면, 인간의 행동과 체험은 항상 일정한 행동 및 체험공간에서 이루어지는바, 이러한 행동 및 체험공간은 그 속에 존재하면서 극히 다양한 행동가치들을 반영하는 대상들을

302 Ibid. S.51.
303 Ibid. S.52.
304 Ernst Eduard Boesch: Kultur und Handlung, S.243.
305 Ibid. S.243.

통해 구성된다고 한다.

뵈쉬는 주체의 대상관계를 두 가지 서로 대립된 과정에 따라 규정한다. 그 하나는 감정이입의 과정이고 다른 하나는 대결의 과정이다. 감정이입을 통해 대상들에 대한 전유가 이루어진다면, 대결을 통해서는 대상에 대립하거나 대상의 영향으로부터 벗어나는 작용이 이루어진다. 뵈쉬는 감정이입과 대결의 양극적 관계로부터 마적인 것과 미적인 것을 설명하는 이론을 끌어낸다. 대결의 대상관계로부터 제의화된 행동을 통한 엄청난 현실을 지배하려는 시도로서 마적인 행동이 생겨난다. 반면 미적인 행동은 세계를 감정이입적으로 전유하려는 시도로서 생겨난다. 이러한 마적인 것과 미적인 것은 대상들과 관계하는 양극적인 방식으로서, 마적인 행동이 엄청난 현실을 마법으로 사로잡고 그러한 현실에 대결적인 태도를 취하는 반면, 미적인 행동은 "내적인 이미지들의 타당성을 확장하여" 감정이입적인 방식으로 "대립세계로부터 '나와 세계'의 결속체를 만들어내고자"[306] 하는 것이다.

뵈쉬는 이 같은 견해를 『상징적 행위이론과 문화심리학』에서 보다 구체화시킨다. 여기서 뵈쉬는 미를 "행위의 자취"로 규정한다. 즉, 미는 우리의 미적 행동이 현실에서 남겨놓는 자취이자 우리의 미적 경험이 재발견할 수 있는 자취라는 것이다. 이러한 자취로서의 미는 우리 자신과 객관적인 세계 간의 "공통형상Synomorphie"을 산출한다고 한다. 이와 더불어 미적 대상은 자아와 비아 간의 "가교적 대상"[307]으로 기능하면서 외적인 현실의 생소함을 축소시킨다고 한다. 이와 같은 맥락에서 드러나는 사실은 미적인 지각만이 아니라 미적인 행동 역시 인간의 진화의 기본 징표라는 것이다. 미적인 행동은 공감적인 환경을 만들어내려는 시도로부터, 다시 말해 "인간이 자신의 동일성과 자신의 '자아-세계관계'에 있어 본질적이라고 간주하는 가치들과 목표들에 외부세계를 맞추고자 하는"[308] 시도로부터 생겨난다는 것이다. 뵈쉬는 자신의 이론적 성찰들을 문화인류학적인 발굴들과 문화비교적인 관찰들로부터 추론해낸다. 벌라인의 전통에서 발전된 것과 같이 미적인 것을 실험적으로 파악하려는 시도로부터 거리를 두면서 뵈쉬는 미적인 것의 실험심리학은 사랑의 실험심리학이나 믿음의 실험심리학처럼 존재할 수 없다고 한다. 그 이유는 이것들을 관찰

---

306 Ernst Eduard Boesch: Das Magische und das Schöne, S.229.

307 Ibid. S.217ff.

308 Ibid. S.229.

할 수는 있지만 실험적으로 추론할 수는 없기 때문이다. 지각과 행동에서 현실과의 일치를 산출하려는 시도로서 미적인 태도는 개인이 문화로 이입되는 맥락으로부터 개인의 상징세계들이 발전되는 과정과 분리될 수 없는 것이다. 이것을 위해서는 문화심리학적인 접근이 요구되는 것이다.

결국 뵈쉬는 미적인 것의 발전을 '마술로부터 예술로의 발전'이라는 문화적 발전의 맥락에서 해석한다. 제의적이고 마술적인 음악예술이 사적인 체험의 기제로서의 음악예술로 발전됨으로써, 미적인 것의 발전이 이루어지게 되었다는 것이다. 그리하여 미적인 경험은 더 이상 외부로부터 오는 규범적 신호들을 매개해주는 기능에서 벗어나서 "분위기와 현실이 조화를 이루고 있는 '반 세계Gegenwelt'"[309]를 기약하는 것이다. 뵈쉬에 따르면, 미적인 것은 "체험하기, 스스로 느껴지게 하기의 자유공간"을 창출해낸다고 한다. 말하자면 미적인 것은 "이미 주어져 있는 사태를 통해 규정되지 않는 주관적인 것의 지각으로 흘러들어가도록 하기"를 허용해준다는 것이다. 이 같은 입장은 미학에서 주관주의와 객관주의의 대립을 극복할 수 있다. 미적인 경험은 한편으로 모든 지각과 행동처럼 문화적 맥락을 통해 그리고 이와 분리될 수 없는 개인의 발전사를 통해 규정되며, 다른 한편으로는 "자유롭고 즉발적인 느낌들의 공간"이기도 한 "주관적이고 기능적인"[310] 자극들에 의해 규정된다. 이러한 느낌들의 공간 내지 주관적인 자극들은 불분명하고 불안정한 일상세계의 혼돈상태에 상징적인 질서를 맞세우려는 욕구 속에 뿌리내리고 있다. 이런 의미에서 뵈쉬의 상징적 행위이론은 문화심리학적인 토대 위에서 심리적이고 미적인 이론형성을 위한 핵심적 근거를 제시해주는 이론이라고 할 수 있을 것이다.

---

309 Ernst E. Boesch: Von Kunst bis Terror. Über den Zwiespalt in der Kultur, Göttingen 2005, S.144.
310 Ibid. S.163.

3. 신경생물학적 미학

I. 진화생물학과 미

1) 진화생물학적인 의미에서 미적 판단력

미적 판단력은 심리학적인 차원에서 보면, 특정한 사물이나 상황을 '호감' 내지 '비호감'의 기준에 의거하여 판단하는 것과 연관된다. 따라서 미적 판단은 심리적인 선호의 표현으로 나타난다고 할 수 있는 것이다. 선호라는 것은 진화된 심리적 메커니즘들에 기여하는 중요한 기제로서, 이러한 심리적 메커니즘들이 진화의 과정에서 획득된 적응기능은 무엇보다 생명체의 생존문제를 결정하는 문제와 깊이 결부되어 있다. 예컨대, 신선하면서 향이 좋은 음식, 보다 안전하고 생태학적으로 안전한 장소, 쾌적한 기후, 성적으로 매력적인 파트너 등에 대한 선호는 최적의 생존을 위해 적응도를 증진시키는 결정들이 진화 과정에서 축적되어온 결과로 이해될 수 있으며, 이 경우 미적인 판단력은 생존과 생식에 도움을 주는 기제로서 기능한다고 할 수 있을 것이다.

이렇듯 특정한 음식, 거주 장소, 기후, 파트너 선택 등에 있어 보이는 선호는 진화생물학적 의미에서 이해된 미적 선호라고 할 수 있으며, 이 같은 미적 선호는 생물학적 세계의 삶에만 관계되는 것이 아니라 예술 영역에도 관계된다. 신경생물학적 미학 연구를 해오고 있는 디사나약Ellen Dissanayake에 의해 '특별하게 하기making special'[311]로 규정된 인간의 능력은 자기 주변의 사물들을 통상의 것과는 다른 것으로 나타나도록 하기 위해 시간과 에너지와 자원을 사용한다고 한다. 그리하여 '특별하게 하기'의 결과는 '아름답다'거나 '추하다'와 같은 미적 판단규정들을 갖게 된다는 것이다. 물론 이러한 판단 내에 어떠한 생물학적 의미가 내재되어 있으며, 예술작품들과 관계하는 경우에 미적인 선호가 적응도를 증진시키는 데 어떤 역할을 하는지에 대해 논란이 있을 수 있을 것이다.

생물학적 특성들의 진화의 역사는 두 가지 전제들에 따라 규정될 수 있다. 하나는 한 특성이 계속 살아남아 진화해온 이유는 그것이 환경에 적응하기 위한 특별한 장점을 가지고 있기 때문이며, 다른 하나는 그것이 진화의 과정에서 부수적으로 생겨난 현상이라는

---

311 Ellen Dissanayake: Homo Aestheticus. Where Art Comes From and Why. New York 1992.

점이다. 전자의 경우 특별히 설명이 필요 없지만, 후자의 경우 몇 가지 이야기가 가능하다. 예컨대 신경생리학적인 관점에서 볼 때, 미적인 인지들은 많은 대가를 치르면서까지 견지할 만한 특별한 유용성을 가지는 것도 아니고 굳이 저지할 정도로 유해하지도 않기에 그저 부산물로 자리 잡게 되었을 것이라는 것이다. 이 보다 약화된 입장에서 이야기하자면, 예술의 미는 생물세계의 미의 부산물로 이해될 수 있다. 즉, 자연환경에 적응하는 과정에서 비례나 대칭과 같은 특정 기준에 의거하여 자연미가 선호되는데, 이러한 선호가 예술 영역에도 전이되어 기준으로 작용된다는 것이다.

그러나 예술미가 자연미의 전이라는 이 같은 입장은 인간이 '특별하게 하기'를 위해 왜 그렇게 많은 시간과 자원을 투여하는지를 잘 설명해주지 못한다. 이를 해명하기 위해서는 섹슈얼리티의 문제가 논의될 필요가 있다. 매력을 주고 흥분시키는 것은 앞으로 기대되는 이익에 대한 신뢰할 만한 신호를 내포하고 있는 것이라고 할 수 있는데, 예컨대 성적인 아름다움은 이것을 소유한 존재가 '좋은 유전자들'을 지니고 있다는 사실을 내포하고 있다고 할 수 있는 것이다. 그리하여 파트너를 선택할 때 미적인 기준을 따른다고 하는 것은 가능한 한 건강하고 좋은 유전자의 소유자를 선택한다는 것을 의미하며, 이 과정에서 건강이라는 것은 유전적인 맥락에서 이해되는 것이기에 진화론적인 함의를 갖는 것이라고 할 수 있다. 성적인 아름다움의 표시로서 공작의 화려한 꼬리는 그 자체로 유용한 것은 아니지만, 우수한 유전자를 소유하고 있다는 것을 표시해주는 성적인 장식이듯이, 미 자체는 유용하지는 않을지라도 미를 추구하는 존재는 생명의 재생산적 건강에 의해 보상을 받으면서 동시에 자신의 선호를 유전적으로 확산하게 되는 것이다. 이 같은 수컷의 성적인 아름다움은 단순히 모방될 수 있는 표면적 특성이 아니다. 공작의 꼬리를 비롯하여 큰 가시고기의 적색, 꼿꼿한 닭 볏과 같은 우수한 유전자의 징표들은 지속적인 생산과 유지를 위해 진화 과정에서 많은 대가들이 치러진 특성들이기에 간단히 표면적으로 모방될 수는 없는 진화적 발전의 성과물들이다.

2) 진화생물학적 의미에서 미적 선호의 양태들

① 아름다움과 섹시함

칼라하리 부시맨들이 왜 그렇게 옷과 물건들을 장식하는지 물어보았을 때, 그들은 "파트너들 상호 간에 그리고 이성들에게 긍정적인 이미지를 주기 위해서"[312]라는 대답을 하였는데, 이는 인간이 자신을 성적인 면에서 매력적인 존재로 나타내려고 할 경우 자연적인 미만이 아니라 예술적인 미도 중요한 역할을 한다는 사실을 내포하고 있다는 것을 알 수 있다. 성적인 경쟁에서 이성의 주목을 받기 위해 아름답게 보이려는 노력이 이루어지는 상황은 문학, 음악, 조형예술 같은 인공적인 예술 영역들에서 명확하게 드러난다. 진화심리학자인 밀러Geoffrey F. Miller에 따르면, 문학, 음악, 조형예술 같은 예술장르들은 주로 남성들이 아름다운 노래와 시 그리고 조형작품들을 통해 이성들에게 호감을 구하는 방식들이었다고 한다. 현대에 와서는 기타리스트였던 지미 헨드릭스, 야수파 화가 파블로 피카소, 영화배우 찰리 채플린 등이 예술적 표현을 통해 성적인 구애를 성공적으로 수행하였다는 것이다. 더구나 대부분의 예술작품들이 예술가들의 성년기 진입 직후에 이루어졌다는 사실을 통해 알 수 있는 것은 이들의 성적인 경쟁이 최대일 때 성공적인 예술작품들이 생산될 수 있었다는 사실이다.

② 아름다움과 강인함

자연과학과 예술 간의 관계를 논하면서 바우만은 다음과 같은 흥미로운 주장을 펼쳤다:

> 르네상스 시기에 [···] 가장 훌륭한 예술가는 가장 강력한 통치자에게 있었다. 즉, 뒤러 Albrecht Dürer는 막시밀리안 황제의 궁정화가였던 것이다. 두 번째로 훌륭한 화가였던 크라나흐Lukas Cranach는 당시 두 번째로 강력했던 작센의 선제후의 궁정화가였다. 세 번째로 훌륭한 화가였던 그뤼네발트Matthias Grünewald는 세 번째로 강력했던 마인츠의 후작주교이자 브란덴부르크의 공작이었던 알브레히트의 궁정화가였다. 네 번째로 훌륭한 화가였던 홀바인Hans Holbein은 독일에서 적합한 장소를 발견하지 못해서 당시 영국 왕의 궁정화가가 되었다.[313]

---

312 Polly Wiessner: Style and social information in Kalahari San projectile points, in: American Antiquity, 48 (1983), p.258.

313 Claus Baumann: Naturwissenschaft und Kunst-Versuche der Begegnung, in: Nova acta Leopoldina Neue Folge 77 (1998). S.200.

권력과 부의 소유자는 가장 훌륭한 예술가를 직접 고용하여 권력 시스템 내에서의 경쟁에 보다 적합하다는 것을 과시하는 것이다. 이러한 양상은 개인을 비롯하여 종족과 국가 및 교회 내에서도 드러나며, 경쟁이 심할수록 미적인 것은 더욱 개연성이 높은 것으로 나타나게 되는 것이다.

③ 아름다움과 도덕성

초기 인류의 역사에서 볼 수 있듯이, 생태학적인 삶의 장점들을 사이에 두고 씨족들 간의 부단한 경쟁이 이루어졌는데, 여기서 진화론적으로 파생된 것이 바로 집단의 도덕이다. 도덕의 가장 본질적인 기능은 집단의 구성원들을 사회적으로 결속시켜 '우리'라는 집단에로의 공속감을 갖게 만드는 것이다. 그러나 개인의 이익과 집단의 이익이 부딪힐 때는 개인의 이익이 승리한다. 사람들은 집단에로의 공속감의 장점들을 자신을 위해 최대한 이용하려고 하지만, 사회적 연대로 인해 생겨나는 비용들은 최대한 줄이고자 하는 것이다. 집단의 공속감이 결여될 위기에 처해지게 될 때, 집단의 구성원들은 집단의 도덕적 통합의 필요성을 고지하게 되는데, 이러한 기능을 수행하는 것이 바로 '제의'이다. 입회를 위한 제의의 높은 대가를 감수할 용의가 있는 사람은 자신의 소속성에 대해 모든 이가 지각할 수 있도록 고백을 하며 요구된 충성도를 나타낸다. 그리고 이 이후에도 그들은 이 집단에 소속되어 있다는 것에 대해 상당한 관심을 보여주게 되는데, 이것은 이들이 사회적 명망을 사들이고 자기 자신을 신뢰할만하고 도덕적으로 훌륭한 상대라는 점을 제시하는 경향을 보여주는 것이다. 결국 서구 문화사에서 지속적으로 이야기되어온 미와 도덕적 선 사이의 유비는 진화론적으로 충분한 근거가 있는 것이라고 할 수 있다.

결론적으로 이야기하자면, '특별하게 하기'로서 미적인 표현행위는 훌륭한 유전자, 사회적 권력, 도덕적 정직성 등과 같은 진화생물학적 요인들의 작용에 의존해 있으며, 이러한 요인들은 단순히 표면적으로 모방될 수 있는 것들이 아니라 오랜 동안의 생물학적 진화과정에서 이루어진 적응과 발전의 최적화를 위한 치열한 경쟁의 산물인 것이다.

II. 신경생물학과 미

1) 시지각과 미

일반적으로 지각이란 인간의 중추신경체계, 즉 대뇌피질에 기초해 있는 뇌의 활동작용이다. 이미 1990년대 이래로 인간의 뇌는 컴퓨터 같은 'hardware'가 아니라 생물학적 정보처리기제인 'wetware'라는 인식이 자리 잡게 되었으며, 컴퓨터와는 다른 고유한 규칙들을 가지는 것으로 이해되었다. 따라서 지각과 미의 관계 속에서 뇌의 기능들을 이해하고자 한다면, 컴퓨터 모델은 더 이상 유효하지 않은 것이다. 이에 부합되게 바움가르텐 이래로 '감각적 인식의 학문' 내지 '예술과 자연에서의 합법칙성과 조화에 관한 이론'이라는 기존의 '미학Ästhetik' 개념과는 달리 1990년대부터 뇌과학의 발전으로부터 추동되어 철학적 미학 내지 문화학의 영역에서 논의되기 시작하였던 '지각학Ästhesiologie, Aisthetik'이라는 새로운 미학패러다임이 감각기관들과 이것들에 의해 수행되는 기능들에 관한 이론의 함의를 지니고서 대두되기 시작하였다. 지각학적인 의미에서 볼 때 미는 관찰자의 뇌 속에 있는 것이다.

인간의 '눈'의 시지각작용은 외부세계로부터 유래되는 빛을 전기적 활동으로 변환시키는 망막간상수와 망막추상체를 지닌 망막에서 시작된다. 이 말은 이미 망막에서 물리적 신호의 본질적 측면이 깨지면서 인간의 고유한 지각작용이 시작된다는 것을 의미하는 것이다.

더구나 망막은 빛이 들어오는 방향과 반대방향으로 틀어져 있다. 즉, 망막의 '광수용체Fotorezeptor'는 눈의 겉껍질 방향으로 설정되어 있는 것이다.

광수용체는 붉은 색 빛, 녹색 빛, 파란색 빛에 반응하는 세 가지 유형을 가지고 있다. 물론 빛 자체는 색을 가지고 있지 않고 단지

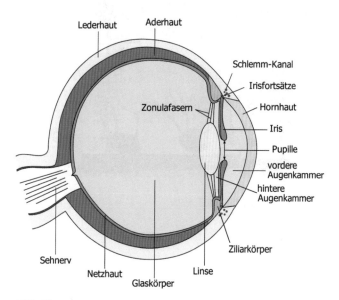

그림 12 Eye Scheme

435

파장만을 가지고 있을 뿐이다. 색은 우리의 뇌에서 비로소 생겨나는 것이다. 광수용체 표면을 선택적으로 탈색시키는 실험을 해보면, 피 실험자들 간에는 붉은 색 수용체를 가지는 정도가 각기 다르다는 사실이 드러난다. 결국 우리는 이를 통해 사람들의 망막에서 각자가 지각하는 붉은 색이 서로 다르며, 따라서 이미 "망막"[314]에서 사람들이 구별된다는 사실을 깨닫게 되는 것이다.

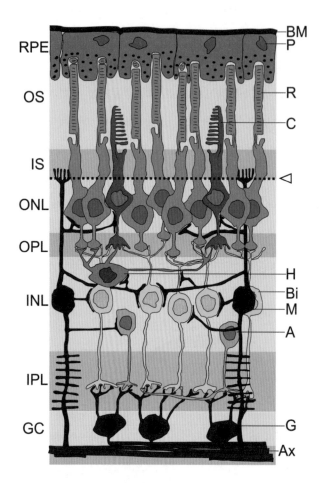

그림 13 망막의 층구조와 세포 유형

- RPE: Retinal Pigment Epithelium
- OS: Outer Segment
- IS: Inner Segment
- ONL: Outer Nuclear Layer
- OPL Outer Plexiform Layer
- INL: Inner Nuclear Layer
- IPL: Inner Plexiform Layer
- GC: Ganglion Cell
- BM: Bruch-Membrane
- P: Pigment Epithelium Cells
- R: Rods
- C: Zapfen
- H: Horizontal Cells
- Bi: Bipolar Cells
- M: Müller-Cells
- A: Amacrine Cells
- G: Ganglion Cells
- Ax: Axons

314 Von Peter Hartmann at de.wikipedia, edited by Marc Gabriel SchmidCreating SVG version by Юкатан-Eigenes Werk, CC BY-SA 3.0, https://commons.wikimedia.org/w/index.php?curid=2723706

2) 뇌의 일반적 기능원리

① 특화

망막에서 이루어지는 개인적인 색채지각의 차이는 뇌 속에서도 이어진다. 뇌 속에서 외부세계를 재현하는 것은 여러 양태의 일반원리들을 통해 설명될 수 있는데, 그 대표적인 양태가 바로 '특화'이다. 특화란 뇌의 다양한 부분들이 서로 상이한 과제들을 수행하는 것을 말한다. '후두엽occipital lobe'과 '두정엽parietal lobe' 및 '측두엽temporal lobe'은 시각인상을 전달해주는 역할을 하는 뇌의 부분들이다. 측두엽에서는 공간의 재현을 위한 뇌의 중심이 위치해 있고, 두정엽에는 육체감의 영역이 위치해 있으며, 전두엽에는 운동성과 개인적 인성이 위치해 있다.

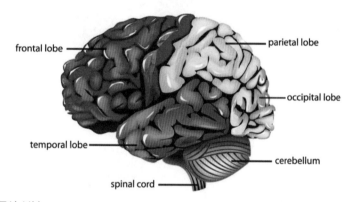

그림 14 뇌의 구성 부분

대뇌피질은 지각, 인지, 추론, 결정과 같은 다양한 역할을 수행하는 핵심 영역이다. 피질의 후두엽은 시각정보의 분석과 관계된다. 시각으로 특화된 영역에서 보다 더 상세한 특화가 이루어지게 된다. 인간의 전체 피질의 삼분의 일 정도는 시각정보의 분석을 위해 사용된다. 말하자면 인간의 뇌는 복잡한 수학연산을 실행하는 것보다 시각적인 외부세계분석에 더 많은 노력을 기울이도록 애초부터 예정되어 있는 것이다.

② 질서화

예로부터 이미 잘 알려져 있듯이, 시지각 과정에서 사물이나 외부환경의 오른쪽 부분은 뇌의 왼쪽에 그리고 사물이나 외부환경의 왼쪽 부분은 뇌의 오른쪽에 묘사된다. 왜 이러한 현상이 벌어지는지는 아직도 밝히지 못했다. '아래 그림'[315]에서 알 수 있듯이, 사물이나 외부세계는 시지각 과정에서 우선 망막의 각 영역들에 모사되며, 그러고 나서 시각피질의 각 장소들에 재현된다.

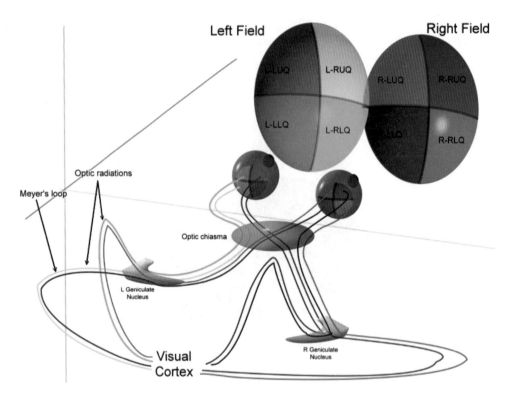

그림 15 시지각 과정

③ 동시적 처리

대뇌피질의 각 부분들은 시각세계의 상이한 국면들을 처리하는 일에 특화되어 있기 때문에, 시각영상의 상이한 지표들이 동시적으로 처리될 수 있는 것이다. 처리속도의 측면에서 뇌는 컴퓨터보다 빠르지는 않지만, 외부세계의 장면들을 보고 다양한 정보들을 동시적

315 By Ratznium at en.wikipedia, CC BY 2.5, https://commons.wikimedia.org/w/index.php?curid=3199004

으로 처리하는 경우에는 컴퓨터보다 빠르다. 그러나 피질에서 정보를 처리하는 영역들이 다르기 때문에, 예컨대 형태와 색채 간에 이루어져야 할 부합이 종종 잘못되는 일들이 일어나기도 한다.

④ 상호작용 및 수직작용

뇌의 정보처리의 동일한 단계에서 이루어지는 작용양태들 중, 상이한 신경세포들 사이에서 이루어지는 '외측적 상호작용lateral interaction'과 앞선 단계에 대해 보다 높은 단계가 영향을 미치는 '피드백 작용feedback action'은 피질 내에서 매우 중요한 정보처리원리들을 나타내준다. 서로 이웃하는 세포들 간의 상호작용인 '외측적 상호작용'은 두 가지 구성요소로 이루어져 있다. 첫 번째 요소는 상호지원과 상호작동이다. 그러나 이보다 더 중요한 요소는 '외측 저지 및 방해작용'이다. 그 대표적인 예가 바로 지각착각이다. 이것은 시각체계에서 인접한 신경끼리 서로를 저지하는 경향으로서, 명도대비 같은 현상이 이루어지기 위한 기초가 되는 것이다.

3) 지각체계

우리의 뇌는 외부세계를 그대로 모사하지 않는다. 오히려 우리는 감각기관들에 의해 제공되는 신호들을 해석하며 머릿속에서 해석된 내용들을 가지고 외부세계의 모사를 종합하는 것이다. 이 경우 우리는 대상들로부터 망막에 모사되는 이미지를 변화시키며, 뇌 속에서 이루어지는 재현은 종종 물리적으로 파악될 수 있는 실재와는 현저히 벗어나게 된다.

① 외부세계의 대상들을 지각하는 두 가지 기본원리

우리가 외부세계의 대상들로부터 얻는 피질의 이미지들은 두 가지 원리에 의해 특징지어진다. 그 하나는 '정보축소의 원리'이고 다른 하나는 '재현들의 종합의 원리'이다. '정보축소의 원리'가 필요한 이유는 감각기관들이 끊임없이 너무도 많은 신호들을 제공할 경우 뇌의 정보처리가용량이 한계를 넘어서게 될 수 있기 때문이다. 따라서 뇌는 다양한 정보들을 간결하게 압축해야 하는 것이다. 시지각의 경우 'bit map'으로부터 'jpg'파일로 압축하는 것과 유사할 것이다. 그러나 컴퓨터 프로그램에 의한 이미지 변환과는 달리 우리 뇌의 정보축소작용은 주관적인 해상도를 손상시키지 않으면서 이미지정보들을 효과적으로 압축할 수 있다는 점에서 탁월한 능력을 지닌다고 할 수 있다.

우리의 감각기관들이 제공해주는 정보들은 종종 애매모호하다. 따라서 외부세계에 관한 일반적인 원리들과 전제들에 기초하여 순간적인 상황의 구성과 종합이 이루어져야 한다. 인간은 감각기관들이 그에게 제공해주는 것으로부터 외부세계를 가능한 한 일관되게 재현하고 이렇게 재현된 것들을 종합하기 위해 감각기관들이 제공해주는 정보들을 해석하는 것이다. 외부세계에 관해 제공되는 데이터들을 축소하고 압축하는 정보축소의 원리는 형태와 윤곽의 규정에 한정된다. 망막에 제공되는 이미지로부터 대상들의 외적인 경계에 부합되는 윤곽이 추출된다. 이를 통해 외부세계의 이미지는 일종의 '만화'이미지 같은 것으로 축소된다. 만화같은 이미지들의 개별윤곽들은 서로 관계될 필요가 있으며, 서로 명확하게 경계 구분되도록 해주는 윤곽선들을 산출하기 위해 국지적 윤곽들이 결합된다. 과거 형태심리학자들에 의해 사용된 '형태구성과정의 예들'[316]에서 볼 수 있듯이, 모든 이에게 보이는 삼각형 또는 사각형은 물리적으로는 정의될 수 없는 것이다.

그림 16 형태구성과정의 예

사람들은 실재로 존재하지 않지만 외부세계에 대한 선지식에 기초하여 구성되는 삼각형이나 사각형을 보는 것이다. 이처럼 '윤곽정정작용' 메커니즘을 통해 우리의 뇌는 부분적으로 비가시적인 윤곽들을 거의 자동적으로 보충하며, 형태 및 대상 인식에 기초하여 최

---

316 Von Bernard Ladenthin-Eigenes Werk, CC0, https://commons.wikimedia.org/w/index.php?curid=5581345

종적인 윤곽들을 '창조'해내는 것이다. 여기서 윤곽들의 '창조'라는 말이 가능한 것은 외부세계로부터 제공되는 데이터들은 단순히 뇌에 의해 분석되는 것이 아니라 최종적인 종합을 위해 변환되고 해석되며 평가되기 때문이다. 이 과정에서 우리의 뇌는 결여되어 있는 부분들을 종합하는 것이다. 결국 외부세계로부터 오는 데이터들의 '정보축소원리'와 종합과정에서 이루어지는 '결여된 부분들의 종합'은 뇌의 중요한 작용원리들인 것이다.

② 지각착각의 작용

외부세계 및 주관적 현실의 재현들을 구성하는 작업은 두 가지 방식의 동시적 작용으로 이루어진다. 첫 번째 방식은 'bottom-up' 방식으로, 외부세계의 재현은 뇌가 감각기관들로부터 받아들이는 신호들을 통해 조건짓는다. 두 번째 방식은 'top-down' 방식으로, 그러한 재현은 뇌가 이러한 감각신호들과 마주할 때 갖는 기대태도들의 표현이 되기도 한다. 따라서 감각신호들로부터 나오는 'bottom-up' 신호들과 신호처리의 보다 높은 층위들로부터 나오는 'top-down' 정보들이 동시적으로 작용함으로써 외부세계 및 주관적 현실의 재현들이 구성되는 것이다.

'top-down' 신호들은 망막이미지들에 대한 원근법적인 해석을 가능케 해주기도 한다. 원근법에 대한 지식에 기초하여 우리는 대상이 우리로부터 멀어지게 될 때 망막이미지가 작아지리라는 것을 기대한다. 따라서 우리는 그러한 망막이미지의 축소를 지각과정에서 보상하며 대상이 오그라드는 것처럼 보이게 되는 것을 막을 수 있는 것이다.

지각과정에서는 수많은 지각착각들이 이루어진다. 통상의 해석 메커니즘들이 특수한 상황에서 제대로 작동하지 못하게 되어 주관적인 지각과 물리적인 외부세계 사이에서 불일치들이 일어나기 때문이다. 말하자면 지각착각들은 외부세계에 대한 피질상의 구성 내지 뇌 속에서의 재현적 종합이 실패하게 되는 것을 의미하는 것이다. 우리에게 어떤 사물이 처음에는 보통의 사물로 보이나, 우리가 점차 지각착시와 친숙해지면서 우리는 망막에 맺힌 이차원적인 이미지를 삼차원적으로 해석하는 것에 실패한다는 것을 재빨리 알아차린다. 그리하여 결국 우리의 뇌는 외부세계에 관해 감각기관들로부터 받아들이는 신호들에 기초하여 재현된 것들을 해석하게 되기는 하지만, 뇌에서 이루어지는 종합과정에서는 상대적으로 잘 기능하는 외부세계의 재현을 종합하는 것이라고 할 수 있다. 따라서 우리

인간의 지각과정에서 일어나는 지각착각들은 외부세계의 지각이 외부세계로부터 오는 정보들에 대한 순수한 분석을 나타내주는 것이 아니라 오히려 완벽하지 않고 충분치 않은 것으로서 전부 다 분석될 수 없는 감각신호들에 의거한 불완전한 종합이라는 사실을 입증해주는 좋은 예가 되는 것이다.

③ 시지각의 장애를 통한 시지각 단계의 이해

시지각에서 중요한 역할을 하는 윤곽들은 조명의 강도, 색채, 거리, 움직임, 표면조직 등의 차이들에 의해 규정된다. 이처럼 상이하게 규정된 윤곽들은 뇌의 피질의 상이한 부분들에 의해 탐색된다. 이러한 윤곽탐색 단계 이후에는 국지적인 윤곽요소들을 형태 및 표면과 조합시키는 과정이 이루어진다. 그리고 마지막으로는 국지적 윤곽들과 형태들의 조합을 통해 형성된 형태들과 표면들을 이전에 인식되어 저장되어 있는 대상들의 재현과 결합시키는 작업이 이루어진다. 이를 통해 망막에 모사된 이미지로부터 비로소 '의미'를 만들어내는 일이 이루어지는 것이다.

우선 첫 번째 단계는 피질의 작용의 장애로부터 이해될 수 있다. 예컨대 피질종양이나 피질경색 혹은 일산화탄소중독을 겪는 환자는 색 구분을 할 수 없으며 세상을 흑백영화의 장면들처럼 보게 된다. 또한 망막과 시신경 및 시각로의 손상을 입은 사람들은 색들을 구분하지 못할 뿐 아니라 거리측정과 운동지각 등을 못한다. 따라서 시각적 정보처리의 첫 단계에서 이루어지는 윤곽 탐색 과정이 대뇌피질에서 이루어진다는 사실이 명확해진다.

두 번째 단계는 윤곽탐색과정 이후에 이루어지는 뇌의 해석작용의 장애로부터 이해될 수 있다. 윤곽탐색과정 이후에는 국지적 윤곽요소들이 형태 및 표면과 조합되는 과정이 이루어지는데, 예를 들어 '통각적 실인증apperceptive agnosy' 환자들은 제 기능을 발휘하는 망막을 가지고 있기 때문에 무언가를 보기는 하지만 국지적인 윤곽들을 서로 결합시키는 능력을 가지고 있지 못하기에 어떤 대상이나 형태도 지각할 수 없는 것이다. 따라서 두 번째 단계에서 이루어지는 국지적 윤곽들과 형태 및 표면의 결합은 뇌의 해석 및 조합능력을 통해 이루어진다는 사실이 명확해진다.

세 번째 단계는 뇌 속에서 이루어지는 의미화 작용의 장애로부터 이해될 수 있다. 국지적 윤곽들과 형태 및 표면의 조합을 통해 형성된 형태들과 표면들은 이전에 인식되어 저장되어 있는 대상들의 재현과 결합됨으로써, 의미를 부여받을 수 있게 된다. '연상적 실인증associative agnosy' 환자들은 '통각적 실인증' 환자들과는 달리 적당히 복잡한 스케치 그림을 인식할 수는 있지만, 다양한 색채들과 선들로 이루어진 그림들을 인식하지는 못한다. 또한 그들은 표면들을 인식할 수는 있지만, 기억내용들 및 대상지식들과의 결합을 수행하지는 못한다. 또 다른 종류의 '연상적 실인증' 환자들은 윤곽들을 탐색하고 이것들을 형태로 종합한 후 이러한 형태에 과거의 기억으로부터 나온 대상을 부여할 수 있지만, 대상을 지칭할 수는 없다. 대상의 지칭이 혀에서만 돌고 적합한 말이 떠오르지 않는 것이다. 따라서 대상들에 대한 정보들의 재현과 이러한 대상들의 지칭은 서로 다르다는 사실이 명확해지는 것이다.

④ 시지각의 장애와 '정신적 장애'

시지각체계의 어느 한 부분이 기능을 멈추게 된다면, 망막으로부터 유래되는 신호들의 분석은 상이한 단계들에서 멈출 수 있으며, 그 결과 외부세계에 대한 시각적 재현은 더 이상 일어나지 않게 된다. 앞서 이야기된 바 있는 지각착각들 역시 외부세계를 적합하게 재현하지 못하는 것으로서, 이는 감각정보들에 의거하는 지각인상의 부적합한 종합에 기인하는 것이다.

지각착각은 모든 인간들에게 공통적으로 존재하지만, 특정 환자들의 경우에는 다르게 나타난다. 예컨대 '적록색 색맹' 환자의 경우 특정한 장면들과 색채들을 일반인들과는 다르게 지각한다. 환각증세를 보이는 환자들의 경우, 지각양태가 더욱 확연히 다른데, 그들에게 환각은 매우 생생하고 실재적이며 현실과 거의 구별이 안 된다. 또한 정신분열증 환자들은 그들 자신이 명확히 인지할 수 없는 환각들을 현실의 일부로 받아들여 고통을 받는다. 그들의 뇌는 전혀 존재하지 않는 혹은 주어진 시점에 그러한 형태로 존재하지 않는 외부세계의 대상들에 대한 재현을 만들어내는 것이다.

정신분열증 환자들과는 달리 개별기관의 기능적 결함을 안고 있는 환자들 역시 망막의 주변부나 중심부의 손상이 있을 경우 환각증세에 시달린다. 이들은 특정한 사람들이 존재하지 않는다는 사실을 알면서도 이들이 이리저리 돌아다니고 있는 것을 본다고 말한다. 이러한 현상은 중심적 시지각이 멈춘 이후 시각피질이 감각기관들로부터 오는 신호들을 충분히 공급받지 못하기 때문에 일어나는 현상이라고 할 수 있다.

4) 신경생물학적 의미에서 감각, 지각, 아름다움

지금까지 살펴보았듯이, 인간의 지각이란 외부세계의 재현에 대한 단순한 분석이 아니라 재현된 것들을 해석하고 종합하는 창조적 과정이라고 할 수 있다. 인간의 망막에 맺힌 이차원적 이미지들은 삼차원적 세계를 재구성하기 위해 필요한 모든 정보들을 포함하고 있지 않다. 이를 위해서는 현존하지 않은 정보들이 결합되어야 하며 이것은 선지식의 토대 위에서 이루어진다. 따라서 외부세계의 감각과 지각 그리고 이에 대한 의미화 작용은 부정확하고 불분명한 감각정보들을 보충하고 이를 앞서 이루어진 저장된 기억들과 결합시켜 일정한 의미부여 작용을 수행하는 일련의 연쇄과정이며 이 과정은 항상 끝까지 이루어지는 것은 아니다.

이 같은 일련의 연쇄과정의 일관된 작용결과들 중의 하나가 바로 아름다움이다. 앞서 이야기된 바 있는 피질의 정보처리 원리들(특화, 질서화, 동시적 처리, 상호작용 및 수직작용)은 몇 가지 핵심적인 준거들에 따라 이루어지는데, 그 대표적인 준거들이 바로 신뢰성, 대칭성 그리고 미이다. 생물학적인 의미에서 미는 때로 정신적이고 육체적인 건강함의 상징적 표현이라고 이야기된다. 그러나 몸의 건강이 신뢰할 만한 상태를 나타내주는 직접적인 징표이기는 하지만, 이것이 어떤 사람에 대한 매력과 직접적으로 연관되어 있는지는 불분명하다.

이와는 달리 대칭적 관계는 보다 설득력 있는 미의 표현이라고 여겨진다. 물리적 대상들에서 보여지는 대칭적 관계들만이 아니라 대칭적 자극들 역시 비대칭적인 자극들보다 더 매력적으로 평가된다. 그 대표적 예가 바로 '아름다운 얼굴'에 대한 평가이다. 오래전부터 다양하게 알려진 사실로서 인간은 살아오면서 마주친 수많은 얼굴들의 평균치를 통해 자신의 미적 기준을 형성시킨다는 사실이다. 인간은 현재까지 살아오면서 마주친 수많은 사람들의 얼굴들의 평균치를 저장해놓은 상태에서 새로운 사람을 만나게 될 때, 저장된 평균치의 얼굴 형태들과 현재 마주친 얼굴의 윤곽을 비교분석하면서 현재 마주친 얼굴에 대해 미적 판단을 내리게 된다는 것이다. 이는 앞으로 살아가면서 다시 수많은 사람들을 마주하면서 미적 판단기준이 다시금 변화한다는 것을 말하기도 하는 것이다. 결국 인간은 수많은 얼굴들에 관한 평균치 형성을 통해 각각의 얼굴들에서 다소 상이하게 각인되어 있었던 비대칭적 요소들을 제거하면서 자신의 고유한 미적 판단기준을 정립하며 또한 향후 살아가면서 마주치게 될 사람들의 얼굴정보들의 결합을 통해 그러한 미적 기준이 변화될 가능성의 여지를 남겨놓는 것이다. 얼굴인식에서 형성되는 미적 판단기준은 여타의 다른 대상들이나 테마들의 미적 판단기준을 논하는 경우에도 적용될 수 있는바, 우리가 특정 대상들이나 테마들을 지속적으로 반복해서 접하게 되면서 그러한 류의 대상이나 테마에 대한 우리의 미적 판단기준이 정립될 수 있는 것이며, 이러한 미적 기준 역시 언제나 변화의 가능성에 내맡겨져 있다고 할 수 있는 것이다.

미적 판단은 감각기관들에 의해 이루어진 자극과 우리 뇌가 그러한 자극들에 대해 갖는 기대태도가 서로 얼마나 부합하느냐, 그리고 'bottom-up' 신호와 'top-down' 신호가 서로 얼마나 일치하느냐에 달려 있다. 외부세계에는 인간에게 내재한 가치평가체계, 즉 주관적으로 감지된 긍정적 감정이라든가 욕구와 결부되어 있는 가치평가체계 등과 같은 것을 작동시킬 수 있는 특정한 자극들이 존재한다. 이러한 자극들은 부분적으로는 이미 과거부터 수많은 인간들을 거치면서 계통 발생적으로 획득되어 현재 우리의 게놈 속에 안착해 있으며, 부분적으로는 각 사회 내에서 개인적인 역사에 의해 조건 지어져 있을 것이다. 계통 발생적으로 게놈 속에 코드화된 자극들의 영향은 미적 판단과정에서 두드러지게 나타난다. 음식물에 대한 판단이나 제스처를 통해 나타내는 정서들의 이해의 경우들 대표적이다.

그러나 인간의 모든 행동들이 게놈을 통해 코드화된 것은 아니다. 물리적이고 사회적인 환경 역시 중요한 역할을 하는 것이다. 한 연구결과에 따르면,[317] 외부세계에 대한 분석은 이 외부세계와의 접전을 통해 그리고 학습을 통해 이미 피질적 층위에서 변화된다고 한다. 말하자면 외부세계를 분석하는 체계는 학습을 통해 변화될 수 있다는 것이다. 세계는 다른 식으로 해석될 뿐 아니라 다른 식으로 종합될 수도 있다는 것이다. 감각기관들을 통해 수용된 자극들은 중추신경체계 속에서 수정될 수 있으며, 재해석 내지 해석의 전환이 일어날 수 있다는 것이다. 그리하여 어떤 사람이 개인사적인 발전과정에서 정립해온 미적 판단기준 및 이에 따른 미적 가치평가는 물리적이고 사회적인 환경의 영향하에서 그리고

---

317 Tomaso Poggio, Manfred Fahle, Shimon Edelman: Fast perceptual learning in visual hyperacuity, in: Science, 256 (1992), pp.1018-1021.

무엇보다 학습을 통해서 수정될 수 있는 것이다. 결국 신경생물학적인 의미에서 아름다움은 계통 발생적으로 인간의 게놈 속에 코드화되는 자극들과 이러한 자극들에 대해 상대적으로 독립적으로 작용하는 뇌의 해석작용의 복합적 관계 속에서 형성되는 '일시적인 ephemeral' 현상이자 앞으로 이루어질 자극들에 대해서는 존속의 여부를 가려주는 준거로서 작용하는 것이라고 할 수 있다.

XII
지각학적 미학의 가능성

좌우 이데올로기의 대립이 여전히 영향력을 발휘하였던 1980년대 말까지 미의 문제는 관념론적 세계관과 유물론적 세계관의 이분법적 관계에서 이해되었다. 그러나 이 두 세계관 모두 비약 없이 미의 문제와 마주할 수는 없었다. 아름다움을 어떻게든 물질적인 것으로 파악하고자 하였던 유물론적 세계관은 현실적 모순의 해결을 미와 자의적으로 등치시킴으로써, 사회적이고 계급적인 갈등의 해결로부터 미라는 규정되지 않은 개념으로 비약하였던 반면, 아름다움을 어떻게든 실재의 한계로부터 떼어내고자 하였던 관념론적 세계관은 실재와 관념의 경계의 영역을 미와 자의적으로 일치시킴으로써, 전제된 이분법으로부터 이분법의 한 영역으로 비약하였던 것이다.

그러나 이 같은 상황은 이미 20세기 중반 프랑스 현상학자 메를로‒퐁티Maurice Merleau-Ponty에 의해 주창된 몸의 현상학적 흐름과 1920년대 말 독일의 철학적 인간학의 기초자 플레스너Helmut Plessner에 의해 주창된 '감각학Ästhesiologie'의 흐름이 다시금 조명받기 시작하였던 90년대에 들어 포스트모던 논의들의 여파와 더불어 이분법적 사고의 지양을 감각적 실재의 복원에서 찾고자 하는 공통의 분모로 모아지기 시작하였다. 계몽주의적 사유의 근간으로서 감각적 인식의 핵심기제이자 문학적이고 예술적인 실재적 활동으로서 '감각 Aisthesis'은 이제 학문적으로 다뤄질 대상이자 실천적 활동으로서 기존의 '하위인식의 학문'이라든가 '절대적 조화의 학문적 외화양태'로 규정되어온 '미학'의 틀이 아닌 새로운 틀을 필요로 하게 되었으며, 감각이라는 말의 본래적인 언어적 규정에 충실하게 규정된 '감각학' 혹은 '지각학'으로서 'Aisthetik'이라는 새로운 틀을 얻게 되었다. 일찌감치 1980년대부터 독일 관념론 철학의 전문가들이었던 부브너Rüdiger Bubner, 크라머Wolfgang Cramer, 뷔일 Reiner Wiehl 등은 '미적 범주로서 직관개념'[318]에 주목하였으며, 지각학의 주창자이기도 한 벨쉬Wolfgang Welsch는 1980년대 말 아리스토텔레스에게서 감각학의 가능성 조건을 보았다.[319] 지각학 논의는 20세기 들어와 뵈메Gernot Böhme[320]와 아들러Hans Adler[321]에 의해 입지를 굳히게 된다. 1980년대 이래로 감각적 지각의 본래적 의미를 개념사적으로 재구성함으로서 일정한 맥락을 형성한 '지각학적 미학'은 인간의 지각이라는 감각과 사고를 포괄하는 폭넓은 스펙트럼을 가진, 이론적인 동시에 실천적인 분야로 자리매김하기 시작하였던 것이다. 이 같은 지각학적 미학의 등극은 한편으로 감각과 관계된 육체와 사고와 관계된 정신이 더 이상 이분법적으로 구분되지 않고 '지각'이라는 하나의 과정 내의 두 가지 양태라는 사실이 인식되도록 해주었으며, 다른 한편으로는 본 저서에서 미와 지각의 착종관계의 역사와 관련하여 논의된 바와 같이 '미로 나타나는 지각' 내지 '지각으로 작용하는 미'란 특정한 주체에 의해 좌우되지 않고 끊임없는 새로운 연결가능성을 열어놓은 탄력적 네트워크를 본질로 한다는 사실이 드러나도록 해주었다.

플라톤의 '이성적인 것νοητός, noetós - 감성적인 것αίσθητόσ, aisthetós'의 관계는 아리스토텔레스에게서 '힘δύναμις, dynamis - 작용ένέργεια, energeia'의 관계로 이어지며, 이는 다시 플로티노스에게서 '예지적인 것νόητον, noeton - 감성적인 것αίσθητον, aistheton'의 관계로 유입되고, 중세에 들어서게 되면 '비가시적인invisibilia - 가시적인visibilia'의 관계와 결부된다. 이러한 의미맥락은 근대미학에 오게 되면 '개념적 인식begriffliches Erkennen - 감각적 인

318 Rüdiger Bubner, Konrad Cramer, Reiner Wiehl (Hg.): Anschauung als ästhetische Kategorie, Neue Hefte für Philosophie 18/19 (1980).

319 Wolfgang Welsch: Aisthesis. Grundzüge und Perspektiven der Aristotelischen Sinneslehre, Stuttgart 1987.

320 Gernot Böhme: Aisthetik: Vorlesungen über Ästhetik als allgemeine Wahrnehmungslehre, München 2001.

321 Hans Adler (ed.): Aesthetics and Aisthesis: New Perspectives and (Re)Discoveries, Berlin/New York 2002.

식sinnliches Erkennen'으로 구체화된다. 이러한 의미맥락에서 변함없이 전제되는 이해는 감각이라는 것이 모든 형태의 인식을 위해 필수불가결하게 주어져 있어야 하는 기반이면서도 정신적이고 이성적인 인식에 비해 항상 하위에 위치해 있다고 하는 부차적 가치를 지닌다는 것이다. 인식의 필수불가결한 기반이면서도 정신적 인식보다 하위에 놓여진 인식이라는 이 같은 모호성은 인식의 기반을 아리스토텔레스처럼 인식작용으로 놓고 정신적 인식을 인식하는 힘으로 규정한다면, 인식작용과 인식하는 힘은 하나의 체제의 실제작용과 이것을 주도하는 힘으로 이해될 수 있으며, 이로부터 과거로부터 잠재되어 왔으나 다양한 형태로 곡해되어 오다가 20세기 말에 들어서 비로소 해명되기 시작하는 '오래된-새로운 미학'이 지각학적 미학의 형태로 드러나는 것이다. 이것은 니체식의 가치전도도 아니고 포스트구조주의자들의 탈구성적 재구성도 아닌 '끝없는 경계의 줄타기' 내지 '무한한 좌표들의 이동'으로 이해될 수 있을 것이다. 감각적 인식과 정신적 인식의 경계를 공간화시키는 작업이자 그물망적 미 개념에 근거하여 열려진 네트워크 내에서 무한히 좌표를 이동하는 작업으로서의 지각학적 미학은 이제 문학과 예술의 영역에만 국한되어 철학적인 혹은 방법론적인 미학으로서의 유효성을 발휘하는 것이 아니라, 학문들 간에 그리고 학문들과 일상 삶 속에서 학문과 실천의 동시적 양태로 작용하는 핵심적인 가능성 조건으로서의 기능을 수행하는 것으로 이해되는 것이다. 이 책을 통해 이루어진 미와 지각의 역사의 궤적의 드러남은 지각학적 미학의 구성과정이기도 하다는 사실이 이제 어렴풋이 밝혀지는 것 같다.

참고문헌

Adler, Hans (ed.): Aesthetics and Aisthesis: New Perspectives and (Re)Discoveries, Berlin/New York 2002.

Alberti, Konrad: Die zwölf Artikel des Realismus. Ein litterarisches Glaubensbekenntnis (1889), in: Thomas Mayer (Hg.): Theorie des Naturalismus. Manifeste und Dokumente zur deutschen Literatur 1880-1900. Stuttgart 1987.

Alexander of Aphrodisias: On Aristotle's "On Sense Perception", trans. by Alan Towey, Cornell Univ. Press: Ithaca New York, 2000.

Aquinas, Saint Thomas: Basic Writings of Saint Thomas Aquinas, Vol. I, ed. by Anton C. Pegis, Hackett Publishing Company: Indianapolis/Cambridge 1997.

Aquinas, Saint Thomas: Basic Writings of Saint Thomas Aquinas, Vol. I, ed. by Anton C. Pegis, Hackett Publishing Company: Indianapolis/Cambridge 1997.

Aquinas, Saint Thomas: De ente et essentia. Das Seiende und das Wesen, hrsg. v. Franz L. Beeretz, Stuttgart 2003.

Aquinas, Saint Thomas: Summa contra gentiles, Darmstadt 2013.

Aquinas, Saint Thomas: Summe der Theologie, Stuttgart 1985.

Aristoteles: De anima, I.

Aristoteles: De anima, II.

Aristoteles: De anima, III.

Aristoteles: De motu anim. 6.

Aristoteles: De sensu et sensibilibus, 7.

Aristoteles: Metaphysik, übersetzt und eingeleitet von Thomas A. Szlezák, Berlin 2003.

Arnheim, Rudolf: Anschauliches Denken, Köln 2001.

Arnheim, Rudolf: Emotion und Gefühl in der Psychologie der Kunst (1958), in: Ders. Zur Psychologie der Kunst, Frankfurt a.M. 1980.

Arnheim, Rudolf: Wahrnehmungsanalyse eines Symbols der Wechselwirkung (1961), in: Ders. Zur Psychologie der Kunst, Frankfurt a.M. 1980.

Assunto, Rosario: Die Theorie des Schönen im Mittelalter, Köln 1963.

Augustinus von Hippo: Confessiones (Bekenntnisse), hrsg. v. Wilhelm Thimme, München 1988.

Augustinus von Hippo: De beata vita (Über das Glück), hrsg. v. Willi Schwarz, Stuttgart 1982.

Augustinus von Hippo: De civitate dei (Vom Gottesstaat), hrsg. v. Wilhelm Thimme, München 1985.

Augustinus von Hippo: De musica, übers. v. Frank Hentschel, Hamburg 2002.

Augustinus von Hippo: De vera religione (Über die wahre Religion), hrsg. v. Wilhelm Thimme, Stuttgart 2001.

Baumann, Claus: Naturwissenschaft und Kunst-Versuche der Begegnung, in: Nova acta Leopoldina Neue Folge 77 (1998).

Baumgarten, Alexander Gottlieb: Ästhetik (Aesthetica 1750), übersetzt von Dagmar Mirbach, Hamburg 2007.

Baumgarten, Alexander Gottlieb: Metaphysik. Übersetzt von Georg Friedrich Meier, Anmerkungen von Johann August Eberhard, mit einer Einführung von Dagmar Mirbach, Jena 2004.

Baumgarten, Alexander Gottlieb: Texte zur Grundlegung der Ästhetik, übers. und hrsg. von H. R. Schweitzer, Hamburg 1983.

Baumgarten, Alexander Gottlieb: Theoretische Ästhetik. Die grundlegenden Abschnitte aus der 'Aesthetica' (1750/58), Übers. u. Hrsg. v, Hans Rudolf Schweizer, Hamburg 1988.

Beierwaltes, Werner: Nicolaus Cusanus: Innovation durch Einsicht aus der Überlieferung, in: 'Herbst des Mittelalters'?. Fragen zur Bewertung des 14. und 15. Jahrhunderts, Hrsg. v. Jan A. Aertsen und Martin Pickavé, Berlin · New York 2004.

Beiser, Frederick C.: After Hegel. German Philosophy 1840-1900. Princeton/Oxford 2014.

Ben-Ze'ev, Aaron: Die Logik der Gefühle. Kritik der emotionalen Intelligenz, Frankfurt a.M. 2009.

Berlyne, Daniel: Konflikt, Erregung, Neugier. Zur Psychologie der kognitiven Motivation, Stuttgart 1974.

Berlyne, Daniel: Psychological Aesthetics, in: H. C. Triandis and W. Lonner (ed.): Handbook of Cross-Cultural Psychology, Vol. 3: Basic Processes, Boston 1980.

Bérubé, Camille: La connaissance de l'individuel au moyen âge, Paris 1964

Boesch, Ernst E.: Das Magische und das Schöne, Stuttgart 1983.

Boesch, Ernst E.: Kultur und Handlung, Bern 1980.

Boesch, Ernst E.: Von Kunst bis Terror. Über den Zwiespalt in der Kultur, Göttingen 2005.

Boesch, Ernst E.: Zwischen Angst und Triumph. Über das Ich und seine Bestätigung, Bern 1975.

Böhme, Gernot: Aisthetik. Vorlesungen über Ästhetik als allgemeine Wahrnehmungslehre, München 2001.

Bölsche, Wilhelm: Die naturwissenschaftlichen Grundlagen der Poesie. Hrsg. v. Johannes J. Braakenburg, Tübingen 1976.

Bölsche, Wilhelm: Vischer und Fechner als Ästhetiker, in: Die Gegenwart. 40. 1887.

Bolten, Johann Christian: Gedanken von psychologischen Curen, Halle 1751.

Brodmann, Korbinian: Vergleichende Lokalisationslehre der Grosshirnrinde in ihren Prinzipien dargestellt auf Grund des Zellebaus, Leipzig 1989.

Bruyne, Edgar de: Études d'esthétique médiévale, Bd. III, Brügge 1946.

Bubner, Rüdiger, Cramer, Konrad und Wiehl, Reiner (Hg.): Anschauung als ästhetische Kategorie, Neue Hefte für Philosophie 18/19 (1980).

Capelle, Wilhelm: Die Vorsokratiker, Die Fragmente und Quellenberichte, übersetzt u. eingeleitet v. Wilhelm Capelle, Alfred Kröner Verlag: Stuttgart 1968.

Carpenter, William Benjamin: On the Influence of Suggestion in Modifying and directing Muscular Movement, independently of Volition, in: Royal Institution of Great Britain (Proceedings), 12 March 1852.

Cassirer, Ernst: Die Philosophie der Aufklärung (1932), Hamburg 1973.

Cassirer, Ernst: Philosophie der symbolischen Formen, Bd. II, Darmstadt 1964.

Cassirer, Ernst: Substanzbegriff und Funktionsbegriff, in: Gesammelte Werke Hamburger Ausgabe, Bd. 6, hg. v. Birgit Recki, Hamburg 2000.

Cassirer, Ernst: Zur Logik der Kulturwissenschaften. Darmstadt 1994.

Cézanne, Paul: Über die Kunst, Gespräche mit Gsaquet, Hamburg 1957.

Condillac, Etienne Bonnot de: Abhandlung über die Empfindungen (Traité des sensations, 1754), hrsg. v. Lothar Kreimendahl, Hamburg 1983.

Cook, Nicholas: Musikalische Bedeutung und Theorie, in: Musikalischer Sinn. Beiträge zu einer Philosophie der Musik, hrsg. v. Alexander Becker und Matthias Vogel, Frankfurt a.M. 2007.

Crary, Jonathan: Techniken des Betrachters. Sehen und Moderne im 19. Jahrhundert, Dresden und Basel 1996.

d'Holbach, Paul Thiry: System der Natur oder von den Gesetzen der physischen und der moralischen Welt (Système de la nature ou des loix du monde physique & du monde moral, 1770), hrsg. v. Fritz-Georg Voigt, Frankfurt a.M. 1978.

Dember, William N.: Motivation and the cognitive revolution, in: American Psychologist. Band

29, Nr. 3, 1974.

Descartes, René: Optics, in: The Philosophical Writings of Descartes, Vol 1 (19th printing), trans. by John Cottingham, Robert Stoothoff and Dugald Murdoch, Cambridge Univ. Press, 2007.

Descartes, René: Principles of Philosophy, in: The Philosophical Writings of Descartes, Vol 1 (19th printing), trans. by John Cottingham, Robert Stoothoff and Dugald Murdoch, Cambridge Univ. Press, 2007.

Dessoir, Max: Ästhetik und allgemeine Kunstwissenschaft, Stuttgart 1906.

Dilthey, Wilhelm: Einleitung in die Geisteswissenschaften (1914). Gesammelte Schriften. Hrsg. v. Bernhard Groethuysen u.a., Göttingen 1990; Ders.: Die drei Epochen der modernen Ästhetik. Gesammelte Schriften. Hrsg. v. Georg Misch, Göttingen 1978.

Dilthey, Wilhelm: Psychologie als Erfahrungswissenschaft, Erster Teil: Vorlesungen zur Psychologie und Anthropologie (ca. 1875-1894), hrsg. Guy van Kerckhoven u. Hans-Ulrich Lessing, in: Wilhelm Dilthey Gesammelte Schriften Bd. 21, Göttingen 1997.

Dilthey, Wilhelm: Psychologie als Erfahrungswissenschaft, Zweiter Teil: Manuskripte zur Genese der deskriptiven Psychologie (ca. 1860-1895), hrsg. Guy van Kerckhoven u. Hans-Ulrich Lessing, in: Wilhelm Dilthey Gesammelte Schriften Bd. 22, Göttingen 2005.

Dissanayake, Ellen: Homo Aestheticus. Where Art Comes From and Why. New York 1992.

Duby, Georges: Kunst und Gesellschaft im Mittelalter, Berlin 1998.

Duns Scotus, Ioannes: Lectura I, d.3, p.1, q. 1, n. 21, Vatican Ausgabe XVI, Civitas Vaticana 1950.

Duns Scotus, Ioannes: Lectura, in: Opera omnia, editio nova juxta editionem Waddingi (Parisiis: 1891sqq), Lect. I d.17 p.1 q.1un. n.59, Vat. 17:201.

Duns Scotus, Ioannes: Quaestiones in IV libros Sententiarum, in: Opera omnia, editio nova juxta editionem Waddingi (Parisiis: 1891sqq), Ord. I d.17 p.1 q.1-2 n.62, Vat. 5:163f.

Duns Scotus, Ioannes: Quaestiones in IV libros Sententiarum, in: Opera omnia, editio nova juxta editionem Waddingi (Parisiis: 1891sqq), Ord. I d.17 p.1 q.1-2 n.62, Vat. 5:164.

Duns Scotus, Ioannes: Quaestiones in IV libros Sententiarum, in: Opera omnia, editio nova juxta editionem Waddingi (Parisiis: 1891sqq), Ord. I d.22 q.un. n.7, Vat. 5:344f.

Duns Scotus, Ioannes: Quodlibet, in: Opera omnia, editio nova juxta editionem Waddingi (Parisiis: 1891sqq), q.19 a.1 n.2.

Eco, Umberto: Kunst und Schönheit im Mittelalter, München 2004.

Ehrenfels, Christian von: Über Gestaltqualitäten, in: Vierteljahrsschrift für wissenschaftliche Philosophie, 14, hrsg.v. R. Avenarius, Leipzig 1890.

Eslinger, Paul J.: Neurological and Neuropsychological Bases of Empathy, in: European Neurology, Vol. 39, No.4, 1998.

Faltin, Peter: Bedeutung ästhetischer Zeichen. Musik und Sprache, Aachen 1985.

Fechner, Gustav Theodor: Die Tagesansicht gegenüber der Nachtansicht. Leipzig 1879.

Fechner, Gustav Theodor: Elemente der Psychophysik. Erster Theil[1860], Amsterdam 1964.

Fechner, Gustav Theodor: Nanna oder über das Seelenleben der Pflanzen. Leipzig 1921.

Fechner, Gustav Theodor: Ueber die physikalische und philosophische Atomlehre. Leipzig 1855.

Fechner, Gustav Theodor: Ueber die Seelenfrage. Leipzig 1907.

Fechner, Gustav Theodor: Vorschule der Ästhetik (1876), Hildesheim/New York 1978.

Fechner, Gustav Theodor: Zend-Avesta oder über die Dinge des Himmels und des Jenseits. Leipzig 1919.

Fechner, Gustav Theodor: Zur experimentalen Aesthetik. Leipzig 1871.

Ferran, Íngrid Vendrell: Die Emotionen, Berlin 2008.

Fichte, Johann Gottlieb: Grundlage der gesammten Wissenschaftslehre als Handschrift für seine Zuhörer. Gesamtausgabe. Hrsg. v. Hans Jacob/Reinhard Lauth, Stuttgart 1965.

Fiedler, Konrad: Schriften zur Kunst I/II, (2. Aufl.), hrsg. v. Gottfried Boehm, München 1991.

Fink-Eitel, Hinrich und Lohmann, Georg: Zur Philosophie der Gefühle, Frankfurt a.M. 1993.

Flam, Jack: Matisse on Art, Berkeley: University of California Press 1995.

Freud, Sigmund: Das Unbehagen in der Kultur (1930), in: Ders. Studienausgabe Bd. 9, Frankfurt a.M. 1982.

Freud, Sigmund: Das Unheimliche (1919), in: Ders. Studienausgabe Bd. 4, Frankfurt a.M. 1982.

Freud, Sigmund: Vorlesungen zur Einführung in die Psychoanalyse. Studienausgabe. Frankfurt a.M. 1989; Ders.: Jenseits des Lustprinzips. Studienausgabe. Frankfurt a.M. 1989.

Gadamer, Hans Georg: Ästhetik und Hermeneutik, in: Hans Georg Gadamer Gesammelte Werke Bd. 8, Tübingen 1993.

Gallese, Vittorio u.a.: Action recognition in the premotor cortex, in: Brain 119.2 (1996).

Garber, Jörn und Thoma, Heinz: Vorwort, in: Zwischen Empirisierung und Konstruktionsleistung: Anthropologie im 18. Jahrhundert, Jörn Garber und Heinz Thoma (Hg.), Tübingen 2004.

Gazzaniga, Michael S., Ivry, Richard B., Mangun, George R.: Cognitive Neuroscience: The Biology of the Mind (Fifth Edition), New York 2018.

Gehlen, Arnold: Der Mensch. Teilband 1, Gesamtausgabe Bd. 3, Frankfurt a.M. 1993.

Gehlen, Arnold: Die Seele im technischen Zeitalter, Gesamtausgabe Bd. 6, Frankfurt a.M. 2004.

Gehlen, Arnold: Moral und Hypermoral (1969), Frankfurt a.M. 2004.

Gehlen, Arnold: Philosophische Anthropologie und Handlungslehre, Gesamtausgabe Bd. 4, Frankfurt a.M. 1983.

Gehlen, Arnold: Über einige Kategorien des entlasteten, zumal des ästhetischen Verhaltens, in: Studien zur Anthropologie und Soziologie, Neuwied 1963.

Gehlen, Arnold: Urmensch und Spätkultur (1956), Frankfurt a.M. 2004.

Gehlen, Arnold: Zeit-Bilder. Zur Soziologie und Ästhetik der modernen Malerei, 3. erweiterte Aufl. Frankfurt a.M. 1986.

Geiger, Moritz: Zugänge zur Ästhetik (1928), in: Die Bedeutung der Kunst. Zugänge zu einer materialen Wertästhetik. Gesammelte, aus dem Nachlass ergänzte Schriften zur Ästhetik, hrsg. v. K. Berger und W. Henckmann, München 1976.

Geiger, Moritz: Zum Problem der Stimmungseinfühlung bei Landschaften (1911). Zeitschrift für Ästhetik und allgemeine Kunstwissenschaft, 6, in: Die Bedeutung der Kunst. Zugänge zu einer materialen Wertästhetik. Gesammelte, aus dem Nachlass ergänzte Schriften zur Ästhetik, hrsg. v. K. Berger und W. Henckmann, München 1976.

Gibson, James J.: Die Sinne und der Prozeß der Wahrnehmung, 2. Aufl. Bern 1982.

Goldstein, E. Bruce: Wahrnehmungspsychologie. Heidelberg u.a. 1997.

Gombrich, Ernst: Kunst und Illusion. Zur Psychologie der bildlichen Darstellung (Art and Illusion, 1960), übers. v. Lisbeth Gombrich, Stuttgart 1986.

Goodman, Nelson: Language of art. Indianapolis: Hackett Publishing Co., 1976.

Grimminger, Rolf: Die nützliche gegen die schöne Aufklärung. Konkurrierende Utopien des 18. Jahrhunderts in geschichtsphilosophischer Sicht, in: Utopieforschung. Interdisziplinäre Studien zur neuzeitlichen Utopie, Bd. 3, Wilhelm Voßkamp (Hg.), Stuttgart 1982.

Haftmann, Werner: Paul Klee, München 1950.

Hamlyn, David W.: Aristotle's Account of Aisthesis in the De Anima, in: Classical Quarterly 9, No.1, 1959.

Hanslick, Eduard: Vom Musikalisch-Schönen. Ein Beitrag zur Revision der Ästhetik der Tonkunst, 1854, Breitkopf & Härtel: Wiesbaden 1980 (Zwanzigste Auflage).

Hart, Julius: Eine schein-empirische Poetik, in: Kritisches Jahrbuch 1. 1889.

Hart, Julius: Revolution der Ästhetik als Einleitung zu einer Revolution der Wissenschaft. Erstes Buch: Künstler und Ästhetiker, Berlin 1905.

Hartmann, Eduard von: Die deutsche Ästhetik seit Kant, Berlin 1886.

Hartmann, Eduard von: Die Philosophie des Schönen (2. Aufl.), Berlin 1924.

Hegel, Georg Wilhelm Friedrich: Differenz des Fichte'schen und Schelling'schen System der Philosophie, in: Gesammelte Werke, Bd. 4, hrsg. v. H. Buchner und O. Pöggeler, Hamburg 1968.

Hegel, Georg Wilhelm Friedrich: Enzyklopädie der philosophischen Wissenschaften im Grundrisse(1817). Gesammelte Werke. Hrsg. v. Wolfgang Bonspien/Wolfgang Grotsch, Hamburg 2000.

Hegel, Georg Wilhelm Friedrich: Phänomenologie des Geistes, in: Gesammelte Werke, Bd. 9, Hamburg 1980.

Hegel, Georg Wilhelm Friedrich: Vorlesungen über die Ästhetik I, in: Werke Band 13, hrsg. v. Eva Moldenhauer und Karl Markus Michel, Frankfurt a.M. 1986.

Hegel, Georg Wilhelm Friedrich: Wissenschaft der Logik, Erster Band, Die objektive Logik (1812/1813), Gesammelte Werke Bd. 11, Hamburg 1978.

Hegel, Georg Wilhelm Friedrich: Wissenschaft der Logik, Zweiter Band, Die subjektive Logik (1816), in: Gesammelte Werke, Bd. 12, Hamburg 1981.

Heidegger, Martin: Bauen Wohnen Denken, in: Vorträge und Aufsätze (4. Auflage), Pfullingen 1978.

Heidegger, Martin: Der Ursprung des Kunstwerkes, in: Holzwege, Frankfurt a.M. 1994.

Heidegger, Martin: Sein und Zeit, 17. Aufl. Tübingen 1993.

Heidelberger, Michael: Die innere Seite der Natur. Gustav Theodor Fechners wissenschaftlich-philosophische Weltauffassung. Frankfurt a.M. 1993.

Helmholtz, Hermann von: Die Tatsachen in der Wahrnehmung (1879), Darmstadt 1959.

Helvétius, Claude Adrien: Vom Menschen, von seinen geistigen Fähigkeiten und von seiner Erziehung (De l'homme, de ses facultés intellectuelles et de son education 1772), Berlin · Weimar 1976.

Henrich, Dieter: Aufklärung der Herkunft des Manuskripts 'Das älteste Systemprogramm des deutschen Idealismus', in: Mythologie der Vernunft. Hegels 'ältestes Systemprogramm' des deutschen Idealismus, hrsg. v. Ch. Jamme u. H. Schneider, Frankfurt a.M. 1984.

Herbart, Johann Friedrich: Allgemeine Metaphysik nebst den Anfängen der philosophischen Naturlehre. Erster historisch-kritischer Theil (1828), in: Sämtliche Werke in chronologischer Reihenfolge, hrsg. v. Karl Kehrbach, Bd. 7, Langensalza 1892.

Herbart, Johann Friedrich: Lehrbuch zur Einleitung in die Philosophie (1813), in: Sämtliche Werke in chronologischer Reihenfolge, hrsg. v. Karl Kehrbach, Bd. 1, hrsg. v. G. Hartenstein, Leipzig 1850.

Herder, Johann Gottfried: Älteste Urkunde des Menschengeschlechts, in: Johann Gottfried Herder Werke in zehn Bänden, Bd. 5, Frankfurt a.M. 1993.

Herder, Johann Gottfried: Die Kritischen Wälder zur Ästhetik, in: Johann Gottfried Herder Werke in zehn Bänden, Bd. 2, Frankfurt a.M. 1993.

Herder, Johann Gottfried: Plastik, in: Johann Gottfried Herder Werke in zehn Bänden, Bd. 4. Frankfurt a.M. 1994.

Herder, Johann Gottfried: Über den Ursprung der Sprache, in: Johann Gottfried Herder Werke in zehn Bänden, Bd. 1. Frankfurt a.M. 1985

Herder, Johann Gottfried: Vom Erkennen und Enpfinden der menschlichen Seele, in: Johann Gottfried Herder Werke in zehn Bänden, Bd. 4, Frankfurt a.M. 1994.

Herder, Johann Gottfried: Wie die Philosophie zum Besten des Volks allgemeiner und nützlicher werden kann, in: Johann Gottfried Herder Werke in zehn Bänden, Bd. 1, Frankfurt a.M. 1985.

Herder, Johann Gottfried: Zum Sinn des Gefühls, in: Johann Gottfried Herder Werke in zehn Bänden, Bd. 4, Frankfurt a.M. 1994.

Hettner, Hermann: Gegen die spekulative Ästhetik (1845), in: Schriften zur Literatur, hg. von A. Kaempfe, Berlin 1959.

Hißmann, Michael: Psychologische Versuche, Frankfurt 1777.

Hobbes, Thomas: Leviathan (165, in: The Collected Works of Thomas Hobbes Vol. III, collected and edited by Sor William Molesworth, Routledge/Thoemmes Press: London 1992.

Hölderlin, Friedrich: Entwürfe zur Poetik, FA Bd. 14, hrsg. v. D. E. Sattler, Frankfurt a.M.: Stroemfeld/Roter Stern, 1979.

Hölderlin, Friedrich: Friedrich Hölderlin Sämtliche Werke, Bd. 3, hrsg. v. Fr. Beißner, Stuttgart.

Hölderlin, Friedrich: Frühe Aufsätze und Übersetzungen, FA Bd. 17, hrsg. v. D. E. Sattler, Frankfurt a.M.: Stroemfeld/Roter Stern, 1991.

Hölderlin, Friedrich: Wenn der Dichter einmal des Geistes mächtig, [⋯] in: Friedrich Hölderlin Historisch-Kritische Ausgabe Bd. 14, hrsg. v. D. E. Sattler u.a., Frankfurt a.M.: Stroemfeld/Roter Stern, 1979.

Hösle, Vittorio: Wahrheit und Geschichte, Bad Cannstatt 1984.

Hume, David: A Treatise of Human Nature (1739), Vol. 1, The Clarendon Edition of the Works of David Hume, ed. by David Fate Norton and Mary J. Norton, Oxford 2007.

Hume, David: Essays, Moral, Political and Literary (1758), ed. by Eugene F. Miller, Indianapolis 1987.

Hutcheson, Francis: Collected Works of Francis Hutcheson, Vol. 1, Facsimile Edition prepared by Bernhard Fabian, Georg Olms Verlag: Hildesheim Zürich New York 1990, Tre.I, Sec.II, 3.

Hutcheson, Francis: Inquiry into the Original of Our Ideas of Beauty and Virtue 1725.

Ingarden, Roman: Das ästhetische Erlebnis, in: Erlebnis, Kunstwerk und Wert. Vorträge zur Ästhetik 1937-1967, Tübingen 1969.

Jauß, Hans Robert: Ästhetische Normen und geschichtliche Reflexion in der Querelle des Anciens et des Modernes, in: Perrault, Charles: Parallèle des Anciens et des Modernes en ce qui regarde les Arts et les Sciences. Hg. von Max Imdahl u.a. München 1964.

Jauß, Hans Robert: Friedrich Schlegels und Friedrich Schillers Replik auf die Querelle des Anciens et des Modernes, in: ders.: Literaturgeschichte als Provokation. Frankfurt/M. 1970.

Jerome, Bruner: Sinn, Kultur und Ich-Identität. Zur Kulturpsychologie des Sinns, Heidelberg 1997.

Jung, Carl Gustav: Psychologische Typen (1921), in: Ders. Gesammelte Werke Bd. 6, Olten 1971.

Kant, Immanuel: Anthropologie in pragmatischer Hinsicht abgefasst (1798), in: Werkausgabe Bd. XII, hrsg. v. Wilhelm Weischedel, Insel Verlag, Wiesbaden 1956.

Kant, Immanuel: Kritik der reinen Vernunft, Theorie-Werkausgabe Bd. III, hrsg. v. Wilhelm Weischedel, Frankfurt a.M. 1956.

Kant, Immanuel: Kritik der Urteilskraft (1790), in: Werkausgabe, Bd. 10, hrsg. v. Wilhelm Weischedel, Frankfurt a.M. 1974.

Kapitza, Peter K.: Ein bürgerlicher Krieg in der gelehrten Welt. Zur Geschichte der Querelle des Anciens et des Modernes in Deutschland. München 1981.

Kenny, Anthony: Action, Emotion, Will, London 1963.

Kondylis, Panajotis: Die Aufklärung im Rahmen des neuzeitlichen Rationalismus, Stuttgart 1981.

Kranz, Walther(Hg.): Die Fragmente der Vorsokratiker. Griechisch und Deutsch von Hermann Diels. Herausgegeben von Walther Kranz, Hildesheim 1906.

Kreitler, Hans und Shulamith: Psychologie der Kunst, Stuttgart 1980.

Külpe, Oswald: Der gegenwärtige Stand der experimentalen Ästhetik, Leipzig 1907.

La Mettrie, Julien Offray de: Der Mensch eine Maschine (L'Homme Maschine, 1748), hrsg. v. Theodor Lücke, Stuttgart 2001.

Langer, Suzanne: Philosophy in an new key, Cambridge: Harvard University Press, 1942.

Leibniz, Gottfried Wilhelm: Hauptschriften zur Grundlegung der Philosophie, übers. v. Arthur Buchenau, Hamburg 1996.

Lipps, Theodor: Ästhetik. Psychologie des Schönen und der Kunst. Erster Teil. Grundlegung der

Ästhetik (3. Aufl.), Leipzig 1923.

Lipps, Theodor: Ästhetik. Psychologie des Schönen und der Kunst. Zweiter Teil. Die ästhetische Betrachtung und die bildende Kunst (2. Aufl.), Leipzig 1920.

Lipps, Theodor: Ästhetik-Psychologie des Schönen und der Kunst, Hamburg/Leipzig 1903.

Lipps, Theodor: Leitfaden der Psychologie (2. Aufl.), Leipzig 1906.

Lipps, Theodor: Raumästhetik und geometrisch-optische Täuschungen, Leipzig 1897.

Lotze, Hermann: Geschichte der Aesthetik in Deutschland, München 1868.

Maclagan, David: Psychological Aesthetics. Painting, Feeling and Making Sense, London 2001.

Maine de Biran: Oeuvres, vol. 6, Rapports du physique et du moral de l'homme, ed. François Azouvi, Paris: Vrin, 1984.

Malebranche, Nicolas: The Search after Truth (De la recherche de la vérité, Paris 1674/75), Cambridge University Press 1997.

Marciano, Maria Laura Gemelli (übers. u. hrsg.): Die Vorsokratiker, Bd. I, übersetzt und erläutert von Maria Laura Gemelli Marciano, Düsseldorf 2007.

Marcuse, Herbert: Frueds Ästhetik, in: Publications of Modern Language Association of America, 72, 1957.

Marx, Karl: Die heilige Familie, in: Karl Marx und Friedrich Engels Werke Bd. 2, Berlin 1974.

Mayer, Thomas: Theorie des Naturalismus. Stuttgart 1973.

Meimann, Ernst: Zur Einführung. Archiv für die gesamte Psychologie, 1, Leipzig 1903.

Merleau-Ponty, Maurice: Der Zweifel Cézanne, in: Was ist ein Bild? (3. Auflage), hrsg. v. Gottfried Boehm, München 2001.

Metzger, Wolfgang: Psychologie. Die Entwicklung ihrer Grundannahmen seit der Einführung des Experiments, Darmstadt 1975.

Michael von Ephesus: In Parva naturalia commentaria, hrsg. v. Paul Wendland, Berlin 1903.

Mirbach, Dagmar: Einführung, in: Alexander Gottlieb Baumgarten: Ästhetik (Aesthetica 1750), übersetzt von Dagmar Mirbach, Hamburg 2007.

Moritz, Karl Philipp: Grundlinien zu einer vollständigen Theorie der schönen Künste, in: ders. Schriften zur Ästhetik und Poetik, hrsg. v. Hans Joachim Schrimpf, Tübingen 1962.

Moritz, Karl Philipp: Über die bildende Nachahmung des Schönen (1788), in: ders. Schriften zur Ästhetik und Poetik, hrsg. v. Hans Joachim Schrimpf, Tübingen 1962.

Moritz, Karl Philipp: Versuch einer Vereinigung aller schönen Künste und Wissenschaften unter dem Begriff des in sich selbst Vollendeten, in: ders. Schriften zur Ästhetik und Poetik, hrsg.

v. Hans Joachim Schrimpf, Tübingen 1962.

Neumaier, Otto: Ästhetische Gegenstände, Sankt Augustin 1999.

Nicolai de Cusa: De visione dei, in: Nicolai de Cusa opera omnia Bd. 6, hrsg. v. Heide Dorothea Riemann, Hamburg 2000.

Nietzsche, Friedrich: Der Fall Wagner, Götzen-Dämmerung, Der Antichrist/Ecce homo, Dionysos-Dithyramben/Nietzsche contra Wagner, in: Sämtliche Werke. Kritische Studienausgabe, Bd. 6, hrsg. v. Giotgio Colli und Mazzino Montinari, München 1999.

Nietzsche, Friedrich: Die Geburt der Tragödie aus dem Geiste der Musik, in: Sämtliche Werke. Kritische Studienausgabe, Bd. 1, hrsg. v. Giotgio Colli und Mazzino Montinari, München 1999.

Nietzsche, Friedrich: Menschliches, Allzumenschliches I und II, in: Sämtliche Werke. Kritische Studienausgabe, Bd. 2, hrsg. v. Giotgio Colli und Mazzino Montinari, München 1999.

Nietzsche, Friedrich: Morgenröte, Idyllen aus Messina, Die fröhliche Wissenschaft, in: Sämtliche Werke. Kritische Studienausgabe, Bd. 3, hrsg. v. Giotgio Colli und Mazzino Montinari, München 1999.

Nietzsche, Friedrich: Nachgelassene Fragmente 1880-1882, in: Sämtliche Werke. Kritische Studienausgabe, Bd. 9, hrsg. v. Giotgio Colli und Mazzino Montinari, München 1999.

Nietzsche, Friedrich: Nachgelassene Fragmente 1887-1889, in: Sämtliche Werke. Kritische Studienausgabe, Bd. 13, hrsg. v. Giotgio Colli und Mazzino Montinari, München 1999.

Nikolaus von Kues: Vom Sehen Gottes, in: Kritik des Sehens, Hrsg. v. Ralf Konersmann, Leipzig 1997.

Novalis: Das philosophische Werk 1, Schriften, Bd. 2, hrsg. v. P. Kluckhohn und R. Samuel, Stuttgart, 1960.

Panofsky, Erwin: Über das Verhältnis der Kunstgeschichte zur Kunsttheorie, in: Aufsätze zu Grundfragen der Kunstwissenschaft, Berlin 1964.

Philoponus: On Aristotle's "On the Soul 3.1-8", trans. by William Charlton, Cornell Univ. Press: Ithaca New York, 2000.

Pieper, Josef: Philosophen und Theologen im Mittelalter, Verlagsgemeinschaft topos plus, Kevelaer 2015.

Platon: Grösserer Hippias, in: Platon Werke, Übersetzung und Kommentar, Bd. VII 1, Göttingen 2011.

Platon: Nomoi.

Platon: Phaidon, in: Sämtliche Werke, Bd. 3, hrsg. v. Ernesto Grassi unter Mitarbeit von Walter Hess, Hamburg 1958.

Platon: Timaios, in: Sämtliche Werke, Bd. 5, hrsg. v. Ernesto Grassi unter Mitarbeit von Walter Hess, Hamburg 1958.

Plessner, Helmut: Anthropologie der Sinne (1970), in: Gesammelte Schriften Bd. III, hrsg. v. Günter Dux, Odo Marquard und Elisabeth Ströker, Frankfurt a.M. 2003.

Plessner, Helmut: Die Einheit der Sinne. Grundlinien einer Ästhesiologie des Geistes (1923), in: Gesammelte Schriften Bd. III, hrsg. v. Günter Dux, Odo Marquard und Elisabeth Ströker, Frankfurt a.M. 2003.

Plessner, Helmut: Die Stufen des Organischen und der Mensch. Einleitung in die philosophische Anthropologie, 3. unveränderte Aufl. Berlin/New York 1975.

Plessner, Helmut: Politik, Anthropologie, Philosophie, hrsg. v. Salvatore Giammusso und Hans-Ulrich Lessing, München 2001.

Plessner, Helmut: Selbstdarstellung, in: Gesammelte Schriften Bd. X, hrsg. v. Günter Dux, Odo Marquard und Elisabeth Ströker, Frankfurt a.M. 2003.

Plessner, Helmut: Über die Möglichkeit einer Ästhetik (1925), in: Gesammelte Schriften Bd. VII, hrsg. v. Günter Dux, Odo Marquard und Elisabeth Ströker, Frankfurt a.M. 2003.

Plessner, Helmut: Zur Anthropologie des Schauspielers (1948), in: Gesammelte Schriften Bd. VII, hrsg. v. Günter Dux, Odo Marquard und Elisabeth Ströker, Frankfurt a.M. 2003.

Plotin: Enneade V 8, 4, 4-11, in: Plotins Schriften, Bd. IIIa, übers. v. Richard Harder, Hamburg 1956.

Poggio, Tomaso, Fahle, Manfred und Edelman, Shimon: Fast perceptual learning in visual hyperacuity, in: Science, 256 (1992).

Pope, Alexander: Vom Menschen/Essay on Man, hg. von Wolfgang Breidert, Hamburg 1993.

Popper, Karl: Objective Knowledge, Oxford: United Kingdom, 1972.

Popper, Karl: Ornament und Kunst: Schmucktrieb und Ordnungssinn in der Psychologie des dekorativen Schaffens, Stuttgart 1982.

Preisendanz, Wolfgang: Naturwissenschaft als Provokation der Poesie, in: Frühaufklärung, Sebastian Neumeister (Hg.), München 1994.

Pseudo-Dionysius Areopagita: De divinis nominibus (Über göttliche Namen) IV 7, in: Des heiligen Dionysus Areopagita angebliche Schriften. Aus dem Griechischen übersetzt von Josef Stiglmayr, München 1911/1931.

Reinhold, Karl Leonhard: Versuch einer neuen Theorie des menschlichen Vorstellungsvermögen(1789). Gesammelte Schriften. Hrsg. v. Martin Bondeli/Silvan Imhof, Basel 2013.

Riedel, Wolfgang: Erkennen und Empfinden. Anthropologische Achsendrehung und Wende zur Ästhetik bei Johann Georg Sulzer, in: Der ganze Mensch. Anthropologie und Literatur im 18. Jahrhundert, Hans-Jürgen Schings (Hg.), Stuttgart und Weimar 1994.

Rizzolatti, Giacomo u.a.: Premotor cortex and the recognition of motor actions, in: Cognitive Brain Research 3 (1996).

Rorty, Amélie Oksenberg: Explaining Emotions, University of California Press, 1980.

Roth, Gerhard und Prinz, Wolfgang (Hg.): Kopf-Arbeit: Gehirnfunktionen und kognitive Leistungen. Heidelberg u.a. 1996.

Saussure, Ferdinand de: Grundfragen der allgemeinen Sprachwissenschaft, hrsg. von Ch. Bally u. A. Sechehaye, übersetzt von H. Lommel, Berlin 1967.

Scheler, Max: Der Formalismus in der Ethik und die materiale Wertethik. Gesammelte Werke, Bd. 2, Bern 1954.

Schelling, Friedrich Wilhelm Joseph: Fernere Darstellungen aus dem System der Philosophie (1802), in: Sämmtliche Werke Abt.I, Bd. 4, Stuttgart u. Augsburg, J. G. Cotta'scher Verlag, 1856-1871.

Schelling, Friedrich Wilhelm Joseph: System des transcendentalen Idealismus (1800). Historisch-Kritische Ausgabe, 9, 1-2, Hrsg. v. Harald Korten/Paul Ziche, Stuttgart 2005.

Schelling, Friedrich Wilhelm Joseph: Vom Ich als Princip der Philosophie, in: Sämtliche Werke, Abt. I, Bd. 1, Stuttgart u. Augsburg, J. G. Cotta'scher Verlag, 1856-1871.

Schiller, Friedrich: Kallias oder über die Schönheit, in: Friedrich Schiller. Theoretische Schriften, hrsg. v. Rolf-Peter Janz u.a., Deutscher Klassiker Verlag, Frankfurt a.M. 2008.

Schiller, Friedrich: Über die ästhetische Erziehung des Menschen, in: Friedrich Schiller. Theoretische Schriften, hrsg. v. Rolf-Peter Janz u.a., Deutscher Klassiker Verlag, Frankfurt a.M. 2008.

Schlegel, Friedrich: Charakteristikum und Kritiken I (1796-1801), Kritische Friedrich-Schlegel-Ausgabe, KA Bd. II, hrsg. v. Ernst Behler u.a. Paderborn, 1974.

Schlegel, Friedrich: Fragmente zur Poesie und Literatur I, KA Bd. XVI, hrsg. v. Ernst Behler u.a. Paderborn, 1981.

Schloßberger, Matthias: Die Erfahrung des Anderen, Berlin 2005.

Schmitz, Hermann: Der Leib, der Raum und die Gefühle, Stuttgart 1998.

Schmitz, Hermann: Spüren und Sehen als Zugänge zum Leib, in: Quel corps?, hg. v. Hans Belting,

Dietmar Kamper u. Martin Schulz, München 2002; ders.: Der sogenannte Brutus, in: Ziad Mahanyi, Neue Ästhetik. Das Atmosphärische und die Kunst, München 2002.

Schopenhauer, Arthur: Die Welt als Wille und Vorstellung, in: Zürcher Ausgabe. Werke in zehn Bänden, hrsg. v. Arthur Hübscher, Zürich 1982.

Schumann, Clara und Robert: Briefwechsel. Kritische Gesamtausgabe, Bd. 1, hrsg. v. Eva Weissweiler, Basel und Frankfurt a.M. 1984.

Seeba, Hinrich C.: Johann Joachim Winckelmann. Zur Wirkungsgeschichte eines 'unhistorischen' Historikers zwischen Ästhetik und Geschichte, in: Deutsche Vierteljahrsschrift für Literaturwissenschaft und Geistesgeschichte, 56 Jg. Sep., Stuttgart und Weimar 1982.

Seel, Martin: Eine Ästhetik der Natur, Frankfurt a.M. 1991.

Shaftesbury, Anthony Ashley Cooper 3rd Earl of: An Inquiry Concerning Virtue, or Merit (1698), in: Characteristicks of Men, Manners, Opinions, Times, Vol. 1, ed. by Philip Ayres, Clarendon Press: Oxford, 1999.

Shimamura, Arthur P.: Toward a Science of Aesthetics, in: Aesthetic Science, ed. by Shimamura, Arthur P. and Palmer, Stephen E., Oxford Univ. Press 2012.

Simmel, Georg: Das Wesen der Materie nach Kant's Physischer Monadologie. Gesamtausgabe, Frankfurt a.M. 2000.

Skov, Martin and Vartanian, Oshin: Neuroaesthetics, Amityville: Baywood Publishing Co., 2009.

Solomon, Robert: Passions. Emotions and the Meaning of Life, Hackett Publisher 1993.

Stein, Edith: Zum Problem der Einfühlung, Halle (Saale) 1917.

Stöckmann, Ernst: Anthropologische Ästhetik, Tübingen 2009.

Sulzer, Johann Georg: Kurzer Begriff aller Wissenschaften und andern Theile der Gelehrsamkeit, 2. Aufl., Leipzig 1759.

Szondi, Peter: Poetik und Hermeneutik I, Frankfurt a.M. 1974.

Taine, Hippolyte: Philosophie de l'art, Paris 1865.

Tatarkiewicz, Wladyslaw: Geschichte der Ästhetik II. Mittelalter, Basel/Stuttgart 1980.

Tatarkiewicz, Wladyslaw: Geschichte der sechs Begriffe. Kunst, Schönheit, Form, Kreativität, Mimesis, Ästhetisches Erlebnis, Frankfurt a.M. 2003.

Themistius: On Aristotle's "On the Soul", trans. by Robert B. Todd, London 1996.

Ulrichs, Lars-Thade: Die andere Vernunft. Philosophie und Literatur zwischen Aufklärung und Romantik, Berlin 2011.

Unzer, Johann August: Erste Gründe einer Physiologie der eigentlichen thierischen Natur thierischer Körper, Leipzig: Weidmanns Erben und Reich 1771.

Vansteenberghe, Edmond: Autour de la docte ignorance: une controverse sur la théologie mystique au XVe siècle, Münster 1915.

Vischer, Friedrich Theodor: Das Schöne und die Kunst. Vorträge zur Einführung in die Ästhetik, Stuttgart 1898.

Vischer, Friedrich Theodor: Kritische Gänge (1844, 1860) Vierter Band, hrsg. v. Robert Vischer, München 1922.

Vischer, Robert: Über die ästhetische Naturbetrachtung, in: Drei Schriften zum ästhetischen Formproblem, Halle 1927.

Watson, John B.: Psychology as the Behaviorist Views it (1913), Psychological Review. 20.

Welsch, Wolfgang: Aisthesis. Grundzüge und Perspektiven der Aristotelischen Sinneslehre, Stuttgart 1987.

Welsch, Wolfgang: Ästhetisches Denken, Leipzig 1990.

Welsch, Wolfgang: Vernunft. Die zeitgenössische Vernunftkritik und das Konzept der transversalen Vernunft, Frankfurt a.M. 1996.

Wertheimer, Max: Untersuchungen zur Lehre von der Gestalt, in: Psychologische Forschung. Zeitschrift für Psychologie und ihre Grenzwissenschaften. Festschrift für Carl Stumpf, Berlin 1923.

Wiessner, Polly: Style and social information in Kalahari San projectile points, in: American Antiquity, 48 (1983).

Winckelmann, Johann Joachim: Gedanken über die Nachahmung der griechischen Werke in der Malerei und Bildhauerkunst, hrsg. v. Ludwig Uhlig, Stuttgart 1969.

Winckelmann, Johann Joachim: Geschichte der Kunst des Altertums, Wien: Phaidon Verlag, 1936.

Wolff, Christian: Cosmologia generalis, in: Gesammelte Werke II. 4, (2. Aufl. Frankfurt und Leipzig 1737), Hg. von Jean École, 2. Reprint, Hildesheim 2009.

Wölfflin, Heinrich: Prolegomena zu einer Psychologie der Architektur, in: Kleine Schriften (1886-1933), hg. v. J. Gantner, Basel 1946.

Wolter, Alan B.: Reflections on the Life and Works of Scotus, in: American Catholic Philosophical Quarterly 67(1993).

Zelle, Carsten: Sinnlichkeit und Theraphie. Zur Gleichursprünglichkeit von Ästhetik und Anthropologie um 1750, in: 'Vernünftige Ärzte'. Hallesche Psychomediziner und die Anfänge der Anthropologie in der deutschsprachigen Frühaufklärung, Carsten Zelle (Hg.), Tübingen 2001.

Zelle, Carsten: Vorbemerkung, in: 'Vernünftige Ärzt'. Hallesche Psychomediziner und die Anfänge der Anthropologie in der deutschsprachigen Frühaufklärung, Carsten Zelle (Hg.), Tübingen 2001.

Zeller, Eduard: Die Philosophie der Griechen in ihrer geschichtlichen Entwicklung. Erster Teil Erste Abteilung. Erste Hälfte, Georg Olms Verlag: Hildesheim · Zürich · New York 1990 (2. Nachdruck der 6. Auflage, Leipzig 1919.

Ziegler, Theobald: Zur Genesis eines ästhetischen Begriffs, in: Zeitschrift für vergleichende Literaturgeschichte, 7 (1894).

Zimmermann, Robert von: Allgemeine Aesthetik als Formwissenschaft, Wien 1865.

Zimmermann, Robert von: Geschichte der Aesthetik als philosophischer Wissenschaft, Wien 1858.

Zimmermann, Robert von: Zur Reform der Aesthetik als exacter Wissenschaft, in: Studien und Kritiken zur Philosophie und Aesthetik. Erster Band, Wien 1870.

Bernard Ladenthin-Eigenes Werk, CC0, https://commons.wikimedia.org/w/index.php?curid=5581345

Peter Hartmann at de.wikipedia, edited by Marc Gabriel SchmidCreating SVG version by Юкатан -Eigenes Werk, CC BY-SA 3.0, https://commons.wikimedia.org/w/index.php?curid=2723706

Ratznium at en.wikipedia, CC BY 2.5, https://commons.wikimedia.org/w/index.php?curid=3199004

김윤상: "철학의사" – 인문학의 상실된 패러다임을 찾아서, 독일문학 53집, 한국독어독문학회, 2012.

김윤상: 19세기 인간학의 이론적 지형에 관한 연구(I), 독일문학 140, 2016.

이 책에 사용된 기 발표 논문

「전기 낭만주의의 이념적 사유공간-독일이상주의와의 연관하에서」(『독일문학』, 2004.03)

「존재에로의 갈망-횔덜린의 따뜻한 이성」(『독일언어문학』, 2004.06)

「근대적 문화공간의 '아키-텍토닉Archi-tektonik'-칸트와 쉥켈 그리고 하이데거의 맥락에서
    본 빙켈만의 고전주의적 미의 이념과 '표현의 변증법'」(『독일어문학』, 2005.09)

「아름다움은 무엇을 통해 아름답다고 할 수 있는가?-플라톤적 이미지론을 위한 한 연구」
    (『서강인문논총』, 2005.12)

「소크라테스 이전철학에서 4원소 메타포의 문학사적 의미」(『괴테연구』, 2005.12)

「프리드리히 슐레겔의 패러독스에 관한 패러독스적 사유」(『독일언어문학』, 2006.09)

「지각학Aisthetik으로서의 미학Ästhetik?」(『독일문학』, 2006.12)

「새로운 신화와 미의 이상」(『독일어문화권연구』, 2007.12)

「노발리스의 이미지론」(『독일문학』, 2008.09)

「촉각적 전환: 공통감각 common sense의 문화사적 의미(I)-아리스토텔레스와 헤르더를 중
    심으로」(『독일문학』, 2009.09)

「이미지미학으로서 형식미학 I-헤어바르트와 침머만을 중심으로」(『헤세연구』, 2011.06)

「이미지미학으로서 형식미학 II-에두아르트 한스릭의 '음악적 미' 개념을 중심으로」(『헤세
    연구』, 2011.12)

「몸 담론의 미학적 기초로서 감정이입-테오도르 립스의 감정이입 개념의 재활성화를 위하여」
    (『독일문학』, 2012.06)

「인간학적 미학의 기초-경험과학적 감성학으로서 바움가르텐의 행복한 미학실천가의 미학」
    (『헤세연구』, 2013.06)

「19세기 인간학의 이론적 지형에 관한 연구(II)-구스타프 페히너의 심리물리학을 중심으로」
    (『카프카연구』, 2017.06)

저자 소개

김윤상

현 동덕여자대학교 독일어과 교수

서강대학교 영문학과를 졸업하고 동 대학원에서 독일문학을 공부하였다. 독일 브레멘 대학에서 『독일 관념론과 낭만주의 비교연구(*System und Genesis: zur Theorie des Systematisch-Genetischen in der deutschen Romantik und im deutschen Idealismus*)』로 박사학위를 취득하였다. 독일 관념론과 낭만주의 미학, 문화학적 방법론과 새로운 미학논의들에 관한 다수의 논문을 발표하였으며, 최근에는 18세기 독일 계몽주의 '인간학 이념'에 내재된 융합학문적 토대와 20세기 말까지 이어지고 있는 '인간학 이념'의 논의맥락에 주목하여 통합학문으로서 '인간학적 미학'의 가능성 조건을 마련하는 연구들을 수행하고 있다.

미와 지각의 역사

초판발행 2020년 9월 10일
초판 2쇄 2021년 10월 20일

저　　자 김윤상
펴 낸 이 김성배
펴 낸 곳 도서출판 씨아이알

책임편집 박영지, 최장미
디 자 인 송성용, 윤미경
제작책임 김문갑

등록번호 제2-3285호
등 록 일 2001년 3월 19일
주　　소 (04626) 서울특별시 중구 필동로8길 43(예장동 1-151)
전화번호 02-2275-8603(대표)
팩스번호 02-2265-9394
홈페이지 www.circom.co.kr

I S B N 979-11-5610-881-8 (93100)
정　　가 26,000원